临沭年鉴

2014

LINSHU NIANJIAN

临沭县史志办公室　编

图书在版编目（CIP）数据

临沭年鉴. 2014 / 临沭县地方史志办公室编. — 北京：方志出版社，2015.6

ISBN 978-7-5144-1623-7

Ⅰ. ①临… Ⅱ. ①临… Ⅲ. ①临沭县-2014-年鉴 Ⅳ. ①Z525.24

中国版本图书馆 CIP 数据核字（2015）第 117624 号

临沭年鉴（2014）

编　　者：临沭县地方史志办公室
责任编辑：李静

出 版 人：冀祥德
出 版 者：方志出版社
地址　北京市朝阳区潘家园东里9号（国家方志馆4层）
邮编　100021
网址　http://www.fzph.org
发　　行：方志出版社发行中心
电话（010）67110500
经　　销：各地新华书店
印　　刷：济南黄氏印务有限公司

开　　本：889×1194　1/16
印　　张：32.75
字　　数：716千字
版　　次：2015年6月第1版　2015年6月第1次印刷
印　　数：0001~1000册

ISBN 978-7-5144-1623-7　　定价：300.00元

临沭县地方史志编纂委员会

《临沭年鉴（2014）》编审人员

了解更多临沭县情，请访问：

4 月 11 日，参加 2013 年中国农技协省级农技协秘书长会议的与会人员到郑山街道北沟头社区金篮柳编协会实地参观。左一为中国科协农技中心主任、中国农技协常务副理事长张晓军。

7 月 20 日，参加全国民营科技协会联席会议暨中国民营科技促进会常务理事扩大会议的与会人员到临沭县新型工业化实验区（滨海高新区）考察。左一为国家科委原顾问、中国民营科技促进会名誉会长谢绍明，后排右二为国家行政学院党委委员、纪委书记杨文明，前排左三为科技部原副部长、中国民营科技促进会名誉会长韩德乾，前排左五为国务院国资委监事会原主席、中国民营科技科技促进会会长段瑞春。

1 月 16 日—18 日，中国人民政治协商会议第八届临沭县委员会第二次会议在县城召开。

1 月 17 日—18 日，临沭县第十六届人民代表大会第二次会议在县城召开。

1月20日，长深高速青州至临沭段通车运营，图片为临沭境内青云段高速公路。

5月16日，沂沭铁路开工建设动员大会在临沭县城召开。

3月28日，临沂城30万吨东线供水工程供水仪式在临沭县举行。

7月1日，位于县城兴大东街的“临沭县12345市民服务热线”正式开通。图片为热线受理中心场景。

6月8日，临沭县首届端午节龙舟大赛在苍源河曹村段举行。

是年，经专家考证，临沭县岌山下白垩纪地层中发现恐龙足迹动物群遗迹。图片为遗迹保护现场。

是年，全国首家县级商标馆——临沭县商标馆建成使用，位于县会展中心。

是年，临沭县被国家档案局、民政部、农业部评为“全国社会主义新农村建设档案工作示范县”。

是年，临沭县被中国县域品牌发展协会、中国生态旅游研究与促进会、中国旅游投资促进会评为“美丽中国示范县”称号。

是年，临沭县被住建部评为“国家园林县城”。

编辑说明

一、《临沭年鉴（2014）》（以下简称年鉴）是中共临沭县委、临沭县人民政府主办的政务工具书，编纂业务由县地方史志编纂委员会办公室完成。旨在全面系统地记述2013年临沭自然、经济、政治、文化、社会和人物等方面的基本状况，突出地方特点和优势，具有资料的丰厚性、综合性、权威性等特点。是各级领导决策的重要参考依据，是各方面了解临沭的信息窗口。

二、年鉴坚持以马列主义、毛泽东思想、邓小平理论、“三个代表”重要思想、科学发展观为指导，深入学习贯彻习近平系列重要讲话精神，力求观点正确、内容翔实、分类科学、结构严谨、特色鲜明、语言精炼、图文并茂、实用性强。

三、年鉴在记述方法上，记、志、传、图、表、录、述诸种体裁并用；在编纂体例上以条目体为记述主体。全书以部类为大单元，分设24卷。一般情况下，每卷设一、二级两类条目，一类条目标示记述门类，二类条目为记述的基本单元，用黑体字编排，以便查阅。

四、年鉴入选人物，对2013年任职的县级领导成员以及省、部级以上劳动模范、先进工作者，登载其简介；省、部级以下县级以上劳动模范，市、县级专业技术拔尖人才，均列表收录。去世人物收录2013年去世的曾担任正科级以上领导职务或有一定影响的人物。

五、年鉴所用数据，以县统计局公布的为准；统计局未统计的，以主管部门提供的为准。

六、《年鉴》行文采用语体文记述体，计量单位以国家认定使用的为准。

七、为示负责，各单位供稿，均注明撰稿人和审稿人。

目录 MuLu

目　录

目　录

军　事

法　治

目 录

农　业

目 录

工 业

目 录

商贸·旅游

目 录

金融·保险

目　录

文化·传媒

目 录

社会事业

镇街概况

目　录

人　物

特　载

附　录

大事记

DASHIJI

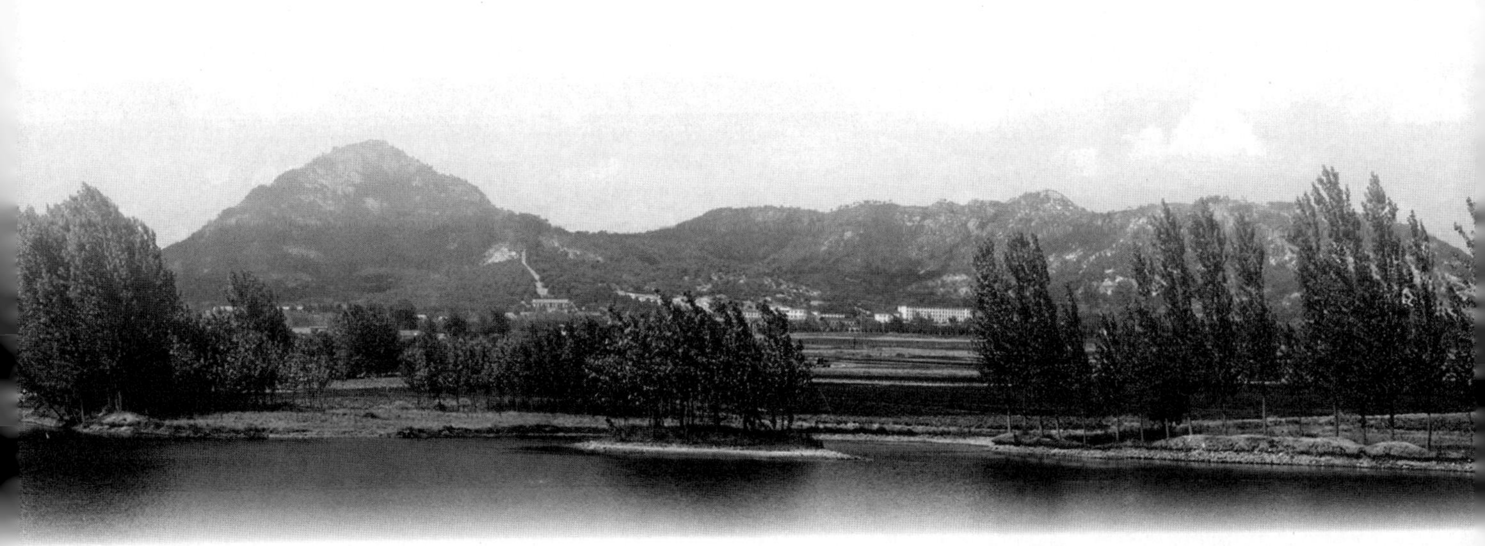

2013年大事记

1月

5日，县十六届人大常委会第六次会议召开。县人大常委会党组书记、第一副主任姜自棠主持会议。会议听取和审议县人大常委会副主任刘美厚关于县十六届人大二次会议筹备工作情况的汇报，县人大常委会副主任、代表资格审查委员会主任委员刘美厚关于补选县十六届人民代表大会代表的代表资格的审查报告。会议审议通过县人大常委会关于召开县十六届人大二次会议的决定，决定县十六届人大二次会议于2013年1月16日至18日在县城召开；关于接受徐勤举辞去县十六届人民代表大会代表职务的请求的决定。县人大常委会副主任云雪飞、王景光、王建华出席会议，副县长李真，县政协副主席冯树方，县人民检察院检察长汲广虎列席会议。

6日，临沭县举行“送温暖、献爱心”社会捐助活动县级领导捐款仪式。县领导任庆虎、程守田、钟华、姜自棠、傅磊、王佃利、宋玉智、武玉芹、杨会军、宋国山、缪兴智、王景美等参加仪式并捐款。

9日，市政府安全生产目标责任考核组到临沭县检查指导工作。市安监局副局长杨斌一行在县领导杨会军、王景光陪同下先后到县交通运输局、金沂蒙集团进行实地观摩检查，并听取全县安全生产工作情况汇报。

11日，全市科技创新工作现场会在临沭县召开。市经信委副主任赵文武一行在县委常委、副县长杨会军陪同下先后到常林集团、福瑞达公司、金正大公司进行实地察看，并在金正大科研中心四楼会议室召开会议。县经信局介绍全县技术创新工作情况，沂水县经信局、山东新凯电子材料有限公司、东岳机械集团、海纳电子有限公司先后就技术创新工作作典型发言。

14日，中国柳编文化城项目规划设计汇报会召开。中国柳编文化城项目策划设计团队对规划设计方案进行汇报。县领导任庆虎、程守田、宋玉智、武玉芹听取汇报并分别讲话。

15日，全县经济工作会议召开。会议贯彻中央和省、市经济工作会议精神，总结工作，安排部署2013年经济发展任务，动员全县上下抢抓机遇，加压鼓劲，奋力开创“幸福临沭”建设新局面。县委书记、县人大常委会主任任庆虎主持会议，县委副书记、县长程守田讲话。

16日—18日，中国人民政治协商会议第八届临沭县委员会第二次会议召开。会议审议通过县政协八届二次会议提案审查情况的报告和县政协八届二次会议决议；补选6名八届县政协常务委员。

17日—18日，临沭县第十六届人民代表大会第二次会议召开。会议审议并通过县长程守田所作的政府工作报告，县人大常委会党组书记、第一副主任姜自棠所作的人大常委会工作报告，县人民法院院长侯雷所作的法院工作报告，县人民检察院检察长汲广虎所作的检察院工作报告；审议并通过2012年国民经济和社会发展计划执行情况与2013年计划草案的报告，2012年财政预算执行情况和2013年财政预算草案的报告；补选2名县人大常委会委员。

19日，全县土地卫片执法检查专项整治工作会议召开。县委常委、常务副县长宋玉智主持会议，县委副书记、县长程守田讲话。会议传达县政府办公室《关于建立土地执法共同监管责任机制的通知》和市中级人民法院、市人民检察院、市公安局、市国土局《关于进一步加强涉嫌土地犯罪案件查处工作的通知》，玉山镇作典型经验介绍，郑山街道、蛟龙镇表态发言。

20日，长深高速青州至临沭段通车运营。主线全长228公里双向6车道的青临高速通车，结束临沭无高速公路的历史。青州至临沭高速公路是国家高速公路网中的“纵3”长春至深圳高速公路中的一段，也是山东省规划的“五纵四横一环八连”高速公路网中的“纵2”，即东营港至临沂高速公路的组成部分。工程概算投资124.3亿元，2009年6月开工建设，2013年1月通过交工验收。

同日晚，2013年“幸福临沭”春节联欢晚会在常林国际大酒店演播大厅举行。县领导任庆虎、程守田、钟华、姜自棠、傅磊、宋玉智、武玉芹、刘飞、杨会军、宋国山、缪兴智等到场观看演出。

22日，全县“双联双深双真”主题实践活动动员会议召开。会议传达中共临沭县委《关于在全县开展“双联双深双真”主题实践活动的实施意见》，县委副书记、县长程守田主持会议，县委书记、县人大主任任庆虎讲话。

23日，白旄镇初级中学学生陈静所做的《会吹泡泡的瓶子》实验获“山东省第四届初中生创新实验大赛”一等奖，指导教师韩重强获辅导奖一等奖。

25日，2013年交通运输安全暨春运工作会议召开。会议传达《关于认真做好2013年交通运输安全及春运工作的通知》和《2013年全县交通运输系统春节运输方案》，县政府副县长李真出席会议并讲话。

26日，市委常委、组织部长李刚到临沭县看望慰问建国前老党员，走访慰问困难党员、群众和联系户。

是日，“水流花开”中国工笔女画家临沂巡回展暨红石寨文化艺术村“美育园”开园仪式在苍马山风景旅游区举行。此次画展由中国艺术研究院艺术品鉴赏委员会、山东省美术家协会、临沂市美术家协会主办，山东华夏文化传播有限公司、临沭县苍马山风景旅游区管理委员会承办，临沭县委、临沭县人民政府协办。文化部中国艺术研究院艺术品鉴定委员会主任崔庆忠，清华大学教授、中国美术家协会会员房新泉、樊萍、张合红、许曼克、张俊、杨明，县领导姜自棠、武玉芹、刘飞、王建华、朱梅等出席开园仪式。

29日，县委书记、县人大常委会主任任庆虎到“双联双深双真”联系村白旄镇西白旄居走访慰问。

是日，副市长赵爱华，市妇联主席相启荣、副主席孙静一行到临沭看望“两癌”筛查中查出的患病贫困母亲。县委书记任庆虎陪同。

是月，司法部、民政部发布《关于确定第五批“全国民主法治示范村”的通知》，临沭街道和郑山街道郑山居名列其中。

是月，国家林业局下发文件批准沭河湿地公园开展湿地公园试点工作。沭河国家湿地公园湿地面积853公顷，湿地率65%，规划区内有维管束植物446种、兽类13种、鸟类178种、爬行类11种、两栖类9种、鱼类61种，其中国家一级保护动物1种、国家二级保护动物11种，生物资源十分丰富。

是月，2012年国家科学技术奖励大会在北京人民大会堂召开，金正大公司“缓控释肥技术创新平台建设”项目荣获国家科学技术进步二等奖。

2 月

2日，市委副书记李峰到临沭县玉山镇看望省直机关选派的“第一书记”。市委组织部副部长、党员教育中心主任陈尚利，县委书记、人大常委会主任任庆虎陪同。

4日，县委副书记、县长程守田到“双联双深双真”联系村石门镇宋棠村走访慰问。

5日，县委副书记、县长程守田主持召开第21次县政府常务会议。会议听取上级科技创新、经济和信息化有关工作会议精神，研究讨论《关于提高科技创新能力推进县域经济转型升级跨越发展的意见》《关于进一步加快引进人才的若干意见》，听取关于2012年度群众满意度调查整改方案、旧城旧村改造工作、创建国家园林县城工作、“12345”服务热线建设工作、全县政务公开检查工作等方面情况汇报。

16日，临沭设分会场收听收看全市县域经济发展表彰大会。县领导钟华、姜自棠、傅磊、王佃利、宋玉智、武玉芹、刘飞、杨会军、宋国山、王景美、于丽华、王新端、王峰立、李真、宋兴良等参加分会场会议。

20日，中共临沭县纪律检查委员会十一届三次全体会议召开。会议传达学习中央和省市纪委全会精神，总结2012年全县党风廉政建设和反腐败工作，安排部署2013年工作任务。县委副书记、县长程守田主持会议并传达市纪委十二届三次全会精神；县委常委、纪委书记王佃利代表县纪委常委会作工作报告，并对2013年全县纪检监察工作进行安排部署；县委书记、县人大主任任庆虎讲话。

21日早8时，玉山镇后石鼓岭村村民石恒山为救同村村民石云邦（因进地窖缺氧昏迷）而不幸死亡，石恒山、石道友被授予“临沭县见义勇为模范”，并获奖励和死亡补助金。

22日，全县科技创新暨人才工作大会召开。会议对2012年度全县科技进步获奖集体和个人进行表彰。福瑞达生物制药、东泰花生联合收获机械公司作典型发言。

23日，农业部缓控释肥料施用对农业生产的影响课题组到金正大公司调研，考察缓控释肥料施用对农业生产的主要影响。国务院发展研究中心副主任侯云春、国家发改委农村经济司巡视员胡恒洋、科技部调研室主任胥和平、农村技术开发中心主任贾敬敦等参加调研，副市长赵爱华，市发改委主任庄光海，市农委土肥站站长崔言礼，县领导程守田、杨会军陪同。

26日，平安临沭建设总结表彰大会召开。县委副书记、县长程守田主持会议，县委书记、县人大常委会主任任庆虎讲话。会议对平安临沭建设、政法综治、信访工作先进单位和个人以及见义勇为模范、见义勇为基金募捐工作先进单位进行表彰，并宣布对部分单位、村居实行社会管理综合治理黄牌警告、一票否决的决定。

是日16时30分，县文联主席王统富与县经信局纪委书记刘清华一行四人自王山头村去苍山的路上，大约距离苍山西三百米处忽然发现琅琊八景之一的“苍山叠翠”景观。只见苍山左右两侧及顶部周围冒出一座山，极像大山套小山之形，山上磊山，一虚一实，虚者树木岩石肉眼可见，只是略感朦胧。实者松石清晰，层次分明。二山重叠，景象逼真，十分美妙奇幻，人在跟前仿佛置身“海市蜃楼”。叠翠景观持续时间约30分钟，当时天气阴，偏北风2级，有轻度雾霾，能见度一千多米。此景观上次出现时间为2000年11月14日11时。

27日，全县国家园林县城暨“三国三省”创建工作会议召开。县委书记、县人大常委会主任任庆虎主持会议，县委副书记、县政府县长程守田讲话。

是日，全县农村工作暨美丽镇村幸福家园建

设动员会议召开。

28日，市畜牧局副局长王学伟带领市政府考核组到临沭县考核2012年度食品安全工作。副县长于丽华陪同。

是日，全县安全生产工作会议召开。会议对先进集体、先进单位进行表彰，并与临沭街道、经济开发区、交通运输局等代表单位签订2013年安全生产目标责任书。县领导程守田、宋玉智、杨会军、李真等出席会议。

是日，县政府全体（扩大）会议召开。县委常委、常务副县长宋玉智主持会议，县委常委、副县长杨会军传达《关于进一步转变作风提高行政效能的意见》，县委副书记、县长程守田讲话。

是月，山东省教育厅公布山东省齐鲁名校长、齐鲁名师人选评选结果，县职业中专校长李守贵获“齐鲁名校长”称号，副校长张西臣获“齐鲁名师”称号。

3月

1日，临沂大学非物质文化遗产研究组一行到临沭调研非物质文化遗产保护情况。临沭县第一批县级非物质文化遗产名录收录8大项共28个项目，其中民间音乐《鲁东南鼓吹乐曲〈小桃红〉》和民间舞蹈《扑蝴蝶》《打花棍》3个项目列入市级名录，《传统柳编手工技艺》列入省级非物质文化遗产名录。

2日，全县民生工作大会召开。县委书记、县人大常委会主任任庆虎主持会议并讲话，县委副书记、县长程守田就如何做好全县下一步民生工作进行安排部署。会议传达县委、县政府《关于进一步加强民生工作的意见》。

是日，全县22个民生工程集中奠基和办好69项民生实事启动仪式举行。市人大常委会副主任孙丰刚，副市长马崑，市政协副主席李作良，县领导任庆虎、程守田、钟华、姜自棠、傅磊、王佃利、宋玉智、武玉芹、杨会军、宋国山、王景美等出席仪式。

5日，全县妇女儿童工作会议暨庆祝“三八”国际妇女节103周年表彰大会召开。县领导傅磊、王佃利、刘美厚、于丽华、刘会迎出席会议。

是日，CCTV-7农业频道主办的“2013春耕行动”大型公益活动首站走进临沭县。活动以“粮安天下，春耕有我”为主题，以专家现场答疑、明星倾情演绎、企业爱心捐赠、农民朋友现场互动等方式，助力全国春耕生产。县领导任庆虎、程守田、钟华、姜自棠、王佃利、宋玉智、武玉芹、王景美、王峰立到现场观看文艺演出。

6日，县政协八届七次常委会议召开。会议审议并通过《镇街政协办公室工作规则》《镇街政协办公室主任工作职责》《县政协2013年工作要点》《2012年度优秀政协委员名单》以及有关人事事项。政协主席钟华，副主席王维玺、朱孔科、孟庆然、刘会迎、朱梅、冯树方出席会议，县人大常委会副主任王景光列席会议。

是日，县公安局民警李波因公牺牲，年仅33岁。

7日，全县工业转调创暨金融支持县域经济发展工作会议召开。县委副书记、县长程守田主持会议并讲话，县委常委、副县长杨会军对2013年全县新型工业化和金融支持经济发展工作任务进行部署。会议对2012年度工业经济发展、百企改造升级先进镇街（开发区）、镇街工业集中区发展先进单位和金融工作先进单位进行表彰。

是日，全县财税工作会议召开。县委常委、常务副县长宋玉智主持会议，县委副书记、县长程守田作讲话。会议表彰2012年度全县财政工作先进单位和先进个人，下达2013年财政收入任务。

8日，2012年度全县人口和计划生育奖惩兑现大会召开。县委副书记、县长程守田主持会议并代表县委、县政府与镇街及县直计划生育职能部门代表签订责任书，县委书记、县人大常委会主任任庆虎讲话。会议表彰2012年度人口和计划生育目标责任先进单位、先进个人，并宣布《关于对2012年度人口和计划生育工作后进单位给予黄牌警告、重点管理的通报》。

11日，全县林业工作会议召开。会议总结2012年林业工作，提出2013年林业工作意见，安排部署当前各项林业工作。会议传达《关于进一步加快促进林业生产的意见》，部分镇街就2013年林业工作作表态发言，副县长王峰立讲话并代表县政府与镇街签订2013年林业工作目标责任书。

12日，全县春季重大动物疫病防控工作会议召开。会议印发《2013年临沭县动物疫病强制免疫计划实施方案》。王峰立代表县政府与各镇街签订《2013年重大动物疫病防控责任状》，并就做好全县春季重大动物疫病防控工作作讲话。

是日，全县重点项目、服务业、招商引资和商务工作会议召开。会前，与会人员先后参观临沭街道、滨海高新区、玉山镇、青云镇、经济开发区、曹庄镇、店头镇等镇街的项目建设现场，分别听取情况汇报。副县长王新端出席会议并讲话。

是日，市委常委、政法委书记王行华到临沭县就基层矛盾纠纷排查化解和全国“两会”安保工作进行调研。市委政法委常务副书记、综治办主任彭林东，县领导任庆虎、程守田、傅磊、王景美等陪同。

是日，全市人口和计划生育考核工作会议在临沭召开，会议安排部署在各县区构建广覆盖、细考核、严奖惩、促提高的科学合理、公平公正评价体系，在全市推广临沭计生工作过程管理考核经验做法。市计生委副主任王爱昌主持会议，市计生委主任、计生协会会长任兴业讲话，各县区人口计生局局长、分管副局长参加会议。县委副书记、县长程守田，副县长王峰立，县政协副主席朱梅参加会议。

14日，县十六届人大常委会第八次会议召开。县人大常委会党组书记、第一副主任姜自棠主持会议。会议审议并通过县人大常委会副主任王景光作的关于检查劳动法贯彻实施情况的报告，县林业局关于植树造林工作情况的报告；审议临沭县人民代表大会代表履职守则（草案），县人大常委会关于在全县各级人大代表中开展办实事、谋发展、促和谐主题实践活动的意见（草案），关于变更县人大常委会有关办事机构名称的决定（草案），关于许可县公安局对个别县十六届人大代表采取取保候审强制措施的报告；听取县人大常委会主任会议、县长程守田、县人民法院院长侯雷、县人民检察院检察长汲广虎提请任免干部的报告，部分拟任命人员作了供职报告。

19日，全县卫生工作会议召开。副县长于丽华出席会议并讲话。

20日，全县“两会”建议和提案交办工作会议召开。县委常委、常务副县长宋玉智讲话，县领导刘美厚、朱孔科参加会议。

是日，河北省南宫市市委副书记、市长安建波到临沭考察教育信息化及重点项目建设情况。副县长李真陪同。

22日，市工商局党组书记、局长姚明到临沭县开展政策措施落实年活动，通过座谈交流的形式，面对面帮助企业解决涉及工商职能方面的实际困难和问题。县领导任庆虎、程守田、王新端陪同。

26日，由中国科协、科技馆主办，临沭县委、县政府承办的中国流动科技馆临沭巡展在临沭一中启动。本次巡展以“体验科学”为主题，免费向全县青少年及社会公众开放三个月，参观人数达21230人。

27日，市统计局局长张凡春、副局长王瑞连到临沭县调研经济形势，县领导任庆虎、杨会军陪同。

是日，水利部淮河水利委员会副主任刘玉年、山东省水利厅副厅长尚梦平带领验收组来临沭验收新沭河治理工程。市水利局局长申作信，县领导程守田、王峰立陪同。

28日，全县武装工作会议召开。县委书记、人武部党委第一书记任庆虎，县委副书记、县长程守田，县委副书记傅磊，县委常委、常务副县长宋玉智，县委常委、人武部政委缪兴智，县人武部部长李玉国参加会议。

是日，临沂城30万吨东线供水工程供水仪式举行。市委副书记、市政府代市长陈先运宣布供水工程正式通水，县委书记、县人大常委会主任任庆虎代表县区致辞。市人大常委会副主任冯安，市政府副市长宋培杰，市政协副主席王启成，县领导程守田、钟华、姜自棠、宋玉智等出席仪式。东线供水工程是市委、市政府2012年重点抓好的“二十件民生实事”之一，由市水务集团和临沭县政府负责建设。工程设计供水能力11万吨/日，概算投资约2.33亿元。供水管道自市水务集团半程水厂始，经兰山区、河东区、经济开发区到临沭县城止，全长68公里。工程自2012年2月开工建设，共开挖土方108万立方米、浇筑混凝土1.57万立方米、安装管道67479米。共设置排气阀74个、泄水阀39组、检修阀31个、分水口8个、流量计6台。过国道及主干道50余条，过沂河、沭河等大小河道15条，过铁路3处，土地临时占迁面积607公顷。

29日，湖南省电化教育馆馆长陈德平带领教育信息化考察团一行22人，到临沭考察调研教育信息化建设工作。市教育局副调研员丁明法，市教育局电教馆馆长徐万东，副县长李真陪同。

是月，金正大集团董事长万连步当选为第十二届全国人大代表，为临沭县历史上第二位全国人大代表。

是月，商务部、中宣部、财政部、文化部等6部委发布《2011—2012年度国家文化出口重点企业和重点项目目录》，临沭县柳编文化产业基地成功入选国家文化出口重点项目，临沂金柳工艺品有限公司、临沭县荣华工艺品有限公司2家柳编企业入选国家485家重点企业目录。全市仅此2家企业入选。

4 月

2日，全县质量工作会议召开。会议传达《关于实施质量强县战略的意见》，县委常委、副县长杨会军讲话并代表县政府与各镇街签订责任状，县领导王景光、宋兴良、刘会迎出席会议。

是日，全县就业暨城乡居民养老保险工作会议召开。会议表彰2012年度就业和城乡居民养老保险工作先进单位和个人，县委副书记、县长程守田讲话，副县长李真代表县政府与各镇街签订责任书。

是日，市人大常委会副主任钱迎伟到临沭视察科技创新工作。县领导任庆虎、程守田、姜自棠等陪同。

3日，全县统计工作暨第三次经济普查动员会议召开。会议传达《关于表彰2012年度全县统计工作先进单位和先进个人的决定》和《关于进一步加强统计能力建设的意见》，县委常委、副县长杨会军讲话并代表县政府与各镇街签订责任状，县领导王景光、宋兴良、朱孔科出席会议。

7日，县政府廉政工作会议召开。县委常委、常务副县长宋玉智主持会议，县委副书记、县长程守田讲话，县委常委、纪委书记王佃利出席会议。

8日，县政协委员培训会议召开。全体县政协委员听取原市政协副主席王秀君就政协委员的权利义务、履职、提案的上报等内容所作的专题辅导报告。政协主席钟华讲话。

是日，中国农村专业技术协会标准化建设现场会在郑山街道北沟头社区召开。来自中国科协、各省（直辖市、自治区）科协的领导和专家共100余人来郑山街道金篮柳编协会参观指导。

9日，全县一季度重点工程指挥部调度会议召开。县委副书记、县长程守田主持会议，县委书记、县人大常委会主任任庆虎讲话。会上观看全县部分重点项目建设进展情况视频，无新建施工现场或尚未开工的重点工程指挥部办公室主任分别作表态发言。

是日，2013年“玉溪杯”全国公路自行车女子个人赛102公里在抚仙湖畔举行，临沭县培养输送到山东队的运动员郇静以2小时45分42秒夺得冠军。这是郇静继2011年全国公路自行车冠军赛（信阳站）女子104.5公里个人赛全国第一名后又一次获得冠军。

10日，全县“两区同建”工作现场推进会议召开。县领导任庆虎、程守田、钟华、姜自棠、傅磊等出席会议。

11日，市委常委、市纪委书记关华到临沭调研三级便民服务网络、“两区同建”、“三务”公开、农村“三资”管理情况。县领导任庆虎、傅磊、王佃利陪同。

13日，全县欢送省直第一批暨迎接第二批“第一书记”到村任职会议召开。县委常委、常务副县长宋玉智宣读县政府《关于给予李忠刚等14名同志记个人三等功的决定》；省直单位选派“第一书记”第一批任职干部代表回顾总结任职期间的工作经历，第二批任职干部代表作表态发言；县委书记、县人大常委会主任任庆虎讲话。县领导傅磊、宋国山、王景美等出席会议。

是日，“走进母亲河·热爱新临沭”沭河采风活动启动仪式在县城金沂蒙广场举行。活动历时春夏秋冬四季，出版了摄影集《沭河》，举办了《沭河风情》摄影展等活动。由县委宣传部、县文明办主办。

14日，甘肃省玉门市人大常委会主任张勇率部分市人大代表到临沭参观考察。县领导姜自棠、王景光陪同。

15日，乌鲁木齐市米东区委副书记韩枫、新疆质监局执法稽查局局长林春杰、米东区质监局局长李华飞带领质监考察团到临沭参观学习产品质量重点区域整治工作。县委常委、副县长杨会军陪同考察。

16日—18日，中央电化教育馆馆长王珠珠带领教育部专家组到临沭调研指导“网络学习空间人人通”建设应用工作。县领导程守田、李真、朱梅等陪同。

17日，省司法厅副厅长冯军到临沭调研“六五”普法依法治理工作，并对省司法厅拟出台文件征求建议。

是日，全县第二轮农村产权制度改革试点工作现场推进会召开。副县长王峰立主持会议，县委副书记傅磊讲话。

18日，全国人大常委会委员、农业与农村委员会主任委员陈建国带领调研组到临沭调研农村金融改革发展工作情况，全国人大常委会委员、农业与农村委员会副主任委员刘振伟参加调研。省人大常委会委员、农业与农村委员会主任委员战树毅，市委书记、市人大常委会主任张少军、市人大常委会副主任冯安，县领导任庆虎、程守田、姜自棠等陪同。

19日，全县交通运输安全生产暨企业安全生产标准化会议召开。会议传达全市交通运输系统安全生产工作暨企业标准化建设推进会议精神以及《临沭县交通运输局关于深入开展企业安全生产标准化建设的实施方案（试行）》，副县长李真出席会议并讲话。

是日，临沭县工商联六届二次执委（扩大）会议召开。县政协副主席刘会迎主持会议，县委常委、副县长、县工商联主席杨会军作工作报告，县委副书记傅磊讲话。会上增补了工商联部分领导班子成员。

20日，临沭诺贝丰化学有限公司氟化盐及高端水溶肥生态化工项目奠基。副市长马崑，市县域办、发改委、经信委等12个市直部门负责人，县领导任庆虎、程守田、姜自棠等出席奠基仪式。

21日，全国工商联人事部部长郭孟谦带领调研组到临沭调研非公企业党建工作。省工商联党组成员、秘书长孙占甲，市领导王晓嫚，县领导任庆虎、王景美、刘会迎陪同。

24日，全省转方式调结构、推动科学发展现场观摩交流会观摩组到临沭观摩。省委常委、政法委书记才利民，副省长季缃绮、赵润田，部分市的市委书记、市长，省直有关部门主要负责人参加观摩。市领导张少军、李峰、左沛廷、李沂明、边峰，县领导任庆虎、程守田等陪同观摩。

27日，省商务厅巡视员张霖到临沭县调研省级机电进出口基地和科技兴贸出口创新基地建设。市商务局局长李宗涛，县委常委、副县长杨会军陪同调研。

是日，全县庆祝“五一”国际劳动节暨劳动模范表彰大会召开。县委副书记傅磊主持会议，县委副书记、县长程守田讲话，会议传达《关于表彰临沭县劳动模范的决定》《关于表彰“振兴临沭”劳动奖章获得者的决定》，并颁奖。

是日，全县纪念“五四”运动94周年暨总结表彰大会召开。县委常委、纪委书记王佃利主持会议，县委副书记傅磊讲话。会议传达《关于表彰2012年度“临沭优秀少先队员”的决定》《关于表彰2012年度“临沭优秀青年”的决定》《关于表彰2012年度“临沭县五四红旗团委”、“临沭县五四红旗团支部”和“临沭县优秀青年工作者”的决定》和《关于表彰2012年度“临沭县优秀共青团员”和“临沭县优秀共青团干部”的决定》，并颁奖。

28日，县政府印发沭政字〔2013〕24号—33号文，批复临沭街道、郑山街道、蛟龙镇、石门镇、曹庄镇、青云镇、大兴镇、白旄镇、玉山镇、店头镇部分行政村规模调整方案。全县行政村由287个，调整为236个。全县自然村数511个。

是日，临沭县召开全县“天网”工程及实有人口实有房屋服务管理全覆盖体系建设动员大会。县委常委、县政府常务副县长宋玉智主持会议，县委副书记傅磊讲话，县领导刘飞、王景光、冯树方等出席会议。

是月，被誉为海内外铸造专业航母展的第六届中国铸造零部件博览会在苏州举行。会展期间，常林铸业公司参展的液压多路阀体、FIAIE6缸体两款产品备受中外参观者瞩目，并以技术含量高、工艺复杂程度高、产品质量要求高等特点，受到评委专家一致好评，在近万种展品中脱颖而出，被评为“中国优质铸件金奖”。

5月

3日，全县城市环境集中整治月动员大会召开。县委副书记、县长程守田主持会议，县委常委、常务副县长宋玉智讲话。

4日，“美丽中国 走进沂蒙 生态临沭——中国油画家临沭主题风景展”滨海红色纪念园开幕。

6日，全市乡镇交管所规范化建设座谈会在临沭县召开。市交通运输局党委书记、局长、市公路局党委书记徐化国，各县区交通运输局主要负责人参加会议。县领导程守田、李真出席会议。

是日，全县审计工作会议召开。县委常委、常务副县长宋玉智主持会议，县委副书记、县长程守田讲话。

是日，全县环保工作会议召开。县委副书记、县长程守田讲话，副县长王峰立代表县政府与部分镇街、部门签订2013年生态县建设目标责任书。

7日，市委常委、常务副市长左沛廷到临沭考察重点项目建设情况。考察组先后到山东常林高端农业机械产业化项目、金正大10万吨水溶肥项目、山东海佑福瑞达制药有限公司原料药项目、金正阳新型传输设备深加工项目、山东长和驾室总成及覆盖件项目、史丹利高端复合肥项目、澳林国际商贸城项目、中国民营科技促进会临沭新兴产业园项等实地进行考察，详细了解项目建设进展情况，听取企业相关情况汇报，并就项目建设过程中遇到的问题进行探讨。县领导任庆虎、杨会军陪同。

是日，全市治安保险工作会议在临沭召开。县委常委、政法委书记刘飞致辞，市政法委副书记侯献合讲话。

8日，临沭县工会第七次代表大会召开。市总工会党组副书记、副主席王向群，县委书记、县人大常委会主任任庆虎分别讲话，县领导程守田、钟华、傅磊等出席大会开幕式。来自全县各界227名工会会员代表参加会议。与会工会代表审议并通过县总工会六届工作报告、财务工作报告、经审工作报告；选举产生县总工会七届委员会、经审委员会、女职工委员会委员。在县总工会七届委员会第一次会议上选举产生工会主席和副主席，李守彬当选为县总工会主席。

是日，省外国专家局副局长李伟晶到常林集团调研引进国外智力情况。县领导程守田、李真等陪同。

是日，县公安局“春雷”行动退赃大会举行。县委常委、政法委书记刘飞出席会议并讲话。“春雷”行动自2月18日开展，共追缴被盗、被勒索现金6万余元，帕萨特、北京现代等机动车20余辆，电动车16辆，另有笔记本电脑、摩托车、电动三轮车等，价值120余万元。

9日，市委书记、市人大常委会主任张少军到临沭检查指导沭马风景旅游区规划建设工作。县领导任庆虎、程守田、李真陪同。

10日，县政协开展爱岗履职创优活动动员会议召开。会议传达《政协临沭县委员会关于在县政协委员中开展“爱岗、履职、创优”活动的实施意见》和《政协临沭县委员会关于委员履行职责的有关规定》，县政协主席钟华讲话，副主席王维玺、朱孔科、刘会迎、朱梅、冯树方出席会议。

16日，沂沭铁路开工建设动员大会召开。沂沭铁路有限公司总经理吕济湘通报沂沭铁路建设情况，县委副书记、县长程守田讲话，省铁路办副主任邵伟，市人大常委会副主任、总工会主席孙丰刚共同为沂沭铁路有限责任公司揭牌。国家发改委处长刘绍一，海军某后勤部部长解修山，省铁路办副主任邵伟，市政府副市长马崑，县领导任庆虎、钟华、姜自棠、傅磊等出席会议。

17日，市委副书记、市长陈先运到临沭调研。市政府秘书长谭庆功，县领导任庆虎、程守田、钟华、姜自棠、傅磊等陪同。

是日，临沭县2013年度第一季送文化下乡暨县图书馆青云分馆启动仪式举行。县领导武玉芹、李真出席仪式并为县图书馆青云分馆揭牌。

18日，全市“法律六进”现场会在临沭召开。县委书记、县人大常委会主任任庆虎致辞，县委副书记傅磊代表临沭县作题为《实施“六六一”工程　推进“法律六进”活动深入开展》的典型发言。市委副书记李峰讲话，市委常委、政法委书记王行华，市人大常委会副主任钱迎伟，副市长宋培杰，市政协副主席杜甲普出席会议。

20日，全市重点项目建设现场推进会在临沭县召开。县委副书记、县长程守田致辞并介绍重点项目建设情况，兰山区、郯城县、蒙阴县作典型发言。市委常委、常务副市长左沛廷，县委书记任庆虎出席会议。

24日，全县小麦秸秆切碎还田和禁烧工作会议召开。会议传达县政府办公室《关于做好小麦秸秆切碎还田和禁烧工作的通知》和县政府《关于对小麦秸秆切碎还田和禁烧工作进行督导的通知》，县政府与各镇街签订责任书，副县长王峰立出席会议并讲话。

是日，全市保护沭河志愿服务活动在临沭启动。市委宣传部副部长、文明办主任刘艳芬，市水利局总工程师高政鹏，市环保局副局长胡建伟，县领导武玉芹、云雪飞、李真出席启动仪式。

27日，市委常委、副市长尹长友到临沭督导检查防汛工作。县领导任庆虎、王峰立陪同。

是日，山东省企业技术创新促进会第四届会员代表大会暨“创新驱动　品牌发展”专题报告会在济南召开，会上为山东常林集团等29家入选山东省“全国工业品牌培育试点企业”的企业举行了授牌仪式。

30日，县十六届人大常委会第九次会议召开。县人大常委会党组书记、第一副主任姜自棠主持会议，副主任云雪飞、刘美厚、王景光、王建华出席会议；县委常委、县政府副县长杨会军，县政协副主席冯树方，县人民法院院长侯雷，县人民检察院检察长汲广虎列席会议。会议审议通过县人大常委会执法检查组关于检查食品安全法贯彻实施情况的报告，县人大常委会关于安全生产监督管理工作情况报告的审议意见，关于进一步加强县人大常委会组成人员与县人大代表、代表小组联系的意见，关于确认主任会议许可县人民检察院对个别县十六届人大代表采取刑事拘留强制措施的决定，关于接受王新端辞去临沭县副县长职务的请求的决定，新任命的县政府副县长密长诚作了表态发言。

是月，国务院印发《关于核定并公布第七批全国重点文物单位的通知》，核定公布第七批全国重点文物保护单位，临沭县“北沟头遗址”被列入古遗址文物保护类别。

是月，《临沭年鉴（2012）》出版发行。

是月，隶属于县住建局的县自来水公司整体划转县水利局管理，为全县城乡供水一体化建设奠定基础。

6月

1日，由临沭县委宣传部、县文广新局主办的临沭县第十一届“钻石之乡”广场文化艺术节“放飞希望·童梦六一”文艺晚会在县文化广场举行，县政协副主席朱梅观看演出。

7日，省农机局纪检组组长刘娜、副组长胡亚南，监理站站长石宝成一行到临沭检查督导“三夏”农机化生产情况。县领导任庆虎、刘美厚、王峰立等陪同。

8日，临沭县首届端午节龙舟大赛在苍源河县城段举行。本次龙舟赛设男子12人标准龙舟300米直道竞速、男子12人标准龙舟500米直道竞速两个竞赛项目。

14日，济南临沂商会名誉会长、原副省长、山东革命老区经济文化建设促进会会长王裕晏带领济南临沂商会“回报家乡沂蒙行”考察团到临沭县参观考察。山东武警总队原参谋长、山东革命老区经济文化建设促进会秘书长解洪烈，济南临沂商会高级顾问、省公安厅原正厅级巡视员于长安，济南临沂商会高级顾问彭继安参加考察，市领导慕增利、王晓嫚，县领导任庆虎、程守田、钟华、姜自棠等陪同。

18日，临沭县2013年食品安全宣传周活动在县文化广场正式启动。活动主题是“社会共治，同心携手维护食品安全”。

是日，全县安全生产工作会议召开。县委常委、副县长杨会军主持会议，副县长宋兴良传达县政府办公室《关于集中开展安全生产大检查的通知》，县委副书记、县长程守田讲话。

21日，全县防汛抗旱暨农村水利设施管理工作会议召开。副县长王峰立代表县政府与各镇街签订防汛责任状并就防汛工作做部署，县委副书记、县长程守田讲话。

22日—23日，临沂市第三届全民健身运动会开幕式暨“翡翠星城杯”武术比赛在临沭体育馆举行。共有来自全市三区九县的12支代表队，两百多名选手参赛。

27日，由县委组织部、县委宣传部、县文广新局、县广播电视台联合举办的纪念建党92周年“唱响中国梦·建设新临沭”爱国歌曲大家唱活动在县文化广场隆重举行。

28日，临沭县组织省、市、县“第一书记”及任职村党组织书记约400余人到苍山县代村社区，临沭街道苍源居、前官庄，郑山街道南沟头，店头镇永安社区，曹庄镇朱村等村（居、社区），观摩学习6个村（居、社区）在服务型党组织建设、农村社区建设、村级集体经济发展等方面工作的先进经验。

29日，临沭县住建系统“金明寓”杯首届职业技能竞赛活动在临沭县职业中专举办，县领导宋玉智、刘美厚、刘会迎出席开幕式。

30日，327国道临沭收费处撤销，停止收费。

7月

1日，临沂市检察院检察长鲍峰，党组副书记、副检察长林树果一行到山东常林集团检查指导工作。县领导任庆虎、王景美陪同。

是日，全县城市防汛工作会议召开。会议传达《关于2013年城市防汛工作的实施意见》，县委常委、常务副县长宋玉智讲话。

是日，临沭县“12345”市民服务热线正式开通。共招聘14名话务员，24小时受理群众诉求，并确定66个知识库管理维护单位、117个热线承办单位办理热线事宜。

是日，临沭县庆祝中国共产党成立92周年会议召开。会议由县委副书记、县长程守田主持，县委书记、县人大常委会主任任庆虎讲话，县委常委、纪委书记王佃利宣读《中共临沭县委关于表彰2012年度先进基层党组织、优秀共产党员的通报》，县委常委、组织部长宋国山传达《关于推进农村基层服务型党组织建设的实施意见》。

2日，临沭县出现强降雨，全县降雨量最大处达72.1毫米。

4日，临沂市化工产业推进工作现场会议在临沭县召开。市中小企业局局长李月国主持会议并部署化工产业工作重点，县委副书记、县长程守田致辞，县委常委、副县长杨会军汇报全县化工产业情况，市政府党组成员宋法亮出席会议。

是日，临沭县3150名2013级普通高中新生报到。

5日，中国民生银行临沭支行开业。副县长密长诚主持开业仪式，市长助理张凌霄，县委书记、县人大常委会主任任庆虎共同为中国民生银行临沭支行揭牌，县委副书记、县长程守田讲话。

8日，省海洋与渔业厅厅长王守信一行到临沭调研龙潭万亩现代渔业园区（优质鱼产业项目）。市委常委、副市长尹长友，市渔业局局长丰绍明，副县长王峰立陪同。

9日，全县城区供暖扩容工作会议召开。会议传达《2013年城区供暖扩容工程实施方案》，县委常委、常务副县长宋玉智讲话。

是日，位于327国道与青石路交汇处东北角的县城第二水厂向城区供水，日供水能力3万吨，有效解决长期以来城区缺口难题。工程总投资5255万元，水源来自蒙阴县云蒙湖。

11日，临沭县“中行杯”中国柳编之都柳编技能大赛暨柳编设计创意大赛。县内金柳、荣华、晴朗、白云等柳编企业的50名柳编能手参加比赛。比赛设柳编技能奖、柳编设计创意奖、柳编大赛组织奖3类奖项。李子兴获柳编技能大赛特等奖并被授予“临沭县柳编技术状元”称号；李学花、刘松果、刘建生等19名选手分获柳编技能大赛一、二、三等奖；胡加合创作的《战斗机》获创意作品类一等奖。县领导王佃利、武玉芹、刘美厚、密长诚、刘会迎等参加活动。

12日，全县“体彩杯”中小学生乒乓球赛举办。张博贤、李雨轩、孟祥分获相应组别男子单打第一名，李莎莎、卢星辰、王樱菲分获相应组别女子单打第一名。

18日，来自世界500强企业——荷兰皇家帝斯曼集团的全球审计专家对金沂蒙集团苯甘氨酸项目进行审查认证，专家组对金沂蒙集团标准规范的体系管理和先进的工艺技术、雄厚的生产能力给予高度评价。

20日，参加全国民营科技协会联席会议暨中国民营科技促进会常务理事扩大会议的与会人员到临沭参观考察。国家科委原顾问、中国民营科技促进会名誉会长谢绍明，国家行政学院党委委员、纪委书记杨文明，科技部原副部长、中国民营科技促进会名誉会长韩德乾，国务院国资委监事会原主席、中国民营科技促进会会长段瑞春等在县领导任庆虎、程守田、王景美、密长诚的陪同下，先后到中国柳编文化艺术馆、常林集团、金正大公司、滨海高新技术产业区和滨海红色文化纪念馆参观。

23日—27日，临沭街道中心中学学生李纹康、高群代表山东队参加第十四届全国中学生电脑制作活动、第二届国际学生信息科技创意大赛，进入全国初中段机器人足球队前8强。

26日，韩国新国家党中央青年委员会运营委员、首尔特别市瑞草区议会议员金炳玟，韩国新国家党青年委员、政治学校宋贞恩到临沭县考察选派“第一书记”工作。市委组织部副部长、党员教育中心主任陈尚利，市外事与侨务办公室副主任赵明坤，县委常委、市选派“第一书记”工作临沭县大组长李涛陪同。

27日，临沭县举行高新技术创新联盟签约仪式。山东大学化学与化工学院副院长杨延钊、济南大学化工学院院长张书秀、齐鲁工业大学轻化与环境工程学院褚夫强、临沂大学化学化工学院院长郑秀文，县领导杨会军、宋兴良出席仪式。仪式上，山东大学化学与化工学院、济南大学化学化工学院、齐鲁工业大学轻化与环境工程学院、临沂大学化学化工学院分别和县高创中心、部分企业签订战略协议。

31日，省安全生产监察总队副总队长王裔带领国家安全监管总局第八专项督查组到临沭督查安全生产工作。市安监局副局长王瑞文，县委常委、副县长杨会军陪同。

是日，“临沭县金滩栗海”在省农业厅举办的“齐鲁最美田园”评选活动中获“齐鲁最美田园”命名。

是月，临沭县对部分行政村规模进行调整，共涉及78个行政村居，减少行政村居51个，成立新行政村（社区）27个。调整后，全县共有行政村（居、社区）236个。

8 月

2日，市委书记、市人大常委会主任张少军到临沭县检查指导工作。县领导任庆虎、程守田、宋玉智、杨会军、王景美陪同。

9日22时—10日7时，临沭县境内普降大雨并伴有7—8级大风，降雨量最大是曹庄镇86.1毫米，最小是玉山镇20.3毫米。农作物受灾面积4700公顷，成灾面积3900公顷，种植养殖大棚毁坏110个，树木倒折1.2万余棵，倒塌房屋38间，直接经济损失670万元。

15日，副市长赵爱华带队到临沭检查医药健康产业发展工作情况。市政府食安办主任秦鸿伟，市中医药局局长刘晓玲，县领导任庆虎、程守田、杨会军、于丽华等陪同。

16日，临沭县召开深化干部直接联系和服务群众工作动员会议，部署安排全县干部直接联系和服务群众工作。县委副书记、县长程守田主持会议，县委书记、县人大常委会主任任庆虎讲话。会议传达《中共临沭县委关于全面深化干部直接联系和服务群众工作的实施意见》。

17日，全县廉政教育报告会举行。会议特邀市纪委副书记张群力作专题报告，县领导任庆虎、钟华、姜自棠等出席报告会。

21日，临沭县出租车由挂靠经营模式改革为公司化经营模式。临沭县盛通出租客运公司投资

1200多万元购置126辆新桑塔纳出租车陆续投入运营。

22日，临沭县释放周氏啮小蜂2000万头，防治美国白蛾，有效防治面积50多万亩。

25日，麻建东任中共临沭县委副书记，傅磊不再担任临沭县委副书记。

27日，为了母亲的微笑——临沭县“计生圆梦行动”扶助计划生育贫困家庭大学生仪式启动。市人口计生委党组副书记、副主任、市计生协会常务副会长王金礼，市计生协会副会长李瑞海，县领导云雪飞、王峰立、朱梅出席启动仪式。

是日，17日，县内发生犯罪嫌疑人班洪伟、尤元博、丁相峰、袁伟绑架女童姚某案，办案民警经连续工作12小时，破获此案，成功解救女童。

28日，全县社会养老服务体系建设工作会议召开。副县长于丽华主持会议，县委副书记、县长程守田讲话。

9月

1日，临沭县清理规范行政事业性收费项目，取消37项，合并19项。

6日，县委副书记、县长程守田带队参加中国（临沂）商贸物流博览会招商引资洽谈会。

是日，临沭县“全国第三次经济普查”动员会议召开。

10日，临沭县花生高产创建项目通过省农业厅验收，10亩方高产攻关田亩产609.4公斤，百亩高产示范方亩产508.8公斤。

是日，1—8月份金融形势分析会召开。县委副书记、县长程守田，副县长密长诚分别讲话。

18日，市委常委、副市长尹长友一行到临沭县调研现代渔业以及沭马风景旅游区开发建设工作。市政府办公室副主任张韬，市旅游局局长支富增，市渔业局局长丰绍明，县领导任庆虎、程守田、王峰立、李真等陪同。

21日，临沭正德农业科技园暨沭河湾国际旅游度假区项目奠基。市委常委、副市长尹长友，正德集团董事长赵国斌，正德集团独立董事兼文化公司高级顾问程振清，市交通运输局局长徐化国，市旅游局局长支富增，县领导任庆虎、程守田、钟华、姜自棠、麻建东等出席奠基仪式。

23日，市人大常委会副主任钱迎伟到临沭县调研实施“六五”普法和依法治市规划2个决议工作情况。县领导任庆虎、姜自棠等陪同。

是日，临沭县被知识产权局评为首批“国家知识产权强县工程示范县”。全国共有22个县区获评，山东省共2家，临沂市仅临沭县1家获评。

是日，20时，发生犯罪嫌疑人韩建东持刀抢劫县城华诚超市“梦金源”金饰专柜案，经专案民警连续50天艰苦工作破获该案，追回黄金项链14条860克，涉案价值30余万元。

24日，县人大常委会任命陈贯波为县环境保护局局长、刘健为县人力资源和社会保障局局长、徐金田为县审计局局长。

25日，临沭县滨海红色文化纪念园、滨海高新技术产业区汇商工谷园区、曹庄镇朱村被临沂市委党校确定为“教学科研基地”。市委党校常务副校长丛军，市行政学院常务副院长刘志强，县领导程守田、宋国山出席揭牌仪式。

是月，临沭县齐鲁股权挂牌工作办公室成立。该机构由临沭县与齐鲁股权托管交易中心合作设立，是临沂市继经济开发区之后的第二家齐鲁股权挂牌工作办公室。

是月，县政府将山东港贸嘉吉化肥进出口有限公司、临沭县泰丰食品有限公司、临沭县鑫鑫机械有限公司3家企业列入首批逃废银行债务“黑名单”，并将以上企业列入“黑名单”同业共享信息库。

是月，全国工商联在北京举办“2013中国民营企业500强”发布会，山东金正大生态股份有限公司和史丹利公司入围，分列第356位和438位。

10 月

2日，由县文明办、县民政局、团县委、县妇联联合举办的“幸福临沭·新风青年”临沭县首届集体婚礼在文化广场举行。县委常委、宣传部长武玉芹出席活动。来自全县各行各业的8对新人喜结良缘。此次集体婚礼旨在倡导新事新办、晚婚晚育，弘扬和谐文明的新风尚，树立积极、健康、文明的现代生活理念。

7日，临沭县召开产业招商工作调度会议，对全县开展新型招商引资、构建现代产业体系情况进行调度分析，明确下一步产业招商工作重点。县委书记、县人大常委会主任任庆虎主持会议并讲话，县委副书记、县长程守田讲话。县领导钟华、姜自棠、麻建东、王佃利、宋玉智、武玉芹、杨会军、宋国山、王景美出席会议。

10日，省住房和城乡建设厅村镇处处长杨成武带领省“百镇建设示范行动”年度考核组到临沭县检查指导工作。市住房和城乡建设委员会副主任张永飚，县领导任庆虎、程守田、宋玉智等陪同。考察组实地察看了青云镇垃圾中转站、污水处理厂、青云镇政务服务中心、青云山管业、县滨海高新技术产业区、柳编特色工艺品园区、沭河湾国际旅游度假区等建设项目。

是日，临沭县农村综合产权交易中心成立。该中心依托县公共资源交易中心成立的县级农村综合产权交易平台。

11日，全县环境保护综合整治工作会议召开。会议分析全县环保工作形势，通报对牛腿沟流域水环境污染事件中有关责任人员处理情况、全县畜禽养殖污染整治工作第一阶段检查验收情况、牛腿沟流域水环境污染问题及整改情况。县领导程守田、王建华、王锋立、朱孔科出席会议。

是日，史丹利公司荣获山东省劳动关系和谐企业揭牌仪式举行。市总工会副主席阚吉恩，县委副书记麻建东为公司揭牌。

12日，全市市民服务热线建设工作推进会在临沭召开。市领导谭庆功、杨主强、郑金伦、郑洪强，县领导任庆虎、程守田、王佃利、宋玉智等参加会议。与会人员参观考察了临沭县“12345”市民服务热线话务中心，临沭县、郯城县分别就“12345”建设和运行情况作典型发言。

是日，临沭县民间文艺家协会成立。县人大常委会副主任云雪飞，县政协副主席朱梅出席成立大会。

13日，山东常林国际大酒店试营业庆典仪式举行。山东常林国际大酒店由山东常林集团投资兴建，按照五星级标准设计建设，总体规划、园林景观和单体建筑均由上海同济大学专家担纲设计。酒店内设客房200间，豪华餐饮包厢28间，大小会议室11个，配备健身房、棋牌室、游泳池、网球场等生活娱乐设施。

15日，由县委组织部、县委宣传部、县文广新局、县广播电视台联合举办的临沭县优秀庄户剧团巡演启动暨演出器材配送仪式在玉山镇文化广场举行。县委常委、宣传部长武玉芹，县政协副主席朱梅出席活动并观看演出。玉山镇红歌演艺庄户剧团获赠价值5万元的演出器材。

16日，全县妇女基层组织建设暨换届工作动员会议召开。县领导麻建东、宋玉智、刘美厚、刘会迎出席会议。会上印发《关于进一步加强“党建带妇建”工作的实施意见》《关于加强“两新”组织中妇女组织建设的实施意见》和《关于印发〈临沭县镇街妇联换届工作实施方案〉的通知》。

17日，临沭县通过全国社会主义新农村建设档案工作示范县验收。江西省档案局副局长史火金带领验收组，听取汇报、查阅材料，并到县民政局、临沭街道、曹庄镇朱村、县档案馆等9个单位进行实地检查，经过综合评议，认为临沭县社会主义新农村建设档案工作达到《社会主义新农村建设档案工作示范县验收标准》要求，同意通过验收。省档案局副局长苏东亮，市委常委、市委秘书长李沂明，市档案局局长赵建民，县领导任庆虎、程守田、王景美、于丽华等陪同。

同日，市委副书记、市长陈先运到临沭街道前官社区开展“结亲连心”活动。市政府秘书长谭庆功，县领导任庆虎、宋玉智、宋国山陪同。

18日，沂沭铁路建设调度会议在临沭召开。会议安排铁路沿线“四电”迁改工作，临沭县、临沂经济技术开发区汇报拆迁工作情况，沂沭铁路公司、项目施工指挥部汇报建设情况。副市长马崑讲话，市应急办主任汤海山、市发改委副主任李中经、沂沭铁路有限公司总经理吕济湘、沂沭铁路有限公司党支部书记张培民，县领导任庆虎、程守田、杨会军出席会议。

23日，临沭县庆祝“山东省第十九届环卫工人节”会议召开。会议对2013年度城市环境卫生管理工作十佳环卫工人、优秀环卫工人和先进工作者进行表彰。县委常委、常务副县长宋玉智出席会议并讲话。县委书记、县人大常委会主任任庆虎就做好环卫工作作出批示，县委副书记、县长程守田向全县广大环卫工人致信。

26日，临沭县“争一流、创品牌”工作调度会议召开。县委副书记、县长程守田主持会议，县委书记、县人大常委会主任任庆虎讲话，县委常委、组织部长宋国山通报全县“争一流、创品牌”工作进展情况。县领导钟华、姜自棠、王佃利、武玉芹、刘飞、杨会军、王景美出席会议。

29日，市委常委、组织部长李刚到临沭开展“结亲连心”活动。县领导任庆虎、宋国山、李涛陪同。

是月，中国与美国、瑞士、德国、加拿大、波兰等国的古生物学者考察研究后宣布，在临沭下白垩纪地层中发现一个庞大的恐龙足迹动物群。该遗址保存了包括大型蜥脚类、中型四足类、两种兽脚类、鹦鹉嘴龙类等丰富的足迹化石，对研究白垩纪早期恐龙的演化、迁徙具有重大意义。这一成果发表在国际学术刊物《白垩纪研究》上。

是月，山东省第五届“爱书人杯”中小学生经典诵读和演讲比赛在章丘市第三职业中专举行。临沭一中学生刘昊东演讲的《坐行千里　与书为伴》以高中组全省第二名的成绩获一等奖。

是月，临沭县司法局玉山司法所所长、玉山镇人民调解委员会主任王兵被司法部授予“全国模范人民调解员”称号。

是月，临沭县图书馆被文化部评定为“国家一级图书馆”。

是月，《张宝信文集》，主编张义华，副主编王志善，由香港华商文化出版社出版。

11月

2日，山东省委高校工委副书记齐秀生一行到临沭县开展党的群众路线教育实践活动。并到山东中医药大学学生班彦磊家中走访慰问，为困难学生家庭送去生活用品和慰问金。临沂大学副校长刘占仁，县领导麻建东、王景美、朱孔科陪同。

5日，全县创建省级生态县迎查工作会议召开。县领导程守田、王建华、王峰立、朱孔科出席会议。

6日，全县乡村文明行动暨“四德”工程建设工作会议召开。县委常委、宣传部长武玉芹主持会议，县委副书记麻建东讲话。会议印发《临沭县“乡村文明行动”考核办法》。

7日，市委常委、政法委书记王行华到临沭督导深化基层矛盾纠纷排查化解活动工作。县领导任庆虎、麻建东、刘飞陪同。

9日，全市选派“第一书记”工作暨农村社区综合服务中心建设现场会在临沭县召开。市委副书记李峰主持会议，市委书记、市人大常委会主任张少军讲话，县委书记、县人大常委会主任任庆虎就临沭县农村社区综合服务中心建设作典型发言。市领导尹长友、李刚、闫剑波，县领导程守田、宋国山、李涛、王景美、于丽华参加会议。

13日，常林集团在常林国际大酒店举行建厂70周年庆典。中国农业机械工业协会会长陈志等出席，张义华、钟默、马西连、张东共同按下庆典启动球。

14日，临沭县干部监督联席会暨干部观察员培训会议召开。会议印发《关于健全完善干部观察员制度的实施意见》，并向首批聘任干部观察员发放聘书。县委常委、组织部长宋国山出席会议并讲话。

是日，市人大常委会副主任钱迎伟到临沭法院调研民事审判工作。临沂市中院党组成员、副院长吴清林，县领导麻建东、刘飞、王景光，县人民法院院长侯雷陪同。

15日，临沭县农村产权制度改革工作推进会召开。会议对农村产权制度改革调查摸底和推进工作进行安排部署。县领导麻建东、刘美厚、密长诚、朱孔科出席会议。

是日，中国共产主义青年团临沭县第十二次代表大会召开，选举李瑞为团县委书记。

16日—17日，全省教科研管理暨中小学作文教学现场研讨会在临沭县召开，推广临沭县在教育科研工作方面的创新经验，激励全省中小学教干教师积极参与教育与科研，共同探讨教育科研管理暨作文教学改革之路。省教育科学研究所所长李文军，省教育科学研究所原书记陈培瑞，省教育科学研究所副书记邵庆林，市教育局副局长、政府总督学杜以坚，市教科研中心主任宋玉良，县长程守田，副县长李真出席会议。全省各级教育科研管理负责人员、研究人员，中小学校教科研管理人员及科研型骨干教师等500余人参加会议。

18日，临沭县举行学习贯彻习近平总书记系列重要讲话精神宣讲报告会。邀请临沂大学山东省马克思主义群众观研究中心常务副主任、市委深入学习贯彻习近平总书记系列重要讲话精神宣讲团成员汲广运，就学习贯彻习近平总书记系列重要讲话精神作专题辅导。全体县级班子领导成员参加报告会。

是日晚，史丹利化肥股份有限公司总裁高进华接受中央电视台《新闻联播》采访，就十八届三中全会审议通过的《中共中央关于全面深化改革若干重大问题的决定》阐述了观点。

25日，中共中央总书记习近平到支前模范村曹庄镇朱村视察，观看村史馆，并看望83岁的“老支前”王克昌。王克昌一家人干农活做柳编，日子“基本奔小康”。习近平说，我们这一代、下一代都要沿着中国特色社会主义道路向前，让老区人民生活得更幸福。喜欢看电视的王克昌插话：“总书记讲话我天天听。”习近平说：“请你批评指正。”曹庄镇朱村有913户，2726人，党员81名。革命战争年代村民踊跃参军，1939年成立临沭县最早的党支部，谷牧等曾在这里战斗生活过。

28日，临沭县安全生产岗位管理实名制工作会议召开。会上传达县委办公室、县政府办公室《关于实行安全生产岗位管理实名制的指导意见》，县委常委、副县长杨会军讲话。

30日，由中国县域品牌发展协会、中国生态旅游投资与促进会、中国旅游投资促进会共同主办的“美丽中国·首届全国特色生态旅游城市创建与发展论坛”颁奖盛典上，临沭县获“美丽中国示范县”称号。

是月，位于沭河大街131号，占地面积2.3公顷、建筑面积1.8万平方米的县法院审判综合楼落成启用，群众诉讼环境、法官办案条件等明显改善。

12 月

3日，临沭设分会场组织收听全市领导干部大会电视会议。会议传达习近平总书记到山东和临沂视察工作情况和重要指示精神。市委副书记、市长陈先运主持会议并传达省委《关于印发习近平总书记视察山东时的重要讲话的通知》，市委书记、市人大常委会主任张少军讲话。县领导任庆虎、程守田、钟华、姜自棠、麻建东、武玉芹、宋国山、王景美等参加分会场会议。

4日，国家林业局管理干部学院党委书记、局党校副校长李向阳一行46人到临沭调研考察林业工作。市林业局副局长王行刚，副县长密长诚陪同。

6日，市委宣传部、市总工会联合举办的“中国梦·劳动美”全市劳动模范先进事迹巡回报告会在临沭举行。市总工会副主席阚吉恩，县委常委、纪委书记王佃利出席报告会。全国劳模、天元建设集团第六工程公司瓦工工长李国华，全国五一劳动奖章获得者、临沂交运公司汽车客运总站隆达换乘中心副站长王丽等6位劳动模范代表作事迹报告。

是日，全县重点项目建设观摩评议会议召开。与会人员分别对龙潭生态渔业综合产业园、滨海高新区新兴产业园、苍马山生态酒店、职业中专扩建等36个涉及工业、农业、民生等领域的重点项目进行现场观摩。县领导任庆虎、程守田、钟华、姜自棠、麻建东、王佃利、宋玉智、武玉芹、刘飞、宋国山、王景美等参加会议。

9日，临沭县苍源河河道治理工程通过省水利厅竣工验收。省水利厅建设处副处长王孝亮带队对工程进行现场验收，市水利局副局长丁文金，副县长王峰立陪同。

11日，临沭县有突出贡献的中青年专家评委会召开。会上从13名候选人中选出9名临沭县有突出贡献的中青年专家考察人选并进行公示考察。副县长李真出席会议并讲话。

11日—12日，由省环保厅、住建厅、水利厅、农业厅、林业厅相关领导和专家组成的技术核查组对临沭县创建省级生态县工作进行核查。市政府副秘书长刘凯、市环保局局长赵志德，县领导任庆虎、程守田、王峰立陪同。

12日，市政协副主席李凤兰，市政协副主席、民盟临沂市委主委刘继双带领视察组到临沭视察城乡交通一体化工作。副市长马崑、市政府副秘书长汤海山、市交通局局长徐化国，县领导任庆虎、程守田、钟华、李真、刘会迎陪同。

是日，新华社山东分社党组成员、常务副总编辑陈国军到临沭县调研沂蒙精神传承与弘扬。市委宣传部副部长、市文联主席刘广阔，县委常委、宣传部长武玉芹陪同。

13日，临沭县举行学习贯彻中共十八届三中全会精神宣讲报告会。邀请市委宣讲团成员、市国土资源局党委副书记、市土地整理中心主任张建中，就学习贯彻中共十八届三中全会精神作专题辅导。县领导钟华、姜自棠、麻建东、王佃利、宋玉智、武玉芹、刘飞、宋国山等参加报告会。

是日，副市长马崑到临沭检查骨干企业困难问题解决情况。县领导程守田、杨会军陪同。

是日，“2013中国照明产业与技术应用发展论坛暨行业年会”在临沭县召开。中国照明电器协会理事长刘升平，中国照明电器协会副理事长、灯具专业委员会主任陆泽明，中国照明电器协会副理事长、电光源专业委员会主任刘经伟，临沂市政府党组成员、经济技术开发区管委会主任朱玉良，市科技研究院常务副院长丁勇，县领导任庆虎、程守田、密长诚，雷士、欧普、飞利浦、亚明、欧司朗等50多家企业以及照明行业的专家、科研机构共230余人参加会议。

14日，全县“两区同建”工作现场推进会议召开。县委书记、县人大常委会主任任庆虎主持会议并讲话，县领导程守田、宋玉智、宋国山参加会议。

17日，全县廉政书画展开幕。市纪委副书记贾伟华，市纪委宣教室主任杜永法，县领导王佃利、李真参加仪式并参观展出。

是日，市人大常委会党组书记、第一副主任杜德昌带领驻临沂的部分全国、省人大代表和市人大常委会组成人员到临沭开展会前集中视察活动。视察组一行在县领导任庆虎、程守田、姜自棠、王景美陪同下实地察看山东常林赛迈高端农业机械产业化项目、金正大公司、兴安社区、北城区展示中心等现场，并召开座谈会听取临沭县经济社会发展情况汇报。

26日，临沭县镇域经济发展现场观摩会召开。与会人员先后到尤庄社区旧村改造安置楼建设项目、金正大10万吨/年水溶性肥料项目、金正阳年产50万吨新型传输设备深加工项目等地进行现场观摩，听取各镇街有关镇域经济发展情况的汇报。县领导任庆虎、程守田、钟华、姜自棠、麻建东等出席观摩会议。

27日，全县“两区同建”工作会议召开。县领导程守田、宋玉智出席会议。

28日，临沭县组织开展2013年度领导干部普法考试。此次普法考试共设26个考点，全县党政群机关、人民团体、机关事业单位及各镇街、经济开发区、苍马山景区副科级以上领导干部近1000人参加考试，考试内容主要涉及宪法、民法、刑法、行政处罚法、劳动法以及其他行政法规。县领导程守田、钟华、姜自棠、麻建东、王佃利、宋玉智、刘飞、宋国山、王景美等参加普法考试。

29日，临沂市第二届工艺美术大师评审会在临沭召开。来自全省的九位评审专家对临沭16名民间艺术家参选的柳编牛、柳编鹿等工艺作品进行现场评鉴。市经信委副主任李俭、市创业协会管理办公室副主任薄法余，县委常委、副县长杨会军出席评审会。

31日，临沂市人民政府〔2013〕239号文批复临沭县部分行政区划变动调整：撤销白旄镇，将其原行政区域并入青云镇，青云镇驻地不变；原白旄镇华南村并入郑山街道办事处；临沭街道办事处的胡赵庄、井店子村，玉山镇的东盘村、西盘村、丁庄村并入蛟龙镇；临沭街道办事处的琊琳子村并入郑山街道办事处。

是日，临沭县市直“第一书记”任职工作观摩座谈会召开。市选派办指导组副组长张明伟，市直机关选派到临沭任职“第一书记”的8个派出单位领导出席会议。县委书记、人大常委会主任任庆虎致辞，县委常委、市选派“第一书记”工作临沭县大组长李涛对7个任职工作组工作情况进行简要总结，8个市直派出单位领导代表就下步任职帮扶工作作表态发言。

是年，全国第一家县级商标馆——临沭县商标馆建成使用。临沭县商标馆位于临沭县会展中心西二楼大厅，和临沭柳编艺术展馆、临沭县城市规划展厅形成三位一体格局。全馆分为5个展区：前言、商标史话展、驰著名商标展、特色产业展、商标大事记展等，浓缩、涵盖了改革开放三十多年来临沭县商标事业迅猛发展取得的丰硕成果。

是年，第十一届中国临沂书圣文化节·首届中国柳编文化艺术博览会暨2013南潮北风——南北书坛精英展开展。活动由第十一届中国临沂书圣文化艺术节组委会主办，中共临沭县委、临沭县人民政府、临沂市青年书法家协会、书法网、临沂市文化中心管理办公室承办，旨在以传承书法艺术、展示柳编文化产品为主要内容，弘扬沂蒙传统文化，进一步扩大临沭的知名度和美誉度，为推动文化产业发展、加快“幸福临沭”建设营造良好的文化氛围和舆论环境。博览会在市妇女儿童活动中心举行，历时一个月。

专　记

ZHUANJI

习近平视察朱村

2013年11月25日下午，中共中央总书记、国家主席、中央军委主席习近平到临沭县曹庄镇朱村视察，参观沂蒙精神红色革命文化，看望“老支前”王克昌，并向老区人民送去祝福。

习总书记一行，先是参观朱村八路军老四团“钢八连”纪念馆和朱村村史展馆，详细询问当地革命历史发展历程，高度赞扬革命先驱和朱村人民为新中国成立所做的贡献，又听取当地民间柳编艺人对临沭柳编历史和柳编产品的介绍，并饶有兴致的参观村内柳编产品。还到朱村党员群众服务中心，询问服务中心工作人员的工作情况，并要求工作人员落实好政策，服务好群众。之后，习总书记来到“老支前”王克昌家中，和王克昌亲切拉起家常。总书记说：“我们这一代、下一代都要沿着中国特色社会主义道路向前，让老区人民生活得更幸福。”喜欢看新闻的王克昌老人说道：“总书记讲话我天天听。”习总书记说：“请你批评指正。”

走出王克昌家后，习总书记来到闻讯等候在大街上的人群之中，亲切的说道，“天气冷了，我来看望大家”，并同群众一一握手。群众情绪激动，齐呼“总书记好！”总书记沿着道路与群众挥手道别。最后，习主席上了大巴车，向大家喊道：“祝大家身体健康，家庭幸福。”

朱村简介

地处鲁东南的朱村，东北隶属临沭县曹庄镇，距县城20公里，紧靠镇政府。全村有村民2701人，党员80名。耕地面积80公顷，经济林面积66.67公顷，可养殖水面面积133.33公顷。

朱村地理条件得天独厚：西倚岌山，东傍沭河。南邻大官庄水利枢纽工程，与沭河古道沭马风景区上下贯通。

朱村自然环境十分优美，向东有人工劈凿的新沭河，向西有遗存的岌山恐龙足迹化石，向南直通郯城马陵古道。村内河流纵横，溪水汇流，玉带缠绕。

朱村历史文化源远流长：现有保存完好的清代民居30余间，王氏祖墓古碑林立，有五百年建村史。

抗日战争时期，朱村涌现出许多抗日事迹，老四团“钢八连”朱村战斗名震鲁苏；1939年成立临沭县最早的党支部。为推进旅游文化建设，村里重新整理修缮清代民居形成旅游景点；利用“钢八连”抗日战斗事迹，设立红色教育基地。

临沭县创建国家园林县城工作情况

2009年3月，县委、县政府提出创建“国家园林县城”奋斗目标，对涉及城市园林绿化的投入实行政策倾斜，大力开展园林绿化建设。2012年，县委、县政府组织成立创建国家园林县城工作领导小组，设立办公室，将县城划成10大片区，明确由20名县级领导班子成员分别包片负责，形成“上下一盘棋、全力抓创城”的强大合力。是年12月5日，临沭县将申报国家园林县城的请示上报省住房和城乡建设厅。12月28日，省住房和城乡建设厅将临沭县申报国家园林县城的请示推荐给住房和城乡建设部。

几年来，县委、县政府围绕建设“幸福宜居临沭”这一目标，大力实施城镇化主导战略和中心城市带动战略，坚持举全县之力，集全县之智，上下联动，强力推进，城市园林绿化工作实现跨越式发展。截至2013年年底，城市建成区面积达22.20平方公里，建成区人口19.82万人，建成区绿化覆盖率、绿地率和人均公园绿地面积分别达到43.2%、38.96%和11.09平方米，各项指标均达到国家园林县城标准。

2013年12月31日，住房和城乡建设部对通过专家组评审验收的37个国家园林县城在网站上进行公示。2014年1月15日，临沭县被住房和城乡建设部正式命名为“国家园林县城”。

概　况

GAIKUANG

临沭县概况

建置沿革

历史沿革 临沭县历史悠久。东盘北辛文化遗址考古证明，距今七千年前即有人类在此生息繁衍。北沟头龙山文化遗址和郭家山新石器遗址证明，临沭为东夷文化发祥地之一。

夏商时期，临沭一带为《尚书·禹贡》徐州；西周属鄟（zhuān）、祝等小国辖地，春秋末期，鄟、祝被鲁灭，归属鲁国；战国时期，临沭一带被纳入越境，后又归楚。秦朝时期，临沭北部属琅邪（yá）郡莒县，南部属东海郡郯县。西汉时期，分治于东海、琅邪二郡；东汉末年，分东海郡，在临沭境内置利城郡，辖郯、利城、祝其等十三县。唐武德四年（621年）析置临沂县为兰山、临沭、昌乐三县，历史上首次以“临沭”命名置县。清代，属山东布政司沂州府，为郯城、兰山二县分治。民国时期，先后属济宁道、琅邪道。1936年，属山东省第三行政区，北部为临沂县第五区，南部为郯城县第五区；后郯五区析置郯六区、郯七区，隶属郯城县政府第二办事处，办事处驻地在今郑山街道（原南古镇）南古居。

民国29年（1940）1月，八路军东进支队和山东纵队陇海南进支队解放国民党郯城县政府第二办事处——南古庄，成立抗日民主政权郯东北第一办事处，直属鲁南专署领导。同年7月，改称苍马办事处，属鲁南地区第三行署。民国30年（1941）8月，临沭县抗日民主政府成立，隶属鲁南专署第四行署，后改属滨海专署。滨海专署驻地大部分时间在今店头镇陈巡会村。

1949年，中华人民共和国成立后，临沭县政府驻地由流动不定正式驻夏庄（今临沭街道）。1950年5月，属临沂专署。1956年3月，临沭县撤销，南部划归郯城县，北部划归莒南县。1961年8月，临沭县恢复，隶属临沂专署，1967年隶属临沂地区。1994年12月，临沂地区改为临沂市，临沭县隶属至今。

位置面积 临沭县位于山东省东南部，北纬34°40′~35°06′，东经118°26′~118°51′。北依莒南县，西靠临沂市河东区和市经济技术开发区，西南与郯城县接壤，东南与江苏省赣榆、东海两县毗邻。南北长45.2公里，东西宽32.9公里，总面积1010.19平方公里。县城驻地在临沭街道。

临沭县境内有327国道与225省道纵横穿过。长深高速临沭段2013年1月20日通车运营，境内全长30.99公里，途经青云、玉山、蛟龙3镇和苍马山风景区。县城西距京沪高速公路35公里，东距连云港70公里，距临沂机场和连云港白塔埠机场分别为25公里和40公里。胶新铁路梅（埠）至（临）沭支线2012年10月开工建设。

政区人口 2013年7月，临沭县调整部分行政村规模，涉及78个行政村居，减少行政村居51个，成立新行政村（社区）27个；12月31日，临沂市政府〔2013〕239号文批复，撤销白旄镇，将其原行政区域并入青云镇。至此，临沭县辖临沭、郑山2个街道和蛟龙、石门、曹庄、青云、大兴、玉山、店头7个镇，及县经济开发区、滨海高新技术产业区、苍马山风景旅游区、白旄现代农业开发区，共有行政村（居、社区）236个。年末全县总人口为634643人，人口出生率、死亡率、自然增长率分别为9.59‰、5.17‰、4.42‰。除汉族外，有回、满、哈尼、彝、蒙古、傈僳、苗、朝鲜族等少数民族32个，人口不足全县人口的1%。

环境资源

地质地貌 境内地势东北部高，西部和南部低，呈扇形倾斜状。县内最高处为苍山，海拔394.7米，最低处在新沭河下游，海拔22米。境内地貌以缓坡丘陵为主，大致分为平原、低山、丘陵3种类型。平原面积占总面积的23.36%，多分布于县内西部沭河沿岸；山地占3.82%，多分布于县境东北部；丘陵占72.82%，分布于平原与山地之间。全县有大小山峰44座，海拔高度均在400米以下，山峰坡度多数大于15度。境内有长度10公里以上的河流13条，除镇武河外，皆为沭河、新沭河水系，总流域面积862.35平方公里（不包括穆疃河、凉泉子河）。沭河在临沭境内长69公里，为最长过境河流。

气候 县境属于暖温带季风区半湿润大陆气候，寒暑交替，四季分明。春季温暖，光照充足；夏季湿热，雨量充沛；秋季清爽，气候宜人；冬季较冷，雨雪稀少。历年平均气温13.6℃。年均降水量857.0毫米。年平均日照2326.0小时。平均相对湿度为70%。

自然资源 全县土地总面积10.10万公顷。丘陵、山地盛产花生、地瓜，又是林、果、茶、烟的主要产区；沭河冲积平原土层深厚，土质肥沃，得水之利，是小麦、玉米、蔬菜、杞柳生产基地。

地表水多年平均径流量3.20亿立方米，可利用水量全年平均1.57亿立方米；过境客水量沭河年平均11.22亿立方米，分沂入沭水道0.93亿立方米，自黄白沟流入500万立方米，自青云拦河坝引入1.0亿立方米，总计13.2亿立方米。地下水多年平均总储量1.91亿立方米，其中静储量1.43亿立方米，可开采量为0.5亿立方米。

矿产资源主要有重晶石、金刚石、金红石、大理石、石英石、金矿、优质矿泉水等20余种。

主要动物类资源100余种；植物资源，主要的乔、灌木类分属于39科、220余种；其他草本类、水生生物亦有数百种。

国民经济和社会发展情况

2013年，临沭县各级以建设“幸福临沭”为目标，突出经济发展，狠抓工作落实，全县经济社会保持平稳较快发展。全年实现生产总值187.88亿元。其中，第一产业增加值18.37亿元，第二产业增加值94.68亿元，第三产业增加值74.83亿元。三次产业增加值比例为9.8：50.4：39.8。

农林牧渔业 全县农林牧渔业完成增加值18.54亿元。其中，农业增加值10.4亿元、林业增加值2.24亿元、牧业增加值4.74亿元、渔业增加值0.53亿元、农林牧渔服务业增加值0.63亿元。实现农林牧渔总产值35.57亿元，其中，农业总产值17.69亿元、林业总产值2.9亿元、牧业总产值12.82亿元、渔业总产值0.83亿元、农林牧业服务业总产值1.33亿元；农、林、牧、渔业所占比重分别为49.73%、8.15%、36.04%、2.33%。

种植业。农作物总播种面积9.03万公顷，粮食作物播种总面积5.54万公顷，粮食总产33.85万吨。夏粮播种面积3.64万公顷，产量21.96万吨，其中，小麦播种面积3.56万公顷、产量21.56万吨；秋粮播种面积1.91万公顷，产量11.9万吨，秋粮中玉米产量7.75万吨，薯类产量3.31万吨，豆类产量0.72万吨。花生播种面积3.1万公顷，产量18.14万吨；蔬菜播种面积3212.2公顷，产量14.06万吨；瓜类面积211.4公顷，产量0.88万吨。

林果业。全年共造林1539公顷。林木覆盖率34.8%，林木蓄积量54.2万立方米。茶园面积144.73公顷，茶叶产量69.03吨；果园面积509.07公顷，水果产量10771.92吨。

畜牧业。全年猪、牛、羊、家禽出栏分别为57.37万头、3.02万头、10.52万只和958.68万羽。肉类、禽蛋、奶类总产量分别为5.86万吨、2.72万吨、6312吨。年末生猪存栏37.44万头，牛2.83万头，羊5.99万只，家禽597.2万羽。

渔业。全年水产品总产量5948吨。

农业基础条件得到改善。年末农用机械总动力达73.26万千瓦特。农药使用量909吨，化肥施用量（折纯）2.03万吨。有效灌溉面积2.96万公顷。

工业 年末全县共有工业企业751家，其中规模以上工业企业210家。全县工业企业共完成工业总产值467.91亿元，全年共实现工业增加值116.5亿元，其中规模以上工业实现增加值107.57亿元。全县规模以上工业企业共实现主营业务收入473.16亿元，利税总额28.48亿元，利润总额22.84亿元。

固定资产投资和建筑业 全县规模以上固定资产投资累计完成135.1亿元。新开工计划总投资过亿元以上的项目77个，完成投资110.4亿元，占规模以上固定资产投资完成总额81.7%。第一、二、三产业分别完成投资3.1亿元、74.2亿元、57.8亿元。工业投资完成70.5亿元，其中，高新技术投资完成55.3亿元，占规模以上投资的40.9%。房地产开发投资完成13.2亿元。商品房销售面积50.9万平方米，商品房销售额16.5亿元。

全县有资质等级的建筑施工企业18家，完成建筑业总产值13.6亿元。房屋建筑施工面积177.7万平方米，房屋建筑竣工面积77.5万平方米。

国内市场、外经外贸、招商引资 全年实现社会消费品零售额88.38亿元。其中，城镇零售额69.82亿元，乡村零售额18.56亿元。分行业看，批发业实现销售额10.79亿元，零售业实现销售额71.68亿元，住宿餐饮业实现零售额5.91亿元。

全县共有限额以上批发零售企业85家，住宿餐饮企业9家，全年实现主营业务收入107.28亿元。集贸市场51个，其中，消费品综合市场45个、生产资料市场1个、农副产品市场3个、工业品市场2个。

全年居民消费价格同比上升1.6%，工业品出厂价格下降1.4%。新建住宅销售价格同比上升2%。

全年实现进出口总额44431万美元，其中，出口额29826万美元、进口额14605万美元。年末全县共有三资企业57家，全年实际利用境外资金5021万美元。

全县投产和在建1000万元以上县外固定资产投资项目98个，其中亿元以上项目41个，累计认定固定资产投资到位资金25亿元。

交通、邮电、旅游 年末全县公路通车里程1349.85公里。全年公路客运量1098万人次，旅客周转量9.5亿人公里；货物运输量2030万吨，货物周转量61.71亿吨公里。

全年实现邮政业务收入0.31亿元，电讯业务收入2.91亿元。年末固定电话用户6.38万户，移动电话用户53.73万户，互联网用户7.04万户。

年末全县有国家AA级以上旅游区6家，其中AAA级旅游区2家；有旅行社4家，星级酒店1家，星级餐馆1家，星级农家乐5家。

财税、金融、保险 全年地方财政收入10.57亿元，其中税收9.19亿元，占地方财政收入的89.48%。财政支出21.63亿元，其中，农林水事务支出2.91亿元，教育支出6.19亿元，医疗卫生支出2.73亿元，社会保障和就业支出2.98亿元，交通运输支出0.5亿元。

国税、地税收入合计15.7亿元，其中，国税收入8亿元，地税收入7.7亿元。

年末全县金融机构各项存款余额178.24亿元，其中储蓄存款余额106.1亿元。各项贷款余额128.37亿元。

全年保费收入1.94亿元，其中，财产险保费收入0.58亿元、人身险保费收入1.36亿元。支付各项赔款和给付0.44亿元，其中，财产险业务赔付0.28亿元、人身险业务赔付0.16亿元。

科技、教育 实现国家科技进步先进县“四连冠”，实施市级以上科技计划项目26项，鉴定省级科技成果14个，其中13项成果达到国际领先水平；获得省科技进步一等奖1项，获市科学技术奖14项。2家企业入选首批省级知识产权优势企业培育单位。全县申请专利292件，授权专利203件。

全县有中等职业学校1所，高级中学3所，初级中学21所，小学82所，幼儿园117所，特教学校2所，教师进修学校1所。教职工总数6496人，其中，职业学校、高中、初中、小学、幼儿园和教委（中心校、实践中心）分别为276人、1143人、2167人、2473人、169人和268人。在校生共109227人，其中职业学校、高中、初中、小学、幼儿园和特教学校分别为7860人、12362人、22102人、45815人、20909人和179人；毕业生22018人，其中，职业学校、高中、初中和小学分别为2480人、4077人、8276人、7185人；招生28433人，其中，职业学校、高中、初中、小学和幼儿园分别为2944人、4197人、7109人和8136人和6047人。

文体、卫生 年末全县有文化艺术机构1个，公共图书馆1个，县图书馆纸质图书藏量20余万册，文化艺术馆1个，文化管理机构1个。广播电视村村通入户率达77%；无线广播电台1座，广播覆盖率98%；电视转播台1座，电视覆盖率99%。有体育馆1座，建成具备健身场所的综合文体站10个，镇街健身广场9处。为各村街配送农民健身工程器械100套。全年参加省级以上体育比赛共获奖牌10枚。

全县共有卫生机构19个，其中，医院2个、妇幼保健院1个、卫生院12个、专科防治所（站）2个、疾病防控中心1个、卫生监督机构1个。卫生机构拥有病床1669张。各类卫生技术人员1375人，其中，执业医师496人、执业助理医师149人、注册护士357人。全县共有51.84万农民参加新型农村合作医疗，有422.59万人次参合农民得到补偿，支出新农合基金1.75亿元。

建设、环保 年末城镇化率51.54%，城市人均道路面积10.28平方米，人均绿地面积11.09平方米，建成区绿化覆盖率43.20%。自来水普及率100%，燃气普及率100%。已建成污水处理厂2座，污水集中处理率达89.23%，无害化垃圾处理率100%。城市空气质量良好率100%，水环境功能区达标率100%，道路交通声环境质量处于“较好”水平以上。

居民生活、就业、社会保障 全县城镇居民人均可支配收入23508.11元，城镇居民人均消费性支出14168.87元；城镇居民人均住房使用面积38.81平方米。农民人均纯收入10262.7元；农民人均生活消费性支出6263.33元，其中，食品支出2003.35元、衣着支出582.88元、居住支出861.33元、家庭设备（用品）支出793.02元、交通和通讯支出974.17元、文化教育娱乐支出457.97元、医疗保健支出415.38元；农村居民人均居住面积31.25平方米。全县农民每百户家庭拥有彩电104台，电冰箱65台，固定电话39部，移动电话215部，影碟机19台，洗衣机94台，摩托车51辆，家用计算机37台。

年末全县从业人员38.49万人，其中，城镇在岗职工5.99万人、农村32.50万人。全县城镇新增就业再就业12994人，转移农村劳动力19238人。全年共组织各类培训15510人，其中，再就业培训3500人、创业培训1506人、农村劳动力转移培训10504人。全年共组织大型招聘会27场，新增劳务合作用工单位16家，劳务输出人数累计达2.1万人（次）。

全年职工养老保险、医疗保险、失业保险、农村养老保险参保人数分别达57143人、57161人、31636人、350826人。共征缴各项社会保险费4.5亿万元，支出3.2亿元。城乡居民养老保险参保总人数34.52万人。城镇最低生活保障人数2256人，农村最低生活保障人数19894人。各种社会福利性收养单位10个，有床位889张。

撰稿：王庆国 审稿：王敬涛

机构及领导成员

中共临沭县委

书 记：任庆虎

副书记：程守田 傅磊（8月离任）

麻建东（8月任职）

常 委：王佃利 宋玉智 武玉芹（女）

刘 飞 杨会军 宋国山 缪兴智

李 涛（挂职） 王景美

临沭县人大常委会

主 任：任庆虎

党组书记：姜自棠

副主任：姜自棠 云雪飞（女）

刘美厚（女） 王景光 王建华

党组成员：王丙华

临沭县人民政府

县 长：程守田

常务副县长：宋玉智

副县长：杨会军 于丽华（女）

王新端（4月离任） 王峰立

李 真 密长诚（5月任职）

宋兴良（挂职，7月离任）

党组成员：高希华 李 焱（2月离任）

周 超

政协临沭县委员会

主 席：钟 华

副主席：王维玺 朱孔科 孟庆然 刘会迎

朱 梅（女） 冯树方

党组成员：朱 涛

秘书长：刘彦华（3月离任）

高 翔（3月任职）

县委办公室

主 任：王景美

常务副主任：徐金田（9月离任）

副主任：徐瑞前（2月离任）

吴淑霞（2月任职）

于秀好（2月任职）

张英杰 孟庆超

保密办主任：刘子峰（2月离任）

保密办副主任：刘艳丽（女）

农工办主任：徐瑞前（2月离任）

农工办副主任：李宝督 王金明（9月离任）

组织部

部　长：宋国山
常务副部长：班立江
副部长：胡顺伟（2月离任）
　　高　翔（2月离任）
　　李　南（7月受组织调查）
　　王海娟（女）
组织员办公室主任：王海娟（女）
组织员办公室副主任：宋春辉
　　傅成佐（2月任职）
绩效考核办公室主任：
　　李　南（7月受组织调查）
绩效考核办公室副主任：左德宝
　　王顶明（7月任职）
党员干部现代远程教育中心副主任：
　　袁　辉　李国柱
人才工作办公室（副科级）主任：
　　陈久文(2月离任)
人才工作办公室（正科级）主任：
　　倪宝武（2月任职）
　　副主任：陈久文（2月任职）
“两新”组织党工委副书记：石洪欣

编委办

主　任：倪宝武（9月任职）
副主任：李长庆

老干部局

局　长：胡顺伟（2月离任）
　　班立江（2月任职）
主任科员：周云华（2月离任）
副局长、老年体协办公室主任：李广彦
副局长：解学芳（女）
老年大学校长：郭友华

对台办

主　任：刘　萍（女）

信访局

局　长：吴淑霞（女）
副局长：张爱玲（女）
党组成员：王经沛（挂职，5月离任）
　　焦　蕾（女，挂职，5月离任）
　　马姗姗（女，挂职，5月离任）
复查复核办主任：付信江

党校

校　长：任庆虎
党总支书记、常务副校长：张秀颀
党总支副书记、副校长：李加栋
副校长：王江华　邢慎忠　英成雨　张国庆
纪委书记：房晓华

县直机关工委

书　记：高　翔（2月离任）
　　彭修峰（2月任职）
副书记：杨化岭　袁新惠（女，2月任职）

统战部

部　长：刘会迎
副部长：刘乃年（2月离任）
　　徐勤举（2月任职）　高立夫
　　朱红霞（女）　高　娟（女）

总工会

主　席：李守彬
副主席：王正荣（女）　靖美涛

科协

主　任：丁宝岩
副主任：胡尊华　刘　丽（女）

纪检组长：高申方

团县委

书　记：李　瑞（3月任职）

副书记：王　陈　伏海东

妇联

主　席：庞　芳（女）

副主席：葛艳军（女）　郝聚芳（女）

妇儿工委办公室

主　任：庄　丽（女）

副主任：卢海清（女）　宋　伟（女）

工商联

主　席：杨会军

党组书记、第一副主席：徐勤举

副主席：万连步　马志广　石家明　吴锋清
邱炳胜　闵庆玉　张　超　张义华
郇学邦　徐兴敏　高文如　高文班
滕善华

档案局（馆）

局（馆）长：徐　烽

副局（馆）长：江庆波　徐之光　李　云（女）

纪检组长：王绪岩

党史征委

主　任：李　忠

副主任：魏　强　薛景峰

老龄委办公室

主　任：解自玉

副主任：吴　芸（女）　袁　向（女）

县人大办事机构

办公室主任：刘　健（9月离任）

副主任：刘俊生（3月离任）　万全冬

研究室主任：袁均鸣（3月离任）
刘俊生（3月任职）

人事代表工作委员会主任：
高志国（5月任职，7月受组织调查）

人事代表工作委员会副主任：
刘希娟（女，3月任职）

法制工作委员会主任：王洪沛

财政经济工作委员会主任：李长瑞（3月任职）

财政经济工作委员会副主任：
宋飞飞（女，3月任职）

农业和农村工作委员会主任：
武传军（3月离任）
陈寿虎（3月任职）

农业和农村工作委员会副主任：
陈寿虎（3月离任）

教科文卫工作委员会主任：刘建华（女）

城建环保工作委员会主任：
唐宽东（3月离任）
袁均鸣（3月任职）

城建环保工作委员会副主任：
李首迅（3月离任）

县政府办公室

主　任：周　超

副主任：王统华　胡文杰（7月任职）
韩宝军　冷海林（女，2月离任）
王　鹏　张　伟（11月离任）
崔广祥

党组成员：邢连强　尹继利

外侨办

主　任：韩宝军

副主任：高　详　谢斌峰（2月任职）

法制局

局　长：邢连强

副局长：周大勇

应急办

主　任：冷海林（女，7月离任）
　　　　胡文杰（7月任职）
副主任：李新生

行政审批办

主　任：尹继利
副主任：吴清山　赵志国
纪检组长：房　磊（2月任职）

国土资源局

局　长：高志国（5月离任）
　　　　周洪杰（5月任职）
副局长：胡怀东　陈德乾　张海英（女）
纪检组长：胡怀东（兼）

审计局

局　长：费洪村（9月受组织调查）
　　　　徐金田（9月任职）
党组副书记：辛崇方
纪检组长：苏保颂（2月兼职）
副局长：刘中华　李文静

城市管理局

局　长：陆永春（7月离任）
副局长：于世华（2月离任）
　　　　王永康（2月离任）
　　　　刘崇宝（2月任职）
　　　　王顶磊　王宝琪（2月任职）
副局长、纪检组长：薛孝敏
副局长、环卫所所长：王宝琪（2月离任）
　　　　阚　鹏（2月任职）
城市管理行政执法大队队长：吴铭青

科技局

局　长：王济壮
党组副书记、主任科员：张雪玲（女）
副局长：胡　伟　吴旭栋（2月离任）
　　　　韩宝杰
纪检组长：万　莉（女，2月离任）
知识产权局局长：王西民

地震局

局　长：郇如启（2月离任）
　　　　谌学锋（2月任职）
副局长：颜廷金　朱心广

民宗局

局　长：　高立夫
副局长：吴书昕（2月任职）　张思平
纪检组长：刘静一（女）

史志办

主　任：王敬涛
副主任：商继曙（2月任职）　葛瑞强
　　　　万秀丽（女，2月离任）

人防办

主　任：王统华
副主任：赵西侠　李克见
纪检组长：吴　莉（女）

县府招待所

所　长：朱孟英（女）
副所长：陈　飞　李庆胜（2月离任）
工会主席：朱孟建

县政协各委室

办公室主任：徐勤举（2月离任）
　　　　　　高　翔（2月任职）

研究室主任：高永军

经济委员会主任：孙连田

经济委员会副主任：朱时英

提案委员会主任：薛宝林（2月任职）

提案委员会副主任：李洪旺

科教文卫体委员会主任：王恒林（2月离任）

李　霞（女，2月任职）

科教文卫体委员会副主任：

李　霞（女，2月离任）

文史资料委员会主任：王守习

文史资料委员会副主任：王庆胜

社会联络和法制委员会主任：

李永金（2月离任）

陈彦芬（女，2月任职）

委员活动工作室主任：刘玉峰（女）

老干部服务中心主任：高义勇

县纪委

书　记：王佃利

副书记：刘祥伟　刘文军

常　委：凌宗儒（2月离任）

王晓莲（女）　李　慧

张孝明　吴　超（2月任职）

监察局局长：刘祥伟

副局长：吴　超　张　慧（女，回）

办公室主任：刘景国

干部室主任：傅成佐（2月离任）

案审室主任：王统洲

执法室主任：傅成佐（2月离任）

检查一室主任：孟　涛（2月离任）

检查二室主任：孙凯阳

纠风室主任：何宗骞（2月离任）

纠风办主任：凌宗儒（2月离任）

纠风办副主任：王　彬

县外来投资者投诉中心办公室主任：张锐东

正科级检查员：孙同连　高善启　赵　勇

胡顺勇　孟　涛（2月任职）

何宗骞（2月任职）

第一农村工作室主任：李　慧

第三农村工作室主任：沈太吾

派驻第一纪检组书记、监察室主任：苏保颂

派驻第三纪检组书记、监察室主任：赵康平

派驻第四纪检组书记、监察室主任：张兴龙

派驻第六纪检组书记、监察室主任：张孝明

县人武部

部　长：李玉国

政　委：缪兴智

副部长：李全义

消防大队

教导员：梅　肃

大队长：王寿峰（4月离任）

宣传部

部　长：武玉芹（女）

常务副部长：谌学锋（2月离任）

文　平（2月任职）

副部长：解学军　黄　宏

文　平（2月离任）

袁清光（2月任职）

张春光　史佩升

文明办

主　任：文　平

副主任：季英宝

社联

主　席：文　平（2月离任）

袁清光（2月任职）

副书记、主任科员：梁凤华（女）

副主席：崔　平　刘　赟（2月任职，女）

文联

主　席：王统富

副主席：王裕斌

外宣和网络管理办公室

主　任：史佩升

副主任：王　欣（2月离任）

　　　　庞艳红（女，2月任职）

广播电视台

台　长：解学军

总　编：张智慧

副台长：王燕青（女）　杨进鑫

　　　　张　鑫（3月任职）

纪检组长：邱义民（3月离任）

　　　　　李成彬（3月任职）

副总编：张　鑫（3月离任）

　　　　马彩霞（女，3月任职）

广电网络公司

经　理：黄　宏

副经理：李广伟　沈太通

文化广电新闻出版局

局　长：王志银

副局长：吴自霞（女）　李含松　尹继行

纪检组长：徐福田

文化市场管理执法局

局　长：闫朝利

副局长：卢　伟　何　莹（女）

人口和计划生育局

局　长：　张伟峰（7月离任）

副局长：王维庆　王丽英（女）

　　　　张玉金　李学山

纪检组长：李学山（兼）

党组成员：解修良　李善伟

计生协会会长：于丽华（女）

计生协会常务副会长：王维庆

计生协会副会长：刘德迎

计生协会秘书长：曹广颂

书　记：刘乃伟

流管站站长：马成芳（女）

监察大队队长：解修良

教育体育局

局　长：陈庆祥

党组副书记：张庆贵（2月任职）　卢洪贵

副局长：孟庆然　石席山　武传国　宋振杰

纪检组长：卢清华

党组成员：王守义（2月离任）

　　　　　吴绍宗（2月离任）

　　　　　王　健　许子路

县政府教育督导室

主　任：陈庆祥（2月离任）

　　　　张庆贵（2月任职）

副主任：吴绍宗（2月离任）

　　　　庞瑞堂　许子路

职业中专

校　长：李守贵

党总支书记：庞运涛

副校长：张西臣　张天水　荣学文

工会主席：王玉军

临沭第一中学

校　长：张庆贵

党委书记：陈庆祥

党委副书记、常务副校长：杨大国

党委副书记：李宝东

副校长：庄长虹（女）　王夫玉

　　　　臧书杰　吴绍峰

纪委书记：谢士年

工会主席：李庆海

临沭第二中学

校 长：段广强
党总支书记：李景涛
副校长：李守关 闫家明 李守明
工会主席：吴 坤

实验中学

校 长：袁秋晓
党总支书记：丁来瑞
副校长：傅用信 王乐福 邢连绍

第一初级中学

校长、党总支书记：张立东
副校长：官修文 王仕栋

第二初级中学

校 长：刘金广（8月离任）
副校长：丁德友（9月主持工作）
韩宝剑 袁玉晓

第三初级中学

校 长：王晓晨
副校长：李叶飞 房军战

体育中心

主 任：卢洪贵
副主任：王 健 谭道群

新华书店

经 理：戴秀军
党支部书记：李向永
副经理：解桂芝（女）
工会主席：付青林

卫生局

局 长：黄振现
副局长：李 尊（女） 谢 超
爱卫办主任：周 旋
副主任：吴淑霞（女）
疾控中心主任：付鹤迎

人民医院

院 长：郑淑欣
副院长：张兰春 何 健 孙向阳
纪委书记：徐敏建
工会主席：陈 燕（女）

中医医院

院 长：解自新
书 记：刘瑞林
副院长：李承功 刘善京
纪检组长：崔 东

食药监局

局 长：孟凡峰
副局长：刘金涛 吴兴霞（女）

政法委

书 记：刘 飞
常务副书记：张凤昌
副书记、维稳办主任：唐建华
综治办主任：徐春敏
副主任：吴书昕（2月离任）
田 超 高 达

公安局

局 长：李 焱（2月离任）
韩新华（3月任职）
政 委：姜金利
副局长：伏 磊 赵士永 李学军 王孝儒
副政委：胡怀光 李 峰 景 健
纪委书记：王恒贤

党委委员、交警大队长：孙　澎

交警大队

大队长：孙　澎

教导员：孙运营

副大队长：张志奎　王　磊　高　翔

车管所所长：徐继珂

法院

院　长：侯　雷

副院长：王绍良　王旭波　谢耀军

　　李　君（女）

纪检组长：杜勇剑（2月任职）

政治处主任：段培房

执行局局长：任洪波（2月任职）

　副局长：季文涛（2月任职）

　　张锦文（2月任职）

专职审委委员：臧　兰（女）　禚　山

检察院

检察长：汲广虎

副检察长：刘思伟（5月离任）　冯金华

　　卢文平（5月任职）　赵应柱

　　刘乃如（3月任职）

　　王福臣（3月任职）

司法局

局　长：薛宝林（2月离任）

　　胡顺伟（2月任职）

副局长：王秀云（女）　张媛媛（女）

　　杨化泉

主任科员：杨翠国

纪检组长：付学宽

民政局

局　长：李善峰（2月离任）

　　冯夫方（2月任职）

党组副书记：李　勇

副局长：井俊胜　刘子峰（2月任职）

　　孟凡美（女）　王福营

军队离退休干部休养所所长：井俊胜（兼）

残联

理事长：张建军

副理事长：傅用全

纪检组长：吴清平

发改局

局　长：廉　政（8月离任）

副局长：苗　壮（9月任职）

　　赵尚奎（2月离任）　王庆东

吴旭栋（4月任职）　朱瑞春

党组成员：郭玉江

铁路办主任：丁庆沭

重点项目管理办公室主任：朱瑞春（3月离任）

重点项目管理办公室副主任：

　　仓恒光（2月任职）

县服务业发展办公室副主任：孙维涛

　　卢金瑞（2月任职）

人力资源和社会保障局

局　长：李　南（7月受组织调查）

　　刘　健（9月任职）

副局长、外国专家局局长：李忠山

副局长、人力资源工作办公室主任：

　　倪宝武（9月离任）

副局长、行政干校副校长：李玉勤

副局长、社会保险工作办公室主任：朱孟范

副局长、社会保险工作办公室书记：屈　伟

纪委书记：王磊磊（女）

外国专家局副局长：公绪光

劳动保障监察大队大队长：于志排

劳动人事争议仲裁院院长：刘　江

农村社会养老事业保险处书记：马宗华
农村社会养老事业保险处主任：刘晓光
人力资源工作办公室副主任：胡吉胜　刘剑峰
社会保险工作办公室副主任：于永波　李华祥
石　磊
考核奖惩办主任：武　玲（女，2月任职）
考试培训中心主任：王仕成（2月任职）

统计局

局　长：李长瑞（2月离任）
冷海林（女，2月任职）
党组副书记、主任科员：李振祥
副局长：季善杰　张云建　张　伟
企调队长：胡怀宪
农调队长：英成龙

物价局

局　长：李玉业
党组副书记：李荣顺
副局长：张志龙　王经儒（3月离任）
赵秀阳　万秀丽（女，2月任职）
工会主席：王乐涛
纪检组长：李善诚

粮食局

局　长：孙鹏凌
副局长：于世华（2月任职）　张富中
总会计师：刘忠喜
企业管理办公室主任：谢宝建
粮食检查大队大队长：王寒秀（女）

农业局

局　长：彭修峰（2月离任）
徐瑞前（2月任职）
副局长：刘汉忠　王新敏　高文祥（女）
工会主席：柏继德
农技中心主任：胡怀华

林业局

局　长：卢丙德
党组副书记、防火办主任：宋永祥
副局长：刘长营（3月任职）　张宝桢
刘宪宝
防火办副主任：张　明
程月玲（女，2月任职）

水利局

局　长：王德军
党组副书记：刘敦贵
主任科员：孙建瑞
副局长、防汛抗旱指挥部办公室主任：伏广强
副局长、沭河管理办公室主任：卞会德
副局长：尹晓良
纪检组长、水政监察大队队长：赵勇侠（女）
防汛抗旱指挥部办公室副主任：王　勇
王永动
防汛抗旱指挥部办公室副主任、总工程师：
袁春光
苍源河管理办公室主任：李长青
小型水库管理局局长：王军亮

畜牧局

局　长：陈彦芬（女，2月离任）
李敬亭（2月任职）
主任科员：李兴硕
副局长：曹广兵
纪检组长：王庆秀（女）

农机局

局　长：刘雪峰
副局长：付成飞　袁堂学　黄层乐（女）
纪检书记：吴　涛（5月受组织调查）

气象局

局　长：陈长新

副局长：邹士锋

烟草专卖局（分公司）

局长、经理：刘志刚（1月离任）
李乃会（1月任职，11月离任）
李开华（11月任职）
纪检委员、副局长：涂胜伟
副经理：赵永生　李　栋

开发扶贫办

主　任：李敬亭（2月离任）
李守鹤（2月任职）
党组书记：凌宗儒（2月任职）
副主任：高希杰　张为传　王学胜
纪检组长：景善华

沭河水利工程管理处

党工委书记：刘步云
主　任：刘家合
副主任：王　磊　袁　靖

沭河水利管理局

局　长：郭爱波
副局长：王金利　郭宇锋

大官庄水利枢纽管理局

局　长：温国玉
副局长：吴新海　李瑞金（2月离任）

交通运输局

局　长：徐奎堂
党组副书记、主任科员：王　健
副局长：陈　力（3月离任）　刘汉林
工会主席：杨湘慧（女）
监察大队大队长：曹　磊
道路运输管理所所长：王　艳（女）

公路局

局　长：彭　华
副局长：石绍君　刘善涛

邮政局

局　长：牛　琳（女）
副局长：卢俊卿（2月离任）
王玉泉（3月离任）
刘　磊（2月任职）
许庆伍（3月任职）

联通公司

总经理：吴清华
副总经理：赵　松（6月离任）
徐勤礼　李建伟　王通合

移动公司

总经理：周　军
副总经理：刘明仕

电信公司

总经理：袁　猛（7月离任）
王延军（7月任职）
副总经理：李大鹏

住房和城乡建设局

局　长：陆永春
副局长：吴　昊　崔　强　韩宝向
纪检组长：李　成

旅游局

局　长：王正河
副局长：刘常霞（女）　吴燕华（女）
纪检组长：李庆胜（2月任职）

苍马山风景旅游区

党工委第一书记：刘　飞

管委会主任：王进忠（8月离任）
党工委书记：李善峰
党工委副书记、管委会副主任：
冯夫方（4月离任）
管委会副主任：刘方伦　刘长青
管委会副主任、纪工委书记：王振剑
管委会主任助理：宋加新　程月玲（女）
党工委委员：李锦水
农林发展局局长：李秀友
社会事务管理局局长：王桂江

规划局

局　长：陈　飞
副局长：蔡学友　王仕宝（2月任职）
纪检组长：王仕宝（2月离任）
王兴佃（2月任职）

房产和住房保障局

局　长：王守宪
副局长：王德信　林　宇　禚高峰

环境保护局

局　长：胡文杰（7月离任）
陈贯波（7月任职）
副局长：杜洪仪　姚洪玺　刘　莹（女）
监察大队大队长：刘佰增
总工程师：吴清丽（女，回）
总量办主任：高义学
应急和事故处理中心主任：仓　波（2月任职）

商务局

局　长：张　肖
副局长：胡文君（女）　吴庆文　高志方
纪检组长：吴绍林（2月任职）

贸促会

会　长：王海波

招商局

局　长：尹继利
副局长：吴　波（1月离任）　张　军
何　伟（2月任职）
朱占义（2月任职）
张劲松（2月任职）
纪检组长：殷洪亮

外贸公司

经　理：郑　杰
副经理：云中刚
工会主席：靖玉娟（女）

丝绸公司

董事长：王建峰
总经理：郑连顺
副总经理：刘启中
财务总监：王法刚

经信局

局　长：周洪杰（5月离任）
副局长：吕玉华（2月离任）　尹克自
车家沂　李艳华（女）
纪委书记：刘清华
党委委员：张贵华
经济运行办公室主任：吕玉华（2月离任）
副主任：张文杰　薛玉超
节能能源工作办公室副主任：张　美（女）
何文军

中小企业局

局　长：尹克自
副局长：姜春明（2月离任）　袁士朝

财政局

局　长：郭和法
党组副书记：徐　璇（女）

副局长：李守鹤(2月离任)
党组成员、副局长：周洪军（2月离任）
王　娟（女，5月离任）
段广胜
党组成员、纪检组长：苗　壮（9月离任）
党组成员：张福秋　解现光（12月任职）
经济开发投资公司经理：李守鹤（3月离任）
经济开发投资公司副经理：越应栋
史玉鹏（2月任职）
基层财政管理局局长：周洪军（2月离任）
王　娟（女，2月任职，5月离任）
副局长：徐芝良
非税收入管理局副局长：张福秋
解朝华（2月任职）
财政监督检查局局长：段广胜（2月任职）
投资评审中心主任：袁堂好
国有资产管理局局长：解现光（12月任职）

国税局

局　长：姜春雷（4月离任）
庄绪华（4月任职）
副局长：戴仲理　王通民
李云贵（4月离任）
罗运波（11月任职）
纪检组长：王　牧（11月离任）
刘西尧（11月任职）

地税局

局　长：刘　亮
副局长：英瑞宝　刘景辉　王军吉
纪检组长：王新华

工商局

局　长：程万里
副局长：马　勇　张　波　张海龙

质监局

局　长：赵继顺（4月离任）
副局长：张贵迎（4月主持工作）
纪检组长：李　晓

安监局

局　长：王广栋
党组副书记：周元金（2月离任）
副局长：刘彦彪　王子栋　孟凡卿
纪检组长：王统华
监察大队大队长：马西杰

供销联社

理事会主任：文学军
监事会主任：李云庆
理事会副主任：王健　高雪梅（女）　王济友
总会计师：周　艳（女）
工会主席：徐　雷

盐务局（盐业公司）

局长（经理）：金宏伟
副局长（副经理）：班彦尚（3月离任）
徐　洁（女，3月离任）
崔玉勤（3月离任）
管钦站（3月任职,9月离任）
徐淑峰（3月任职）
陆青松（9月任职）

商贸总公司

党委书记：万连步
总经理：徐祗银
副总经理：王　艳（女）　门纪义
纪委书记：侯建伟

物资总公司

总经理：张　炜
副总经理：曹恩民　张志勇　高全里

工会主席：李秀廷

临沂医药集团有限公司临沭分公司

经　理：孙兆启

副经理：王　涛

石油公司

经　理：魏开强

副经理：李　升

中国人民财产保险股份有限公司临沭支公司

经　理：高　潮

副经理：李金成　姚晓玲（女，11月任职）

中国人寿保险股份有限公司临沭县支公司

经　理：翟慎平

副经理：彭善会　张树生（12月任职）

临沂银监分局临沭办事处

副主任：凌再颂（1月任职）

中国人民银行临沭县支行

行　长：陈仕庆

副行长：石民邦

纪检组长：王裕山

中国工商银行股份有限公司临沭支行

行　长：刘岩涛

副行长：田　勇　张玉芹（女）

吴　伟　张海燕（女，8月任职）

中国建设银行股份有限公司临沭支行

行　长：殷洪峰

副行长：刘　斌

行长助理：熊桂兵　朱利军（12月任职）

纪检特派员：王　帆

会计主管：王金霞（女）

中国银行股份有限公司临沭支行

行　长：朱学军

副行长：王广强（11月离任）　张宝玉

中国农业银行股份有限公司临沭县支行

行　长：韩廷华

副行长：吴立国　凌　晨（6月离任）

唐　明（6月任职）　付信海

中国农业发展银行临沭县支行

行　长：王健翔

副行长：杨国强　黄　勇

临沭县农村信用合作联社

理事长：莫沂海

主　任：李永森

监事长：解忠良

副书记：王运秀

副主任：张敬刚　王恩波

中国邮政储蓄银行股份有限公司临沭县支行

行　长：朱朝彬

副行长：田　雨

临商银行股份有限公司临沭支行

行　长：阚　岷

副行长：王通江

临沭民丰村镇银行

行　长：孙　虎（10月离任）

菅　伟（10月任职）

副行长：李方杰　贾卫国（4月离任）

王山峰（11月任职）

二轻联社

主　任：孙成文

副主任：高红卫　段伦君

供电公司

总经理：房耀东

党委书记：曹天鹏

纪委书记：贾爱平

副总经理：陈　琳　莫宗为　王兴庆

工会主席：凌　永

金沂蒙集团

党委书记、董事长：张　超

党委委员、总经理：张思武

党委委员、副总经理：马晓丽（女）

党委委员：徐文峰

基建总监：武希恒

科技总监：王学波

经营总监：陈永刚

财务总监：张建国

行政总监：刘伯温

生产总监：李祥健

常林集团

党委书记、董事长：张义华

董事、总裁：钟　默

党委副书记、监事会主席：马西连

副董事长兼副总裁：张　东

董事、副总裁：孙希奎　韩　斌

董事、工会主席：邓春玲（女）

董事、中川液压总经理：英　霄

监事、副总裁：张仁文

监　事：高建国　王　波　代卓浩　李宝同　罗　乐

金正大集团

董事长、总裁：万连步

党委书记：张晓义

工会主席：杨　艳（女）

副总裁：解玉洪　高义武　陈宏坤　罗文胜　李计国　颜明霄　郑树林　胡兆平　崔　彬

史丹利集团

董事长：高文班

副董事长、总裁：高进华

副总裁：密守洪　张　磊　杨其洪　鲁守尊

沂蒙老区公司

党委书记、董事长、总经理：滕善华

副总经理：英　俊　赵志刚　刘厚华　张贵选　王步利　高全仕　于志忠　徐　勇

党委副书记：张全和　刘　岩

伟业集团

董事长、总经理：闵庆玉

常务副总经理：闵彬彬

副总经理、工会主席：许宝同

副总经理：周　艳（女）

县经济开发区

管委会主任：杨会军

常务副主任：胡怀权

党工委书记：王振启

管委会副主任：吴自玉　于腾金（女）　张明建　王桂礼　张桂金

高创中心副主任：张学金　周晓石

开发区规划建设局局长：高志远

开发区党政办主任：李　乐

开发区招商局局长：杨同红（女）

开发区经济发展局局长：罗爱华

新型工业化实验区（滨海高新技术产业区）

党工委书记：王新端（5月离任）　密长诚（5月任职）

党工委副书记、主任：刘彦华

党工委副书记、副主任：王利锋

党工委委员、副主任：李　伟　杜洪伟
党工委委员：于　洋（7月任职）
副主任：郭玉江　韩宝杰　杨　力　李锦江

临沭街道

党工委书记：刘洪明
副书记：尹相坤　王　静（女）
曹广颂（挂职，9月离任）
高冬子（9月挂职）
党工委委员：于华帅　李学普（2月离任）
张学立　英昌征　钟　雯（女）
王绪军（2月任职）
宋辉（2月任职）
宋飞飞（女，3月挂职）
吴卫光（3月挂职）
人大办主任：王晓峰
办事处主任：尹相坤
办事处副主任：英昌征　张永现　伏　国
政协办主任：王　静（女，2月任职）

郑山街道

党工委书记：于腾金（女）
党工委副书记：吴清军　李春秀（女）
唐　克（挂职）
党工委委员：荣广文　马宗涛
方向飞（女，2月离任）
于　洋（8月离任）　王成英
李晓勇　王　艳（女，2月任职）
胡尊士（8月任职）
人大办主任：李学林
办事处主任：吴清军（8月离任）
办事处副主任：李晓勇　顾士亮
李　瑞（3月离任）

蛟龙镇

党委书记：王利锋
党委副书记：李　伟　吴继成
郝聚芳（女，挂职，9月离任）
袁　辉（9月挂职）
党委委员：李锦江　张江涛　李严勋　张明坤
王香令（女）　张　磊
王彦君（女，9月挂职）
人大主席：王学桂
镇　长：李　伟
副镇长：张江涛　高艳丽（女，2月离任）
杨大武（2月任职）

石门镇

党委书记：王绪华
党委副书记：周丙启　陈青华
张志勇（挂职）
党委委员：李学普（2月任职）
张　毅（2月离任）
王　彦（2月离任）　吴清涛
王香令（女，2月任职）
林祥旭（2月离任）　吴永红（女）
谢斌峰（3月挂职）
王兴壮（2月任职）　石敬玲（女）
人大主席：李　真（女）
镇　长：周丙启
副镇长：王　彦（2月离任）
王兴壮（2月任职）　高　波

曹庄镇

党委书记：崔　浩
党委副书记：李光宇（8月离任）　王绍龙
党委委员：孙　峰　井元花（女）
李宝云　王从征（3月离任）
景善伟　文晓琳（女）
刘仁刚（3月任职）
人大主席：吴国华
镇　长：李光宇
副镇长：景善伟　董文明
高雪梅（女，挂职）

青云镇

党委书记：李怀东（7月离任）
张伟峰（7月任职）
党委副书记：孟　芳（女）　袁　顼
王金鑫（挂职）　李廷申（挂职）
陈志峰（挂职）
党委委员：伏广东（2月离任）
李国宝（2月离任）
李家鑫　王绪军　李　玉　胡兴周
徐勤蕾（女）　李晓林
朱占义（3月挂职）
王兴佃（3月挂职）
人大主席：胡顺仓
镇　长：孟　芳（女）
副镇长：李国宝（2月离任）　徐勤蕾（女）
李晓林　英荣中

大兴镇

党委书记：徐会社（8月离任）
吴清军（8月任职）
党委副书记：李强强　郇昌华
葛瑞强（挂职，9月离任）
石　磊（9月挂职）
党委委员：车树山　王　欣（女）
张海涛　王官帅　张　波　周振东
人大主席：周洪刚
镇　长：李强强
副镇长：周振东　崔兆霞（女）

白旄镇

党委书记：袁清光（2月离任）
党委副书记：葛　磊　唐利华
吴铭清（挂职，9月离任）
尹继行（9月挂职）
党委委员：吴　勇（2月离任）
尹　伟（2月离任）
刘　扬　李华彬　杨冠军
王　艳（女）
李国宝（2月任职）
王　彦（2月任职）
人大主席：尹昌明
镇　长：葛　磊
副镇长：李华彬　王光娟（女）

玉山镇

党委书记：李根深
党委副书记：刘国栋　张卫伟
张贵涛（挂职，8月离任）
党委委员：陈友华　万言明　王　娜（女）
葛　浩　高　峰　高树洪
人大主席：徐勤生
镇　长：刘国栋
副镇长：高树洪　张　萍（女）　尹九龙

店头镇

党委书记：陈贯波（8月离任）
李光宇（8月任职）
党委副书记：杨　洋　袁　军
殷洪亮（挂职，9月离任）
陈　杰（9月挂职）
党委委员：杨作健（2月离任）　陈香波
朱琳清（女）　吴爱民
伏广生　袁堂妮（女）
方向飞（女，2月任职）
人大主席：庞佃宝
镇　长：杨　洋
副镇长：陈香波　武宜霞（女）
许林果（回）

党务·政务

DANGWU ZHENGWU

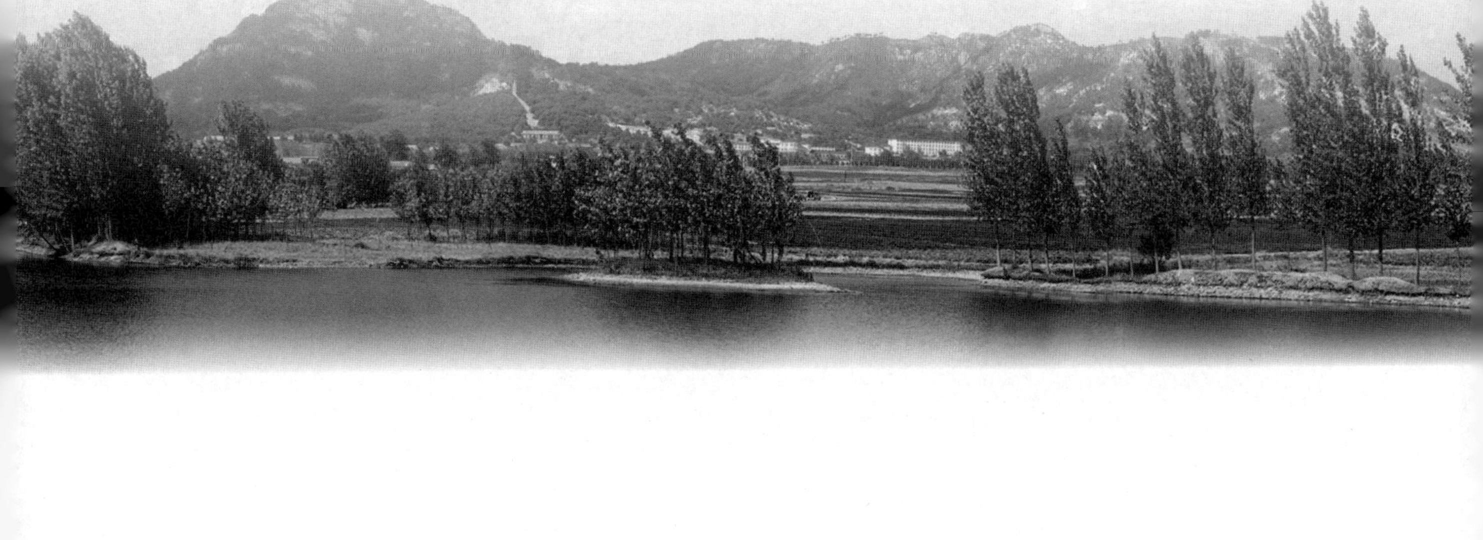

中国共产党临沭县委员会

临沭县总面积1010平方公里，辖8个镇、2个街道、1个省级经济开发区、1个省级风景旅游区、1个滨海高新技术产业区，236个行政村居，63万人口。2013年，全县各级认真学习贯彻中共十八大和十八届三中全会精神，紧紧围绕建设幸福临沭这一目标，突出“增收、民生、环境提升”三大任务，强化“考核、作风、干部队伍建设”三大保障，高点定位、彰显特色，比学赶超、真抓实干，全县经济社会实现又好又快发展。荣获全国科技进步先进县“四连冠”，荣获首批国家知识产权强县工程示范县、国家园林县城、全国社会主义新农村建设档案工作示范县、全省创业型城市、省级生态县等荣誉。2013年4月24日，全省转方式调结构推动科学发展现场观摩组到临沭观摩；11月25日，中共中央总书记、国家主席、中央军委主席习近平到临沭视察工作，对临沭县的红色革命历史、便民服务和柳编产业富民等工作给予充分肯定，全县人民备受鼓舞。

组织与党的建设 临沭县现有30个党（工）委，33616名党员，其中，镇（街）党（工）委10个，辖264个建制村党组织，23个社区党组织，有农民党员20385名。2013年，全县各级坚持围绕发展抓党建，注重加强党的思想、组织、作风、纪律建设，不断提高各级领导班子和党员干部的创造力和执行力，为推动全县经济社会科学发展提供了坚强组织保障。

注重加强理论学习，思想政治水平明显提高。认真学习中共十八大和十八届三中全会精神，县委常委带头发挥“一个核心、四个表率”(既领导核心，做执行民主集中制的表率、“为民、惟公、争先、清廉”的表率、抓基层的表率、执行目标责任体系建设的表率）作用，引领全县各级党员干部争做“为民、惟公、争先、清廉”表率；不断深化“五不五比”（即不比自身比标杆、不比平常比特色、不比基础比变化、不比条件比干劲、不比资历比贡献）主题实践活动，扎实开展“争一流、创品牌”工作，激励各级高点定位、加快发展；分两批组织镇街和相关县直部门党政主要负责人赴新加坡参加经济结构转型和产业升级培训班学习，干部的思想境界和综合素质不断提高。

强化考核结果运用，树立好的用人导向。坚持把“德”作为评价使用干部的首要标准，把工作实绩作为重要依据，不断调整优化各级领导班子。充分发挥考核的指挥棒作用，实行绩效考核，派驻绩考员，重点对各镇街经济社会发展、县直部门服务发展情况进行综合考核，对全县重点项目和重点工作实行月调度、季通报、半年检查，有效推动任务落实。强化考核结果运用，选拔使用干部注重工作实绩和群众评价，调动各级干事创业、真抓实干的积极性。2013年，根据工作需要和实绩考核，对部分单位领导班子及干部进行调整充实，效果很好。

坚持抓基层打基础，基层组织建设更加扎实。顺利实施新一轮村级规模调整，涉及78个行政村居，减少行政村居51个，组建新行政村（社区）27个。加强以村党支部书记为重点的村级班子建设，基层组织的凝聚力、战斗力不断增强。组织开展选派“第一书记”、“双联双深双真”、党员干部直接联系和服务群众、“建经济强村、做党建先锋”等活动，动员党员干部进村入户，帮助村居和群众理思路、解难题，办实事、促发展。2013年，全县党员干部共走访联系群众16.7万户，解决群众诉求3760条。

狠抓纪律作风建设，营造风清气正的党风政风。认真落实党风廉政建设责任制，强化党委主体责任，加强对党员干部的日常教育、监督与管理，做到防微杜渐、警钟长鸣。严格落实中央八项规定和省市委一系列转变作风的部署要求，坚决纠正“四风”，推进“四不准”规定落实，深入开展“干部作风万人评”活动，广泛接受社会监督。不断加强干部作风监督检查，由县纪委、组织部牵头，成立长期检查组，对机关干部在岗履职、中午禁酒、干部走读等情况进行突击检查，严肃处理。2013年，先后开展明察暗访20多次，通报处理44人；全县纪检监察机关立案查处各类违纪违法案件80起。在2013年度全市群众满意度测评中，临沭县总体评价上升3个位次。

经济与社会事业 2013年，全县完成地区生产总值187.9亿元，增长12.3%；实现地方财政收入10.6亿元，增长32.8%；完成规模以上固定资产投资135.1亿元，增长20.8%；实现社会消费品零售总额88.4亿元，增长13.4%；城镇居民人均可支配收入和农民人均纯收入分别达到23484元和10263元，分别增长14%和13.6%。积极应对复杂多变的宏观经济形势，着力构建现代产业体系，经济发展的质量效益同步提升。大力推进新型工业化，全县实现规模以上工业增加值107.6亿元、利税27.7亿元，分别增长16.7%、15%；纳税过2亿元的企业1家，过亿元的企业2家。加快百企改造升级，全年实施企业技改项目105个，累计完成投资68.8亿元。加强科技创新，高新技术固定资产投资占全部投资的比重达47%，产值占比居全市12个县区第1。大力开展新型招商引资，全年到位县外资金28.6亿元。各层面发展平台进一步夯实，经济开发区综合评价进入全省40强，滨海高新区初具雏形。大力发展现代农业，新发展市级以上农业龙头企业10家，发展农业产业化生产基地1.27万公顷，全县农民人均纯收入达10263元，增长13.6%。繁荣发展现代服务业，沂沭铁路以及铁路物流园区建设步伐加快，金融生态环境进一步优化，全县社会融资总规模达180亿元。新型城镇化进程加快。实施大县城带动战略，一手抓老城区改造，投资5.4亿元实施一批城建重点工程，启动6个城中村、6个棚户区改造，腾空土地67万平方米；一手抓北城区建设，建成“四纵两横”道路网络，整个县城框架达到32平方公里。全年新增绿化面积106万平方米。启动15个“两区同建”试点，加快建设美丽镇村、幸福家园，建成农村社区综合服务中心37处。深入开展城乡环境综合整治，投资1460万元推进城乡环卫保洁一体化，全县城乡环境面貌明显改观。以少有所学、壮有所业、老有所养、困有所助、病有所医、闲有所乐，提高群众社会安全感、提高群众宜居宜业感“六有两提高”为目标，加快教育、医疗、就业、文化等各项社会事业全面协调发展，不断提高群众的幸福感和满意度。实施22项重点民生工程和69件为民实事，2013年全县民生支出达16.4亿元，占公共财政支出的75.6%。深入推进“创业临沭”建设，累计发放小额担保贷款突破1亿元，全县新增就业13379人，成功转移农村劳动力17852人；县社会福利中心、残疾人康复中心即将建成使用，各类社会保障水平进一步提高；优先发展教育，开工89个教育基础设施工程，顺利通过省级义务教育发展基本均衡县验收；实施新农合重大疾病保险，实现县级医院“一站式”即时结算报销；人口和计划生育工作继续保持低生育水平。深入实施文化惠民工程，农家书屋和村级文化大院实现全覆盖，广播电视“户户通”达80%。深入推进行政审批制度改革，扩大涉企“一费制”改革范围，简化审批环节。率先在全市县级建设“12345”市民服务热线，并与市热线联网，及时接听、处理群众反映的各类问题。规范镇街便民服务中心运行机制，分类推进村级便民服务代办点建设，方便群众生产生活。投资2亿元完成97.2公里县乡道路改造提升任务，被省交通厅、省财政厅列为全省“村级公路网化示范县”。

撰稿：朱孟宝　审稿：刘艳丽

2013年中共临沭县委重要文件一览表

表 1

序号	文件名称
1	中共临沭县委 关于印发《中共临沭县委常委会落实中央和省委、市委改进工作作风、密切联系群众有关规定的实施办法》的通知
2	中共临沭县委 临沭县人民政府《关于落实中央和省市委〔2013〕1号文件精神深入推进农村改革发展的意见》
3	中共临沭县委 《关于在全县开展“双联双深双真”主题实践活动的实施意见》
4	中共临沭县委 《关于开展部分行政村规模调整和推进农村社区建设工作的实施意见》
5	中共临沭县委 临沭县人民政府 《关于进一步加快引进人才的若干意见》
6	中共临沭县委 临沭县人民政府 《关于提高科技创新能力推进县域经济转型升级跨越发展的意见》
7	中共临沭县委 临沭县人民政府 《关于推进美丽镇村、幸福家园建设的实施意见（试行）》
8	中共临沭县委 临沭县人民政府 《关于进一步加强民生工作的意见》
9	中共临沭县委 临沭县人民政府 关于印发《临沭县2013年度镇域跨越发展考核办法》《临沭县2013年度县直单位工作考核办法》的通知
10	中共临沭县委 《关于加强新形势下党外代表人士队伍建设的实施意见》
11	中共临沭县委 《关于进一步加强和改进新形势下机关党建工作的意见》
12	中共临沭县委 临沭县人民政府 《关于加强“12345”市民服务热线建设工作的意见》
13	中共临沭县委 临沭县人民政府 《关于2013年全县党风廉政建设和反腐败工作实施意见》
14	中共临沭县委 临沭县人民政府 《关于加强社会管理基层基础工作的实施意见》
15	中共临沭县委 临沭县人民政府 临沭县人民武装部 《关于做好全省双拥模范县迎查考评工作的实施意见》
16	中共临沭县委 《关于推进农村基层服务型党组织建设的实施意见》
17	中共临沭县委 临沭县人民政府 《关于开展平安乡村建设的意见》
18	中共临沭县委 《关于全面深化干部直接联系和服务群众工作的实施意见》
19	中共临沭县委 《关于进一步加强干部管理监督的意见》

续表 1

序号	文件名称
20	中共临沭县委 临沭县人民政府 《关于全面推进农村产权制度改革的实施意见》
21	中共临沭县委 《关于认真学习贯彻党的十八届三中全会精神的通知》
22	中共临沭县委 《关于深入实施“四德工程”建设的意见》
23	中共临沭县委 临沭县人民政府 《关于进一步做好新形势下农村基层“社村共建”工作的实施意见》

县委办公室工作

2013年，县委办公室按照习近平总书记提出的“办公室要做党委决策落实的前哨和服务党委运转的后院”要求，围绕“亲和临沭”建设，争一流、创品牌，着力打造“三个满意”服务品牌，实现办公室各项工作新突破。先后被评为全市党委信息工作先进单位、密码工作保密优质无事故先进单位，2013年度平安临沭建设先进单位、招商引资工作先进单位、服务经济发展先进单位、人口和计划生育先进单位。

信息调研 按照“更宽、更快、更优”要求，围绕实现“第一手情况”“第一道研判”“第一时间报送”信息工作目标，建立健全党委主导下的信息工作联动机制，加强重大紧急信息研判报送，为各级党委决策提供依据。全年共上报信息1010篇，省市采用150篇，党委信息质量系数位于全省第30名，名列全市第二。编发《信息摘编》241期，主要领导批示31次；编发《临沭信息》55期、《领导参阅》23期，为各级领导全面了解政治、经济动态和科学决策提供参考。

决策服务 紧紧围绕县委总体思路和中心工作，发挥以文辅政的重要作用，起草撰写全县经济工作大会、农村工作暨美丽镇村幸福家园建设动员会议、全县开展“双联双深双真”主题实践活动动员会议、全县重点工作推进会、市委理论学习中心组读书会发言、县委半年理论学习中心组现场观摩会等各类会议讲话、典型发言、致辞等综合文稿118篇；起草把关、校对以县委、县政府，县委办、县府办等名义下发的文件244份，有力地推动县委各项决策部署有效落实。准备市委理论学习中心组读书会以及中央、省、市各级来沭等会议、活动导播词18个，编发《临沭通讯》3期。

调查研究 紧贴县委中心工作，针对全县改革、发展、稳定中存在的焦点、热点、难点问题，深入开展调查研究，客观真实地反映基层情况并提出相应对策，形成《两区同建四化同步全面加快幸福临沭新型城镇化进程》《关于临沭县各镇街主导产业发展情况的调研报告》等调研报告30余篇，为县委领导提供决策参考。2013年，共在《山东通讯》《支部生活》《山东经济战略研究》《临沂工作》等各级各类刊物上发表领导署名文章、调研文章15篇。

保密工作 开展保密常规检查和国家秘密载体、公文印制机关场所和废品收购场所、信息公开保密审查等保密专项检查，共检查非涉密公文印制场所24家，废品收购站4个；检查涉密网络4个、非涉密网络148个，检查涉密计算机105台、非涉密计算机1978台。开展保密管理统计工作，摸清全县各级各单位保密情况。扎实做好高考保密工作，确保全县高考顺利进行。查处部分单位在社会打字复印社处理存储涉密文件和2个单位在互联网上发布敏感信息事件，规范整改文印社2家，对7个单位进行通报批评，并对相关责任人进行诫勉谈话。加大宣传教育力度。针对全县各级各单位保密干部及保密技术人员开展6次保密工作专题培训会，应邀到有关重点涉密单位进行授课3次，对县委党校新任科级领导干部培训班和全县第十期青年干部培训班学员进行保密专题教育和培训。结合全县协同办公系统推广应用，对县网管中心机房进行改造提升，配齐配强各类设施设备，为推广协同办公系统做好准备。

督查考核 突出工业经济、重点项目和农业农村等工作，创新督查工作形式，提高督办效率。对重点事项、重点项目以沭督查字进行书面立项督查，明确责任，限时督办。对主要经济指标、重点项目、重要工作实行单月调度、季度总结、半年观摩、全年总评。建立联合督查工作制度，整合县委办公室、县政府办公室、县纪委（监察局）、县委组织部、县委政法委、县绩考办等相关部门力量，对全县27项重点内容进行督查调研，使督查成果转化为领导决策成果。2013年，共编发《临沭督查》26期；撰写督查调研总结材料9篇；办理县政协提案3件；转办县委领导批示353件，转办上级领导交办事项61件，共立项督办87项，办理县委书记信箱来信反映事项308件。

农村工作 以“两区同建”为工作重点，完善农村产权制度改革和农业生产经营体制改革，实施基地品牌、农业示范园、新型农村社区、农村基础设施四项建设，加快城乡统筹发展和一体化发展。起草制定《贯彻落实中央和省市〔2013〕1号文件精神深入推进农村改革发展的意见》《全县2013年农业农村工作任务分解》《2013年全县生态文明乡村建设暨城乡环境综合整治工作思路和工作重点》和《2013年度城乡环境综合整治工作考核办法》等文件。围绕促进农民增收等工作进行深入调研，并分别形成调研报告。抓好县委有关农业农村工作的督查落实和情况反馈，承办领导交办的相关督查事项。对全县农业农村重点工作进展情况，实行月通报制度，督促各项工作落实。全年编发《临沭农村工作》15期。牵头抓好城乡环境综合整治工作，确保整治效果。圆满完成农村产权制度改革试点任务，做好农村产权制度改革的全面推进工作，对改革进展情况进行综合调度、督导和协调，并抓好改革工作的典型经验的总结和调研等工作。加强与涉农部门的联络，较好地发挥了协调、沟通、服务职能。

撰稿：解志彬　审稿：刘艳丽

组 织 工 作

2013年，全县组织工作坚持以科学发展观为统领，以加强党的执政能力建设、先进性和纯洁性建设为主线，以为民务实清廉为主题，围绕服务全县经济社会发展大局，紧扣一个目标（提高组织工作满意度），深化两项活动（创先争优、基层组织建设年），抓好三项建设（领导班子和干部队伍、人才队伍、组织部门自身），突出四个重点（“三双”活动、“活力临沭”、“人才临沭”、“强基临沭”），改革创新，锐意进取，为建设富庶秀美幸福临沭提供了坚强组织保障和人才支撑。

领导班子和干部队伍建设 按照“选贤任能、用当其时、知人善任、人尽其才”要求，严格执行《党政领导干部选拔任用工作条例》，为全县事业发展选好班子、配好干部。1月份，组成考察组对各镇街、各单位领导班子和领导干部进行综合考核，结合职位空缺和工作需要，对部分单位领导班子及干部进行调整充实。共提拔正科级干部19名，副科级干部55名，重用6名，调任2名，交流58名。3月公开选拔团县委书记1名。同时，本着凡进必考、编制空缺原则，着力解决县直单位借用人员问题，为部分县直单位考选补充工作人员35名，其中从镇街遴选27名。按照中央关于“从严教育、从严管理、从严监督”干部的要求，县委印发《关于进一步加强干部管理监督的意见》，进一步加强与县执纪执法机关和相关部门的沟通联系，强化干部日常监督管理及监督结果运用。县委组织部印发《关于健全完善干部观察员制度的实施意见》，在纪检、信访、计生、民政、绩效考核、重点项目一线聘请单位观察员10名，社会观察员26名。继续选派干部到一线锻炼，年内选派14名新提拔副科级干部、6名科级干部到镇街和苍马山管委会挂职任党（工）委委员（副镇长）、主任助理、副书记，2名年轻干部到镇街挂职任主任助理。选派3名新提拔副科级干部挂职县信访局党组成员，1名干部挂职局长助理。从县直单位遴选3名干部到省商务厅挂职锻炼。转发市委组织部《关于规范乡镇（街道）和县区直部门中层干部选拔管理的意见》，中层干部实行组织部扎口管理，共对县交运局、县财政局等14个单位100余名中层干部竞争上岗进行审批备案。联合县编办、县人社局下发《临沭县党政机关事业单位中层干部轮岗交流工作实施意见》，进一步提升中层干部工作效能，激发中层干部队伍活力。以A4档案盒更换工作为契机，投资10余万元对档案库房、查档室、阅档室进行装修，圆满完成档案室升级改造工作。同时，参与完成县十六届人大二次会议、县政协八届二次会议的会议材料准备、人选酝酿、选举大会组织等工作任务。

干部监督 规范提升经济责任审计工作，对17名部门负责人进行离任、任中经济责任审计。完善拟提拔干部报告个人有关事项制度，组织全县1123名县管干部填写年度领导干部个人有关事项报告表，实现应报尽报。严格执行因公（私）出国（境）备案审批制度，坚持纪检机关、综治部门、检察机关资格政审审查。共审批出国（境）人员26人次，其中，因公临时出国23人次、因私出国3人次。加大领导干部诫勉谈话和函询力度，对存在问题的领导班子，县纪委、县委组织部与单位主要领导和相关责任人进行谈话，督促其抓好整改。因信访问题，向4名科级领导干部下发函询通知书，并责令其在规定时间内作出书面回复。转变理念加大信访查核力度，开通手机短信举报，形成信访、电话、网络、手机短信“四位一体”的举报受理平台。加大信访考核力度，将考核结果寄送党（工）委书记。继续开展举报信访“公开评查”试点工作。年内共受理群众举报107件（未计算重复举报6件），同比增长44.59%。其中，省委组织部转办27件，同比增长145.45%；市委组织部转办24件，同比增长20.83%；县委组织部接访56件，同比增长40%。经调查属实，开除党员4名，给予党纪处分2名，收缴违纪款79237元。配合县纪委做好干部作风检查，严肃处理党员干部违规行为。全年共通报3次，通报党员干部46人次，党员干部工作作风得到有效改善。

党的基层组织建设 继续实施县镇村三级党组织书记“联述联评联考”制度，继续推行镇街党（工）委书记抓党建责任制考核办法，做好日常纪实考核、半年观摩考核、实地综合考核、述职评议等；做好镇街党（工）委书记和村党组织书记会议述职工作，并逐步推行机关、企业等其他领域党组织书记会议述职。2013年5月，实施部分行政村规模调整，共涉及78个行政村居，减少行政村居51个，组建新行政村（社区）27个，具体调整情况见附表。新组建行政村（社区）设立党总支和村（居）民委员会，原行政村党组织作为新社区党总支下属党支部保留。调整后，全县共有行政村（居）236个。按照发展党员量化积分考核办法要求，及时做好发展党员和积极分子集中公推工作，共公推积极分子897名，积极分子年龄和知识结构得到不断优化。先后举办四期党员发展对象培训班，共发展新党员440名，其中解决三年及以上不发展党员村59个，审批转正预备党员339名，党员发展质量明显提升；组织开展全县党员档案整理工作，建立党员档案转接、归档、维护等一系列制度，落实党员档案管理责任，共整理党员档案2.2万余份。制定《中共临沭县委关于推进农村基层服务型党组织建设的实施意见》，落实村“两委”班子及成员年度综合考核、“四议两公开”、社区服务中心、强村富民等四项制度，对农村服务型党组织建设实行专项考核，由镇街党（工）委负责实施，县委组织部负责复核督导。考核结果与村干部业绩考核奖励报酬相挂钩，县里在基层组织建设经费中设立专项资金用于全县农村基层服务型党组织书记的绩效补贴，共为177名一、二类村党组织书记发放绩效补贴资金66.93万元。及时将行政村规模调整后的郑山街道万人大社区纳入全县城市社区管理，至2013年，全县共有城市社区13个。严格落实每个城市社区每年10万元的社区服务经费，保障城市社区党组织服务作用发挥。摸底排查1个城市社区软弱涣散党组织，建立班子成员包点联系机制。开展“政企结对，党建联动”主题活动，县委下发《关于开展政企结对党建联动主题活动的意见》（沭委〔2013〕65号），全县百家单位联系百家企业（社会组织），共建立领导干部企业联系点119个，确保机关单位和“两新组织”党建工作共促共赢共提升。及时对县委“两新”组织党的工作机构进行调整理顺，成立临沭县委非公有制经济组织和社会组织工作委员会。按照单独组建和联合组建两种方式，对符合组建党组织的“两新”组织及时建立党组织，对没有党员的“两新”组织，及时选派党建工作指导员，组织开展党建活动；全县261家非公企业、

29家社会组织全部建立党组织，共选派党建工作指导员163名。继续抓好企业出资人、党组织书记、党建指导员“三支队伍”建设；组织部分企业党务工作者、党建工作指导员、镇街组统委员到雨润集团、红蜻蜓集团、报喜鸟集团、康奈集团等企业参观学习党建工作；组织部分企业出资人到浙江大学学习。建立经费保障机制，全县所有非公有制企业全部设立专门党建经费；并通过以奖代补等方式将企业党费予以全部返还，用于企业开展活动。投资40万元，依托金正大集团建设高标准全县非公企业党建展馆，成为企业党务干部培训主阵地。探索推行企业党组织以“五个有为”实现“五个赢得”（在服务企业发展上有为，以“作为”赢得党建工作地位；在强化人才培育上有为，以“创新”赢得企业快速发展；在发挥党员作用上有为，以“行动”赢得企业和职工尊重；在维护职工利益上有为，以“关爱”赢得企业职工支持；在参与公益事业上有为，以“责任”赢得企业社会声誉。）的经验做法，市委常委、组织部长李刚对此作出专门批示。11月份，全市非公有制企业党建工作现场会在临沭召开，推广临沭经验。修订完善2013年县镇第一书记考核办法，选派104名镇街机关干部到56个薄弱村任职“第一书记”。“第一书记”先后协调各项帮扶资金2131.03万元，硬化村居道路363.97公里，新上水利项目34个，开展环境整治3625次；新上经济发展项目197个，92个任职村集体经济收入超过5万元；结对帮扶贫困户2344户，节日走访慰问5379次。印发《关于加快推进农村社区综合服务中心建设的实施意见》《农村社区综合服务中心及配套设施建设标准》和《临沭县助推农村社区综合服务中心建设配套政策》等文件，以“标准型”“示范型”“引领型”分类推进，按不低于“一厅六办五室四配套”的标准进行建设。设立农村社区综合服务中心建设专项资金，县、镇（街）按2：1的比例相应拿出配套资金。全县建成农村社区服务中心37处。11月9日，全市选派“第一书记”工作暨农村社区服务中心建设会议在临沭召开。下发《临沭县发展党员工作实行量化积分考核办法》，实行巡查、日常工作考核、年底综合考核三种考核形式，客观量化考核基层党委发展党员工作情况。印发《关于进一步明确发展党员工作有关情况的通知》，细化党员发展资格审查条件，确保党员发展审核有据可依、有据可查。制定组织关系遗失、“挂空”现象的处理方案，理顺组织关系接转流程。在“三双”（双真双联双深）主题实践活动中，组织开展“群众路线大家谈，面向基层照镜子”活动，进一步打牢党的群众路线教育实践活动开展的思想基础。开展以庆祝建党92周年“畅想中国梦·建设新临沭”为主题的“五个一”系列庆祝活动，激发党员干部群众创业热情。做好先进基层党组织和优秀共产党员的评选表彰工作，共表彰50个先进基层党组织和50名优秀共产党员。

党员干部教育 制定下发《关于进一步加强全县党员干部教育培训工作的意见》和《2013年临沭县党员干部教育工作考核办法》，将党员干部教育工作纳入镇街党（工）委书记抓基层党建工作考核，科学量化、细化考核内容，定期研究部署，每月定期考核通报。加大站点检查督导力度，全年共开展1次拉网式检查和3次集中检查，不定期抽查站点60多个，电话抽查站点130多个。建设全县党员干部教育远程服务系统，通过视频监控、远程查看、上传培训现场录像图片等方式，进一步提升站点学用效果。认真宣传贯彻中共十八大精神，广泛发动和组织各站点和广大党员参加“十八大党章”网络知识竞赛活动，集体竞赛参与率100%。组织“沂蒙党课”知识在线测试，所有村级站点均参与测试，约2200余人成绩达90分以上。实施农村党员干部“素质能力培养提升工程”，确定农村党组织书记培训、农村后备干部培训、创业培训、退伍军人培训、农村实用人才培训等14个重点培训班次，累计培训党员干部1万多人次。开展“沂蒙党课”活动，并将“沂蒙党课”纳入“三会一课”内容，抓好组织实施，并收集和制作“沂蒙党课”学习资源，刻录300套学习光盘分发到各基层党组织。做好站点建设管理维护，命名表彰18处县级党员干部教育示范点，其中滨海红色纪念园、临沭街道前官庄村、店头镇措庄社区被命名为“市级党员教育示范点”。及时为全县党员干部教育站点缴纳上网费用，保障网络畅通。投资5万余元统一采购34台液晶电视机，用于设备的维修更换。落实管理员绩效考核办法，发放县级补贴17.92万元。组织农村党员干部管理员集中轮训，依托县职业中专，利用9天时间举办三期全县村级站点管理员培训班，并组织管理员参加计算机初级考试。同时，协助市委组织部承办全市党员教育管理员培训班。整合县广播电视台业务力量，鼓励引导各镇街、部门单位参与教学资源开发建设，全年制作完成课件50部。加大“沂蒙先锋”电视栏目供稿力度，拍摄制作的《扎实开展“双联双深双真”主题实践活动》《服务与发展的“双赢”路——临沭县曹庄镇朱村建设基层服务型党组织工作纪实》等12部新闻专题片在“沂蒙先锋”栏目组播出。参加优秀课件评选活动，选报的专题片《点石成金的当家人——记临沭县高埠新村党支部书记英荣江》在第四届中国农业电视节目评选活动中，荣获专题类三等奖；专题片《老书记的新农村》、微电影《水之殇》分别荣获第十七届中国行业电视节目展评专题类三等奖、文艺类优秀奖。编播“临沭党建”电视专栏节目，精选教育课件，共编播节目52期，每天固定播出3小时，播出时长达1100余小时。做好临沭县党员干部教育平台和党员干部教育移动管理服务平台信息的筛选和发布，累计上传信息1700多条，视频课件180多部，较好地满足党员干部培训需求。编发党员干部教育手机报，精选党章、党史知识、群众路线教育实践活动等内容面向全县党员干部发布，月发送信息16万余条，近万名党员干部受到教育。发布非公企业党建、选派“第一书记”、联系和服务群众等工作通知通报30多次，征集群众诉求110多件，开展组织工作问卷调查1次。做好党性教育基地提升改造工作。按照市委、市委组织部“对刘少奇在山东纪念馆进行全面改造提升，使其成为继莒南等县区后，全省的又一个党员干部党性教育教学点”的要求，投资300余万元，新建教育教学报告厅1处、对“刘少奇纪念馆”进行扩建。

人才队伍建设 制定《关于进一步加快引进人才的若干意见》和《关于提高科技创新能力推进县域经济转型升级跨越发展的意见》等文件，设立人才专项资金500万元。11月份，两次邀请海创智库（千人计划）科技服务中心有关人员到临沭考察调研，并签订合作协议，设立海创（千人计划）临沭创业服务中心，并利用县会展中心部分空间，投资35万元，建设临沭县人才创业服务中心。常林集团聘请的意大利研发专家普契尼·阿莱西奥入选中国第四批“外专千人计划”，成为临沂首位获此殊荣的外国专家。按照市委组织部的统一部署，通过面试、考察的方式面向国内外招考24名研究生学历人才进入事业单位工作，同时各企业积极发挥平台载体作用，引进研究生以上学历50余名。

干部直接联系和服务群众 按照“全覆盖、网格化”要求，深入调查摸底，准确统计各镇街、苍马山景区和商住小区调查登记的联系户数和联系干部人数，并在此基础上对联系干部和联系群众进行网格划分，确立四级网格联系机制。

全县共划分网格4520个，其中县级网格1个，镇级网格11个，三级网格142个，基础网格4266个，4272名机关干部联系16.6万户群众。成立领导小组和工作机构，细化任务分工，形成职责明确的工作格局。制定《中共临沭县委关于全面深化干部直接联系和服务群众工作的实施意见》，编印《干部直接联系和服务群众工作指南》《干部直接联系和服务群众工作30问》等资料，8月16日召开专题会议进行总体部署，8月24日对参与联系服务群众工作的8170余人进行集中培训。在不影响群众生产生活的前提下，采取灵活多样的形式入户走访，真心问民情、问民意、问民需，按时完成对接，首次入户走访率达97%，“二次走访”共联系群众9200余户，更新基础信息2.9万条。建立科学的诉求收集、分析研判、解决反馈工作运行机制，尽职尽责帮助群众解决实际困难和问题，共收集群众需求诉求2030件，办结750余件。制定《临沭县深化干部直接联系和服务群众工作督导方案》，明确督导任务、方式及要求，并从纪检、组织、宣传等部门单位抽调人员组成督导组，通过周调度、日常督查、随机抽查和专项督导4种督导方式，全面了解工作开展情况，累计督查单位129个，电话抽查联系干部1234人次、群众4025户，实地抽查联系干部298人、群众469户，发送短信通报16次、书面通报5期。

绩效考核 对重点项目建设实行领导包扶工作机制、联席会议制度、现场推进会议制度和观摩评议会议制度，定期筹备召开重点项目（工作）推进会议，加快推进重点项目建设。对全县20余个重点项目及全市读书会拟观摩项目派驻督察员，全过程跟踪督察项目建设进度。全年印发通报125期，报送督察信息189条，县领导多次进行批示，其中县委、县政府主要领导先后批示10余次；累计发现问题120余条，及时协调解决问题79个，确保项目建设顺利进行。从3月份开始，狠抓城乡环境整治，先后开展基础建设月、巩固提升月、规范运行月集中整治活动，对全县14条（国、省、县）道和沿线的115个行政村实施环卫保洁一体化管理。全年累计下发落实日常督导台账1200余条。先后发放以奖代补资金613万元，争取上级补助资金97万元，在全市城乡环境整治综合考核中取得排名第三的成绩，全县初步建立“户集、村收、镇运、县处理”的环卫保洁长效机制。完善镇街（区）、县直单位的绩效考核办法及相关考核细则。定期通报财政收入、“两区同建”及土地增减挂钩、城乡环境整治工作进展情况，及时通报县直单位、镇街年度考核成绩。对创城、旧城旧村拆迁、征地等重点工作，以及作风纪律检查、国家园林县、出租车升级改造等临时性、突击性工作，安排督察员靠上，强化过程督察。先后对涉及征地、拆迁等在外帮扶人员72人、112户帮扶情况进行督办，对部分重点工程第一责任人在电视台公开承诺，接受社会监督，有力地促进了领导干部作风转变。

2013年临沭县部分行政村规模调整情况一览表

表2

镇街	调整涉及的原行政村	调整后新社区名称
临沭街道	周庄居、徐兴社区、高湖居、前琅	兴安社区
	桃园村、后官庄	桃官社区
郑山街道	郑山居、姜屯、邢屯、罗屯、海子、宅子、大韩庄、丰岭	郑山万人大社区

续表 2

镇街	调整涉及的原行政村	调整后新社区名称
蛟龙镇	前蛟龙居、中蛟龙居、后蛟龙居、沙岭、红土、北窝子沟	蛟龙社区
	井店居、胡赵庄	滨海社区
	前塘村、后利城	利城社区
石门镇	刘棠、陈棠、后湖、吴棠、宋棠	棠梨社区
	羽泉村、大峪子	大羽泉社区
曹庄镇	郭庄、曹庄东村、曹庄西居、马庄	岌山花园社区
	旺南庄、新庄村、岭南头	沭马社区
	新华村、华桥	华桥社区
	郭疃村、王疃村	四疃社区
青云镇	李埠子居、小蔡庄、大蔡庄	朝阳社区
	界前东村、界前中村	界前社区
	白莲峪居、雷官庄	莲花社区
	坊口、卢官庄	官庄社区
大兴镇	芦庄、芦格庄、大坡村	大兴社区
	港头新村、东港头、山西头	港头社区
白旄镇	金柳村、圈子河	柳河社区
	中朱崔、西朱崔	朱崔社区
	柳庄、王庄	柳庄社区
玉山镇	袁黄峪社区、营子、郑黄峪、金顶村	黄峪社区
	苍盛社区、西朱仓东村	苍盛社区
店头镇	东措庄社区、西措庄、路岭村	措庄社区
	新圩子村、前细柳	永安社区
苍马山景区	曹界前村、李界前	界前新村社区
	苍隆居、山里村	苍前社区

撰稿：石洪欣　审稿：班立江

宣传和精神文明建设

县委宣传部内设办公室、理论教育科、宣传教育科3个科室，下设县新闻中心、县文产办2个副科级事业单位；下辖县文明办、县社联、县外宣和网管办公室3个正科级单位。共有干部职工33人。

2013年，全县宣传思想文化工作紧紧围绕"幸福临沭"建设，以科学发展观为指导，以学习宣传贯彻中共十八大和十八届三中全会精神为主线，全面落实凝心聚力、提升形象、推动发展三大任务，着重突出社会主义核心价值体系建设、文明创建、新闻舆论宣传、丰富群众文化生活、文化产业发展、阵地建设管理六个重点，抓亮点、求突破、上水平、争一流，各项事业取得了显著成绩，新闻宣传、乡村文明行动、文化建设等工作在全市保持领先地位，为经济文化强县建设提供有力的思想保证、精神动力、舆论支持和文化条件。

理论武装和形势政策教育 扎实推进理论学习，制定《2013年全县党委（党组）中心组理论学习安排意见》，分八个专题，对十八大精神和各级领导重要讲话的学习进行系统安排。做好《理性看齐心办——理论热点面对面2013》等理论学习书籍的学习宣传发行工作。加强理论调研工作，形成"沂蒙精神的精神特质和弘扬途径研究""临沭县学习型党组织建设浅析"等调研报告。抓好"我的中国梦"主题宣传教育。通过举办"中国梦"演讲比赛、"我与中国梦"百姓宣讲活动，动员百姓讲身边人、身边事，自我教育、相互激励。抓好学习贯彻习近平总书记重要讲话精神和十八届三中全会精神的宣讲。邀请上级专家、学者到临沭举办学习贯彻习近平系列重要讲话精神宣讲报告会和中共十八届三中全会精神报告会，成立临沭县学习贯彻习近平总书记系列重要讲话精神和十八届三中全会精神宣讲团，在全县宣讲30多场。

新闻舆论宣传 紧紧围绕县委、县政府中心工作，为全县经济社会又好又快发展营造良好舆论氛围。外宣工作，全年共在市级以上媒体用稿达8900余篇。其中，在重点党报党刊和电台、电视台推出宣传临沭的稿件260余篇。内宣工作，《临沂日报·临沭新闻》累计编发47期，编辑各类稿件2700余篇。广播电视方面，共编辑《临沭新闻》130多期，编播电视新闻2200多篇；制作电视专题片18部；直播"行风热线"277期。对《今日临沭》网站进行改版升级，更名为《临沭网》，增加《临沂日报·临沭新闻》《临沭文明网》板块。新闻安全，强化新闻宏观管理和日常监管，积极做好网络舆情引导工作，编发《舆情专报》48期、《舆情通报》41期。公开考选3名网管工作人员，组建20余人的临沭县网评员队伍，加强网上正能量传播，全年编发、转载、评论引导各类信息近2万条。

文明创建活动 巩固"省级文明县"创建成果。召开临沭县迎接省级文明县暨城市文明程度指数测评工作动员会议，制定出台《关于进一步健全文明城市创建工作长效机制的实施意见》，成立11个工作组（督导组），按照“谁主管谁负责，谁丢分谁负责”的测评工作机制，制定并印发具体的工作实施方案，进一步明确工作目标、时间要求和落实措施，层层分解目标，切实落实到人，形成上下呼应、环环相扣的迎接测评工作网络，促进工作任务的全面落实。精心准备档案资料，完成省级文明县测评档案材料的收集、整理、加工和归档等工作，共整理创建档案100盒2200余份文件资料，高质量完成档案提报任务。通过开展争做文明有礼的临沭人、强化媒体公益广告宣传、广泛开展志愿服务和群众性精神文明创建活动、开展各类集中整治等多种形式，促进群众文明素质和城乡文明水平的全面提升。6月底至7月初，省文明委检查组和市文明委检查组先后对临沭县的文明创建工作进行全面检查验收，临沭县以扎实的工作和良好的城市面貌赢得了检查组的一致好评。其中，在全省精神文明建设重点工作测评中，临沭县在96个被测评的县（市、区）中，成绩位列第21位，在全市测评县区中位列第三位，受到省、市领导一致好评。

深入推进“乡村文明行动”。临沭县在被确定为全省首批“乡村文明行动”省级示范县的基础上，围绕“村容村貌、村风民俗、乡村道德、生活方式、平安村庄、文化惠民”六大建设，按照“五年五步走”的工作思路，继续从工作机制、活动载体、典型示范、文明共建、舆论宣传等五个方面入手，扎实推动“乡村文明行动”向纵深拓展，顺利实现县级以上文明村占全县行政村总数60%的目标。深入开展新农村新生活培训活动，面向农村基层干部、农村家庭特别是广大农村妇女开展“新农村新生活”培训教育活动，围绕“乡村文明行动”六大任务，重点开展村居美化净化、家庭伦理道德、亲子教育、文化娱乐、身心健康等五个方面的培训教育，举办县级培训班6期，镇街培训班30期，村居培训班120期，印发培训材料2万余份，培训农村干部和农村文明户2万人次。实施“乡村文明家园”示范工程，创建省级乡村文明家园示范村6个，市级文化特色建设示范镇1个，市级乡村文明家园示范村2个。争取上级无偿帮扶资金37万元。编印临沭县乡村文明行动暨四德工程建设《宣传手册》和《简明手册》5万册，发放到全县各级各单位和广大农户手中，使这两项工作家喻户晓，群众参与率和支持率显著提升。

深入推动文明单位、文明村镇、文明社区创建活动。以增强服务意识，提高服务水平、承担社会责任、树立良好形象为创建重点，不断强化文明单位的创建管理，积极发挥文明单位在城乡共建中的模范带头作用，不断提升创建水平。在年初全县宣传文化工作大会上对2012年度县级文明单位、文明村镇进行隆重表彰，进一步提高全县各级对文明创建的认识，在全社会营造争先创优的浓厚氛围。开展2013年度文明单位、文明村镇、文明社区复查评选活动，新增省级文明单位3个，省级文明村镇2个，市级文明单位1个，市级文明村镇6个，市级文明社区1个。开展窗口行业文明优质服务竞赛活动，促进窗口行业从业人员文明素质的进一步提升，全县服务环境进一步改善，人民群众满意率不断提高。表彰8个文明优质服务示范单位，10个文明优质服务示范窗口，10名文明优质服务明星。

思想道德建设 深入开展“四德”（爱德、诚德、孝德、仁德）工程建设。把“四德”建设作为提高公民道德素质，提升社会文明程度的重要抓手，通过建立健全组织领导、宣传引导、长效管理三项机制，突出城区、农村、学校、行业四个重点，深入开展善行义举四德榜评选活动，有效提升广大群众的思想道德素质。5月25日，全市“四德”工程建设现场推进会观摩临沭县3

处现场。

开展道德模范、身边好人评选活动。积极推荐道德模范、身边好人，其中，临沭县王坤荣获“第四届全省道德模范提名奖”，王坤、孙守岩、张义华、武宜果被评为“第四届临沂市道德模范”，石恒山、张义华被评为2013年山东好人，评选表彰第二届县级道德模范10人。利用县内主要新闻媒体，进一步加大对道德模范的宣传力度，在全社会营造崇尚模范、学习模范、争当模范的良好氛围。

推进道德讲堂建设，实现省市级文明单位道德讲堂建设全覆盖，并严格按照“五加三”的开课流程，每月组织开课一次。

积极开展“我们的节日”主题系列文化活动。春节期间，举办由临沭人创作，由临沭人演出，属于临沭人自己的2013年“幸福临沭”春节联欢晚会。春节、元宵节期间，先后组织开展第五届“龙腾虎跃闹新春”舞龙秧歌会、“迎新春·闹元宵”猜灯谜系列文化活动。清明节举办“走进爱国主义教育基地”活动启动仪式，组织开展“网上祭英烈”活动，倡树文明祭祀新风。端午节在苍源河举办首届龙舟赛。

做好未成年人思想道德建设工作。深入落实全国、全省、全县未成年人思想道德建设工作视讯会议精神，召开专门会议对未成年人思想道德建设工作进行安排部署。“学习雷锋，做一个有道德的人”主题教育实践活动深入开展。通过加快推进“乡村学校少年宫”建设、组织开展未成年人“向国旗敬礼，做一个有道德的人”网上签名寄语、加大校园周边环境整治等活动，营造未成年人成长的良好环境。争取上级无偿援建乡村学校少年宫资金50万元。

开展“关爱社会、关爱自然、关爱他人”三关爱志愿服务活动。“保护沭河”被纳入山东省保护山川河流志愿服务活动重点项目，全市保护沭河启动仪式在临沭举办。2013年4月13日，临沭县在金沂蒙广场举行“走进母亲河·热爱新临沭”沭河采风活动启动仪式。此次活动是“保护沭河”志愿服务活动的重要组成部分，“保护沭河”是全省开展部署山川河流志愿者服务活动21个重点项目之一，具有较大社会影响。历时一年，临沭县部分摄影、音乐、美术、写作爱好者和环保志愿者参加，共20余人，分春夏秋冬四季集中专题采风。他们从沭河源头沂山南麓开始，顺流而下，直至沭河入海口，途中对河口河沿岸特别是临沭的自然美景、风土人情、环保状况以及社会建设等情况进行深入细致的收集挖掘、调查研究，获得大量宝贵的图片和资料。出版摄影集《沭河》、创作歌曲《沭河之歌》，举办《沭河风情》摄影展，创作《沭河情》情景剧并在“2014年临沭春晚”演出，发表有关文章20余篇、绘画10余幅。积极组织学雷锋文化志愿者进乡村、城市学校少年宫开展学雷锋志愿服务活动。全县2万名志愿者登陆“志愿临沂”网站进行注册，100多个志愿服务组织和集体通过志愿临沂网站发布活动信息，实现志愿服务活动的招募、注册、培训和服务对接。

文化产业发展 组织企业参加中国（深圳）文博会、山东省文化产业博览会、山东省民间手艺品大展（韩国仁川市韩中文化馆举办）、（大阪）中国山东出口商品展览会等各类展会，为宣传临沭手工艺品，推介临沭、扩大临沭文化影响力发挥较好推动作用。金柳工艺品有限公司、临沭县荣华工艺品有限公司2家柳编企业于2012年、2013年连续两年入选由商务部、中宣部、文化部等五部门共同认定的国家文化出口重点企业，每年国家给予50万元资金奖励。2013年，临沭美艺工艺品有限公司、临沂陆祥工艺品有限公司、临沂照兴工艺品有限公司、临沭晴朗工艺品有限公司、临沂白云工艺品有限公司、临沭县荣华工艺品有限公司、临沂金柳工艺品有限公司等7家企业被评为重点文化产品和服务出口企业。按照《关于进一步完善文化产业项目信息报送工作机制的通知》（临宣通〔2012〕9号）有关要求，临沭县每个月都及时了解文化产业建设情况，对发现的新兴文化产业项目进行重点培植。主要有临沭柳编创意文化产业园区、冠山文化旅游区、曹庄朱村文化旅游区、夹谷山影视基地、玉山镇莫氏绒绣、子凯青少年活动中心等重点文化产业项目。2013年9月4日—10月8日，依托第十一届中国临沂书圣文化节，举办“中国柳编文化艺术博览会暨南潮北风——南北书坛精英展”。本届博览会，以办出特色、办出影响、办出品牌为宗旨，以为企业搞好服务为最终目标，以传承书法艺术、展示柳编文化产品为主要内容，大胆创意，独辟蹊径，开辟柳编文化产业发展的新视角和发展空间，为参展企业和参会客商提供一个产品展示、技术交流、贸易洽谈的最佳平台。此次博览会，共接待市内外客商、游客3万多人，各柳编企业现场接到各类订单1300余份，成交额达1200万元，实现政府与柳编企业双赢。共有86件产品被第十一届中国临沂书圣文化节组委会评为设计创意产品一等奖，169件产品被评为设计创意产品优秀奖，9家单位、企业被评为优秀组织奖，12家企业获产品创意金奖。为提升临沭文化，彰显临沭个性、体现临沭文化特征，2013年1月20日—3月31日，在全县开展临沭文化标识征集活动，并面向社会公开征集。整个活动共收到18件作品。其中，临沭城市文化主题宣传语14件157条，临沭文化标识4件；组织专家评选，评出二等奖2名、三等奖3名。

撰稿：杨开银　张晓丽　薛良羽
张　欣　郭慧慧　张　昆
审稿：文　平

统 战 工 作

2013年，临沭县委统战部按照年初全市统战工作会议精神，结合全县实际，以党外代表人士队伍建设为抓手，深入贯彻落实中共十八大精神，全面提高统战工作科学化水平，较好完成全年工作任务，为幸福临沭建设做出积极贡献。县委统战部被省委统战部表彰为“2013年度全省统战宣传刊物工作先进单位”，被市委统战部表彰评为“全市统战理论调研宣传工作先进集体”。

党外代表人士队伍建设　县委将党外代表人士队伍建设工作纳入重要议事日程，纳入全县人才及干部队伍建设总体规划，纳入到领导班子和干部考核目标体系，纳入党政领导干部交流总体计划。制定下发《关于加强新形势下党外代表人士队伍建设的实施意见》等文件，建立全县党外代表人士队伍建设工作联系会议制度和特约人员聘请制度等，层层召开动员会议进行落实，为全县党外代表人士队伍建设工作营造良好政策环境。

建立党外代表人士信息管理机制。通过发放调查表，对全县党外代表人士进行充分摸底调查，填报信息档案，建立120人的党外后备干部队伍，建立620名党外代表人士信息库，并实行动态管理。建立完善党外代表人士教育培训机制。以县社会主义学校为依托，精心编制培训计划，对纳入人才库管理的党外代表人士分级分类培训。建立党外代表人士推荐使用机制。统战部门对党外代表人士的德、能、勤、绩、廉等工作表现情况进行定期了解考察，及时向县委提供推荐、选拔和使用意见、建议。年内新提拔任用5名副科级干部。建立党外代表人士实践锻炼机制。安排8名党外人士分别到省、市、县直部门、镇街等挂职锻炼。

通过筹备全县党外知识分子联谊会，在县卫生、农业、教育系统等建立5个党外知识分子联系点，开展联系交友活动。党政领导干部带头联系1—2名党外代表人士，结成56个联系对子。定期召开党外代表人士座谈会，主动帮助他们排忧解难。4月，专门召开会议表彰全县优秀党外知识分子30名。利用县电视台、临沂日报临沭版等及时宣传报道党外人士先进事迹。

服务县域经济发展 积极组织党外代表人士和广大党外知识分子，围绕落实县委、县政府确定的建设“幸福临沭”战略目标开展调查研究，通过到村入点走访座谈，深入非公有制企业调查，认真研究制约全县经济社会发展和影响民生方面存在的突出问题，形成《关于开展“两区同建”工作的调研报告》等调研报告及建议意见60多份，为县委、县政府科学决策提供依据。广大统战干部认真参与全县开展的干部直接联系和服务群众活动，每名干部联系40余户群众，早出晚归深入农户和田间地头发放联系群众承诺卡，帮助困难群众理清发展致富路子，尽最大努力帮助贫困家庭解决生产生活中的实际问题。

协调有关部门帮助非公有制企业解决融资难、引进人才技术难、产品销售难等实际问题。6月份，会同工商联邀请上海交通大学教授等对非公有制经济人士进行培训，充分发挥非公有制经济组织党工委的作用，扩大党组织在非公有制经济组织的覆盖面。引导民营企业家关注民生，开展“同心·民企帮村”“同心·民企助学”和光彩事业等活动，民营企业金正大公司每年都拿出100多万元资金用于帮助困难职工、捐助家庭困难学生。全县非公有制经济人士和非公企业积极参与各项社会公益事业，累计捐款捐物折合人民币达360多万元。年内对饮食商会等进行换届，新成立临沭县工商联糖酒食品商会，对新成立的商会班子人员进行业务培训；不断加强行业商会、镇街商会的规范化管理，健全各项规章制度，提高商会自我管理自我约束能力，避免同业不正当竞争。

民族宗教工作 加大少数民族项目争取力度和扶持资金使用额度，筛选上报项目15个，积极争取省、市少数民族发展资金、民族宗教事业发展资金、民族企业技改资金。店头镇店北街改水项目和店头清真寺水房太阳能利用项目，争取上级资金13万元；常林集团享受贷款额度3.45亿元，享受贴息365.68万元；为店头正茂皮革争取技术改造资金410万元。春节、高考期间，对全县近60家清真食品生产、经营场所及学校食堂进行检查。化解涉及少数民族纠纷2起。成立考核工作组，对宗教团体领导班子、领导班子成员和教职人员的政治思想、团结状况、教风及作用发挥等方面进行考核。协调民宗局加大执法力度，4月份依法取缔以“生命之光教会”“基督教青年团契”为名的聚会点1处，没收违法所得，并处以罚款。6月份依法查处1起借佛教敛财案件。县基督教三自爱国委员会投资300多万元建设的中心堂投入使用。深入开展“服务社会、促进和谐”“法律进教堂”“五好宗教界人士”和“民族团结进步宣传月”等活动。

撰稿：朱孔高　审稿：高　娟

县直机关党建工作

中国共产党临沭县委员会县直机关工作委员会（简称县直机关工委），是中共临沭县委的七个职能部门之一。2013年，下设113个单列党组织（其中：机关党委4个，党总支35个，党支部74个），党员4785名。县直机关工委紧紧围绕县委、县政府中心工作和年初制定的县直机关党建工作目标，充分发挥机关党组织推动发展、服务群众、凝聚人心、促进和谐的重要作用，在2013年度全市机关党建工作综合评比中被评为一等奖。

基层党建 （一）推进学习型党组织建设。坚持把学习作为提升思想境界、改进工作作风、增强履职能力、提高工作效能的基本途径。制定下发《2013年度县直机关理论学习安排意见》，对年度理论学习作出安排。（二）基层党组织建设。1. 对具备党组织设置条件或党组织设置条件不足的单位采取新建、重组、撤销等形式，对其党组织设置进行调整优化。共对县教体局、县国土局、县自来水总公司等9个单位党组织设置进行调整优化，新建党组织7个。2. 签订机关党建档案责任书。与基层党组织签订机关党建档案规范化建设工作目标责任书，形成单位一把手为主要负责人，分管领导为直接责任人，档案工作人员为具体责任人，一级抓一级，层层抓落实的工作机制，确保工作落到实处。3. 举办专题培训班。10月份举办县直机关专职党务干部培训班，对120余名专兼职党务工作者进行系统培训，提升履职能力。编辑印制《发展党员工作简明手册》《基层党组织选举规程》《县直机关基层党组织活动记录簿》《发展党员工作记录簿》《基层党组织选举工作记录簿》等5本规范化建设手册，并对党建工作档案规范化建设工作进行系统培训，推动此项工作开展。（三）入党积极分子队伍和党员队伍建设。1. 入党积极分子队伍建设。及时更新完善入党积极分子数据库，10月份对140余名县直机关入党积极分子进行为期5天的专题集中培训。2. 发展党员。全年共审批吸收预备党员45名，取消预备党员资格2名，预备党员转正51名。（四）做好干部直接联系和服务群众工作，推进联系服务群众工作深入开展。机关工委联系临沭街道河滨社区225户居民，及时研究制订实施方案，确定帮扶目标，细化帮扶任务，明确目标要求和方法步骤，确保工作有计划、有步骤地进行。

党风廉政建设 （一）机关作风建设和反腐倡廉工作。深化反腐倡廉宣传教育，以树立正确权力观、政绩观和事业观为重点，认真组织学习和贯彻“廉洁从政准则”，抓好领导干部廉洁自律各项规定的贯彻落实。同时丰富载体，推进机关廉政文化建设，健全完善党内民主集中制、党内监督等各项制度。（二）党务公开。认真贯彻落实中共中央办公厅《关于党的基层组织实行党务公开的意见》，有步骤、有重点地推进机关党务公开，并将其纳入年度党建考核内容。指导督查县直部门单位机关党组织制定党务公开工作实施方案，规范党务公开的范围、内容、形式和方法，切实抓实党务公开工作。（三）处治违纪党员。严格按照党风廉政建设工作要求，认真落实廉政建设责任制，严肃查处党员违纪案件，先后对8名违纪党员分别给予警告、严重警告和开除党籍处分。

理论宣传 6月28日，成功举办庆祝建党92周年书画摄影作品展。共收到作品398幅，入选作品161幅（其中书画作品112幅，摄影作品49幅）。作品融思想性、艺术性、教育性为一体，深情缅怀党的光辉历史、歌颂党的丰功伟绩、展现临沭美好风光，抒发全县人民热爱党、热爱家乡的情怀。

机关武装 按照上级部署和机关武装工作要求，组建交通运输、医疗救护、供水抢修和电子对抗战4个机关民兵应急小分队。按照县人武部要求，做好2013年度夏秋征兵工作的政策宣传、报名登记、兵源体检、政治审查等工作，共向军队输送合格兵8人，其中女兵1人。

撰稿：公彬彬　审稿：杨化岭

党校工作

县委党校下设办公室、教务处、理论研究室、工作科和后勤科5个科室。共有干部职工40人，其中，高级专业技术职称8人，中级专业技术职称12人；一线教师全部具有大学本科以上学历，其中5人具有研究生学历。2013年，分别被市政府和市委党校授予“花园式单位”和“先进党校”称号。

教学工作 2013年，县委党校坚持服务全县发展大局，着力在扩大培训规模、创新培训形式、提高培训质量上下功夫，共举办十八大精神宣讲班等主体班次18期，培训学员4500多人次；与国税、安监和统计等7部门和部分企业联合办学，培训学员3500余人次；义务送教到镇街、县直单位，受教育面2.2万人次，其中，12月份宣讲十八届三中全会精神，受教育面达1.5万人次。深化教学改革，在市委党校的指导下，建立“汇商工谷”“刘少奇纪念园”“朱村红色纪念馆”3个市级教学科研示范基地，带动建设15个县级教学科研基地和现场教学点，逐步实现由“课堂讲授式”向“课堂+基地”“理论+实践”“动脑+动手”教学模式的转变。按需施教，不断更新课题库。全年共更新32个新课题，培训课程实现“菜单式”。落实集体备课、课题试讲制度，每个课题都反复试讲，反复修改，达不到精品课要求不准上课堂。加强学员管理，学员在校表现、培训成绩由党校通报县委组织部和学员选派单位，记入学员培训档案。培训工作取得单位、学员、学校和社会“四个满意”的效果。

科研工作 坚持“教学、科研、资政”三位一体，认真落实《科研课题管理办法》和《科研成果奖励规定》，加大科研工作力度。紧扣县委中心工作，确定“破解城乡一体化建设难题”“对两区同建工作的思考”“加快发展现代设施农业”“农村拆迁工作现状”等课题，扎实开展调查研究，共完成专题调研报告40多篇。全年共完成省级科研课题1项，市级科研课题2项，县级科研课题6项。共有16篇论文在省级以上刊物发表。

党校建设 2013年，投资30万余元对新校区进行补植绿化，对教师电脑进行更新换代，对办公楼的外墙、天井顶棚和亮化设施等进行修缮，加装部分防盗器材，完善视频会议室和信息中心的配套设施，进一步改善办学条件。

撰稿：高 鹏 审稿：王江华

信 访 工 作

2013年，县信访工作认真贯彻落实县委、县政府和上级关于信访工作的一系列决策部署，明确工作任务，落实工作责任，切实把信访稳定工作抓实、抓细、抓到位，为构建和谐平安临沭做出积极贡献。县信访局共受理群众来信166件，同比上升62%；接待群众来访784起3975人次，同比分别下降16%和2%。其中，集体访191起2945人次，重复访430起，重复访率55%。受理信访复查事项16件，办结14件。

排查化解矛盾纠纷 坚持矛盾纠纷定期排查和特殊时期集中排查化解的工作制度。通过经常性定期排查，及时发现掌握各种矛盾纠纷和苗头隐患，全面掌握信访动向。对排查出的苗头性和倾向性问题全部落实领导包案，限期解决，最大限度把矛盾纠纷处置在源头，化解在初信初访环节。2013年，全县各地共排查矛盾纠纷171件，已办结159件，办理率93%。

各镇街、县直有关单位按照县委要求，坚持把信访工作放在影响改革发展稳定大局的重要位置去谋划、去部署、去推进，确保县委决策部署的贯彻落实。各镇街各部门“一把手”切实加强工作指导，构建出齐抓共管的新格局。认真落实领导干部接访、重点约访、专题接访、带案下访和领导包案的“四访一包”工作制度。通过领导接访，一大批信访问题得到及时处理。建立健全联席会议制度，成立20个专门工作小组，特别是重点群体的稳控，如涉军、涉师和医患纠纷调处方面发挥重要作用。

化解信访积案 根据上级关于开展“信访积案化解推进年”专项活动整体部署，按照“控总量、减存量”的要求，在全县继续开展积案整治活动，深入排查现有信访积案，认真分析案情，制定切实可行的化解方案，明确责任主体和具体责任人，多措并举，综合施治，严格工作程序，力促息诉罢访。对生活确有困难的上访老户及时启动信访救助机制。

撰稿：刘超峰 审稿：吴淑霞

机构编制管理

临沭县机构编制委员会办公室为党委机构序列正科级单位，下设综合科、机构编制科、计划管理科和机构编制信息管理科4个科室，隶属二级单位有事业单位监督管理局。

机构改革 巩固和深化镇街机构改革。根据临沂市机构编制委员会办公室下发的《关于开展乡镇机构改革自查通知》的要求，对全县镇街机构改革方案落实情况进行全面系统检查，确保各镇街机构完全按照方案运作，各办、中心负责人到位。按照“扩权强镇，创新机制，服务经济，促进发展”的思路，继续做好青云重点镇行政管理改革工作，进一步明确和细化改革内容和政策。随时调度重点镇机构运转、平台建设等情况，及时协调扩权强镇过程中出现的问题。通过集中力量，整合资源，破解制约因素，初步建立与城镇化发展相适应的机构精干、服务高效、运转有序的镇街行政管理体制。

做好事业单位分类改革前期工作。2013年，临沭县按照临沂市机构编制委员会办公室要求，对全县事业单位做好前期调查摸底和分析工作。待临沂市里相关配套文件出台后，结合全县实际，以社会功能为依据，合理划分事业单位类别，拟定临沭县事业单位分类改革的实施方案及相关配套文件。

推进食品药品工商质监管理体制改革。按照临沂市食品药品工商质监管理体制改革工作会议要求，成立临沭县食品药品工商质监管理体制改革工作领导小组并开展工作。通过多次调研与沟通，上报《临沭县食品药品工商质监管理体制改革实施方案》，并获临沂市政府审批，正在筹备相关会议落实。对职责调整、职能划转、人员编制、“三定”规定等情况进行明确。

探索建立“大编制”管理机制。把临沭县编制细分为四大部分，即行政、事业编制分开，县直、镇街编制分开。在同一个行政层级内保持同性质编制总量前提下，打破各单位各部门编制限制，统一纳入一个整体通盘调剂。在同级同类范围内，各单位需要人员时，只对人员进行调整，实现人员合理流动。提高机构编制资源的使用效益，逐步破除机构编制“部门所有化”倾向，优化行政事业单位布局结构和资源配置。

事业单位年检 2013年，全县登记管理的事业法人单位149个，共年检单位136个，年检率91.28%。为26个单位办理变更手续。

中文域名注册 2013年，全县中文域名共注册246个，其中，政务域名42个，公益域名204个。

2013年临沭县行政事业人员编制情况表

表 3 单位：人

行政机关		事业单位	
编制人数	实有人数	编制人数	实有人数
1823	1748	12266	11912

2013年临沭县机构变更情况表

表 4

序号	事　　项	设置时间
1	县职业中等专业学校设立办公室、教务处、政教处、总务处、招生就业处、实训处、教科室、培训办等八个副科级内部机构，同时增配副校长职数一名	2013 年 4 月
2	县统计局成立县社情民意调查中心，为股级财政拨款事业单位，核定编制 3 名，可配主任 1 名，所需编制人员从局内部事业编制中调剂	2013 年 4 月
3	县法院成立县便民诉讼中心，为股级财政拨款事业单位，核定编制 5 名，可配主任 1 名，所需编制人员从收回的事业编制中调剂	2013 年 4 月
4	核定县政府机关幼儿园编制 125 名，主要负责辖区内学前教育等工作	2013 年 4 月
5	核定县人民医院编制 1186 名，按照总量控制、分批下达、按年度编制使用核准计划实施的原则，首批核增编制 269 名，核增后县人民医院编制 705 名；核定县中医医院编制 411 名，按照总量控制、分批下达、按年度编制使用核准计划实施的原则，首批核增编制 80 名，核增后，县中医医院编制 230 名；核定县计划生育综合服务中心（妇幼保健院）编制 169 名	2013 年 4 月
6	县安全生产应急救援指挥中心增加事业编制 2 名，所需编制从收回的事业编制中调剂解决	2013 年 6 月
7	成立县红石湖公园管理办公室，为县园林所股级内设机构，核定编制 3 名，可配主任 1 名	2013 年 8 月
8	县新型工业化实验区加挂县滨海高新技术产业区管委会牌子	2013 年 8 月
9	县外来投资者投诉中心办公室增加事业编制 1 名，所需编制从收回的事业编制中调剂解决	2013 年 9 月
10	县法制局加挂县行政复议委员会办公室牌子	2013 年 9 月
11	设立临沭县城区治安巡逻防范大队，为股级财政拨款事业单位，核定编制 20 名，所需编制从民警培训中心调剂 10 名，从收回的事业编制中调剂 10 名。可配大队长、教导员各 1 名，下设巡逻一中队、巡逻二中队	2013 年 9 月
12	县关工委办公室职责由团县委调整至老干部局	2013 年 9 月
13	县老干部活动中心增加事业编制 2 名，所需编制从收回的事业编制中调剂解决	2013 年 9 月
14	县旅游局增加事业编制 4 名，所需编制从收回的事业编制中调剂解决	2013 年 9 月
15	设立县农业行政综合执法大队，为副科级财政拨款事业单位，核定编制 10 名，所需编制从县果茶办调剂 6 名，农安办调剂 4 名，同时撤销内设科室综合执法大队	2013 年 9 月
16	县蔬菜办加挂县优质农产品基地品牌建设办公室牌子	2013 年 9 月
17	县房产和住房保障局增加事业编制 6 名，所需编制从收回的事业编制中调剂解决	2013 年 9 月
18	县教师进修学校附属小学单独设置，为股级财政拨款事业单位，并更名为临沭县第四实验小学，其他机构编制事项不变	2013 年 9 月

续表 4

序号	事　　项	设置时间
19	临沭街道中心中学更名为临沭县第四初级中学，其他机构编制事项不变	2013 年 9 月
20	郑山街道中心中学更名为临沭县第五初级中学，其他机构编制事项不变	2013 年 9 月
21	县职业中等专业学校加挂临沭县高级劳动技能培训学校牌子，其他机构编制事项不变	2013 年 9 月

撰稿：王　伟　审稿：李长庆

对台工作

2013 年，临沭县台湾工作办公室（简称县台办）以经贸合作为龙头、以交流交往为纽带、以优化服务为保障，开展一系列富有影响的活动，各项对台工作取得明显成效。被市台办评为“全市台办系统台商零投诉地区创建活动先进单位”。

经贸合作 依据县内资源优势和产业优势，采取节会招商、委托招商、入岛招商等形式，增强对台招商的主动性、针对性和实效性，注重引进高附加值、高技术含量项目和大项目。参加鲁台经贸洽谈会，结识台湾客商，为对台招商引资打下基础。全县 6 家台资企业实现工业总产值 1.79 亿元，利税 0.56 亿元，企业用工达 5000 多人，企业员工工资增长11%。

对台经济交流 始终坚持把做好对台招商引资作为落实“以经促政”对台方针政策的切入点，创新举措，务求实效，努力做好对台招商引资工作。坚持以商招商，以情招商，充分发挥条柳编、机械制造、化工等地方产业优势，通过“走出去、请进来”等形式，充分发挥台办优势利用节会和组团入岛进行招商，广交台商。6月，县长程守田一行7人应台湾大同集团邀请赴台进行招商引资，交往交流，此次台湾之行共达成意向合作项目1个，总投资约15亿元，前期投资10亿元，主要包括多晶硅切片、锂铁电池、锂铁电池正负极材料、非晶变压器、智慧型电表、电机覆盖件等项目，此外在教育卫生、生物化工、精致农业方面也与台湾相关人士进行合作洽谈。积极邀请台商到临沭考察，全年共有台商29人次到临沭县考察，台湾大同集团、无锡长江集团和临沭山田研磨材料有限公司于11月24日签订锂电池生产合作协议。强化“亲商、安商、富商”意识，以招商带服务，以服务促招商。做到“投资审批一条龙”服务，建设过程跟踪服务，投产经营后经常性服务，切实以优质高效的服务赢得台商、台企的信任，达到“招一家、安抚一家、致富一家”的效果。为台胞台企开通24小时服务电话，县分管领导及县台办主要领导对台企进行重点帮扶、重点指导、现场办公，对台企提出的问题和困难及时解决，以亲情化服务创造良好的台商投资环境。

宣传教育 充分利用台胞到临沭探亲、走访台属、走进台企等机会，宣传党的对台政策和各项优惠措施，增加理解、增进感情、增强互信。发挥台属联谊会作用，在全县广大台属中开展向台湾亲属、朋友打一个电话、写一封信、引进一笔资金、招引一个项目的活动。春节期间寄发致临沭籍台胞春节慰问信及贺年卡100多份，走访慰问台胞、台属、台企，向他们赠送贺年卡、挂历、慰问品。利用培训讲座、会议等，讲授涉台政策法规，提高各级干部的政策水平和涉台工作处理能力。发挥广播、电视、报纸等媒体的作用，宣传报道涉台活动，营造浓厚对台工作氛围。

撰稿：闫丽君　审稿：刘　萍

老干部工作

中共临沭县委老干部局（简称县委老干部局）下设县老干部活动中心、县老年大学、县老年人体育协会办公室3个副科级事业单位。

2013年，临沭县各级老干部工作部门紧紧围绕全县中心工作，以老干部满意为目标，全面落实离退休干部政治和生活待遇，不断加强离退休干部服务管理，充分发挥老干部在全县经济社会发展中的积极作用，统筹推进离退休干部党支部建设、思想政治建设、活动阵地建设，不断满足和丰富老干部政治需求和精神文化需要，切实加强老干部工作队伍自身建设，为全面落实老干部工作各项目标任务打下坚实基础。

落实离退休干部政治待遇　进一步完善离退休干部工作有关制度。坚持走访慰问、定期通报、参观工农业生产、参加会议、政治学习和在职干部联系老干部等制度。完善老干部工作联络员制度，聘请14名老干部任联络员。建立县委老干部局工作人员联系老干部制度，向老干部发放亲情联络卡70份，及时解决老干部反映的问题。成立临沭县离退休干部党工委，加强离退休干部党组织建设。举办离退休干部信息管理系统软件操作培训班，培训工作人员110名，做好离退休干部信息采集工作。

落实离休干部生活待遇　争取市离休干部专项转移支付资金127万元，调整离休人员医疗费筹资标准为2.2万元/人，为离休干部“三个机制”有效运转提供资金保障。抓好离休干部医疗保健工作，组织全县220名离退休干部进行健康查体。落实《临沭县离休干部及离休干部遗属特殊困难专项救助办法》，审核确定符合特困救助条件的离休干部及遗属40名，发放救助金4万元。做好改制破产企业离休干部接收管理工作，将县医药公司4名离休干部纳入县委老干部局统筹管理，确保离休干部有归属、各项待遇和服务措施得到落实。

老年体育　对县老年体育协会领导班子和各工作委员会负责人进行换届调整。全年共举办老年人运动、各类体育赛事和送文化下乡等6场次，1200余人参加；组队参加临沂市门球，钓鱼、秧歌腰鼓、太极拳剑等比赛和培训活动。筹措资金30万元，将红石湖公园六块门球场全部铺设塑胶草皮。县老年体协被市委、市政府评为全市老干部工作先进集体。

老年教育　全年共开办9个专业、10个教学班，学员716人次参加学习。结合教学工作，组织老师、班长赴枣庄市学习老年大学办学经验，开展送文化下乡、采风写生、书画摄影展和“贯彻十八大、畅谈新变化”等一系列活动，丰富离退休干部的晚年生活。投入资金6万元，加大网络教学基础设施建设，不断拓展基层老年远程教育服务网络。临沭县被中国老年大学协会命名为“全国老年远程教育实验区”，是临沂市唯一实验区。县老年大学被省委、省政府授予“全省老干部工作先进集体”称号。

关心下一代工作 将县关工委办公室职责由团县委调整到县委老干部局。先后配合教体局开展“古诗文诵读”“才艺培养”“感恩教育”三项活动。在各级关工委开展“老少同牵手、共筑中国梦”主题教育活动，组织全县112名中小学书法教师进行书法培训。推进“关爱明天、普法先行”青少年普法教育活动，向市关工委推荐县实验中学、县第一初级中学等6处中小学校开展“零犯罪学校”创建活动。

撰稿：杨艳飞　审稿：班立江

档案工作

临沭县档案局和临沭县档案馆实行局馆合一，挂档案局、档案馆两块牌子，在编人员17人，其中，领导职数1正4副，副高级职称3人、中级职称5人。内设办公室、业务指导科、档案管理科、开发编研科、法规科5个科室，主要履行档案行政执法、档案事业管理、档案保护利用、档案业务监督等职能。

2013年，档案资源建设得到进一步加强，档案信息化水平不断提升；业务工作特别是新农村档案工作实现新的突破；一大批编研成果和学术论文脱颖而出，档案干部队伍素质稳步提高；全市综合档案工作第一名，荣获“全市综合档案工作先进单位”称号。被国家档案局、民政部、农业部评为“全国社会主义新农村建设档案工作示范县”，县档案局被县委、县政府记为集体三等功。

档案资源建设 全年接收各门类档案3932卷件、图书资料31册和政府信息公开目录68本。征集清代及民国时期的“执照”“司照”“买契”等保存完好的文书材料一宗。至2013年年底，县档案馆馆藏档案115个全宗26个门类，纸质档案114154卷（件），图书资料9246册，照片档案1671张，录音（像）带102盒，光盘188张，实物档案394件。全年共接待利用者465人次，提供档案资料3744卷（件），复制档案、资料759页。根据市委办公室、市政府办公室《关于进一步加强全市档案信息化建设的意见》和市档案局要求，将剩余2万余卷档案进行目录输入，新增机读目录13万余条，馆藏档案目录数据库累计达57.5万余条。成立开放划控领导小组，有效开展开放档案网上目录和纸质目录审核工作。严格执行档案安全保管制度，发现隐患及时消除，确保档案万无一失。

基层业务建设 3月始，在临沭街道、青云镇相继通过山东省社会主义新农村建设档案工作示范乡（镇）验收，积极申报全国社会主义新农村建设档案工作示范县创建工作。在省市档案部门大力支持帮助下，县委、县政府高度重视，先后召开启动会议、印发创建文件，部署工作任务，并及时研究解决创建工作中遇到的难题，为创建工作提供资金保障和政策支撑。各涉农部门、镇街、村居按照“干就干好、创则必成”要求，倒排时间节点，加快向前推进，精心打造临沭街道、郑山居、曹庄镇朱村等20多个精品示范点，确保各项创建目标的实现。9月3日，顺利通过省专家组预验收；10月17日，通过国家专家组正式验收，被国家档案局、民政部、农业部评为“全国社会主义新农村建设档案工作示范县”。做好全县各单位2012年度文件材料归档工作，共审核各门类档案2万多卷件，年度归档率达92%。详细指导农村土地承包经营权登记、农村房屋产权确权登记和宅基地使用权确权登记档案。强化档案管理考核，省特级、省一级、省二级分别达到15个、25个、32个。加强重点建设项目档案管理，3月份对金正大公司60万吨/年硝基复合肥及配套工程项目档案进行预验收，7月份组织正式验收。

开发编研工作 充分利用馆藏资料，编辑出版4期《档案视窗》向社会各界免费赠阅，同时在国家级档案专业报纸发表论文2篇，档案学术论文6篇，新闻媒体发表档案信息40余篇，扩大档案部门影响，让人民群众了解并支持档案工作。积极参与省档案局组织的“齐鲁兰台文化展”，选取71份珍贵档案资料实体进行拍照，配以文字说明并予以上报。编纂《临沭城市名片》一书，准确反映临沭获得的各项荣誉和经济社会发展成果，提高临沭城市知名度。加强网站建设，及时更新档案信息，并逐步对社会开放，使之成为档案工作宣传、档案资源共享、人民群众了解党和政府重要政策的窗口。

撰稿：张　磊　审稿：江庆波

党史资料征集

党史资料征集 做好刘少奇在山东纪念馆和滨海革命陈列馆布展工作。撰写并修改大纲20余次，确保大纲内容准确、全面、雅俗共赏，真正达到对党员干部的教育作用；开展文物资料征集，先后组织人员赴5省40余县市，行程8000余公里，共征集文字20余万字，图片2000余幅，实物10余件，确保布展工作的顺利完成。派专人参与党的群众路线展厅和沂蒙革命纪念馆的资料征集，先后赴6省30余县市，行程5000余公里，共征集文字30余万字，图片1000余幅，实物30余件。启动“县委书记口述史”编写工作。“县委书记口述史”是临沭县党史五年规划的重要安排，对于了解临沭县历史文化底蕴和社会经济发展情况有十分重要的意义。为做好此项工作，组织人员对临沭县历任县委书记任期内经济社会发展情况进行研究，制订采访大纲。完成《山东省抗战时期人口伤亡和财产损失（惨案卷）（临沭部分）》编写工作。为深刻揭露日本侵略者残酷暴行，教育广大青少年牢记历史、珍爱和平，根据中央、省抗损课题办公室的部署和《山东省2011—2015年党史工作规划》确定的要求，组织人员查阅资料50余万字，形成4万余字的材料。

另外，开展《临沭县村级组织史》编写工作。修改审定《山东抗日烈士英名录·临沭部分》。到县民政局、县人武部、烈士陵园等部门多方核实，共审定抗日烈士条目303条，3万余字。编写《临沂编年史二卷·临沭部分》一书，字数6万余字。出版发行《中共临沭党史大事记（1999—2012)》。

党史宣传 参加中央文献研究室举办的“刘少奇诞辰115周年”活动，撰写“关注民生是刘少奇扭转山东抗战被动局面的关键”“刘少奇农业思想浅析”等论文2篇，1.2万余字。大力开展党史宣传教育工作，联合其他部门，开展党史宣传进社区、进学校活动，使广大人民学党史、知党恩。

撰稿：刘　涛　审稿：李　忠

临沭县人民代表大会常务委员会

2013年，县人大常委会以中国特色社会主义理论体系为指导，秉持以人为本、服务发展、民生优先工作理念，紧扣发挥代表作用、提升人大工作水平主题主线，坚持科学履职、依法履职、规范履职，把工作着力点放在推动县域经济跨越发展、促进社会和谐稳定、改善和增进民生福祉上，为加快全面建成小康社会和建设幸福临沭作出积极贡献。全年共召开县人大常委会会议7次，视察、执法检查8次，调研16次，听取“一府两院”专项工作报告11项。

县人民代表大会 县第十六届人民代表大会第二次会议　2013年1月16日至1月18日在县城召开。会议应到代表243名，列席人员80名。

会议听取和审议县长程守田所作的《政府工作报告》、县人大常委会党组书记、第一副主任姜自棠作的《临沭县人民代表大会常务委员会工作报告》、县人民法院院长侯雷作的《临沭县人民法院工作报告》、县人民检察院检察长汲广虎作的《临沭县人民检察院工作报告》；审议县发展和改革局局长廉政提交的《关于临沭县2012年国民经济和社会发展计划执行情况与2013年计划（草案）的报告》、县财政局局长郭和法提交的《关于临沭县2012年财政预算执行情况和2013年财政预算（草案）的报告》。会议对以上报告作出相应决议。会议补选王丙华、班立江为县十六届人民代表大会常务委员会委员。

县人大常委会会议 县十六届人大常委会第六次会议　1月5日在县政府招待所北楼第一会议室召开。县人大常委会党组书记、第一副主任姜自棠主持会议，副主任云雪飞、刘美厚、王景光、王建华及委员共14人出席会议。会议审议通过县人大常委会关于召开县十六届人大二次会议的决定，决定县十六届人大二次会议于2013年1月16日至18日在县城召开；关于接受徐勤举辞去县十六届人民代表大会代表职务请求的决定；县人大常委会工作报告稿，决定提请县十六届人大二次会议审议；关于补选县十六届人民代表大会代表的代表资格的审查报告，确认补选的4名代表的代表资格有效；县十六届人大二次会议议程（草案），决定提请县十六届人大二会议预备会议通过；县十六届人大二次会议主席团和秘书长名单（草案），决定提请县十六届人大二次会议预备会议选举；县十六届人大二次会议计划预算审查委员会名单（草案），决定提请县十六届人大二次会议预备会议通过；县十六届人大二次会议议案审查委员会名单（草案），决定提请县十六届人大二次会议预备会议通过；县十六届人大二次会议列席人员名单。县人大常委会党组成员王丙华，县政府副县长李真，县政协副主席冯树方，县人民检察院检察长汲广虎，以及县人大常委会机关委室、各镇人大、街道人大办的负责人列席会议。

县十六届人大常委会第七次会议 1月15日在县政府招待所北楼第一会议室召开。县人大常委会党组书记、第一副主任姜自棠主持会议，副主任云雪飞、刘美厚、王景光、王建华及委员共25人出席会议。会议审议通过关于接受刘志刚辞去县十六届人民代表大会代表职务请求的决定。县人大常委会机关委室负责人列席会议。

县十六届人大常委会第八次会议 3月14日在县政府招待所北楼第一会议室召开。县人大常委会党组书记、第一副主任姜自棠主持会议，副主任云雪飞、刘美厚、王景光、王建华，党组成员王丙华及委员共18人出席会议。会议表决通过县人大常委会执法检查组关于检查劳动法贯彻实施情况的报告，县人大常委会关于植树造林工作情况报告的审议意见，临沭县人民代表大会代表履职守则，关于在全县各级人大代表中开展办实事、谋发展、促和谐主题实践活动的意见，关于变更县人大常委会有关办事机构名称的决定，关于确认主任会议许可县公安局对个别县十六届人大代表采取取保候审强制措施的决定，以及人事任免事项。姜自棠为新任命人员颁发任命书。县委常委、县政府副县长杨会军，县政协副主席冯树方，县人民法院院长侯雷，县人民检察院检察长汲广虎，县政府有关部门、县人大常委会机关委室、各镇人大、街道人大办的负责人及部分市、县人大代表列席会议。

县十六届人大常委会第九次会议 5月30日在县政府招待所北楼第一会议室召开。县人大常委会党组书记、第一副主任姜自棠主持会议，副主任云雪飞、刘美厚、王景光、王建华，党组成员王丙华及委员共20人出席会议。会议表决通过县人大常委会执法检查组关于检查食品安全法贯彻实施情况的报告，县人大常委会关于安全生产监督管理工作情况报告的审议意见，关于进一步加强县人大常委会组成人员与县人大代表、代表小组联系的意见，关于确认主任会议许可县人民检察院对个别县十六届人大代表采取刑事拘留强制措施的决定，关于接受王新端辞去临沭县政府副县长职务请求的决定，任命密长诚为县政府副县长，以及其他人事任免事项。姜自棠为新任命人员颁发任命书。县委常委、县政府副县长杨会军，县政协副主席冯树方，县人民法院院长侯雷，县人民检察院检察长汲广虎，县政府有关部门、县人大常委会机关委室、各镇人大、街道人大办的负责人及部分县人大代表列席会议。

县十六届人大常委会第十次会议 7月24日在县政府招待所北楼第一会议室召开。县人大常委会党组书记、第一副主任姜自棠主持会议，副主任云雪飞、刘美厚、王景光、王建华，党组成员王丙华及委员共19人出席会议。会议表决通过县人大常委会关于2013年上半年国民经济和社会发展计划执行情况报告的审议意见，关于批准2012年县级财政决算的决议，关于批准2013年县级财政预算调整方案的决议，关于临沭县2012年县级财政决算和2013年上半年财政预算执行情况及县级财政预算调整方案报告的审议意见，关于临沭县2012年县级财政预算执行和其他财政收支情况审计工作报告的审议意见，以及其他人事任免事项。姜自棠为新任命的人员颁发任命书。县政府副县长王峰立，县政协副主席冯树方，县人民法院院长侯雷，县人民检察院检察长汲广虎，县政府有关部门、县人大常委会机关委室、各镇人大、街道人大办的负责人及部分市县人大代表列席会议。

县十六届人大常委会第十一次会议　9月24日在县政府招待所北楼第一会议室召开。县人大常委会党组书记、第一副主任姜自棠主持会议，副主任云雪飞、刘美厚、王景光、王建华，党组成员王丙华及委员共20人出席会议。会议表决通过县人大常委会关于科技创新工作情况报告的审议意见，关于畜牧业发展情况报告的审议意见，关于社会治安工作情况报告的审议意见，关于确认主任会议许可县人民检察院对个别县十六届人大代表采取刑事拘留强制措施的决定，关于接受刘健、徐金田辞去县十六届人大常委会委员职务请求的决定，以及其他人事任免事项。姜自棠为新任命的县政府组成人员、县人民法院审判人员颁发任命书。县委常委、县政府常务副县长宋玉智，县政协副主席冯树方，县人民法院院长侯雷，县政府有关部门、县人大常委会机关委室、各镇人大、街道人大办的负责人列席会议。

县十六届人大常委会第十二次会议　11月28日在县政府招待所北楼第一会议室召开。县人大常委会党组书记、第一副主任姜自棠主持会议，副主任云雪飞、刘美厚、王景光、王建华，党组成员王丙华及委员共17人出席会议。会议表决通过县人大常委会关于便民诉讼工作情况报告的审议意见，关于反渎职侵权工作情况报告的审议意见，关于县十六届人大二次会议代表建议办理情况报告的审议意见。县政府副县长于丽华，县政协副主席冯树方，县人民法院院长侯雷，县人民检察院检察长汲广虎，县政府有关部门、县人大常委会机关委室、各镇人大、街道人大办的负责人列席会议。

选举任免　常委会坚持党的领导与依法任免的有机统一，认真落实任前法律知识考试、任前供职、颁发任命书等制度，既保证党委意图的实现，又规范常委会的任免工作。全年共任免国家机关工作人员101人，为地方国家机关工作健康、高效运转提供坚强组织保障。

决议决定　县人大常委会根据预算法、监督法等法律法规，在听取审议县政府2012年度县级财政决算报告、2013年上半年财政预算执行情况及县级财政预算调整方案的报告、2012年县级财政预算执行和其他财政收支情况的审计工作报告后，批准2012年县级财政决算和2013年县级财政预算调整方案。

视察、调研和监督　县人大常委会围绕全县总体发展思路，从人大工作特点和定位出发，坚持与党委戮力同心，与发展聚力同行，与一府两院着力同向，找准结合点、选准侧重点、突出抓重点，依法强化监督，促进全县经济社会持续健康快速发展。为促进经济增长，常委会组织视察质量技术监督、科技创新、环境保护等工作，还专题听取和审议县政府关于安全生产工作情况的报告。为进一步改善民生，常委会组织视察农村公路建设和管理养护、城乡规划管理、房产和住房保障等工作，听取和审议县政府关于社会治安、畜牧业发展、植树造林等工作情况的报告，针对存在的问题提出建议，促进相关工作的开展。常委会还对《中华人民共和国食品安全法》《中华人民共和国劳动法》贯彻实施情况进行执法检查，听取和审议县人民法院关于便民诉讼工作情况的报告、县人民检察院关于反渎职侵权工作情况的报告，推进民主法制建设进程。

代表工作 县人大常委会积极搭建代表履职平台，强化履职服务保障，深入开展“办实事、谋发展、促和谐”代表主题实践活动，代表工作焕发出新的生机与活力。常委会本着有利工作、便于活动原则，将人事代表工作室更名为人事代表工作委员会，科学合理划分代表小组，规范和加强工作机构和代表小组活动室建设，为充分发挥代表作用提供有效保障。通过召开工作会、推进会、交流会等形式，促进镇街人大之间、代表小组之间相互学习、共同提高。完善代表履职激励约束机制，制定代表履职守则，深化代表履职档案建设，规范代表履职行为，增强代表履职内生动力。坚持常委会组成人员分工联系代表、常委会工作情况及时向代表通报制度，先后邀请69名代表列席常委会会议，96名代表参加“一府两院”召开的座谈会、听证会，72名代表参加会前集中视察、各项执法检查、视察调研活动，让代表了解人大和全县工作的各个方面，保障代表的知情知政权利。开展优秀县人大代表、优秀代表议案建议及先进代表小组、办理代表议案建议先进单位的“双优双先”评选活动，鼓励代表牢记人民重托，积极履行职责，带头建功立业，更好地展现人大代表情系人民、心系发展的时代风采和良好形象。对县十六届人大二次会议上代表提出的68件议案、建议，常委会认真梳理，及时交办，重点督办，确保民有呼声、政有应声。建议办复率达100%，代表满意和基本满意率达100%。坚持镇街人大负责同志列席常委会会议制度，组织开展各类人大业务学习培训，定期对镇街人大工作进行督导检查，促进镇街人大工作深入开展。

机关建设 县人大机关共有8个委室，分别是办公室、研究室、人事代表工作委员会、法制工作委员会、财政经济工作委员会、农业和农村工作委员会、教科文卫工作委员会、城建环保资源工作委员会。围绕打造人文包容、团结和谐、奋发有为的常委会机关目标要求，机关委室牢固树立学习意识、服务意识、效率意识、形象意识，办文、办会、办事水平不断提升，凝聚力、向心力、执行力、创新力不断增强。高度重视人大宣传工作，健全完善考核奖励办法，巩固扩大宣传阵地，宣传领域进一步拓宽，工作活力进一步增强，稿件质量进一步提高。全市人大通讯员培训班在临沭县成功举办，全年共在市级以上新闻媒体发表人大宣传稿件580多篇。

撰稿：孙　凯　审稿：万全冬

临沭县人民政府

2013年，在县委坚强领导和县人大、县政协及社会各界监督支持下，县政府团结带领全县人民，深入贯彻中共十八大精神，以建设“幸福临沭”为总目标，突出经济发展，关注民计民生，狠抓工作落实，圆满完成年度目标任务，在全面建设小康社会的征程上迈出坚实步伐。

经济建设 2013年，全县实现生产总值187.9亿元，增长12.3%；完成公共财政预算收入10.6亿元，增长32.8%，在全省前移10个位次，“三年倍增”计划完美收官；三次产业比例调整为9.8∶50.4∶39.8，服务业增加值占比提高1.5个百分点。工业经济实现新突破。实现规模以上工业增加值107.6亿元、利税27.7亿元，分别增长16.7%、15.8%。高新技术产业产值占比达30.7%，居全市前列。加快百企改造升级，实施技改项目105个，其中，3个项目列入国家重点产业振兴和技术改造专项，16个项目列入省技术改造导向计划。销售收入过亿元、利税过千万元企业分别达51家、33家，金正大公司入围中国民营企业500强。550家个体工商户实现“个转企”。县经济开发区综合评价前进10个位次，进入全省40强，高端装备制造产业园被评为“山东省新型工业化产业示范基地”；滨海高新区引进4个产业园，总投资36亿元的12个项目开工建设，3家企业已投产，成为全县转型升级、开放开发、加快发展的重要平台。对外开放水平全面提升，实现进出口总额4.4亿美元、实际利用外资5021万美元，分别增长16.5%、97%。现代农业取得新成效。粮食生产实现“十一连增”，新发展优质农产品基地2330公顷，市级以上农业产业化龙头企业达32家，涌现出苍马山万亩万寿菊、金正大现代农业科技示范园、史丹利高效农业产业园、朱村现代农业示范园等一批现代农业示范园区，龙潭生态渔业综合产业园被列为全省现代农业生态发展资金优质鱼产业项目。实施小农水、农村饮水安全等工程，改造中低产田400公顷。完成两轮14个村农村产权制度改革试点任务，第一批193个自然村改革有序推进，启动第二批改革。第三产业展现新活力。实现社会消费品零售总额88.4亿元，增长13.4%。投资50亿元的正德农业科技园暨沭河湾国际旅游度假区、投资10亿元的澳林国际商贸城、投资5亿元的铁路物流园区等服务业项目开工建设。新增城区市场面积4600平方米。完成房地产开发投资13亿元。加快“放心肉”生产销售体系建设，新建1家AAA级生猪定点屠宰龙头企业。沭河古道“国家湿地公园”、岌山“省级地质公园”、夹谷山影视基地建设扎实推进；获评“美丽中国示范县”，朱村被列入全国“美丽乡村”创建示范村。全力实施“7+6”产业计划①，成功引进投资22.6亿元的诺贝丰氟化盐

注释：①“7+6”产业，指加快发展现代农业（食品加工）、机械、化肥化工、杞柳编织、商贸物流、文化旅游、房地产（城市综合体、建筑安装）7大传统产业和高端装备制造、电子信息、生物医药、新材料、新能源及节能环保、现代新兴服务业6大新兴产业。

及高端水溶肥、投资15亿元的鲁商城市综合体、投资6亿元的海佑福瑞达制药等一批大项目好项目，招商引资到位资金25亿元，有效带动增量调整、存量提升。加快推进项目建设，新开工投资过亿元以上项目77个，完成规模以上固定资产投资135.1亿元，增长20.8%，其中高新技术投资占比达40.9%。投资26亿元的高端液压件项目进入量产阶段。投资26亿元的硝基肥、投资20亿元的高端智能农业装备、投资6亿元的长和科技等项目全面投产。科技创新成果显著，新增国家认定企业技术中心1家，1个项目荣获省科技进步一等奖，2个项目荣获国家专利奖优秀奖，2家企业列入全国工业品牌培育试点企业；蝉联全国科技进步先进县“四连冠”，被评为首批“国家知识产权强县工程示范县”。“品牌强县”战略深入推进，2家企业荣获市长质量奖，新增省著名商标5件、省名牌产品1个，全国首家县级商标馆建成使用。人才工作扎实有效，引进外国专家56人次，1名外国专家荣获“齐鲁友谊奖”，2个项目被评为省高端外国专家项目，常林集团被评为国家引智成果示范单位；在清华、北大、北京华商管理研究院分10期培训企业家、高级技术工人1100余人次；分两批组织党政干部到新加坡学习培训。完善金融服务体系，全年存贷款余额分别达178.2亿元、130.7亿元，分别增长24.9%、30.1%，社会融资总规模达180亿元，贷款总量、增幅均居全市前列；民生银行临沭支行正式营业，中讯通电子、金蒙新材料在齐鲁股权交易中心挂牌。

社会事业 教育事业均衡发展，顺利通过省级义务教育发展基本均衡县验收；投资1.9亿元实施96个校安工程和标准化幼儿园建设项目，投资1.8亿元实施职业教育综合体工程，顺利通过国家示范校初验；被列为全国教育信息化试点县，是全国首家建设基础教育“云平台”的县区。实施新农合重大疾病保险，实现县级医院“一站式”即时结算报销；县医院、县中医院顺利通过二级甲等医院复审；县医院新院、县急救中心及3个镇街卫生院病房楼加快建设，“龙头强、枢纽活、网底实”的医疗服务格局初步形成。深入实施文化惠民工程，开展“钻石之乡”广场文化艺术节、首届端午节龙舟赛等活动122场次，送文化下乡77场次，农家书屋和村级文化大院实现全覆盖，广播电视“户户通”达到80%；县图书馆被评为国家一级馆，北沟头遗址成功申报国家重点文物保护单位，实现临沭县“国保单位”零的突破；“激情四季·唱响临沭”群众文化活动品牌被评为山东省公共文化服务示范项目。成功举办首届中国柳编文化艺术博览会。被评为全国社会主义新农村建设档案工作示范县、全省首批乡村文明行动示范县。计划生育工作有效开展，投资8000万元的妇幼保健院迁建暨计生服务中心工程进展顺利，打击“两非”工作成效显著，低生育水平保持稳定。强化安全生产监管，安全生产形势总体平稳。“天网”二期工程建成使用，主要交通干道和村级实现视频监控全覆盖。国防动员、双拥工作成效明显，征兵工作创造连续53年无责任退兵的全国最高纪录。此外，妇女儿童、青少年、老年人、残疾人权益得到切实保障，统计、民族宗教、人民防空、物价、气象、机构编制、档案、史志、侨务等事业取得新成绩。

城乡建设 加快中心城区建设，建成区面积逐渐拉大，常驻人口达19.6万人；投资4.5亿元完成城市3万吨引水及凌山头水厂扩建、城市污水处理二期、城市供暖扩容等工程，新增城区供暖面积120万平方米，入网总面积达330万平方米。苍源河公园南区、红石湖公园正式开园，新增绿化面积106万平方米，成功创建国家园林县城。加大旧城旧村改造力度，实施6个城中村、6个棚户区改造项目，搬迁房屋2165套，腾空土地67万平方米。北城区建设加快推进，“四纵两横”道路建设基本完成，文化、居住、商业等中心工程全面启动。镇街完成基础设施投资17.1亿元，建成垃圾中转站14处、污水处理站10处，垃圾无害化处理率达100%，管道天然气在全市率先实现“镇镇通”。“两区同建”① 全面破题，完成拆旧125公顷，新开工建设多层楼房156栋4680户，续建1279户，流转土地172.5公顷，15个农村中心社区、16个产业园区建设有序推进。深入实施土地增减挂，完成拆迁2862户，验收挂钩指标113.5公顷，率先完成市政府下达的指标调剂任务。道路交通更为顺畅，沂沭铁路开工建设，新建和改造城区道路15.5公里，建设县乡道路97.2公里、村村通129.6公里，被列为全省村级公路网化示范县，率先在全省实现城乡客运一体化。加强城镇规划和管理，完成城市总体规划、新型城镇化发展规划、52个中心社区总体规划和15个“两区同建”试点社区的修建性详规。深入开展城乡环境综合整治和生态文明乡村建设，行政村环卫保洁一体化覆盖率达83.9%；扎实开展畜禽养殖污染专项治理，整改养殖场2289家，关停和拆除64家，病死畜禽集中无害化处理中心建成使用；省级生态县创建顺利通过专家组核查，在全市率先实现省级生态镇街全覆盖，2个镇街被授予国家级生态镇街。

民生工程 完成民生支出16.4亿元，占公共财政支出的75.6%，加上政府性基金民生工程支出，民生总投资达24.1亿元。实施22项重点民生工程和69件为民实事，向全县人民交了一份合格的“民生答卷”。城镇居民人均可支配收入和农民人均纯收入分别达到23484元和10263元，分别增长14%和13.6%；人均存款2.8万元，居全市各县首位，机关事业单位人员工资连续三年实现正常增长。深入推进“创业临沭”建设，发放小额担保贷款5027万元，新增就业1.4万人，转移农村劳动力2.5万人，顺利通过省级创业型城市验收。投资1800万元的社会福利中心、投资2800万元的残疾人康复中心即将建成使用，城乡低保、农村“五保”、新农合、城镇居民医疗保险补助标准进一步提高，社会保障水平稳步提升。保障性住房建设全市领先，争取上级无偿奖补资金8173万元，新建经济适用房60套、公共租赁住房1420套，连续三年超过全市公租房建设总量的1/3。

县政府常务会议 1月14日，县长程守田在县政府第一会议室主持召开第20次县政府常务会议，研究讨论《关于给予县纪委监察局等8个单位记集体三等功的情况汇报》。

2月5日，县长程守田在县政府招待所北楼第一会议室主持召开第21次县政府常务会议，集中讨论2013年度经济工作专项考核办法、加快引进人才的若干意见，听取上级有关会议精神汇报，并就科技创新、群众满意度调查、旧城旧村改造、创建国家园林县城、“12345”服务热线建设等工作进行研究部署。

2月25日，县长程守田在县政府第一会议室主持召开第22次县政府常务会议，听取上级有关会议精神汇报，并就现代农业园区建设、转变机关作风、安全生产、病死畜禽集中无害化处理等工作进行研究部署。

3月11日，县长程守田在县政府第一会议室

注释：①两区同建，指农村社区居住区和农村产业园区同步建设。

主持召开第23次县政府常务会议，集中研究讨论《关于在全县开展大项目好项目建设年活动的实施意见》。

3月18日，县长程守田在县政府第一会议室主持召开第24次县政府常务会议，听取上级有关会议精神汇报，并就畜禽养殖污染专项整治、加强政府投资项目管理、住房和城乡建设、房地产管理等工作进行研究部署。

3月26日，县长程守田在县政府第一会议室主持召开第25次县政府常务会议，听取上级有关会议精神汇报，并就质量、招商引资、商务、项目建设、统计、就业、重大行政决策和城乡供水一体化等工作进行研究部署。

3月29日，县长程守田在县政府第一会议室主持召开第26次县政府常务会议，集中研究讨论临沭街道花园社区房屋改造有关事宜，并对近期工作重点进行安排。

4月7日，县长程守田在县政府第一会议室主持召开第27次县政府常务会议，听取上级有关会议精神汇报，并就人民防空和推进节约集约用地工作进行研究部署。

4月23日，县长程守田在县政府第一会议室主持召开第28次县政府常务会议，听取上级有关会议精神汇报，并就国土资源、农业和劳动模范评选等工作进行研究部署。

5月2日，县长程守田在县政府第一会议室主持召开第29次县政府常务会议，听取上级有关会议精神汇报，并对环保、审计以及近期政府重点工作进行研究部署。

5月13日，县长程守田在县政府第一会议室主持召开第30次县政府常务会议，对高新技术创业服务中心建设和民政工作进行研究部署。

6月1日，县长程守田在县政府第一会议室主持召开第31次县政府常务会议，听取上级有关会议精神汇报，并对教育、“营改增”试点、企业公共租赁住房管理、政务公开和政务服务等工作进行研究部署。

6月17日，县长程守田在县政府第一会议室主持召开第32次县政府常务会议，听取上级有关会议精神汇报，对安全生产、国土资源以及近期政府重点工作进行研究部署。

7月5日，县长程守田在县政府第一会议室主持召开第33次县政府常务会议，听取上级有关会议精神汇报，对构建现代产业体系、骨干企业培植、新型招商引资、应急物资储备、出租车客运管理、农产品质量安全监管以及近期政府重点工作进行研究部署。

8月5日，县长程守田在县政府第一会议室主持召开第34次县政府常务会议，听取上级有关会议精神汇报，对招商引资奖励、镇街专职消防队伍、环境保护、服务业、“两型社会”改革以及近期政府重点工作进行研究部署。

8月12日，县长程守田在县政府第一会议室主持召开第35次县政府常务会议，听取上级有关会议精神汇报，对市对下财政体制调整、镇街贡献土地指标财政补偿、养老服务体系建设、城乡供水一体化、自来水价格制定以及近期产业推进情况、政府重点工作进行研究部署。

8月26日，县长程守田在县政府第一会议室主持召开第36次县政府常务会议，听取上级有关会议精神汇报，对城市公园管理、村级公路网化示范县、争创省级旅游强县、“12345”市民服务热线以及近期产业推进情况、政府重点工作进行研究部署。

9月16日，县长程守田在县政府第一会议室主持召开第37次县政府常务会议，对行政复议委员会试点、深化国库集中支付改革工作以及近期产业推进情况、政府重点工作进行研究部署。

9月23日，县长程守田在县政府第一会议室主持召开第38次县政府常务会议，听取上级有关会议精神汇报，对棚户区改造、经济体制改革工作以及近期产业推进情况、政府重点工作进行研究部署。

10月15日，县长程守田在县政府第一会议室主持召开第39次县政府常务会议，听取上级有关会议精神汇报，对城乡环卫一体化、国土资源重点工作、维护被征地农民合法权益专项清查整改工作、2014年政府拟投资项目、安全生产以及近期产业推进情况、政府重点工作进行研究部署。

10月21日，县长程守田在县政府第一会议室主持召开第40次县政府常务会议，对金融支持县域经济发展、龙潭万亩生态渔业综合产业园开发、旅游、临沭街道镇北片区房屋改造以及近期产业推进情况、政府重点工作进行研究部署。

11月4日，县长程守田在县政府第一会议室主持召开第41次县政府常务会议，听取上级有关会议精神汇报，对重点项目建设、服务业发展、节能考核奖励、县域义务教育以及近期产业推进情况、政府重点工作进行研究部署。

11月12日，县长程守田在县政府第一会议室主持召开第42次县政府常务会议，对改善城区道路管理秩序、新增建设用地指标分配、粮食局转让茂源粮油国有股、居民基本社会养老保险以及近期产业推进情况、政府重点工作进行研究部署。

11月27日，县长程守田在县政府招待所北一会议室主持召开第43次县政府常务会议，对安全生产、行政审批事项清理、政府信息公开、调整津贴补贴和养老保险、金田土地整理变更出资人、退役士兵和转业士官安置以及近期产业推进情况、政府重点工作进行研究部署。

12月9日，县长程守田在县政府第一会议室主持召开第44次县政府常务会议，听取上级有关会议精神汇报，对个转企、食品药品工商质检管理体制改革、畜禽规模养殖污染防治以及近期产业推进情况、政府重点工作进行研究部署。

12月18日，县长程守田在县政府招待所北一会议室主持召开第45次县政府常务会议，就被征地农民参加居民基本养老保险、义务教育学校布局规划等工作进行研究部署，并听取各位副县长汇报2013年工作总结和2014年工作打算。

县政府工作会议提要 1月15日，全县经济工作会议在县政府招待所小礼堂召开。会上，表彰2012年度经济工作先进镇街（开发区），对落后单位给予黄牌警告。县委书记、县人大常委会主任任庆虎主持会议，县委副书记、县长程守田讲话。

2月22日，全县科技创新暨人才工作大会召开。会上，对2012年度全县科技进步获奖集体和个人进行表彰，福瑞达生物制药、东泰花生联合收获机械公司作典型发言。市科技局局长王文元，县委书记、县人大常委会主任任庆虎分别讲话，县委副书记、县长程守田主持会议。

2月27日，全县国家园林县城暨“三国三省”创建工作会议在县政府招待所小礼堂召开。会上，住建局、林业局等相关部门和单位作表态发言。县委书记、县人大常委会主任任庆虎主持会议，县委副书记、县长程守田讲话。

2月27日，全县农村工作暨美丽镇村幸福家园建设动员会议在县政府招待所小礼堂召开。会上，县委副书记傅磊宣读受省市表彰的生态文明乡村建设、城乡环境综合整治工作先进单位和受县委、县政府表彰的农业、城乡环境综合整治工作先进集体、个人及“经济发展十强村居”名单，县委常委、常务副县长宋玉智代表县委、县政府与各镇街签订美丽镇村、幸福家园建设责任状，县委副书记、县长程守田主持会议，县委书记、县人大常委会主任任庆虎讲话。

2月28日，全县安全生产工作会议在县政府招待所小礼堂召开。会议宣读《关于表彰2012年度全县安全生产工作先进单位和先进个人的决定》，对先进集体、先进单位代表进行颁奖，与临沭街道、经济开发区、交通运输局等代表单位签订2013年安全生产目标责任书。县委副书记、县长程守田讲话。

2月28日，县政府全体（扩大）会议在县政府招待所小礼堂召开。会上，传达《关于进一步转变作风提高行政效能的意见》，县监察局、教体局等7个部门作表态发言，各位副县长结合各自分管工作谈了意见，县委副书记、县长程守田讲话。

3月2日，全县民生工作大会召开。县委书记、县人大常委会主任任庆虎主持会议并讲话，县委副书记、县长程守田在会上就如何做好全县下一步民生工作进行安排部署。

3月7日，全县工业转调创暨金融支持县域经济发展工作会议在县政府招待所小礼堂召开。会上，对2012年度工业经济发展、百企改造升级先进镇街（开发区）、镇街工业集中区发展先进单位和金融工作先进单位进行表彰，县委常委、副县长杨会军对2013年全县新型工业化和金融支持经济发展工作任务进行部署，县委副书记、县长程守田主持会议并讲话。

3月7日，全县工业转调创暨金融支持县域经济发展工作会议在县政府招待所小礼堂召开。对2013年度工业经济发展、百企改造升级先进镇街(开发区)、镇街工业集中区发展先进单位和金融工作先进单位进行表彰，县委常委、副县长杨会军对2013年全县新型工业化和金融支持经济发展工作任务进行部署，县委副书记、县长程守田讲话。

3月7日，全县财税工作会议在县政府招待所小礼堂召开。会上，表彰2013年度全县财政工作先进单位和先进个人，下达2013年财政收入任务，县委副书记、县长程守田讲话。

3月8日，2012年度全县人口和计划生育奖惩兑现大会在县广电网络公司演播大厅召开。会议表彰2012年度人口和计划生育目标责任先进单位、先进个人，宣读《关于对2012年度人口和计划生育工作后进单位给予黄牌警告、重点管理的通报》。县委副书记、县长程守田主持会议并代表县委县政府与镇街及县直计划生育职能部门代表签订责任书，县委书记、县人大常委会主任任庆虎讲话。

3月8日，全县人口和计划生育工作形势分析会议在县广电网络公司演播大厅召开。会上，县人口计生局做《全县人口和计划生育工作报告》，县委书记、县人大常委会主任任庆虎主持会议，县委副书记县长程守田讲话。

4月2日，全县就业暨城乡居民养老保险工作会议在县政府招待所小礼堂召开。会上，表彰2012年度就业和城乡居民养老保险工作先进单位和个人，副县长李真代表县政府与镇街政府代表签订责任书，县委副书记、县长程守田讲话。

4月9日，全县一季度重点工程指挥部调度会议在县政府招待所东三楼多功能厅召开。会上，观看全县部分重点项目建设进展情况视频，无新建施工现场或尚未开工的重点工程指挥部办公室主任分别作表态发言。会议由县委副书记、县长程守田主持，县委书记、县人大主任任庆虎讲话。

4月10日，全县“两区同建”工作现场推进会议在县政府招待所北一会议室召开。会前，与会人员先后到郑山街道华南社区、曹庄镇驻地社区、店头镇新圩子社区、临沭街道桃园社区、玉山镇袁黄裕社区进行实地察看，详细了解工作开展情况。会议由县委副书记、县长程守田主持，县委书记、县人大主任任庆虎讲话。

4月27日，全县庆祝“五一”国际劳动节暨劳动模范表彰大会召开。会议传达《关于表彰临沭县劳动模范的决定》和《关于表彰“振兴临沭”劳动奖章获得者的决定》，并进行颁奖，三位劳模代表作典型发言，县委副书记、县长程守田讲话。

5月3日，全县城市环境集中整治月动员大会在县政府招待所小礼堂召开。会上，县城管局、政法委、水利局、临沭街道办事处等单位分别作表态发言，县委副书记、县长程守田主持会议，县委常委、常务副县长宋玉智讲话。

5月6日，全县审计工作会议在县政府招待所小礼堂召开。会上，县审计局主要负责人对2012年审计工作进行全面总结，对2013年工作进行重点安排，县委常委、常务副县长宋玉智主持会议，县委副书记、县长程守田讲话。

5月6日，全县环保工作会议召开。会上，对2012年度环保工作先进集体和先进个人进行表彰奖励，副县长王峰立与部分镇街、部门签订2013年生态县建设目标责任书，县委副书记、县长程守田讲话。

6月18日，全县安全生产工作会议在县政府招待所小礼堂召开。会上，通报2013年以来全县安全生产工作情况，副县长宋兴良传达县政府办公室《关于集中开展安全生产大检查的通知》，交通、质监、消防大队、经济开发区4个单位作交流发言，县委副书记、县长程守田讲话。

6月21日，全县防汛抗旱暨农村水利设施管理工作会议在县政府招待所北一楼会议室召开。会上，通报2013年汛期天气形势、防汛工作准备情况和2012年度全县小型农田水利灌溉设施及农村公共供水工程年终考核情况，副县长王峰立代表县政府与各镇街签订防汛责任状并就防汛工作做了部署，县委副书记、县长程守田讲话。

7月16日，全县上半年金融形势分析会议召开，总结上半年全县金融工作，研究部署下半年工作任务。县委副书记、县长程守田讲话。

8月28日，全县社会养老服务体系建设工作会议在县府招待所北一楼会议室召开。会议由副县长于丽华主持，县委副书记、县长程守田出席会议并讲话。

9月5日，临沭县“12345”市民服务热线推进工作会议召开。县委书记、县人大常委会主任任庆虎作讲话，县委副书记、县长程守田主持会议并讲话。

9月5日，全县产业招商工作调度会议召开。会上，各镇街汇报产业招商项目情况，各“7+6”产业推进工作组组长作发言。县委书记、县人大常委会主任任庆虎主持会议并讲话，县委副书记、县长程守田讲话。

9月10日，1—8月份金融形势分析会在县邮储银行二楼会议室召开。会上，县金融办、人民银行、银监办以及各金融机构主要负责同志分别汇报工作开展情况，县委副书记、县长程守田，副县长密长诚分别讲话。

9月30日下午，全县放心肉体系建设工作推进会议在县政府招待所小礼堂召开，县委副书记、县长程守田讲话。

10月11日，全县环境保护综合整治工作会议在县政府招待所小礼堂召开。县委副书记、县长程守田讲话。

10月22日，全县安全生产工作会议在县政府招待所小礼堂召开。会上，传达学习省、市安全生产电视会议精神，通报全县安全生产大检查情况，县委副书记、县长程守田主持会议并讲话。

10月22日，全县前三季度经济运行情况分析会议在县政府招待所北一楼会议室召开。县财政局、经信局、发改局、统计局分别作发言，县委副书记、县长程守田讲话。

10月23日，全县金融创新发展暨不良贷款清欠工作会议在县政府招待所北一会议室召开。县委副书记、县长程守田讲话。

11月2日，全县“两区同建”工作现场调度会议召开。与会人员先后到玉山镇袁黄峪项目区、蛟龙镇后蛟龙项目区、临沭街道桃园社区、大兴镇小岗头项目区等“两区同建”项目区实地察看工作开展情况，听取关于下一步工作打算及完成时限的汇报。县委副书记、县长程守田讲话。

11月5日，全县创建省级生态县迎查工作会议在县政府招待所北一楼会议室召开。与会人员先后到店头镇和石门镇的污水处理站、垃圾中转站，石门镇玉溪河湿地保护工程现场进行参观。县委副书记、县政府县长程守田讲话。

11月8日，全县财税工作调度会议在县政府招待所北一楼会议室召开。会上，县财政局、国税局、地税局、交通运输局、房管局5部门分别作表态发言，县委副书记、县长程守田讲话。

11月11日，全县产业招商工作调度会议召开。会上，“7+6”产业办公室各牵头部门汇报10月份产业招商工作情况，石门镇作表态发言。县委书记、县人大常委会主任任庆虎主持会议并讲话，县委副书记、县长程守田讲话。

12月9日，北城区建设工作调度会议召开。会上，北城区指挥部办公室汇报北城区建设工作的进展情况和下一步工作打算，县建设、财政、国土、临沭街道、郑山街道等相关单位负责人分别汇报当前工作中存在的困难与难题，县委副书记、县长程守田就北城区建设作进一步安排部署。

12月27日上午，全县“两区同建”工作会议在县政府二楼会议室召开。会议传达全市国土资源工作座谈会议精神，县委副书记、县长程守田讲话。

撰稿：班晓东　审稿：周　超

2013年临沭县人民政府重要文件选目

表5

文　号	文　件　名　称
沭政发〔2013〕1号	临沭县人民政府关于给予县纪委监察局等单位记集体三等功的表彰决定
沭政发〔2013〕2号	临沭县人民政府关于印发临沭县2013年烤烟工作意见的通知
沭政发〔2013〕3号	临沭县人民政府关于对2012年度全县科技进步奖进行表彰的通报
沭政发〔2013〕4号	临沭县人民政府关于进一步转变机关作风提高行政效能的意见
沭政发〔2013〕5号	临沭县人民政府关于下达2013年财政收入任务的通知
沭政发〔2013〕6号	临沭县人民政府关于印发《临沭县城市园林绿化管理办法》的通知
沭政发〔2013〕7号	临沭县人民政府关于进一步加强政府投资项目管理确保工程质量的通知
沭政发〔2013〕8号	临沭县人民政府关于实施质量强县战略的意见

续表 5

文　号	文　件　名　称
沭政发〔2013〕9 号	临沭县人民政府关于进一步深化“创业临沭”建设工作的实施意见
沭政发〔2013〕10 号	临沭县人民政府关于进一步加强统计能力建设的意见
沭政发〔2013〕11 号	临沭县人民政府关于印发《临沭县人民政府重大行政决策程序规定》的通知
沭政发〔2013〕12 号	临沭县人民政府关于进一步推进集约节约用地的意见
沭政发〔2013〕13 号	临沭县人民政府关于印发《临沭县综合治税工作方案》的通知
沭政发〔2013〕14 号	临沭县人民政府关于印发《临沭县融资性担保机构风险补偿资金管理办法》的通知
沭政发〔2013〕15 号	临沭县人民政府关于做好 2013 年夏季征兵工作的意见
沭政发〔2013〕16 号	临沭县人民政府关于转发《临沂市税式支出管理暂行办法》的通知
沭政发〔2013〕17 号	临沭县人民政府关于印发《临沭县“十二五”安全生产规划》的通知
沭政发〔2013〕18 号	临沭县人民政府关于建立健全农产品质量安全监管检测体系的实施意见
沭政发〔2013〕19 号	临沭县人民政府关于印发《临沭县招商引资大项目评审办法（试行）》的通知
沭政发〔2013〕20 号	临沭县人民政府关于加快推进“7+6”产业计划构建现代产业体系的实施意见
沭政发〔2013〕21 号	临沭县人民政府关于对临沭县热电厂等 10 家企业实行限期治理的通知
沭政发〔2013〕22 号	临沭县人民政府关于加快社会养老服务体系建设的意见
沭政发〔2013〕23 号	临沭县人民政府关于加强城市社区老年人日间照料中心建设的实施意见
沭政发〔2013〕24 号	临沭县人民政府关于进一步加强城市管理工作的意见
沭政发〔2013〕25 号	临沭县人民政府关于印发《临沭县城市公园管理办法》的通知
沭政发〔2013〕26 号	临沭县人民政府关于进一步加强应急管理工作的意见
沭政发〔2013〕27 号	临沭县人民政府关于印发《临沭县开展行政复议委员会试点暨推行相对集中行政复议权工作的实施方案》的通知
沭政发〔2013〕28 号	临沭县人民政府关于进一步加强金融支持县域经济发展的意见
沭政发〔2013〕29 号	临沭县人民政府关于保留、取消和调整县级行政许可（审批）事项的决定
沭政发〔2013〕30 号	临沭县人民政府关于印发《临沭县居民基本养老保险工作实施方案》的通知
沭政发〔2013〕31 号	临沭县人民政府关于公布县级规范性文件清理结果的通知

2013年临沭县政府办公室重要文件选目

表 6

沭政办发	文　件　名
沭政办发〔2013〕1 号	临沭县人民政府办公室关于切实做好流浪未成年人救助保护工作的通知
沭政办发〔2013〕2 号	临沭县人民政府办公室关于印发《全县“除火患、保平安”冬春专项行动方案》的通知
沭政办发〔2013〕3 号	临沭县人民政府办公室关于建立土地执法共同监管责任机制的通知
沭政办发〔2013〕4 号	临沭县人民政府办公室关于印发《临沭县 2012 年度土地卫片执法检查专项整治工作方案》的通知
沭政办发〔2013〕5 号	临沭县人民政府办公室关于规范发展全县农民专业合作社的意见
沭政办发〔2013〕6 号	临沭县人民政府办公室关于加快推进教育信息化建设暨“三通两平台”工作的通知
沭政办发〔2013〕7 号	临沭县人民政府办公室关于建立重大事项联合督查督办机制的意见
沭政办发〔2013〕8 号	临沭县人民政府办公室关于印发《临沭县 2013 年度安全生产目标责任考核奖励办法》的通知
沭政办发〔2013〕9 号	临沭县人民政府办公室关于印发《临沭县城市绿色图章管理规定》的通知
沭政办发〔2013〕10 号	临沭县人民政府办公室关于印发《临沭县城市古树名木保护管理办法》的通知
沭政办发〔2013〕11 号	临沭县人民政府办公室关于印发《临沭县城市绿线管理办法》的通知
沭政办发〔2013〕12 号	临沭县人民政府办公室关于印发《临沭县中小微企业“金融保姆”工作方案》的通知
沭政办发〔2013〕13 号	临沭县人民政府办公室关于印发《临沭县畜禽养殖污染专项整治工作实施方案》的通知
沭政办发〔2013〕14 号	临沭县人民政府办公关于印发《贯彻落实临政办发〔2013〕14 号文件依法做好金属非金属矿山整顿工作方案》的通知
沭政办发〔2013〕15 号	临沭县人民政府办公室关于加强和完善部门统计工作的通知
沭政办发〔2013〕16 号	临沭县人民政府办公室关于开展第三次经济普查的通知
沭政办发〔2013〕17 号	临沭县人民政府办公室关于印发《2013 年度全县环境保护工作目标责任考核办法》的通知
沭政办发〔2013〕18 号	临沭县人民政府办公室关于印发《临沭县“十二五”节能目标责任考核体系实施方案》的通知
沭政办发〔2013〕19 号	临沭县人民政府办公室关于印发《临沭县地震应急预案》的通知
沭政办发〔2013〕20 号	临沭县人民政府办公室关于做好“省教育工作示范县”复查和“国家义务教育均衡发展县”验收的通知
沭政办发〔2013〕21 号	临沭县人民政府办公室关于印发《临沭县防汛应急预案》的通知
沭政办发〔2013〕22 号	临沭县人民政府办公室关于印发《临沭县抗旱预案》的通知

续表 6

沭政办发	文　件　名
沭政办发〔2013〕23 号	临沭县人民政府办公室关于印发《临沭县企业公共租赁住房管理办法》的通知
沭政办发〔2013〕24 号	临沭县人民政府办公室关于印发《临沭县出租汽车客运管理办法（试行）》的通知
沭政办发〔2013〕25 号	临沭县人民政府办公室关于印发《临沭县荣誉市民称号授予办法》的通知
沭政办发〔2013〕26 号	临沭县人民政府办公室关于印发《临沭县城乡建设用地增减挂钩补助资金管理办法》的通知
沭政办发〔2013〕27 号	临沭县人民政府办公室关于印发《临沭县“两区同建”住房贷款贴息实施办法》的通知
沭政办发〔2013〕28 号	临沭县人民政府办公室关于印发《临沭县“村级公路网化示范县”活动实施方案》的通知
沭政办发〔2013〕29 号	临沭县人民政府办公室关于印发《临沭县突发公共卫生事件应急预案》的通知
沭政办发〔2013〕30 号	临沭县人民政府办公室关于建立安全生产大检查长效机制的意见
沭政办发〔2013〕31 号	临沭县人民政府办公室关于印发《临沭县辐射事故应急预案》的通知
沭政办发〔2013〕32 号	临沭县人民政府办公室关于印发《临沭县新增建设用地指标分配使用办法（试行）》的通知
沭政办发〔2013〕33 号	临沭县人民政府办公室关于印发《临沭县义务教育学校布局规划方案（2013—2020 年）》的通知
沭政办发〔2013〕34 号	临沭县人民政府关于印发《临沭县被征地农民参加居民基本养老保险实施细则》的通知

县政府办公室工作

县政府办公室是县政府的工作部门，按照有关职责，下设秘书科、机要文书科、督查科、信息宣传科、值班接待科、人事财务科、调研科、电子政务中心等8个职能科室。

2013年，县政府办公室按照年初确立的工作思路，突出全县中心工作，围绕一个目标（争一流创品牌），增强两种意识（责任意识、大局意识），突出三个重点（办文、办会、办事），发挥四种作用（参谋、协调、服务、把关），切实改进工作作风，务实创新，有效保障县政府机关工作的高效运转，为推动全县经济社会发展做出较大贡献。并先后获得全省政府系统公文处理工作先进集体、全省社区侨务工作先进单位、山东省外事侨务系统先进集体、全市依法行政先进集体、全市政府系统办公室工作先进单位、全市政务系统调研工作先进集体、全市政务信息工作先进单位等荣誉称号。

综合文秘　坚持吃透上情、把握下情、了解外情，坚持贴近领导思路、贴近群众意愿、贴近基层实际，努力增强文稿的指导性、针对性和实效性。高标准起草、修改《政府工作报告》等各类文稿340多篇，编发《政务参阅》31期。按照精简文件简报的要求，加强审核把关，规范办文程序，改进处理方式。全年接收处理各级公文3000余件，制发公文780件，印刷各类文稿2.5万余份。

信息调研 加强综合分析研判，调整优化信息结构，上报信息采用量和领导批示率明显提高。全年共编发《政务信息》86期，编发《信息摘编》153期，被县委、县政府领导批示26期，向市政府报送各类信息1180余篇次，被市以上采用信息162篇次，其中，国办采用3条，省办采用26条。按照“贴近领导搞调研，服务决策谋大事”的思路，积极为领导建言献策，在决策实施过程中，根据实际情况，为领导提供决策性、超前性较强的调研报告。全年共完成各类调研报告31篇。

政务督查 突出中心工作、领导部署事项等内容，定期通报促进工作落实，共下发《政务督查》92期。全力做好省长信箱、市长信箱、县长信箱等信件办理，共办理各类来信688件，县长签批件27件。

行政接待 本着严格标准、规范程序、健全制度、节约经费的原则，认真做好接待工作。全年，共组织“全省转方式调结构、推动科学发展现场观摩交流会”等各类活动120余次，接待上级、周边县区到临沭县参观视察2000余人次，全部达到组织周密、秩序井然的要求。积极主动地加强与几大班子办公室、常委部门及上下左右的联系沟通，做好各项重大会议、重要活动的协调安排。做好报告批示传阅、日常事务处理等工作，组织各类会议320次。

电子政务 发挥政府门户网站沟通民众与政府机关的桥梁作用，加强网站维护建设，全年在县政府门户网站发布临沭要闻1365条，反映热点民声248条，指导各部门、镇街建立政府信息公开子网站78个，公开政府信息10393条。积极做好电子政务专网建设，全县连接政务专网的单位达到136个，信息点数达500多个。

撰稿：班晓东　审稿：周　超

行 政 审 批

临沭县政务大厅位于县城兴大东街259号，总建筑面积5000平方米，2008年5月9日正式启用，是县政府集中办理政务的服务场所。一楼为行政审批服务窗口和农村综合产权交易服务窗口，二楼为县公共资源交易中心（县农村综合产权交易中心），三楼为政务大厅管理办公室。内部机构设置分为管理层、窗口办事层两个层次。

临沭县行政审批中心办公室（以下简称县行政审批办）是正科级事业单位，编制10人，下设综合科、业务科、督查考核科、项目代办科，与政务大厅管理办公室合署办公，实行“一套班子、两块牌子”的管理模式。

临沭县公共资源交易中心成立于2010年5月

10日，为正科级事业单位，编制16人，与县政务大厅合署办公，实行“一套班子、两块牌子”的管理模式，下设信息管理科、工程交易科、土地（产权）交易科、政府采购科和财务结算中心。

临沭县“12345”市民服务热线成立于2013年2月5日，办公区面积800平方米、办公设施总投资220余万元，于2013年5月1日开始筹建，7月1日正式开通试运行，设有业务转办室、话务管理回访室和舆论监督室，拥有话务座席20个、工作人员14名，可24小时受理市民诉求。

临沭县农村综合产权交易中心成立于2013年10月10日，是按照临沂市政府统一要求，依托县公共资源交易中心成立的县级农村综合产权交易平台，下设综合科、业务科、财务科、审核科、电子监察室。

“两集中两到位”改革　“两集中两到位”是指“部门行政审批事项向一个科室集中，科室向政务大厅集中；部门审批项目进政务大厅到位，部门对窗口人员授权到位”。2013年，县行政审批办根据县委办公室、县政府办公室下发的《关于深化行政审批制度改革落实“两集中两到位”实施方案》的通知，坚持审批项目“应进必进”、“三不变”（执法主体不变、办事程序不变、审批收费收支两条线不变）、“一体化”和“双重管理”的基本原则，继续深入落实“两集中、两到位”工作，确保“厅外无审批”。按照基建项目服务区、企业注册服务区和便民服务区，对政务大厅进驻窗口布局进行优化设置；将县农机局服务大厅增设为“临沭县政务大厅农机专项工作服务厅”，配齐监控设备，确保有效监管。

行政审批服务　2013年，县行政审批办按照审批“流程公式化、裁量标准化、人员专职化、过程透明化、服务高效化”要求，不断创新工作思路，确保行政审批服务工作水平稳步提升。全年累计受理各类办件2.72万件，实现审批收费9000万元，申办人满意率100%。

政务服务标准化建设　按照中共中央办公厅、国务院办公厅印发的《关于深化政务公开加强政务服务的意见》和县委、县政府关于开展“政策落实年”“政府效能和外商投资环境提升年”“大项目好项目建设年”活动总体要求，印发《关于深入推进政务服务标准化建设实施方案》，在县政务大厅和镇街便民服务中心深入开展推进政务服务标准化建设活动。

清理行政许可审批事项　根据市政府《关于保留和取消、下放市级行政审批事项的决定》文件，配合县法制局对全县行政审批事项进行梳理，将原有的204项行政审批事项精简到121项。

推行“四个一”工作机制　一是审批事项“一口受理制”，实行审批事项统一登记，将审批工作由松散办理转为集中管理。二是行政事业性收费“一表制”，所涉审批部门、收费项目、收费标准一次性告知办件人，为办件人提供简明直观提示。三是涉企收费“一费制”。2013年纳入“一费制”管理企业166家，完成谈费定费1320万元。四是代办服务“一站式”。进一步优化并联审批、代办服务流程，对重点项目实行联席会议制度，同时深入企业和重点项目现场上门指导服务，保障各级重点项目顺利实施。

公共资源交易　2013年，县公共资源交易中心按照“统一平台、资源共享，分类交易、全程监督，整合流程、高质高效”的要求，着力实现公共资源交易监管集约化、配置市场化、运作阳光化。全年累计完成交易项目388宗，实现交易总额31.124亿元，实现增收节支3.47亿元。

交易监管　实施交易规则、交易软件流程再造，梳理整合建设工程、政府采购、产权交易、国土资源交易四块业务流程，强化工程建设、政府采购、土地交易等重点领域监管。在工程招投标方面，推行入沭企业备案等制度，严格落实建设工程“五大员”信息采集；在政府采购方面，对小额采购实施协议供货。

中介管理 对工程建设、政府采购、国有土地拍卖等中介机构，实行统一入库、集中办公、摇号选取、规范管理和业绩考核等制度，参照临沂市公共资源交易中心有关规定和做法，对中介机构实行服务项目跟踪绩效考核和定期评审制度，健全中介机构内部监督制约机制，确保中介机构服务到位不越位。

交易软件升级 对现有交易软件进行改造升级，完成国泰新点软件的安装调试工作，与市公共资源交易中心的软件有效对接，推进市县联网，为探索远程交易、远程评标打下基础，力争尽快实现网上报名、开标评标。抓好“三库四关”建设，“三库”即企业信息库、中介机构库和评标专家库，对相关投标企业提前纳入信息库管理，实行交易证和交易员证制度，提高投标企业弄虚作假、违规违法的门槛和成本；中介机构库和评标专家库也实行提前入库、电脑随机抽取的办法，提供一个相对公开公平的平台；“四关”即组织报名关、招投标文件审核关、保证金缴纳关和资格审查关。积极探索实行CA认证，为实现网上报名、开标评标做好准备。

“12345”市民服务热线 按照市政府印发的《关于加强“12345”市民服务热线建设工作的意见》要求，推进县级热线平台建设。县政府于2月5日召开第21次县政府常务会议作专题研究，成立临沭县“12345”市民服务热线。同时，成立以县长为组长，相关部门单位主要负责人为成员的领导小组，加强对“12345”市民服务热线建设工作的组织领导。按照《临沭县关于加强“12345”服务热线建设工作的意见》，县政府办公室牵头，县行政审批办具体负责筹建工作，整合各类热线资源，建设县级“12345”市民服务热线，形成“12345”市民服务热线与县长热线电话、行风热线等对接联动的政府公共服务格局，并与市级热线相连接。县“12345”市民服务热线于2013年5月1日开工建设，累计投入220余万元，办公区总面积800平方米，7月1日在全市率先开通。9月5日，临沭县召开热线工作推进会议。10月12日，全市热线建设工作推进会议在临沭县召开，临沭县在会上作典型发言。至年底，共接听来电26912件，直办20020件，向部门转办6785件，办结率98.3%。

农村产权交易服务体系建设 临沭县是临沂市农村产权制度改革试点县，也是全市农村产权交易体系建设工作试点县。根据《临沂市农村产权交易服务体系建设工作实施方案》部署，2013年10月10日，临沭县成立农村综合产权交易中心，启动农村综合产权交易服务体系建设工作。根据《中共临沂市委办公室、临沂市人民政府办公室印发〈关于加快推进农村综合产权交易工作的实施意见〉的通知》，按照“政府建设、统一管理、管办分离、全程监察”的原则，依托县公共资源交易中心并整合农业、林业、水利、国土资源、房管、科技等部门的相关职能，建设县级农村综合产权交易中心，于2014年1月1日投入试运行。依托镇街公共资源交易中心建立农村综合产权交易服务中心。县农村综合产权交易中心和镇街农村综合产权交易服务中心均接入协同办公专网，使用全市统一开发的软件，与市级平台衔接，形成市县乡三级联网、服务配套的农村产权交易服务体系，依法为各类农村产权交易提供政策咨询、项目策划、资产评估、产权经纪、场所设施、信息发布、组织交易、合同签订、价款结算和交易鉴证等服务。

青云镇政务服务中心 青云镇是市级优先发展重点镇，根据市县总体要求，2012年9月份，参照县政务大厅的建设模式筹建青云镇政务服务中心，一期进驻发改、住建、规划等10个部门，2012年10月份正式运行，2013年运转良好。

镇街便民服务中心建设 2013年，按照《关于深入推进政务服务标准化建设实施方案》（沭监发〔2013〕1号），对镇街便民服务中心进行提升，深入推进政务服务标准化建设活动。每个中心至少设置13个服务窗口，进驻93项服务项目，夯实便民服务的基础。针对镇街便民服务中心存在的进驻部门少、服务事项少、入厅人员不到位、服务能力不强等问题，推行“全科医生”模式，提出因镇制宜，改进服务内容和服务方式，实现“一人多岗、一人多能”，建立综合受理、办理、反馈制度，在日常工作中实行AB角轮岗轮班制度，确保做到及时为民服务。

撰稿：王　琨　赵　军　审稿：崔广祥

地方史志

临沭县地方史志编纂委员会办公室为隶属县政府的正科级事业单位，编制6人，实际在岗人员5人，另有特聘编辑3人。

2013年，县史志办在县委、县政府的正确领导下，在上级史志部门的关心指导下，克服人手少，任务重等困难，在志、鉴、库、馆建设等方面均取得可喜的成绩，《临沭年鉴（2011）》荣获第四届全省优秀年鉴二等奖及框架设计奖。

县志续修 根据编纂出版进度安排，对大事记的收录下限进行适当下延；根据断限内乡镇、村街名称、区划变化较大的特点，在第一编中增设县城、乡镇和自然村居3节内容；为对照佐证县内经济社会发展变迁情况，在附录中补充辑录不同时期的部分重要文献、调研报告和前志缺失的陈巡会部分史料等。8月初，县志送审稿完成，并送市史志办专家组审阅。9月27日，市史志办专家于芹、王卫东等到临沭县史志办反馈临沭县志审阅意见。指出县志修改意见，并对临沭县志送审稿质量给予高度评价。至12月底，县史志办已完成《临沭县志（1986—2007）》全部二十九编及大事记、人物、附录等部分的修改补充，并经印刷厂排出县志印刷初稿，交付方志出版社编辑出版。

年鉴编纂 为进一步做好《临沭年鉴》编纂工作，将参加县志续修的编辑人员分出一部分，负责年鉴编写。对年鉴初稿编纂实行分工负责，将编纂任务分配到人，按照既定工作进度，定期进行督查。在编纂中突出临沭特色和部门实际，合理调整年鉴篇目，增加存史、实用资料，积极拓宽年鉴为当地经济服务、为民服务、为传播信息、宣传临沭服务的渠道，力求提高年鉴品位，做到社会化、大众化。9月，《临沭年鉴（2012）》顺利出版发行。同时，面向全县征集《临沭年鉴（2013）》的稿件资料。2013年年底，《临沭年鉴（2013）》的分纂组稿工作基本完成，进入总纂合成阶段，预计2014年出版发行。

网站和方志馆建设 依据《临沭县地情网站管理规定》，进一步加强网站管理，突出服务功能。主页设县情概况、魅力临沭、临沭经济、历史文化、大事记、方志馆、图片库、地情库、政务公开等几个大板块，浏览点击总量累计超过23万人次。对照省、市史志主管部门规定，在现有条件下，努力改进方志馆条件，添置馆藏图书，整理书籍目录，并在县情网站发布，面向社会开展服务。县方志馆面积近25平方米，藏书超过3000册；累计接待单位和个人查阅资料200余人次，先后为全县多个重点项目提供资料服务。

地方志鉴管理 以加强县域志书编纂指导管理为目标，将县域内志书、年鉴及相关志类资料的编纂、出版、开发应用纳入规范管理。通过业务培训、现场指导、评议志稿等形式，加强对部门志书编写的指导，并组织《山东年鉴》《临沂市志·临沭县概况》《临沂年鉴》等的撰稿供稿工作。

撰稿：高　洁　审稿：王敬涛

政 府 法 制

2013年，县政府法制局以深化“行政程序年活动”为抓手，紧紧围绕全县中心工作，把握大局、突出重点、创新机制、真抓实干，全面加强和改进政府法制工作，较好地完成各项工作任务，政府法制工作向纵深发展，依法行政切实得到加强，为临沭县经济社会建设、推进依法行政营造良好的法治环境。

规范性文件管理 严格按照临沭县人民政府《规范性文件制定程序规定》和《关于进一步规范规范性文件统一登记统一编号统一公布制度的通知》的要求，对规范性文件的计划编制、起草送审、合法性审查以及审议与签署等程序进行完善，并明确规范性文件的效力期限制度。2013年，共审查各类规范性文件10件，并对所有政府规范性文件自印发之日起30日内上报市政府法制办和县人大常委会备案，做到有件必备，有备必审，有错必纠。同时，对全县2011年公布现行有效的65件规范性文件以及2011年、2012年度县政府制发的规范性文件进行认真清理，经清理，决定继续有效的63件，废止的21件；对实施两年以上的18件规范性文件实施情况进行评估，切实提高政府规范性文件的制定质量和执行力。

法制服务 2013年，先后组织2次县政府领导成员集体学法活动，就《中华人民共和国旅游法》和《国务院畜禽规模养殖污染防治条例》进行重点学习。以纪念《中华人民共和国行政强制法》和《山东省行政程序规定》颁布实施一周年为契机，在县直行政执法部门开展学习贯彻宣传周活动。组织县直执法部门法制科长培训。

行政执法监督 执法证件管理。组织265人报名参加全市新办行政执法证件人员公共法律知识培训考试；完成对345名行政执法人员的执法证件年度审验培训。建立全县1630名在岗行政执法人员数据库，实现对行政执法人员和证件的动态化管理。

行政执法案卷评查。抽调县直部分执法部门法制科长组成案卷集中评查工作组，从全县上报行政处罚、行政征收和行政许可案卷目录的46个重点执法单位上报的行政处罚和行政许可案卷目录中，随机抽取2012年已处结的行政执法案卷

139卷（其中，行政处罚和行政征收卷84卷，行政许可卷55卷），进行集中评查，对查出的问题向各单位进行反馈，并责成限期整改。

行政许可事项清理。对44个部门上报的212项行政审批事项进行清理，确定保留36个部门的121项行政审批事项（含暂保留1项），占上报数量的57%；取消、调整32个部门行政审批事项92项，占上报数量的43%。

行政复议 大力推进行政复议委员会试点工作，成立试点领导小组，制定下发试点工作实施方案，选聘10名县政府兼职行政复议员，并成立第一届行政复议专家咨询委员会。全年共受理行政复议申请34起，办结34起。探索创新行政复议办案机制，对依法受理的行政复议案件通过听证等多种方式深入调查，充分听取各方意见，查明事实、分清是非；同时，制定出台《临沭县行政复议案件调解和解规定》，注重运用调解、和解方式解决纠纷，调解、和解达不成协议的，及时依法公正作出复议决定。

撰稿：李会昕　审稿：邢连强

外事侨务

外事与侨务办公室为挂靠县政府办公室管理的正科级事业单位，主要负责全县因公出国手续的审核转报，落实外事侨务法律、法规和政策。现有编制3人。县外侨办先后被省外侨办授予“全省社区侨务工作先进单位”“山东省外事侨务系统先进集体”。

外事工作 坚持管理与服务并重，做好临沭县因公出国人员手续的审核和转报工作。将因公出国（境）审核的内容、所需材料、办理程序、注意事项在县政府门户网站上公布，方便公众查阅。对前来办理因公出国（境）手续的人员，只要符合要求的，做到随到随办，不推不拖。2013年，共办理因公出国审核和转报手续6批8人次。充分发挥外事侨务部门信息网络和对外联络广泛的优势，积极做好“请进来”和“走出去”工作，努力为招商引资、引智和开展对外交流合作搞好服务，协助招商部门通过互联网向广大临沭籍海外华人、华侨及出国暂居人员发送招商信息200余条，接待外宾和华人华侨13人次。制定印发《临沭县荣誉市民称号授予办法》。妥善处理到常林集团参加业务活动的韩国人JO CHUNG KUN（译音：曹充根）死亡事件，没有引发任何不良国际影响。

侨务工作 做好《中华人民共和国归侨侨眷权益保护法》和《山东省实施〈中华人民共和国归侨侨眷权益保护法〉办法》等侨务法规宣传普及，深入开展多系统、多形式、多层次的宣传学习活动，不断增强全社会的以法护侨意识。做好调查摸底工作。配合市外事调研组完满完成外事调研任务。克服人员少、时间紧等困难，对重点海外侨胞、侨眷知识分子、侨资企业逐户进行登记，在全市率先完成侨眷侨属和侨资企业调查，编印《临沭县侨情资料手册》，建立全市第一个信息完整的侨情资料库。做好重点侨眷的走访慰问和贫困侨眷的帮扶工作，把党和政府的温暖送到华侨及其侨眷侨属心上。春节前走访慰问9户重点侨眷，了解具体情况，听取意见和建议，把为侨服务落到实处。认真解决在沭工作外籍人士和华人华侨及侨眷侨属反映的问题。公布外侨办的联络电话及电子邮箱，与外籍人士、华人华侨、侨眷侨属建立经常性的联系，对其反映的困难问题，严格按照政策规定，最大限度地予以倾斜照顾，对不符合政策和条件不成熟暂时无法解决的问题，做好深入细致的解释工作，做到事事有着落、件件有回音。2013年，县外侨办先后接待和处理华人华侨及侨眷侨属来信来访12人次，办结回复率达100%。3月27日，全市侨情（侨资企业）普查工作现场会议在临沭县召开。

撰稿：陈允静　审稿：高　详

应急管理

2013年年初，临沭县成立应急管理委员会，设立应急管理工作专项资金（每年5万元）。另外县政府拨付资金20万元，建设县政府应急指挥平台。应急管理各项工作的有序开展，最大限度地避免和减轻突发事件对经济建设和人民生命财产安全带来的危害，为全县经济持续健康发展和社会和谐稳定奠定坚实基础。

突发事件处置　4月17日20时30分，一辆内蒙古牌照的盐酸罐车在临沭县327国道蛟龙镇华盛化工有限公司门口与两辆货车相撞，导致盐酸泄漏，泄露盐酸淌到327国道北侧沿路沟内，盐酸罐车内28吨31%的稀盐酸绝大多数已经泄漏。事故发生后，县政府高度重视，立即启动危险化学品泄漏应急预案，及时关闭华盛化工企业外排循环冷却水和下游应急闸门，并对泄漏的盐酸抛洒生石灰进行中和，防止事故废水污染下游张疃河水质。至18日凌晨6点，完成对拦截废水的中和，并调取下游张疃河的水质，经检验断面水质良好，PH值正常，没有造成污染。

应急预案管理和演练　制定（修订）并印发《临沭县地震应急预案》《临沭县抗旱应急预案》《临沭县危险化学品较大以上生产安全事故应急救援预案》《临沭县突发公共卫生事件应急预案》《临沭县较大以上烟花爆竹生产安全事故应急救援预案》《临沭县非煤矿山较大以上生产安全事故应急救援预案》等县级专项预案。2013年，县政府应急办组织公安、消防、卫生等部门在学校、企业进行防震、安全生产进行应急演练12次。教育部门规定每月每个进行一次应急演练，通过疏散、防火等各种演练，全县师生的应急能力得到进一步提高。

应急科普宣教　制定应急培训计划，将应急培训列入领导干部培训内容。5月10日，组织各镇街、企业、部门约200人从防震、公共卫生安全等方面进行应急管理培训。加强应急文化宣传，在县政府网站设立应急管理专栏，及时发布应急管理动态和应急常识。结合“全国中小学生安全教育日”，开展应急知识进校园宣传活动；5月12日，结合全国“防灾减灾日”，深入街头，开展以防灾减灾为主要内容的应急管理知识宣传教育活动。

撰稿：王济龙　审稿：胡文杰

政府接待

临沭县人民政府招待所设办公室、财务部、人力资源部、采购供应部、保安部、工程部、接待部、餐饮部8个部室和客房部、东餐厅、美食园3个一线经营部位，另设有洗衣房、理发室、保洁队等服务岗位。现有职工175人，大专以上学历49人。

先后荣获“山东省诚信示范单位”“山东省旅游服务名牌”“市级卫生先进单位”“市级巾帼文明示范岗”“临沂市价格诚信单位”“临沂市志愿服务工作先进集体”“临沂市消费与服务质量管理奖”“临沭县十大文明服务窗口”等荣誉称号，连续13年被评为市级文明单位和县级文明单位。

基础设施 临沭县人民政府招待所，又名临沭县沭河宾馆，位于县城苍山北路，是一家服务优良、环境优雅的三星级宾馆。占地面积1.3万平方米，有中高档餐厅27间，宴会厅2处，多功能厅1处，可容纳近千人就餐；有各类客房147间，有大、中、小型会议室7个，另外还配有洗衣、美容美发、康乐等服务项目。

经营状况 2013年，围绕“强基固本抓党建，全力以赴保稳定，凝心聚力抓经营，提升服务促发展”的工作思路，携手同心，攻坚克难，在宏观形势十分严峻、市场竞争压力加大的情况下，迎难而上，砥砺奋进，全年共接待各级各类会议532余次，客房住宿2.3万余间次，实现营业收入375万元，实现餐饮业收入759万元，全年累计完成营业收入1240万元。

撰稿：陈　飞　张译文　审稿：朱孟英

中国人民政治协商会议临沭县委员会

县政协机关设办公室、研究室、经济委员会、提案委员会、科教文卫体委员会、社会联络和法制委员会、文史资料委员会、人口资源环境委员会、委员活动工作室9个正科级职能委室。年初，经县委研究批准，在老干部服务中心和10个镇街设立政协工作办公室，并配备镇街政协办公室主任。

全体委员会议 中国人民政治协商会议第八届临沭县委员会第二次会议 2013年1月16日至18日在临沭举行。

县委书记、县人大常委会主任任庆虎到会并讲话。会议听取并审议钟华所作的政协第八届临沭县委员会常务委员会工作报告和朱孔科作的政协第八届临沭县委员会常务委员会关于八届一次会议以来提案工作情况的报告，会议补选朱涛、刘萍（女）、姜金利、徐瑞前、徐勤举、唐建华为八届县政协常务委员；列席临沭县第十六届人民代表大会第二次会议，听取和讨论《政府工作报告》及其他有关报告；审议通过会议的各项决议。表彰2012年度30件优秀提案和18个承办提案先进单位。会议共收到提案186件，其中：以团体、委、组名义提出的提案2件，委员个人或联名提出的提案184件，立案181件。

县政协常委会议 八届六次常委会议 1月17日召开。县政协主席钟华，县委副书记傅磊，县委常委、组织部长宋国山，副主席王维玺、朱孔科、孟庆然、刘会迎、朱梅、冯树方，政协党组成员朱涛，秘书长高翔出席会议。县委副书记傅磊就县十六届人大二次会议和县政协八届二次会议选举的有关人事安排作说明；审议通过提交大会的选举等人事变更事项；审议通过县政协常务委员会关于八届二次会议提案审查情况的报告(草案)；审议通过县政协八届二次会议决议（草案)。

八届七次常委会议 3月6日召开。县政协主席钟华，副主席王维玺、朱孔科、孟庆然、刘会迎、朱梅、冯树方，党组成员朱涛，秘书长高翔出席会议，县人大常委会副主任王景光应邀出席会议。住沭市政协委员、县政协各工作组组长、房街道）出席会议。政协各乡各镇街政协办主任、县政协机关各委室负责人列席会议。会议审议通过《镇街政协办公室工作规则》《镇街政协办公室主任工作职责》《县政协2013年工作要点》《2012年度优秀县政协委员名单》，审议通过有关人事事项。县政协主席钟华就加强镇街政协工作、2013年的全县政协工作和当前要开展的几项重点工作作讲话，并提出具体要求。

八届八次常委会议 4月26日召开。县政协主席钟华，副主席王维玺、朱孔科、孟庆然、刘会迎、朱梅、冯树方，党组成员朱涛，秘书长高翔出席会议，县人大常委会副主任云雪飞应邀出席会议。县房街道）出席我们的会议。政协各乡政协各镇街办公室主任、各工作组组长、机关各委室负责人和部分县政协委员列席会议。会议传达学习市政协十四届六次常委会议精神和市政协发挥委员主体作用开展岗位创优活动工作会议精神；审议通过《政协临沭县委员会关于在县政协委员中开展“爱岗、履职、创优”活动的实施意见》《政协临沭县委员会关于委员履行职责的有关规定》《关于加快我县两区同建工作的建议案》和有关人事事项。县政协主席钟华在讲话中，就开展好政协工作，对全县政协组织和广大政协委员提出四点要求：一是要更加自觉抓好学习，不断提高履职能力和水平；二是要进一步提高履职成效，为推进临沭县两区同建工作提出高质量的建议；三是要加强委员队伍建设，充分发挥好委员的三个作用；四是要严格落实中央和省市县委各项规定，自觉加强作风建设。

八届九次常委会议 7月25日召开。县政协主席钟华，副主席王维玺、朱孔科、孟庆然、刘会迎、朱梅、冯树方，党组成员朱涛，秘书长高翔出席会议，县人大常委会副主任王建华，县政府副县长密长诚应邀出席会议。政协各乡政协各镇街办公室主任、各工作组组长、机关各委室负责人列席会议。会议传达学习省政协十一届三次常委会议和市政协十四届七次常委会议精神，通报县政协2013年上半年工作情况，听取上半年全县经济运行情况通报，审议通过《关于在两区同建工作中充分发挥政协委员作用的意见》《关于加强农民实用技术培训工作的建议案》和有关人事事项。县政协主席钟华在讲话中，简要回顾县政协上半年的主要工作，对政协委员充分发挥作用、全力支持和参与两区同建工作，为加强农民实用技术培训工作积极建言献策等提出明确要求，并就下半年各项工作进行安排部署。

八届十次常委会议　10月30日召开。县政协主席钟华，副主席王维玺、朱孔科、孟庆然、刘会迎、朱梅、冯树方，党组成员朱涛，秘书长高翔出席会议，县人大常委会副主任王景光应邀出席会议。政协各乡政协各镇街办公室主任、各工作组组长、机关各委室负责人列席会议。会议传达学习市政协十四届八次常委会议精神和市委书记张少军在市政协“岗位创优”活动座谈会上的讲话精神，审议通过《关于加强临沭县社会弱势群体救助工作的建议案》《关于加强政协宣传信息工作的意见》《关于做好协商民主工作的实施办法（暂行）》和有关人事事项。县政协主席钟华在讲话中，就会议通过的相关文件的贯彻落实和2014年工作安排部署进行强调并提出相关要求。

调研视察　八届县政协充分发挥专委会的基础作用和委员的主体作用，本着“少而精、专而深”的原则，紧扣发展主题，选择领导重视、部门关注、委员关心、群众欢迎的题目，进行调研和视察。2013年，共组织15次专题调研和视察，形成专题调研和视察报告6篇，提出可行性建议60多条，促进全县经济社会又好又快发展。

撰稿：王守习　审稿：高　翔

中国共产党临沭县纪律检查委员会

中共临沭县纪委与临沭县监察局合署办公，内设办公室、监察综合室、干部室、宣传教育室（研究室）、案件审理室（申诉复查室、政策法规室）、信访室（举报中心）、党风廉政建设室（惩治和预防腐败室）、执法监察室（行政效能监察室）、第一纪检监察室、第二纪检监察室（案件综合管理室）、纠风室（县政府纠正行业不正之风办公室）11个副科级行政职能室，1个正科级外来投资者投诉中心办公室，下设3个农村工作室和7个派驻纪检组，在编人员41名。县纪委常委由7人组成。

2013年，全县纪检监察机关紧紧围绕“幸福临沭”建设，围绕中心、突出主业，抓作风建设、优服务环境，抓惩防体系、重标本兼治，抓监督检查、促科学发展，全县党风廉政建设和反腐败工作取得新的进展和成效。临沭县被评为“全国农村集体三资管理示范县”，县纪委、县监察局被评为全省清产核资工作先进集体。

党风廉政建设　县委印发《2013年全县党风廉政建设和反腐败工作实施意见》，组织与各镇街、县直各单位“一把手”签定党风廉政建设责任书。严格执行厉行勤俭节约、反对铺张浪费要求，加强专项督导检查，检查部门、单位128个。分别在纪检监察机关、党政机关开展会员卡专项清退活动，全县27名县纪委委员、121名纪检监察干部及47名副县级干部、805名乡科级干部、1372名一般干部和408名职工作出“零持有”报告。认真落实中央八项规定精神，开展“庸懒散”专项治理，与县委办、县府办、组织部等单位抽调10人成立2个检查组，开展明察暗访20多次，发现工作时间无故缺岗、上网聊天等问题42个，印发通报6期，实名通报49人，邀请县党代表、人大代表、政协委员、老干部代表召开作风检查处理情况通报会2次。开展“干部作风万人评”活动，采取网络直评和书面评议相结合的方式，民主评议部门单位133个、领导班子成员778名、县直单位科室184个、镇街站所369个。实施村务公开栏改建提升工程，协调县财政投入59.8万元，统一标准、统一模式为全县524个自然村新建村务公开栏，被确定为全省农村基层党风廉政建设联系点。

纠风工作和行风热线建设 扎实开展服务企业“四比四看”“政策措施落实年”活动，县政府出台《临沭县优化发展环境“十条禁令”》，实行优化经济发展环境联席会议制度，在30家企业设立优化发展环境监测点，发放服务企业联系卡260余份，换发新式防伪“绿色通道证”190个。推进“一费制”企业扩量增面，181家企业成功定费，涉及规费1300余万元。投资220余万元建设“12345”市民服务热线，全市“12345”市民服务热线工作推进会在临沭召开。健全行风热线广播电视同步直播“五项机制”，提升“民声在线”运行质量，创办“热线追踪”栏目，对热线反映问题实行跟踪问效，累计播出行风热线279期、“热线追踪”13期。加大公路“三乱”治理力度，开展公路巡查37次，纠正问题7个。

查办违纪违法案件 坚持快速办案、高效办案、优质办案，加大自办案件力度，全年共立案查处违纪违法案件80起，先后查处审计、公安、质检、工商、农机、卫生等系统案件。其中，自办案件43起，大要案21起，移送司法机关13起，挽回经济损失400余万元，市纪委两次通报临沭县做法。加强廉政提醒谈话和信访监督工作，分别就公务接待费、农村危房改造资金等问题开展廉政提醒谈话9次，涉及党员领导干部39人。

执法监察 制定《重大事项事前监督实施办法》，聘请重大事项监督员40名，将人事调整、工程建设、大额支出、政府采购、资产处置等重大事项纳入事前监督范围，开展重大事项事前立项监督164项。加大工程领域专项治理工作力度，督促相关部门公开项目信息76条，对2013年开工建设的12个政府投资项目进行专项检查。开展公务接待费专项执法监察工作，检查单位104个，约谈问题相对突出的部门单位的主要领导28人。开展全县2013年上半年“三公”经费支出情况专项执法监察工作，检查财务独立核算单位137个，全县“三公”经费支出额同比下降9.7%。开展2012年度农村危房改造补助资金管理使用情况专项执法检查，检查危房改造资金102.66万元，并抓好存在问题的整改。

政务公开 开展政务服务标准化建设活动，深化“两集中、两到位”工作，健全政务大厅、专项工作服务厅、综合服务窗口“三块合一”的行政审批体系，将全县43个部门204项行政审批事项精简至36个部门121项（含暂保留1项）。重新梳理进驻镇街便民服务中心服务事项，由原来的93项增加到210项，推广“全科医生式”工作人员进驻模式，促进便民服务中心高效运行。制定机构名称、场所建设、代办事项、办事程序、日常管理“五个规范”和创新服务“一个创新”标准，分标准型、功能型、基本型3类推进村级便民服务代办点建设，全县共配备村级代办员326名，设置代办点一类75个、二类121个、三类40个，提供代办服务4.2万余项。加快科技防腐平台建设，完成行政审批、公共资源交易、公共资金监管等6大平台、18个子系统建设，电子监察实现同步全程监控。临沭县代表全市迎接省科技防腐检查。

案件审理 2013年，共受理各类党政纪案件245起，审结违法违纪案件243起，其中给予党纪处政纪分239人，开除党籍处分154人。实施案件审理处分决定执行检查、优秀案卷评比、编发案件审理工作手册、编写党政纪模拟案卷、组织审理业务培训“五项工程”，提升案件审理规范化、制度化水平，案件审理连续实现“零有理”申诉。制定“党政纪处分决定执行工作暂行办法”，组织开展党纪政纪处分决定执行情况检查，涉及镇街、县直单位34个，受处分人员460人。

宣教工作 在全县有序组织开展廉政教育“六项活动”，与县妇联联合开展领导干部家属劝廉活动，发放“致领导干部家属一封信”1200余份；组织开展廉政文艺朗诵比赛活动，征集诗歌、散文等作品77件，决赛视频在县电视台黄金时段连续播放，党员干部受教育面90%以上；开展廉政书画展活动，征集廉政书画作品240件。继续推进廉政文化“六创建”活动，新创市级示范点16个、反腐倡廉教育基地1个。

撰稿：刘景国　胡顺贤　审稿：宋国山

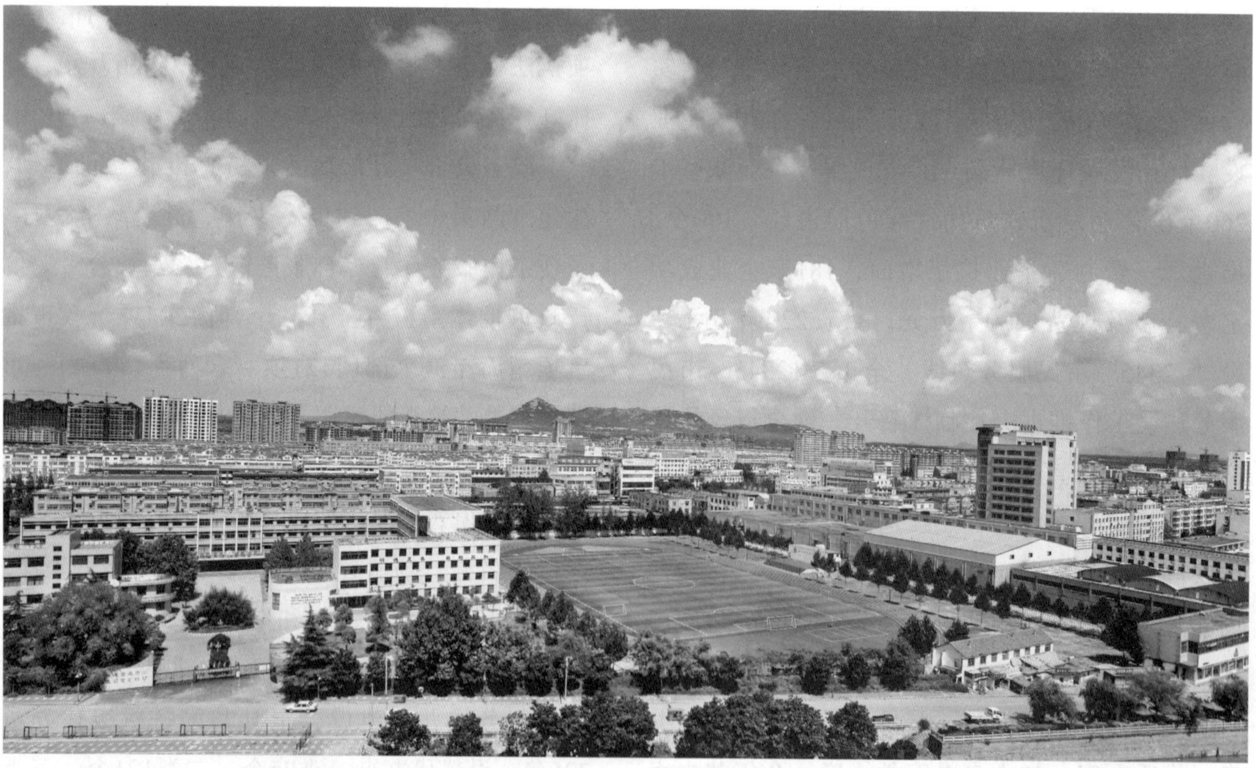

大美临沭

人民团体

RENMINTUANTI

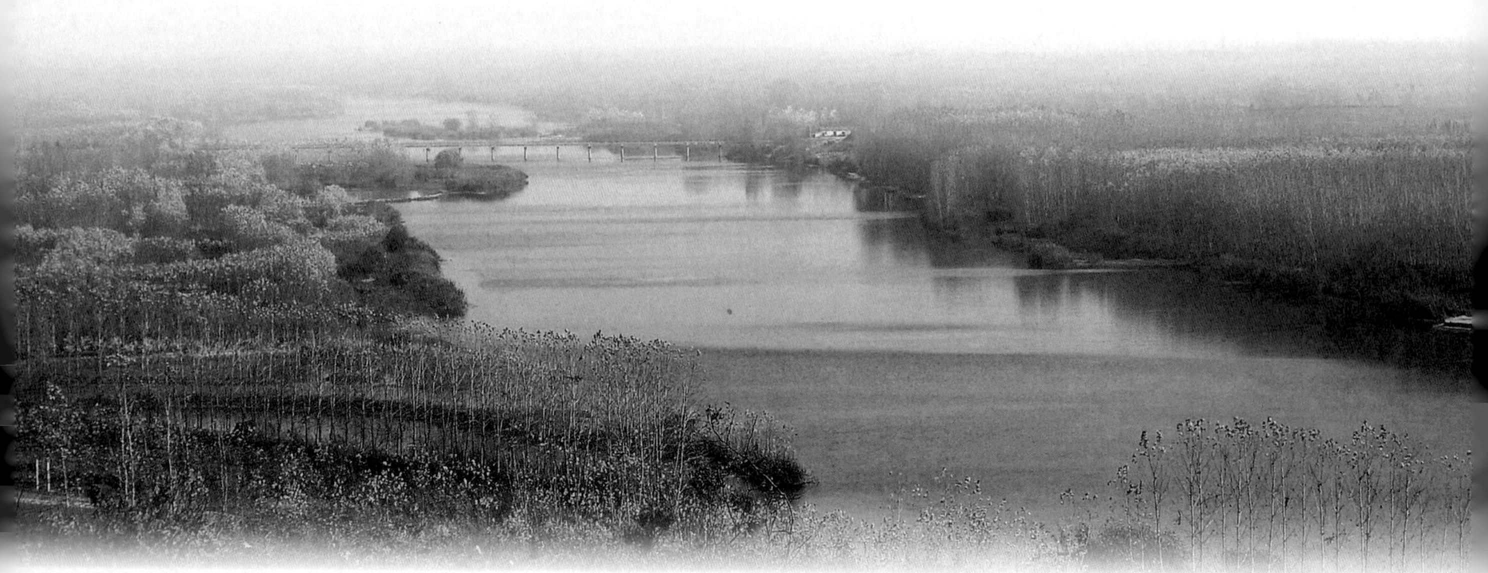

总 工 会

临沭县总工会下设办公室、组织部、生产保障部、法律部、宣教部、女工部、财务部7个职能部室，隶属总工会的二级单位有工人文化宫。总工会编制7人，文化宫编制16人。

2013年，临沭县总工会结合工作实际，立足“服务大局有作为，服务职工办实事”，开拓创新，真抓实干，各项工作均取得较好成绩，县总工会获得“山东省厂务公开民主管理先进单位”“山东省先进工会女职工委员会”“临沂市创新工作一等奖第一名”“临沂市工资集体协商工作先进单位”等荣誉。

工会组织建设 按照“扩大覆盖面、增强凝聚力”的工作方针，坚持“党建带工建”，全县各级工会创新思路、强化措施，建立健全“三级联创”的长效机制，巩固和发展镇街、社区、企业“小三级”工会网络体系。坚持“十有”标准，开展创建“规范化建设示范工会组织”活动。2013年，全县新建工会组织220家，至年底，全县基层工会组织已达1796家，工会会员132193人。

5月8日，召开临沭县工会第七次代表大会。大会应到代表217名，实到199名，因病因事请假18名，特邀代表13人。大会通过分团预选和正式选举的办法，选举临沭县总工会第七届委员会、经费审查委员会和女职工委员会，选举结果如下：主席：李守彬，副主席：王正荣、靖美涛；常委：王静、王正荣、邓春玲、李守彬、张贵华、袁新惠、高志凌、谢超、靖美涛；经审委主任：王正荣，副主任：王光升、王枝兰；女工委主任：王正荣，副主任：王燕、陈燕。县委书记、县人大常委会主任任庆虎，市总工会党组副书记、常务副主席王向群出席并讲话。

9月13日，全县工会组织规范化建设暨工作创新发展现场推进会召开。市总工会党组副书记、常务副主席王向群，县委副书记麻建东，县委常委、纪委书记王佃利出席会议。通过组织规范和发展创新，密切了与职工群众的联系，增强了工会组织的吸引力和凝聚力。

困难职工帮扶 加强对困难职工帮扶机制建设和困难职工帮扶网络建设，提高帮扶工作的社会化水平，县总工会成立为职工群众办好事、实事的职工服务中心，在镇街、大企业设立职工服务站，在社区、村设立职工服务室，形成服务职工“三级”网络体系。元旦、春节期间，县总工会多方筹集资金，救助困难职工280多人，走访慰问各级劳模12人，发放救助金及慰问品折款近40万元。金秋助学帮助55名困难职工子女梦圆大学。同时，将节日困难职工走访慰问与职工日常救助、应急救助紧密结合，实现“送温暖”活动常态化、制度化。7月26日上午，省总工会副主席、经审委主任赵立群为常林集团“职工服务站”和“爱心大药店”揭牌。11月4日，县总工会主席李守彬在全市工会维权帮扶工作现场推进会上做典型发言。

维权工作 县总工会按照临沭县创建劳动关系和谐企业第三个三年规划要求，努力扩大创建活动的参与面和达标率，使大多数企业进入劳动关系和谐企业行列。以工资集体协商为重点，完善厂务公开的各项制度，维护职工权益，促进企业发展，实现劳资双方共建共享共赢。2013年，全县签订区域性工资专项集体合同32份，覆盖企业816家；签订行业性工资专项集体合同12份，覆盖企业150家；单独签订316家。共有1014家企业开展工资集体协商，签订工资专项集体合同，签订率80%以上，覆盖职工74967人。在1253家单位推行厂务公开民主管理制度，1223家单位建立职代会制度，其中，185家规模以上非公有制企业均推行厂务公开民主管理制度，职代会建制率达到98%。3月28日，全县工会工作暨和谐企业表彰会议召开，会上表彰新评选的28家“临沭县劳动关系和谐企业”及全县工会先进单位和先进个人。2013年，全县受到各级表彰的劳动关系和谐企业累计181家（其中国家级1家、省级3家、市级22家、县级155家），全国模范劳动关系和谐工业园区1个。

职工教育和培训 以职工职业道德为重点开展“四德”教育进企业活动，引导职工自觉践行社会主义核心价值观。评选表彰职工职业道德标兵和标兵岗，宣传先进事迹，激活和传递蕴藏在职工群众中的正能量。以“当好主力军、建功‘十二五’”为主题，围绕百企改造提升，以企业提效、安全生产为主要内容，广泛开展职工劳动竞赛活动、“五小”技术攻关等群众性创新活动，为充分发挥广大职工的创造潜力。在机械、餐饮、酒业、教体、卫生、金融、交通、建设、农业、柳编等系统相继开展职工职业技能大赛，共有10个行业3万名技术能手参加60多个工种角逐，各工种技术状元被授予“振兴临沭”劳动奖章，推选出“百名技术能手”。参加全省第十六届职业道德双十佳、全市十八届职工职业道德双十佳和全市第十届“创建学习型组织、争做知识型职工”评选活动，全县共有2人获全省第十六届职工职业道德十佳标兵称号。

劳模管理 完善省级以上劳模信息电子档案，对创建劳模创新工作室进行规范化验收和申报，加强对劳模的评选、培养、宣传和管理工作。4月27日，召开全县庆祝“五一”国际劳动节暨县劳动模范表彰大会。会议表彰29名县劳动模范。县委副书记、县长程守田在会上讲话。五一期间，利用县广播电视台开设《先模风采》专栏，对先模人物进行宣传报道，大力弘扬具有先进性、时代性的劳模精神，积极营造劳动光荣、知识崇高、人才宝贵、创造伟大的社会氛围。同时，关心劳模生活，组织全县各级劳模212人健康查体。

女工工作 深入实施女职工提升素质建功立业工程。大力宣传女职工劳动保护特别规定，多措并举推动女职工权益保障法律法规的贯彻落实。进一步深化“女职工关爱行动”，切实做好对困难女职工的帮扶工作。2013年，全县结对帮扶单亲特困女职工22人，帮扶资金及慰问品折款1.1万元。全面落实“两个覆盖”，不断推进女职工组织规范化建设。县总工会女职委荣获山东省工会先进女职工委员会、临沂市工会女职工工作先进单位等称号。

撰稿：李桂芬 徐雨歌 审稿：李守彬

共青团临沭县委员会

共青团临沭县委员会（简称团县委）下设办公室、组宣部、工农部、学少部3部1室。共有干部职工5人。8个镇，2个街道，1个苍马山管委会设有专职团委书记。

2013年，深入学习贯彻中共十八大、十八届三中全会和共青团十七大精神，按照“建设、服务、创新、发展”的工作理念，全面履行团的基本职能，团的各项工作实现新的发展，为建设幸福临沭贡献青春和力量。

青少年思想政治工作 丰富活动载体，引导青年树立科学正确的价值观。在全县团干部和团员青年中广泛开展践行社会主义核心价值体系学习教育活动。2013年在全县团员青年中先后组织开展学习十八大精神专题讲座、“我的梦 中国梦”主题团日活动、“学习道德模范，争做当代雷锋”主题报告会、“传承沂蒙魂，永远跟党走”主题教育活动、“我的中国梦——奋斗的青春最美丽”主题报告会、“畅想中国梦 共建新临沭”演讲比赛等活动，展示临沭青年朝气蓬勃、德才兼备精神风貌，教育广大青年要把自己的梦想与国家梦想紧密结合，在全团上下营造“立足本职岗位，建设幸福临沭”的浓厚学习和工作氛围。

维护青少年合法权益 利用年初“两会”契机，举办共青团与人大代表、政协委员面对面活动，通过“面对面”活动将广大青少年最迫切、最普遍的诉求向人大代表、政协委员反映，并通过人大代表、政协委员形成“两会”建议、提案使问题得到解决。在未成年人自护意识和能力方面开展专题调研，形成《关于临沭县未成年人自护意识和能力的调研报告》。根据调研成果，加强与相关部门联系，开展形式多样的主题宣传活动和自护课程教育。深入贯彻落实“彩虹伞·平安暑假”青少年暑假自护教育活动实施方案。通过开展“珍爱生命，远离危险”国旗下演讲、安全上网活动签名、“珍爱生命，远离危险”作文竞赛等活动，切实提高全体学生的安全意识和应对突发事件避险自救能力，最大限度地减少各种安全事故的发生，在全县营造绿色安全的社会氛围，为青少年撑起一把安全的彩虹伞。

团组织建设 做好县镇团委换届工作，10月31日前全面完成乡镇团委换届，选举产生新一届镇团委领导班子。11月15日，召开共青团临沭县第十二次代表大会，审议并通过十一届委员会工作报告，选举产生十二届委员会委员、候补委员。十二届一次全委会选举产生常委会委员、书记和副书记。大力推进团组织格局创新和乡镇“实体化”大团委建设。依据“坚持标准，确保质量，成熟一个，建立一个，巩固一个”的工作原则在非公企业新建团组织20个，县直机关新建立团支部2个，新增覆盖青年700人次。同时，以乡镇“实体化”大团委建设为契机，每个镇建设20个直属团组织，进一步增强团组织的覆盖面和战斗力。加强团干部培训，对换届后新任镇团委干部进行集中培训，发放《全国乡镇共青团工作100例》和《共青团十七大报告学习辅导读本》等培训材料，促使团干部整体素质进一步提高；深入开展“团委书记讲团情”活动，明确团组织工作重点，增强基层团组织做好青年工作的前瞻性和主动性。承办2013年临沂市中职学校共青团工作现场推进会。4月27日，在县政府招待所小礼堂召开全县纪念“五四”运动94周年暨总结表彰大会，表彰优秀团组织和青年代表。

青年就业创业 依托全县就业创业基地平台，组织青年见习50余人次；举办“赢在沂蒙”青年创业培训会，参训创业人员200余人次，组织学员参观县内部分规模企业，增强创业的主动性和积极性。鼓励青年自主创业，扩大创业范围，团县委以“小额贷款”为突破口，积极发挥金融挂职干部桥梁纽带作用，认真做好青年创业小额贷款发放工作，全年为61户青年发放小额担保贷款428万元，为4家企业提供贴息贷款719万元，共计1147万元。

志愿者服务 根据《关于加快推进农村社区综合服务中心建设的实施意见》，要求各村居、镇街在建设社区综合服务中心时，规划并建设青年志愿者服务场所。各镇街组织志愿者队伍，根据工作安排，到各村居提供无偿志愿服务。整合优化临沭青年志愿者协会、临沭义工、临沭爱心志愿者协会等志愿者服务组织。吸纳优秀志愿者充实到临沭县青年志愿者协会中，开展义务诊疗、扶贫济困、帮扶弱势群体、植树造林、义务献血、法律援助等志愿服务工作。

撰稿：刘思斯　审稿：李　瑞

妇女联合会

临沭县妇女联合会（简称县妇联）设办公室、组宣部、发展部、儿童维权部。现有工作人员12人。

2013年，县妇联深入贯彻落实党的路线方针政策，团结带领全县妇女为幸福临沭建设做出积极贡献。荣获市第六届“劳动之星”技能比赛优秀组织奖、县妇女儿童工作先进集体、县信访先进集体、县就业创业工作先进单位、未成年人思想道德建设工作先进集体等荣誉称号。

妇女儿童维权工作 大力宣传保护妇女权益的法律法规。联合县司法局开展以“维护妇女权益”为主要内容的“三八”维权周活动，邀请专业律师各镇街巡回举办妇女维权法律知识讲座10场，宣讲法律知识。全年接待妇女信访55起，坚持工作不推诿、不扯皮、不激化、不冷漠、不逃避、不拖延原则，处结率达100%。举办家庭教育培训班23场次，培训家长5000余人，指导家长科学教育子女。联合县教体局举办“统一杯”庆“六一”幼儿韵律操团体表演赛和“蒙牛学生奶杯”临沭县第十二届小学生特长展示活动。联合县委宣传部、县教体局等单位举办第十一届“钻石之乡”广场文化艺术节暨“放飞希望·童梦六一”文艺晚会。协调新建3处留守儿童“爱心家园”（青云中心小学、玉山前湖完小及石门镇全球通希望小学），为留守儿童打造温暖之家。联合部分爱心团队和爱心人士捐赠图书1

万多册，为两所小学捐赠爱心书屋及价值6万余元的学习用品。联合县民政局走访慰问44名贫困儿童，为每名儿童送去1000元慰问金。投入资金6.54万元，资助贫困儿童77名。开展“千名孤儿救助”活动，发放共计1.32万元资助款。

组织宣传工作 组织工作：召开临沭县妇女基层组织建设暨换届工作动员会议，印发《关于进一步加强“党建带妇建”工作的实施意见》《关于加强“两新”组织中妇女组织建设的实施意见》，指导达到具备建妇女组织条件的“两新”组织，通过同步组建、联合组建、挂靠组建等形式，全部建立妇委会。印发临沭县镇街妇联换届工作实施方案，指导各镇街妇联换届选举。10个镇街妇联换届工作全部完成，一批政治素质高、业务能力强、年轻优秀的公务员当选为镇街妇联主席，配优配强镇街妇联领导班子。在机关事业单位新建立妇女组织6个、在新社会组织新建立妇女组织1个、在非公有制企业新建立妇女组织19个，在建立组织的基础上规范建设2处县级妇女之家，真正将妇女之家建设成为妇女的“坚强阵地”和“温暖之家”。

宣传工作：召开临沭县妇女儿童工作会议暨庆祝“三八”国际妇女节103周年表彰大会，对全县妇女儿童工作先进集体和先进个人、十佳女教育工作者、十佳女医务工作者、十佳女税官，“三八”红旗集体和“三八”红旗手进行表彰。广泛深入地开展各类巾帼志愿服务，推进群众性精神文明创建工作。联合中国农业银行股份有限公司先后对6位患病贫困母亲进行走访，给每人送去救助金2000元和米、面、油等生活用品。联合县人民银行志愿者前往石门镇敬老院进行慰问，为老人们送去食用油、面粉、大米、粽子及洗衣粉。围绕全县“乡村文明行动”工作，作为城乡环境综合整治牵头、责任单位，积极参与城乡环境综合整治和生态文明乡村建设，创新工作思路实行网格化管理“3+X”模式，构建镇（街道）、村居、村民小组三级管理网格、县直各单位妇委会参与的创建体系。召开“美在农家”动员会议，发放3500份“深化美在农家活动·共建美好家园”倡议书。开展围绕科技致富、家庭美德、卫生保健、家庭教育、法律知识、“新女性、新生活”等内容的“美在农家”系列宣讲，完成10个镇街及苍马山风景区的宣讲，培训妇女群众1.6万人次。表彰县级“美在农家”示范村11个和示范户99个，创建市级“美在农家”示范村3个。“美在农家”活动已成为全县精神文明建设的有效载体，实行“月检查、随机抽查、专项督查、月评比”考核制度，将“美在农家”按5%的比例列入对镇街的考核。

妇女创业就业 发挥“沂蒙大姐”创业就业服务中心的作用，举办女性劳动就业、家政服务等招聘活动；开展“春风送岗位、圆就业之梦”“妇女就业促进月”等就业服务活动，发放招工信息宣传单1万余份，提供就业指导604人次。联合县人社局、佛光技校、金凤学校举办家政服务暨月嫂技能培训班6期，培训农村妇女700余人，帮助就业360人。开展“巾帼科技沂蒙行”活动，发放各类科普资料1万余份，实现各类咨询2800人次。举办农家女科技致富培训班，培训农村妇女2000余人。开展妇女小额担保贷款工作，为379名妇女发放小额担保贷款2751万元。成立临沭县女企业家协会，让女企业家协成为服务广大女企业家创业发展的有效载体，提高女企业家自身素质，动员女企业家为妇女提供就业岗位。培养和树立妇女创业典型，引导广大妇女积极创业。金蒙新材料有限公司总经理高清菊、凯达食品公司总经理唐雪被省妇联评为“巾帼增收带头人”，山东康田化肥有限公司被评为临沂市妇字号龙头企业；高清菊被评为临沂市十佳女企业家同时被授予市“三八红旗手”荣誉称号。

“两个规划”工作落实 开展2013年度“妇女儿童发展规划宣传月”活动，深入推进男女平等基本国策宣传教育，倡导先进性别文化，优化妇女发展社会环境。县妇儿工委办加强与组织部门、党校联系，将男女平等基本国策纳入2013年全县妇女干部培训班教学内容。利用短信平台，发送“贯彻男女平等基本国策，保障妇女儿童合法权益，促进妇女事业与幸福临沭建设同步协调发展”的信息。2013年重点推动解决产前筛查，开展婚前免费医学检查，实现“减少出生缺陷所致残疾”的目标任务；扩大农村妇女“两癌”检查覆盖面、加大贫困患病妇女救助力度，分三年免费为全县7万余名35—64岁农村妇女进行两癌筛查，初步筛查人数已经过半。积极争取中央及省市县资金6.71万元，救助20名患病贫困母亲，其中李宝菊等3名贫困母亲获得中央专项彩票公益金农村贫困母亲两癌救助款每人1万元。争取县委、县政府制定并下发《关于2013年—2015年期间做好妇女儿童工作十件实事的通知》（办字〔2013〕79号），确立并实施一批有针对性、带动性强的实事工程，为“两个规划”的实施提供有力保障。在各镇（街）、苍马山风景旅游区，各成员单位中期监测评估自查基础上，针对“两个规划”的重点难点目标及相关工作集中进行专项督查，提出整改意见，落实整改措施。建立完善监测统计指标体系，加强对妇女儿童发展目标进展情况的统计分析和动态监测，及时反映“两个规划”实施情况和妇女儿童发展状况。进一步健全为妇女儿童办实事长效工作机制。

撰稿：房孔芬 审稿：庞 芳

工商业联合会

临沭县工商业联合会（简称县工商联）机关有在职干部职工6名。全县设10个镇街商会、12个行业商会。非公有制经济代表人士副主席11名，执行委员会委员92名。

2013年，坚持以服务为中心，以活动为载体，在服务形式上求新，在活动内容上求实，在工作制度上求严，以服务促发展，以服务树形象，以服务聚人心，认真履行职能，各项工作稳步推进。被评为“全省工商联系统先进集体”。

思想政治 结合“三项评选活动”开展，推荐多家企业参与“民营企业50强”“民营企业公益之星”“创新型民营企业”等项目的评选，全县共有6家企业上榜，位居各县区前列，史丹利化肥股份有限公司、金沂蒙集团有限公司、山东常林机械集团股份有限公司被评为“2013山东民营企业100强”，史丹利化肥股份有限公司被评为“2013山东民营企业公益之星”，临沭县东泰机械有限公司被评为“2013山东创新型民营企业”。

非公党建 帮助石材商会、柳编商会建立健全党组织，积极探索党建工作与商会发展互促共赢的有效路径。柳编商会党建做法被推荐为省非公党工委、省工商联先进商会党建典型案例。山东金正大生态工程股份有限公司董事长万连步被省非公有制经济组织工委评为“全省非公有制企业优秀党员出资人”。4月21日，全国工商联人事部部长郭孟谦等领导到临沭县对非公企业党建工作进行调研，对临沭县非公企业党建工作给予充分肯定。

组织建设 在稳固老会员基础上，不断壮大会员队伍，新发展会员103个。调整充实县工商联领导班子。4月，召开县工商联六届二次执委扩大会议，调整相关人事事项，为工商联各项工作顺利开展提供组织保障。加强行业商会建设。7月，指导柳编商会成功举办柳编技能大赛，全县20多家柳编企业的50多名选手参加比赛；7月底，召开县饮食服务商会会员代表大会，对商会班子换届调整，保证商会正常运转；8月，召开县糖酒食品商会第一届会员代表大会；11月，召开县劳保用品商会周年庆座谈会。

经济服务 加强信息服务。对近几年国家、省市县给予或推出的一系列政策措施进行梳理，开展“送政策信息上门”活动，共为私营企业提供有价值信息20多条，牵线搭桥项目3个。加强维权服务。依托临沂市工商联维权服务中心，积极与政府执法部门建立联系，相互沟通，及时反映和协助解决各类侵犯民企权利的行为，全年共为饮食、柳编等行业协调解决有关问题和困难10余条，为企业办理各种证明20余件。加强经济服务。为配合“百企改造升级计划”，机关每名干部均挂职帮扶一家企业，累计实地调研小微企业10余次，为10多家小微企业提供员工招聘和业务指导等服务，引导中小微企业扩大规模、提升档次。开展“争当县域经济发展主力军”活动，引导非公企业以企招商、以商招商，吸引业务合作伙伴、合作项目。为解决中小企业融资难问题，配合临沂市创业办为3家小微企业申请无息贷款15万元。5月，指导柳编商会组织40余家柳编企业参加广交会，并邀请广交会展览公司组织考察团到临沭县金柳、晴朗、美艺等柳编企业实地考察。6月，组织兄弟劳保、春山茶场等企业参加第24届哈尔滨国际贸易洽谈会。8月，带领10余名创业指导老师，对全县13名创业青年走访、摸底，了解他们的生产经营状况，针对走访中遇到的问题实地指导。搞好经贸服务。组织会员企业参加各种贸易洽谈、博览会，促进经贸合作；组织5家企业参加《2013中小企业创新发展论坛》。搞好培训服务。配合市联建立“民企健康大学堂”活动，除了按照制定的培训计划，定期组织非公有制人士学习以外，多次组织企业参加市联举办的“民企健康大学堂”培训。6月份，组织7名民营企业家参加市联举办的“管理心经”高级研修班。

调查研究 建立并实行执委企业联系制度，倾听企业家意见和建议，增进了解。针对全县开展的“百企改造升级计划”，先后走访70多家中小企业，就全县中小微型企业转型升级情况实地调研，撰写《关于临沭县中小微型企业转型升级情况的调研报告》。4月，配合市工商联开展“大走访大调研”活动，围绕非公企业发展情况和县级工商联规范化建设情况等方面内容走访调研，并将收集到的意见和建议向市工商联做反馈；5月，按照全国工商联对“民间投资36条”进行专项调研通告精神，通过实地走访、召开座谈会等形式，深入了解企业意见和建议，撰写《关于开展鼓励和引导民间投资实施细则贯彻落实情况调查报告》。完成工商联成员担任人大、政协、政府职务情况统计，建立工商联执委数据库和基层商会数据库，为党委、政府分析本地民营经济发展水平，制定民营经济发展政策提供参考。

参政议政 在2013年县人大、县政协会上，工商联界人大代表、政协委员在会议上提提案、建议40多条，其中工商联提报的关于加快临沭县现代物流业发展的建议、做好新形势下工商联工作的建议等都由县委、县政府主要领导批示，并责成有关部门督办落实。

光彩事业 春节期间，组织非公企业开展“春节走访慰问职工活动”，共走访50余户困难职工家庭，发放慰问金10万余元，金正大公司拿出300万元“亲情工资”，为企业职工父母新春献礼。重阳节前夕，县糖酒食品商会捐赠价值1.4万元的慰问品，分别走访慰问蛟龙、白旄、青云、曹庄4所敬老院；11月该商会又为第三初级中学贫困学生捐赠价值8000余元学习用品。积极开展“在外沭商回故乡”活动，通过发邀请函、慰问信，召开座谈会，领导专程走访看望等多种方式，宣传家乡建设发展情况，吸引在外企业家回乡创业。已有30多位在外沭商与县联对接联系，并有回乡发展意向。

撰稿：顾晓昆　审稿：徐会社

科学技术协会

临沭县科学技术协会（简称县科协）有干部职工10人；2个街道办事处及8个镇均设有专兼职科协主任。

落实科学素质纲要 县科协组织协调相关成员单位，扎实对“四大重点人群”开展提高科学素质工作。县教体局认真履行牵头单位责任，要求各学校广泛开展科技趣味活动，举办各类主题科普宣传和形式多样的科技创新实践活动，学生参与面达95%以上，2月举办青少年科技创新大赛。3月5日，与农业局、卫生局、林业局、司法局等多家单位组成专家服务团，参加由北汽威旺和CCTV-7农业频道携手主办的“粮安天下，春耕有我——2013春耕行动”，现场为农民群众服务，接受群众咨询300余人次，发放《全民科学素质行动计划纲要》、科普图书等500本。科技局组织“科技活动周”，组织开展安全知识下乡、健康知识进社区行动。

大型科普活动 组织举办大型科普主题活动。3—4月，县科协会同相关部门到部分镇（街）开展科技、文化、卫生“三下乡”活动。5月，与县科技局联合开展科技周活动。9月13日，组织开展2013年全国科普日活动，县科协工作人员、科普志愿者以及县营养师协会的专家们在文化广场通过系列科普图片展、科普咨询、科普资料发放、专家义诊等多种形式，开展一系列科普宣传惠民活动，发放营养保健、全民科学素质纲要等科普小册子2000余份，展出主题宣传科普展板20余块。

配合相关部门开展各类科普活动。5月，与县地震局联合开展全县防震减灾科普宣传月活动，以“识别灾害风险，掌握减灾技能”为主题，在临沭街道教委举行全县防震减灾科普宣传月活动启动仪式，下发临沭县防震减灾科普宣传月活动实施方案，共展出地震科普图板22块，悬挂宣传条幅3幅，出动宣传车滚动播出地震科普知识，发放《农村民居建筑抗震施工指南》100本、宣传折页500份、明白纸2000余份。6月18日，参加临沭县“食品安全周”活动启动仪式，联合县食品安全办公室、县工商局、县食品药品监督局等11个单位，在文化广场以展台的形式开展宣传咨询活动，共发放食品安全宣传小册子200份，食品安全宣传图200张，接受现场咨询100余人次。

科普惠农 积极争取上级科协的重视和领导的支持，农技协工作取得新进展。2月27日，中国科协农技中心主任助理、中国农技协秘书长李彦捷在省科协副主席汤少泉、省农技协秘书长贾鲁波、临沂市科协副主席石绍峻陪同下，到临沭县北大荒柳编公司、金篮柳编协会、北沟头社区科普工作站、青云镇宏兴生态养殖协会考察调研。4月11日，在临沂参加2013年全国农技协规范化建设现场会的130余人，到郑山街道北沟头社区金篮柳编协会实地调研，中国科协农技中心主任、中国农技协常务副理事长张晓军一同参观。

资金、项目争取成绩显著。青云镇被山东省科协、省财政厅联合命名为“科普村村通百强乡镇”，在获此殊荣的全省24个乡镇中位列第六，并获10万元奖补资金。县鑫苑种植协会和郑山街道王恒建被评为山东省基层科普行动计划先进单位和先进个人，获奖补资金8万元。

青少年科普 承办的中国流动科技馆临沭巡展，于3月26日在临沭一中举行启动仪式，本次巡展以“体验科学”为主题，展出面积800平方米，共展出展品40余件，包括中国流动科技馆主导展区、山东省流动科技馆展览区、保护生物多样性3D科普展区等7大展区，免费向全县青少年及社会公众开放三个月，展出参观达21230人次。5月15日，分别在临沭县第二中学、临沭县第二初级中学举办科普报告讲座，应邀到临沭的省专家服务团刘复义、赵长英两位专家是山东省物理学和青少年心理学方面的权威专家，分别作“青春踏歌行”和“成长的烦恼”两场有关青少年成长方面的精彩演讲，共有1000余名师生听取报告。6月8日，县科协联合市科技馆在临沭县实验小学举办七巧板“临沭赛区”比赛活动，共有60名小学生参加竞赛。与县教体局联合开展本年度青少年科技创新大赛活动，180名师生获奖。

科普阵地建设 对全县的科普宣传栏、科普画廊进行整修，及时更换宣传内容，为城镇居民提供多方位科普宣传渠道。向县委、县政府申请建设的建筑面积3800平方米的科技馆在建设中。县科协编印《科普动态》，下发给各乡镇科协、县直学会以及农技协，为科技工作者和城乡群众获取科技信息、学习科学知识，提供良好平台。

老科协工作 县老科协农业工作委员会组织老专家到大兴镇就瓜菜、蓝莓发展情况调研，对大兴镇高埠瓜菜基地和蓝莓生产基地实地参观考察和现场技术指导，老专家们提出市场、技术、服务等8条较好的意见和建议。

撰稿：季晓莹　审稿：胡尊华

文学艺术界联合会

临沭县文学艺术界联合会（简称县文联）设办公室、《临沭文学》编辑部、文学艺术科、书画创作科4个职能科室，共有干部职工4人。

2013年，以科学发展观为指导，坚持“二为”方向，贯彻“双百”方针，按照中共十七届六中全会提出的“文学艺术大发展大繁荣”号召，带领全县文学艺术工作者，弘扬民族精神和时代正能量，对满足人民群众的文化需求作出积极贡献。

文学创作 发行《临沭文学》第17期，发行《沭水诗社》1期。文学创作：县作家协会王统富、丁履瑜、陈兆永、房兴华、李善荣、王洋等在全国各地报刊发表小说、散文、随笔120余篇；王统富主编的笑话集《临沭笑话》荣获沂蒙文艺奖民间文艺类三等奖，时麟作品集《山音水韵》、石方散文集《透明的时间》、吴佩峰杂文集《品茗记》出版，诸葛秀波主编《天南地北临沭人》、张义华、王志善编辑《张宝信文集》等书集出版。书法、美术、摄影、舞蹈协会分获国家、省级艺术大奖6人次；高大亮的小品《心灵独白》荣获沂蒙文艺奖曲艺类一等奖；郭友华在临沂、日照等市举办个人画展。

文化活动 5月，由县摄影家协会牵头，进行沭河全流域采风，共有摄影爱好者20余人参加，同时举办“沭河古道”摄影大赛；6月12日，县文联组织县作家协会、县舞蹈家协会及部分企业单位到县特殊学校与残疾儿童共度端午节，为孩子带去价值1500余元的节日礼物，县舞蹈家协会还与残疾儿童同台，表演丰富多彩的舞蹈节目；7月，县文联与县机关工委联合出版《庆七一书画集》；8月1日，县文联带领书法家协会、美术家协会，走进消防大队，现场泼墨，共同与消防官兵庆祝八一建军节；12月6日，与县纪委联合开展廉政文化书画展。

开展临沭县钻石文艺奖的征集评选工作，收到初选的各门类作品共计34件，2013年12月20日，评选出临沭县第二届“钻石文艺奖”一等奖4名、二等奖7名、三等奖10名。

撰稿：李玉雪　审稿：王统富

社会科学界联合会

临沭县社会科学界联合会（简称县社科联）设参照公务员编制3名，实有干部职工3人。

2013年，县社科联按照县委宣传部的工作部署，围绕全县中心工作，积极开展课题规划、社科普及、社科评奖等工作，圆满完成了各项工作任务。

配合县委宣传部抓好各级党委（党组）理论中心组的学习，参与制定《全县党委（党组）中心组理论学习安排意见》，采取多种形式抓好学习落实。广泛开展好中宣部理论局编纂的《理性看齐心办——理论热点面对面》学习宣传工作，推动理论进基层工作。深入学习中共十八大和十八届三中全会精神，成立理论宣讲团，到各镇街、苍马山景区开展宣讲活动。围绕“我的中国梦”主题宣传教育，举行“我与中国梦”百姓宣讲活动，在《临沂日报·临沭新闻》开办《聚集幸福临沭、干群同话中国梦》专栏，动员百姓讲身边人、身边事，自我教育、相互激励。学习贯彻习近平总书记重要讲话精神，举办学习贯彻习近平总书记系列重要讲话精神宣讲报告会，并邀请临沂大学山东省马克思主义群众观研究中心常务副主任、市委宣讲团成员汲广运作报告。

联合县委组织部、县委宣传部、县委党校、县委党史征委等部门，对学习型党组织建设、沂蒙精神、党员教育、社会思想、意识形态等重点工作进行深入细致的调查研究和思考，形成沂蒙精神的精神特质和弘扬途径研究、临沭县学习型党组织建设浅析、论当前如何加强党的意识形态工作、当前社会思想动态分析及对策建议等调研报告。组织有关部门积极申报社会科学研究课题和市社会科学优秀成果奖，推荐报送一批优秀社科成果参评，2013年市级参评成果12项，其中3项获奖。协助市社科联完成《沂蒙民俗风情概览》编写。

撰稿：刘　赟　审稿：文　平

残疾人联合会

临沭县残疾人联合会（简称县残联）有干部职工6人。全县设10处镇街残联，各村居（社区）均成立残疾人协会。

2013年，县残联围绕残疾人社会保障体系和服务体系建设的工作重心，以重点带全面，以经常求突破，合理安排、求实创新，扎实开展各项工作，积极推进临沭县残疾人事业与经济社会协调发展，取得明显成效。

康复救助 实施农村贫困白内障患者免费复明手术630例；聋儿听力言语康复训练13人；盲人定向行走训练30人；低视力配用助视器20人；为40名贫困精神病患者提供购买基本治疗药品补贴，为10名贫困精神病患者提供一次性住院医疗救助；购置轮椅500辆、助行器100副、四爪手杖100支，向有需求的贫困残疾人免费发放。实施0—6岁残疾儿童抢救性康复项目，县级康复机构共对30名智障儿童、10名脑瘫儿童实施了康复训练。输送4名智障儿童、21名脑瘫儿童、5名孤独症儿童及8名听力残疾儿童到市级康复机构进行康复训练。

教育就业 对360名残疾人免费进行缝纫、计算机操作技能及创业培训；对2名考入大中专院校的残疾学生给予首学期学费补助。组织106名残疾人参加临沭县"就业援助月"专场招聘会，共应聘32人，另外选送74人到临沭县方正职业技术学校免费创业培训；以"宣传、鼓励、扶持、管理、服务"五项措施，加强残疾人就业扶贫基地建设，在临沭县佰世利工艺品有限公司、临沭县嵘鑫机械有限公司新建2处残疾人就业扶贫基地，安置56名残疾人就业；依法推进按比例就业，共安置150名残疾人；对集中安置残疾人就业数量较多的企业进行奖励，鼓励企业吸纳更多的残疾人就业。通过财政代扣、地税代收、残联兜底的方式做好残疾人就业保障金征收工作，全年共征收残疾人就业保障金285万元。

社会保障 在春节、"全国助残日"等节日期间，县镇两级广泛开展走访慰问活动，对贫困残疾人家庭和残疾人集中的单位进行走访慰问。全县累计向贫困残疾人和残疾人集中的单位发放慰问钱物11万余元。投入15万元，对15户贫困残疾人危房进行改造；对1297名肢体、视力、智力、精神类别的一级、二级城乡低保重度残疾人给予发放每人每月50元的生活补贴；为4900余名农村重度残疾人代缴最低档次（100元）养老保险费，并提前5年领取养老金；将17713名农村持证残疾人全部免费加入新农合；实施"阳光家园"计划，机构托养24人，居家托养60人。

残疾人文化体育 组织参加全市第四届残疾人艺术汇演。临沭县5个参演节目全部获奖，其中一等奖1个，二等奖1个，三等奖3个，总分获全市团体第3名，并获得优秀组织奖。

残疾人维权 深入基层调查研究，了解掌握残疾人的思想状况，变被动应付为超前预防。全年共接待残疾人来访36人次，处理重要来信1件，全年未发生重大上访事件；为45户残疾人家庭进行无障碍设施改造；为190名下肢残疾人按每车每年260元的标准发放燃油补贴。

撰稿：禚朝霞　审稿：徐勤举

军 事

JUNSHI

地方军事

思想政治建设　2013年，县人武部以学习贯彻十八大精神为主线，狠抓党委中心组和机关理论学习，定期组织理论考核和笔记展评，提高干部职工理论素养。扎实开展“赞颂科学发展成就、忠实履行历史使命”“坚定信念、铸牢军魂”和“学习贯彻党章、弘扬优良作风”等一系列专题教育活动，夯实全县民兵预备役人员务军兴武的价值追求。注重运用红色文化和军营特色文化励志育人，组织干部职工参观滨海革命烈士陵园和“钢八连”朱村纪念馆，举办“送温暖、献爱心”捐助活动，进一步丰富军营文化生活，推进先进军事文化建设。

军事训练　牢牢把握军事训练中心地位不动摇，以提高民兵队伍战斗力标准为根本，组织指挥、应急应战和遂行多样化任务能力有了明显提升，全年共落实训练32天296小时。重点解决现役干部队伍军事素质偏弱的问题，借助军区大抓人武系统军事训练契机，突出首长机关一体化指挥平台和体能训练，采取“个人自主训、定期集中考”的方法组织训练，有效提升基本军事素质。注重提升民兵队伍的应急处突能力，重组编强民兵应急力量，组织进行实弹射击训练，围绕战时支援保障作战、参加重大抢险活动、地方政府应急需求开展针对性训练。在2013年3月29日蒙山森林救火行动中，临沭县4个镇街130名基干民兵凌晨1时接到集结命令，按时到达指定地域，高标准完成受领任务，应急处突能力得到实战检验。

正规化建设　认真贯彻落实两级军区和军分区帮抓人武部的指示精神，对照“四部”“四个起来”和“六个重点”要求，以规范“四个秩序”为抓手，重点做好“松、乱、懒、散”四项治理，每月按时召开“三委”联会分析形势，修订下发人武部管理规定制度汇编和人武部安全管理规定等规章制度。严格规范车辆派遣使用，除1台日常用车外，其他车辆全部封存，点火钥匙由值班室统一保管，车辆动用统一由后勤科填写派车单，值班首长签字批准，并落实干部带车制度。认真落实“四个人人”要求，加强对八小时以外、营区以外和视线以外的人员管理，正规值班值勤和请销假制度，节假日保持1名部领导和1/2以上的现役干部在位，职工离开县城必须按规定程序请假，有效解决办公秩序地方化、人员管理自由化、工作作风散漫化等问题。加强信息安全保密管理，办公计算机全部安装保密系统和标签水印系统。年初将3台报废涉密办公计算机上交军分区保密室做销毁处理，购置一体化训练专用电脑，建立一体化专用训练室，从源头上杜绝失泄密隐患。

民兵预备役工作　注重加强党管武装制度建设，重大问题及时向县委、县政府请示汇报，认真完成赋予的各项工作任务。“八一”建军节前夕，县人武部在临沂市民兵训练基地组织县领导开展军事日活动，进一步密切军地关系。年初召开全县武装工作会议，对新年度武装工作进行安排部署，为全县武装工作开展和民兵预备役建设指明方向，明确目标。按照上级统一部署，立足全县实际，高标准完成民兵组织结构调整工作。县人武部机关人员分片包点，沉到一线加强指导，通过整组，基干民兵队伍按照应急、支援、储备三种类型构建完毕，民兵组织结构得到进一步优化。结合镇街行政村规划调整，在新合并的村居中，及时建立健全民兵组织，重新规范阵地建设，调整配强民兵干部，基层组织建设得到加强。

兵役工作 严格落实一季征兵、全年准备要求，扎实组织兵役登记，广泛开展征兵情况调研。2013年，临沭县义务兵优待金增加到每人每年9090元。严把兵员入口关，高标准设立封闭式体检站，高标准完成新兵征集任务。7月1日，县人武部作为全国县级单位的唯一代表，在全国征兵体检和心理检测业务培训会议上作如何开展征兵体检工作的典型发言。狠抓廉洁征兵，部领导面向全县干部群众公开承诺，坚决做到“体检结论公开、政治审查公开、兵员方向公开、定兵名单公开、举报电话公开”，从源头上杜绝“吃拿卡要、巧立名目、暗箱操作”等不正之风。对体检医生队伍进行大幅度调整，人员更加精干，把关更加严格，程序更加透明，真正实现依法征兵、阳光征兵、廉洁征兵。实现连续53年无责任退兵。

全民国防教育和双拥工作 召开全县国防教育工作会议，专题研究部署国防教育工作，结合第13个全民国防教育日，在全县范围内开展形式多样的国防教育宣传活动，增强全民国防观念。积极参加地方经济社会建设，组织干部职工和民兵200余人次参加麦收秋种、植树造林、争创双拥模范城等重大活动。广泛开展拥军优属、爱民助民、帮扶解困和爱心捐助活动，坚持在“八一”、国庆等重大节日走访慰问军队离退休老干部、军烈属和优秀复转军人，结合干部直接联系服务群众活动，部领导定期深入联系点进行扶贫帮建。按照军区首长处理军民关系“办好两件事”的要求，与县民政局、信访局联合梳理军民纠纷隐患，完善军地沟通协调机制。积极维护军人军属合法权益，妥善处理军人军属涉法问题，共接受法律咨询30余次，协调解决涉军案件3起，融洽了军地军民关系，共同谱写“军爱民、民拥军”的时代篇章。

撰稿：邵　飞　李高升　审稿：李玉国　李全义

消防工作

临沭县公安消防大队为副团级单位，有政治教导员、大队长各1名，消防大队下辖南古中队和郑山中队2个中队。有水罐泡沫消防车3辆，抢险救援车1辆，高喷消防车1辆，城市多功能主战消防车1辆，总载水量38吨。主要担负全县230家消防重点单位、2个街道办事处、8个镇、1个经济开发区、236个行政村的消防安全保卫任务。2013年度，临沭县公安消防大队被省消防总队评为“全省消防部队先进大队”“全省消防部队先进基层党组织”，被市消防支队评为“全市公安消防部队安全工作先进单位”。大队多名官兵受到省消防总队、市消防支队记功嘉奖。

2013年，临沭县公安消防大队按照2013年度消防工作目标责任书要求，积极推行消防安全责任制，以消防安全大排查大整治活动和第二次“清剿火患”战役为载体，全力构筑社会消防安全“防火墙”，不断推进消防工作社会化，有效预防和杜绝亡人火灾和重特大火灾事故发生。全年共接警出警345起，出动车辆690台次，出动警力4830人次，抢救遇险被困人员95人，保护财产价值5000余万元。

撰稿：李政兴　审稿：梅　肃

人 民 防 空

临沭县人民防空办公室（简称人防办）于2002年6月成立，为正科级事业单位，下设综合科、规划财务科、指挥通信科3个职能科室。

2013年，县人防办以争创“全市一流人防”为目标，突出重点，全面推进，全县人防事业科学健康发展。荣获“全市人民防空工作优胜单位一等奖”“全市人民防空工程建设先进单位”“全市人民防空规范易地建设费征收工作先进单位”“全市人民防空指挥通信应急疏散体系建设先进单位”“全市首批选派‘第一书记’工作先进单位”，被县委、县政府授予“全县服务经济发展先进单位”。

防空警报网建设　认真贯彻落实上级有关文件精神，严格执行警报器检查管理维护制度和无线电通信执勤管理工作制度，对防空警报器定期检修维护，做到防空警报档案完善，责任到人。严格落实战备值班制度，实行24小时战备值班，固定电台执勤时限内沟通率达100%，无线电通信数据传输完成率达100%，实现防空警报网建设和管理的规范化、制度化、法制化。2013年，按照规划在城区新安装电声警报一体机。成功举行临沭县第十一次“9·18”防空警报试鸣，警报鸣响率达100%，音响覆盖率达100%。结合“9·18”试鸣，组织部分中小学开展防空防灾演练活动。

人防工程建设　坚持“规划地上必先规划地下，建设地上必先建设地下”的原则，大力推进人防建设与城市建设同步规划、同步建设、同步管理，确保人防工程建设依法规范进行。工作中注意加强政策引导，做好跟踪服务，并注意加强人防法律法规的宣传，提高人们依法履行人防法定义务的自觉性。全年超额完成结建人防工程任务，结建应建尽建报审率达100%。2013年，全县人防工程建设实现历史性突破，即有了按人防工程标准设计建设的地下人防工程，开创了全县人防工程建设的新局面。

人防依法行政　规范人防执法行为，将所有人防行政执法收费项目和审批事项纳入县政务大厅人防办窗口办理；把工作职能、办事程序、收费标准和项目向社会公开，接受监督。建立执法责任制和错案追究制。严格执法，对违法建设的单位和个人，坚决予以严肃查处。全年依法查处2起违法工程，并依法补办人防许可手续。全年共审批建设工程人防许可32件，超额完成市人防办下达的人防易地建设费征缴任务。

人防宣传教育　注重基地建设，切实增强人防宣传教育工作活力。充分利用临沭街道徐兴居社区、临沭街道中心中学和县供电公司等宣传教育基地搞好宣传，适时进行人防演练，发挥基地的示范教育和带动辐射作用。加大人防宣传教育骨干的培训力度，不断提高其综合素质和业务能力。继续做好人防知识“五进入”（进机关、进学校、进社区、进企业、进网络）活动，全力提升全县人防宣传教育水平。全县所有初二学生人防知识教育人数7747人，普及率达100%。利用有关报刊、网络加大人防宣传力度，增强社会各界的国防观念和人防意识，营造人人参与、关心、支持人防的良好氛围。全年被国家、省、市报刊采用人防稿件22篇。

撰稿：高鹏飞　审稿：赵西侠

沭水情韵

法　治

FAZHI

政法与综治

中共临沭县委政法委（简称县委政法委）下设办公室、执法督查科、政治处、国安办4个科室，临沭县维护稳定工作领导小组办公室为正科级内设机构，县委政法委信息网络中心为副科级内设事业单位。临沭县社会管理综合治理委员会办公室是临沭县社会管理综合治理委员会的日常办事机构，与政法委合署办公。共有干部职工16人。

2013年，全县政法综治工作以打造人民群众满意的政法综治工作、提升服务保障经济发展的能力为目标，深入推进平安临沭、法治临沭建设，着力抓好维护国家安全和政治稳定、预防和化解社会矛盾、完善社会治安防控体系、推进社会服务管理、规范基层基础建设，取得显著效果。全县未发生重特大安全生产事故、去省进京重大信访事件、重大恶性刑事治安案件、重大群体性事件和影响恶劣的涉黑涉恶团伙犯罪。

平安创建　深入开展平安镇街、平安村居、平安家庭和平安行业、平安企业、平安学校等基层平安创建活动，实现平安建设全面覆盖，全县95%以上的村居、企业、单位达到平安标准。加强综治稳定信息网络规范化建设，严格综治信息报送，健全重大问题及时报告制度，各项工作规范有序推进。开展社会管理综治工作平台规范化建设工作，县综治工作中心设立综合协调办公室、综合管理办公室、治安综治办公室、大调解办公室和群众诉求受理服务大厅；镇街社会管理服务中心下设便民服务中心和社会管理综治工作中心，并设立综合协调办公室、矛盾纠纷调处办公室、治安综治办公室、信访办公室和群众诉求受理服务大厅，村居社区按要求分别设立“五室”“六室一厅”。不断加强基层党政组织建设、镇街综治组织建设、基层政法单位建设、村居社区综治组织、农村社区警务室、单位内保机构建设。

严打整治斗争　扎实开展系列专项行动，共打掉各类犯罪团伙26个，刑事拘留844人，逮捕445人，追回逃犯182名，行政拘留1049人。严打网络犯罪，成功破获网络传销案、网络赌博案等重大案件，打响临沭县打击网络犯罪第一仗。

治安防范　坚持人防、物防、技防相结合，大力推进“天网、警网、民网、平安互助网”工程建设。构建农村治安防范网。推行治安承包，全县所有村居全部建立4人以上的站岗巡逻队伍。构建警民联防网。加强农村警务室建设，全县共建立38个农村社区警务室，建立300人的警区巡防队伍，完善县、乡、村三级巡逻机制，同时积极开展警村、警校共建活动。构建流动警务网。坚持科技强警，加强城区动态巡防队伍建设，建立流动警务运行机制，成立便衣中队和打击现行专业队，街面现行违法犯罪大幅下降。构建科技防范网。按照“布局合理、覆盖严密、重点突出、高效实用、管理规范”的要求，推进视频监控全覆盖工程。全县一类、二类目标共安装视频探头6735个，实现100%覆盖，三类目标共安装视频探头6267个，覆盖率达97.6%；安装电子治安卡口53处、200个车道，公共场所安装治安监控30处。临沭县被省综治办、省公安厅、省科技厅确定为“科技创安示范城”建设县。深入推进治安保险。全县治安保险覆盖面已达95%，提高基层防范、化解风险能力，全市治安保险工作现场会在临沭县召开。

矛盾纠纷调解 坚持条块结合、以块为主，开展拉网式全面排查活动，通过镇街排查、系统排查和单位内部自查相结合的方式，做到“镇不漏村、村不漏户、户不漏人、人不漏事”，全面摸排各类矛盾纠纷、信访隐患及重点人员。实行“边排查边化解、边化解边排查”的滚动工作方式，及时把各类新矛盾、新问题纳入视线。建立各级各类调解组织467个，县、镇（街道）、村（社区）三级调解网络基本形成，新设立物业管理纠纷、工程建设纠纷人民调解委员会，专业性行业调委会达到16个。组织开展人民调解员等级评定活动，加强村级调委会建设，完善和规范申请、受理、登记、调解和回访等一整套人民调解工作程序。建立健全矛盾纠纷排查调处工作长效机制，每半月集中排查一次，及时化解各类矛盾纠纷。2013年，全县各级调委会累计调解矛盾纠纷1430件，调处成功1406件，成功率达98%以上。

社会管理创新 规范对刑释解教人员的档案管理，全县730名刑释解教人员做到一人一档。加强社区矫正制度化、规范化建设，与中国移动、中国电信合作，建立定位平台，全县521名正在矫正人员全部实现实时位置监控。加大对未报到人员追查力度，共进村入户追查20人次，对其中18名未及时报到的社区矫正人员下发警告决定书。严格执行判前社会调查，开展判前调查46起。加强枪支弹药管理，全县连续21年枪支弹药、爆炸物品管理无事故；强化监所管理，连续24年无安全事故；窗口民警为残疾群众、孤寡老人办理证照1620件，赢得好评。

村居社区网格化管理 继续深入推进依法治县五年规划和“六五”普法规划，全市“法律六进”现场会在临沭召开，本县实施的“六六一”工程在全市推广。在全县设立镇街、工作区、村居社区、基础网格四级网格，初步划分一级网格11个、二级网格42个，三级网格236个，基础网格1037个（城区网格403个、农村网格634个），实现无缝隙、全覆盖。按照“网内有格、格内有责”的要求，以实有人口和实有房屋管理、治安防控、矛盾化解等工作为重点，将综治、计生、卫生、劳动、教育、社会保障、安全生产等公共服务纳入基础网格。

政法队伍建设 把学习贯彻中共十八大精神作为首要政治任务，组织广大政法干警、综治干部，开展形式多样的学习活动，深刻领会坚持和发展中国特色社会主义的丰富内涵，进一步坚定道路、理论、制度“三个自信”。强化执法督查，加大执法检查力度，健全执法制度、规范执法程序、强化执法管理；加强执法档案建设，严格按照一人一卷、一案一册、统一管理的原则，为每个干警建立一份执法档案，坚持把执法档案建设与岗位责任目标管理相结合，考核结果记入执法档案。大力开展案件评查工作，成立案件评查工作领导小组和三个工作组，坚持“谁评查、谁负责”原则，客观公正地评价每本卷宗办理质量高低，共组织开展案件评查活动3次，评查案件600起。深化“四无”（无责任事故、无执法过错、无违法违纪、无责任投诉）政法单位、“三零”（司法腐败零容忍、审执案件零超期、裁判文书零差错）政法干警创建活动，严格执行各项禁令规定，着力转变不符合广大人民群众要求的司法行为方式，确保干警整体思想境界、职业操守、向心力、凝聚力和团队意识得到明显提升，确保整体队伍素质、业务能力和工作水平得到明显提升，确保整体形象和司法公信力得到明显提升。

见义勇为事迹 *石恒山、石道友事迹* 2013

年2月21日早8时许，玉山镇后石鼓岭村村民石云邦与妻子景仲妮到地窖准备取地瓜卖，不料他刚进地窖就陷入昏迷。妻子情急之下大呼：“快来救人啊！”其地瓜窖就在石恒山的养殖场门口，石恒山听到呼喊连忙跑出来。在部队锻炼多年的石恒山到现场后，不顾个人安危，顾不上妻子张霞要他在腰上拴绳子的劝告，便跳入地窖，下去以后，用力把石云邦往上拖，窖外的人在外面拽，将石云邦救出来。石恒山完全可以先爬上来，然后再把石云邦拉上来，可他却选择先把石云邦托上去，而自己却昏倒了。

闻讯而来的其他村民见状，纷纷下地窖营救石恒山。村民石常军、石伟欲下窖救人未果。村民石道友嘴含管子腰系绳子进入地窖后救人，但刚下去不过五六秒钟，还没来得及把绳子绑在石恒山身上，上面的人就看到石道友的头一下子低了下去，喊他同样没了反应，很明显也失去知觉，被人拉上来。刚清醒过来的石云邦为救恩人不顾众人劝阻下窖再度被困昏迷。大家就赶紧把钩子扔进地窖，把他钩上来。谁下去谁倒下，没有人再敢轻易下去救人，为尽快营救石恒山村民们找来电风扇、鼓风机，向地瓜窖内输送新鲜空气。

在场的村民不敢再轻易进入地窖，他们想到找挖掘机将洞口挖开，再下去救人。等挖掘机赶到的时候，时间已经到10点多。最后，石贵邦进入地窖把石恒山抱出。经过医护人员抢救，石云邦和石道友保住性命，而石恒山却再也没有醒来。

根据《山东省见义勇为人员奖励和保护条例》有关规定，授予石恒山、石道友“临沭县见义勇为模范”，每人颁发奖金5000元，对石恒山发放见义勇为补助金645500元。

张广献事迹　2013年2月1日晚7时许，临沭县建设银行职工李英下班后途径临沭县梧桐广场，其随身携带的女士包被一青年抢走，李英的呼救引来几人观望，但没有一个人上前堵截。途经此地的县政法委工作人员张广献听到求救声后，不顾个人安危，勇追歹徒至县府招待所家属院，与歹徒周旋搏斗，歹徒见情况不妙，扔下包翻墙逃跑。张广献将包归还李英，李英当时拿出1000元现金感谢他，被其拒绝，然后微笑着悄然离开现场。此举为群众挽回损失3000余元，在社会上引起强烈反响。

根据《山东省见义勇为人员奖励和保护条例》有关规定，授予张广献“临沭县见义勇为模范”，颁发奖金5000元。

刘书田、刘涛、胡尊苗事迹　2013年8月15日上午，蛟龙镇杨庄村的刘书田老人在狼窝沟水库边放牛，遇到同村从县城回来的刘涛、胡尊苗夫妇，三个人在闲聊。这时蛟龙镇沙岭村的小朋友宇凡到水库找看水库的爷爷魏明刚，而魏明刚和李善明二人乘船去水库巡逻，宇凡找到与他爷爷一同看水库的李善明的孙子东润，两个孩子和沙岭村一个叫胖胖的孩子准备去水库洗澡，遇到刘书田3人，被他们制止。不一会，东润、宇凡跑到另一个地方，脱衣准备下水洗澡，由于脚底水草湿滑，小东润没留心脚下一滑，踩空台阶，跌入水中，不会游泳的小东润下意识抓住旁边宇凡的腿，两个孩子先后溺水。

正在聊天的刘书田衣服顾不得脱，就跳进水里，把一个小孩抓住放到肩膀上，然后抓住另一个，放到另一个肩膀上，两个孩子向抓住了救命草，都紧紧地抱住老刘的脖子，已经62岁的老刘被孩子勒得喘不过气来，越来越感到体力不支。这时刘涛、胡尊苗夫妇也随即赶来，帮助老刘一起救起孩子。

根据《山东省见义勇为人员奖励和保护条例》有关规定，授予刘书田、刘涛、胡尊苗“临沭县见义勇为模范”，每人颁发奖金5000元。

撰稿：李　磊　审稿：张凤昌

公　安

2013年，临沭县公安局以“平安临沭”建设为主线，立足夯实基层基础，围绕中心、服务大局，凝心聚力、干事创业，各项工作取得显著成效，在全市公安机关群众安全感和满意度调查中，全县群众安全感为95.23%、满意度为96.27%，分别同比提升4.7%和1.65%，被省公安厅通令表彰。临沭县公安局被评为“省级文明单位”“平安临沂建设先进单位”“全市信访工作先进集体”“全市优秀公安局”和“平安临沭建设先进单位”。

维护政治稳定 全警动员，全力以赴，圆满完成中共中央总书记习近平到临沭视察、各级“两会”、敏感节日等重大安保任务。充分发挥职能作用，依法查办出租车业主、青云赵窝村及白旄西朱崔聚众扰乱治安秩序等案件10起，处置因医患纠纷、意外事故等引发的群体性事件22起，依法打击借上访为名、扰乱社会治安、损毁公私财物的不法分子70余人，维护全县政治稳定。

打击刑事犯罪 先后开展“春雷”行动、破案攻坚会战、夏季百日会战、打击突出犯罪等一系列专项行动，共打掉各类犯罪团伙26个，刑事拘留844人，逮捕445人，追回逃犯182名，行政拘留1049人，其中逮捕、追逃、行政拘留指标同比大幅攀升，分别提升54.5%、100%和81.2%，有力地震慑犯罪，维护全县良好治安局势。其中，成功破获公安部督办案件1起、省公安厅督办案件2起，发起打假集群战役3起，5起命案全部告破，打击工作经验被各级媒体广泛报道，7月5日，全市公安机关深入推进“三个专项行动”（打击假冒、打击传销、打击整治发票犯罪）工作现场会在临沭县公安局召开。

治安巡逻防范 基本完成天网全覆盖工程建设，县公安局一级平台、派出所二级平台已经建成，一类、二类目标共安装视频探头6700余个，覆盖率达100%；三类目标安装视频探头6200余个，覆盖率达97.6%；安装电子治安卡口53处、200个车道，公共场所安装治安监控探头164个，实现技防全覆盖，临沭县被确定为省级“科技创安示范县”。创新农村可视化巡防调度机制，举行城区巡逻防控启动仪式，全面落实“警灯闪烁”工程，增强群众安全感。成立便衣中队和打击现行专业队，街面现行违法犯罪大幅下降，全年刑事发案总数同比下降7.74%，其中盗窃下降5.12%、抢劫下降51.28%、抢夺下降75.29%。

公安行政管理 集中开展整治“黑网吧”、电玩城专项行动，依法取缔“黑网吧”19家，扣押服务器16台、电脑463台、电玩设备36台，收缴违法所得30余万元。集中打击黄赌毒违法犯罪行为，共查处案件109起，行政拘留169人，收缴赌资41万余元，净化社会风气。加强枪支弹药、爆炸物品管理，定期开展安全检查，消除安全隐患，枪支弹药、爆炸物品管理连续21年安全无事故。严把征兵政审关口，为实现临沭县连续53年无责任退兵的全国最高纪录作保障。

民生警务战略 坚持第一时间受理群众报警求助，第一时间赶赴现场处置，全年接报群众报警电话6万余个，有效报警1.4万余起，所有警情全部妥善处置。组织开展电动车打码登记服务活动，为群众办理证照提供上门服务、预约服务、延时服务，开辟绿色通道，赢得群众好评。全警参与，扎实开展大走访创满意活动，全局民警按照“网格覆盖、全警联村、重点走访”的统一部署，建立党委成员联系镇街、科室大队联系派出所、民警联村的走访机制，拉近警民距离，密切警民关系。

基层基础建设　为基层增加警力23名、文职雇员15名、巡防队员40名，缓解警力紧张的难题。启动新看守所和消防大队搬迁工程，召开专项推进会议，位于青云镇朱韩公器王界前村北的新看守所已经完成主体建设，位于县城冠山路东曹洼村北的消防大队搬迁建设项目正稳步推进。青云派出所实现整体搬迁，城里派出所建设户政办理大厅，各派出所进行升级改造，提升整体形象。投资120万元，完成指挥中心升级改造，建成高标准的接处警大厅、警务回访中心及合成作战中心，服务实战效能明显增强。

典型案例　“8·27”重大绑架案　办案民警经连续12小时工作，成功抓获绑架犯罪嫌疑人班洪伟、尤元博、丁相峰、袁伟，解救被绑女童姚某。8月27日17时许，上述犯罪嫌疑人驾驶摩托车踩点后，换乘桑塔纳轿车持仿真枪威逼，将女童姚某绑架，并用胶带捆住双手、丝袜蒙住头部，在荒郊野外落脚藏身。其间，拨打受害人家属电话，索要赎金100万元。

“9·23”特大抢劫黄金案　专案民警连续50天艰苦工作，辗转全市7个县区，走访排查12个乡镇、32个村街、387个沿街店铺，调取370余处监控资料，成功抓获特大抢劫犯罪嫌疑人韩建东，并缴获被抢黄金项链。9月23日20时许，韩建东因受高利贷所迫，驾驶二轮摩托车窜至华诚超市“梦金源”金首饰专柜，持刀抢劫黄金项链14条，计860克，涉案价值30余万元。

撰稿：庞尊见　审稿：韩新华

检　察

2013年，县检察院坚持以“三个强化”为重点，以执法办案为中心，以“三项建设”为保障，以队伍建设为根本，大力实施“五个沭检”建设工程，各项检察工作取得新进展，为推进“幸福临沭”建设做出积极贡献。

预防和查办职务犯罪　认真贯彻落实县委和上级检察机关关于反腐败工作的指示和部署，坚持有案必查、有腐必惩，“老虎”“苍蝇”一起打。共立查职务犯罪案件20件24人，均为大案，为国家挽回直接经济损失120余万元。其中，查办贪污贿赂犯罪15件18人，渎职侵权犯罪5件6人；查办科级干部6人，占25%；行政执法、司法、工程建设等重点领域14人，占78%。县农业机械管理局原局长高志国、原纪检组长吴涛，县审计局原局长费洪村等相继被查处，惩治犯罪，警示干部。更加重视保障犯罪嫌疑人诉讼权利和律师执业权利，全面客观搜集证据，严格落实讯问职务犯罪嫌疑人全程同步录音录像制度，规范执法行为，提升办案质量。所办案件已提起公诉21人，法院均作出有罪判决，其中，判处实刑18人，占85.7%；判处5年以上有期徒刑14人，占66.7%。结合办案，深入开展预防职务犯罪工作，举办警示教育36场次；向县委呈报2012年度预防职务犯罪年度报告，受到主要领导批示。

刑事检察 把维护稳定作为第一责任，深入开展“社会治安基础建设深化年”活动，发挥批捕、起诉职能，与公安、法院等机关相互配合，突出打击重点，依法快捕快诉，始终保持“严打”高压态势。共批捕犯罪嫌疑人302人、起诉655人，同比分别增加12.3%、20.6%，批捕和公诉案件准确率均为100%。其中，围绕扩大内需，积极参与整顿规范市场经济秩序，与工商、质量技术监督、食品药品监管等部门建立工作衔接机制，形成打击犯罪合力，共批捕制假售假、合同诈骗、传销等严重破坏市场经济秩序犯罪嫌疑人54人、起诉68人；围绕优化企业周边治安环境，批捕盗抢企业生产资料、破坏生产设备、危害企业秩序的犯罪嫌疑人152人、起诉158人；围绕“三农”工作，批捕制售伪劣农药、化肥、种子等坑农害农的犯罪嫌疑人15人、起诉19人；围绕生态文明建设，起诉严重破坏环境资源的犯罪嫌疑人4人。建立办案过程维护群众利益机制，深入贯彻落实宽严相济刑事政策，健全量刑建议、附条件逮捕、羁押必要性审查等制度，对33名犯罪嫌疑人依法落实宽缓政策；完善检调对接、刑事协商机制，促成刑事、民事和解案31件。

法律监督 坚持有法必依、执法必严、违法必究，加强刑事诉讼监督，共监督立案6件，追捕、追诉漏犯22人，追诉漏罪52件，提出提请抗诉4件，不批捕198人，不起诉23人。加强对民事诉讼和行政诉讼活动监督，对认为确有错误的民事判决裁定提请市院抗诉、建议提请抗诉3件，提出再审检察建议3件，法院已再审改判4件，办理执行监督案件1件。强化便民利民服务，办好民生检察服务热线，更加方便快捷地了解和解决民生诉求。针对发现的民生领域问题，通过检察建议或调研报告等形式，促进问题解决，撰写《农村低保工作的调研报告》，被县委主要领导批示，保障此项工作深入健康开展。加强对刑罚执行和监管活动的监督，纠正监管违法9件次，纠正监外执行违法14件，办理又犯罪18人，切实维护法律权威。

检察制度改革 建立刑事被害人和犯罪分子困难近亲属救助制度，被县委、县政府确定为全县为民办理的实事之一。积极参与社会治理创新，完善“刑事案件羁押期限监督管理一卡通”机制，防范在押人员超期羁押。深化行政执法检察监督，促进行政机关规范执法，增进社会和谐，该项工作被评为2013年度全市检察机关优秀创新项目一等奖。深化专项预防，“沭河湿地公园建设工程”被省检察院确定为重点工程专项预防督办项目。创新预防形式，与县盐务局会签关于共同开展预防职务犯罪工作的意见，推行“抓点控面”预防工作法，得到市检察院充分肯定，促进从源头上预防腐败。

三项建设 加强执法规范化建设。围绕创建执法主体、执法制度、执法场所、执法信息化、执法监督“五位一体”的执法规范化建设模式，开展“规范化建设提升年”活动，加强执法规范化制度建设，编印《执法规范化建设制度汇编》；加强办案区、看守所专用讯问室、控申接待室、案件受理大厅等执法场所的建设，完善管理和使用；强化案件集中管理工作，着力推进以统一受案、全程监控、案后评查、综合考评为主要内容的执法监督机制建设，经常性地对各业务部门办理案件的质量进行检查，促进执法水平和办案质量的提高。

加强检察信息化建设。突出抓好检务综合平台各子系统基础支撑环境建设工作，进行高清视频会议室改造和机房达标改造，开通连接派驻检察室的四级专线网络。加强安全保密体系建设，全面完成涉密信息系统分级保护建设任务。开展全国检察机关统一业务应用系统试点，做好系统应用和升级完善工作，为检察权的依法正确行使提供信息化支撑和机制保障。

加强基层基础建设。把派驻乡镇检察室作为基层基础建设的着力点，按照“建、管、用”并重的原则，增设派驻郑山、玉山2个检察室，使检察室数量达到5个；制定派驻检察室与各业务部门工作有效对接办法，〈促进检察室职能作用的发挥，5个派驻检察室运行良好。共接待群众来访50余次，接受法律咨询100余次；化解矛盾纠纷20余件，配合当地党委政府化解信访案件3件、处置突发事件2件；走访困难群众42户。依托教育云平台创建的“临沭县校园法制教育基地”，与全县8万余名在校生实现网络面对面法制宣传教育，受到社会各界和人民群众好评。

队伍建设 强化作风建设。认真落实中央八项规定和高检院关于作风建设的具体要求，积极开展“五进两服务”（进乡村、进农户、进社区、进企业、进学校，服务民生、服务经济）大走访、直接联系和服务群众、“守纪律、正检风、做表率”“双联双深双真”主题实践等活动和任职“第一书记”工作，进行走访100余次，化解矛盾纠纷20余件。开展对违规公务用车自查自纠专项活动，完善车辆管理，严格车辆配备，严禁公车私用。组织干警举行“责任与能力”大讨论、踏访红色旧址、重温入党誓词、参加道德讲堂，进一步改进作风，密切检民关系。强化监督制约。自觉接受县人大监督和政协民主监督，全年接受人大视察、调研2次，县政协视察1次。加强与人大代表、政协委员和人民监督员的联系，增强监督实效。签订廉政建设责任书、禁酒承诺书，发送廉政提醒短信，完善检务督察、人民监督员监督等规定，保障和促进严格公正文明廉洁执法。专业化建设。举办“全员素能培训周”活动，围绕执法规范化、民事诉讼法修正案、检察业务、新闻写作、心理健康等内容，邀请专家授课；选派100余人次参加县委和上级检察机关举办的培训；招考公务员和事业编人员8人，队伍素质和能力得到进一步提高，有8名干警在全市业务比赛中获奖。

撰稿：朱 辉 审稿：卢文平

审 判

临沭县人民法院（简称县法院）设刑一庭、刑二庭、民一庭、民二庭、民三庭、速裁庭、审管办、县便民诉讼中心、行政庭、审判监督庭、立案庭、执行局（下设办公室、执行一、二庭、技术室）、政治处（下设组织人事科）、办公室、监察室、研究室、法警大队17个职能庭室，及临沭、蛟龙、店头、南古、青云、开发区6处派出法庭。全院共有在职在编人员89人，其中法官53人。

2013年，临沭县人民法院坚持以文化建设为龙头，以审判管理为主线，以队伍建设为根本，以树立公信为目标，努力让广大群众在每一个司法案件中都感受到公平正义，全年受理各类案件7264件，审执结7025件，其中，审结刑事案件457件，民商事案件4502件，行政案件64件，再审案件14件，执结各类执行案件1660件。为全县经济发展、社会稳定、人民群众安居乐业作出积极贡献，被山东省高级人民法院授予集体二等功。

刑事审判 认真贯彻实施新修订的《中华人民共和国刑事诉讼法》，严格执行宽严相济的刑事政策，努力做到“当宽则宽、该严则严、宽严依法、宽严有度”。全年共审结各类刑事案件457件495人，对情节较轻、确有悔罪表现、没有再犯罪危险的206名被告人适用缓刑，依法判处十年以上有期徒刑27人。重点加大对食品药品安全、生产安全领域犯罪的打击力度，对所有被告人均判处实体刑。依法审结农机管理部门、乡镇卫生院、村干部等一批在县内有重大影响的职务犯罪案件。认真开展刑事自诉和刑事附带民事案件的调解工作，最大限度地减少社会对立面，依法妥善化解刑事自诉案件48件，刑事附带民事诉讼案件调撤率达97%。

民商事审判 坚持以增进民生福祉为根本目标，妥善化解各类民事纠纷3178件，其中，审结婚姻家庭、继承、相邻权纠纷等传统民事案件1243件；审结农村土地承包、土地流转、宅基地等纠纷案件46件；审结商品房预售、房屋买卖、房屋租赁等合同纠纷案件65件。以维护诚信、鼓励交易、增进财富为价值取向，审结各类商事纠纷1324件，其中，审结买卖、运输、承揽等合同纠纷432件；审结借款、票据、保险等金融纠纷1091件。针对企业涉诉重点问题组织开展“规范主体行为、防范经营风险”系列宣讲活动，并就企业管理、劳资纠纷、合同签订、销售担保等方面提出司法建议，帮助企业防范和化解经营风险，助推经济发展。认真贯彻“调解优先、调判结合”的原则，综合运用案前调解、委托调解、联动化解等多种形式，促成2778起民商事纠纷实现调解或撤诉结案，调撤率62.1%。

行政审判 充分发挥行政审判职能，全年审结各类行政诉讼案件64件，审查行政处罚等非诉执行案件136件。所结诉讼案件中，依法维持4件，判决撤销和变更具体行政行为、确认具体行政行为违法或无效、责令履行法定职责的案件6件。积极探索解决行政争议的新方法，注重运用协调、和解方式化解行政争议，促进行政关系和谐，先后有35件行政纠纷案件经协调后原告自愿撤诉，协调撤诉率为54.7%。

案件执行 积极开展反规避执行专项行动和公布失信被执行人名单专项宣传活动，在政府采购、市场准入、招标投标、融资信贷、资质认证等方面，全面提高“老赖”的违法成本。每月组织一次集中执行活动，季度开展一次专项清理活动，利用一早一晚和农忙、节假日等执行有利时机，执结大批被执行人外逃避执行案件。组织开展追索劳动报酬、赡养费、抚养费、工伤赔偿等涉民生案件专项清理活动，执结相关案件42件，执结标的162万元。加大对拒不执行生效裁判行为的打击力度，全年对106名被执行人实施司法拘留、罚款等制裁措施，执结各类案件1660件，执结标的1.5亿元，委托评估鉴定206件。

审判管理 完善便民诉讼机制。建立便民诉讼中心，设立诉讼引导、立案审查、材料收转、判后答疑、司法救助等10多个窗口。积极推动小额诉讼制度实施，促进繁简分流，全年分流案件2500余件，速裁案件200余件，服判息诉率达100%。建立快立、快审、快调、快结的诉讼绿色通道，及时妥善处理涉及农民工、下岗职工、孤寡老人、残疾人、妇女儿童等弱势群体的案件960余件。对农村土地纠纷、消费维权纠纷、医患纠纷、交通事故纠纷等行业特点鲜明、争议焦点相近、法律适用相通的纠纷，尝试以专业合议庭、法官工作室等方式，加强与各类行业组织的衔接配合，有效化解纠纷750余件。加大司法救助力度，对经济确有困难的当事人落实缓、减、免交诉讼费26万元，支付特困群体救助资金12万元。高度重视涉诉信访。加强信访工作领导，完善岗位责任制，化解信访难题。完善信访大厅功能建设，实行院、庭长轮流接访制度，每天都有一名院领导、一名业务庭长与信访室工作人员一起接待来访群众。在审判区四楼设置2个执行公开大厅和4个执行对话室，确保执行案件当事人反映的问题得到及时解决。通过强力推行现场办公、领导包案、定期汇报、日常通报及跟踪督办五项制度，在接访中找准症结，在管理上对症下药，彻底“治本”，从而使信访工作的化解功效和吸附作用成倍放大，对队伍管理的反馈作用明显增强，形成“老访”化解、“新访”下降的良性发展态势，2013年所结案件一审服判息诉率为95.6%。狠抓案件质效管理。科学调整质效评估指标，加大对案件质量、效率、效果的考核权重，促进审判质效提升。推行案件繁简分流，强化均衡结案，注重审限内结案率，形成符合审判规律的收结案动态平衡机制，法定审限内结案率达99.8%。进一步发挥审判委员会和院、庭长的业务指导、质量把关作用，定期举办观摩庭，提高整体司法水平。深入开展评查活动，成立专门审判管理办公室，采取常规评查、重点评查和随机抽查相结合的方式，对案件审限、庭审规范、文书制作和卷宗质量等方面进行全面监督把关。强力推进司法公开，加快建设审判流程、执行信息、裁判文书公开“三大平台”，及时开通门户网站和官方微博，所有符合公开条件的生效裁判文书均在互联网上予以公开发布，接受社会各界监督。强化物质保障管理机制。位于沭河大街131号，占地面积2.3公顷、建筑面积1.8万平方米的法院审判综合楼于2013年11月份落成启用，群众诉讼环境、法官办案条件、司法服务质量明显改善，成为弘扬法治精神，提升司法形象的重要窗口。投入专项资金建设数字化法庭，院直所有审判庭均实现庭审同步录音录像。进一步健全人民法庭工作领导机构，认真落实领导干部联系点制度，加强对法庭工作的领导、支持和协调。统一法庭的受案范围、受案程序，完善司法警务、档案管理、车辆装备、后勤保障等方面的工作方式和程序，基本实现经费保障制度化、装备设施标准化、工作条件现代化，司法能力进一步提高。

队伍和廉政建设　积极践行群众路线，加强政治素质建设。把群众满意不满意作为审判工作的风向标，大力开展转变工作作风、深入联系群众活动，培养干警的群众感情，锻炼群众工作能力。加强政治理论学习，注重个人品行修为。创新培训教育方式，逐步加大培训资金投入，努力提高教育培训工作质量。选拔业务骨干参加上级法院对口培训27人次。开创“法官讲坛”干警交流平台，成功举办8期，受教育干警760余人次，为全面推进审判执行工作提供有力智力支持和人才保障。严格贯彻落实中央八项规定，深入开展公车治理、会员卡专项清退、“庸懒散”专项治理等活动，成立审务督察领导小组，每周由一名院领导带班督察，积极开展“文明创建”活动，严格规范干警的言行、着装、考勤等纪律，队伍作风明显好转。严守“五个严禁”红线，在审判、执行、委托评估、拍卖等工作中严格遵守“五个严禁”规定，拒绝吃请、送礼，严守审判秘密。制定廉政风险防控方案，推进惩治和预防腐败体系建设，认真核查违纪违法投诉。全年接待当事人来访12人次、来电23人次，对干警身上发生的苗头性问题落实诫勉谈话。确定2013年为“文化建设推进年”，对文化建设进行顶层设计和整体架构，精心打造院落、诉讼服务中心、廉政文化长廊、党建文化长廊、院史馆、青少年警示教育基地等文化载体建设，提升文化建设层次和水平。

撰稿：解自旭　审稿：侯　雷

司 法 行 政

临沭县司法局下设办公室、宣传科、基层科、政工科、财务科、社区矫正办公室6个职能科室。隶属于司法局的二级单位有法律援助中心、公证处，社会中介机构有山东苍马律师事务所、山东金星伟业律师事务所，临沭县普法办公室与县司法局合署办公，全县设镇街司法所10个、法律服务所11个。2013年，临沭县司法局被省人社厅、省司法厅授予“全省司法行政系统先进集体”称号，被临沂市委、市政府评为“2012年全市政法队伍建设先进单位”。

普法依法治理 依法治县五年规划和“六五”普法规划继续深入推进，年初召开普法领导小组成员单位负责人会议，研究制定2013年度普法依法治理工作实施方案。4月17日，省司法厅副厅长冯军一行6人到临沭县调研普法依法治理工作。5月18日，全市“法律六进”（进机关、进学校、进乡村、进社区、进企业、进单位）现场会在临沭召开，市领导李峰、王行华、钱迎伟、杜甲普出席，本县实施的“六六一”工程在全市推广。9月，按照省、市统一部署，开展“六五”普法中期督导检查，成立6个检查组，由县委宣传部、县委政法委、县人大法工委领导带队，对全县10个镇街、苍马山风景旅游区和76个县直部门进行检查，检查结果纳入年终综治考核。9月23日，市人大副主任钱迎伟率调研组到临沭调研。12月，组织34个司法和行政执法机关开展“12·4”全国法制宣传日宣传活动。

律师服务 坚持每月一次全体律师集中学习制度。组织律师开展2次案件质量评查和精品案例评选活动。积极开展律师服务中小微企业管理提升工作，确立56家联系企业，集中开展“法律体检”2次，协助有关部门举办企业法制讲座3场，培训企业员工200余人次。完善律师参与信访案件处理机制，出台《临沭县律师参与涉法涉诉信访接访实施办法》，引导上访群众通过法律手段解决涉法涉诉问题。严格执行律师业务公示制度，公开收费管理办法和标准、公开业务办理流程、公开投诉电话，2013年未发生律师重大不良影响事件。积极拓宽律师业务领域，律师业务量、业务收费同比增长10%。2013年，全县律师共担任常年法律顾问116家，代理各类案件539件，其中刑事辩护及代理86件，免费解答法律咨询1500余人次。

公证 进一步规范办证程序，以“争创群众满意服务窗口”活动为着力点，认真落实新的公证业务规定，努力实现公证事项零过错、零投诉。全年办理1127件公证事项，群众满意率100%，办证件数、业务收费同比增长10%和12%。坚持每周一次集体业务学习，对疑难复杂案件、高风险业务和新公证业务实行集体研究讨论。实行公证质量检验员制度，2013年共拒绝办理公证事项204件，涉及金额850万元，无错证、假证，无复议、涉诉案件发生。积极参加业务培训，认真实施“业质强处”计划，全年在省、市各类刊物发表业务论文24篇。9月，全市公证业务培训班暨公证知识竞赛在临沭举行。

法律援助 加强法律援助网络建设，在团县委、县妇联、县残联设立法律援助联络站，在县民政局、县工会、县人武部开通法律援助热线电话。建立由8名律师组成的法律援助名册，在司法行政网站和县政府网站公示。实行案件旁听制度，全年共组织旁听法律援助案件56件。建立案件回访机制，定期回访，2013年回访120名当事人，满意率100%。10月，组织对122名法律援助中心、工作站的联络员进行为期三天的业务培训。本着为了群众、方便群众的原则，在沿街设立“法律援助便民服务窗口”。认真组织各类法律援助宣传活动，全年发放法律援助便民服务卡3000余张，办理法律援助案件327件。

基层司法所建设 全县10个司法所均达3人以上，临沭街道司法所达5人。上半年公务员招考中为司法所考录3名公务员，已全部到岗。在省政法干警招录试点班招考中，为司法所上报3名招录计划，已入校学习。坚持每月一次司法所长巡回例会制度，通过现场参观、会议交流、讨论学习等方式，促进各司法所工作均衡发展。加强与镇街沟通协调，半数以上司法所办公面积达150平方米，设立“五室一庭”，全部配备计算机、电话、打印机等办公设施。5月，省司法厅厅长王本群一行视察玉山司法所，对临沭县司法所建设取得的成绩给予充分肯定。

开展省级文明法律服务所创建活动，建立健全基层法律服务所人员管理、财务、业务考评奖惩等10项制度，除完成省厅、市局的每年法律服务所主任和法律服务工作者培训任务外，每半年开展一次基层法律服务工作者集中培训活动，全县11个法律服务所中有4个达到省级文明法律服务所标准。加强对法律服务所的管理，全年未发生一起法律服务工作者违反法律服务职业道德与执业规范行为。

人民调解 县、镇（街道）、村（社区）三级调解网络已经形成，全县共有各级各类调解组织467个。扎实推进大调解机制建设，健全完善医患纠纷、劳动人事争议纠纷、物业管理纠纷、工程建设、消费者权益等16个专业人民调解委员会。开展“人民调解质量万里行”活动，组织两次人民调解员培训，累计培训人民调解员186人。建立人民调解员等级评定工作，评定首席人民调解员等各级调解员69人。落实人民调解工作保障措施，争取财政拨付人民调解业务经费3万元，培训经费2万元。开展人民调解协议书案卷质量评查活动，完善和规范人民调解申请、受理、登记、调解和回访等人民调解工作程序。2013年，全县各级调委会累计调解矛盾纠纷1430件，调处成功1406件，成功率98%。

安置帮教和社区矫正 2013年召开2次安置帮教工作领导小组会议，健全完善安置帮教工作机制。规范对刑释解教人员的档案管理，全县730名刑释解教人员实现一人一档。推进安置帮教基地建设，建立2处安置帮教基地，全年解决12名困难帮扶对象就业问题。加强安置帮教信息化建设，实现司法部、省、市、县四级联网。建立刑释解教人员无缝化衔接、社会化帮扶机制，衔接率达100%，2013年未发生一起重新犯罪。加强社区矫正制度化、规范化建设，将社区矫正工作经费纳入财政预算。建立社区矫正管理教育服务中心工作平台，与中国电信、中国联通合作建立新的定位平台，全县521名正在矫正人员全部实现实时位置监控，定期组织社区矫正人员进行集中教育、集中学习，参加公益劳动。加强与县法院、县检察院、县公安机关的配合，共追查脱管、漏管20人次，对其中18名未及时报到的社区矫正人员下发警告决定书。严格执行判前社会调查，2013年已开展判前调查108起。已累计接收社区矫正人员1706人。

撰稿：李振华 审稿：胡顺伟 杨翠国

道路交通安全

临沂市公安局交通警察支队临沭大队下设综合、装财、宣传、交管、肇事、车管所6个科所和城一、城二、蛟龙、店头、南古、青云、特勤、开发区8个中队，有民警107人。

2013年，以“降事故、保安全、保畅通”为目标，队伍建设和业务工作取得长足发展和进步，有力地稳控了辖区道路交通安全形势，交通事故四项指标与2012年同期相比分别下降5.6%、3.7%、3.7%、5.6%，为全县经济社会发展营造良好道路交通环境。大队被县委、县政府表彰为“平安临沭建设先进单位”，肇处科被市公安局授予集体嘉奖，王坤被省公安厅授予“一等功”，62名民警受到上级表彰。

交通设施建设和安全管理 完成市安委会挂牌督办的11处交通安全隐患整改工作。全面细致地摸排辖区道路交通安全隐患，对查出的54处交通安全隐患逐个研究制定整改措施，向县政府提交专题报告5个，投入资金260余万元安装设置中央隔离护栏1200余米、警示桩10个、安全岛6个、绿波带13个、交通信号灯64组、警示标志36面、电子警察13套。

严格落实“三长”负责制和包保责任制，“把路放在心上、把心用在路上”。增设开发区中队，推行中队轮流管控国省道勤务模式，坚持高速公路24小时巡查机制。城区以疏堵保畅为重点，科学设置高峰岗和助学岗。针对酒后驾驶、疲劳驾驶和超速超载等严重交通违法行为特点和规律，先后组织开展“三超一疲劳”、酒后驾驶、涉牌涉证、“大排查、大教育、大整治”和冬季道路交通秩序集中整治等一系列整治活动。全年共开展专项整治活动70余次，查处各类交通违法行为12.4万余起，查扣车辆2000余台，拘留违法驾驶人3名，其中酒后驾驶2名。源头监管工作进一步深化，史丹利源头管理办公室投入运行。开展大型社会化宣传活动10次，发放宣传材料6万余份，到35家单位上交通安全课，开展驾驶人记分教育6000余人次。

交通事故处理 肇事处理工作更加精细。案件办理程序合法有效，事故案件认定公平公正，交通肇事犯罪打击快速有力，共受理道路交通事故3501起，办理交通肇事罪97起，追究刑事责任人103人，吊销机动车驾驶证230本，危险驾驶案3起，无一起退查案；破获重大交通肇事逃逸案21件，逃逸案件侦破率超过90%，3名网上逃犯全部抓获，提前完成清网行动和上级挂牌督办案件侦破工作；连续五年无复议上访案件。

车辆管理服务 牢固树立服务是根本的理念，投资1000万元建设科目三考试分控中心和科目二考试场地，率先投入使用。推行“一窗式”和开放式低柜台服务，业务办理流程进一步优化，便民利民服务举措更加完善，微笑服务擦亮窗口，车驾管服务水平明显提高。全年共办理车驾管业务7.5万余起，其中，新车注册登记1.16万辆，机动车检验2万余台，驾驶证5495个，车辆注销登记3.8万台；开展上门服务12次，预约服务26次，累计加班200小时。

2013临沭县有人员死伤交通事故统计表

表 7

事故起数	死亡人数	受伤人数	直接财产损失（万元）
51	26	26	15.19

撰稿：卢西嘉　审稿：孙　澎

苍源河彩虹桥

张南埠子社区

经济管理

JINGJIGUANLI

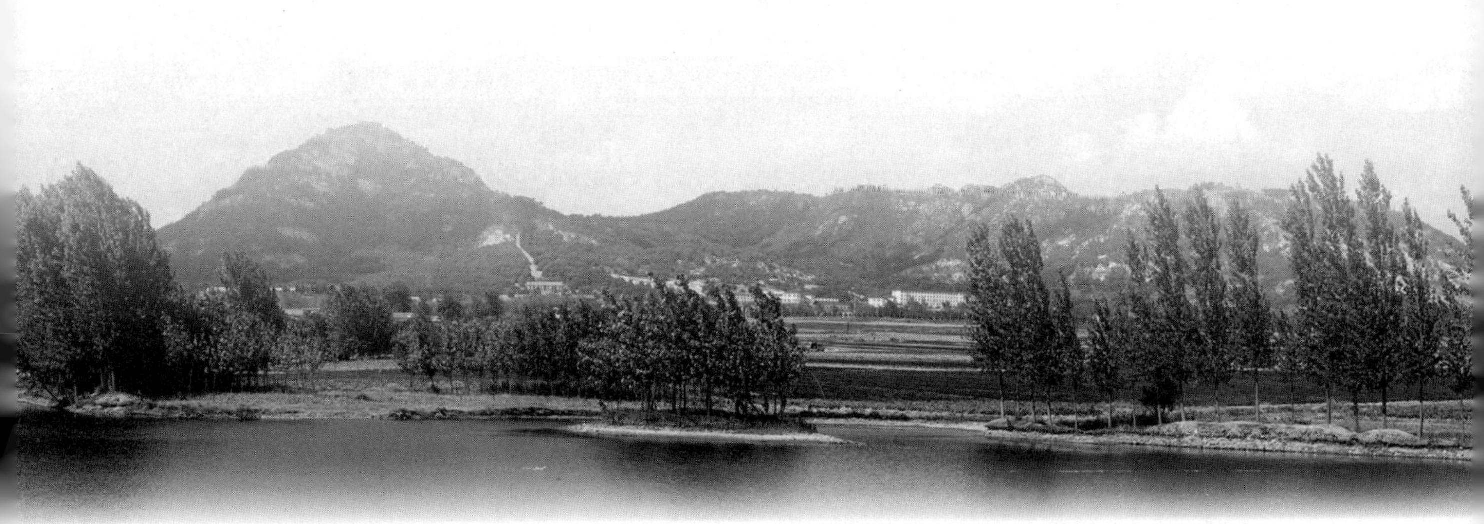

发展与改革

临沭县发展和改革局（简称县发改局）设办公室、综合科、工农业与社会事业科、投资科5个职能科室。隶属正科级事业单位2个：县铁路建设办公室和县服务业发展办公室；副科级事业单位1个：重点项目管理办公室。全局共有干部职工35人。

2013年，县发改局共参与组织接待省市调研16次。牵头组织相关部门进行集中讨论并广泛征求企业意见，通过细致调研、科学论证，研究提出“7+6”现代产业体系，进一步明确发展现代农业（食品加工）、机械、化肥化工、杞柳编织、商贸物流、文化旅游、房地产（城市综合体、建筑安装）7大传统优势产业和先进装备制造、电子信息、生物医药健康、新材料、新能源及节能环保、现代新兴服务业6大新兴产业定位。服务业发展、两型社会建设、医改工作、节能减排工作、民生工作、内部管理等都取得很好成绩。县发改局荣获全市发改系统综合考核先进单位、项目管理先进单位，全县行风建设先进单位、人口和计划生育工作先进单位等荣誉称号。

规划编制和落实 2013年度计划编制情况 2013年是深入贯彻落实中共十八大精神的开局之年，是实施“十二五”规划承前启后的关键一年，是临沭县在新起点上实现科学跨越发展、为全面建成小康社会奠定坚实基础的重要一年，也是完成三年倍增计划的收官之年。围绕建设“幸福临沭”这一奋斗目标，综合分析国家宏观经济形势、临沭县经济社会发展现状、三年倍增计划要求等因素，本着积极进取、留有余地的原则，初步确定2013年全县经济社会发展的主要预期目标为：地区生产总值计划增长14%，达到195亿元。三次产业之比由2012年的10.2：51.5：38.3调整为9.6：51.4：39。规模以上固定资产投资计划增长27%，达到140亿元。社会消费品零售总额计划增长19%，达到95亿元。进出口总额计划增长22%，达到5亿美元；其中出口2.6亿美元，计划增长30%。地方财政收入计划增长20%，达到8.65亿元。城镇居民人均可支配收入计划增长14%，达到2.35万元。农民人均纯收入计划增长15%，达到1.06万元。实际利用外商直接投资达到1200万美元。人口自然增长率计划控制在6.5‰以内。城镇登记失业率计划控制在2.5%以内。万元GDP能耗、二氧化硫排放量和化学需氧量完成市下达任务。

2013年计划落实情况 2013年，全县紧紧围绕建设“幸福临沭”总目标，开拓进取，攻坚克难，经济社会实现持续健康发展，主要任务目标顺利完成。全年实现生产总值187.88亿元，增长12.3%；实现公共财政收入10.57亿元，增长32.8%；三次产业比由上年度的10.2：51.5：38.3调整为9.8：50.4：39.8；完成规模以上固定资产投资135.1亿元，增长20.8%；完成社会消费品零售总额88.4亿元，增长13.4%；实现进出口总额4.44亿美元，同比增长16.5%，其中出口2.98亿美元，进口1.46亿美元；实际利用外资5021万美元，增长97%；全年万元GDP能耗和化学需氧量、二氧化硫排放量等约束性指标均完成市下达的任务目标。

项目资金争取与重点项目建设 2013年，县发改局密切关注中央预算内资金扶持重点，结合参照执行中部地区有关政策，围绕主导产业发展、社会民生改善、重大基础设施建设等领域，积极策划包装项目，加大向上协调力度，累计向上争取资金1.48亿元，涉及民生工程、基础设施、卫生教育、生态环境、自主创新和结构调整等多个领域，位居全市前列，有力地支撑了全县投资实现持续稳定增长。同时，大力提升科技创新能力，组织相关企业积极申报国家、省、市工程研究中心（工程实验室），金沂蒙集团醋酸酯循环经济工程研究中心被认定为临沂市工程研究中心，金正大生态工程股份有限公司技术中心被国家发改委、财政部等5部委评为国家认定企业技术中心。

树立超前意识，结合县产业发展重点和基础设施建设情况，做好项目的筛选储备，共有15个项目被列入市级重点项目，累计完成投资58.99亿元，占年度计划投资的151%。5月20日，全市重点项目建设现场推进会议在临沭县召开。

投资项目管理 严格执行国家宏观调控政策，强化服务意识，做好项目审批管理工作，2013年共办件152件，办结率达100%。实现六年行政审批零投诉，窗口连续多次被评为“红旗窗口”。

2013年，全县完成规模以上固定资产投资135.1亿元，增长20.8%。分产业看，一、二、三产业分别完成投资3.1亿元、80.64亿元、51.36亿元，三次产业投资比为2∶60∶38。高新技术产业投资占全部投资比重为40.9%，提高17.9个百分点。

沂沭铁路建设 加大向上协调力度，沂沭铁路建设工作取得重大进展。3月4日，施工图审核结束并获铁道部批复；3月5日，新建临沂至临沭铁路工程在济南公共资源交易中心挂网招标；4月26日，招标结束，由中铁十局中标承建。5月16日，沂沭铁路建设动员大会在临沭召开，标志着铁路建设正式动工，项目建设进展顺利。同时，牢固树立超前谋划、区域共赢意识，积极向上汇报沟通，并与连云港市地方铁路局衔接，力争临沭至连云港铁路工程项目早日纳入建设规划。

重点工程项目介绍 2013年，县重点建设项目15个，计划总投资105.9亿元，其中2013年计划投资38.8亿元，累计完成投资58.99亿元。

沂沭铁路及物流园区项目　位于临沭街道金墩顶村——临沂经济开发区梅家埠，计划总投资7亿元。线路全长19.25公里，临沭县境内长7.87公里。全线设梅家埠（接轨站）、临沭站共2个车站。物流园区规划占地233.33公顷，建设以仓储功能为主，集贸易、加工、中转、办公、生活为一体的综合仓储物流园区。项目建成投产后，将大大减少企业运输成本，增加生产效益，营造良好投资环境，对促进区域经济协调，推动临沭经济的发展有着重要作用，能解决近500人就业。完成投资4.65亿元。

氟化盐及高端水溶肥生态化工项目　位于县经济开发区，计划总投资22.64亿元。项目占地66.67公顷，主要建设2万吨/年氟化钾联产白炭黑装置、1000吨/年吡啶含氟化合物装置、3万吨/年氟化氢铵联产白炭黑装置、5万吨/年无水氟化氢装置、5000吨/年电子级氢氟酸装置、5000吨/年偏氟乙烯装置、40万吨/年钙基材料装置、10万吨/年水溶性肥料装置、10万吨/年磷酸铵镁装置、10万吨/年冲施肥装置、40万吨/年硫黄制酸装置、氟化工研发平台。项目建设期为2年，2013年3月始建，计划于2014年12月竣工。项目建成投产后，年可生产各种产品共计80.98万吨，实现销售收入32.02亿元，利税7.58亿元，税收3.45亿元，可新增就业人员900余人。完成投资2.65亿元。

中国民营科技促进会临沭新兴产业园项目 位于县滨海高新技术产业区，计划总投资15亿元。项目占地12公顷，产业园分为孵化区、配套区、产业区，主要为标准化厂房建设、孵化器、招商中心大楼建设。项目建设期为3年，2013年3始建，计划于2015年8月竣工。项目建成后，年产值超过30亿元，利税超过1.8亿元，从业人员1万人。完成投资6.99亿元。

澳林国际商贸城项目 位于临沭街道，计划总投资6亿元。项目建设规模为15万平方米，建设集小商品研发、生产、加工、展示、洽谈、交易与电子商务为一体的现代化商贸平台。项目建设期为2年，2013年3月始建，计划于2014年12月竣工。项目建成后，年销售收入6亿元，年利税5500万元，新增就业2000人。完成投资4.95亿元。

金正阳新型传输设备深加工项目 位于县经济开发区滨海西街，计划总投资6亿元。项目占地面积12.4万平方米，总建筑面积8.68万平方米，主要建设生产车间、仓库及辅助工程。新上新型传输设备深加工生产线两条，年生产高精密传输管、耐压耐腐蚀油井管50万吨（产品直径φ273毫米—426毫米），主要产品为高精密传输管、耐压耐腐蚀油井管、石油套管等，应用于石油和天然气开采和传输。项目建设期为2年，2013年3月建设，计划于2014年12月竣工。项目建成投产后，年可新增产能50万吨，实现销售收入50亿元，税收5000万元，新增就业620人。完成投资4.06亿元。

山东海佑福瑞达制药有限公司原料药项目 位于县经济开发区，计划总投资6亿元。项目占地6.85公顷，主要建设办公楼、质检实验楼、餐厅宿舍楼、仓库一、仓库二、车间一、车间二、车间三、车间四、车间五、车间六、车间七、动力车间、污水站、危品库、人传、物传及总图外管等。项目建设期为2年，2013年2月始建，计划于2014年12月竣工。项目建成投产后，年均营业收入3.11亿元（不含税），税后利润1.78亿元，所得税5268万元，全部投资税后内部收益率151.65%。税后投资回收期2.97年（含建设期）。完成投资4.96亿元。

山东长和驾室总成及覆盖件项目 位于县经济开发区，计划总投资6亿元。项目占地面积13.33公顷，总建筑面积13.9万平方米，建筑占地面积8.88万平方米，绿化面积1.73万平方米，容积率1.04，建筑密度51.6%，绿地率13%。主要建设车间、办公室、宿舍及配套设施等，购置数控等离子切割机、液压压力机等先进设备175台(套)。项目建设期为3年，2013年1月始建，计划于2014年12月竣工。项目建成投产后，预计年可实现销售收入18亿元，利税2.4亿元，上交所得税6000万元，可解决380人就业。完成投资6.56亿元。

两河高效生态农业示范项目 位于临沭街道、白旄镇、蛟龙镇，计划总投资3.5亿元。项目包括桃元生态种植园占地面积87.33公顷，建设112座高温棚；金正大公司133.33公顷生态观光农业园；尚润生态种植中心；龙潭水库千亩生态养殖。项目建设期为2年，2013年2月始建，计划于2014年12月竣工。项目建成后，将新增产能4亿元，年产值6亿元，年利税1.32亿元，新增就业1500余人。完成投资1.98亿元。

苍马山风景区综合提升工程 项目位于苍马山景区，计划总投资4.5亿元。项目内容为苍马山生态度假酒店、慧济寺、演武台会所、冠山书院等景点修建，产业结构调整有万寿菊333.33公顷，矿泉水饮料项目，新型农村社区建设。项目建设期为3年，2013年1月始建，计划于2015年12

月竣工。项目建成后，预计年游客量达50万人次以上，年营业收入1亿元，经营税收约1350万元，解决就业人员900多人。完成投资3.2亿元。

临沭县源兴食品公司蔬菜深加工项目 位于大兴镇，计划总投资4.2亿元。项目占地13.33公顷，新建标准化厂房3.8万平方米，新建办公楼6800平方米，新建污水处理厂1座，新修道路2500米，硬化地面1.65万平方米。项目建设期为2年，2013年1月始建，计划于2014年12月竣工。项目建成投产后，实现年产值6.8亿元，销售收入6.5亿元，实现税收4800万元，新增就业岗位800余个。完成投资3.05亿元。

山东新希望六和食品有限公司精品熟食品加工项目 位于玉山镇，计划总投资4.5亿元。项目总建筑面积约4.2万平方米，主要建设办公楼、公寓楼、餐厅、污水处理、生产车间，新上熟食品生产线6条，项目建设期为2年，2013年3月始建，计划于2014年12月竣工。项目建成投产后，年可生产六和精品熟食品10万余吨，实现年销售收入30亿元，税收5200万元，安排就业920人。完成投资3.65亿元。

山东中宇尚信商贸有限公司年产50万吨不锈钢制品深加工项目 位于青云镇工业园，计划总投资14.06亿元。项目占地28.27公顷，建设生产车间、库房、综合办公楼、宿舍楼及相关配套设施等64万平方米，购置电炉14组、配套机械设备781台套。分三期建设。一期建设自2013年5月至2014年5月。项目建成投产后，年产不锈钢制品50万吨，实现产值90亿元，上缴税金2.2亿元，同时可新增就业岗位3000余个。完成投资1.9亿元。

金正大10万吨水溶肥项目 位于县经济开发区，计划总投资4.17亿元。项目占地6.67公顷，建设规模为车间2.2万平方米，新上水溶肥生产线4条。建设期为1年，2013年2月始建，计划2013年12月竣工。项目建成投产后，年产水溶肥10万吨，实现产值3亿元，利税5000万元，新增就业岗位200人。完成投资4.48亿元。

金盛源管业年产10万吨精密铸造项目 位于曹庄镇工业园，计划总投资4.01亿元。项目占地10公顷，新上精密铸造生产线3条。建设办公室及职工宿舍楼、精密铸造车间、发电厂、机修车间、料场。项目建设期为2年，2013年2月始建，计划2014年6月竣工。项目投产后，年产高精密铸件10万吨，实现产值30亿元，利税1亿元，新增就业岗位500人。完成投资2.5亿元。

金正大20万吨/年高塔硝基复合肥项目 位于县经济开发区，项目总投资3.2亿元。占地5.93公顷，新建20万吨/年高塔造粒复合肥装置1套。建设期为1年，2013年2月始建，计划2013年11月竣工。项目投产后，年产高塔硝基复合肥20万吨，实现产值6亿元，利税1亿元，新增就业岗位400人。完成投资3.41亿元。

撰稿：陈维涛　李　真

审稿：苗　壮　吴旭栋

统 计 工 作

临沭县统计局内设办公室、综合科、投资科、法规科、计算站、能源科、城调队、服务业调查中心、社情民意调查中心9个科室；辖农调队、企调队2个副科级事业单位。有在岗职工27名，全部具有大专以上学历，其中，高级技术职称4人，中级技术职称13人。2013年，先后被评为省文明单位、省统计系统文明单位、市统计工作先进单位、县社会综合治税工作先进单位、县计划生育工作先进单位。

统计业务与服务 围绕转方式调结构，做到主动服务、超前服务。把握经济形势，提高统计分析质量。加强月度、季度经济形势的监测分析，突出时效性。开展调查研究，掌握真实可靠的资料，摸清经济发展的新情况，为领导决策及时提供参考依据。树立“实事求是、不出假数、真实可信”的统计工作理念，加强对基层单位的监督检查，按照统计制度的要求，完成工业、农业、投资、商贸、综合等16项统计报表工作。围绕当前经济社会生活中的热点问题，开展农村社会经济调查、城市居民生活调查、规模以下工业抽样调查、限额以下贸易单位调查、重点服务业调查、农产品产量抽样调查、畜禽监测等定期调查工作。做好GDP核算、限额以上批发零售贸易餐饮业、资质以内建筑和房地产业统计工作，做好县域经济监测、社会消费品零售测算、外经外贸、原材料能源消耗、劳动工资、农业生产、农业总产值、农村住户调查，农产品产量、农作物面积、畜牧业，特色农业和县、乡、村综合基本情况等统计工作。牵头组织全国第三次经济普查，取得阶段性成果。通过出版《统计月报》《统计年鉴》《临沭统计》等多种满足适时需要的统计产品，强化参谋助手作用，积极建言献策，把主要精力从以往单纯提供统计数据，转到为各级党政领导提供经济信息和决策依据，以充分发挥统计为经济社会发展服务上来。2013年共撰写分析93篇，信息302篇，其中多篇分析被县领导批示。

为提高数据质量，重新修订统计基层基础工作规范化建设实施方案，专门下发统计基层基础规范化建设检验标准。分三期对全县各镇街、县直各有关单位、各企业的统计人员进行统计业务知识培训。县局专业人员专门编写培训教材，聘请市统计局领导及业务骨干授课，提高基层统计员工作水平。从基础建设、组织建设、制度建设、业务建设、信息化建设、档案建设等方面入手，在全县范围内扎实推进企业统计基层基础工作规范化建设活动，使基层报表收集完整，上报及时，正确录入、严格审核、按时上报，确保统计数据质量。

为进一步加强民生统计工作，更快捷了解群众所急所需，及时掌握群众对各级工作的满意程度，县政府常务会议研究，成立临沭县社情民意调查中心，隶属县统计局，核定编制3人。投资建设全县调查平台，主要利用“12340”全国统一的社情民意调查热线，开展电话问卷调查、入户调查等。组织开展两次各镇街民生工作满意度电话访问，同时根据有关部门工作需要开展4次专项工作的满意度电话访问。

企业调查 2013年全县规模以上工业210家（年主营业务收入2000万元及以上独立法人企业），完成工业、交通、能源、科技、企调、价格等专业的各种年报和定期报表任务。完成企业一套表联网直报工作，根据企业一套表制度方案，组织实施工业“企业一套表”联网直报并轨工作以及2013年月度定报网上直报工作。对2013年全县工业企业法人进行全面排查，对2014年新纳入规模以上企业进行全面摸底、认定。

加强重点企业能源利用状况、发展趋势的跟踪、监测分析工作，对重点耗能企业和行业，以及各企业主要耗能产品、产值能耗等指标进行动态监测。进一步加强能源宏观监测管理，准确反映全县各行业能源消耗和单位GDP能耗情况，及时监测全县节能降耗目标的实现程度。加大对全县能源生产、消费变动情况的研究，有计划、有重点地开展全县能耗与生产运行和经济增长的关联分析，建立分析研究数据库，为全县全面完成“十二五”节能降耗约束性指标打下良好基础。

农村社会经济调查 2013年是粮食统计全面实行抽样调查的第一年，也是工业化、信息化、城镇化、农业现代化加快融合、加速推进之年。一年来，全县农村统计人员直面改革、直面挑战，紧紧围绕打造以“敏、快、真、准、深、新”为主要内容的“六四三一”四大服务品牌，以数据质量为中心，努力夯实农村统计基础工作，努力提高服务水平。

高质量完成县乡卡统计年报工作。县乡卡统计年报反映一个地方经济社会发展的成果，也是有关考核的基础依据。按时保质完成农村住户调查、农林牧渔业产值统计、农作物产量及其播种面积统计、畜牧业统计、农村基本情况及农业生产条件统计等10个专业的统计调查任务。在报表上报时间上，做到按时上报。在数据质量把关上，加强数据的评估分析，努力做到农业统计各项数据与宏观经济形势、历史数据、部门数据、实际情况的对比验证，报表内各项数据的匹配衔接。坚持“数据质量下审一级”，重点加强对各镇街农作物播种面积、农民人均纯收入、生猪存栏、农业增加值4项指标的监控，保障全县农业统计数据真实可靠。努力做好服务工作，认真开展农业生产跟踪监测工作，加强与气象、农业、财政、水利等县直部门的沟通联系，深入基层调查研究，获取大量有价值的第一手资料，丰富农村统计内容。为了解H7N9禽流感对畜牧生产造成的影响，及时开展调研并形成《H7N9禽流感对我县家禽养殖影响情况的调查报告》，受到市局表扬。

城镇社会经济调查 2013年，全县设50户城镇记账户，报表有季报和年报；年设300户农村记账户。为确保数出有据、数据可信，狠抓镇街统计办建设，强化村级调查员业务指导，多次对调查员进行业务培训，加强检查监督，保证统计报表渠道畅通。

第三次经济普查 第三次经济普查是一次重大国情国力调查，普查的标准时点是2013年12月31日，普查对象包括全县境内从事第二产业和第三产业的全部法人单位、产业活动单位和个体经营户。本次普查首次由普查员使用PDA对单位现场定位、拍摄证照、采集数据。县级工作主要集中在2013和2014年。

2013年4月，全县成立第三次经济普查领导小组，从统计、教育、卫生、质检、中小企业局、郑山街道等抽调人员，组建县经济普查办公室，搭建县、镇（街道）、村（社区）三级联动的经济普查工作网络，制定“网络化”普查工作包片责任制。根据普查方案要求，全县共划分普查区287个，普查小区563个，精心选聘302名普查指导员、557名普查员，统一配发普查上岗证；对划分的普查小区利用电脑绘制电子地图。采取“统一授课、分级培训”模式，对全县各镇街普查业务骨干、普查指导员、普查员进行分层培训，特别针对普查首次使用PDA实际，县普查办分两期培训PDA操作员202人。8月中旬，根据省市统一安排启动单位核查工作，所有普查员在同一时间段内，对全县所有单位及个体户采取“地毯式”入户核查登记。期间，采取多种措施，多次检查督导，分片包干，落实登记质量；并利用部门现有资料，相互验证，确保单位登记不重不漏。为增强全社会配合意识，利用普查简报、电视、报纸等多种媒体，采用宣传车、横幅标语等多种形式，做好宣传工作，提高社会各界对普查工作的知晓度、支持度、配合度。

撰稿：伏广靖　审稿：李振祥

工商行政管理

临沭县工商行政管理局（简称县工商局）设办公室、人事政工科、监察室、财务装备科、法制科、市场合同科、商标广告管理科和消费者权益保护科（挂“12315”申诉举报指挥中心牌子）8个职能科室，企业注册局和公平交易局2个副科级直属单位，下辖7个工商所，有干部职工166人。

2013年，紧紧围绕“率先完成全年各项量化指标，确保全市系统先进单位、确保全县行风评议前三名，打造服务工商、权威工商、幸福工商”的工作总体目标，抢抓机遇，积极作为，取得显著成绩。县工商局连续三年被市局评为全市工商系统先进单位，连续8年保持省级文明单位荣誉。

整顿和规范市场经济秩序　围绕民生诉求，精心组织开展专项执法行动。以食品质量安全为重点，强化流通领域商品质量监管，共组织抽检食品53批次、汽油11批次、建材61批次。房地产市场虚假宣传、格式合同侵权等执法领域得到新拓展，查办侵权格式条款案件110件。组织开展“红盾护农”专项整治行动，查处经销假冒伪劣农资案件69件。“打假傍名牌”“打击利用境外注册侵犯本地企业名称、包装装潢权”“虚假违法医药广告”等专项行动成效明显。全市商标维权工作会议在临沭召开，推广临沭工作经验。

注册管理　进一步简政放权，降低登记准入门槛，简化办事程序，深化服务承诺、限时办结、预约服务、并联审批等制度，使市场主体更加方便快捷地进入市场。2013年，新登记内资企业20户、私营企业857户、个体工商户1698户，私营企业和内资企业新增数同比分别增长213.92%和17.42%。充分发挥牵头作用，强化组织协调，设立专门窗口，下放企业登记权限，积极推进“个转企”工作，引导550户个体户实现转企。立足职能，大力推进现代农业发展，支持组建新型农村经济组织，新登记农民专业合作社105家、家庭农场46家。驻县政务大厅工商窗口连年保持“红旗窗口”称号。

消费者权益保护　进一步完善12315、县消费者维权法律服务中心、县消费维权法庭、县消费维权法官工作室、县消费维权人民调解室功能，积极探索消费纠纷仲裁工作，实施“一站式”维权服务，为消费者节省维权成本，增强工作强制力，提高社会公信力，擦亮工商维权品牌。2013年共处结消费申诉、投诉1356件，为消费者挽回经济损失60多万元。

服务辖区经济发展 研究制定《关于进一步发挥工商职能服务现代产业体系建设的意见》，出台39条切实可行的工作措施。坚持问题导向，推进精准化对接服务，让市场主体出题目，工商主动做文章，帮助企业解决转型升级、品牌创建等方面的难题165个。全国首家县级商标馆建成使用，“政府主导、工商服务、商标协会聚力、企业参与”的“四位一体”商标工作模式开花结果。2013年，新增省著名商标5件，续展省著名商标3件。至年底，全县拥有中国驰名商标5件、省著名商标23件，数量均居全市各县区前列。金正大公司被评为全省商标战略实施示范企业。不断深化“三押一推”助企融资服务，为企业办理股权出质登记12件，动产抵押登记49件，助企融资突破16亿元。成功推荐上报3家国家级“守重”（守合同重信誉）企业、2家市级“守重”企业。

依法行政 按照“明主体、严程序、重监管、提效能”的原则，规范执法行为，严把案件核审关，定期开展案件评查，印发《临沭县工商局规范行政处罚自由裁量权工作实施方案》，对处罚种类、处罚幅度、标准进行细化。定期与县检察院召开联席会议，不断深化“两法衔接”机制，防范执法风险。2013年共立案查处一般程序案件349起，未发生一起因行政复议被撤销、改变和行政诉讼改变性质的案件。

个私协会 临沭县个体私营企业协会（简称个私协会）紧密结合会员现实需求，围绕“五抓五送”服务体系，不断提升协会服务效能，增强非公经济红色引领力。6月28日，中共临沭县个体私营企业委员会成立大会召开，10月11日，召开了中共临沭县大兴镇个体私营企业总支部委员会成立大会。

撰稿：李　萌　审稿：马　勇

物价管理

临沭县物价局设办公室、财务科、监察室、收费科和价格科5个科室，下辖检查所、举报中心、认证中心和信息中心4个内设机构。共有干部职工37人，其中，具有大专以上学历34人，党员29人。

2013年，县物价局把保持价格总水平基本稳定作为首要任务，把推进资源环境价格改革作为主攻方向，把维护正常的市场价格秩序作为着力点，把保障改善民生作为出发点和落脚点，突出重点，打造亮点，各项工作都取得较好成绩。先后被评为“全国价格宣传工作先进集体”“全省价格监督检查和反垄断先进集体”“全省认证工作先进集体”“全省价格研究先进集体”“全省价格监测先进集体”，在全市物价系统综合考核中名列第一，并成功争创省级文明单位。有13名干部职工分别受到国家发改委和省市县表彰。

价格监督检查 围绕全县经济发展大局，以政府关心、群众关注、社会反映强烈的价格、收费问题为重点，深入开展涉农价格和收费、旅游行业价格行为、机动车驾驶员培训收费等专项检查。全年共查处各类案件90余件，有效维护了价费秩序各消费者权益。畅通“12358”价格举报热线，与“12345”实现对接，形成与行风热线、民声在线、网上举报“五位一体”的马上就办投诉举报处理机制，及时受理群众反映的价费问题，做到有报必接，有接必查，有查必复，全年共受理价格政策咨询和违法行为举报32件，办结32件。坚持一把手上线制度，全年共上线11次，受理价格投诉和接受群众咨询35件，办结35件。充分利用“3·15”、法制宣传日等时间节点，在明码标价监管工作上打开突破口，开展以“打击不法价格行为、维护正常价格秩序”为主题的宣传活动，通过设立宣传咨询台，悬挂宣传标语，出动宣传车，向消费者发放宣传材料等方式，规范明码标价，倡导明码实价，防范价格违法行为的发生。

收费管理 对全县行政性、事业性收费和政府定价的经营性收费全面审验，共审验收费单位255个，审验收费金额4.5亿元，审验率达100%。审验中，严把收费项目和标准关，对应取消的收费项目坚决予以取消，该变更和降低的收费项目及时变更和降低，发现违规收费行为及时进行查处。严把短期培训班的审批关。严格按照有关规定和要求，对符合规定的按照从低、从严的原则，核定收费标准，不符合规定的，坚决不予核准。2013年度共批准各类短期培训班22个。联合县教育局、财政局，调整全县幼儿园收费标准，明确定价机制和退费管理，对全县幼儿园收费实行备案制度。制定全县经济适用房价格和公共租赁住房租金标准，助力县内民生工程建设。完善基础设施配套费收费标准，统一城乡建设用地增减挂钩项目、拆旧建新住宅区和农村新建社区燃气配套费征收标准。规范收费统计和档案管理工作。建立全县收费动态监管系统，健全收费统计数据，实现收费管理科学化、信息化、公开化。

2013年县政府批准经济适用住房价格和公共租赁住房租金标准。经济适用房：一期，经济适用住房基准价格，按建筑面积每平方米1230元执行。二期，经济适用住房基准价格，按建筑面积每平方米1520元执行，储藏室按每平方米1400元执行。三期，经济适用住房基准价格，按建筑面积每平方米1980元执行，储藏室按每平方米1400元执行。在销售中按照单元增减的代数和为零的原则自行确定，平均价格不得高于价格主管部门批准的基准价格。公共租赁房租金：一期，公共租赁住房租金按建筑面积每平方米每月1.50元收取。二期，主房在保障面积以内的部分按照每平方米每月1.00元收取，保障面积以外的部分按照不超过每平方米每月3元收取。

价格管理 积极推进价格改革，进一步疏导价格矛盾。结合城市3万吨引水和一户一表改造工程，制定居民用水阶梯式水价和非居民用水超定额加价制度，在全市率先推行阶梯式水价，并建立价格调节基金，明确资金使用管理，深化价格改革。先后对县内城市供水、中小学校服等开展成本监审，对不合理费用坚决剔除。客观、公正、全面、准确地出具成本审核结论报告，为合理制定价费标准提供可靠依据。

县城规划建成区居民生活用水实行阶梯式水价，非居民生活用水和特种用水实行超定额加价制度。城区居民生活用水实行阶梯式水价。阶梯式水价水量基数分为三级：第一级为每户每月12立方米，执行居民生活用水到户综合水价；第二级为超过基本用水额度100%及以下部分，第二级水量价格在第一级水量价格基础上加价50%；第三级为超过基本用水额度100%以上，第三级水量价格在第一级水量价格基础上加价100%。城区非居民生活用水和特种用水实行超定额加价制度。定额水量以内部分执行规定的综合水价，超出定额水量不足20%的部分，在综合水价基础上加价100%收取水费；超过定额水量20%及以上，不足40%的部分，在综合水价基础上加价200%收取水费；超出定额水量40%及以上部分，在综合水价基础加价300%收取水费。

价格服务 在做好车损、涉案物品价格认证工作的基础上，积极协助相关单位开展国有资产处置评估工作。共办理各类案件852件，鉴定总金额2.3亿余元。其中，刑事案件涉案185件，鉴定金额600余万元；办理车损案件635件，鉴定金额316万元；认证案件32件，认证金额2亿余元。在全县设置农产品成本调查户33个，负责花生、设施西红柿、设施黄瓜、露地马铃薯和散养生猪等成本调查工作，向上级报送粮油、蛋、菜、肉类以及重要农资等100余种重要商品的价格信息、相关各类报表、分析调研材料400多篇，同时开展农户种植意向、农户农资购买、农户存粮等专项调查工作，为引导农民合理调整种养结构和上级领导制定价格政策提供了第一手资料。

撰稿：杨传民　审稿：李玉业

2013年临沭县居民生活消费品零售价格汇总表

表 8

商品名称	牌号规格等级	计量单位	零售价格											
1. 粮油			1 月	2 月	3 月	4 月	5 月	6 月	7 月	8 月	9 月	10 月	11 月	12 月
小麦	中等	元/500 克	1.21	1.21	1.21	1.2	1.22	1.2	1.15	1.17	1.2	1.23	1.25	1.28
玉米	中等	元/500 克	1.2	1.16	1.19	1.15	1.18	1.19	1.15	1.17	1.2	1.28	1.15	1.15
特一粉		元/500 克	1.84	1.9	1.9	1.98	2	2	2	2	2	2	2	2
标准粉		元/500 克	1.7	1.7	1.78	1.8	1.8	1.8	1.8	1.8	1.8	1.8	1.8	1.8
挂面		元/500 克	2	2	2	2.2	2.2	2.2	2.2	2.2	2.25	2.38	2.4	2.43
大豆油	一级散装	元/500 克	6.2	6.1	6.05	6	6	6	6	6	6	6	6	6
花生油	一级散装	元/500 克	15	14	14	14	12.5	11.5	10	10	10	10	10	10
花生油	一级桶装	元/5 升	140	140	140	140	140	140	135	135	135	135	135	135
2. 调味品														
食盐	精制含碘盐（袋装）	元/500 克	1.4	1.4	1.4	1.4	1.4	1.4	1.4	1.4	1.4	1.4	1.4	1.4
食醋	当地主销	元/500 克	4.3	4.3	4.3	4.4	4.5	4.5	4.5	4.5	4.5	4.5	4.5	4.5
酱油	当地主销	元/500 克	4.3	4.3	4.3	4.4	4.5	4.5	4.5	4.5	4.5	4.5	4.5	4.5
绵白糖	当地主销（袋装）	元/500 克	6.1	6.1	6	6	6	6	6	6	6	6	6	6
白砂糖	当地主销（袋装）	元/500 克	6	6	6	6	6	6	6	6	6	6	6	6
红糖	当地主销（袋装）	元/500 克	5.2	5	5	5	5	5	5	5	5	5	5	5
3. 肉、禽、蛋														
鲜猪肉	去骨后腿肉	元/500 克	12.9	12.38	10.88	9.88	10	11	11	11.5	12.25	12.3	12.38	12.5
鲜牛肉	去骨	元/500 克	27.8	27.25	26	25.25	24.8	25	25	26	26	25.6	25.75	26.25

续表 8

商品名称	牌号规格等级	计量单位	零售价格											
鲜羊肉	去骨	元/500 克	37	37	36	36	36.4	36.5	37.5	39.5	40	39.2	38.5	39.5
肉食鸡	白条鸡、开膛、上等	元/500 克	10.8	10.63	9.5	7.75	6.9	7	7.5	8.6	9	9	9	9
鸡蛋	新鲜完整（普通）	元/500 克	4.64	4.15	3.75	3.68	3.52	3.7	3.5	4.28	4.63	3.88	4.03	4.08
4. 鲜菜														
芹菜	新鲜	元/500 克	1.12	1.7	1.2	1.2	1	1.15	1.3	2	1.98	1.7	1.5	1.58
大白菜	新鲜	元/500 克	0.5	0.7	0.5	0.65	1	0.53	0.85	1.25	1.13	1	0.65	0.6
油菜	新鲜	元/500 克	1.7	2	1.5	1.5	1.1	1	1.05	1.5	1.63	1.25	1.3	1.3
黄瓜	新鲜	元/500 克	2.26	3	2	1.75	1.15	1.05	1	1.5	1.68	2	2	2
萝卜	新鲜	元/500 克	1.08	1.43	1.13	1.1	1	0.9	1	1.5	1.35	1.18	1	1
茄子	新鲜	元/500 克	2.38	2.7	2.13	2.63	1.9	1.15	1.05	1.5	1.38	1.12	1.38	1.7
卷心菜	新鲜	元/500 克	1.46	1.73	1.15	1.05	1.04	0.6	0.75	1.32	1.35	1.12	1.2	1.2
西红柿	新鲜	元/500 克	1.68	1.95	1.85	2.66	1.84	1.5	1.25	1.58	1.75	1.82	2.08	2.13
土豆	新鲜	元/500 克	1.06	1.45	1.13	1.6	1.74	1.2	1.05	1.28	1.5	1.44	1.5	1.53

国土资源管理

2013年，全县国土资源工作坚持以科学发展观为指导，管理与服务并举、保护与保障并重，积极主动作为，尽心尽责履职，各项工作有序推进。全县实现土地资产经营总收入16.35亿元，政府纯收益11.42亿元；整理各类土地2232.9公顷，新增耕地119.9公顷，连续14年实现耕地总量占补平衡。先后获得“全省国土资源系统信访工作先进集体”“全省国土资源系统省级党风廉政建设示范所”“2013年度山东省国土资源科学技术二等奖”“2013年度市级文明单位”等荣誉。

国土资源状况 2013年，全县土地总面积101018.91公顷，其中，耕地65372公顷，园地728.47公顷，林地5657.33公顷，草地195.25公顷，城镇村及工矿用地13341.9公顷，交通运输用地4319.1公顷，水域及水利设施用地7406.03公顷，其他土地3998.83公顷。

土地资产经营 发布公开出让公告36个，成交95宗，出让面积183.18公顷，实现土地资产经营总收入16.35亿元，政府纯收益11.42亿元，经营性土地使用权招拍挂出让率达100%。

耕地保护 实行最严格的耕地保护制度，落实基本农田保护“五不准”，连续14年实现耕地总量动态平衡。全县耕地保有量为65372公顷，基本农田保护面积57698.7公顷，基本农田保护率为88.3%。全年实施省级土地整理项目1个、市级土地整理项目2个、县级土地整理项目8个，筹备高标准基本农田建设项目1个。土地开发整理总规模2332.9公顷，新增耕地119.9公顷。

土地和房地产用地供应 全年上报征收农转用5个批次和2个单独选址项目建设用地，共27宗，总面积97公顷，其中新增建设用地面积69公顷；办理各类土地登记296宗，完成38宗国有建设用地的审批，面积82.53公顷；供应房地产用地23宗，面积47.43公顷。争取保障房核补指标8.59公顷。

矿产管理 制定《临沭县矿业结构调整和资源整合方案》，全县矿山企业减少20家，整合关闭率为51%，办理13宗采矿延续登记手续，办理矿山企业储量核实15宗，公开出让2宗新设采矿权，征收采矿权价款625万元，使用费1.05万元，矿产资源补偿费9.43万元。收取地质环境恢复治理保证金160万元，投资70万元开展东盘废弃坑塘治理项目。岌山省级地质公园建设规划通过山东省国土资源厅评审，完成投资140万元，流转土地80余公顷；2013年11月，国际学术刊物《白垩纪研究》发表《在临沭县曹庄镇岌山的下白垩统地层中发现庞大恐龙足迹动物群》的科研成果，新华网、人民网等国家级媒体对园区恐龙足迹化石进行专题报道，引起社会高度关注。

测绘工作 全县共有8个一级管护测量标志、9个二级管护测量标志。全年更换5处破损的测量标志点，修建2处测量标志点保护井，维修维护10处测量标志。完成临沭县80平方公里320幅1：1000地形图3D数据的元数据制作。完成4个测绘资质单位注册年检，开展地理测绘市场秩序整顿和规范专项行动，开展4次执法检查，扣押并销毁不合格地球仪8个、地图67张。开展天地图县级节点建设和2000大地坐标系转化，生成县级节点城区80平方公里基础地理信息数据，统一部署到天地图临沂市级节点，实现市、县地理信息资源的集成管理和一站式服务。

2013年临沭县土地收储、招拍挂情况统计表

表9

收储		招拍挂出让		
宗地数（宗）	面积（公顷）	宗地数（宗）	面积（公顷）	成交价款（亿元）
95	183.18	95	183.18	16.35

撰稿：王家祥　审稿：周洪杰

质量技术监督

临沭县质量技术监督局（简称县质监局）设办公室、综合业务科、监督与法制科、特种设备安全监察科4个行政科室；1个直属机构：临沭县质量技术监督稽查队；2个直属事业单位：临沭县产品质量监督检验所、临沭县计量测试管理所。

2013年，县质监局围绕，突出“履行职责、服务经济、队伍建设、事业发展”四大主题，全力服务转方式调结构大局，坚定有力地抓质量、保安全、促发展、强质监，实现质监事业稳步推进的良好局面，荣获“全省安全生产工作先进单位”等荣誉称号。

双基建设　加大技术机构投入，加快检验检测平台建设步伐，提升检验检测能力和服务水平。全年共投入资金156万元，新增长度、定量包装机、定量灌装机计量检定标准3项，建标复核8项。开展创建服务经济发展高效优质单位、效能服务提升年、服务企业“四比四看”和“五不五比”主体实践、优化发展环境大讨论等活动，出台一系列服务措施，实行标准资料库和检验实验室“两个免费开放”。落实党风廉政建设责任制，扎实做好廉政风险防控工作，积极组织开展廉政建设宣教工作，强化对权力运行监督检查，深入推进惩防体系建设，促进工作作风转变。

质量兴县　2013年，县质监局在积极引导企业争创省市长质量奖、创建省市级优质产品生产基地等工作的基础上，培植一批名牌企业及名牌产品，提升区域产品质量总体水平，有力发挥质量工作在经济社会发展中应有作用。配合县政府积极争创“全国知名品牌创建示范区”，争创临沂市装备制造业优质产品生产基地。至年底，全县已有省名牌产品10个，省服务名牌1个，省政府质量管理奖单位1个，市标准创新奖单位1个，市长质量奖单位6个，市长质量奖提名奖单位2个。临沭县被市政府授予“2013年度临沂市装备制造业优质产品生产基地”。顺利通过省、市“复混（合）肥优质产品生产基地”等两级复核验收。形成品牌建设与经济建设相适应的良好局面。

计量工作 加强《重点用能企业能源计量信息平台》建设，制定符合产业集群发展需求的能耗限额标准和能源计量管理规范，全县能源计量器具配备率从年初的92%提高到94%。先后组织开展为农民免费检测肥料十日行、开放实验室活动日、“光明进校园”及“5·20计量日”宣传等活动。同时推动企业创建“山东省诚信计量示范单位”和诚信计量承诺活动，提升企业社会责任和道德诚信水平。全年共对42家食品生产企业、65家肥料生产企业进行计量器具检定，对81家加油站、14家医院的计量器具进行强制检定，对21家超市、31家农资经营部进行定量包装商品净含量监督检查。在116家企业开展诚信计量承诺活动，全年共计检定计量器具7526台件。

特种设备安全监察 2013年，县质监局坚持围绕一个中心，坚持两条主线，突出三个重点，做到四个到位，深入开展特种设备专项整治，强化特种设备使用单位内部管理，开展特种设备操作人员培训，提高操作人员素质。抓好专项整治工作，抓好特种设备定期检验工作。在去年“三书三评三结合”基础上，进一步实施特种设备生产单位主体责任履职报告制度，全县特种设备使用单位全面实现“三落实、两有证、一检验、一预案”。

至2013年年底，全县共有特种设备1870台，其中，锅炉232台，压力容器751台，电梯351台，起重机械469台，厂内机动车63辆，大型游乐设施4项，压力管道248条。全年共开展各项检查160多次，出动执法人员320人次，全年立案20起，结案20起。下达指令书160份，检查特种设备1000多台，下达指令书160份，检验特种设备700台次。办理培训班4期，培训操作人员400余人次。

质量安全监管 认真贯彻县政府《关于进一步提升全县肥料企业监管综合水平的若干意见》，巩固和扩大“创建全国优质化肥生产基地先进县”优势，加快肥料产业整合提升步伐，助推全县肥料企业在生产工艺改进、标准制修订、产品研发、质量管理等方面再上新台阶。申报“装备制造业”市优质产品生产基地及“全国知名品牌创建示范区”的创建；金沂蒙、常林集团、雷华塑编等3家企业3种产品申报山东名牌，其中新报1家、复评2家；沂蒙老区、华垦2家企业分别申报市长质量奖。引导企业强化管理，参与联盟标准和企业质量控制标准的制修订工作，引导企业引用国际、国内先进标准，开展质量攻关活动，加强企业内部全员、全方位、全过程质量管理，按标准组织生产，严格质量检验和计量检测，完善质量档案，加强标准备案工作。共完成企业产品执行标准登记、年检214家，企业产品标准备案16个，新办、变更、换证和年审代码证2017个，办理“工业生产许可证”6张，“食品生产许可证”10张。

始终把食品安全、化肥质量等群众关心的热点和焦点问题作为执法和监管工作的突破口，先后组织农资打假下乡、学生用絮纤维制品专项检查、“家电下乡”等活动。加大产品质量监管和不合格产品的处理力度。为规范行政执法行为，与县检察院联合出台《关于规范质监行政执法检察监督的实施办法》，并与县公安局建立刑事司法衔接常态工作机制。开展桶装饮用水、酒类、小麦粉、食用油、肉制品、饮料、糕点、地沟油以及食品添加剂等专项整治活动，依法关停无证桶装饮用水企业。共出动行政执法人员780余人次，立案查处各类违法案件75起，结案70起，涉案金额71.3万元，受理举报投诉16起，取缔窝点2个。接听有效业务咨询84起；受理质量投诉21起；调解质量纠纷6起。严厉打击滥用添加剂和非法添加非食用物质等各种违法行为，认真落实食品抽检制度，继续推行法人履责报告和公开承诺制度。全年共召开食品企业法人履责报告会2场，42家食品企业负责人全部参加履责报告会，约谈问题企业6家，收集违规食品生产企业不良记录27条。深化企业主体责任落实，督促企业建立健全质量安全控制长效机制。全年共发放宣传材料3000余份，召开各类质量分析及培训会议26次，培训有关人员1000余人次，签订主体责任承诺书140份。

撰稿：邢如意　审稿：张贵迎

食品药品监管

临沭县食品药品监督管理局（简称县食药监局）下设办公室（人事教育科）、餐饮服务食品安全监管科、药品监督管理科、保健食品化妆品监管科、政策法规科5个职能科室，下辖食品药品监督检查大队（副科级）、食品药品检验所、药品不良反应监测中心3个事业单位。全局共有干部职工48人，其中，行政编制16人，事业编制29人，工勤编制3人。

2013年，县食药监局创新监管方式，加大监管力度，提升监管能力，扎实推进餐饮服务食品安全和药品安全监管工作，全年共评出9家“市级餐饮服务示范单位”、1家省级“学校示范食堂”、2家市级“学校示范食堂”、7家县级“学校示范食堂”，开展餐饮和药械安全专项整治活动45次，下发监督意见书和责令改正通知书283份，立案查处违法行为43起。

餐饮服务食品安全监管　严把餐饮服务准入关，规范许可受理及发证工作程序，新办餐饮服务许可证102个，全县持证餐饮服务单位已达604家。全面推行量化分级管理和等级公示工作。根据日常监督检查情况，对餐饮服务单位食品安全管理状况进行等级评定，共评出A级单位66家，B级单位271家，C级单位249家。大力开展示范创建。以餐饮服务单位较为集中的“四街一区”（县城步行街、顺河街、沭河大街、冠山路和苍马山景区）以及企事业单位食堂、承接宴会的大中型餐饮单位、连锁餐饮企业和学校食堂为重点，深入开展示范创建活动。共评出9家“市级餐饮服务示范单位”、1家省级“学校示范食堂”、2家市级“学校示范食堂”、7家县级“学校示范食堂”。认真开展食品安全抽检工作。先后进行4期抽检，涉及植物油、面粉、畜禽肉、蔬菜等14个品种56批次，对抽检不合格的单位和个人依法进行处理。组织开展肉及肉制品、食用油、食品添加剂、一次性餐具等专项整治活动12次，共监督检查餐饮服务单位720余家（次），下发监督意见书和责令改正通知书183份，立案查处违法行为25起。在县“两会”、高中考及全县各类重大活动期间，派驻执法人员对食品及食品原料、生产加工过程、餐饮具消毒、食品留样等各个环节进行全程监管。共完成重大活动保障任务12次，保证8600余人次的就餐安全。探索创新开展小餐饮监管。对全县小餐饮情况进行调研摸底，探索小餐饮监督模式，印发《小餐饮监督管理办法》，明确小餐饮的范围，制订备案管理及现场核查标准，对小餐饮实行备案管理，发放小餐饮登记备案证明24份。实施“厨房亮化”工程。以学校食堂和大中型饭店为试点，通过安装玻璃幕墙，加装视频监控，打造透明厨房，便于消费者监督，提升餐饮服务单位食品安全管理水平。有学校食堂、餐饮服务单位总计24家实施厨房亮化工程。注重从业人员培训。以专题培训、专场培训、联合培训等多种形式，对餐饮服务单位负责人、食品安全管理员、重要岗位从业人员开展食品安全法律法规、操作规范等知识培训，共举办各类培训班10期，培训从业人员860余名。

药品医疗器械监督管理 药品安全监管工作：积极争创省级药品安全示范县。发挥省级药品安全示范县牵头抓总作用，多次组织召开创建工作现场会、推进会，细化工作任务，调度工作进展，督促工作落实，确保省级药品安全示范县创建验收一次性达标。创新监管方式，提升监管服务能力。实施电子化监管。全面采集全县一级医疗机构、连锁药店及单体药店的数据信息，建立药品信息化监管平台系统，对药品经营使用单位的药品实现远程在线实时监控。开展药械营销人员登记备案管理。对全县药械批发企业销售人员、外地企业到临沭县销售药械的营销人员实行登记备案管理，对未登记备案的药械销售人员，重点加强监管，并将其列入“药械销售人员黑名单”。开展示范创建活动：组织开展“诚信示范药店”“药品使用质量规范化管理示范点”创建活动，发挥示范引领作用，树立质量管理先进典型，全面提升药品质量管理工作水平。开展药店规范化清理整顿工作。对药店的店容店貌、从业人员管理、证照公示、药品经营有效面积等方面进行集中整治和规范。开展药械安全专项整治：组织开展含麻黄碱复方制剂、B型超声诊断仪和终止妊娠药品、中药饮片、疫苗等重点品种的药品专项整治和打击利用互联网非法收售药品行为、基本药物配送企业专项检查。共立案查处违法违规经营使用药品行为38起，有效保障群众用药安全。强化检验技术支撑能力建设：积极争取上级业务部门支持，将食品药品检验所列入全省首批重点建设的县级药品检验机构之一，对实验室进行升级改造，省、市给予相关配套设备42台（套），建起高标准药品检验实验室，并通过山东省实验室认证现场评审。共快检药品489批，检出不合格药品21批。加强药械安全性监测：完善药品不良反应病例报告、调查、评价、处理工作程序和机制，开展化妆品不良反应监测工作，在全市率先建立化妆品不良反应监测哨点。

撰稿：刘金涛　王　光　审稿：孟凡峰

审 计 工 作

临沭县审计局内设局办公室、财政金融审计科、行政事业审计科、经贸科和固定资产投资审计科；下设经济责任审计办公室、政府项目投资审计办公室。全局共有干部职工47人，其中，中级审计师12人，中级会计师1人，高级审计师4人。

2013年，县审计局坚持创先争优与科学审计、绩效审计相结合，以实施精品创优、管理创新和文明创建等为总抓手，依法履行审计职责，强力推进审计转型，全面加强机关干部队伍作风建设，提升审计人员业务能力水平，充分发挥审计在保障国家经济社会健康运行中的“免疫系统”功能，各项工作继续保持良好发展势头。全年完成审计调查项目74个，其中，同级财政预算执行审计9项，经济责任审计35项，财政财务收支16项，专项审计和调查4项，政府投资项目审计7个，企业资产损益审计3个，是年初审计计划的137%。审计总资金458731.29万元，查出管理不规范资金31464.86万元，查处违规资金5317.23万元，审减工程造价247.38万元，提出审计建议143条。在县级以上报纸杂志和网站发表审计信息131篇。县审计局获临沭县综合治税工作先进单位、临沭县工会工作先进单位、全县群众体育工作先进单位等荣誉。

财政审计 为不断规范财政管理，提高财政资金使用效益，先后对县财政局、县发改局等9个部门的2012年度预算执行及其他财政财务收支情况进行审计，查出管理不规范资金15553.62万元，查处违规资金420.64万元。针对审计发现的新问题、新情况，提出有效对策建议22条，在临沭县第十六届人大常委会第十次会议上，县审计局所作的《2012年度本级预算执行和其他财政收支情况的审计报告》受到与会委员一致好评。

重点行业审计和专项资金审计 配合临沂市审计局对全县地税系统税收征管质量、土地资源专项资金和临沭县国土资源局预算执行进行审计和调查。积极配合市审计局开展大型专项审计和审计项目，先后抽调骨干力量40余人次参加国土资源系统预算执行及土地资源专项资金、地税系统税收征管质量情况、地方性债务和农田水利建设资金等审计。在民生审计方面，根据市局统一安排部署对全县慈善捐赠专项资金管理使用情况进行专项审计，强化慈善捐赠物资的管理拨付，增强慈善捐赠资金的透明度，提高公益组织的公信力。同时根据县委、县政府要求，为规范全县“三公经费”及财政财务收支管理，2013年2月和10月先后2次联合监察局、财政局对全县各部门、镇街“三公经费”开支情况进行专项检查，并将检查结果在全县范围内进行通报，对公务费接待费超标准列支的部门、镇街进行处罚。

政府重点建设项目审计 完成临沭县青石路园区段道路拓宽改造重点投资建设项目审计，完成临沭县中小学校舍安全工程、2012年度农村饮水安全工程、小型农田水利建设重点县2011年度项目、青云镇6000亩中低产田改造等4个民生项目审计，审计项目资金总额23485.72万元，查处管理不规范资金7067.94万元，审减工程造价247.38万元，为把政府投资项目打造成“阳光工程”“为民工程”和“德政工程”做出积极贡献。

经济责任审计 按照县委、县政府从严治政的要求，不断完善任中审计制度，逐步建立以任中审计为主，任中审计与离任审计相结合的新机制。临沭县审计局严格落实中办、国办印发的《党政主要领导干部和国有企业领导人员经济责任审计规定》等有关文件，积极稳妥开展领导干部经济责任审计。全年共对县直机关和镇街的36名单位主要负责人进行离任和任中经济责任审计。共查出管理不规范资金8843.30万元，查处违纪违规资金2579.32万元。县审计局根据相关法律法规，对部分领导干部履行职责不到位，守法守纪守规不严等问题，提出处理意见，分别上报县委、县政府和组织部门，在促进领导干部依法行政、廉洁从政方面发挥了积极作用。

审计结论落实 依据市政府《临沂市审计结论落实工作暂行规定》，继续落实审计决定到位，组织审计回访、后续审计和跟踪调查，对落实不到位和整改措施不力的，一经查出，由县政府给予通报批评，性质严重的，追究部门负责人和直接负责人的责任。临沭县审计决定落实率和审计回访率连续九年达到100%，形成良好的审计执法环境。

撰稿：王　浩　王文珠　审稿：徐金田

安全生产监督管理

2013年，临沭县安全生产监督管理局（简称县安监局）围绕“强基础、抓重点、争创新、上台阶”的工作思路，以“安全生产基层基础提升年”活动为总抓手，扎实开展安全生产大检查大排查大整治活动，突出重点行业领域整治，依法强化安全监管，全面推进安全教育培训，先后承办全市安全生产执法岗位练兵竞赛和安全伴我行演讲比赛等活动，各类安全事故总量逐年下降，全县安全生产形势持续稳定好转。临沭县被市政府评为“全市安全生产工作先进县区”，县安监局获得“全国企业应急救援知识竞赛优秀组织奖”“全省安全生产监督管理系统先进集体”“全市安全生产工作先进单位”等荣誉称号。7月31日，临沭县代表临沂市迎接国家安全监管总局对山东安全生产工作的督查，受到督查组充分肯定。

安全生产责任制 县安监局积极争取县委、县政府关心支持，年初召开高规格会议安排部署安全生产工作，申请县政府设立安全生产专项资金，拿出10万元专项经费奖励安全生产先进，对年终考核成绩前7名的镇街给予奖励，同时还规定安全生产工作受到市（含）以上政府表彰奖励的，县政府给予安监局同等数额的奖励。成立以县政府主要领导为主任、各位副县长为副主任的“大安委会”。先后4次在县政府常务会议汇报安全生产工作，提请政府研究分析安全生产形势，协调解决重大安全事项。5月，县人大专门调研全县安全生产工作并听取工作汇报。6月，组织各镇街党委书记参加市委组织部举办的安全生产专题研讨班，进一步提高党委重视安全生产的力度。下半年，县安监局认真贯彻落实习近平总书记关于安全生产的重要指示精神，进一步巩固落实“党政同责、一岗双责、齐抓共管”的要求。推行领导干部安全生产“一线工作法”，县级领导亲历亲为，坚持定期到分管辖区和分管工作领域下基层、进车间督查安全生产工作。全年，县级领导带队开展督导、督查活动33次；县委、县政府、县安委会召开安全生产会议19次，下发文件69个。

安全生产执法检查 年初，县安监局按照市安监局部署要求，开展安全生产执法队伍标准化创建活动，加大资金投入力度，配齐配强执法人员，健全完善档案资料，从规章制度、工作机制及执法保障等方面不断提升执法队伍水平。工作中，把排查治理隐患作为落实预防为主、遏制安全事故的切入点，持续做好隐患排查治理、“打非治违”和安全生产大检查及“回头看”活动。县政府办公室下发《关于建立安全生产大检查长效机制的意见》。检查中，采取企业自查与执法检查相结合、全面检查与随机抽查相结合的方式，不留任何死角和盲区。先后组织开展非煤矿山、危化品、烟花爆竹、冶金机械、液氨使用等系列专项检查。在执法中邀请人大代表、政协委员进行监督，让监管对象全程监督执法工作，共发放廉政监督卡900余份。2013年，共检查企业1064家次，排查隐患1148条，下达责令限期整改指令书139份，立案查处非法违法行为49起，收缴罚款92万多元。协调有关部门对市安委会指出的金沂蒙生物科技公司特种设备、11处事故路段和13处桥梁等安全隐患进行整改。

安全生产宣传教育 借助网络、微博、LED电子显示屏等新兴载体，利用电视、广播等传统媒体，通过编发《安全生产简报》等形式，加大安全宣传力度。举办全县安全生产新闻宣传专题培训班，组建由各镇街、部门和重点企业42名优秀通讯员组成的安全生产新闻宣传队伍，并通过《临沭县安全生产宣传奖励考核办法》来加强宣传报道工作力度。各镇街都在显著位置设置永久性安全公益广告牌，在全县上下营造良好安全舆论氛围。以第12个“安全生产月”活动为契机，采取上街宣传咨询、悬挂横幅、组装宣传车等形式，宣传安全生产的重大意义。举行集中咨询日启动仪式，设立宣传咨询站34处，张贴标语口号156条，散发宣传材料9000份，制作安全知识图板和交通事故图板109块。组织20辆安全生产宣传车，到城区重点路段、重点企业和乡镇村居进行巡回宣传。联合消防、交警、气象等单位制作安全知识图版，印制安全知识手册，在各中小学开展送安全知识进校园活动。共制作安全知识图版45块，先后到15所中小学校展览，发放安全知识手册2万余份，受教育中小学生和教职工达2万多人次。按照“安全生产月”方案要求，先后组织开展事故警示教育周、执法促进周和应急预案演练周等活动，收到“以月促年”的良好效果。在搞好宣传教育的同时，把安全教育培训作为安全生产执法监察的工作重点，开展全员安全教育培训，督促企业针对不同岗位特点严格落实“三级”安全教育培训规定，重点加强新进员工、转岗工人和农民工的安全培训。连续4年把安全生产纳入县委党校培训、轮训各级干部职工的重要内容，多次举办全县领导干部、安全管理人员、特种作业人员等培训班。2013年共举办安全培训班28班次培训2648人次。

安全生产基层基础 全面部署、以点带面，扎实开展安全生产岗位管理实名制工作。县委办、县府办印发《关于实行安全生产岗位管理实名制的指导意见》，并召开专题会议进行安排部署。设立实名制工作办公室，及时解答各级各部门工作中遇到的问题，调度工作开展情况，推进实名制工作全面铺开、顺利开展。组织人员参加全市安全生产岗位管理实名制工作培训班，实行班子成员镇街包扶制度，督促各级按照县里的总体部署，保质保量地完成实名制工作。通过动员部署、调查摸底等阶段，已有规模以上企业、危化品、矿山等730家生产经营单位录入系统，初步建立实名制目录。

镇街、村居安全生产“双基”建设进一步强化。采取对镇街半年和年终考核，安监站每季度考核一次的方式，将各块考核成绩汇总作为镇街年终考核成绩。2013年，按照市局安排部署，深入开展镇街监察中队规范化建设达标活动，多数镇街严格遵照标准，配齐配强执法监管装备和办公设施，基层安监执法力量进一步增强。为解决执法力量不足问题，建立3支镇街联合监察中队，全部实施委托执法。6月份，组织开展监察中队执法岗位练兵活动。全年联合中队开展检查10次，集中学习6次。

企业安全生产主体责任进一步落实。以贯彻落实省政府260号令《山东省生产经营单位安全生产主体责任规定》（以下简称《规定》）为总抓手，通过开展安全标准化达标、缴纳安全生产责任险、职业危害因素调查等活动，进一步深化企业安全生产主体责任的落实。印制《规定》单行本，举办专题学习班，开展知识测试。继续在危险化学品生产经营、非煤矿山、烟花爆竹经营等重点行业领域深入开展隐患自查自纠自报工作。严格安全生产行政许可，为切实从源头上消除事故隐患和不安全因素，所有行政许可严格按照有关规定办理。2013年共办理安全许可1540件。危险化学品方面：强化春节期间停产化工企业节后复工安全生产工作，开展第一季度“专家服务式”专项检查活动。组织液氨、液氯重点危险化学品企业52名岗位负责人及操作人员进行业务知识测试。开展19家危险化学品生产企业安全生产等级评定工作，对全县14家构成重大危险源的企业完成备案，完成10家加油站的HAN阻隔防爆改造。对全县无安全设施设计或设计不全的10家化工企业进行化工安全设计诊断。全县二级安全标准化化工企业达到5家。烟花爆竹和非煤矿山方面：督促企业积极开展标准化创建工作和应急预案编制工作，有8家非煤矿山企业达到三级标准化。春节期间，对全县各零售网点进行执法检查，共检查226个村街，498家商店，没收鞭炮5.2万余响。县土产公司烟花爆竹批发仓库通过二级标准化企业验收。工贸企业方面：进一步摸清全县冶金、机械、轻工等工贸领域企业基本情况，完善监管档案。在全县规模以上工贸企业开展安全标准化创建，已有1家工贸企业达到二级安全标准化，99家工贸企业达到三级安全标准化。雷华公司和福瑞达公司通过“市级安全文化示范企业”验收，力士德公司装配车间荣获“省级优秀班组”称号。职业健康方面：批准成立职业健康科，大力开展新修订的《中华人民共和国职业病防治法》宣传工作，选取金正大公司、史丹利公司等10家企业开展全市职业卫生基础建设示范企业创建。督促指导用人单位依法执行职业卫生“三同时”制度，对4个新上职业危害严重建设项目进行“三同时”审核。组织16家危化品企业开展职业危害现状评价。

安全生产应急救援 县政府高度重视安全生产应急救援体系建设，成立安全生产应急救援指挥中心，投资10多万元购置应急救援物资和装备。并为中心增加2名编制。扎实推进安全生产"六位一体"综合监管信息平台建设，督促企业按要求安装企业客户端软件并录入相关信息。全县有66家企业完成视频动态监控，290多家企业完成信息录入，60多家危险化学品等高危生产经营企业应急救援预案通过市安监局评审备案。先后组织开展校园避震疏散演练、危险化学品事故演练等10余次大型演练，不断提高安全生产应急救援处置水平。

撰稿：王　晓　周英华　审稿：王广栋

苍源河风光

农　业

NONGYE

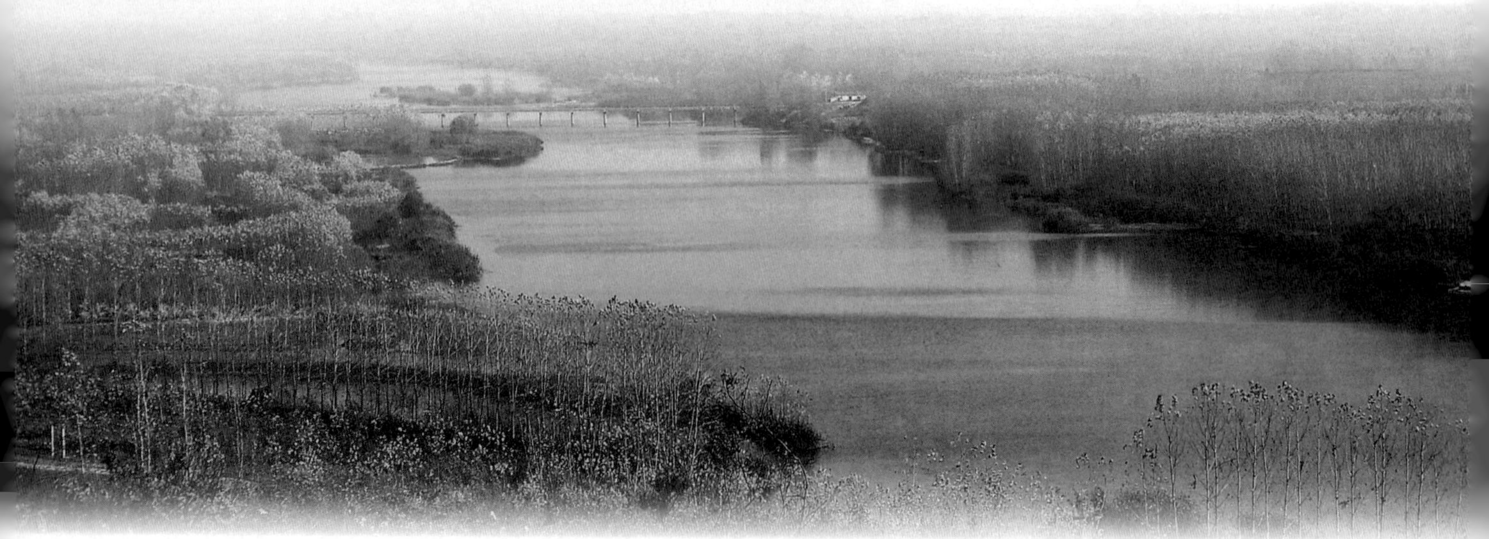

种 植 业

临沭县农业局下设办公室、人事科、财务科、法规科、综合科5个行政科室；农技中心、农经中心、农广校、农质监办、农业行政综合执法大队5个副科级事业单位；能源办、农技站、植保站、土壤肥料工作站、农业环保站、蔬菜办、品牌建设办、果茶办、种子管理站、种子技术中心、质检中心等11个股级事业单位。共有干部职工163人，其中专业技术人员138人。全县10个镇街均设有农技站、经管站、果茶站。

2013年，临沭县农业局被省农业厅认定为全省农村集体“三资”委托代理服务工作示范单位、农经工作省级先进集体、全省“三品一标”工作先进集体，被县政府授予2013年度招商引资工作先进单位、2013年度平安临沭建设先进单位等称号。

种植业生产 临沭县属典型的农业县，沭河沿岸和部分山间谷地为平原，面积242.5平方公里，占总面积的23.36%，土壤肥沃，适合小麦、玉米、大豆、地瓜等作物生长，是临沭主要产粮区。丘陵分布于低山平原之间，面积755.94平方公里，占总面积的72.82%，适宜小麦、地瓜、花生及其他杂粮生长。花生是临沭主要经济作物，种植面积稳定在3万公顷，花生产量居全国油料百强县第14位。特色蔬菜、花卉、杞柳、木瓜、草莓、食用菌、桑蚕、中药材、黑莓、苗木等特色农业发展迅速。全县新建特色园区11个，新发展优质农产品基地2333.33公顷，累计达到1.27万公顷。各类农产品基地园区120多个。“临沭柳编”“临沭花生”列入全市40个重点培育的区域品牌。全县发展种粮大户15家，注册家庭农场44家。

落实农村政策 依据县政府办公室《关于规范发展全县农民专业合作社发展的意见》《关于规范农民专业合作社资金互助服务的意见》，重点对开展资金互助的合作社进行调查和整顿。2013年，新发展农民专业合作社76家，有15家被评为市级示范社，为10家申报省财政支农项目，获得扶持资金180万元。年末全县工商登记农民专业合作社共861家。2013年，发放农民负担卡18万份，到户率100%，通过行风热线、领导接访、上级转办等形式，受理处理群众涉农信访事项65起。

农业产业化 以柳编和蔬菜加工两大产业集群为重点，引导和支持农业产业化龙头企业人创办合作社、基地和农超对接。2013年，新发展市级农业产业龙头企业10家，争取省、市贴息83万元。新发展销售收入500万元以上的产业化龙头企业6家，总数达98家；龙头企业实现销售收入97.12亿元，实现利润4.18亿元；培植“一村一品”专业村46个，专业镇街2个，山东伊思德食品有限公司被评为“省级出口农产品质量安全示范企业”。

农业执法 成立副科级农业行政综合执法大队，进一步落实农药经营备案和高毒农药定点经营“两项制度”，完善农产品质量安全监管检测体系建设。组织县农业、工商、安监等部门联合对全县农药经营网点进行清理整顿。出动执法人员300人次，组织开展农资市场执法，检查农资经营户465家，立案查处违反农业法律法规经营案件26件，结案26起，挽回经济损失165万元。

农村能源建设 2013年，全县沼气专业村108个，新增大中小型沼气工程23处，累计87处；新建户用沼气池2350个，户用沼气池总数5.6万个；沼气池总容积59万立方米，年产沼气2400万立方米。即将完成两处大型沼气工程建设任务，新申报大型沼气工程1处。成立县级鸿源沼气服务专业合作社，下设10个镇级分社，整合服务体系网点107个。太阳能利用面积3.8万平方米。青云镇市级秸秆压实项目基础设施基本完成。承担的“十一五”期间国家户用沼气项目3000户建设工作受到省、市领导高度评价，在省级检查验收中获优秀等次。白旄镇“金滩栗海”在“中国最美田园”寻找评比中，获得“齐鲁最美田园”评比铜奖。

土地流转 全县通过转包、互换、出租等形式累计流转土地0.63万公顷，占全县耕地总面积的12.55%。每个镇街选取一个村开展农村土地承包经营权登记试点工作，对10个试点村2305户、728.48公顷农村土地进行权属确认。试点工作结束后，全面铺开农村土地承包经营权确权登记颁证工作，分三批次推进确权颁证工作，第一批共193个自然村，至年底时有129个自然村完成调查摸底工作。

2013年临沭县种植业情况统计表

表10　　单位：公顷、公斤、亩/公斤

农作物总播种面积					90294
粮食作物	总　计			面积	55447
				产量	338549365
				单产	407.1
	（一）夏收粮食	合　计		面积	36376
				产量	219578635
				单产	402.4
		谷物	（1）小麦	面积	35611
				产量	215631454
				单产	403.7
			（2）大麦	面积	765
				产量	3947181
				单产	344.2

续表 10

粮食作物	（二）秋收粮食	合　计		面积	19071
				产量	118970730
				单产	415.9
		谷物	小计	面积	11836
				产量	78666400
				单产	443.1
			（1）稻谷	面积	144
				产量	1159708
				单产	537.9
			（2）玉米	面积	11692
				产量	77506692
				单产	441.9
		豆类（大豆）		面积	2315
				产量	7203242
				单产	207.4
		薯　类		面积	4919
				产量	33101088
				单产	448.6
油料（花生果）				面积	30969
				产量	181376645
				单产	390.4
棉　花				面积	11
				产量	16150
				单产	95
烟叶（烤烟）				面积	444
				产量	119605
				单产	179.7

续表 10

蔬　菜		面积	3212
		产量	140554705
		单产	2917.1
瓜类	合　计	面积	211
		产量	8826040
		单产	2783.4
	1. 西瓜	面积	127
		产量	5902050
		单产	3099.8
	2. 甜瓜	面积	18
		产量	696125
		单产	2626.9
	3. 草莓	面积	43
		产量	1233500
		单产	1897.7

撰稿：梁　洁　审稿：徐瑞前

林　果　业

临沭县林业局为正科级事业单位，下设办公室、计划财务科、法规科、造林绿化科、林政站、木材检查站、林业站、森保站、经济林站、种苗站、场圃站以及国有蛟龙苗圃，并在全市第一个设置正科级森林防火办公室，编制5人。全局共有在职干部职工95人，其中参照公务员法管理人员14人，事业人员81人。

2013年，全县完成新造林2135公顷，其中，防护林834公顷，经济林934公顷，用材林367公顷；新建农田林网1867公顷；新发展花卉苗木334公顷，义务植树120万株，驻地绿化面积60万平方米。建设绿化模范村居33个，创市级以上龙头企业3个，实现林业总产值19.3亿元。

林业生产　沿海防护林工程和生态造林工程建设按要求进行公开招投标。2013年，完成沿海防护林467公顷，生态工程造林106公顷，杞柳产业基地467公顷，种植万寿菊133公顷，建成邢官庄非洲菊生产基地8公顷，木瓜园示范栽植基地13.5公顷，新建措庄万亩花卉育苗基地67公顷。长深高速临沭段长31公里，两侧沿线绿化面积363公顷。结合国家级湿地公园开发，投资1500万元对沭河湿地绿化提升改造，建成各具特色的林业生态长廊、观光旅游长廊和高效林业长廊。完成临沭县林地保护规划文本与一张图的申报、审批工作，对全县森林保护与发展提供科学指导方向。全县333公顷新造林发放造林补贴资金65万元。

杞柳生产　抓住杞柳制品的种植、加工、销售，做大做强杞柳产业，提升“临沭柳编”区域品牌知名度和柳编产业竞争力，使杞柳种植与加工行业成为全县支柱行业之一。2013年，临沭县杞柳种植面积6054公顷，有白旄镇、青云镇2个高标准杞柳种植示范园区，拥有杞柳种植专业村33个，专业合作社148个，80%以上的杞柳种植基地实行标准化管理。有杞柳种植与加工企业152家，其中有自营出口权的企业84家，杞柳种植、编织、销售从业人员达10万余人，产品出口120多个国家和地区，占全国同类产品出口总额的三分之一。先后荣获“中国特色经济林—杞柳之乡”“中国柳编之都”“中国区域特色名优产品奖”等荣誉称号。

森林保护　县编委批准设立副科级的临沭县森林公安局，编制6人。组织开展“春季攻势”和涉火违法犯罪等专项整治行动，严厉打击违法野外用火及故意纵火、非法侵占破坏林地和非法贩卖捕猎野生动物等违法行为。2013年，查处各类林业案件59起，其中，行政处罚52起，移交司法机关刑事处罚7起；收缴销毁各类鸟兽网具200余张，放飞各种受保护鸟类300余只，处罚教育相关人员8人。发放“林木采伐证”1080份，采伐蓄积4.06万立方米。

林业病虫害防治　组织召开全县美国白蛾飞防工作会议，成立以分管县长为总指挥的美国白蛾飞防指挥部，制定临沭县2013年美国白蛾飞防方案，成立专业队伍进行详细的地面调查，设立监测点50个，在各镇街设立标准地100块，做好监测、预报和防治工作。组织技术人员对药剂配制、飞机调动、飞防区域确定、飞防效果监测等工作进行全程跟踪。其间，累计飞行250架次，防控面积33350公顷，飞防工作受到国家林业局和省林业厅的高度认可。

森林防火　建立县、镇街、村、组四级防火责任体系，开展森林火险隐患大排查活动、打击野外违法用火专项整治行动和“百日攻坚、严防森林火灾”等专项行动，全面排查和清除森林防火工作的隐患和薄弱环节。投资30万元在苍马山等主要林区安装电子监控系统，提高科技预警监测水平。县森林消防大队配备摩托车7辆、风力灭火机50台、灭火弹300个、对讲机10部及高压细水雾设备，高压水泵大型装备和水枪、油锯、三号工具等物资。县财政投入专款成立20余人的森林消防专业队伍，在防火期内集中食宿，靠前驻防。

国有柳庄林场　经营总面积461.2公顷，其中294.2公顷有林权证，即苍山127.8公顷、冠山26.13公顷、啦子山14.13公顷、寨山48.67公顷、柳庄林区77.47公顷（包括望海楼0.47公顷、白常6公顷），代管面积167公顷，即凌山头林区127公顷、马山40公顷。土壤瘠薄，柳庄林地是粗沙土，其余皆为30厘米以下的薄土层。有林地438.13公顷，其中生态公益林占有林地面积100%，森林活立木蓄积量1.9万立方米，森林覆盖率达到95%。造林树种以黑松、赤松和刺槐、杨树为主。场内现有乔灌木计52个科，115个种，为全县最大的树木资源库，也是全县重点生态林、防护林管护单位。

2013年临沭县林业生产统计表

表 11　　　　单位：公顷

乡镇	成片造林					农田林网	义务植树(万株)	绿化模范村居(个)	驻地绿化	花卉苗木	优质林产品基地
	合计	防护林	用材林	经济林	其中：海防林						
临沭街道	199	133	33	33	0	200	13	4	7333	27	60
郑山街道	133	33	33	67	13	133	16	6	6000	32	100
店头镇	147	53	27	67	0	200	11	2	3333	67	134
石门镇	140	33	67	40	71	200	12	2	3333	20	60
曹庄镇	140	40	33	67	20	200	10	2	4667	47	113
白旄镇	333	33	67	233	0	133	8	2	2000	20	253
青云镇	420	160	27	233	184	200	11	4	3334	20	253
大兴镇	127	54	20	53	0	200	10	2	3333	67	120
蛟龙镇	107	40	27	40	57	133	8	2	2667	13	54
玉山镇	320	187	33	100	86	134	16	5	2667	13	113
苍马山管委会	66	67	0	0	36	134	5	2	1333	7	7
合计	2133	833	367	933	467	1867	120	33	40000	333	1267

撰稿：张洪超　凌凡舒　审稿：卢丙德

畜　牧　业

临沭县畜牧局为县政府正科级财政全额拨款事业单位，内设办公室、人事科、计财科、生产科技科、兽医药卫生科、畜产品质量安全监管科6个职能科室；下设临沭县动物卫生监督所、临沭县动物疫病预防控制中心、临沭县畜牧兽医检测中心、临沭县畜牧站4个直属事业单位；在全县各镇（街）共设置10个基层畜牧兽医站。全县畜牧系统共有干部职工192人，其中，行政管理29人、行政执法22人、技术人员37人、基层畜牧兽医站104人。2013年，被市畜牧局授予畜牧工作先进单位、重大动物疫病防控工作先进县(区)、畜产品安全执法工作先进单位、畜牧信息工作先进单位等称号。

畜禽养殖　把畜牧养殖业作为促进农民增收的重要举措，畜牧养殖专业化、规模化、产业化水平得以提高，以曹庄镇、白旄镇为主的西部家禽养殖业，以玉山镇为主的东部养殖业、以石门镇、大兴镇为主的南部食草家畜养殖业，以郑山街道为主的屠宰加工业区域化发展格局得到巩固。2013年，全县畜禽存栏712.85万头（只）、出栏1477.23万头（只），生猪生产存、出栏分别达到51.02万头和87.74万头，同比分别增长9.98%和9.33%；全县肉蛋奶总产量达15.74万吨，同比增长4.1%。

2013年临沭县畜牧养殖（存栏）主要指标情况表

表 12

猪（万头）	牛（万头）	其中：奶牛（头）	羊（万只）	家禽（万只）	肉蛋奶总产量（万吨）
51.02	5.20	3240	7.95	648.68	15.74

畜牧产业发展　2013年，新发展市级标准化场14个、省级标准化场1个，全县累计发展市级标准化场99个、省级标准化场3个、国家级标准化场2个。新增注册畜牧专业合作组织4家，全县累计注册畜禽养殖专业合作社389家，新发展合作组织注册资金950万元，影响带动周围200余户群众发展养殖业。新增无公害畜产品认证2个，全县累计发展“三品认证”达19个，其中注册商标8个、无公害认证8个、绿色食品认证2家、有机食品认证1个。新引进畜牧产业招商项目1个，全县累计引进饲料加工项目4个，畜禽养殖项目1个，畜禽产品加工项目2个，总投资5亿元。

畜禽养殖污染治理　2013年，共指导养殖场户新（改）建沼气池191个、三级沉淀池400个；引导发展肉羊养殖场17家，其中9家由养鸭场改建。全县累计推广生物环保养殖发酵床面积18.54万平方米，其中年内新增5.7万平方米。

畜禽疫病防治　按照“政府部门保密度，业务部门保质量”的要求，开展禽流感、口蹄疫等重大动物疫病防控工作。2013年，全县落实防控经费65.79万元，领取使用禽流感疫苗446万毫升、猪口蹄疫疫苗180.45万毫升、牛羊口蹄疫疫苗19.34万毫升、猪瘟疫苗90.23万头份、高致病性猪蓝耳病疫苗90.23万头份，全县无重大动物疫病发生。

畜牧执法　2013年，全县共检疫生猪73.14万头，其他动物29.29万头（只），家禽2281.69万只，动物产品4.96万吨，规模化养殖场检疫率达100%、散养畜禽检疫率达95%以上。立案查处畜产品质量安全违法案件69起，没收并无害化处理病死畜禽及其产品7.2吨，移送司法机关案件5起。

撰稿：陈学方　张　剑　审稿：李敬亭

水利和渔业

临沭县水利局内设办公室、政工科、财务科、水政科、移民办、农村公共用水管理办公室、东调办、纪检监察室等8个行政科室；下设水资源管理委员会办公室、水土保持委员会办公室、工程技术服务站、工程管理服务站、农田水利服务站、勘测设计室、渔业技术推广站、龙窝灌区管理所、凌山头水库管理所、龙潭水库管理所、淡水养殖试验场11个事业科室。与水利局合署办公的正科级单位有防汛抗旱指挥部办公室和沭河管理办公室；隶属水利局的二级副科级单位有水政监察大队、苍源河管理办公室、小型水库管理局3个。全局共有干部职工262人，其中，具有高级职称的13人、中级职称的49人。2013年，获全市渔业管理工作先进集体、全县服务经济社会发展先进单位、全县文明优质服务示范单位、全县生态文明乡村建设工作先进单位等称号。

工程建设与管理 小型农田水利重点县结余资金项目和小农水专项工程 临沭县小型农田水利重点县结余资金项目完成投资319.97万元，其中结余资金287.6万元、受益群众投劳折资32.37万元。新建泵站1座、塘坝1座、大口井2眼，改建生产桥1座，新建渠道1700米，完善渠道2205米，新铺设管道4550米，完善管道1283米，新建引水涵管渠1700米，开挖排水沟1100米，新建进地涵5座，完善进地涵162座，完善给水栓71个，新建闸阀井23座，安装闸阀23个，新建信息化设备保护室10座，完善信息化设备5套，配套机组4台套，机改电1台套，调试机组4台套。新增灌溉面积200公顷，改善提升灌溉面积423.33公顷，年新增供水能力65万立方米，年新增节水能力30万立方米。小农水专项工程总投资30万元，完成青云镇后哨茶园、临沭街道庙庄茶园共17.33公顷微喷灌工程。

农村饮水安全工程 2012年农村饮水安全工程工程概算总投资1410万元。工程于2013年3月开工，当年10月建设完成。包括凌山头水厂扩建，新增10000吨/日的处理能力，铺设至青云镇主管网，PE材料DN400-200管道13公里，以及山丘区找水打井及配套12个村。工程建成后移交县自来水总公司统一管理。工程解决了青云镇等7个镇街18个村2万农村居民饮水安全问题。2013年农村饮水安全工程概算总投资1233万元。工程于2013年9月开工，当年12月底完工。主要包括县城管网向店头镇和大兴镇管网延伸，布设DN400球墨铸铁管4000米，各种管径PE主管道15公里，村内管网改造7个村。工程解决了店头、大兴、临沭街道等2.5万人农村居民饮水安全问题。2013年农村饮水扶贫工程概算总投资240万元。工程于2013年10月开工，当年12月底完工。主要包括对小湾村、穆疃村等8个村的村内管网进行改造。

城乡供水一体化建设 临沭县在全市率先开始推行城乡供水一体化工作，2013年5月将县自来水公司划归县水利局管理，组建成立临沭县自来水总公司，统一管理全县规模化集中供水工程，包括凌山头水厂、临沭县第二水厂、西盘水厂和曹庄水厂。对全县306处农村供水工程进行考核评分，依据考核结果进行资金奖励，共发放补助金102万元。

库区基础设施建设项目　全年完成：2011年度大中型水库移民后期扶持结余资金项目共涉及9个村，总投资559.37万元。包括街道硬化6353米，衬砌排水沟1980米，新打深水井2眼，铺设PE管道2985米，架设输电线路2250米，建泵房管理房2处，建5孔7米跨生产桥2座，新建拦水坝一座，铺设钢筋混凝土管道2033米，给水栓63个，沥青混凝土1234米，路灯购置安装30盏，改建扬水站一座，配套机电设备2台套，安装50千伏安变压器1台套。2011年度大中型水库移民后期扶持县结余资金项目共涉及2个村，总投资75.21万元。其中，大兴镇日晒村道路硬化1410米，投资37.87万元；蛟龙镇石门头新村新建3孔7米跨生产桥一座，投资37.33万元。2011年度临沭县移民应急补助资金项目位于青云镇王界前村，加固塘坝一座，总投资40万元。2011年度临沭县小型水库移民扶助基金项目共涉及5个村，总投资138.23万元。包括新建变压器房2间，安装50千伏安变压器一台套，架设输电线路450米，新修浆砌石渠道675米，铺设混凝土管道1920米，渠系建筑物7座，铺设村内道路硬化1340米。

临沭县小型水库省级奖补资金项目　累计完成投资206.81万元，主要对分布在玉山镇、青云镇、大兴镇、曹庄镇、苍马山管委会等5个镇（管委会）的10座小型病险水库进行除险加固。包括坝顶及防汛道路硬化、坝内清淤、放水洞及溢洪道维修等。工程于2013年7月开工，8月完成所有工程建设内容并通过县级初步验收。

龙窝灌区总干渠改建工程　位于S225省道以西，北起奥德燃气公司北总干渠弯道，南至龙窝二干分水闸，总长930米，总工程量61554立方米，其中，土方45202立方米，石方8578立方米，浆砌石7612立方米，砼及钢筋砼162立方米。总投资382.88万元。

抗旱防汛　投资585.34万元，新建21处自动雨量监测站、40处简易雨量站、10处自动水位监测站，共享气象部门9个气象观测站，组成雨水情监测站网，架构集网络、数据库、地理信息技术于一体的防汛监测预警平台。投入抗旱资金507万元，浇灌农田2933.33公顷。

水利综合执法　2013年，共办理涉水工程建设项目审批手续16份，拆除违章建筑48处，清理障碍物360余处，清理垃圾3000余吨。查处非法取土案件5起，限期改造养殖场4200余家，关闭养鸭场36家，征收罚没款0.3万元。代表全市迎接全省河湖专项执法活动检查。河道采砂管理，全年共出动执法力量2600人次，集中开展联合执法整治活动16起，打击非法采砂案件32起，罚没资金22.88万元。征收河道采沙管理费1120万元。

渔业养殖　2013年，全县水产养殖面积1466.67公顷，水产品产量5948吨，产值7097万元，渔业经济总产值11326万元，分别比去年增长4.9%、15.2%和28.1%。生产苗种2500万尾，投放鱼种629吨，其中大规格鱼种440吨；发展网箱500只，其中吃食性网箱160只；发展养殖大户20家，落实示范点6处，全县养鱼面积1466.67公顷，其中名优养殖面积400公顷。查处渔业违法案件2起，为渔民挽回经济损失近万元。渔民人均纯收入13100元，全县人均占有商品鱼9.3公斤。龙潭水库万亩生态渔业综合产业园现代农业生态发展资金优质鱼产业项目。3月，完成园区规划编制工作。8月，成功申报现代农业生态发展资金优质鱼产业项目，项目总投资3680万元，省级以上财政扶持500万元，市级财政配套

100万元，县级配套600万元。项目占地53.07公顷，包括标准化池塘水面24.73公顷、工厂化育苗车间1480平方米等，建设期限为2013年11月至2014年10月。10月25日，该项目初步设计和实施方案通过省海洋与渔业厅组织的专家勘察评审。10月28日，县政府与红石置业公司签订开发协议书。

水资源管理 落实取水许可审批前置。全年共办理取水许可批复手续47份，其中临沂源兴食品有限公司年屠宰20万头优质生猪项目以及山东金正大生态工程股份有限公司10万吨水溶性肥料工程、山东诺贝丰化学有限公司氟化盐及高端水溶肥生态化工等5个用水量较大的项目编制了水资源论证报告书。加大用水总量控制力度。县财政拨出专项资金63.8万元，用于购置、安装远程监控计量设施。安装远程自动监控设施54台套，用水总量计量控制率达80%以上。将原有苍源河入河排污口、穆疃河入河排污口、牛腿沟入沭河排污口、牛腿沟入新沭河排污口4个排污口中的牛腿沟入沭河排污口、牛腿沟入新沭河排污口核定为金沂蒙集团入牛腿沟排污口、金锣水务公司入牛腿沟排污口，对其落实水功能区纳污控制指标。全年共征收水资源费373.75万元。

水土保持 按照水土保持监督能力建设县的标准，加强水土保持监督管理工作。共办理水土保持方案审批手续97份。向开发建设项目单位征收水土保持补偿费101.235万元。

撰稿：王乐强　孙德才　谢亚州

审稿：尹晓良

农 机 管 理

临沭县农业机械管理局属正科级事业单位，下设办公室、财务科、监理站、推广站、维修管理站、农机化学校6个科室站校；下辖10个镇街农机站。在职干部职工130余人，其中县局机关66人。

三夏三秋农机生产 “三夏”期间，全县小麦机械化收获3.43万公顷，机械收获率超过99.8%。作业高峰，全县日上阵各类农业机械2.8万台套，其中大型联合收割机达1300余台。全县参加跨区作业联合收割机500台，出省作业近400台。引进外地联合收割机700多台进行跨区作业。全县共完成小麦秸秆切碎还田面积2.09万公顷，占可还田面积的83.5%；市级保护性耕作（小麦秸秆切碎还田）推广示范面积3733公顷，居全市县区第三位。“三秋”机械作业大力推广小麦免耕播种、机械化深耕、深松、精少量播种、化肥深施、秸秆还田等节本增效工程技术。全县完成小麦机播3.53万公顷，其中免耕、保护性耕作面积1.67万公顷。组织600多台大中型机械参与冬季农田水利基本建设，机械作业量占总作业量86%以上。

农机管理 2013年，全县农机总动力达73.3万千瓦，同比增长2.4%；大中型拖拉机3千余台，小麦、玉米联合收获机660台，小型农用拖拉机5万余台，配套机具6.5万台套，农机从业人员约6万人。全县新挂牌1868副，新考驾驶员981人。

开展农机安全生产隐患排查治理专项活动。

对拖拉机无牌无证、超速超载、违章载人、酒后驾驶等违章行为进行集中整治。3月，对全县农业机械进行年度技术检验，共检验拖拉机联合收割机1563台。开展农机安全专项整治活动、安全生产月活动，查处各类违章行为1200余起，查扣无牌车辆800多台，无证驾驶人员900多名。

农机购置补贴 2013年，共落实各级农机购置补贴资金总额1142.05万元，补贴各类农机具1935台（套），其中小麦、玉米联合收获机59台，大型拖拉机125台，免耕播种机21台，花生联合收获机57台，畜牧水产机械20台（套），大棚种植机械21台（套），受益农户1786户，带动全县农民购机投入2000余万元。

农机合作社建设 2013年，全县经工商局注册的农机专业合作社38家，其中五有合作社达12家，利民、清泉农机专业合作社被授予省级“农机专业合作社”示范社。全县农机合作社入社成员达410人，合作社拥有各类拖拉机及配套机具1016台（套），其中，70马力以上拖拉机300余台，大型联合收割机203台，库房36间，面积超过1万平方米，作业范围涵盖耕、收、种及运输、维修各个环节。

2013年临沭县农业机械拥有量表

表 13

项　　目	计量单位	数　量
一、农业机械总动力	千瓦	732615
1. 柴油发动机动力	千瓦	686515
2. 汽油发动机动力	千瓦	1690
3. 电动机动力	千瓦	44410
二、拖拉机及配套机械	—	—
（一）拖拉机	台	52538
	千瓦	540775
1. 大中型（14.7 千瓦及以上）	台	3238
	千瓦	134447
其中：14.7–18.4 千瓦（含 14.7 千瓦）	台	1154
	千瓦	21229
18.4–36.7 千瓦（含 18.4 千瓦）	台	522
	千瓦	19150
36.7–58.8 千瓦（含 36.7 千瓦）	台	1164
	千瓦	67208
58.8 千瓦及以上	台	398
	千瓦	26860

续表 13

项　　目	计量单位	数　量
其中：轮式	台	1691
	千瓦	52556
2. 小型（2.2–14.7 千瓦，含 2.2 千瓦）	台	49300
	千瓦	406328
其中：手扶式	台	44528
	千瓦	338668
（二）拖拉机配套农具	台	54380
1. 大中型	台	2000
2. 小型	台	52380
三、种植业机械	—	—
（一）耕整地机械	—	—
1. 耕整机	台 (套)	53
2. 机引犁	台	30330
3. 旋耕机	台	1125
4. 深松机	台	46
5. 机引耙	台	11610
（二）种植施肥机械	—	—
1. 播种机	台	4440
其中：免耕播种机	台	710
精少量播种机	台	1410
2. 化肥深施机	台	106
3. 地膜覆盖机	台	930
（三）农用排灌机械	—	—
1. 排灌动力机械	台	7110
	千瓦	55332
其中：柴油机	台	5416
	千瓦	40532

续表 13

项 目	计量单位	数 量
电动机	台	1694
	千瓦	14800
2. 农用水泵	台	4700
3. 节水灌溉类机械	套	2350
（四）田间管理机械	—	—
1. 机动喷雾（粉）机	台	3545
	千瓦	4460
（五）收获机械	—	—
1. 联合收获机	台	853
	千瓦	51075
（1）稻麦联合收割机	台	399
	千瓦	25755
其中：自走式	台	372
其中：半喂入式	台	7
	千瓦	406
（2）玉米联合收获机	台	454
	千瓦	25320
其中：自走式	台	173
2. 割晒机	台	2470
	千瓦	68
3. 其他收获机械	台	731
	千瓦	1650
花生收获机	台	360
	千瓦	1650
秸秆粉碎还田机	台	113
玉米收获专用割台	台	258
（六）收获后处理机械	—	—

续表 13

项　　目	计量单位	数　量
1. 机动脱粒机	台	3208
	千瓦	8400
2. 保鲜储藏设备	台（套）	12
	千瓦	20
（七）设施农业设备	—	—
1. 温室	平方米	163300
其中：连栋温室	平方米	43500
日光温室	平方米	21800
塑料大棚	平方米	98000
四、农产品初加工机械	—	—
（一）农产品初加工动力机械	台	4854
	千瓦	46579
其中：柴油机	台	1931
	千瓦	17885
电动机	台	2923
	千瓦	28694
（二）农产品初加工作业机械	台	4679
其中：1. 粮食加工机械	台	3510
2. 油料加工机械	台	646
3. 棉花加工机械	台	128
4. 果蔬加工机械	台（套）	333
5. 茶叶加工机械	台（套）	62
五、畜牧养殖机械	台（套）	1468
	千瓦	9283
其中：饲草料加工机械	台（套）	1256
	千瓦	5222
畜牧饲养机械	台（套）	78
	千瓦	820

续表 13

项　　目	计量单位	数　量
畜产品采集加工机械	台（套）	14
	千瓦	223
其中：挤奶机	台	13
	千瓦	208
六、渔业机械	台	65
	千瓦	198
其中：增氧机	台	15
投饵机	台	50
	千瓦	198
七、运输机械	—	—
1. 农用运输车	台	1656
	千瓦	30265
（1）三轮汽车	台	1158
	千瓦	12482
（2）低速载货汽车	台	498
	千瓦	17783
2. 手扶变型运输机	千瓦	48910
八、农田基本建设机械	台	140
	千瓦	12160
九、农业机械原值和净值	—	—
1. 农业机械原值	万元	44250
2. 农业机械净值	万元	29861

撰稿：李军浩　审稿：刘雪峰

农业综合开发扶贫

临沭县农业综合开发扶贫办公室下设人秘科、开发科、扶贫科、财务科4个职能科室，共有干部职工21人。

农业综合开发 完成农业综合开发青云镇400公顷中低产田改造项目建设。项目总投资768万元，其中上级财政投入无偿资金720万元。改造中低产田600公顷，其中优质专用地瓜200公顷、小麦200公顷、花生200公顷。农业综合开发中低产田改造项目郑山街道农业综合开发损毁工程修复项目。项目总投资34万元，其中财政资金32万元。新争取临沭县大兴镇666.67公顷高标准农田示范工程项目。项目计划总投资1394万元，其中财政资金1303万元。新争取临沭县300万公斤瓜菜种植项目。项目计划总投资90万元，其中申请财政资金37万元。

扶贫开发工作 2013年，组织实施省级扶贫整村推进项目1个，总投资360万元，共涉及22个村；市级扶贫重点村建设项目1个，共涉及3个村，财政投入90万元，专项用于支持村级主导产业发展，帮助贫困村民脱贫致富。

撰稿：王春光　审稿：景善华　李守鹤

沭 河 管 理

沭河水利管理局隶属于水利部淮委沂沭河水利管理局，为中央派出的流域管理机构，正科级全民公益性事业单位，驻临沭县城。下设办公室、水利管理股、水政水资源股、财务股和莒县管理所、莒南管理所、临沭管理所、黄庄管理所。共有职工73人，其中在职职工40人。直管沭河、老沭河、新沭河、分沂入沭、总干排等河道堤防工程和黄庄穿涵、排灌闸、莒县官庄闸等闸涵工程，共计管理河道长180.62公里，堤防长231.47公里。流域跨日照、临沂2个地级市的莒县、莒南、临沭3个县和临沂经济开发区，沿河有24个乡镇283个村庄。

工程管理 贯彻水利部治水新思路，推行水管体制改革。将临沭范围内的堤防全部建成高标准“五化”堤防，成为全沂沭泗系统的亮点工程。对行洪河道突出控导工程建设和维修，提高河道防洪抗洪能力。推行“万亩林”工程，将沭河两岸堤防及护堤滩地实施全面绿化覆盖。

防汛工作 落实“安全第一，常备不懈，以防为主，全力抢险”的防汛方针。形成“横到两边纵到底”的防汛责任网络，做好险工险段、重点河段、河道内建设项目抢险预案的修订；加强防汛值班，及时提供防汛信息；抢抓暴雨洪水过后工程水毁检查修复，保持工程完整。实现连续39年安全度汛。

2013年汛期，沭河流域降雨总量为539.7毫米，较2012年汛期454.2毫米增加18.8%，降雨主要集中在7月、8月，汛期4个月沭河流域平均月降雨134.9毫米，其中，6月份降雨23毫米，7月份降雨306毫米，8月份降雨125毫米，9月份降雨86毫米。沭河重沟站7月5日14时18分流量636立方米/秒，为2013年最大流量。

2013年6–9月份沭河流域降雨量统计

表 14 单位：毫米

地区	6 月份	7 月份	8 月份	9 月份
莒县	13.6	244.8	53.0	43
莒南	11.0	333.7	75.5	130
临沭	28.5	380.4	224.7	66
黄庄	39.8	263.5	145.0	107
当月平均降雨量	23	306	125	86

撰稿：高 健 审稿：郭爱波

大官庄水利枢纽

大官庄水利枢纽管理局位于山东省临沭县石门镇大官庄村西北，隶属于水利部淮河管理委员会（以下简称淮委）沂沭河水利管理局，为中央派出的流域管理机构，全民公益性事业单位(正科级)，下设办公室、财务股、水利管理股、水政水资源股。直管新沭河泄洪闸、人民胜利堰节制闸、泄洪洞、分沂入沭调尾拦河坝等防洪工程。共有职工36人，其中在职职工15人。2013年，被评为沂沭泗水利管理局一级水管单位。

大官庄水利枢纽工程是沂沭河洪水东调的关键控制工程之一，主要作用是承接沭河来水和沂河部分洪水，根据沂沭泗洪水调度要求，控制分泄洪水入新沭河和老沭河，提高沂沭河中下游地区、骆马湖和新沂河的防御洪水能力；同时拦蓄径流，利用雨洪资源发展灌溉。2013年，按照沂沭泗水利管理局和沂沭河水利管理局的要求，推进工程管理规范化、法制化和现代化建设。落实防汛行政首长负责制、防汛检查制度、岗位责任制、技术人员责任制，完善防汛值班制度、带班制度、交接班制度、汇报制度，加强通讯联络，准确传递雨情、工情、汛情，及时检查、上报、处理工程存在的问题，保持了连续三十余年安全度汛。汛期共接到沂沭泗局、沂沭河局洪水调度指令20个，启闭闸门23次，其中新沭河闸启闭16次，人民胜利堰闸启闭7次，全年汛期共泄水9.27亿立方米。

撰稿：倪天华　审稿：吴新海

桑 蚕 业

2013年，全县实有桑园面积150公顷，植桑养蚕村29个；全年共发放蚕种2014张，生产蚕茧20万公斤，收购鲜茧10万公斤，蚕农植桑养蚕总收入1000万元，桑园主要品种为湖桑32号和育711，饲养蚕品种主要有菁松*皓月和鲁7*9202。所产蚕茧主要经济技术指标：蚕丝长在1200米，解舒丝长850米，上车茧率90%，解舒率70%，干毛茧出丝率39%，丝类质量为4A级。

桑蚕养殖　受国家“东桑西移”政策影响，加上劳动成本偏高以及多种经济作物竞争冲击，桑蚕业出现逐年萎缩局面。但相比其他县区，临沭县蚕桑业相对稳定，通过集中成片发展，规模化养殖，提高单产、质量，增加效益。改变原来一年饲养春、夏、中秋、晚秋四季蚕为春秋两个大季，节约成本和用工。聘用10名农民技术员驻村，把先进的桑园管理和养蚕技术传授到蚕农手中，对养蚕期间蚕农所需的蚕种、蚕药、蚕具等生产物资征订到户，送货到门，依靠优质服务，确保蚕茧无病高产。

蚕茧收购与经营　国家对蚕桑鲜茧收购实行经营资格认证制度，临沂市润锋丝绸有限责任公司及所属的城关、店头2个分公司（茧站），是临沭县仅有的两个具有经营资格要求的单位。在蚕茧收购中，搞好宣传发动，使广大蚕农理解国家相关政策和蚕茧市场管理的重要性。协调相关职能部门齐抓共管，依法依规打击不法经营行为，维护市场秩序。做好蚕茧收购中的各项服务工作，收购价格与市场接轨，以质论价，就高不就低，让利于蚕农。筹资开办“真丝产品经营部”，展销部经营的蚕丝被、蚕丝毯、真丝内衣、真丝睡衣睡袍，真司服装，工艺品等；注册“鑫丝润”品牌，成为临沭县第一个丝绸商标品牌。

撰稿：王法刚　胡尊伟　审稿：郑连顺

烟 草 业

临沭县烟草专卖局（分公司）下设综合办公室、财务科、专卖监督管理科、内部专卖管理监督派驻工作组、专卖稽查大队、法制科、卷烟营销科、烟叶科、“1532”分公司9个部门和4个专卖稽查分队（所）、2个专卖稽查中队、1个烟站。共有从业人员123人，其中聘用员工65人。辖区现有2083户卷烟零售客户，153户烟农。

2013年，企业实现税收3146.75万元，比2012年增加195.65万元，增长6.63%，连续三年保持“省级文明单位”称号，顺利通过全市“廉洁诚信好企业”和全市“花园式单位”的检查验收；被县委、县政府授予“振兴临沭经济一等奖”“行风建设先进单位”“安全生产工作先进单位”“见义勇为工作贡献单位”“全县示范工会”等荣誉称号。

烟叶生产 2013年，种植烤烟394.13公顷，比2012年减少15.87%；全县共有烟农153户，分布在47个植烟村；收购烟叶1036.67吨，比2012年增长11.42%，其中上等烟比例52.59%；烟叶收购均价23.06元/公斤，亩产值（含价外补贴）4124.37元。投放收购资金2390.57万元，实现烟叶税526万元，同比增加95万元，增长22.04%。新建烤房60座，配套农用机械6台，整理土地80公顷，补贴资金492.99万元。发展综合型服务合作社1个，行业扶持补贴资金共计39.8万余元，烟农入社率100%，入社资金7.42万元，全年开展专业化服务6次，覆盖全县烟农。对植烟乡镇实现的烟叶税计入税收任务，从中提取20%作为烤烟生产发展奖励基金，剩余80%部分不计入镇标准财力，全额返还乡镇，调动乡镇抓烟、植烟积极性。

卷烟销售 2013年，销售卷烟102414.05万支（20482.81箱），同比增长0.9%；人均消费8.74条，同比增长0.07%；实现销售收入41367.06万元，同比增加2393万元，增长6.14%；单箱均价20196元，同比增加996.46元，增长5.19%。推进“零售户致富工程”和“品牌培育工程”，与零售户建立“平等互利、长期合作、共同发展”关系，营造良好的市场环境和经营秩序。融资帮扶卷烟零售客户，利用建行贷记卡融资2538万元，利用电子商务平台融资帮扶415万元，为全县困难零售客户发放2.35万元的慰问物品，提升行业社会形象。

专卖管理 2013年，共查获涉烟案件215起，同比减少14起，下降6.11%；查获涉案卷烟161.578万支，同比减少17.166万支，下降9.6%；查获烟叶烟丝13402公斤，同比下降2217公斤，下降14.19%；涉案总值36.63万元。全年共破获各类涉烟网络案件18起，其中，破获符合公安部、国家局标准网络案件2起，市局各类标准网络案件16起。政法机关依法刑拘11人，逮捕8人，判刑11人。筹办临沂市“法律进企业”现场会，迎接省司法厅副厅长冯军，市委副书记李峰，市委常委、政法委书记王行华，市人大常委会副主任钱迎伟等领导检查指导；荣获2013年全市专卖技能比武第一名。

撰稿：胡兆彬 袁堂婷 审稿：徐广梓

苍马沃野金胜绿

工 业

GONGYE

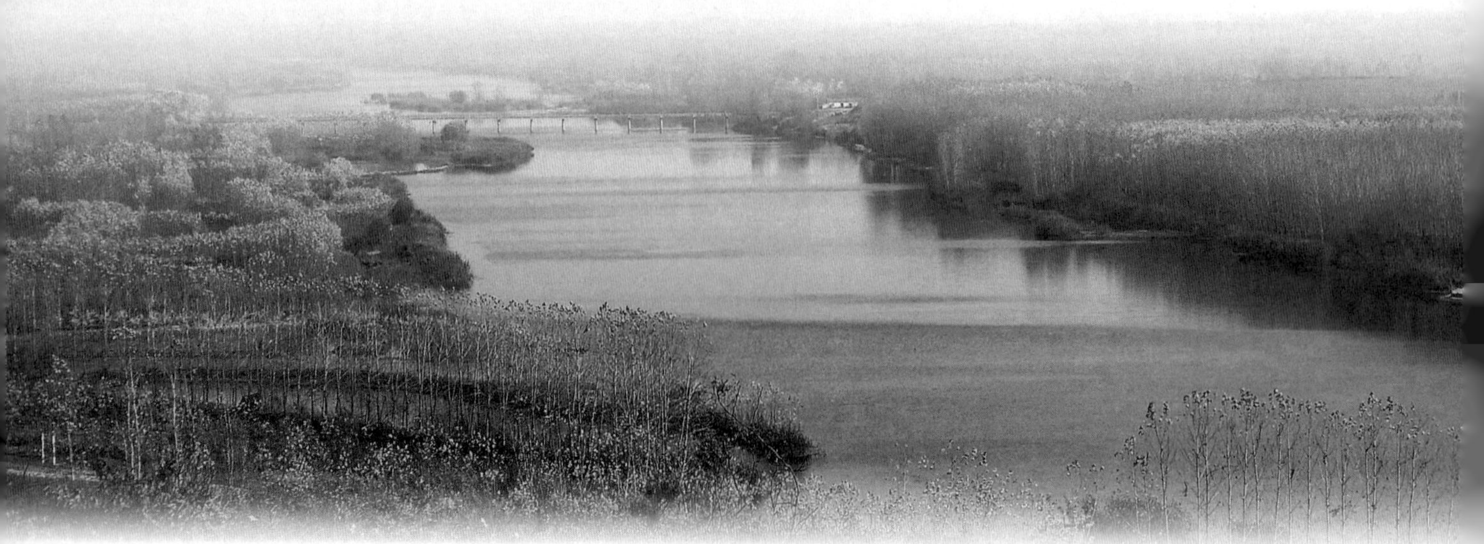

规模以上工业企业管理

临沭县经济贸易和信息化局（简称县经信局）下设办公室、综合科、市场科、科技科、电力科5个职能科室；隶属于县经信局的正科级单位有经济运行办公室、节约能源工作办公室；副科级单位有能源监察大队；股级单位有散装水泥办公室。全局共有干部职工36人，全为大专以上学历，其中硕士研究生学历3人。县经信局党委辖管2个行政事业单位和5个企业的3个党总支部、16个党支部，共有党员241名。

2013年，县经信局围绕“一体发展、两轮驱动、三产融合、四化同步”总体发展战略，突出“主导产业和骨干企业培植、百企改造升级、产业园区建设”，精心组织工业经济运行，切实提高要素保障和服务水平，努力化解各类矛盾，“争一流、创品牌”，全县经济贸易和信息化工作取得较好成绩。县经信局被山东省经信委授予“全省发展散装水泥先进单位”，被临沂市政府授予“临沂节能突出单位”，被县委、县政府授予“招商引资先进单位”“安全生产工作先进单位”“计划生育履行职责先进单位”等荣誉称号。

工业经济概况　2013年，全县拥有工业企业811家，其中，大型企业4家，中型企业18家，小微企业789家；有规模以上企业185家，实现个转企550家。全县规模以上工业完成产值431.0亿元，同比增长9.4%；实现销售收入461.3亿元，同比增长11.0%；实现利税27.7亿元，同比增长15.8%，其中，利润22.9亿元，同比增长16.2%。全县销售收入过亿元企业达51家，实现销售收入408.8亿元，占全县规模以上工业企业销售收入的89%；利税过千万元企业33家，累计实现利税23.3亿元，占全县的84%。列入全县“1512”骨干企业培植计划重点培植的52户骨干企业实现销售收入392亿元，同比增长18.2%；实现利税22.5亿元，同比增长27.8%。2013年，全县用电量11.7亿千瓦时，同比增长17.6%，其中，工业用电量7.99亿千瓦时，同比增长16.8%；金沂蒙电厂发电量1.43亿千瓦时，同比增长23.39%；中际热电有限公司发电量2701万千瓦时，同比增长78.05%；水电发电量1613万千瓦时，同比减少19.43%。

产业发展　加强重点产业培育。围绕县构建“7+6”现代产业体系工作责任制，成立重点产业培育工作领导小组，下设装备制造（高端装备）产业、化工（化肥）产业、电子产业、食品产业4个产业专业培育工作组。编制产业发展长远规划和专项规划，每周定时调度，每月定期到企业实地调研，并将4个产业培育情况及经济运行情况形成分析报告，为县领导决策提供参考。加速镇街产业集中区建设。围绕特色资源和产业优势，注重超前谋划和科学规划，以特色化为方向，调整镇街产业集中区规划布局，狠抓基础设施投入，力促企业入驻产业集中区。通过加大调度、通报力度，引导企业上项目、搞技改，镇街产业集中区开始呈现一、二、三产业协调发展格局。2013年，全县9个镇街产业集中区规模以上工业企业129家，比去年增加24家；累计完成基础设施投入1.45亿元；累计完成工业项目投资7.1亿元，实现销售收入91.7亿元。加快食品产业园区规划。围绕年初制定出台的《临沭县食品行业发展提升指导意见》，与山东省食品发酵工业研究设计院签订临沭县大兴食品工业园总体规划方案设计合同，一期规划占地333.33公顷。加快骨干企业培植。以全市骨干企业培植工作会议为契机，对县内现有企业进行综合分析、评价，优选52家骨干企业重点培植、重点包扶，全面实施“1512”骨干企业培植计划，帮助企业科学制订发展规划和发展战略，建立骨干企业困难问题调度和解决机制，实行月通报、季调度工作推进制度，妥善解决企业发展过程中存在的突出问题，督促企业实施项目建设，加快研发创新，确保企业按预定规划实现发展目标。招引锂电池项目落户临沭，优化产业结构。总投资30亿元的锂电池项目已签订投资意向，一期投资10亿元。

经济运行 面对经济下行压力增大的复杂经济形势，把强化工业经济运行监控、促进工业经济平稳运行作为工作的着力点和关键点。进一步建立完善全县工业经济运行网上直报系统，加强与各镇街、开发区、统计及重点企业联系沟通。制定全县经信工作要点和年度任务目标，并将任务目标层层分解落实到各镇街和开发区。及时把握和分析国家宏观调控政策对临沭县工业经济的影响，继续加强对优势产业、重点企业级主要产品监测和预警，密切把握工业经济发展态势，坚持工业经济月度调度和汇总分析制度，较好完成月度和季度工业经济运行分析。狠抓主要行业调查研究。起草《全县工业企业发展情况调研报告》《全县镇域工业发展调研报告》，全面掌握全县工业企业发展状况，摸清全县工业企业技术创新、新上和技术创新情况，企业优势和发展前景及存在的主要问题和制约因素；每月对食品、化肥化工、机械、电子等行业生产经营情况调研汇总分析并起草行业生产经营情况报告，为领导科学决策提供依据。同时抓好“春节”“劳动节”“国庆节”等节假日生产和加班情况调度，确保工业经济安全平稳运行。加强煤电油运、资金等要素保障的综合协调。在当前生产要素偏紧的情况下，突出做好煤电油运、资金等生产要素的协调和调度工作，积极开展全县成品油市场检查整顿，协调县金融办和人民银行开展银企对接会，保障重点企业和重点项目生产需要。

技术进步 继续深入推进“百企改造”升级。认真分析形势，把握导向，围绕年度目标，狠抓镇街及县直各单位的任务分解和责任落实。完善百企改造升级计划推进情况调度机制，实施月调度考核通报制度，及时督查、通报各单位推进百企改造升级计划的进展情况；落实好班子成员帮扶企业制度，定计划、定进度、定目标、定责任，对企业实行全程帮扶，督促、引导企业上项目、扩规模、强品牌。“百企改造”升级工作取得阶段性成果。2013年，全县共有109家企业实施改造升级项目111个，总投资33.6亿元，其中，规模以上工业企业78家。加大技术改造力度。积极推进技改项目建设，对规模以上工业企业生产工艺、技术设备情况进行摸底调查。在此基础上，建立完善技改“新上项目随时入库登记—项目建设动态跟踪服务—项目库中择优扶持项目”的项目引导动态服务机制，对新建、在建、拟建项目及时跟踪、及时掌握、了解建设进度，力促项目早落地、快投产、达实效。2013年，全县实施技改项目105个，完成技改投资额68.8亿元，同比增长23.4%，其中，过亿元项目24个，完成技改投资54.9亿元。完工项目69个，本年累计完成投资23.9亿元。共提报29个项目列入上级盘子。其中，常林道依茨法尔高端农业机械产业化项目等16个项目列入省技术改造导向计划并已向金融机构推荐，史丹利公司40万吨/年高塔熔体造粒作物专用缓释肥技术改造项目等10个项目列入市工业百项重点工业技术改造项目，山田研磨材公司多晶硅废料综合利用项目列入2013年国家重点产业振兴和技术改造专项，1个项目列入省重点产业和新兴产业专项，2个项目列入省重点产品结构调整委托贷款项目，推荐2个项目申报国家清洁生产水平提升计划备选项目。着力提升创新能力。加快企业技术中心、行业研发中心、工业设计中心等企业技术研发平台建设，提升创新平台水平层次，新增省级企业技术中心1家、市级企业技术中心5家，金正大公司被国家发改委认定为国家级企业技术中心。与国内外高校、科研机构合作，建立健全以市场为导向、以企业为主体、以高校和科研院所为支撑、以产业化为目标的产学研用合作机制。全县近50%的规模以上企业与多所国内外高等院校、科研院所建立合作关系。积极推进技术创新项目和高新技术产品开发项目实施，每季度对技术创新项目进行调度，及时掌握项目进度，对具备验收条件的项目，主动指导和帮助，及时申请组织验收。2013年，共有35个项目列入山东省技术创新项目，1个成果获省优秀节能成果奖励，有26个新产品（新技术）通过省经信委组织的鉴定验收，其中11项达到国际先进水平。1个项目成功申报省技术创新能力提升项目、2家企业成功申报国家工业企业品牌培育试点企业。常林集团被列入山东省高端装备自主创新示范企业。稳步推进“两化”融合。逐步提高企业在经营管理、产品研发、仓储物流等领域的信息化程度，指导常林、史丹利、金正大、金沂蒙等企业进一步规范建设信息中心，同时推进信息化应用示范试点企业建设。2013年新增10家市级信息化示范企业，全县信息化示范企业总数达到15家；有4个项目列入省信息化专项，4个项目列入市信息化专项。积极向上争取扶持。2013年，共有12个技术改造项目、4个节能项目、2个技术创新项目获得上级资金支持，5家企业（生产线）获得财政淘汰落后产能和关停小企业专项资金支持，1家企业获市节能突出贡献奖励，2家单位获市太阳能集热系统项目补贴。其中，常林集团高压柱塞泵/马达和液压阀用铸铁铸造技术产业化项目列入国家重大科技成果转化项目，获1600万元资金支持，常林集团列入山东省高端装备自主创新示范企业，获1500万元支持；史丹利公司“管控一体化能源管理中心建设项目”列入国家工业企业能源管理中心建设示范项目，获180万元支持；山田研磨材有限公司多晶硅废料综合利用项目获1080万元资金支持。全年共争取到位上级各类资金（补贴）6500万元。

节能降耗 严格落实节能目标责任制。继续实行“双目标”责任考核，按照年度与进度相结合的原则，对2012年各重点用能单位节能目标完成情况进行考核，并落实好奖惩制度。加强重点用能企业节能管理。深入开展重点用能企业节能低碳行动和能效对标达标活动，全面落实能源利用状况报告制度，将节能量层层分解到企业，实行倒逼机制，能耗得到有效降低，显现出良好效果。全面启动重点用能单位能源管理体系建设工作。制订实施方案，完善建设机制，已组织金沂蒙集团等10家企业开展能源管理体系建设。大力发展循环经济。积极进行国家级循环经济示范县申报创建；组织雷华公司等6家企业进行清洁生产审核，其中3家企业通过审核验收并评为优秀。着力开展园区循环化改造，临沭经济开发区列入临沂市2013年重点循环化改造园区，已与省国联环境保护对外合作中心签订合作协议，园区循环化改造实施方案正在编制中。强化节能监督检查。对13个市级重点项目和招商引资项目进行专项监察，对部分重点用能企业开展日常监察，抓好督促整改，防止高耗能、低水平项目盲目上马，从源头上控制能耗过快增长。加快淘汰落后产能。关闭高耗能铸造企业九楼机械公司，淘汰产能落后的华星纸业公司1.5万吨造纸生产线和2万吨制浆生产线、正茂皮革公司5万张牛皮生产线、康田化肥公司8万吨滚筒造粒生产线和金联山生态肥业3万吨污泥生态有机肥项目生产线，上述生产线已全部拆除完毕。

电力与成品油行政监管 全面贯彻落实《电力法》《山东省电力设施和电能保护条例》，认真开展电力安全生产整治工作。制定电力运行管理措施，协调解决好电力运行和供求中的重大问题，平衡电力资源，印制下发《临沭县2013年有序用电实施方案》和《2013年临沭电网限电拉路序位和事故拉路序位的通知》。做好高耗低效工业企业的节能限电工作，确保全县电网有序、安全运行。加快推进输变电工程建设和城农网升级改造。累计争取上级资金1.5亿元，实施110千伏官庄输变电工程和城、农网改造工程，解决供电“卡脖子”和低电压问题，为全县经济社会发展提供强大电力保障。电力设施保护和反窃电工作取得一定成效。有效制止或成功清理线下建房20余处、线下植树1600余棵。加大成品油市场监管力度，会同工商、质监、安监、国土、公安、城建等有关部门，对全县范围内74个加油站（点）进行地毯式排查，重点放在各类未经许可非法销售、储运成品油行为，违规建设加油站行为，计量作弊及价格违法行为等情况上，确保全县加油站（点）安全经营和成品油市场有序竞争。

肥料产业整合提升 积极应对复合肥产业发展新形势，加快产业整合提升步伐。培植优势骨干企业，兼并淘汰落后企业。加大对肥料企业日常监管，与质监、工商等联合开展“零点行动”，严查违法行为。严把企业准入关，为9家企业办理相关换证审核手续。全县肥料行业发展迅速。有23家复合肥生产企业通过ISO 9000质量管理体系认证，20家企业采用国际标准，10家企业使用采标标志，企业质量体系认证率已达90%。共拥有省级企业技术中心2家；市级企业技术中心12家，其中2013年新增新沭化、中磷、方正三家市级企业技术中心。

散装水泥管理 紧扣循环经济做好宣传工作。利用日常宣传与“活动周”相结合，发放宣传资料4000余份，重点宣传发展散装水泥对节约资源、保护环境、建设资源节约型与环境友好型社会的重要意义。加大对推广和发展散装水泥新技术、新工艺、新产品新建、扩建和改建预拌混凝土、预拌砂浆项目的政策资金扶持力度。并采取有效措施推动建材下乡，鼓励有条件的乡镇通过多种形式支持农民依法依规建设自用住房。通过政务大厅经信局窗口，实行“单位开票，银行代收，财政统管”方式，做好散装水泥专项资金征收工作，共收取专项资金40多万元，散装水泥工作取得较好成效。

2013年临沭县纳税过100万元工业企业名录

表 15

单位：万元

序号	企业名称	纳税额
1	山东金正大生态工程股份有限公司	22237.90
2	史丹利化肥股份有限公司	10141.67
3	山东常林机械集团股份有限公司	10053.92
4	金沂蒙集团有限公司	8027.05
5	山东伟业棉油集团有限公司	6092.61
6	山东沂蒙老区酒业有限公司	5747.61
7	国网山东临沭县供电公司	3118.36
8	山东金正阳集团有限公司	2191.07
9	山东雷华塑编有限公司	2133.38
10	山东金宝诚管业有限公司	1121.27
11	临沭福瑞达康妆大道科技有限公司	1074.01
12	山东金源管业有限公司	1057.53
13	山东信科环化有限责任公司	908.04
14	山东兴大食品集团有限公司	695.34
15	山东东盛伊思德食品有限公司	684.18
16	山东三兴食品有限公司	669.80
17	山东卡特重工机械有限公司	624.31
18	山东春雨肥业有限公司	588.51
19	临沂金柳工艺品有限公司	560.79
20	临沭县恒达混凝土有限公司	494.35
21	临沂市正茂皮革有限公司	480.77
22	临沭美艺工艺品有限公司	453.76
23	临沂陆祥工艺品有限公司	435.16
24	临沭北大荒柳编工艺品有限公司	409.01
25	山田研磨材料有限公司	397.43
26	山东恒浩纺织制衣有限公司	363.95

续表 15

序号	企业名称	纳税额
27	山东金蒙新材料股份有限公司	333.13
28	临沭佳柳工艺品有限公司	327.09
29	临沂阳光陶瓷有限公司	319.35
30	临沭晴朗工艺品有限公司	315.68
31	山东兴华机械有限公司	313.01
32	临沂照兴工艺品有限公司	305.92
33	临沭县荣华工艺品有限公司	271.75
34	临沭中联水泥有限公司	266.86
35	临沭六和饲料有限公司	252.21
36	临沭华威工艺品有限公司	237.42
37	临沂白云工艺品有限公司	216.43
38	临沭晟诚科技有限公司	214.28
39	临沭县华星纸业有限公司	208.54
40	临沭县鑫琪塑编制品有限公司	202.22
41	临沂市金源化工有限公司	195.67
42	临沭县大山铸造有限公司	170.43
43	临沂瑞普利生物工程有限公司	161.27
44	临沂庆发工艺品有限公司	160.22
45	临沭冠山升华食品有限公司	159.56
46	临沂常泰工程机械有限公司	156.85
47	临沂宝柳工艺品有限公司	154.34
48	临沂东隆家纺有限公司	137.62
49	临沂杞宝工艺品有限公司	132.10
50	山东一诺裘皮服饰有限公司	129.36
51	临沂市凯祥硅粉有限公司	128.98
52	临沭金弘机械配件有限公司	119.30
53	临沂青云山管业有限公司	117.22
54	临沭县东泰机械有限公司	116.66

2013年临沭县销售收入过2000万元的肥料企业名录

表 16　　　　单位：万元

序号	企业名称	销售收入	利税总额
1	山东金正大生态工程股份有限公司	1251169.4	88593.5
2	史丹利化肥股份有限公司	574542.1	50754.4
3	山东华垦化肥进出口有限公司	125498.5	5011.5
4	山东新沭化化肥有限公司	32594.1	183.6
5	山东春雨肥业有限公司	26091.0	984.7
6	山东大自然化肥有限公司	19239.9	289.4
7	山东惠普肥业有限公司	15232.4	1514.0
8	山东中天生态肥业有限公司	10040.0	385.0
9	临沂育峰肥业有限公司	8815.1	230.6
10	山东赛宝珠生物肥业有限公司	6625.8	88.6
11	金莱福（山东）化工进出口有限公	6542.8	429.8
12	山东富农达化肥有限公司	6013.1	0
13	山东宝通肥业有限公司	4756.0	482.6
14	山东旭洋肥业有限公司	4011.7	42.1
15	临沂高盛肥业有限公司	3892.4	720.6
16	山东美资顺华肥业有限公司	3622.0	315.2
17	山东方正化学工业有限公司	3564.8	10.1
18	中港化肥（山东）有限公司	3151.2	1.9
19	美高（山东）国际化工有限公司	3133.8	102.0
20	临沂康沃特生态肥业有限公司	2305.1	72.4
21	山东三宝生态化肥有限公司	2200.0	26.4
22	山东喜丰田生态肥业有限公司	2182.8	21.1
23	山东金山化肥有限公司	2110.7	50.9
24	山东盛大生态肥业有限公司	2100.0	116.0
25	临沂福尔斯特化肥有限公司	2049.5	11.6
26	临沂中磷生物科技有限公司	2016.5	62.4
27	临沂市田园肥业有限公司	2013.8	102.6
28	山东金联山生态肥业有限公司	2006.5	88.4

撰稿：王　欣　审稿：尹克自

中小企业管理

临沭县中小企业局下设办公室、财务科、规划科、企业管理科、科技管理科5个科室，共有干部职工30人，其中高级技术职称2人、中级职称9人，大学以上学历13人。

2013年，全县中小企业法人2212家、个体工商户15619户，从业人员近10万人。新增规模以上企业27家。规模以上工业中小企业实现销售收入195.78亿元，利税10.37亿元，利润6.67亿元，分别同比增长11%、15.82%、16.2%；收入过亿元的企业达31家，全县税收前50家企业中，工业中小企业占21家，全县中小企业运行的基本面较好，呈现持续健康、快速发展的良好态势。

市中小企业局、市监察局对“2013年度全市中小微企业发展工作考核通报”中，临沭县获全市第一名（临中小企〔2014〕20号）。

化工产业 全县领导干部会议暨加快构建现代产业体系工作动员会以后，县中小企业局发挥化肥化工产业推进办公室职能作用，在充分调研的基础上，结合全县化肥化工产业规划布局，调整优化化工产业结构、培育化工产业发展新优势，促进产业持续发展。2013年签约项目8个、开工项目3个，在谈项目2个。围绕做优做强高端装备、化工、复合肥、钢材加工、食品等主导产业思路，通过融合发展、创新推动、龙头引领等方法，对全县产业集群及其龙头企业发展情况进行调研，突出资源优势、区位优势和产业优势，搞好集群发展规划，柳编产业集群获批市级产业集群。

四升一群 2013年，县中小企业局坚持把“四升一群”作为加快中小企业发展、贯彻落实转方式调结构推动科学发展的一项重要任务来抓。550家个体工商户升为微型企业，36家微型企业升为小企业，8家小企业升为中型企业，金正阳公司升为大型企业；柳编产业集群认定为市级产业集群；店头镇铸造产业认定为市级特色产业镇；山东汇商工谷园区开发建设有限公司认定为市级创业辅导基地。

管理培训 以提高企业家战略思维及经营管理水平为目标，不断整合培训资源，拓展培训渠道，立足企业需求，根据产业调整方向和企业发展需要，组织北京大学临沭县优秀企业家工商管理研修班、2013年中国民营经济形势分析与预测高峰论坛、技工高级班等一系列共1129人次的培训。进一步开阔企业家视野，提高企业技术技能，增强加快发展的紧迫感和责任感。

科技创新 县中小企业局通过优化科技创新环境，发展高新技术产业，引导中小企业开展技术改造，促进科技成果转化等服务措施，促进中小企业科技创新，工作成果丰硕。一是“一企一技术”助力中小企业科技创新。2013年分别新增省级“一企一技术”研发中心1家、创新企业1家，新增市级“一企一技术”研发中心7家、创新企业6家。二是“专精特新”推动中小企业科技创新。编制中小企业“专精特新”发展规划，实施“育苗扶壮”工程，筛选科技创新型企业、自主品牌企业、特色服务企业共计100家纳入省市“专精特新”培育库。三是“产学研”驱动中小企业科技创新。县中小企业局发挥化肥化工产业办公室的职责，7月12日，临沂大学设在山东方正化学工业有限公司产学研实践基地、山田公司教学实习基地、金沂蒙集团产学研实践基地揭牌，签订金沂蒙集团虫草素（合成）产学研合作意向书。

项目推进 认真筛选项目，积极为企业争取上级各类扶持资金，确保上报的项目符合国家产业政策、申报要求，确保项目发展前景好，建设进度快。金山化肥、新沂蒙担保、中讯通、福瑞达、中小企业服务中心5家公司共申请省、市中小企业发展专项资金154万元。

融资服务 切实解决中小微企业融资难问题，支持和培育中小微企业不断发展壮大，推进新一轮中小微企业发展。县中小企业局、县金融办联合举办“服务中小企业”金融推介会，为东泰机械、白云工艺品等8家公司贷款2280万元。3月15日，开展中小微企业“金融保姆”活动，有89家企业成为“金融保姆”服务对象。组织26家企业参加市政府组织的科技型中小微企业金融推介会，其中5家达成贷款意向。3家省级“一企一技术”企业可享受研发费用税前加计扣除262.5万元。

精心筛选市场前景好、发展潜力大、产品附加值高的21家企业纳入市级成长型企业，全县有21家中小企业被确定为市级成长型中小企业，反映了临沭县中小企业的良好成长趋势和发展潜力。成长型中小企业作为服务扶持的重点对象，将在省、市推出的资金扶持、素质培训、信用建设、融资服务等各项优惠政策的扶持下茁壮成长。同时为切实提高小微企业统计调查监测水平及重点监测中小企业直报工作质量，自二季度开始，对县内规模以下小微企业进行统计调查，为企业发展和领导决策提供依据。

撰稿：赵　娟　审核：尹克自

二轻联社

临沭县二轻集体工业联社（简称县二轻联社）机关设综合办公室、党委办公室、资产财务科、安全保卫科4个科室，共有干部职工19人，其中内退人员11人。下设一个党总支，6个党支部，共有党员228人。

2013年，县二轻联社围绕年初确定的工作重点和工作目标，落实责任，强化措施，较好地完成全年工作任务，在信访、党建、精神文明、安全生产、招商引资等方面受到县委、县政府及有关部门表彰奖励，被省联社、省轻工业协会分别授予先进集体等荣誉称号。

资产监管服务 引导企业牢固树立质量第一的观念，不断强化质量管理，切实提高轻工产品的总体质量水平。深入企业进行调研，帮助企业解决改革发展中遇到的难点和突出问题。加强自身建设，提高服务能力，增强经济实力。履行“指导、维护、监督、管理、协调、服务”职能，认真承担和完成县委、县政府安排的各项工作任务。积极主动为企业提供服务，维护集体企业和职工合法权益，防止集体资产流失，实现集体资产保值增值。

社会稳定 按照“预防为主、教育疏导、依法治理、防止矛盾激化”的原则，切实抓好系统社会稳定工作。牢固树立“稳定是硬任务，是第一责任”的思想，以维护二轻系统稳定大局为己任，按照“属地管理、分级负责”，“谁主管、谁负责”，“谁分管、谁负责”的原则，制定《二轻联社2013年维护稳定工作实施意见》，对本系统全年信访工作进行全面安排和周密部署，建立起主要领导负总责，分管领导靠上具体抓，建立“一岗双责”、齐抓共管的责任体系，较好解决了一起信访积案，有效维护系统稳定。

基层党建 加强党的建设，积极开展“三双”活动及干部直接联系和服务群众活动。开展“组织联”“乡情联”，到联系村调研座谈，到联系户家中走访，准确了解所联系村居干部群众所思、所忧、所盼，将在走访中发现的新情况新问题进行深入调研，摸清实情，建立台账，帮助联系点理清发展思路，科学制订帮扶方案，找准强村富民路子，帮助联系户脱贫致富。加强企业党建和党员管理。充分发挥联社党委作用，围绕全面加强二轻非公有制企业党的建设工作，积极探索和实践。建立联社党委班子例会制度，健全完善党委党建工作目标责任制；理顺关、破、停产企业党组织关系，进一步建立和完善“三会一课”、组织生活会、民主生活会、民主评议党员、理论学习等党内生活制度，提高基层组织战斗力，发挥战斗堡垒作用。

柳编产业发展 县二轻联社积极参与行业管理，推动柳编产业协调发展。积极为条柳编企业搞好服务。2013年10月3日至7日，二轻联社牵头组织15家柳编企业参加由省经信委、省轻工联社在济南召开的山东省第五届工艺美术暨家具用品博览会。11月5日至7日，参加在博兴召开的博览会，进一步扩大“中国柳编之都”影响力。

撰稿：李玉霞　审稿：孙成文

供　电

2013年，临沭县供电公司上下同心同德，拼搏进取，保持和谐稳定、健康发展。全年完成供（购）电10.25亿千瓦时，同比增长16.77%，完成售电量9.65亿千瓦时，同比增长15.71%。先后荣获省公司“同业对标10亿千瓦时及以下售电量区段综合标杆单位”“安全管理标杆单位”，临沂市“2013年度全市安全生产先进企业”“行风建设先进单位”“全市首批选派‘第一书记’工作先进单位”，临沭县“2013年度振兴临沭经济一等奖”“行风建设先进单位”“民族团结进步创建示范单位”“平安临沭建设先进单位”“全县环境保护工作先进单位”“全县社会保险工作先进单位”“全县文明优质服务示范单位”“全县统计工作先进单位”等称号，并被临沭县人民政府记“集体三等功”。

安全生产 深刻吸取系统内外安全事故教训，深入开展安全生产“大反思、大整顿、大提升”活动，推动全员思想认识再深化、工作措施更严密和隐患排查更全面。严格落实现场安全管理技术和管理措施，开展防人身伤害特别措施全员背诵、安规默写和安全承诺签名活动，制订10项技术防范措施，实行安措“双验收”“三级监护”“四张照片”等制度，强化安全督查队现场督查，公司领导实施现场到位监督，确保生产现场安全无事故。开展安全隐患全面排查，对电缆通道、线路通道以及线路设备隐患进行地毯式全面排查，消除变电缺陷13处，输配电缺陷349处，清理树障1.3万余棵，制止、拆除线下违章建筑67处，消除线路对地距离不足6处，保障电网安全健康运行。积极安装漏电保护器防范农村用电安全风险，一、二级保护器投运率100%，三级保护器投运率95%以上，确保中低压配网安全运行。以“安全生产月”活动为契机加强安全宣传教育，累计发放宣传材料1.5万余份，推动全社会安全用电意识持续提升。完善事故应急和保电预案，开展应对暴雨台风无脚本桌面推演，强化工作协同，圆满完成“8·10”自然灾害事故抢修和中央领导视察保电任务，公司实现连续安全生产730天。

电网建设 加大电网投入，努力推动电网改造升级，电网投入连续两年超1.5亿元，新增变电容量连续两年超50兆伏安。加快推进重点项目前期工作，全面完成220千伏安常林—虎园工程、110千伏安青云输变电工程前期以及官庄35千伏安配出工程规划许可、工地预审等工程前期工作，为项目顺利开工奠定基础。110千伏安官庄输变电工程建成投运，新增主变容量5万千伏安，变电站及配套工程投运后将显著提升南部电网供电能力和供电可靠性。城网改造工程完成18条10千伏安线路架设，基本消除城区线路过负荷、卡脖子等问题，城网供电可靠性得到根本提升。加快推进农村电网升级改造，累计建设10千伏安线路9条，改造用电台区324个，新增或改造变压器291台，新增低压配变容量131.4兆伏安，农网配变总容量同比增长135.8%，户均配变容量由0.49千伏安提升至0.96千伏安，农网供电能力和可靠性实现新提升，为农村居民生产、生活用电质量的提升提供了坚实保障。

经营管理 落实依法治企工作要求，严格执行中央八项规定，开展电费资金管理、“三公”消费自查审计，梳理排查公务用车、公务接待、会议管理问题，重点工作流程和行为更加规范。以提升集体企业自我发展和服务主业能力为目标，认真贯彻落实省公司“3231”工程（3个体系、2个服务、3个规范、1个整合）要求，成立集体资产监督管理委员会，完善内部机构设置和管理制度，加强优质资源整合和队伍素质建设，推动主多交易市场化运作和集体企业规范发展，集体企业实现平稳起步和规范运营。以队伍建设和管理创新为支撑，推动公司内部管理升级，公司财务集约化管理典型经验在国网公司和省公司网站发表，两项管理成果分别荣获省、市公司三等奖和二等奖，5名员工被评为省市公司优秀人才，公司荣获临沂市第六届“劳动之星”技能竞赛团体二等奖。

优质服务 扎实推进“美丽彩虹·光明服务”主题活动，组织开展“爱心直通车”以及彩虹共产党员服务队“五进”活动，为困难群体和电力客户提供亲情服务、技术服务和就近服务；协助客户制定节能改造计划，查改供用电安全隐患33处；落实业扩“契约式”服务制度，开展高压业扩报装集约化管理，推动服务效率提升，业扩服务质量进一步提升。加快推进电能表远程抄表，减少人为抄表误差，低压集抄覆盖率达78.28%，在全市县公司中名列第2名。积极服务多元化缴费需求，努力打造城乡“十分钟电费缴费圈”，建成缴费网点846个，县城告别电费走收时代，农户不出村即可缴纳电费。定期组织“以案说法”讲评会，对服务案例进行讲评；严格落实投诉举报首日联系制、限时办结制和即时通报制度，扎实开展行风非对称性督查、优质服务明察暗访，对发现问题严肃追责，服务水平稳步提升。公司在全县行风测评中名列窗口服务类第一名，并荣获市、县“行风建设先进单位”荣誉。

2013年临沭县行业用电量情况表（地区全口径）

表 17

单位：万千瓦时

名称	本年累计用电量	比重(%)	上年累计用电量	比重(%)	同比增长(%)
全社会用电总计	117213	100	99666	100	17.61
A. 全行业用电合计	92840	79.21	80037	80.31	16
第一产业	1634	1.76	1161	1.45	40.74
第二产业	81480	87.76	69963	87.41	16.46
第三产业	9726	10.48	8913	11.14	9.12
B. 城乡居民生活用电合计	24373	20.79	19629	19.69	24.17
城镇居民	7801	32.01	6193	31.55	25.96
乡村居民	16572	67.99	13436	68.45	23.34
全行业用电分类	92840	79.21	80037	80.31	16
一、农、林、牧、渔业	1634	1.39	1161	1.16	40.74
二、工业	79951	68.21	68450	68.68	16.8
轻工业	12230	15.3	11818	17.27	3.49
重工业	67721	84.7	56632	82.73	19.58
三、建筑业	1529	1.3	1513	1.52	1.06
四、交通运输、仓储和邮政业	204	0.17	256	0.26	-20.31
五、信息传输、计算机服务和软件业	715	0.61	682	0.68	4.84
六、商业、住宿和餐饮业	3964	3.38	3288	3.3	20.56
七、金融、房地产、商务及居民服务业	958	0.82	840	0.84	14.05
八、公共事业及管理组织	3885	3.31	3847	3.86	0.99

说明：全社会用电量包括金沂蒙集团自备发电量

撰稿：付学乐　审稿：房耀东

金正大生态工程集团股份有限公司

金正大生态工程集团股份有限公司（简称金正大）成立于1998年，是从事复合肥、缓控释肥、磷化工产品及其他新型肥料研发、生产和销售的国家重点高新技术企业、国家创新型企业和全球最大的缓控释肥生产基地。现有总资产87亿元，员工8000余人，年生产能力510万吨。2010年，公司在深圳证券交易所正式上市（股票代码002470）。2013年实现销售收入119.92亿元。公司是缓控释肥料行业标准与国家标准起草单位、全国缓控释肥产业技术创新战略联盟理事长单位。先后在山东临沭、菏泽、德州，安徽长丰，河南郸城、驻马店，辽宁铁岭，贵州瓮安，云南晋宁，广东英德等地建有生产基地，并在北京、济南、华盛顿等地设有研发机构。

企业文化　金正大始终坚持“诚信、创新、责任、共赢”的企业核心价值观，以“成为世界级的高端肥料供应商和受人尊重的农业服务商”为长远发展目标，以“帮助农民增收、促进农业发展”为己任，以“引领行业技术进步，推动现代农业发展”为使命，努力实现企业“经济、行业、环境、员工、社会”五重责任的和谐统一，推动公司取得更大发展，以不懈的努力积极践行“发展企业、回报股头、造福员工、奉献社会”的承诺。

金正大始终以创新为发展的动力和源泉，不断引领行业技术进步；在国际化发展过程中承担更多的社会责任，并以多种方式回报社会，形成公司、员工、社会之间和谐共赢的发展局面，使金正大人过上“健康、快乐、超小康”的幸福生活。

企业荣誉　公司相继荣获“国家创新型企业”“高新技术企业”“国家重点高新技术企业”“全国工业品牌培育试点企业”“中国化工行业技术创新示范企业”“新农村建设中国十大贡献企业”“中国肥料百强成长企业第一名”“中国成长百强最佳自主创新奖”“年度中国最具成长性企业”等殊荣，产品相继荣获“全国消费者放心品牌”“中国肥料行业十大品牌”“最受消费者满意品牌”等荣誉称号，并拥有“金大地”与“沃夫特”两项中国驰名商标。

2013年，公司销售收入在复合肥上市公司中居第一位，市值在化肥上市公司中居第三位。公司产品产销量连续五年居行业第一位，其中缓控释肥市场占有率超过50%，成为全球最大的缓控释肥生产基地。2014年《财富》中国500强排行榜发布，金正大（002470）集团凭借2013年销售收入119.92亿元，净利润6.64亿元入围2014财富中国500强，位列372位，比2012年上升12个名次。

科研开发　公司始终坚持自主创新、走产学研相结合的发展道路，先后与山东农业大学、中国农业大学、国家化肥质量监督检验中心（上海）、国家杂交水稻工程技术研究中心、中国科学院南京土壤研究所、全国农技推广服务中心和各省土肥站和各省农科院等40余家科研院校开展长期合作，同时与佛罗里达大学等美国6所大学、美国农业部3个试验站等单位建立长期合作关系，共同致力于缓控释肥的推广应用，走出一条产学研相结合的特色化发展道路。在发展的过程中，金正大建立业内领先的科研平台和研发体系，取得丰硕科研成果。公司建有国家缓控释肥工程技术研究中心、复合肥料国家工程研究中心、土壤肥料资源高效利用国家工程实验室、博士后科研工作站等国家级高端研发平台。

公司先后承担“十一五”“十二五”国家科技支撑计划和国家星火计划、国家火炬计划、国家重点新产品计划等30余项国家级和省级重大科研项目，拥有发明专利177项，并荣获国家科技进步二等奖2项、山东省科技进步一等奖2项，同时荣获国家重点新产品、中国驰名商标等荣誉。

市场建设 金正大为适应市场需求，建立了完善的市场营销体系。在全国建立20多个销售公司，营销服务人员1000余名，销售网络遍布山东、河南、河北、湖南、湖北、江苏等31个省、市、自治区。与国内市场建设同步，金正大凭借国际一流的科研技术，优质的产品质量，其化肥系列产品已经走出国门，出口到20多个国家和地区，成功实现海外市场的覆盖并赢得用户的广泛赞誉。在美国、德国、加拿大、荷兰、澳大利亚、日本、马来西亚等国家遍布着金正大集团的市场营销网络，渗透到化肥市场的每个角落。

技术推广和应用 公司坚持“技术先导，服务领先”，以科学技术为主导，以肥料为推广载体，将肥料生产、营销、施用有机结合，逐步建立了业内领先的“农化知识传播体系、测土配方施肥服务体系、现场服务指导体系”的营销体系。公司以向广大农户传播“科学施肥、平衡施肥”理念为己任，通过免费咨询热线、农化服务专栏、发放科普资料等方式，普及和推广农化知识。公司具有完善的测土配方农化服务流程，围绕“测土、配方、配肥、供肥、施肥指导”5个环节，将测土配方、实验示范等农化服务与产品营销进行紧密结合，实现业务之间的良性渗透和互补。此外，公司聘请农技专家，采用田间指导、培训讲堂、科技下乡等多种方式，对农民进行面对面服务。公司还联合全国农业技术推广服务中心、中国邮政物流，以及25个省市土肥站、18个省农科院等单位，在全国25个省市开展缓控释肥的试验示范和推广。

2013年，农业部将金正大水溶肥纳入全国示范推广计划，在新疆、内蒙古、广西、云南、甘肃、山东、河北等十余个省份开展水溶肥示范工作。此是金正大继缓控释肥纳入示范推广项目后的又一新技术产品。同时金正大依托各地农化服务中心，每年免费为农民提供测土配方上千次，引导农民科学施肥、平衡施肥。截至2013年年底，针对不同地区的土壤结构和不同作物的营养特点，公司累计开发、生产各种配方专用肥100多种投入市场，满足农民差异化需求。

撰稿：何　磊　审稿：徐淑江

史丹利化肥股份有限公司

史丹利化肥股份有限公司（简称史丹利公司）是一家集高塔复合肥、硝基复合肥、控释肥以及海藻肥等新型复合肥研发、生产和销售的国家重点高新技术企业，2013年，公司总资产43.63亿元，占地面积233.33公顷，年生产能力达460万吨，是全国最大的高塔复合肥生产基地，总部位于山东省临沭县。在吉林省、山东德州、广西贵港、湖北当阳、河南遂平和宁陵、江西丰城等地有8家子公司，实现在全国生产、营销和服务的总体布局。公司为A股上市公司（股票简称：史丹利，股票代码：002588），注册商标为“中国驰名商标”，“史丹利”品牌价值高达27.2亿元。4种主导产品被科技部、环保部、商务部、国家质检总局联合认定为“国家重点新产品”。荣获“临沂市十佳企业”称号。

史丹利公司先后创造“两个中国第一”：中国第一条尿基高塔复合肥生产线、中国第一代最高含量54%复合肥。在全国31个省、市、自治区建立以县级为单位的2000个销售网点，产品远销日本、澳大利亚等国。2013年，销售收入实现53.45亿元，各项主要经济指标创历史最高水平。1月，总裁高进华荣获“山东十大三农人物”称号；2月，史丹利化肥当阳公司一期工程生产线顺利投产；5月，史丹利化肥宁陵公司生产线顺利投产，同月湖北省当阳市史丹利·姚基金希望小学捐建仪式暨“魅力史丹利·情系‘三农’·幸福当阳”大型公益演出举行；9月，中共史丹利化肥股份有限公司委员会成立，同月总裁高进华访问美国普渡大学，与该大学农学院签署技术合作协议；11月，总裁高进华接受中央电视台《新闻联播》采访，就十八届三中全会审议通过的《中共中央关于全面深化改革若干重大问题的决定》中要紧紧围绕市场在资源配置中起决定性作用，深化经济体制改革的相关问题阐述了观点。

管理创新 坚持比较管理，通过横向、纵向比较，得出排名次序，进行奖优罚劣，形成高效的内部竞争机制，实现责权利的对等。比较管理，比较出差距，比较出活力，比较出效益，比较出人才。比较管理，天天比较，才会进步。比较管理要求子公司之间，比节能、比产量、比效益，找出差距促管理，追求效益最大化；在管理上，比效率、比执行、比绩效，极大地激发广大员工的激情，形成公平、公正、公开的竞争文化。强调学习力，20%是想出来的，80%是学出来的，向标杆学习，通过各种渠道学习。建立部门协作互助体系，加大内部交流，建立畅通无阻的沟通渠道。内部执行百万创新，拿出300万元专项资金用来激励优秀创新方案和模块案例，提高员工合理化建议的积极性；按人头划拨给一定激励资金，作为奖励部门内20%的先进员工和团队活动费用。

生产目标 2013年，生产体系管理主要概括为一安全生产；二提升品质；三节人节能。安全生产：即要保证安全，以“安全生产”主题为指导，紧紧围绕公司年度安全管理目标，强化安全责任，改进安全监管，落实防范措施；提升品质：设立“总裁质量奖”，通过此项评选，树立学习标杆、寻找差距，强化质量管理意识，严格组织生产、提升管理水平，产一流产品，造一流颗粒，创一流品牌；节人节能：即加大技改创新，通过大力实施节能技术改造，提高公司自动化水平，改善员工工作环境，降低工人劳动强度，从而实现节约成本，提升效率。

科技研发 2月，独立完成的“熔体料浆塔式造粒复合肥关键技术研究与应用”项目获山东科技进步三等奖，在技术集成上具较强的市场竞争力，技术达到国际先进水平；国家高新技术企业顺利通过复审，公司在高新技术方面取得实质性进步。3月，被山东省科技厅、山东省国资委、山东省总工会三部门联合认定为山东省创新企业；承担的临沂市科技发展计划重大科技专项“全自动尿基硝基一塔两用复合肥生产技术研究”顺利通过验收，关键技术工艺达到国内领先水平。11月，“尿基复混肥塔式造粒技术产业化及推广应用”项目、“高塔多形态蔬菜专用肥关键技术与应用”项目、“全自动多功能一体化高塔技术集成与开发应用”通过山东省科技成果鉴定委员会验收，前项达到国际领先水平，后两项达到国际先进水平。全年申报专利15项，其中，发明专利12项，实用新型专利3项；授权发明专利5项，实用新型专利7项。

信息化建设 通过研发实施SAP系统、EB系统、HR系统、OA系统，实现信息流、资金流、物流、人事流“四流合一”，EB系统发挥先进的网络优势，让经销商足不出户，就可以完成下单、查询等业务，既省时又高效。通过系统，经销商销售订单直接传输到公司内部SAP系统，实现订单和生产的无缝衔接；随时查看订单的生产、发货情况、往来款项使用明细、返利明细等账目，满足经销商对账需求；结合发放的POS机，随时完成付款和订单下达，实现快速、高效的业务流程；通过系统可以实时了解公司产品工艺、价格动态、库存情况、生产周期等信息，实现公司商流、物流、信息化、资金流的衔接与融合，对提高企业的运作效率，推动全国复合肥行业电子商务进程起到重要的引领作用。

企业文化 以优秀企业文化作引导，创建学习型、责任型企业，打造一流的职工队伍和一流的企业形象。公司坚持以人为本的理念，重视人才发展，为职工提供形式多样的培训和学习机会，分期分批对中高层管理人员和全体职工进行综合培训。2013年，组织60余名优秀管理干部赴清华大学、北京大学、浙江大学研修深造，还到韩国三星参观学习。全年共计招收各类专业人才1300余人，其中，博士3人，硕士100余人。以史丹利学院为平台，共组织30余次专项培训，培训人次达1000余人，进一步提升经销商客户及销售人员的整体素质。依托史丹利职业技能培训学校，组织培训3次，解决300余人继续教育和就业问题。公司还开展演讲比赛、职工运动会、元旦晚会、烧烤晚会等各类文体活动，培育和打造优秀企业文化，提升职工整体素质，增强凝聚力、向心力，打造和谐的人文环境。

撰稿：秦兴江　审稿：鲁守尊

山东常林机械集团股份有限公司

常林集团总部设党委办公室、集团办公室、工会办公室、人力资源部、战略投资部、财务部、金融服务中心、信息管理部、营销管理部、采购管理部、后勤服务部、运营管理部、项目合作部、高端装备研究院等职能管理部门。下属控股企业有山东常林农业装备股份有限公司、力士德工程机械股份有限公司、山东常林铸业有限公司、山东中川液压有限公司、山东常林肥业有限公司等。合资公司有山东常林道依茨法尔机械有限公司、道依茨发动机（山东）有限公司、特威泰克环保技术（山东）有限公司。

生产经营 2013年共实现营业收入52.2亿元，较去年同期增长4%；实现利税1亿元，同比下降16%。山东常林农业装备股份有限公司全年共销售手扶拖拉机11.1万台，柴油机13.2万台，旋耕机3.3万台，犁具3.4万台、卷帘机910台、汽动离合器1000余台；销售玉米收获机1600余台，花生收获机66台，稻麦打捆机15台；山东常林道依茨法尔机械有限公司坚持新工厂建设与生产经营同步运行，全年销售大中拖产品8600台；山东常林铸业有限公司全年共销售铸件2.9万吨。山东常林肥业有限公司全年共销售肥料17.2万吨。山东中川液压有限公司新开发20家客户，全年实现主泵销售1430台，主阀160台，回转装置100台，变速箱体120台；力士德工程机械股份有限公司在工程机械销售继续下滑形势下，保持国产品牌较好销售业绩。集团公司第四次被评为“中国机械工业百强企业”。

科技创新 中川液压系列产品在成套性和系统集成方面取得重大突破。独立开发的“22T挖掘机正流量液压元件及系统研究”项目技术达到国际先进水平，填补国内空白，打破国外垄断。研发的新型正流量控制系统实现节能减排和工作效率的提高，其节能指标与市场主流的负流量系统相比提升15%以上；40吨级挖掘机关键液压元件及系统在电比例控制、关键材料、关键工艺及设计方法等技术瓶颈方面取得创新和突破，主要性能指标达到国际先进水平，通过省级科技成果鉴定；“50吨及以上挖掘机成套液压系统研制和应用示范”项目成功申报并列入国家“十二五科技支撑计划”，申报成功“山东省高端液压件工程试验室”。全年共获发明专利15项。主持编写7项行业及地方标准。顺利通过国家发改委对“国家认定企业技术中心”运行情况的评价考核。成功摘得全国仅有的两家“2013装备中国创新先锋榜”桂冠。

重点项目 中川液压一期已投产并产生效益，二期部分设备已陆续进入；铸造中心项目，完成日本新东树脂砂生产线安装调试，已投产；CDF高端智能农业装备项目已进行设备安装调试；长和车辆覆盖件项目已投产并形成稳定的客户群；道依茨发动机项目完成样机装配以及2个功率段机型的可靠性试验；缸体缸盖项目完成齿轮和曲轴生产线的搬迁、生产；常林国际大酒店项目开始营业，提升了集团配套服务和临沭县的接待水平。

人力资源 多渠道从社会招聘各类人才600余人，内部招聘与调动512人。组织512场、2.4万人次培训。评选出中级讲师2名、初级讲师22名。绩效管理体系实现全集团覆盖，通过E-HR系统实现无纸化和移动办公操作。全年提出薪酬改善方案10余个并获得实施。聘请教授刘明为常林高端装备研究院院长，董事长张义华被省机械工业协会授予“山东省机械工业功勋企业家”称号，总裁钟默当选为2012年“中国机电工业年度人物”，意大利研发专家普契尼·阿莱西奥获得“齐鲁友谊奖”荣誉称号。

精益生产 根据年度精益改善指标，各子公司精益改善团队分别在成本降低、品质提升和主题改善课题等方面进行改善。农装等四个公司精益改善提案完成率109%，预计全年可节约金额913万元，累计发放提案奖金3.3万元。完成重大改善项目11项。农装手扶装配自动化喷涂等项目已投入使用，年节约资金295万元。钣金车间内部物料看板拉动项目降低成品库存78万元，节约库房面积410平方米，节约资金28万元。全年举行三期培训，评选出6名精益初级专家和2名中级专家，分别组织重大精益改善课题18项。

信息化建设 加强信息化软件项目实施推进，对相关业务数据进行集成优化。采购、生产、成本等关键数据输入时间和准确率明显提高；实现集团总部、农装、铸业、肥业浪潮电子商务模块的上线应用，以及供应商、客户及内部供应链的有效集成；初步实现农装、铸业、肥业公司成本核算与分析控制的电子化；实施集团资金集中管控项目，实现对资金的集中监控；实现绩效管理的系统内考评。

企业文化 组织开展第八届职工专业技能技术大赛。向员工征集改善提案，助推落实精益生产。收到职工提案2000余条，节约资金1900余万元。开展“安康杯”安全知识竞赛、书画、摄影比赛活动。围绕厂务公开、亲情教育、职工书屋等“九进班组”活动，将企业文化融入到车间班组。组织“读一本好书，争做优秀员工”活动，带领广大员工学习《责任比能力更重要》，企业凝聚力进一步增强。成立以中川液压员工邓友林名字命名的“邓友林创新工作室”。完成员工之家绿化3000平方米，成立员工健康中心，内设篮球场、羽毛球、台球、乒乓球、棋牌室等娱乐健身设施。与仁和堂连锁药店合作建立集药店、超市、诊所为一体的综合服务中心。举办爱国主义教育登山比赛、第十七届职工篮球赛、第八届职工健美操表演赛。参加临沭县“交通运输杯”首届端午节龙舟赛。举办“相约冠山·牵手七夕”青年职工联谊会。“三八国际妇女节”评选表彰10个“五好”家庭、10位女职工建功立业标兵和52名优秀女职工。

建厂70周年庆典活动 11月13日，常林集团迎来70岁生日。常林70年辉煌历程的建设者和见证者、社会各界嘉宾聚常林国际大酒店，共同祝贺常林70周年华诞。中国农业机械工业协会会长陈志、中国液压气动密封件工业协会理事长沙宝森、中国工程机械工业协会秘书长苏子孟、中国铸造协会秘书长温平、山东省机械工业协会会长刘卫东等行业领导，以及来自全国各地的经销商代表、供应商代表、用户代表，人民日报、经济日报、新华社、大众日报等30多家新闻媒体，以及常林离退休老领导和建企以来的劳模、先进代表、子公司的代表参加庆典活动。集团董事长张义华对常林70年来的发展进行总结，对目前正在实施的技术先进的产业体系进行了明确，对未来“核高基”产业链的打造进行了展望。沙宝森等行业领导分别致辞。常林集团领导张义华、钟默、马西连、张东共同按下庆典启动球，并举行庆典文艺汇演。

撰稿：刘长伟　刘宝铭　审稿：马西连

金沂蒙集团有限公司

2013年，金沂蒙集团继续按照“一二六六三”工作思路，坚持以经济效益、安全稳定为中心，实施百分之一工程，目标分解、责任细化，生产经营、项目建设等各项工作扎实推进，企业保持良好发展势头。先后荣获中国化工500强、中国企业文化建设优秀单位、山东省厂务公开民主管理示范单位、山东省科技兴贸出口创新基地等多项荣誉。

生产管理　2013年，集团公司工艺、技术和管理创新，节能降耗工作取得新突破。产品能耗、物料消耗及车间3项费用大幅降低，进一步降低成本，增强市场竞争力。项目建设进展顺利，先后完成合成氨节能技术改造、动力能源系统优化改造、城区供暖、废水深度处理资源化及冷却水循环系统工程、8万吨/年生物炼制乙醛、2万吨/年丁烯醛等项目建设。项目的完成，提高了装置产能，并在能源及原料消耗，产品质量、环境保护等方面取得较大进步。

企业经营　2013年，全球经济复苏疲弱，市场形势持续低迷，企业经营环境依旧严峻。面对经济下行压力较大的市场挑战，金沂蒙集团上下紧紧围绕年度任务目标，准确把握国内外市场形势，大力实施创新驱动战略，投入1.2亿元用于科技研发，加快转变经营发展方式，推动企业实现持续、健康、快速发展，实现销售收入38亿元，纳入8000多万元。化工产品继续深化目标细分，加大考核力度，主导产品销量不断攀升，市场占有率稳步提高。医药中间体产品效益稳中有升，面对国家产业政策的调控与激烈的市场竞争环境，全体营销人员迎难而上，创新销售策略，拓宽销售渠道，实现良好经济效益。复合肥销售实现新突破，生态肥业不断创新营销机制，强化营销队伍建设，深化渠道变革，着力推进渠道下沉，攻坚克难，实现肥料销量与市场占有率双提升。

科技创新　金沂蒙集团高度重视科技创新工作，始终把科技创新作为企业发展的重要推动力量。2013年，科研人员凭借企业强大的创新平台，充分发挥聪明才智，在技术创新、专利授权发明方面取得丰硕成果。木薯生物炼制醋酸酯产业化示范工程、D-二氢苯甘氨酸邓钠盐低温干燥新工艺等2个项目通过科技成果鉴定，达到国际先进水平。利用发酵醇厌氧处理后糟泥生产生物控释肥、新式乙醛缩合法丁烯醛生产技术、新式银法甲醛生产技术、低温吸附干燥回收二氧化碳新技术、废水深度处理工艺技术等5个项目被列入山东省技术创新项目，于2013年12月通过山东省经信委组织的验收。全年获得科技进步奖1项，技术发明奖1项，其中乙二醛流程再造及产业化技术开发荣获临沂市科技进步奖一等奖，D-（-）苯甘氨酸关键工艺及装备提升产业化技术研究荣获临沂市技术发明奖二等奖。全年获得授权专利12项，其中，发明专利8项，实用新型专利4项，授权专利总数达到70项。

安全环保　2013年，加大安全设施和劳动防护器材投入，投资90余万元，新增、完善安全设施灭火器、消防带、消防泵、消防栓、安全阀、静电接地报警仪、气体检测报警仪等300余台；投入30余万元，新增、完善劳动防护器材洗眼器、医药箱、医药用品、防化服、正压式空气呼吸器等。建立健全各项安全管理制度、安全操作规程和安全责任制，多次组织员工安全培训和综合、专项应急演练培训，提高员工的操作技能和应急处置能力。集团公司和生物科技公司顺利通过国家二级安全标准化验收；顺利通过省级应急救援示范点、省级爱国卫生先进单位验收工作。2013年集团投资280万元建设“冷却水循环系统建设工程”即中水回用工程，中水回用工程采用“反渗透（RO）工艺”对污水处理出水进行脱盐处理，处理后的中水根据生产装置需要，可作为生产装置工艺用水，亦可作为生产装置循环冷却水使用。新项目建成每年可节约新鲜水99万吨，做到资源循环利用，实现经济发展与环境友好良性互动。积极响应国家《火电厂大气污染物排放标准》（GB13223-2011）要求，投资300万元建设130吨/小时锅炉脱硝工程。脱硝工程的实施可减少NO_x排放量约624吨/小时，改善了当地环境空气质量，提高人民群众的生活质量水平，在全市火电厂开展脱氮方面起到示范作用。

人才管理 完善人才人力资源管理体系，发挥人才服务、保障支撑和薪酬激励作用。全年引进各类专业大中专学生350余名，招收定向生100余名，进一步强化企业人才队伍建设。举办员工培训班、班组长培训班、中层干部培训班、高层领导培训班和安全、技术、财务、宣传等各类专业培训班30多次，人均累计完成培训24课时。全年人均增资200元，调动员工工作积极性和主动性。投资千万元，建设250套公租房，改善员工住房条件，解决困难员工住房问题，进一步提高员工幸福指数。开展厂区绿化、亮化、美化工程，为员工营造花园式工作环境。增强企业文化建设，以文化软实力推动企业持续、健康、和谐发展。

撰稿：郇恒林　审稿：杨　静

山东沂蒙老区酒业有限公司

山东沂蒙老区酒业有限公司是以酒业为主，集矿泉水、化工、房地产开发、医药、淀粉加工等产业为一体的现代化民营企业，下设临沭县华盛化工有限公司、山东沂蒙老区置业有限公司、山东华强农业科技发展有限公司、临沂市沂蒙山泉矿泉水有限公司、临沭县古泉春危险货物运输有限公司、山东节力士光电科技有限公司等分支机构，以及与鲁商集团合作成立的海佑福瑞达制药有限公司。2013年，上缴税金5748万元，同比增长11%，各分公司生产稳定，效益良好。年度内公司被评为全市民营企业五十强、全市创业功臣先进单位、全市安全生产先进企业、临沂市市长质量奖、振兴临沭经济特殊贡献奖等荣誉称号。

营销创新 2013年，由于受国家宏观调控及相关政策影响，加上国家对酒驾及八项规定的实施，使白酒行业出现前所未有的困难，全国白酒行业整体业绩呈持续下滑趋势。面对复杂的经济态势及行业形势，在县委、县政府的正确领导下，公司领导班子多次研究分析，及时调整经营思路，调结构，提质量，拓市场，带领广大干部职工凝心聚力，扎实工作，克服困难，加大白酒市场的开发和促销力度，呈现结构优化、质量提高、效益增长的走势。以“贵人道”为主线，加大陈列和铺货面，增加中高档酒的销售，提高产品市场占有率，有效拉动市场销售氛围。在经营管理中及时更新观念，创新思维。年初，对营销负责人及营销队伍作了适度调整，把原来外围大区划分为南北大区和拓展大区，采取“营销渠道下沉、合理拓展市场”的措施，积极协助经销商配送，将销售平台下沉到基层网点，制定“金牌客户”“金网工程”和“村村通工程”政策，对主要销售网点做到定人、定点、定线、定时的细致化管理，达到对产品销售的全面掌控，扩大产品在市场的覆盖面。通过辐射、渗透，滚动推进，以过硬的质量、优良的服务、良好的信誉，赢得了市场和消费者的信赖，使市场得到迅速拓展，保持了销售收入稳中有升的增长态势。

技术创新 2013年，公司在酿酒工艺、技术上进行技术改造和创新。从窖泥制作、窖池保养、粮食酒蒸烧工艺到贮酒容器制作，创新实施“回酒发酵、翻沙曾香、天然除燥、恒温增韵”等新技术，使产品形成了“酒香柔雅、细腻醇厚绵甜、协调舒适、风格独特”的口感特征。加上优化检测设备与技术改进，培养一支过硬检验队伍，为生产工艺提供科学依据，为产品质量提供有力保障。年度内，公司被授予临沂市市长质量奖。“53·贵人道”获中食协国家评委感官质量奖，“36·贵人道”被山东食品工业协会评为“感官质量金奖”。在山东省轻工业白酒行业鉴评质量活动中，“32·贵人道”“53·贵人道”酱香酒获得专家们的一致好评，感官质量全部达到优级水平。“52·芝麻香至尊酒”通过省级产品技术鉴定，专家评价综合技术水平居国内领先，并荣获山东省轻工业科技进步三等奖，“贵人道”品牌被省经贸委评为山东省最具竞争力品牌。

企业文化 公司党委组织工会、妇联、团委等部门，相继举办庆“五一”“十一”职工书画文体比赛、技术比武等活动，丰富职工文化生活，提高业务技能。改善职工就餐环境，新建职工食堂、公寓文体活动室等设施。切实加强人文关怀，为职工办实事，做好事。形成和谐共济，共同发展的良好局面。公司党委还积极开展创先争优活动，6月30日，党委组织部分党员到国家教育基地台儿庄大战纪念馆参观学习，上党课，重温入党誓词，接受再教育，组织党员学习十八大会议精神。把党的思想政治优势转化为公司的创新优势、竞争优势和发展优势。

捐资助学 2013年，公司承担社会责任，开展捐资助学、助残、慈心一日捐等社会公益活动，已连续两年与团市委、临沂电视台联合举办“贵人道”优秀学子奖励活动；发放华贵酒及助学金，承载“为临沂培养人才，为社会推荐人才”的社会责任，受到社会各界高度赞誉。

撰稿：李培远　审稿：滕善华

山东伟业集团

山东伟业集团成立于2002年，其前身是临沭县棉麻公司，是一家集房地产开发、工程建筑、棉花经营、物业管理及商品混凝土生产等多种生产经营业务于一体的综合性民营企业。集团占地面积20公顷，资产总额15亿元，下辖临沭县金明寓房地产开发有限公司、临沭县金明寓建筑工程有限公司、山东通亚建设有限公司、临沭县金明寓物业管理有限公司、临沭县供销棉麻有限公司等8个子公司。

集团总部设办公室、财务处、审计处、采购处、质量安全处、综合处、预算处、宣传处、保卫处9个职能处室。集团拥有员工1000余人，其中，一级建造师12人，二级建造师16人，高级职称12人，中级职称80余人，初级职称240人，项目经理40人。2013年，集团全年实现工业总产值13亿元，上缴税金6100万元，同比增长分别达到160%和35.6%。被市委市政府授予“功臣企业”“全市税收贡献赶超进位企业”，被县委县政府评为“振兴临沭经济特殊贡献奖”。被临沂市房产和住房保障局评为“优秀物业管理企业”。

棉花经营 作为传统产业，公司始终将棉花加工经营当做企业的主要业务来抓，并取得较好经济效益。2013年，在国内棉花行情持续低迷的形势下，棉麻公司将主要精力放在皮棉调拨和销售上，走遍新疆、甘肃、山西、河北等棉花主产区，充分了解国内棉花市场行情，全年共调拨皮棉3986吨，取得一定经济效益。

东营河口分厂自2012年投产运行以来，克服几年来东营地区由于天气原因导致棉花质量差，不能直接收购加工的不利因素，想方设法开展工作，全年共收购籽棉33.5万公斤，加工皮棉118吨，同时为国家代储棉花5993吨。

房地产开发 金明寓房地产公司抓住城市化发展战略这一历史性机遇，本着“以质量求生存，以创新求发展”的企业理念，坚持“情系百姓安居，打造百年楼盘”的企业宗旨，以不断提高居民居住水平为己任，实施精品战略，创建名牌企业。相继开发建设金明寓A区、B区、C区、D区、玖楼小区、玉华亭小区、育兴嘉园、玉开源小区、育德小区、景钰嘉园、玉华亭南区、鼎钰华居、颐和御园、育源华庭等20余个小区。

2013年，金明寓房地产开发的楼盘主要有育博苑、瑜景苑、育秀家苑、沭河花园、杏林御园等8个小区，开发面积40多万平方米。开发面积居全县各开发商之首。全年销售楼盘1240余套。

工程建筑 2013年，公开招聘大批建筑技术人员和管理人员，金明寓建筑公司获得快速发展，规模实力迅速增强，施工项目部达到20个。不仅承建金明寓房地产开发公司所开发的所有项目，而且积极开展对外承建，承建职业中专扩建工程、县妇幼保健院综合业务楼等7个工程，全年承建工程超过百万平方米。所建筑的项目经过上级部门验收全部合格，其中很多项目被评为优良工程。

物业管理 金明寓物业公司坚持“业主至上，真诚服务”的工作宗旨和“规范管理、高效服务、业主满意、追求完美”的服务理念，为业主提供一流物业管理服务。自我加压，提出向市级物业管理服务目标看齐的口号，工作不断上台阶、上水平。2013年，根据业主需求，增加小推车、免费收发邮件等服务项目。鼎钰华居等新建小区采用智能化管理系统，有效地提升物业管理水平和档次。2013年，金明寓物业公司被临沂市房产和住房保障局评为“优秀物业管理企业”。

商品混凝土　山东通亚建设有限公司是在原伟业永固混凝土有限公司基础上建立，成立于2012年3月，为伟业集团子公司之一。主要业务有道路桥梁建设、房屋工程建设、混凝土生产经营等。2013年，公司有运输自卸车30台，挖掘机13台。有HZS120型混凝土生产线3条，泵车4台，搅拌车20余台，员工50人。

2013年，全县混凝土企业达到8家，市场竞争十分激烈。在此严峻的形势下，通亚公司以金明寓房地产开发建设为依托，一手抓生产，一手抓营销，取得较好成绩。全年生产混凝土33万立方米，其中外销10.4万立方米，同比分别增长17%和8%，取得较好经济效益。

撰稿：傅秀金　审稿：闵庆玉

柳编工艺品

交通·邮电

JIAOTONG YOUDIAN

交通运输管理

临沭县交通运输局共有干部职工298人，其中党员164人。下辖交通工程处、交通监察大队、道路运输管理所和客运管理办公室4个副科级单位。局机关设有办公室、监察室、人事劳动科、财务审计科、政策法规科、路政养护科、规划基建科、运输管理科、安全监督科、海事所、科教宣传科、后勤办、保卫科、工会、计生办、团支部等16个职能科室，下设农村公路养护中心、通达机动车检测有限公司，及南古、店头、蛟龙、青云4个交通运输管理所。

2013年，顺利通过“省级文明单位”复查，先后获得“省级交通文明行业”“省级青年文明号”“全省幸福进万家活动先进单位”“全市首批选派‘第一书记’工作先进单位”“全市‘六五’普法中期先进单位”“全市‘四德’工程建设示范单位”“全市交通运输系统先进集体”等荣誉称号。

基础设施建设 全年投资1.4亿元，对28公里的大册路、11.1公里的老国道城东城西段、9.8公里的烈大路、14.5公里的朱韩路、9.2公里的沭郯路南段（含华后路），共计72.6公里的县乡公路进行改造提升，至10月份三条道路主体工程及附属设施建设已全部完工；并挖补维修老油路，建设116公里村村通油路。

县乡公路管理与维护 全县共投资60万余元，对沭赣路、唐湾路、观石路等主要县乡道路进行绿化提升，共计投入人力3000余人次，绿化总里程达97.7公里。全面加大路政巡查力度，大力开展路政执法专项活动，严厉查处毁路案件，至年底，共查处路政案件60多起，有效维护农村公路的路产路权。2003年—2013年累计投资4.8亿元改造县乡公路289.1公里，新建、改建通村硬化路480.4公里。相继组织实施大册路、老国道，朱韩路等县道改造工程，在原有村村通基础上，部分村街实现“户户通”，农村交通环境明显改善。

城乡客运建设 2013年，全县113辆城乡公交车实现“零距离”换乘，实现节能减排与服务民生双丰收。“客运一体化”顺利通过省级交通运输厅的验收。年底，四家客运企业顺利通过部级、省级有关部门安全生产标准化验收。顺利完成126辆出租车升级改造工作。

物流产业建设 通过借力企业、依托市场，先后与金山物流、县生资公司合作，构建以县级物流分拨中心为依托，以乡镇物流站场和农村网点为支撑的三级交通物流体系。临沂市志诚物流项目开工建设，将在县内开展小批量、多频次订单无盲点配送服务，并依此为依托，辐射全国各地，真正实现货通中国，为电子商务交易模式提供物流配送保证。2013年8月，盛元公司首批冷链物流车辆暨LNG新能源车辆投入使用，标志着临沭县在发展绿色物流，构建低碳环保经济中迈出重要一步。10月，临沭县交通运营监控中心建成并投入使用，可实时监控全县客运企业、维修企业、危险品运输企业，为行业管理部门、运输企业提供管理、经营服务。

运输及行业管理 围绕“城乡客运一体化、货物运输物流化、驾培服务规范化、队伍建设正规化”的目标，按照“两保两树”要求，尽职履职，确保行业发展健康有序。全年共新许可货运企业7家，维修企业3家，审验营运车辆7693台，新增营运车辆1351台，培训道路运输从业人员1553名，驾驶员5947名，10523名从业人员参加年度诚信考核。

强化安全工作。3月，对两客一危负责人和安全科长进行企业安全标准化达标培训。4月，临沭县运输管理所对安委会全体成员及监管的企业负责人、安全科长进行交通运输企业安全生产标准化考评流程培训，交通运输企业安全生产标准化专业知识讲解。全面加强“两客一危”监管。积极宣贯交通运输部关于印发《交通运输企业安全生产标准化考评管理办法和达标考评指标》的通知；全面落实“两客一危”GPS实时监控，对所有危运车辆实行24小时动态监控。6月，组织4家危运公司分别开展2013年度应急救援演练活动。加大检查力度，全年共组织约300多人次安全检查，共发现安全隐患49处，现场整改36处，限期整改13处，抽查客运车辆100余辆次，最大限度地预防和减少安全生产事故发生。

至年底，全县有驾校3家，货运企业39家，三类以上维修企业31家，客运企业4家；新办车辆营运证1351个，办理车辆年审业务7693个，违章处理210件；培训道路运输从业人员1553人，机动车驾驶员5947人。运输企业拥有货运汽车9807辆、有营运证的三轮车、农用车、变拖共1073台，85335吨位（86386吨）；客运汽车207辆，5974座位；货物运输量2030万吨，货物周转量617120万吨公里；客运量181.56万人次，旅客周转量78580.45万人公里。

撰稿：张贵侠 审稿：徐奎堂

客 运

交运临沭分公司、临沭县汽车站、临沭盛通公交公司、临沭盛通出租公司隶属于临沂交通运输有限责任公司，是从事旅客运输的国有企业。下设办公室、财务科、安全科、调度科、监控室、机务科、物业科、综治科、保卫科、企管计生办、工会等22个职能科室，在岗在册职工155人，其中党员35人。交运临沭分公司、汽车站、盛通公交公司营运客车194辆（其中公交车84辆）、线路23条（其中省际6条、市际8条、县际2条、县内7条），日发班次498个，日均发送旅客3000人次；临沭盛通出租公司运营出租车126辆。

城乡客运一体化建设 临沭县盛通公交有限责任公司成立于2010年8月，是专门为提升城乡客运水平成立的临沂交通运输有限责任公司临沭子公司，采取“公车公营”模式，是全面实现经营集约化、专业化、规范化的国有专业运输公司。2011年，全省设定十二个城乡客运公交化改革试点，临沭县被列为改革试点之一。

至年底，盛通公交公司累计投资2560万元，配有高、中档CNG双开门低窗观光公交车84辆，共有4680个座位，日行驶约18380公里，设有候车停（牌）426个，运行县城至观堂、华桥、唐岭、前庄、石河、吉利埠6条城乡线路。

公交公司在“群众优先、公交优秀”经营理

念指导下，充分利用集GPS卫星定位系统、全国最先进的动态车载监控系统于一体的智能化运营管理网络，对车辆实施智能可视化调度，推进驾驶员星级考核办法和社会服务承诺制度，为群众提供更“文明、便捷、安全、舒适”的乘车环境。9月4日，公交公司顺利通过省交通厅考核验收；12月12日，市政协对公司工作进行视察；12月20日，顺利通过省运输厅安全生产标准化达标验收。

出租车升级改造 2013年7月，针对瑞通出租车公司车辆配置陈旧、服务能力差等问题，成立临沭盛通出租公司，对126辆出租车全部更新为新版上海桑塔纳轿车，安装带有拍照功能的GPS系统，对车辆进行服务及风险监控管理，并在10月份正式投入运营。

撰稿：邢龙飞　审稿：王国清

公　　路

临沭县公路管理局为临沂市公路局派出机构，下设办公室、政工科、财务科、路政科、养护科、工程科、机料科、安全科、应急中心、ETC中心10个科室和轩庄、店头2个公路站，主要担负327国道、225省道两条干线公路临沭境内59.846公里的修建、养护和路政管理等工作。管辖的327国道为国家级文明样板路，225省道为省级文明样板路。

工程建设 积极做好长深高速公路临沭段通车后续工作，做好临岚高速公路临沭段建设工程和225省道临沭段改建工程前期准备工作。对辖区327国道路面车辙进行集中处置，对辖区225省道部分路段进行沥青碎石封层处理，极大地提高路面行车的安全性与舒适性，

公路养护与路政管理 深入开展公路环境综合整治行动，精心组织文明样板路创建工作，及时处理路面坑槽、沉陷、裂缝等公路病害，巩固提升327国道国家级文明样板路水平和225省道省级文明样板路水平。认真做好重大活动和特殊情况下公路保洁保畅通工作，在大雾、低温降雪等恶劣天气情况下，及时启动应急处置预案，确保辖区干线公路高效畅通。2013年共完成小修工程投资180余万元，完成标线施划4384.8平方米，粉刷隔离墩、护栏62361.07平方米，完成路面灌缝42050米，完成坑槽挖补3559.15平方米，及时对沿线附属设施进行修复，对缺损苗木进行补植，公路环境得到明显优化，辖区干线公路保持三季有花，四季常青、行车舒适、畅通有序。

以“服务人民，奉献社会”为宗旨，加大路政巡查和宣传力度，及时清理路面堆积物和占用、利用公路进行集市贸易、摆摊设点、打场晒粮等违法行为，2013年共实施路政巡查4.2万余公里。利用广播电视报刊宣传11次，出动宣传车21台次，发放宣传材料9400份，增设公路标志4处，清除非公路标志88处，上报涉路工程许可1件，处理辖区内发生的路政案件16起，收取路赔费25.1万元，案件查处率100%，结案率100%，路产回收率100%，依法维护路产路权，保障辖区干线公路高效畅通。

撰稿：张　勇　审稿：彭　华

邮　　政

临沭县邮政局下设综合办公室、市场经营部、金融业务局、保险理财局、分销业务局、发行投递局、函件广告局、检查室等部门，下辖15个农村支局和4个城市支局。全县所有行政村、自然村实现村村通邮，县城区域内楼房基本实现通邮，全县邮路总长度1350公里，初步形成分布广泛、布局合理的综合服务网络，具有较强的实物传递和物流配送能力。全县邮政信息化建设不断加快，完成邮政综合计算机网和金融计算机网的建设，支撑各类业务发展的信息应用系统渐次上线，建成信息流、实物流和资金流“三流合一”的邮政综合服务平台。

业务发展　代理金融。2013年临沭县邮政局实现网点自助银行覆盖率100%；布放商易通257部，发放绿卡51124张，新增网银用户16229户，邮政金融服务能力进一步增强。

电子商务。至2013年年底，全县代收费共计121.36万笔，其中在代收电费、手机代放号、销售彩票、代售飞机票等业务实现突破发展，速递短信全年累计加办超过2万条，加办率超过98%。电子商务专业业务范围进一步拓展，在便民服务站代收电费基础上拓展代售火车票、飞机票、自由一族等业务，更好满足全县用邮需要。

函件广告。大力宣传数据库商函特有媒体优势，以实施中小企业市场拓展工程为契机，强化邮政名址信息库建设，做好中小企业走访工作，加大数据库营销力度。集中拓展数据库商函市场。通过竞聘把有管理能力、有专业知识、品德优秀的人才充实到函件专业，提升函件专业的人员队伍素质，提高市场开拓能力。加强DM中邮广告制作，将中邮广告做大做强，不断扩大中邮广告品牌影响力。

发行投递。2013年，临沭县邮政局国内异地特快专递等信件完成16万件，征订投递报纸超过100万份、杂志超过35万册。定期对员工业务知识、营销知识、操作技能进行培训，提升服务质量，更好地为用户服务。认真做好用户的投诉和咨询工作，做好登记，逐件落实，及时答复。做好投递基础管理工作，加强投递内部生产作业现场环境整治，实行封闭作业，投递分拣台格眼清、桌面清、现场地面清，加强投递效果监督检查，保障投递工作顺利进行。

物流业务。新增1处支局物流仓库，累计共有4处支局物流仓库已建设完成并投入使用。增强邮政局支撑服务农村能力。临沭县邮政局积极投入到三农服务中，将高质量的种子、化肥、农药送下乡，为农业发展做出贡献。

基础管理　按照建立现代企业制度要求，不断提高企业管理水平。扎实推进员工综合素质和业务发展能力提升工作。组织全县管理人员、支局长、专职营销人员等共300余人次参加市局打造团队凝聚力及负责人培训。加强资金管理，提高资产收益率。统筹安排资金使用，向高效业务倾斜，对低效业务在满足社会需要的基础上维持运转资金，严格控制非生产性开支；建立健全财务规章制度，实现成本费用管理有章可循。加强安全生产和服务质量管理。通过与各单位签订2013年安全生产责任书，落实各项安全制度；不断加强网运安全；健全业务检查管控体系；邮政机要通信确保安全畅通，实现连续36年质量全红。

撰稿：王华东　审稿：宋　勇

中国联合网络通信有限公司临沭县分公司

中国联合网络通信有限公司临沭县分公司（简称临沭县联通公司）下设综合部、销售中心、维护中心、集团客户中心、驻地网营销中心、渠道服务中心、客户服务中心、业务支撑中心以及19处乡镇营业部，在职员工65人。

临沭县联通公司已建成覆盖全县城乡的光缆传输网、程控电话网、宽带互联网、GSM移动网、无线市话网以及各类支撑网络。主要经营固定电话、2G和3G移动、宽带以及数据、图像、多媒体通信与信息服务，并承担党政军机要通信、战备通信、抢险救灾等任务。承建临沭县电子政务网络、农村党员远程教育系统、教育网和卫生系统新农合联网工程、政务OA办公系统等通信工程。

先后荣获省级“巾帼文明岗”“山东省第六届、第八届消费者满意单位”，“临沂市价格诚信单位”，临沭县“先进基层党组织”“平安临沭建设先进单位”“计划生育工作先进单位”“劳动关系和谐企业”“振兴临沭劳动奖状”“工会工作先进单位”等荣誉称号。

业务经营　实现通信服务收入8290.14万元，其中，移动业务收入增长迅速，达4276.51万元，收入占比达51.59%。3G移动业务总数达30783户，2G移动业务总数达94353户；宽带达57854户；固话用户达70196户。

网络建设　积极响应旧城改造、小城镇建设和社会主义新农村建设，加大基础设施投入，做好线路迁移、管道改建、弱电下地、宽带扩容等工作。2013年，共完成通信建设投资512.3万元（含应急项目投资），新增通信光缆274.4皮长公里，光缆覆盖总量达3126.7皮长公里；新建3G基站8处、2G基站6处，移动网物理站达162处；新增及改造PON+LAN覆盖楼宇142栋，新增及改造FTTH覆盖区域29处，优化、滚动替换宽带端口4800余线，宽带端口总量达9.4万个，其中LAN接入端口3.4万个、FTTH接入端口1.4万个、ADSL接入端口4.6万个，为宽带业务发展奠定坚实基础。

通信服务　抓窗口服务提升服务质量，执行首问负责制度，加大对障碍查修及宽带无条件装移机的管控力度，注重树立企业良好形象。对具备安装固定电话、宽带装移机条件的区域承诺48小时内安装开通（不可抗力除外）；为用户提供24小时宽带专家咨询服务（服务热线：9600169）；建立宽带无条件受理制度。对重大会议、重大活动及重要时期实施重点通信保障，特别是在春节、“两会”、汛期等重要时期，顺利完成通信保障和稳定工作，保证党政军企事业及广大用户通信畅通。

撰稿：李　娟　审稿：吴清华

中国移动通信集团山东有限公司临沭分公司

中国移动通信集团山东有限公司临沭分公司（简称临沭移动通讯公司）下设综合部、业务运营部、建维部、集客服务中心4个职能部门；城区有中山路营业厅、常林路营业厅2个对外服务窗口；全县共设10个乡镇经营部。公司共有干部职工105人，其中，大专以上学历45人、中专以上学历60人。

至2013年年底，有基站200余处，网络人口覆盖率达99.9%，地理覆盖率达99.2%，客户总数达38万户，业务收入1.91亿元。有指定专营店190余处，开拓邮政局、工行、农行、建行、农村信用社等众多缴费渠道，在全县所有自然村建设集放号、缴费等多种服务于一体的村级信息服务站，全县共建有村级信息服务站900余处。

通信建设 县城新建LTE一期基站44处，4G城区信号覆盖率95%。LTE二期计划建设站点100处，主要针对合并乡镇及重要集团客户覆盖；乡镇及农村建设WLAN基站400余处。始终坚持“以客户为中心”，深入开展网络优化和维护工作，查清移动网络覆盖的弱信号区域以及盲区，对全县60个基站的天馈线进行检查、整治和优化。

市场经营 扎实推进客户服务流程化管理，使“一对一”服务不断走向深入。适时推广集团彩铃、企信通、企业OA、位置通、校讯通、集团专线、语音专线、IMS座机（固定电话）、集团短信、IDS服务器托管等信息化产品，为客户提供高质量信息支撑，取得良好社会效益和经济效益。

客户服务 深入开展“用我百倍努力，换您十分满意”活动，聚焦差距，提升弱项，有效提升客户满意度。不断进行制度创新，建立完善服务考核制度，星级班组建设制度，强化激励机制。对客户经理、营业员实行星级管理，开展星级营业员评选活动，调动窗口服务人员的工作学习积极性。目前客户满意度达90%，满意度名列全市前茅。

撰稿：英平平　审稿：周　军

中国电信股份有限公司临沭分公司

中国电信股份有限公司临沭分公司（简称临沭电信公司）下设支撑中心、渠道部、政企部、商客部、维系部、营业厅，有员工36人，其中，本科以上学历7人、大专以上学历25人。2013年，有移动基站60个，固网机房20多个，营业网点50多处，有用户2.4万户，业务收入1391万元。同时开通翼支付、支付宝、邮政银行、缴费易、自助缴费机、中国电信网上营业厅等多种缴费方式。临沭电信公司被评为“临沂市消费者满意单位”、临沂市“巾帼文明岗”，获临沂市第三届职业劳动竞赛第三名。

网络建设 2013年，新建移动基站10个，替换基站5个，基站总数达60多个；新建固网机房10个，固网机房总数达20多个。全年完成固网投资360万元，移动网投资300多万元。新开通全业务乡镇7个，2013年乡镇驻地覆盖达100%。对移动网络进行全面升级改造，各项网络运行指标完成较好，网络可用率100%，网络接通率每月均在99%以上，长途来话接通率各月均超出全省平均水平。“宽带中国·光网城市”工程全面实施后，2013年中国电信临沭分公司新开通农村FTTH，接入20多个村庄。

通信服务 加大网络改造升级，投资100多万元，对原有的700多户ADSL用户进行上网升级改造，LAN交换机用户进行升级改造，用户网速得到提高。

客户服务 提出“满意100%”的口号，坚持“用户至上、用心服务”，推出话费信息方面的四项服务改善举措，为客户清晰、透明地提供每月手机消费情况，让客户对自己的通话、短信等消费信息一目了然，明白消费，放心使用，用诚信行动赢得广大电信客户信赖。

撰稿：王祥玺　审稿：王延军

沭河大街

城乡建设·环境保护

CHENGXIANGJIANSHE HUANJINGBAOHU

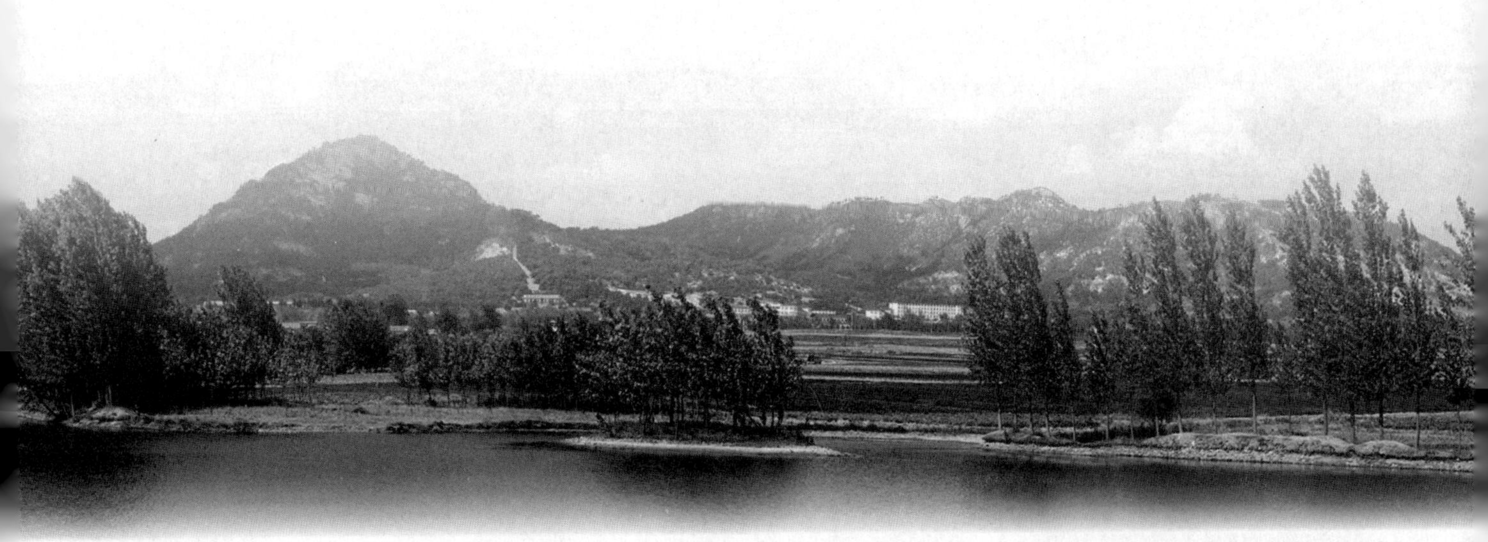

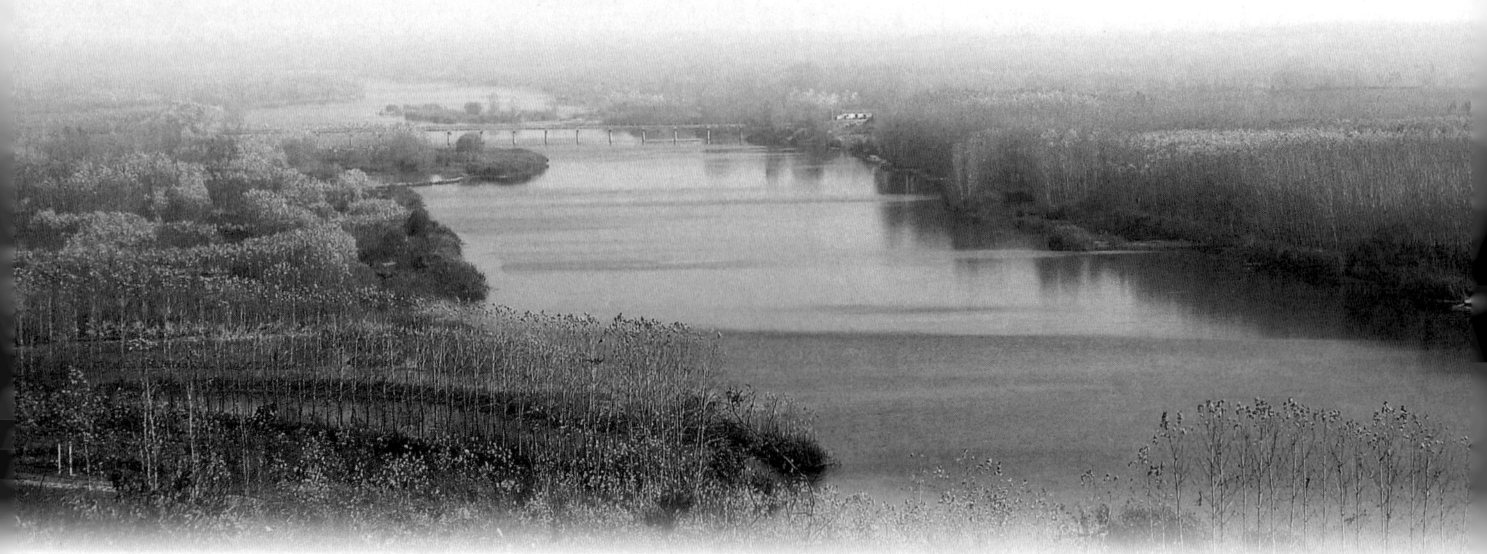

城 乡 规 划

临沭县城乡规划管理局为正科级事业单位，内设办公室、政策法规科、城市规划科、建设工程管理科4个职能科室，下设规划技术服务中心、规划设计室2个正股级事业单位。有在编职工31人，其中，副高级职称1人、中级职称10人、初级职称18人。

2013年，先后荣获“山东省优秀城市规划设计奖”“振兴沂蒙劳动奖状”，临沭县2013年度“服务经济发展先进单位”“县级文明单位”“招商引资先进单位”“城乡环境综合整治工作先进单位”“全县文明优质服务示范窗口”等荣誉称号。

规划编制 城镇规划体系。聘请浙江大学规划设计院编制完成《临沭县新型城镇化发展规划（2013-2020）》和《临沭县青云镇总体规划》《临沭县青云镇控制性详细规划》。配合上海同济大学完成临沭县总体规划修编。

农村社区两区同建规划。2013年年初开始组织编制，至是年年底共计完成52个社区（9个驻地大社区和43个中心社区）选址，并形成完整的规划资料，在此基础上完成11个中心社区的规划设计任务，开展曹庄镇大哨社区、临沭街道陆河社区修建性详细规划修编。完成石门镇、白旄镇、大兴镇的工业园区规划，青云镇的工业园区控制性详细规划。

城市基础设施规划。完成临沭县加油、加气站规划，涉及全县区域范围内的加油、加气站布点规划，共规划加油站12处，加气站17处。完成苍源河公园规划编制和施工图设计，临沭县综合服务中心规划，北城区利城街、顺河路、正大街道路及绿化施工图设计。配合电力、燃气等部门，完成城区弱电、强电、燃气和热力管线的选址和规划设计。协助住建局完成绿地系统专项规划。

居住小区规划。完成沭河花园、杏林御园、育秀家苑北区、利民社区青年安置楼、福泉花园、福町花园和孙蒿科安置楼修建性详细规划，以及城市综合体规划及施工图设计。

企业厂区规划。完成临沭佛光照明科技有限公司、山东英伟饲料有限公司、临沭县新宝五金有限公司、临沭晴朗有限公司、临沭县金明辉建设有限公司厂区等修建性详细规划。积极参与滨海开发区建设、县城旧城改造工作，配合滨海开发区实施工业项目选址，配合旧城改造指挥部编制临沭街道后半路社区规划。协助苍马山管委会编制完成苍马山风景旅游区内的相关规划。

规划建设 路网建设。2013年，新修道路4405米，硬化面积15.8万平方米。主要包括：中山路（沭河大街—正大街）、正大街（中山路—苍山路）全面贯通并完成相配套的雨水、污水、综合管网和过路管涵铺设及人行道板和路沿石栽埋工作；顺河路（沭河大街—利城街段）完成主道（不含南段约200米）沥青铺筑，并与正大街、沭河大街接通；利城街（苍山路—冠山路段）主道基本完成沥青铺筑，辅道已开展路基换填工作。顺河路（沭河大街—利城街段）、利城街

（苍山路—冠山路段）两条道路的雨水管网、污水管网、过路管涵和综合管网爆破工作基本完成。

绿化建设。完成苍源河公园（南区）建设，公园总占地22.67公顷，铺装面积约3.5万平方米。实施苍源河公园（北区）建设，公园总占地22.87公顷，总建筑面积约22.9万平方米。光明路、振兴路、正大街3条道路的绿化基本完成。正大街道路绿化提升改造工程交由临沭县园林所实施。完成中山路分车带绿化施工及两侧绿化带土方整理。完成顺河路、利城街两条道路绿化施工图设计。

居住区建设。2013年着手实施沭河花园、福町花园、福泉花园、杏林御园4个项目。

城市基础设施建设。2013年完成北城区展示中心建设，着手实施文化中心建设工程、城市综合体建设工程，继续实施计生服务中心建设。

商业建筑建设。中创大厦、澳林国际商贸城、万豪丽景大酒店等北城区重点项目建设稳步推进。

驻地帮扶建设。在全县选派“第一书记”工作中，临沭县规划局驻点店头镇新张庄村，为该村协调水泥200吨，投资10万多元，修砌下水道3条合计1200米，建设水泥路4条合计2000米，安装路灯18盏，打自来水井1眼，对村主要道路进行绿化美化。同时，对新张庄村进行详细规划建设，2013年完成30户老年房主体工程施工、两栋65户居民住宅楼建设。

规划管理 规划审批。2013年，共受理办结358件，选址意见书70件，建设用地规划许可证77件，建设工程规划许可证186件，乡村规划许可证25件。全年累计规划许可建筑面积126万余平方米，同比增长4.5%。批后管理。2013年，办理建设工程竣工规划验收合格证121件，向执法局发函2件，复函2件。对瑜景公寓、兰亭嘉园、临沭县供电公司配电抢修中心项目进行行政许可听证会。实行工程从放线至办理竣工验收全过程跟踪管理。2013年出具储备地块控制性规划意见书47件。贯彻规委会制度。2013年，临沭县城乡规划委员会召开会议5次，涉及31个项目，总占地面积7098.18万平方米，总建筑面积约258.97万平方米，28个项目通过评审。

撰稿：王　勇　糜晓伟　审稿：陈　飞

城乡建设

2013年，全县城乡建设以扎实推进城镇化进程为目标，以创建国家园林县城为总抓手，抓好城市基础设施建设、小城镇建设、农村住房建设和危房改造，开展城乡环境综合整治和建筑节能减排等工作，加快推进城乡一体化进程。县住房和城乡建设局先后荣获“全市住房和城乡建设系统先进集体”“全市城建行业规范化管理先进单位”“临沂市振兴沂蒙劳动奖状”，“全县安全生产先进单位”“全县城乡环境综合整治先进单位”“全县履行教育职责先进单位”“全县县直机关党务工作先进单位”“全县政务信息先进单位”等荣誉称号。

临沭县城建成区面积达22.20平方公里，建成区人口19.82万人，城镇化率达51.54%；城市绿化覆盖率、绿地率和人均公园绿地分别达43.20%、38.96%和11.09平方米；有冠山路、苍山路、光明路、沭河大街、常林大街、兴大街等标准化道路34条，总长度达110公里，面积达230万平方米，安装路灯11033盏，形成功能完善的城市道路体系，城区道路硬化率达98%以上，人均道路面积10.28平方米，道路亮化率达98%以上；城市污水处理厂实现安全运营，出水水质稳定达标排放，全年处理污水1183.8万吨，日平均处理污水3.28万吨，城市生活污水集中处理率达100%。全县各镇街共完成基础设施和房地产投资17.1亿元，其中，地方财政投资2.89亿元，楼房建设投资10.4亿元，新修道路382.9公里，新增绿地面积45公顷，建成垃圾中转站14处，建设小城镇和社区污水处理站10处，新增的7处农村社区污水处理设施正在安装中。2013年年底，全县小城镇供水能力达1.15万吨，污水处理率达67%，垃圾无害化处理率达100%，管道天然气实现镇镇通。全年新启动农村住房建设项目19个，建设农村住房3630户，农村危房改造户数完成1320户，纳入中央补助范围的农村危房改造完成300户，超额完成市里下达的目标任务。

城市建设 先后完成城区15条主要道路的绿化补植、百处空闲地和插花地的绿化美化、2个街头节点绿化、4条道路绿化工程，红石湖公园和苍源河公园南区全面改造建设完成，并向社会开放。苍源河公园北区正在施工，预计2014年年底全部完成。各单位、居住小区绿化美化加快推进，全年城区共新增绿化面积106万平方米；抓好市容市貌整治，联合城管等有关部门，对城区重点路段户外广告、占道摊点、占道洗车、露天烧烤、违规停车等进行集中整治和规范，全面落实“门前五包”责任制，对城区垃圾堆、菜园地等进行清理和绿化美化；先后完成《城市绿地系统规划》修编、申报资料的编辑出版、创城专题片拍摄制作、创城征文比赛和摄影大赛、青年志愿者服务、创城档案整理等一系列工作。对创城现场检查路线沿途和11处现场点进行综合改造提升。10月22日—24日，在国家住房和城乡建设部组织的专家评审会上，临沭县顺利通过专家组评审验收。12月31日，国家住房和城乡建设部对通过专家组评审验收的37个国家园林县城在网站上进行公示。2014年1月15日，临沭县被国家住房和城乡建设部正式命名为“国家园林县城”。

以服务城市建设为动力，以推广城市管理信息化为核心，围绕长效管理、精细化养护、人性化服务的城市管理要求，全面推进数字化城市管理系统建设，促进城市管理现代化。全年共受理案件1812宗，均得到妥善处置，为强化城市管理、服务市民群众发挥重要作用。

对城区主要道路的路沿石、排水井和盲道等缺损情况进行调查摸底，并针对调查中发现的问题进行综合整治。先后完成常林大街、苍山路、225省道、滨海街、振兴路、光明路等路段的基础设施维修维护，提升城市基础设施综合功能。改变管理模式，把城区绿化划分为多个片区，强化监管力度，严格考核，规范养护标准，明确考核重点，坚持每天对各路段进行实地巡查，重点对绿地黄土裸露、施肥情况、病虫害防治等方面进行检查考核，印发临沭县园林所城区园林绿化养护日志，加强和规范城区绿化的管理，切实提高绿化养管水平。为城区上百家单位提供创城绿化技术指导服务；新安装路灯670多套，更换LED节能灯具531套，对城区所有路灯全天候不间断巡查维护，城市亮灯率保持在98%以上；城市供气实现常态化规范管理，全县已中高压管网238.8公里，发展工业用户18户，公福用户17户，居民用户2.56万户，全县燃气普及率达96.6%，其中管道燃气普及率达46%。城区供暖实现规范化运行。顺利完成城市供暖扩容工程，总投资1.1亿元，完成供热管网及二级换热站建设，并在金沂蒙集团建设首站1座，全年新增供暖面积

100万平方米以上，供暖质量大幅度提升。冬季供暖时间从当年12月1日起至翌年3月20止，共110天。

工程建设管理 先后启动城区道路建设改造工程、城区供暖扩容提升工程、天然气镇镇通工程、城区污水管网建设工程等一系列重点民生工程。至年底，各项工程均圆满完成。其中，青云山路北段、青云山路南段、滨海街西段、苍山路南段、沭河大街、公园路、正源路等7项城市道路建设改造工程总投资4000多万元，新建和改造道路全长15.5公里，改造总面积31.7万平方米，有效改善城区道路的通行能力。城区供暖扩容提升工程总投资1.1亿元，完成供热管网及二级换热站建设，并在金沂蒙集团建设首站1座，整个供暖扩容提升工程分南北两线同时实施，南线工程利用金沂蒙集团电厂热源进行供暖，建设1座首站和19座二级换热站，铺设供暖主管网和支管网11.4公里；北线工程利用县热电厂作为热源进行供暖，新建和改造二级换热站20座，铺设管网2.6公里，所有供暖主管网、支管网、二级站、首站建设以及设备安装等均如期竣工，全年新增供暖面积100万平方米以上，供暖质量大幅度提升。气化临沭工程全力推进，6月份在全市率先实现镇镇通天然气的目标。投资1710万元的污水处理厂二期工程顺利完工，于3月份经市环保部门批准试运行，新增污水处理能力2万吨/日，污水处理全部实现达标排放。污水管网工程顺利完成，总投资达770万元，新建污水管网15.36公里。

建筑业管理 全县共有建筑业企业36家，其中施工总承包企业16家，一级1家，二级6家，三级9家；专业承包三级4家，劳务分包企业16家。累计完成建筑业总产值15亿元，上缴税金5040万元。上报金明寓建筑工程有限公司资质升为一级，第一建筑工程有限公司资质升为二级申请，计划在2014年完成资质升级工作。全年共安全监管和质量监督单位工程425个，建筑总面积244.84万平方米，总造价25.24亿元。验收竣工工程92个，竣工工程验收合格率100%，监督覆盖率98%。主体工程验收131个，检测塔机62台，检测各种建筑原材4.28万组（项、次），组织质量安全综合大检查活动5次，下发质量隐患整改通知书85份，下发安全整改通知书60份，查处各类安全隐患317条，全部得到有效整改，全年未发生重大安全和质量事故。6月29日，成功举办住建系统“金明寓”杯职业能竞赛暨百日安全生产活动启动仪式；完成工程招标备案81个，总面积约70万平方米，总投资约9.5亿元；全年共办理施工许可建设项目36个，办理竣工验收备案建设项目49个，工程施工许可审批率、施工图审查率、应招标工程招标率均达100%，对全县288名关键岗位证书持有人员进行继续教育培训；全县建筑节能设计达100%，新建建筑节能施工率达98%，完成太阳能光热建筑一体化16万平方米，启动实施既有居住建筑供热分户计量和节能改造面积4.1万平方米，超额完成上级下达的6万平方米和4万平方米的工作任务。全年共向建筑施工企业收取养老保障金1301万元，拨付1052万元，保障企业离退休职工和困难职工的正常生活。收缴农民工工资保证金524万元，储备金460万元，受理农民工投诉126起290人次，涉及工资920万元，均得到妥善处理，全年未出现越级上访事件。

城市污水处理厂运营 2013年，县城市生活污水处理厂（清源污水处理有限公司）生产运营良好，出水水质达标排放，全年安全运行361天（其中2013年3月5日至3月8日一期、二期并网调试停产），共处理污水1183.8万吨，每日平均3.28万吨，高峰时日处理污水4.8万吨，设计处理能力为4万吨/日，满负荷运转率为95%。全年削减CODcr2913.8吨，削减NH_3-$N_3$88.6吨，处置污泥3526吨。经过处理后的污水，CODcr30毫克/升、

BOD7毫克/升、NH_3-N1.0毫克/升、SS7毫克/升，出水水质满足设计要求，符合并优于《城镇污水处理厂污染物综合排放标准》（GB18918—2002）一级A标准，有效改善生态环境。

县城市生活污水处理厂重点抓好安全生产、水质监测和设备管理等三个方面，确保生活污水处理厂正常运行。年初，制定年度工作计划，每月召开一次安全生产调度会，开展安全生产教育和技能培训，逐级落实安全生产责任制，严格操作规程，严格检测标准。按照生活污水处理厂运行规范，重点加大城区管网水的监测力度，安排专业技术人员定时进行取样化验，认真进行分析和比对。对发现进水口水质超标等问题，及时调整加药量，加开污水处理设备，并积极与环保部门联系，共同查找污染源，及时解决进水水质超标等问题。同时，加大对排污企业的监督管理，在做好污染源巡查的基础上，通过监控数据比对，及时分析部分中、小企业的污水排放情况，发现偷排污水等现象，及时向住建和环保部门进行汇报，确保出水水质达标排放。为实现节能降耗的目标，层层落实目标管理责任制，将设备管理责任细化到岗位和工作人员，定期组织专业技术人员定期对电机、鼓风以及仪表进行维修保养，严格操作程序，严格监督检查，严格数据管理。同时，对压滤车间、压滤设备和污泥棚进行综合改造，有效改善车间环境，提高工作效率，节约药品使用量。在全市城市污水处理绩效考评工作中，县城市生活污水处理厂在基础管理、运行管理、设施设备管理、安全管理、水质水量管理、污泥处置、厂容厂貌、在线监控等方面，均获得良好等次。

村镇建设 全县各镇街共完成基础设施和房地产投资17.1亿元，其中地方财政投资2.89亿元，楼房建设投资10.4亿元，新修道路382.9公里，新增绿地面积45公顷，建成垃圾中转站14处，建设小城镇和社区污水处理站10处，新增的7处农村社区污水处理设施正在安装中。至2013年年底，全县小城镇供水能力达1.15万吨，污水处理率达67%，垃圾无害化处理率100%，管道天然气实现镇镇通。全年新启动农村住房建设项目19个，建设农村住房3630户，农村危房改造户数完成1320户，纳入中央补助范围的农村危房改造完成300户。集中抓好城区薄弱点、城乡结合部、农贸市场和背街小巷等重点区域综合整治。在城区，规划建设便民市场11处，规范疏导露天烧烤30家，对126家沿街单位、2000多户商铺统一制作安装“门前五包”公示牌；投入资金2000多万元，为各镇街全部建设垃圾中转站、配备钩臂式垃圾清运车，村居建立垃圾收集点，配备7000多个密闭式垃圾桶，建立“户集、村收、镇运、县处理”的城乡垃圾处理机制，实现省级“生态镇街”建设全覆盖。

城市供水 全年完成供水577万立方米，共安装各类供水管道3.2万米，安装智能表1410块，完成投资938万元，水质合格率达100%。

加快推进第二水厂建设。第二水厂位于327国道与青石路交汇处东北角，总投资5255万元。其中，国家拨付扶持资金1200万元，政府投资4055万元。工程内容包括建设增压站1座，敷设供水管道27公里。2012年5月启动一期工程：建增压站1座，敷设供水管道11公里，投资3508万元。2013年，重点做好化验楼、加压楼和主管网建设项目的扫尾工作，累计铺设供水管道11公里。7月18日上午，正式向城区供水，城市供水规模新增3万吨/日，有效解决城区长期以来的缺水难题，为实施城乡一体化供水提供可靠保障。

强化水质监测。实施精细化管理，严格执行制水操作规程。化验中心按照规定对原水、出厂水、管网水水质进行综合检测，确保水厂水质达标。6月份持续降水，凌山头水库达到近几年最高蓄水位，水库周边及上游污染物随雨水流入水库，致使原水浑浊，锰、氨氮超标，公司及时邀请县卫生局疾控中心及水质处理专家对水质进行检测分析，使用高锰酸钾、活性炭对水质进行深度处理，科学调整二氧化氯剂量，使水厂水质完全符合国家饮用水卫生标准。

加快城区供水管网建设。先后开工建设冠山风景区给水工程、滨海开发区主管改线工程、青云山路给水工程、城区供水管网改造工程、澳林国际商贸城供水管道安装工程、供水管网工程二期（第一标段）、兴大街至冠山路等管网配套工程。同时，配合城市居住小区建设，按时完成万象阳光城、弘盛华庭二期、瓯龙现代城二期、第一城二期、锦绣家园三期、爱琴海、花园寺等居住小区供水管道安装工程项目，全年共安装DN100以上各类供水管道3.2万米，安装智能表1410块，总投资达938万元。

主要建筑企业 临沭县第一建筑工程有限公司 位于县城中山南路3号，公司成立于2001年8月，注册资金2009万元，拥有工程技术及经济管理人员153人，其中，高级工程师3人、中级以上职称23人，下设12个项目经理部。有大中型塔机12台，井架23架，混凝土搅拌机22台，运输车5辆。全年共完成北城花园住宅楼、怡安小区住宅楼、临沭街道中心中学实验楼、澳林国际写字楼等一系列工程项目，实现产值6381万元，上缴税金116万元，工程合格率达100%。公司先后被上级评为“守合同重信用企业”“优秀企业”等荣誉称号。

临沭县金明寓建筑工程有限公司 位于县城兴大东街259号，于1999年5月成立，公司集房屋建筑施工、装饰装修、建筑材料加工于一体，具有房屋建筑工程施工一级总承包资质，注册资金5100万元，资产总额达4.39亿元。拥有各类专业人才400多人，其中，高级职称12人、中级职称71人、初级职称238人，项目经理28人。拥有各类机械设备686件。2013年6月，在全县首届职业技能竞赛活动中，荣获“团体一等奖”。2013年，先后完成文庭雅苑居民楼、颐和御园居民楼、学府家园居民楼、墨香名苑居民楼和尚庄小区居民楼等工程项目，全年完成产值4.72亿元，上缴税金1585万元，工程合格率达100%，优良率达92.6%。公司承建的第三初级中学实验楼、教学楼和临沭二院医疗综合楼，被市人民政府评为“沂蒙杯”工程。公司承建的景钰嘉园居民楼、玉华亭小区居民楼、金明寓小区居民楼、玉华亭南区居民楼、第三初级中学教学楼等工程，被市住房和城乡建设委员会评为“优质结构工程”。公司先后被上级评为“先进施工企业”“振兴临沭劳动奖状”“临沭县劳动关系和谐企业”等荣誉称号。

山东春天建设集团有限公司 位于临沭县城沭河西大街北城花园B座，始建于1995年2月28日，前身为临沭县美华建筑工程有限公司。2013年11月注册成立集团公司，注册资金2050万元，是经山东省建管局审批的房屋建筑工程施工总承包二级企业，增项市政公用、起重设备安装、钢结构、装饰装修等资质范围，下设房屋建筑、市政公用、物业管理、起重设备安装、建筑设备租赁、建筑劳务分包等分（子）公司，拥有工程技术、施工现场管理、经济管理等专业人员200多人，其中，有职称人员160余人，包括高级工程师2人、工程师21人、会计师3人、经济师2人、统计师2人、二级建造师22人、造价员16人。先后与史丹利集团、金正大集团房地产开发公司等部分大型房地产集团合作共建，完成华丰现代城居住小区、文慧园居住小区、景城花园居住小区等居住小区居民楼，全年完成总产值1.2亿元，上缴税金413万元。工程范围覆盖临沂、河南、浙江等省、市，所建工程全部一次性验收合格，优良率达90%以上，创“泰山杯”工程2项、“沂蒙杯”4项，创市优工程82个、省级安全文明工地2个、市级安全文明卫生工地22个，从未发生一起质量安全责任事故，树立良好的企业形象。公司先后被上级业务主管部门评为“建筑业先进企业”“安全生产先进单位”“省级重合同守信用企业”“纳税明星企业”“十佳诚信企业”等荣誉称号。

山东正安建设工程有限公司　位于临沭县城常林西大街120号。具有房屋建筑工程施工总承包二级资质，公司注册资金2051万元，下设12个项目部，管理人员100多人、技术人员300多人，施工机械设备齐全、能够满足各类工程施工需要。2013年，公司先后承建并完成书香门第住宅楼、墨香文苑住宅楼、领秀兰亭住宅楼、县看守所提询楼、县武警中队办公楼等工程项目，年创产值9000万元，上缴税金200万元，工程合格率达100%。

临沭县天泰建设有限公司　位于县城沭河大街西段阳光居小区院内，成立于1997年4月，主项资质为二级房屋建筑工程施工总承包，增项资质为三级起重设备安装，注册资金2060万元，固定资产达2560万元，资产总额2770多万元。拥有高、中、初级技术职称人员179人，二级注册建造师15人，各类大中型建筑施工机械100多台(件)。2013年，先后完成县气象局防灾减灾预警中心办公楼、县澳林国际商贸城A区写字楼等工程项目，年创产值7167万元，上缴税金248万元。先后完成小韩庄还建工程、金正大集团公租房、县武装部民兵训练基地、弘盛华庭居住小区等具有代表性的工业及民用建筑项目，争创一批优质工程及安全文明卫生工地。其中，“沂蒙杯”工程3项、“无质量通病住宅”工程1项、“省级质量诚信、用户满意”示范工程1项、“市级安全文明卫生工地”12项。先后被上级评为“安全管理先进单位”“全县工会工作先进单位”“全县统计工作先进单位”等荣誉称号。

山东金大陆建筑工程有限公司　位于临沭县城育新街19号，成立于1995年，于2005年4月重新改组，拥有房屋建筑工程施工总承包二级资质，注册资本金3000万元，现有固定资产612万元。公司下设8个行政科室，32个施工项目部，6个分公司，1个装饰分公司，1个水电暖安装分公司，从业人员达3300多人，固定职工360人。拥有大中专文凭职工228人，其中，高级职称人员8人、中级职称人员29人，一级建造师7人、二级建造师33人。2013年，先后完成雷华·山水桂华苑住宅楼、书香园住宅楼、县文化中心办公楼、滨海社区住宅楼、常兴嘉苑住宅楼等工程项目，年创产值：1.04亿元，上缴税金346万元。公司先后荣获“山东省守合同重信用企业”“山东省光彩之星”“AA级纳税企业”“安全管理先进单位”“明星企业”“先进企业”等荣誉称号。

山东金正阳建筑工程有限公司　位于临沭县常林大街西首（兰亭花园），原为临沭县泰和建筑工程有限公司，始建于2001年，于2012年4月重新改组，为房屋建筑工程施工总承包二级资质，企业注册资金2000万元，现有固定资产296万元，下设87个科室，13个项目部，1个装饰分公司，1个水电暖安装分公司。拥有大中专文凭职工126人，各类工程技术职称专业人员156人。其中，中、高级职称人员23人。2013年，先后完成县特殊学校教学楼、大兴镇高埠完小教学楼、白旄镇中心中学教学楼和兰亭尚城居民楼等工程项目，实现产值1.1亿元，上缴税金400万元，工程合格率达100%，优良率达85%。公司先后被上级评为“山东省守合同重信用企业”“山东省光彩之星”“AA级企业资信”“AA级纳税企业”“安全管理先进单位”“明星企业”“先进企业”等荣誉称号。

2013年临沭县招标工程一览表

表18

序号	招标单位	工程名称	建筑面积（平方米）	招标方式	中标方	开标日期	标价（元）	质量等级	工期（天）
1	临沭县玉山镇人民政府	临沭县玉山小学教学楼工程	2071	公开	临沭县镇南建筑公司	2.1	2013323.84	合格	120
2	临沭红石置业有限公司	红石湖小区·文庭雅苑15#20#23#25#住宅楼（二次）工程	18252	邀请	临沭县金明寓建筑工程有限公司	3.19	15322095.56	合格	270
3	临沭县城市建设投资开发有限公司	临沭县北城区道路建设工程（二次）一标		公开	临沂市河东中兴市政工程有限公司	3.22	6773896.50	合格	90
4		二标			临沭县市政工程公司	3.22	9103812.23	合格	90
5	临沭县住房和城乡建设局	临沭县城区两处节点绿化工程（二次）		公开	临沂沂蒙草业有限公司	2.26	1536324.91	合格	30
6	临沭县住房和城乡建设局	临沭县沭河大街道路改造工程		公开	郯城县市政工程公司	3.12	7182192.89	合格	30
7	临沭县住房和城乡建设局	临沭县公园路道路建设工程		公开	临沭县市政工程公司	3.14	1842113.82	合格	40
8	临沭县临沭街道办事处振兴社区居民委员会	振兴嘉园22#住宅楼建设工程	11088	邀请	山东金大陆建筑工程有限公司	3.6	13797509.56	合格	540
9	临沭县住房和城乡建设局	临沭县苍山路南段道路改造工程		公开	临沂市兰田路桥有限公司	3.21	3367778.33	合格	30
10	临沭县城市建设投资开发有限公司	临沭县北城区道路绿化工程（一标）		公开	临沂大千景观工程有限公司	3.26	2392304.65	合格	90
11		（二标）		公开	沂南县广安市政园林工程有限公司	3.26	3496096.02	合格	90
12	临沭县住房和城乡建设局	临沭县青云山路南段道路改造工程		公开	沂水县市政工程公司	3.27	5549738.68	合格	60

续表 18

序号	招标单位	工程名称	建筑面积（平方米）	招标方式	中标方	开标日期	标价（元）	质量等级	工期（天）
13	临沭县住房和城乡建设局	临沭县正源路道路改造工程		公开	沂水县市政工程公司	3.28	668071.57	合格	20
14	临沭县住房和城乡建设局	临沭县滨海西街道路建设工程		公开	赣榆县市政建筑园林总公司	3.29	6032717.34	合格	60
15	临沭县住房和城乡建设局	临沂市临沭县急救中心	640	公开	山东金大陆建筑工程有限公司	4.2	1459382.09	合格	180
16	临沭县住房和城乡建设局	临沭县青云山路北段道路建设工程（沭河大街—沭新大街）		公开	临沂市河东区中兴市政工程有限公司	4.8	9432565.42	合格	90
17	临沭县临沭街道办事处镇北社区居民委员会	临沭县镇北社区适龄青年安置楼建设工程	7602	邀请	临沭县镇北建筑公司	3.13	7426705.27	合格	300
18	临沭街道办事处	临沭街道中心中学塑胶体育场建设工程		公开	青岛科兴教育装备有限公司	4.19	4981252.79	合格	60
19	临沭县职业中等专业学校	职业中专扩建改造项目（3# 教学楼、图书办公楼、报告厅、风雨操场体育看台钢结构）		邀请	临沭县金明寓建筑工程有限公司	5.14	30234527.19	合格	210
20	临沭县职业中等专业学校	职业中专扩建改造项目（1#2# 教学楼、1#2# 公共实验楼、培训楼）		邀请	临沭县金明寓建筑工程有限公司	5.14	35250089.15	合格	210
21	临沭县青云镇赵窝村村民委员会	临沭县青云镇赵窝社区综合服务中心	900	公开	临沭县泰和建筑工程有限公司	4.22	910246.12	合格	30
22	临沭县国土资源局	临沭县岌山省级地质公园前期保护工程		公开	山东春天建设有限公司	4.24	605539.27	合格	30
23	临沭县住房和城乡建设局	沭河大街龙窝干渠桥梁新建工程（二次）		邀请	日照市政工程有限公司	5.6	892605.56	合格	60

续表 18

序号	招标单位	工程名称	建筑面积（平方米）	招标方式	中标方	开标日期	标价（元）	质量等级	工期（天）
24	临沭县城市建设投资开发有限公司	苍源河景观工程（一标）		邀请	南通天恒园林景观工程有限公司	5.20	11950520.75	合格	365
25	临沭县城市建设投资开发有限公司	苍源河景观工程（二标）		邀请	南通天恒园林景观工程有限公司	5.20	11031579.15	合格	365
26	临沭县城市建设投资开发有限公司	苍源河景观工程（三标）		邀请	南通天恒园林景观工程有限公司	5.20	8728527.60	合格	365
27	临沭县城市建设投资开发有限公司	苍源河景观工程（四标）		邀请	南通天恒园林景观工程有限公司	5.20	8772156.89	合格	365
28	临沭县城市建设投资开发有限公司	苍源河景观工程（五标）		邀请	南通天恒园林景观工程有限公司	5.20	8311476.67	合格	365
29	临沭县城市建设投资开发有限公司	苍源河景观工程（六标）		邀请	南通天恒园林景观工程有限公司	5.20	10511594.36	合格	365
30	临沭县清源污水处理有限公司	临沭县城区污水收集管网工程（第四期）		公开	山东天元市政工程有限公司	6.7	7731507.75	合格	90
31	临沭县城市建设投资开发有限公司	临沭县北城区道路绿化建设工程（二期）二标段		公开	临沂新艺园林有限公司	5.10	2576764.31	合格	180
32	临沭县玉山镇人民政府	临沭县玉山镇便民服务中心工程	2515	公开	临沭县镇南建筑公司	5.15	2414673.93	合格	300
33	临沭澳林置业有限公司	澳林国际商贸城A区一期建设工程（一标）	35653.22	邀请	临沭县天泰建设有限公司	4.26	23756102.43	合格	180
34		（二标）			临沭县第一建筑工程有限公司		18048767.67	合格	180
35	临沭县计划生育综合服务中心（临沭县妇幼保健院）	临沭县计划生育综合服务中心（临沭县妇幼保健院）综合业务楼工程	23179.59	邀请 BT模式	临沭县金明寓建筑工程有限公司	5.22	57930894.86	合格	780

续表 18

序号	招标单位	工程名称	建筑面积（平方米）	招标方式	中标方	开标日期	标价（元）	质量等级	工期（天）
36	临沭县曹庄镇人民政府	曹庄镇中心小学教学综合楼附属工程		公开	山东春天建设有限公司	5.28	513531.01	合格	60
37	临沭县蛟龙镇人民政府	蛟龙镇初级中学学生公寓楼主体工程	3244	二次公开	山东金大陆建筑工程有限公司	7.22	2700290.96	合格	120
38	临沭县店头镇人民政府	临沭县店头镇永安社区小学工程	3977	公开	山东金大陆建筑工程有限公司	6.5	3647563.28	合格	190
39	临沭县交警大队	临沭县交警大队科目二考场控制中心工程		公开	临沭县泰和建筑工程有限公司	6.6	1028675.65	合格	60
40	临沭县房产和住房保障局	临沭县民馨家园小区经济适用房 4# 住宅楼项目法人招标		公开	临沭县金明寓房地产开发有限公司	6.8		合格	270
41	临沭县临沭街道办事处花园社区居民委员会	花园社区 5#6#7# 楼建设工程	13866	邀请	山东金大陆建筑工程有限公司	5.21	14636339.67	合格	270
42	临沭县住房和城乡建设局	临沭县 2013 年供热扩容改造工程（S225 以东至光明路段及城西路分支）一标		公开	郯城县市政工程公司	6.13	1782474.27	合格	100
43		二标			临沂市政工程有限公司		637292.28	合格	100
44		三标			山东中兴市政工程有限公司		2332402.83	合格	100
45		四标			临沂城网市政工程有限公司		1441286.71	合格	100
46	临沭县公安局	临沭县看守所、拘留所、公安局业务技术用房民警培训楼工程	22015.16	公开	山东正安建设工程有限公司	6.19	26618726.42	合格	270

续表 18

序号	招标单位	工程名称	建筑面积（平方米）	招标方式	中标方	开标日期	标价（元）	质量等级	工期（天）
47	临沭县滨海投资开发有限公司	临沭县东城新区污水处理工程（一期）		公开	山东全鑫市政园林工程有限公司	8.22	1646062.71	合格	90
48					临沭县市政工程公司		2436856.73	合格	90
49	临沭县大兴镇人民政府	临沭县大兴镇兴龙社区小学教学楼工程	3100	公开	临沂润华建设工程有限公司	6.25	3388033.63	合格	180
50	临沭县人民政府郑山街道办事处	临沭县郑山街道沙店小学教学楼工程	2893.4	邀请 BT 模式	山东春天建设有限公司	6.24	2776705.19	合格	90
51	临沭康诚置业有限公司	沭中名苑·水岸花园 4#5# 住宅楼建设工程	20955.74	邀请	山东华泰建设集团有限公司	6.17	20189510.97	合格	400
52	临沭县人民政府郑山街道办事处	临沭县郑山街道办事处中心幼儿园综合楼工程	782.46	公开	临沭县宏祥建筑工程有限公司	7.9	852599.40	合格	60
53	临沭县金明寓房地产开发有限公司	民馨家园小区经济适用房 4# 住宅楼工程	4903.6	邀请	临沭县金明寓建筑工程有限公司	7.8	5445633.34	合格	270
54	临沭县房管局	民馨家园小区 5#6# 公共租赁住房工程	13618	公开	山东金大陆建筑工程有限公司	7.12	14566127.44	合格	270
55	山东金宝诚管业有限公司	金宝诚公共租赁住房（六层）、金宝诚公共租赁住房一（四层）、金宝诚公共租赁住房二（二层）工程	8274.62	邀请	山东金大陆建筑工程有限公司	7.3	10574100.83	合格	240
56	临沂史丹利房地产开发有限公司	史丹利·文慧园 1#2#3#5# 商住楼建设工程	45233.8	邀请	山东春天建设有限公司	7.2	45980297.78	合格	400
57	临沂史丹利房地产开发有限公司	史丹利·银河花园（景城花园）12# 住宅楼 13# 商住楼及楼间地下车库工程	38120.5	邀请	山东春天建设有限公司	7.2	40709851.84	合格	400

续表 18

序号	招标单位	工程名称	建筑面积（平方米）	招标方式	中标方	开标日期	标价（元）	质量等级	工期（天）
58	临沂史丹利房地产开发有限公司	史丹利·文慧园 6#7# 住宅楼建设工程	36559.82	邀请	山东春天建设有限公司	7.2	37161807.38	合格	400
59	临沭县曹庄镇人民政府	临沭县曹庄镇旺南庄完小教学楼工程	2229.64	公开	山东春天建设有限公司	7.29	2212864.29	合格	180
60	临沭县大兴镇古龙岗初级中学	临沭县大兴镇古龙岗初级中学教学楼工程–转让	3350	邀请 BT 模式	山东金大陆建筑工程有限公司	7.30	3766778.20	合格	180
61	临沭县城市建设投资开发有限公司	临沭县文化中心工程	34871.58	公开	山东金大陆建筑工程有限公司	8.1	52632874.33	合格	540
62	临沭县白旄镇人民政府	临沭县白旄镇柳庄完小附设园教学楼工程	1119	公开	临沭县第一建筑工程有限公司	8.22	1248954.65	合格	150
63	临沭县教师进修学校	临沭县教师进修学校附属小学塑胶操场工程		公开	青岛科兴教育装备有限公司	8.8	979965.08	合格	19
64	临沭县白旄镇人民政府	临沭县白旄镇初级中学公寓楼工程	4527	公开	临沭县泰和建筑工程有限公司	8.13	4667579.27	合格	260
65	临沭县店头镇人民政府	临沭县店头镇初级中学公寓楼工程	3525	邀请 BT 模式	山东金大陆建筑工程有限公司	9.29	3722631.21	合格	270
66	金沂蒙集团有限公司	金沂蒙集团有限公司 2013 年公租房 8#9# 公寓楼建设工程	10890	邀请	山东圣元建筑工程有限公司	8.15	11652806.79	合格	270
67	临沭县住房和城乡建设局	临沭县 2013 年供热扩容改造工程（兴大街支线）（一标）		公开	山东全鑫市政园林工程有限公司	9.26	585462.07	合格	20
68		（二标）		公开	临沂城网市政工程有限公司	8.21	1350265.58	合格	45

续表 18

序号	招标单位	工程名称	建筑面积（平方米）	招标方式	中标方	开标日期	标价（元）	质量等级	工期（天）
69	临沭县大兴镇人民政府	临沭县大兴镇中心小学教学楼建设工程–转让（BT）	2100	邀请 BT 模式	临沭县宏祥建筑工程有限公司	8.5	2182855.11	合格	150
70	临沭县大兴镇人民政府	临沭县大兴镇西港小学教学用房建设工程–转让（BT）	1600	邀请 BT 模式	山东金大陆建筑工程有限公司	8.13	1299860.85	合格	120
71	临沭县佳禾房地产开发有限公司	书香园 1#–4# 商住楼、沿街商业楼及地下停车场建设工程	62748	邀请	山东金大陆建筑工程有限公司	9.6	56001581.41	合格	600
72	山东金正阳集团有限公司	兰亭上城 1#2#6# 商住楼、地下停车场及储藏室建设工程	53078.85	邀请	临沭县泰和建筑工程有限公司涛	8.30	40039621.32	合格	660
73	山东金正阳集团有限公司	兰亭上城 3#4#5# 商住楼建设工程	38405.36	邀请	临沭县泰和建筑工程有限公司	8.30	40865527.80	合格	660
74	临沭县临沭街道卫生院	临沭县临沭街道卫生院病房楼、预防接种门诊楼暨卫生监督所业务用房工程	10294	公开	临沭县第一建筑工程有限公司	9.24	12156660.88	合格	420
75	临沭县公安消防大队	临沭县公安消防大队消防站执勤楼及辅助用房工程	7391.11	公开	临沭县宏祥建筑工程有限公司	10.10	7136037.47	合格	360
76	临沭县第二初级中学	临沭县第二初级中学塑胶操场工程		公开	青岛海化塑胶铺装有限公司		4397718.66	合格	80
77	临沭康诚置业有限公司	沭中名苑·康诚丽都 10#、11# 楼及沭中名苑·世纪经典 12#、15# 楼建设工程	19264.9	邀请	临沭县镇南建筑公司	10.17	17829675.52	合格	400

续表 18

序号	招标单位	工程名称	建筑面积（平方米）	招标方式	中标方	开标日期	标价（元）	质量等级	工期（天）
78	临沭县富民社区居民委员会	富民社区怡安小区13#14#15#16#住宅楼及18#社区服务楼（一标）工程	31193.7	邀请	临沭县富民建筑公司	11.12	13972021.04	合格	300
79		（二标）		邀请	临沭县第一建筑工程有限公司		11650316.70	合格	300
80	临沭县气象局	临沭县气象局防灾减灾预警中心工程	2351	公开	临沭县天泰建设有限公司	11.19	2322777.28	合格	90
81	临沭县蛟龙镇人民政府	临沭县蛟龙镇初级中学学生食堂工程	1677.77	邀请 BT 模式	临沭县富民建筑公司	11.22	1894344.20	合格	70
82	临沭县人力资源和社会保障局	临沭县就业和社会保障服务中心楼（三层）工程	3000	邀请 BT 模式	临沭县镇南建筑公司	11.20	3384320.60	合格	210
83	临沂史丹利房地产开发有限公司	银河花园（景城花园）10#11#、15#–23#及25#住宅楼建设工程	47197.66	邀请	山东春天建设有限公司	11.20	48169597.49	合格	400
84	临沭县自来水公司	临沭县供水管网工程二期（第二标段）		公开	临沂城网市政工程有限公司	11.29	3434952.92	合格	70
85	临沭澳林置业有限公司	澳林国际商贸城B区21#–27#、32#–38#沿街楼工程（一标）	29180.098	邀请	临沭县宏祥建筑工程有限公司	12.13	6363380.31	合格	210
86		（二标）		邀请	临沭县第一建筑工程有限公司		12077513.91	合格	210
87		（三标）		邀请	临沭县第一建筑工程有限公司		9130303.51	合格	210

续表 18

序号	招标单位	工程名称	建筑面积（平方米）	招标方式	中标方	开标日期	标价（元）	质量等级	工期（天）
88	山东沂蒙老区置业有限公司	领秀兰亭 7#–10# 住宅楼及地下停车场（一标）工程	38974.1	邀请	临沂大有建设有限公司	12.10	32783570.76	合格	560
89		（二标）		邀请	山东正安建设工程有限公司远		18933839.95	合格	560
90	临沭县城关供销社	临沭县供销商务中心(十一层) 工程	10914	邀请	山东春天建设有限公司	12.17	16377158.73	合格	300
			739327.678				1028325443.34		

撰稿：朱孔荣　英荣攀　尹　强　审稿：崔　强

城 市 管 理

临沭县城市管理局下辖城市管理行政执法大队、环境卫生管理所和商业步行街管理办公室3个副科级单位，局机关内设城镇管理中队及办公室、政策法规科、财务装备科、广告科、督察科、信访办公室、保卫科、违章处理办公室8个科室。城市管理行政执法大队下设7个市容管理中队，渣土中队、车辆管理中队、规划中队共10个中队。全局有正式在编职工111人（含环卫所事业编人员12人），其中，行政编制10人、参照公务员管理53人、事业编制23人、工勤人员5人、临时见习人员11人，其中城区行政执法管理一线人员共61人。

2013年，临沭县城市管理局先后被授予“全市城市管理先进集体”“全市城乡环卫一体化推进先进单位”“全县先进工会”等荣誉称号。

城市管理执法 流动占道经营管理。建设并启用曹村、孙蒿科、万里红等便民农贸市场，新增市场面积4600平方米，基本满足附近流动占道摊点入市经营的需要。加大对滨海街、振兴路、光明南路等南部老城区原有市场和道路的整治管理力度，共开展联合执法整治行动10余次，规范疏导占道经营户730余家，拆除私搭乱建260余处，有效解决南部街区占道经营、马路摊点问题。

城区车辆停放管理。在完善北部城区停车秩序整治的基础上，将南部城区纳入整治范围，实现车辆秩序整治全覆盖。新安装坡形石2400米，施划停车泊位3000个，设立标识牌103个。2013年9月，南部城区车辆违章停放抓拍工作全面启动。

渣土运输管理。对城区40余个在建工地进行登记造册管理，逐步建立建筑垃圾运输市场准入制度，对不符合规范化要求的运输车辆督促整改，加大对“抛洒滴漏”现象查处力度。全年共查处违规运输车辆267余台次。

露天烧烤管理。在城区沭新西街与顺河街交汇处、县电厂以西规划设置占地面积3.3万平方米烧烤市场1处，引导不具备店内经营条件的露天烧烤摊点一律进院经营。成立由政法委牵头，城管、公安、工商等部门组成的联合执法组，对烧烤经营户规范疏导，共开展联合执法3次，规范疏导经营户23家。

户外广告设置管理。稳步推进户外广告整治工作，先后对沭新大街、沭河大街、中山北路、光明北路的户外广告进行统一更换，加强对各类户外广告的管理和规划，坚决取缔违法、违章设置的户外广告、门头招牌及落地广告，有效提升城区外观形象。

执法制度建设。修订和完善机关工作制度、考勤制度等各项规章制度，出台督查考评办法、文明执法规范用语等考核办法。8月底全局开展为期一周的技能培训和军事训练，切实提升城管执法队伍整体素质，提高依法办案水平，为城管执法工作的顺利开展奠定坚实基础。

网格化管理。深入实施“网格化”管理，班子成员及工作人员全部“下沉到一线”，定路段区域、定目标任务、定执法人员、定奖惩措施，切实做到“网中有格、格中有人、责任到人、职能到位”。把日常监督与定期考核相结合，组织对县直各单位“门前五包”责任落实情况进行10次督导检查，针对发现的108处问题全部下发整改督办单。

城区环卫保洁。推行实施“一把扫帚扫到边”的环卫保洁模式，对城区道路两侧墙对墙之间的道路、绿化带、人行道实行全覆盖、无缝隙精细化管理。部署开展城市环境集中整治月活动，并实行城管委成员单位督导包扶责任制，周周调度，月月打分。全县共清理卫生死角298余处，各类垃圾3800余吨。为有效治理城区占道洗车对环境带来的二次污染，在城区建成3处洗车市场，逐步实现进场经营，集约经营。

城乡环卫保洁一体化。在镇街全面启动城乡环卫保洁一体化，制定《临沭县城乡环卫保洁一体化实施方案》，配套出台评分细则，每周检查打分，每月通报情况。全县公开选聘468名村级环卫保洁人员，配备垃圾桶3400余个。至年底，已有袁黄裕、丰岭、赵窝、后杨楼等107个村居基本达到“一体化”标准。积极推进市场化运作，与昌邑市康洁环卫公司签订合作协议，在临沭街道、郑山街道、青云镇开展城乡环卫一体化全覆盖托管试点。

便民服务。以党的群众路线教育实践活动为契机，全局72名干部圆满完成石门转林新村、欧疃村等15个自然村2844户走访任务，收集各类群众意见及诉求17件。在城区内新建改造提升公厕共14座，有效解决群众出行入厕难问题。推行政务公开，公开审批项目办理流程，将行政处罚标准和程序公示，接受社会监督。进一步积极转变作风，推出预约服务、上门服务等多种便民措施，切实为办事的群众提供一流的服务。

环卫工作 将城区内25条主次干道纳入常规化清扫保洁范围，加强对东至冠山路、西至225省道、南至兴大街、北至327国道范围内墙到墙之间的路面、人行道、绿化带的保洁，对城乡结合部、背街小巷等地方长期积存的生活垃圾进行清理，彻底消除垃圾死角。提高垃圾收集率，确保城区垃圾日产日清。积极申请资金改善垃圾收集车辆、设施，减少垃圾渗滤液的撒漏，合理安排清运收集时间，避免影响居民正常生活学习。加大日常清扫保洁提高机械化清扫率、提高洒水作业频率，坚持每天早、晚两次对城区道路进行洒水作业，减轻路面扬尘污染。加大城区公共厕所管理力度，所有公共厕所实行24小时开放，每日不定时保洁，确保内外卫生。

2013年，投入资金158余万元购置清扫车、吸粪车、钩臂车、压缩式垃圾车、工具车等环卫车辆，使设备完好率和机械化作业程度大为提高；投入70余万元对部分老化严重的老式铁皮垃圾箱进行更换，共设置密闭式塑料垃圾桶3000余个，不锈钢果皮箱200个；投入127万元在城区内新建公厕9座，提升改造公厕5座，实现城区公共厕所免费开放。

垃圾处理工作 临沭县有无害化生活垃圾处厂1座，位于蛟龙镇烈疃村南3公里，距县城15公里。占地面积15.27公顷，总投资3492万元，总库容144.3万立方米，日处理能力200万吨，设计使用21年。一期工程建设完成并投入使用，一期使用年限为14年。同时配套建设垃圾中转站1座，投资53.4万元，位于冠山路中段，占地面积122.7平方米，设计规模为100吨，实际转运量为80吨，采用垂直压缩方式。投入530万元建设生活垃圾污水处理站1座，设计污水处理规模为100立方米/天。采用混凝沉淀+厌氧UASB+A/O反应池+膜处理（MBR+RO）工艺。

2013年度无害化处理生活垃圾6.36万吨，平均日处理174吨，处理率100%，严格落实进场垃圾称重制度，确保垃圾处理科学规范、数据准确。处理垃圾渗滤液2120吨，保证渗滤液处理后达标排放，避免给下游水源造成污染。积极筹措资金80余万元完成厂区美化、绿化，对污水处理站进行全面维修、维护，确保污水处理设备运行完好，出水达标。

撰稿：邹云亮　王怀金　审稿：李怀东　薛孝敏

房产和住房保障

临沭县房产和住房保障局下设城市房屋征收办公室（正科级）、住房保障中心（副科级）2个二级单位，局内设办公室、财务科、开发管理科、交易监理科、评估所、测绘中心、房政科、审核科、物业管理科、执法监察科、住房保障科、政策法规科12个职能科室。全局现有在职干部职工51人，其中大专以上学历52人。

房地产开发　结合全县房地产开发市场实际，从稳定房价入手，深入调研分析，强化制度建设，细化工作措施，加强房地产开发经营管理、规范开发企业经营行为。执行商品住房销售明码标价规定，严肃查处房地产开发市场违法违规行为；加强终端控制，对房地产市场加强季度综合检查和竣工验收备案，为购房户把好每一道关口。举办临沭县第二届房展会，搭建政府、企业与群众的住房信息交流平台。2013年，完成房地产开发投资13.01亿元，同比增长1.2%；全县施工商品房71.7万平方米，同比增长5.3%；商品房竣工53.6万平方米，同比增长25%；销售商品房4975套，同比增长57.8%；销售面积57.8万平方米，同比增长54.8%；房地产开发企业纳税总额2.19亿元，同比2012年1.5亿元增长46%。临沭房地产市场整体比较平稳，房价在全市处于中等偏下水平，多层商品房住宅均价3400元/平方米、高层商品房住宅均价3300元/平方米。

物业服务　与物价等部门联合下发关于严格物业收费的管理办法，全面推进物业收费价格公示制度。同时，落实社区物业管理体制，落实物业等级服务、等级管理制度，落实专项维修资金和物业质保金制度。全县有17家物业服务公司，共服务59个商住小区，面积约300万平方米，服务群众6万余人。共收取住宅专项维修资金、质保金3600余万元，初步确保商住小区公共部位的维修与保养。2013年指导3个小区成立业主委员会，完成13个小区星级评定。

房屋征收　规范征收程序，旧城改造工作稳步推进。坚持“一把尺子量到底”的刚性政策，把征收政策、安置方案、补偿方法、征收流程及补偿标准、进展情况等进行公示，坚决避免政策不硬、要求不严、透明度不够的现象，形成公开、公平、公正的工作方式，真正做到“阳光改造，依法依规改造”。2013年，共完成6个城中村和6个棚户区改造项目，拆除房屋2300余套，拆迁土地67万平方米。

产权产籍管理　优化服务环境，房屋产权产籍管理规范有序。2013年，共办理各项登记19795件，同比增长86.6%；总面积185.83万平方米，同比增长13.2%；协助地税部门征收契税、营业税6301万元，同比增长521%（2010年征收427万元，2011年征收761万元，2012年征收1015万元）。

投资100余万元安装运行房地产信息管理系统，系统对要件扫描、人像采集、身份证识别等实行严密的信息录入，彻底堵塞费、税漏洞。对服务大厅进行现代化改造，将房地产交易、房产评估、抵押担保、测绘、收费等科室集中到服务大厅工作，推出“一个窗口接件，一套资料内部传递、一次性收费、一个窗口发证”的“一条龙”“一站式”服务。设置公开栏将业务流程、收费标准、办理时限、办理依据全部公开，提高工作透明度，杜绝人情收费、弹性收费，保证业务办理的公正、公平、公开。

22万套农村集体土地房屋确权发证工作进展顺利，在借鉴第一、二轮试点工作经验的基础上，制定《农村房屋登记发证工作实施方案》，印发农村房屋登记公告、登记发证工作服务手册、农村房屋登记发证工作明白纸等材料，培训镇街工作人员200余人次。通过政府挂网的方式，公开招标招聘3家信誉好，技术先进的测绘公司，2013年12月21日，进入全面测绘阶段，已经完成测绘360个自然村的14.8万户房屋。

住房保障 认真贯彻落实中央和省、市关于住房保障工作的各项政策，通过争取上级专项奖补资金、县财政预算安排、银政企合作融资等多种方式筹集建设资金，不断加大建设力度，廉租住房、经济适用住房、公共租赁住房、棚户区改造安置房、廉租房货币补贴“五位一体”的住房保障体系作用初步显现。2008年—2013年，全县已建成廉租住房150套，经济适用房228套，公租房4221套（政府投资800套），分配各类保障房360套（不算企业公租房），发放廉租房货币补贴814户、103.8万元。

2013年，争取上级各类奖补资金8173万元（第二名平邑县3992万元，最后一名蒙阴县471万元），同比2012年4761万元增长71.7％，合计约1.3亿元，连续两年位居全市各县首位。2013年代表全市顺利通过省住建厅组织的保障房和房地产市场综合检查。

撰稿：胡　磊　审稿：王守宪

环境保护

临沭县环境保护局（简称县环保局）按照“确保环境安全、改善环境质量、促进科学发展”这条环保工作主线，以创建省级生态县为总抓手，以污染物总量控制为主线，以强化环境行政执法为手段，以水污染和大气污染治理、农村环境保护为重点，加大环境执法力度，严肃查处环境违法行为，通过总量调剂促进经济社会科学发展，全县环境保护工作取得显著成效。

2013年，临沭县取得全市2013年度全市污染物总量减排第一名、生态县创建通过省生态办组织的专家组的核查、2013年度全市群众满意度测评中第七名，比上一年度上升2个名次等成绩，县环保局荣获全市2013年度全市环境监察工作先进集体、集体三等功、全县先进工会、全县工会女工工作先进单位、临沭县妇女儿童工作先进集体等荣誉称号。

环境管理 执行建设项目的有关法律法规，引导建设单位采用先进的清洁生产工艺，严格执行“以新带老”制度，做到增产不增污，按照国家建设项目分类管理名录严格审批，对不符合国家产业政策，高耗能、重污染的项目一律不批。2013年，共审批建设项目184个，向市环保局转报招商预审项目20个，环保预审项目22个。加强建设项目环境保护设施的跟踪检查力度，多次对全县未验收的项目进行清查，督促企业办理环保验收手续，及时掌握新建项目的工程进展情况和配套建设的污染防治措施的落实情况，并多次组织人员对已竣工并申请验收的新建项目配套建设的污染防治设施进行验收，2013年共验收项目37个。实施工程减排，督促调度金沂蒙深度治理减排工程，督促调度清源污水处理厂二期扩建工程及安装完善中控系统；积极推进结构减排，督促调度金沂蒙集团6#机组旁路拆除减排工程。认真落实建设项目主要污染物总量指标管理制度，将总量控制的要求落实到项目审批中，切实做到增产不增污。完成29家单位的环境统计数据上报工作。实现危险废物管理规范化，建立健全14家工业危险废物生产企业危废档案，实现动态化管理。联合卫生局对全县医院医疗废物进行集中收集，全部由临沂天蓝医疗危废处置公司集中处置，并经常现场检查同时针对不规范管理医疗单位提出整改意见。对持久性有机污染物（POPs）更新调查数据进行修改上报，建成全县POPs污染源数据库。对全县核与技术应用单位24家，其中，18家医院射线装置，4家企业射线装置（金沂蒙集团有限公司、常林集团、金正大股份有限公司、新汽车站）和2家放射源单位（德坤建材、华星纸业）进行拉网式检查，申领辐射安全许可证，认真贯彻落实《山东省放射源安全监管办法》，建立全县放射源监管档案。根据《临沭县环境保护“十二五”规划》部署，全面开展大气污染治理工作，特别是机动车尾气整治工作，临沭县辖区有临沂市汇丰机动车尾气检测站临沭分站一家，从事全县机动车尾气达标检测工作。

生态保护 对2010年—2012年度档案资料进行自查和完善，完成14个部门的创建档案资料整理工作和现场迎查准备工作，迎接省专家组技术考核。搜集评估材料，查看水源地情况。起草并上报凌山头水库饮用水水源地存在的突出问题和下一步工作计划。完成乡镇生活污水处理方式及设施建设情况统计调查并上报。参加省厅贫困村整治现场会，对山东省环保厅行业扶贫规划进行修编并汇总上报。起草市政协调研、“保护改善生态环境建设美丽临沂”协作调研等多项调研材料。做好对临沭街道、店头镇和石门镇的城乡环境综合整治督导工作，清秸秆建综合利用机制考核评分工作。参加环保部组织的国家级生态镇村创建培训班。组织郑山、青云、大兴各镇街申报省级生态村，组织青云、大兴、曹庄、店头、石门、玉山6个镇申报国家级生态镇。对临沭县2014年—2015年度农村环境综合整治规划项目，进行多次修编上报。为新型城镇化发展规划及临沭总体规划，提供生态资料。督促各镇完善污水处理站配套管，起草编制《临沭县畜禽养殖污染整治方案》。

环境监察 认真开展环保专项整治行动工作，严查环境违法行为。2013年，共出动执法人员4000余人次，申请县政府发文关停违法企业20家，申请县政府采取断电措施，保证停止生产的违法企业2家，清理取缔小淀粉加工户20余家，处罚环境违法企业百余家，处罚金额119.85万元，依法征收排污费454.08万元。实施全县清理小淀粉加工专项行动，对全县20余家小淀粉加工企业进行断水、停电、拆除生产设施。严格污染源的日常监察和不定期巡查，督促企业建立治理设施运转台账，确保全县治污设施正常运行。健全环保有奖举报制度，积极发挥环保热线“12369”作用，抓好信访处理工作，对上级转办的信访案件，及时将调查情况和处理结果上报、反馈。对辖区内上访层次高、群众反映强烈和上级领导检查发现的28起重点环境违法案件及信访进行后督察，对后督察中发现的问题及时处理，认真填写后督察现场检查表，及时上报各种后督察报表，并将后督察案件按照“一案一档”的标准及时整理归档。

环境监测 开展监测工作，提报各类有效手工监测数据11691个，其他各类监测报告250余份。以推进监测站标准化建设为契机，积极向上争取资金，加大对环境监测基础设施的投资力度，加强监测能力建设。按照国家环保总局环境监测站建设标准的通知要求，强化监测程序和质量保证措施，对不符合国家计量认证和实验室资质认可有关要求的内容进行补充和完善。完成对县城空气质量、污染点源、河流断面、饮用水源、城市地表水、噪声等的例行、指令、应急监测，开展服务性监测，利用现有的技术力量和仪器设备，接受社会性委托，为建设项目验收等提供技术服务和支持。

2013年临沭县空气质量周报污染指数汇总表

表19　　单位：毫克/立方米

周期	SO_2	NO_2	PM_{10}	API	周期	SO_2	NO_2	PM_{10}	API
1	0.027	0.021	0.088	67	27	0.019	0.024	0.088	69
2	0.025	0.029	0.119	87	28	0.024	0.022	0.147	99
3	0.031	0.027	0.110	80	29	0.015	0.019	0.056	49
4	0.026	0.022	0.105	77	30	0.025	0.024	0.074	62
5	0.022	0.021	0.061	52	31	0.022	0.014	0.152	106
6	0.027	0.013	0.063	54	32	0.023	0.020	0.097	73
7	0.028	0.013	0.084	65	33	0.021	0.018	0.105	77
8	0.043	0.020	0.099	74	34	0.019	0.016	0.056	51
9	0.042	0.023	0.095	72	35	0.037	0.035	0.116	82
10	0.064	0.031	0.100	74	36	0.029	0.039	0.148	99
11	0.024	0.021	0.035	41	37	0.021	0.032	0.095	72
12	0.026	0.021	0.123	95	38	0.013	0.015	0.150	102
13	0.014	0.029	0.053	48	39	0.029	0.028	0.074	60
14	0.028	0.034	0.073	61	40	0.026	0.028	0.099	68
15	0.025	0.100	0.086	68	41	0.049	0.034	0.111	80
16	0.021	0.032	0.083	65	42	0.034	0.027	0.106	77

续表 19

周期	SO_2	NO_2	PM_{10}	API	周期	SO_2	NO_2	PM_{10}	API
17	0.025	0.037	0.103	77	43	0.090	0.042	0.146	98
18	0.027	0.032	0.067	57	44	0.035	0.027	0.088	69
19	0.026	0.028	0.115	82	45	0.066	0.034	0.120	84
20	0.023	0.023	0.095	69	46	0.041	0.038	0.100	74
21	0.020	0.027	0.085	67	47	0.033	0.028	0.091	70
22	0.167	0.028	0.078	61	48	0.033	0.022	0.105	78
23	0.114	0.021	0.091	70	49	0.037	0.023	0.121	85
24	0.147	0.037	0.130	90	50	0.057	0.032	0.087	69
25	0.106	0.033	0.099	74	51	0.114	0.053	0.149	101
26	0.000	0.021	0.095	72	52	0.069	0.034	0.097	73

说明：周期指全年第1周至第52周

2013年临沭县城市区域噪声监测结果表

表 20

<table>
<tr><td rowspan="6">噪声
dB(A)</td><td rowspan="3">区域
环境
噪声</td><td colspan="6">测点数</td><td colspan="3">等效声级 Leq</td></tr>
<tr><td><40</td><td>40–50</td><td>50–60</td><td>60–70</td><td>70–80</td><td>>80</td><td>均值</td><td>最大</td><td>最小</td></tr>
<tr><td>0</td><td>46</td><td>55</td><td>0</td><td>0</td><td>0</td><td>53.2</td><td>58.4</td><td>43.1</td></tr>
<tr><td rowspan="3">交通
噪声</td><td rowspan="2">平均
路宽</td><td rowspan="2">平均
车流量</td><td><60</td><td>60–70</td><td>70–80</td><td>>80</td><td>Leq 均值</td><td>测点数</td><td>超标率</td></tr>
<tr><td>路长</td><td>路长</td><td>路长</td><td>路长</td><td rowspan="2">66.2</td><td rowspan="2">10</td><td rowspan="2">0</td></tr>
<tr><td>30 米</td><td>2571</td><td>0</td><td>15.7</td><td>0</td><td>0</td></tr>
</table>

表 21

2013年临沭县地表水水质监测结果表

单位：毫克/升

河流名称	采样点位	采样日期	PH	溶解氧	高锰酸盐指数	化学需氧量	氨 氮	备注
新沭河	大兴桥	2013.1	7.19	7.06	6.27	28.7	0.96	执行《地表水水环境质量》GB3838-2002 中Ⅳ类水标准，即 PH:6~9，溶解氧≥3 毫克/升，高锰酸盐指数≤10 毫克/升，化学需氧量≤30 毫克/升，氨氮≤1.5 毫克/升
		2013.2	7.09	7.36	7.76	29.2	1.15	
		2013.3	7.28	7.39	7.29	25.7	0.92	
		2013.4	7.28	7.19	7.71	26.3	0.79	
		2013.5	7.26	7.36	6.05	27.4	0.58	
		2013.6	7.09	7.26	7.79	27.3	0.77	
		2013.7	7.01	7.09	7.90	28.5	0.79	
		2013.8	7.08	7.28	7.09	25.7	0.58	
		2013.9	7.08	7.19	6.08	25.7	0.68	
		2013.10	7.29	7.29	7.67	28.6	0.68	
		2013.11	7.26	7.08	6.27	25.8	0.72	
		2013.12	7.18	7.16	6.27	26.2	0.70	
		均 值	7.17	7.22	7.01	27.1	0.78	
张疃河	烈疃	2013.1	7.16	7.09	7.09	23.7	0.95	
		2013.2	7.18	7.59	6.07	26.0	1.28	
		2013.3	7.08	7.58	8.89	23.6	1.05	

续表 21

河流名称	采样点位	采样日期	PH	溶解氧	高锰酸盐指数	化学需氧量	氨 氮	备注
张疃河	烈疃	2013.4	7.19	7.09	7.67	24.6	0.83	执行《地表水水环境质量》GB3838-2002中Ⅳ类水标准，即PH:6~9，溶解氧≥3毫克/升，高锰酸盐指数≤10毫克/升，化学需氧量≤30毫克/升，氨氮≤1.5毫克/升
		2013.5	7.29	7.29	6.68	26.4	0.76	
		2013.6	7.26	7.09	8.98	25.8	0.88	
		2013.7	7.29	7.16	7.71	27.7	0.88	
		2013.8	7.09	7.39	6.76	23.7	0.65	
		2013.9	7.29	7.35	6.07	21.7	0.73	
		2013.10	7.39	7.28	6.65	22.7	0.74	
		2013.11	7.16	7.16	7.01	25.7	0.67	
		2013.12	7.09	7.06	7.01	25.6	0.62	
		均 值	7.21	7.26	7.22	24.8	0.84	

撰稿：张贵州 审稿：姚洪玺 仓 波

夏庄河风光

商贸·旅游

SHANGMAO LVYOU

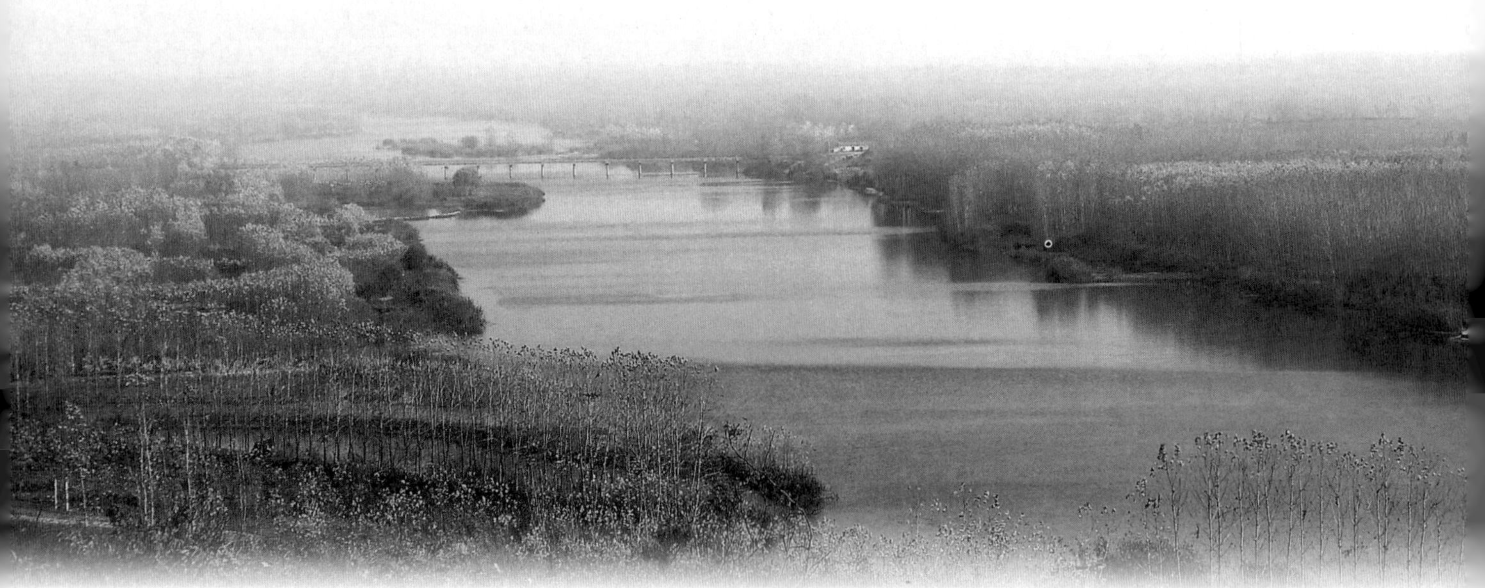

商业贸易管理

临沭县商务局下设办公室、外贸科、外资科、外经科、流通科、市场秩序科、对外劳务服务中心等7个科室，共有干部职工23人。

2013年，临沭县被授予“2013年全市外经贸工作先进县区”荣誉称号；县商务局被授予“全市商务信息工作先进单位”称号。金柳工艺品有限公司、美艺工艺品有限公司、荣华工艺品有限公司、晴朗工艺品有限公司、陆祥工艺品有限公司、照兴工艺品有限公司、白云工艺品有限公司被省商务厅、省委宣传部、省财政厅、省文化厅、省广播电影电视局、省新闻出版总署共同认定为“2012—2013年度省重点文化产品和服务出口企业”。

对外贸易 2013年，全县有自营进出口权的企业248家，其中有出口实绩的企业127家。全年实现进出口总额44431万美元，同比增长16.5%，分别位于全市15个考核单位中的第7位和第9位。其中，出口29826万美元，同比增长38.3%，分别位于全市第8位和第4位；进口14605万美元，同比下降11.9%，分别位于全市第7位和第14位。

在各类出口产品中，柳编出口12549万美元，同比增长22.6%，占出口总额的2.0%；蔬菜制品出口6180万美元，同比增长13.9%，占出口总额的20.7%；化工出口5090万美元，同比增长48.8%，占出口总额的17.1%；机电出口1032万美元，同比增长152.9%，占出口总额的3.5%；其他出口4975万美元，同比增长84.3%，占出口总额的16.7%。

2013年，在出口企业中，自营出口超过700万美元的10家，其中，超过1000万美元的6家，超过2000万美元的4家。金沂蒙生物科技有限公司出口3472万美元，同比增长78.9%；东盛伊斯德食品有限公司出口2305万美元，同比增长14.4%；临沂东隆家纺有限公司出口2268万美元，同比增长432.4%；山东三兴食品有限公司出口2121万美元，同比增长23.8%；临沭美艺工艺品有限公司出口1298万美元，同比增长88.1%；山东兴大食品有限公司出口1162万美元，同比增长33.1%；临沂照兴工艺品有限公司出口939万美元，同比增长75.2%；临沭县荣华工艺品有限公司出口794万美元，同比下降10.1%；临沂陆祥工艺品有限公司出口764万美元，同比下降3.2%；临沭晴朗工艺品有限公司出口713万美元，同比增长25.5%。金沂蒙集团有限公司（精细化工）被省商务厅评为省第五批科技兴贸出口创新基地。常林高端装备制造产业园被列为省级工程机械及配件出口基地。金沂蒙集团由商务部批准获得A级援外物资项目实施企业资格，成为临沂市的第一家援外物资项目实施企业。

2013年临沭县各镇街自营出口额情况表

表 22

单位：万美元

单 位	自营出口额
临沭街道	2698
县经济开发区（郑山街道）	19519
蛟龙镇（滨海区）	620
石门镇	60
曹庄镇	1428
青云镇	2074
大兴镇	128
白旄镇	906
玉山镇	2382
店头镇	11

利用外资 2013年，全县实际利用外资5021万美元，同比增长97%，分别位于全市15个考核单位中的第2位和第5位。常林道依茨法尔机械有限公司到位外资1100万美元，山东诺贝丰化学有限公司到位外资5000万美元，谢氏国际贸易（临沂）有限公司到位外资21万美元。

2013年临沭县各镇街利用外资情况表

表 23

单位：万美元

单 位	利用外资额
临沭街道	21
县经济开发区（郑山街道）	4990
蛟龙镇（滨海区）	0
石门镇	0
曹庄镇	0
青云镇	10
大兴镇	0
白旄镇	0
玉山镇	0
店头镇	0

外经工作 2013年，全县境外投资项目2个，临沭北大荒柳编工艺品有限公司在香港设立贸易公司，完成境外投资额500万美元；临沭佳景工艺品有限公司在香港设立贸易公司，完成境外投资额800万美元。全年外派劳务1210人。

国内贸易 2013年，全县实现社会消费品零售总额89.1亿元，同比增长19.4%。对生猪定点屠宰企业进行审核清理，取消14家B类生猪定点屠宰资格的生猪屠宰厂和小型场点，新建临沂源兴食品有限公司，利民社区发展为市级商业示范社区。

撰稿：张孝广　审稿：张　肖

商贸总公司

临沭县商业贸易总公司下设办公室、财务审计科、企业发展科、安全生产科4个职能科室；辖百源大世界、百货大楼、饮食服务公司、五金公司、金元商城、中央商城、糖业烟酒公司7个独立核算企业。共有干部职工1300多人。

资产管理 2013年，商贸总公司紧紧围绕“改革、发展、稳定”工作重心，创新工作方式，采取租赁、改制、改建等方式管理经营现有资产。国有企业年收取租金约400余万元，改制后成立的两家民营企业年收取租金约150余万元，经济效益连年增长。商贸总公司家属院棚户区改造工作进展顺利，棚户区安置楼于2013年10月动工兴建。

解困帮扶 积极落实国家惠民、救助政策。为171户困难家庭办理城市最低生活保障；办理保障性住房30余户。在县总工会、县人社局、金正大集团等单位帮助下，筹措资金10余万元，救助困难职工、单亲家庭及贫困大学生220余人。依托困难职工帮扶工作站，救助单亲女职工22名，11名贫困家庭大学生参与金秋助学活动，救助贫困党员、困难职工168人，其中特困职工35人。为12名涉军人员办理失业证和保障房补贴申请。

基层党建 2013年，县商贸总公司发展预备党员3名，预备党员转正4名，新增入党积极分子6人。新成立非公企业党组织2家：临沭盛达塑编有限公司党支部、山东新天置业有限公司党支部。将原食品公司、商业大厦、人民商场3家破产企业党支部分别并入中央商城党支部、金元商城党支部、烟酒公司党支部，由合并后的支部负责党务及社会事务管理工作。

招商引资 改进和创新招商引资方式方法，大力开展新型招商。完成引进临沂东升五金配件有限公司项目信息的上报工作，该公司拟投资6000万元在店头镇铸造工业园新建五金配件生产线4条，预计可实现产值5000万元，实现税收450万元。

撰稿：王波　审稿：徐祇银　门纪义

供销合作联社

2013年，全县供销系统实现销售收入19.84亿元，利税1.09亿元；供销物流中心建设项目开工建设，其中日用品物流建成并投入使用，联华商贸有限公司共发展乡镇级直营店8个，社区加盟店6个，村级加盟店375个，实现商品配送额8632万元，利税257万元；供销丰源农资公司已建成农资直营店16个，共销售各类肥料3000余吨；新成立合作经济组织9个，新建现代农业服务规模化基地3处，全年共托管土地666.67公顷；申请市供销社合作经济资金互助许可证合作社6个，实现互助金平均余额3546万元；依托鲁源再生资源发展有限公司规范再生资源回收站点20个；实现统筹统保额201万元，超额完成市社年初下达的任务目标。

农村现代流通服务 2013年，县委、县政府将供销物流中心建设和直营店建设列为全县农业农村工作重点和民生实事。供销物流中心规划占地面积10公顷，靠近沂沭铁路干线，总投资5000万元，集日用品物流、农资物流和冷链物流于一体。对全县日用消费品由县社控股、各基层社参与并吸收社会资本参股成立的联华商贸有限公司实行集中配送，全年实现配送额8632万元，利税257万元。投资1000万元建成占地2公顷的联华商贸有限公司日用品配送中心，并投入使用。丰源农资公司农资配送中心项目已完成土地调整，正在办理建设手续。2013年，新建农资直营店3家，村级加盟店22家，共发展直营店10家，村级加盟店200余家。全年销售各类化肥2000余吨，其中供销直供280吨，实现销售收入473万元。按照“特色化、标准化、规模化、产业化、品牌化”的发展思路，采取合作社+基地+农户的模式，发展各类农产品种植基地12个、养殖基地1个。所建基地共获得有机认证2个，绿色认证3个。依托鲁源再生资源有限公司新建分拣中心1处，新发展再生资源回收站点10个，鲁源再生资源有限公司实现销售额1.65亿元，利税152万元。

农业社会化服务 开展大田托管服务，为农作物的产前、产中、产后提供全程服务。注册成立临沭县联丰农机专业合作社，注册资金300万元，社员23个，投资80余万元购置750、900大型拖拉机4台，花生收获机2台，收割机2台。联丰农机合作社与临沭土产公司成立供销金鹏农机服务公司，区域代理沭河、时风、福田和东方红等7个国内知名农机品牌。依托合作社开展“全托式”“菜单式”服务，联丰农机专业合作社投资100余万元在店头镇陈北村流转土地33.33公顷；丰源农资公司成立丰源农作物种植专业合作社，在前官庄流转土地18.67公顷；蛟龙供销社领办的腾润达种植专业合作社流转土地13.33公顷，开展现代农业规模化服务。把资金互助纳入规范化管理，7个开展资金互助的专业合作社全部纳入市社资金互助管理办公室监管。全年共实现资金互助额3546余万元

撰稿：徐　雷　李艳珍　审稿：文学军

盐业经营管理

临沭盐业公司（临沭县盐务局）隶属于临沂盐业公司。下设办公室、盐政稽查大队、盐业科、4个客户服务部、业务科、财务科、保卫科，在全县设立食盐零售网点1080个，有干部职工108人。

经营情况 2013年累计销售盐产品7508吨，同比减少876吨，下降10.4%。其中，食盐销售4643吨，同比减少283吨，下降5.7%；其他工业盐销售2865吨，同比减少593吨，下降17.1%。小包装食盐销售2106吨，同比增加53吨，增长2.6%。其中，营养盐销售262吨，同比增加23吨，增长9.6%。大包装食盐销售2818吨，同比增加17吨，增长1%。精制工业盐销售727吨，同比增加185吨，增长34.1%。

盐政执法 2013年，共出动盐政执法人员2458人次，检查涉盐生产经营单位2000余户，查获涉盐违法案件341起，共收缴罚没款1.77万元。

撰稿：翟学文　审稿：金宏伟

物资集团总公司

物资集团总公司下设工会、办公室、财审科、人事科、安全保卫科、纪检信访室6个职能科室，全系统共有干部职工447人。2013年实现销售收入2.83亿元，实现利税210万元，同比增长34.25%和8.81%。

企业管理 加强对常林商城（时代广场）的租赁经营和物业服务。成立常林商城管委会，用市场化方式解决房屋租赁费增长问题，2013年房屋租赁费增收38%。实行昼夜24小时值班巡逻制度，加大安全设施投入，实现监控基本全覆盖，不断繁荣市场，增加综合效益。

职工解困 积极争取工会、民政等部门的支持，为职工谋福祉、办好事。2013年春节前夕，争取扶贫济困资金8万多元，发放给120多名困难职工；20名特困职工被列为总公司“一对一结对帮扶”对象；为42户困难职工申办政府保障性住房；为系统内70户困难职工家庭申办最低生活保障。

撰稿：高全里　审稿：张　炜

粮食购销

2013年，临沭县粮食局围绕粮食宏观调控，确保全县粮食安全，维护粮食市场流通秩序的目标，努力开创粮食工作新局面。被评为全市粮食产业指导工作先进集体、全市粮食系统先进集体等。

粮食流通监督检查 履行国务院《粮食流通管理条例》所赋予粮食行政管理部门的职责，抓好粮食流通监督检查和行政执法工作。2013年，累计组织各类粮食检查56次，出动检查人员213人次，检查各类粮食收购主体58个。

社会粮食流通统计 做好全县粮食统计调查，为政府科学决策提供准确依据。实行粮油价格周报制度，对主要粮油品种及时掌握市场动态。开展农户粮情固定调查工作，定期对54户农户、11户城镇居民粮食收支情况进行调查，做好分析预测工作。对全县国有和非国有粮食经营企业、转化企业、餐饮业的粮食经营、使用和粮食转化情况、城镇居民口粮消费情况以及农民粮食收支存情况进行抽样调查，并对采集数据进行了整理、审核、汇总、分析。

放心粮油工程 推进放心粮油工程，发展城乡粮油销售服务网点，营造良好的食品消费环境，促进粮油市场的稳定和繁荣，满足城乡居民消费需求。至2013年年底，累计发展“放心粮油店”27家。

粮食储备 严格按照地方粮食储备，粮食收购管理办法要求，严把入库粮食质量关，确保入库粮食安全储存。按照储备粮管理储存年限的规定，2013年轮换县级储备粮930吨。通过现场指导、上门服务等方式，加强对农户科学储粮的技术指导和服务。2013年，在全县7个乡镇32个村发放新型粮仓3200个。

产业发展 围绕“强基础、调结构、扩规模、提质量、增效益”的粮食产业发展思路，为粮食产业化发展争取政策支持，提供粮油市场信息，指导企业开展粮食产业化经营，鼓励粮油企业发展自己的粮食知名品牌。2013年，临沭县昌盛面粉有限公司荣获“全国面粉行业质量公证十佳品牌”，山东常林生物科技有限公司“常生坊”牌花生油、临沭县蒙香花生油有限公司“绿源”牌花生油被授予“山东省放心油”称号。

撰稿：袁　林　审稿：孙鹏凌

贸 促 会

2013年，临沭县贸促会坚持立足服务、履行职能、创新方法、科学发展的工作原则，充分发挥系统优势，发掘工作潜能，连续6年被评为临沂市贸促工作先进单位。

招商引资 利用贸促资源优势、多渠道获取投资信息，做好北京中建华通临沭投资中创大厦的后续服务工作。该项目投资1.5亿元，建设由四星级酒店式公寓、高端写字楼及大型商业建筑综合体，建成后年营业额约2000万元，税收约160万元，可解决就业约300人，具有较好的经济效益和社会效益。

贸促活动 2013年，县贸促会配合省、市贸促会组织临沭企业参加境内外展会十余次。接待中国促贸会经济信息部副部长贾槐一行，促成常林集团参加徐州工程机械展览，加强与徐工集团的合作。组织部分县内企业参加“第四届中国(临沂)国际商贸物流博览会”。

会员服务 秉承“服务立会，服务兴会”的宗旨，在商贸信息、人员培训、政策咨询、考察学习、交流联谊等方面为企业提供周到服务。为帮助企业掌握国内外进出口政策，提高企业经营管理水平，组织参加全市出证认证业务培训班。组织对柳编企业和脱水蔬菜企业进行调研，了解企业发展规模、经营状况、存在的困难和需求，为企业提供指导，为上级决策提供依据。

撰稿：胡 香 审稿：胡文君

外贸公司

临沭县外贸公司下设办公室、财务科、综治办三个职能科室，在职职工8人。2013年被县委、县政府评为“信访工作先进单位”和“全县示范工会”。

经营管理 通过行政协调和法律手段维护公司合法权益，收回原外贸公司沿街楼三楼，为公司挽回经济损失50多万元。拓展业务渠道，筹备成立劳务输出办公室。

信访稳定 协调有关部门为部分涉军人员落实政策，办理提前退休手续。为公司部分困难职工办理最低生活保障，申请办理廉租房和经济适用房。

撰稿：王 刚 审稿：郑 杰

旅　游

临沭县旅游局为参照公务员法管理的科级事业单位，有干部职工8人，下设办公室、行业管理和旅游监察科、规划发展和市场营销科三个科室。2013年，全县共接待游客95.80万人次，门票收入1310.61万元，同比增长20.25%；实现旅游收入1.05亿元，同比增长33.01%。被评为全市旅游政务信息工作先进单位、全县安全生产工作先进单位等称号。11月，在北京举行的“美丽中国首届全国特色生态旅游城市创建与发展论坛会”上，临沭县成功创建“美丽中国示范县”。

旅游规划　按照保护生态、突出特色、挖掘文化的总体要求，立足临沭现实，高起点规划。与市旅游局安排的规划院通力协作，密切配合，编制《沭马风景旅游区总体规划》，为沭河古道旅游区资源开发提供规划依据。编制完成《苍马山旅游度假区总体规划》《夹谷山旅游开发规划》《羽山森林温泉度假村旅游开发概念性规划》和《岌山省级地质公园总体规划》，促进旅游向多业态发展，实现旅游产品的多样化。组织实施《临沭县乡村旅游发展总体规划》编制工作，包含3个重点乡镇旅游概念性规划，6个重点村庄旅游概念规划。指导曹庄镇朱村完成《朱村旅游概念性规划》编制。

旅游行业管理　以创优创强为抓手，加大政策扶持，加强服务指导。夹谷山旅游区晋升国家AA级旅游区，曹庄镇朱村入选全国“美丽乡村”创建试点，并被省旅游局评为省级旅游特色村。金柳工艺品基地被省旅游局评为山东省金牌旅游购物商店，冠山景区被评为省级农业旅游示范点，“宋氏豆腐坊”和“云溪佳园”被评为三星级好客人家农家乐。

从“规范、素质、品质、安全”四方面，做好旅游市场规范和服务质量提升工作。新审批旅行社1家，门市部1家。按照省旅游局要求，统计上报第一批27户乡村旅游经营业户的农家乐“改厨改厕”，争取上级资金奖励。组织县内旅游企业参加、观摩市旅游局组织的旅游饭店服务技能大赛和导游大赛；组织县内红色景区和旅行社导游员、讲解员参加全省红色旅游导游员、讲解员师资培训班；组织人员参加省旅游局组织的旅游法和乡村旅游等培训学习。与全县旅游企业签订安全工作目标责任书，指导督促各旅游企业落实责任制，履行承诺。组织开展消防火险隐患清剿行动、安全生产大检查和打非治违专项行动等活动，实现全年旅游业安全生产无事故。加强对旅游市场的执法检查，做好旅游投诉受理工作。全年共接到旅游投诉2起，全部得到有效解决，办结率100%。

旅游项目建设　沭河古道景区　2013年上半年按照市里统一部署，完成分沂入沭及沭河下游临沭段绿化工作和景区土地流转及地上附着物的赔偿，全长13.7公里的3条旅游路附属工程设施建设已全面完成，提高景区通行能力。

夹谷山影视基地旅游综合开发　夹谷山影视基地旅游综合开发项目计划总投资3亿元，2013年完成投资3000余万元，地下司令部红色景区已基本完成，水、电、路、讯4项配套工作已启动。投资200余万元完成3000米旅游连接线道路建设。完成第三期土地流转27.33公顷。开展沂蒙知青村建设及景区标识规范工作。

苍马山景区　苍马山景区慧济寺已全面完工，于2013年10月1日对游客开放。苍马山生态度假酒店主体框架建设完工，完成投资5500万元。

冠山景区　冠山书院项目完成土地平整。冠山植物园项目，一期（桂花园）于2013年8月份开工建设，用地面积2公顷，投资500余万元，移植各规格、品种桂花树3000多棵。

岌山省级地质公园　2013年9月28日，县政府与山东伟业集团签约开发岌山省级地质公园，编制完成《岌山省级地质公园旅游开发概念性规划》初稿。完成公园边界测量，一期完成岌山恐龙地质园、岱涧丹霞、常林钻石发现地等土地流转81.73公顷。

朱村旅游开发　按照《朱村旅游开发概念性规划》，2013年着手朱村战斗纪念馆、朱村民俗馆、农业旅游示范园等项目建设。2013年11月25日，中共中央总书记习近平到朱村视察，参观朱村文化大院，看望朱村“老支前”党员。

旅游资源　2013年11月，中国、美国、瑞士等国古生物学者宣布，在临沭曹庄镇岌山的下白垩统地层中发现一个庞大恐龙足迹动物群。该遗址保存了大型蜥脚类、中型四足类、两种兽脚类、鹦鹉嘴龙类等丰富的足迹化石，对研究白垩纪早期恐龙演化、迁徙有重大意义。考察队发现罕见的驰龙类脚印，在全球数千个足迹化石点中，仅发现过8处驰龙类足迹。同时，发现鹦鹉嘴龙这一类可爱的史前小恐龙足迹。这批新发现的足迹弥补了对应地层缺乏恐龙化石的遗憾。这一成果发表在国际学术刊物《白垩纪研究》上。

已建成旅游景点简介　苍马山旅游区　为国家AAA级旅游景区，省级风景名胜区、省级森林公园、市级自然保护区，位于临沭县城北3公里处，由云溪谷游览区、鸟语林乐园、慧济寺宗教园区、山花烂漫游览区和马山古寨游览区等部分组成。主要特点是集宗教养生、生态旅游、休闲康体、商务会议、饮食娱乐为一体的旅游区。旅游区内主要景点有云溪谷、鸟语林、苍山叠翠、慧济寺、玉虚仙境、鬼谷驻迹、始皇观海台、老子问天、五罐鼻、黄檀谷、神龟回望、马山飞来峰、东夷古寨、惠民泉等。

冠山旅游区　为国家AAA级旅游区，位于临沭县城东北5公里处，由冠山和演武山两山组成。冠山因主峰状若凤凰之冠而得名，演武山因唐代名将罗成在此操练兵马，演习武艺而得名。景区主要特点可用“山幽、水秀、树古、泉灵、名人多、故事美”来概括。主要景点有仙人洞、长春观旧址、灵官殿、七真殿、三清殿、演武台、千年银杏树、珍珠泉、葫芦泉和龙凤泉等。这里集东夷文化之精华，山水与文化交融，远古与现代携手，构成千年传奇文化，是现代人休闲度假，康体养生的仙境圣地。

玉圣园景区　为国家AA级旅游区，位于临沭县蛟龙镇东盘村的莲花湾畔，由玉圣园、观音禅寺、玉圣山庄、卧龙池、莲花湾等部分组成。园区集参禅拜佛、修身养性、休闲旅游于一体，主要景点有观音禅寺、宝田花园、根雕艺术馆、沂阳书院、百鸟园、奇石园、苍龙图腾、凤鸣宝塔等。

新华社山东分社诞生地纪念园　为国家AA级旅游区，位于临沭县蛟龙镇前利城村。纪念园由诞生地纪念碑、纪念廊、新华亭和纪念馆等部分组成，是一处集红色基地、革命战史、英雄事迹、文化长廊于一体的历史人文景观群。

钟华山景区　为国家AA级旅游区，位于临沭县白旄镇。相传早在春秋时期，此处有一钟姓人家落居，以村中大汪盛产九孔莲藕，初取名

“莲花村”，是齐国钟无盐娘娘的出生之地。后改名周官庄，现合并后称华山村，钟华山以此得名。在鲁南苏北一带人们心目中，钟华山几乎与东岳泰山、西岳华山齐名。使钟华山远近闻名的是山顶上有座奶奶庙。奶奶庙始建于宋代，坐北朝南，位于钟华山主峰顶端，这里供奉的奶奶传说是泰山上的西王母娘娘。

滨海红色文化纪念园　位于苍马山风景旅游区苍山脚下，占地7.2公顷。纪念园的主题定位为“滨海根据地　少奇沂蒙情”，重点展示滨海区红色历史文化，突出展示抗战时期刘少奇在山东的丰功伟绩。整个景区的空间布局划分为五区、八馆。其中五区分别为战地重逢——入口服务区、滨海传奇——红色历史纪念区、激情岁月——红色文化休闲区（齐鲁红色第一街）、红石古寨——红色民俗游乐区、亲情1942——红色主题接待区。八馆分别为：滨海根据地纪念馆、刘少奇同志在山东纪念馆、刘少奇旧居、中共山东分局纪念馆、一一五师在临沭纪念馆、山东省战工会纪念馆、新华社山东分社诞生地纪念馆、百名将帅纪念馆。

夹谷山景区　为国家AA级旅游区，海拔304.9米，属临沂、日照、连云港三角地带交汇处，历史上著名的齐鲁会盟发生于此。现有圣人殿、圣庙、圣化亭、魁星阁和夹谷书院等建筑群遗址，建筑面积约1.5万平方米。夹谷山山谷深邃，树木葱茏，风吹石洞，嘤嘤作鸟鸣声，若即若离，形成赣榆八景之一的“夹谷莺啼”。山上还有圣人泉、老母奶奶洞、孟良石、响石、尼山分秀等名胜景致。

夹谷山地理位置重要，抗日战争时期，刘少奇、罗荣桓、陈毅等新中国元帅均到此查看地形和指挥战役。在毛泽东主席“深挖洞、广积粮”的号召下，经中央军委批准，1958年至1968年，十年的时间挖通一条地下军事战备洞。该地下战备洞主通道3100米，猫耳洞通道2000米，为人字形通道，共分东、北、西南3个洞口，北洞口在临沭境内，东、西南两个洞口在江苏境内。

2013年由山东金兰文化传媒有限公司投资3亿元开发，以“夹谷圣境·别有洞天”为主题定位，规划建设入口服务区、沂蒙知青村、地下司令部、齐鲁会盟地、茶文化区、采摘园区、探古览胜区、山林观光区和休闲度假区等功能区。

撰稿：杨彩霞　审稿：王正河　刘常霞

沭河古道景区管理

临沭县沭河古道景区管理处为隶属县政府管理副县级事业单位，2012年2月正式独立办公。

景区基础设施建设 投资94.2万元，修建全长1.3公里的古道景区东岸旅游路至样山大桥连接线，彻底解决沭河古道东岸样山大桥“有桥无路”的历史问题。投资200万元，建设古道景区两岸通往三角洲码头、样山的旅游连接线2条，全长3.16公里，完成旅游路桥涵护坡、路基整理等附属工程建设。投资27.5万元对大官庄码头提升改造，硬化停车场、道路、码头周边，栽植柳树、枫杨、海棠、百日红等共3000余棵。以推进国家湿地公园建设为抓手，对沭河古道两岸进行植树绿化，共流转土地10公顷，栽植迎春花、竹子、柳树、五角枫等8万余棵。投资85.6万元，对古道岸边及河道岛屿进行绿化和提升，共栽植芦苇、蒲草、黄金槐等5.5万余株。争取上级雨季造林资金100万元，在岌山地质公园、岱涧丹霞地貌园造林66.67公顷，栽植黑松、油松等共9万余棵。引导、鼓励伟业集团、春雨肥业等企业及个人投资600余万元，流转土地86.67公顷，栽植蓝莓6.67公顷、植树绿化20公顷、建设高效农业示范园33.33公顷。

资源保护 从公安、水利、林业、国土、交通、城管等6个单位抽调执法队员组成联合执法小组，对破坏景区资源的行为不定期巡查整治，对发现的问题及时转交有关执法单位处置。对景区内非法采砂，非法电鱼、摆“迷魂阵”捕鱼，乱采滥伐树木，非法毒鸟、张网捕鸟，乱圈乱占鱼塘养鱼，非法取土采矿，废弃房屋等进行集中清理整治，共计清理黄沙3万余立方米，凿沉、拆毁采砂船6艘，清理“迷魂阵”42张，发现非法采伐行为6起。

省级园区创建 在岌山省级地质公园流转土地61.73公顷，岱涧丹霞地貌园流转土地20公顷。国土部门筹措资金安装防护网7400米，建设恐龙遗迹看护房4间，安装摄像头6个，完成恐龙足迹及构造遗迹简易保护。地质公园总体规划通过省国土资源厅评审审批；详细规划由中国文化景观集团负责编制。9月28日，县政府与山东伟业集团签订合作开发岌山省级地质公园协议，总投资2亿元，计划利用2—3年的时间分三期组织实施。争取上级遗迹保护资金350万元，待方案经省国土资源厅批复后按程序进行遗迹保护。

宣传推介 利用各种新闻媒体宣传沭河古道景区原生态景观，在景区重要位置安装宣传牌6个，在大官庄码头竖立沭河古道景区导览图，介绍景区特色景点及自然、人文、历史景观。组织开展沭河古道景区摄影大赛活动，聘请市、县摄影专家对作品进行评选，优秀作品在县体育中心展出，结集出版《古道印象》一书。

撰稿：孟　丹　审稿：袁　靖

苍马山风景旅游区

临沭县苍马山风景旅游区管理委员会（简称苍马山管委会），下设办公室、农林发展局、规划建设局、社会事务局4个科室。共有干部职工36名，其中党员10名、预备党员2名。

2013年，景区以创建省级旅游度假区为目标，抓住机遇，真抓实干，创新工作，景区旅游开发有了较快进步和提升。2013年，整个景区门票总收入达120万元，接待游客30.24万人次，旅游综合收入300余万元。

政区人口 苍马山景区总面积55.40平方公里，其中耕地面积1952.2公顷。辖7个行政村及19个自然村。2013年年底，有总人口20753人。

农业和新农村建设 2013年，景区粮食总产7948.59吨，肉类总产3060.47吨。农业产业结构进行部门调整，其中，万寿菊种植333.33公顷，黑木耳种植10公顷，丹参种植33.33公顷。农村住房得到改善，新建住房面积18060平方米，建设时间2013年10月—2014年7月，实现自来水村村通。

教科文卫、社会生活 2013年，有学校9所，在校生917人，有小学专任教师52名。各村都建立文化大院、图书室场地已建成，并培训图书管理员，其中苍隆居图书室已经建成。实现广播电视全覆盖。农民人均纯收入为9167.51元，人均消费支出为5982.75元，人均住房60平方米，为521户710人办理低保，解决基本生活生产需求，为40户58人发放4万元救助款。

2013年苍马山景区各村（居）基本情况表

表 24

行政村名	书记	主任	与镇驻地方位及距离	总人数（人）	耕地面积（公顷）	粮食总产（吨）	村集体总收入（万元）
月庄社区	胡怀坡	胡怀荣	东北 7.3 公里	3846	256.4	1362.42	288.57
西盘村	肖增光	程怀光	东北 5.5 公里	3466	328	2088.8	440.62
山里村	胡德华	胡　伟	东北 3.5 公里	2793	273.3	1257	37.45
苍隆居	韩　冰	李玉达	正北 3 公里	2790	288	1197.2	62.71
山西村	凌沛浩	凌思省	正北 3.5 公里	4702	436	478.4	62.44
曹界前村	秦要东	曹庆龙	正北 6.5 公里	1246	112	953.3	59.97
李界前村	王敬利	李松峰	正北 3.7 公里	1910	199.8	610.38	0.99

撰稿：胡尊香　审核：王振剑

开发区建设·招商引资

KAIFAQVJIANSHE ZHAOSHANGYINZI

临沭经济开发区

临沭经济开发区管委会下设1个正科级单位：高新技术创业服务中心；5个副科级单位：党政办公室、财政局、经济发展局、规划建设局、招商局，同时县公安局、国土局、环保局、国税局、地税局、工商局分别设立派出机构。先后被授予“全国模范劳动关系和谐工业园区”“全国百佳科学发展示范园区”“山东省科学发展园区”“山东省知识产权园区”“全省重点服务业园区”“山东省新型工业化示范基地”“山东省高端装备制造产园”等称号，是全国优质化肥生产基地、国家火炬计划复合肥产业基地，连续七年被评为“全市先进开发区”。

规划建设 完成常林高端装备产业园、化工产业园、食品产业园、医药生物产业园“四大产业园”的概念规划及产业发展规划。完成区域范围内6个万人大社区规划，为开展旧村改造、土地增减挂和项目落户奠定基础。出资300多万元全面开展总体规划、区域环评、循环化改造和生态园区规划的编制。投资4000多万元的工贸北路、投资320万元的长河路建成通车，投资400多万元的海佑路正在路基回填。根据排水体系测绘，投资553万元建设的青石路西侧段、工贸路南侧段、工贸北路北侧段、史丹利墙东段4道排水明渠基本完成。出资100万元铺设供热管道，为福瑞达生物科技公司集中供热。结合路网框架开展绿化苗木栽培，提高各路段绿化美化水平。

经济发展 2013年，开发区规模以上工业企业实现总产值、主营业务收入、利税、利润分别为326.4亿元、354.5亿元、20.3亿元、17.6亿元，同比分别增长14.3%、16.9%、25.9%、26.1%，分别占到全县3/4。其中，化工产业实现销售收入240亿元，高端装备产业实现销售收入41亿元。全年纳税过千万元企业达9家，其中过亿元企业2家：金正大公司纳税2.22亿元，常林集团纳税1.0亿元。

2013年，完成固定资产投资57.8亿元，增长37.6%，其中新开工过亿元项目14个。实施技术改造项目56个，完成固定资产投资38亿元，占总固定资产投资比重的65%以上。实际利用外资6180万美元，同比增长165.8%。完成进出口额34038万美元，同比增长6.4%，其中出口额19519万美元，同比增长26.6%。

招商引资 坚持有目标“走出去”、有重点“引进来”，针对开发区产业发展规划进行“建链、补链、强链”。2013年，外出推介项目12次，接待客商200余人次。新签约过亿元项目13个，总投资58.08亿元，其中过亿元项目11个；在谈项目中过亿元的12个，计划总投资171.3亿元。签约项目投资额较大的有：投资22.64亿元的氟化盐及高端水溶肥生态化工项目、投资1.2亿元的氟化石墨项目、投资3亿元的年产3000吨乙醛肟及1500吨硫双灭多威项目、投资1.2亿元年产2000套印刷设备制造项目、投资7.28亿元的新能源供热项目、投资1.2亿元的功能材料研发中心项目、投资30亿元的磷酸锂铁电池项目等；新开工的项目有5个，分别是：氟化盐及高端水溶肥生态化工、海佑福瑞达、300吨/年亚甲氨基已腈、800吨/年2-乙酰肼腙-2-苯基-乙酰肼、600吨/年三苯基氯甲烷、抗生素医药中间体项目及2000套印刷设备制造项目。

科技创新 围绕提升核心竞争力，加快企业科技平台建设。2013年，开发区有29个项目列入省技术创新计划，新增3家市级企业技术中心：山东方正化学工业有限公司、东盛伊思德食品有限公司、山东新沭化化肥有限公司；金正大国家级企业技术中心通过国家发改委评审。规模以上企业有54家实施技术改造，总投资38亿元，占固定资产投资比重的65%以上。

产业特色 构建高端装备、化工（复混肥）、食品、生物医药、柳木制品、金属制管等为主的产业，集高端装备、新能源、新材料、新医药等门类较齐全的工业体系，培植出金正大公司、金沂蒙集团、常林集团、史丹利公司、福瑞达公司、金正阳管业、卡特重工、兴大食品公司等一批产业关联度高、拉动力强的骨干企业，形成特色鲜明的优势产业集群。2013年，临沭经济开发区共有300余家企业落户，规模以上工业企业67家，其中金正大公司、史丹利公司为上市公司。临沭县成为是全国最大的复合肥产业集群区，拥有亚洲最大的醋酸乙酯生产企业、全国最大的生物醇生产企业（金沂蒙集团），亚洲最大的缓控肥生产企业（金正大生态工程股份有限公司）和高塔复合肥生产企业（史丹利化肥股份公司）及全国最大的手扶拖拉机制造企业（常林机械集团），金正大公司还拥有全国唯一的国家缓控释肥工程技术研究中心。

撰稿：朱孔铭　审稿：胡怀权

滨海高新技术产业区（新型工业化实验区）

滨海高新技术产业区为正科级全额性财政拨款单位，核定编制20名，下设办公室、招商科、规划科、经济发展科4个科室。

规划建设 产业园区规划面积26平方公里，由规划苏州工业园的新加坡邦城规划顾问有限公司承担规划。重点发展产业主要有：光电节能照明、电子信息设备制造、新材料及新能源汽车、节能环保和现代物流等新兴高新技术产业。

一期总体规划面积12.42平方公里，其中，城市用地建设10.95平方公里，其他主要为林地及水域，已建成用地规模约40公顷。

高新区以项目承载能力建设为重点，不断完善基础配套。已形成“三纵四横”的便捷交通网络，水、电、燃气和通信管网合理布局，基本实现“七通一平”。建设完成滨海大道、双龙路、蛟龙路等道路铺设4700多米。硬化博瑞电子、中讯通、节力士等厂区道路；完成滨海大道、双龙路、门牌石两侧与327国道节点绿化；完成滨海大道北延供水主管道改造；完成园区供水主管道沿高速公路连接线东延方案投标；10千伏安用电线路投入使用；完成北四路、西五路的勘察、设计等工作；临沭县东城新区污水处理工程（一期）开工建设；编制完成《滨海高新技术产业区千亿级产业发展规划》《滨海高新技术产业区近五年重点基础设施建设发展方案》和《临沭县滨海高新技术产业区建设规划说明》。

招商引资 利用高新区的区位优势，加强对接长三角、珠三角的高新技术企业，围绕产业链开展招商。先后到北京、上海、广州、深圳、西安、无锡、中山、苏州等地进行招商引资，拜访客商100余家，接待到园区考察客商200余家，在谈项目10余个，先后有深圳电子科技产业园、汇商工谷砼业、金帝亚机械、山东懋良通信等项目落户园区。2013年，中国民营科技促进会临沭新兴产业园项目引进4家投资商入股汇商工谷，一期厂房全部封顶，二期工程已开工；山东懋良通信科技落户投产；博瑞电子项目二期3号钢结构厂房开工建设；中讯通科技电子有限公司成功上市，计划新上年产金融业自动化设备3000台（套）项目。

撰稿：杨　丽　审稿：杨　力

招 商 引 资

临沭县招商局为正科级事业单位，内设办公室、考核奖惩科、招商联络科、外联科、财务科5个科室。2013年，全县投产或在建千万元以上项目98个，新建44个，续建54个，亿元以上项目41个，固定资产投资到位25亿元，全面完成市委、市政府下达的年度目标任务，获“全市招大引强先进县区”称号。

考核管理 县委、县政府成立招商引资考核工作领导小组，下设办公室。对招商引资考核办法进行修改完善，出台《临沭县2013年度招商引资工作考核奖惩办法》，建立“月考核通报，年终检查总评”制度，每月与县绩效考核办联合对全县招商引资进展情况进行考核并形成通报。考核中严格“一把尺子”量准，做到实事求是，确保考实、考准，达到推进招商引资和项目建设的目的。

项目落实 县委、县政府调整充实重点项目领导小组，对重点招商项目实施“一个重点项目、一位县级包扶领导、一个责任部门、一套服务班子”制度，从项目洽谈、筹建、开工、生产进行全过程、全方位跟踪调度服务。出台《招商引资大项目评审办法》，进一步推动招商引资工作科学合理，加大科学选资力度，强化招商引资项目协调服务力度，有力推进项目落户。大力发展飞地经济，招引镇街与落户园区按照6：4进行利益分成，在全县形成抓招商引资工作的整体合力。

招商推介 落实县委、县政府确立“7+6”产业体系，分层次组建现代产业体系推进工作领导小组、产业推进办公室、产业培植（招商）小组三级工作力量，进行分线招商。出台《关于大力开展新型招商引资构建现代产业体系的实施方案》，开展以“新目标、新路径、新要求、新环境”为主题的新型招商引资。先后参加青岛临沂商会年度会议、青岛临沭同乡联谊会、山东临沂（广州）招商引资洽谈会、第三届临沂商博会等活动；自行组织开展临沭-深港投资恳谈会；积极到北京、上海、广州、深圳、杭州、济南、青岛、邯郸等地开展小分队招商、亲情招商、以商招商等活动，对接洽谈招商项目，取得良好效果。做好网站改版、更新及维护工作，及时将镇街（区）招商动态和推介项目更新到网站上，将招商网站打造成重要、有效的信息发布和服务平台。

重大招商项目 晟诚科技年产50万吨不锈钢制品项目 由山东中宇尚信商贸有限公司投资建设，计划总投资14.06亿元，其中固定资产投资11.6亿元，建设生产车间、库房、综合办公楼、宿舍楼及相关配套设施等64万平方米，购置电炉14组、窑炉14组、配套机械设备781台套。

山东玉谷矿业项目 计划总投资2.4亿元，其中一期固定资产投资1亿元，建设车间、厂房和先进环保型石子加工生产线；二期固定资产投资8000万元，建设石子精深加工线两条；三期固定资产投资6000万元，生产大理岩板材、火烧板等新型建材。项目全面投产后可实现利税过亿元。

懋良通信科技年产2亿只光纤插芯项目 由上海三懋通信设备有限公司投资建设，项目计划总投资4亿元，其中设备投资2.7亿元。公司主要产品为陶瓷光纤插芯及套筒，产品融合纳米、非金属代替金属材料和光通信，是目前国家大力扶持的高端技术项目。项目建成达产后，年可生产光纤插芯2亿只，实现产值4.2亿元，利税1.6亿元。

临沭澳林国际商贸城项目 是2013年市级重点服务业项目，总投资10.6亿元，占地14.67公顷，建筑营业面积30万平方米。项目分两期建设，一期为家居建材交易区，投资3.8亿元，占地4公顷，计划2014年5月投入使用。二期为五金机电交易区和品牌购物街，计划投资6.8亿元，占地9.91公顷，预计2014年10月竣工。同时配套建设现代仓储物流、酒店办公、商务休闲、餐饮娱乐等商业功能。

诺贝丰氟化盐生态化工项目 由英国Harva Investment Co. Limited投资兴建，总投资约人民币22亿元，注册资本1亿美元。项目计划分两期建设，一期工程建设内容包括：3万吨/年氟化钾副产白炭黑装置、15万吨/年硝酸装置、30万吨/年高端水溶肥装置等；二期工程建设内容包括：1万吨/年氟化铵装置、5000吨/年电子级氟化氢装置、15万吨/年硝酸装置、30万吨/年高端水溶肥装置等。项目建成投产后，可实现年销售收入40亿元，利税6.3亿元。

金正大年产10万吨水溶性复合肥项目 由上市企业山东金正大生态工程股份有限公司投资兴建，总投资1.17亿元。项目建设包含硝酸钾装置、硝铵溶液装置、磷酸二氢钾装置、氯化钾铵浓缩装置、相应的公用工程及辅助生产装置，主要产品为水溶性肥料、磷酸二氢钾、氯化铵、氯化钾铵等。项目建成投产后，可实现销售收入9.9亿元，净利润5914万元。

山东海佑福瑞达制药有限公司原料药生产基地项目 由山东沂蒙老区酒业有限公司和山东福瑞达医药集团公司共同投资建设，主营业务为原料药及药品的研发、生产及销售。项目总投资6亿元，占地6.8公顷，建筑面积3.9万平方米，分三期完成，首期投资1亿元，建设5条原料药生产线，建成投产后，预计可实现年产值6.5亿元；二期计划投资2亿元，建设3条原料药生产线；三期计划投资3亿元，建设通过FDA认证的制剂生产车间以及现代化立体仓储系统等配套设施，包括固体制剂车间和注射剂车间，三期投资建设全部完成后，年产值可达20多亿元。

金盛源精密铸造项目 由济南、浙江客商投资建设，总投资3亿元，占地6.67公顷，项目建设包含65立方高炉、3000千瓦汽轮发动机组安装、冷却塔、除尘系统及配套的污水处理装置等，投产后年产精密铸造件10万吨，项目分三期建设，一期项目于2012年12月开工建设，2013年8月投产运营。

2013年度A类县直部门招商引资工作考核情况表

表 25

序号	单 位	总分	序号	单 位	总分
1	县委办	102	36	审计局	80
2	人大办	102	37	环保局	80
3	县府办	102	38	统计局	80
4	国土资源局	102	39	安监局	80
5	畜牧局	102	40	食品药品监督局	80
6	规划局	102	41	党 校	80
7	政协办	100	42	总工会	80
8	水利局	100	43	团县委	80
9	民宗局	100	44	妇 联	80
10	人防办	100	45	台 办	80
11	中小企业局	100	46	老干局	80
12	物资总公司	100	47	科 协	80
13	纪委（监察局）	80	48	档案局	80
14	宣传部	80	49	党史征委办	80
15	司法局	80	50	工商联	80
16	财政局	80	51	老龄委办	80
17	地税局	80	52	行政审批办	80
18	教体局	80	53	史志办	80
19	文管执法局	80	54	地震局	80
20	残 联	80	55	文 联	80
21	林业局	80	56	食安办	80
22	农机局	80	57	广播电视台	80
23	供销联社	80	58	粮食局	80
24	外贸公司	80	59	物价局	80
25	质监局	80	60	房产局	80
26	组织部	80	61	开发扶贫办	80

续表 25

序号	单 位	总分	序号	单 位	总分
27	统战部	80	62	商贸总公司	80
28	政法委	80	63	二轻联社	80
29	编　办	80	64	体育中心	80
30	机关工委	80	65	国税局	80
31	民政局	80	66	公路局	80
32	人社局	80	67	工商局	80
33	文广新局	80	68	供电公司	80
34	卫生局	80	69	城管局	80
35	人口计生局	80	70	气象局	80

2013年度B类县直部门招商引资工作考核情况表

表 26

单 位	总 分	单 位	总 分
科技局	102.5	旅游局	100
招商局	102.5	经信局	80
发改局	100	交运局	80
住建局	100	农业局	80
商务局	100		

2013年全县各镇街（区）招商引资进展考核情况表

表 27　　　　单位：万元

序号	单　位	任务数	2013 年完成数	位次	完成全年任务比例（%）	位次
1	经济开发区（郑山街道）	100000	109466.52	1	109.47	1
2	临沭街道	40000	42903.30	2	107.26	2
3	曹庄镇	15000	15459.93	3	103.07	3
4	店头镇	15000	15250.24	4	101.67	4
5	大兴镇	15000	15189.34	5	101.26	5
6	玉山镇	15000	15081.41	6	100.54	6
7	青云镇	30000	14420.55	7	48.07	7
8	石门镇	15000	5810.09	9	38.73	8
9	白旄镇	15000	5581.90	10	37.21	9
10	蛟龙镇（滨海高新区）	40000	13030.75	8	32.58	10
小计		300000	252194.02		84.06	

撰稿：王　琛　李鹏亮　审稿：尹继利　何　伟

中山路街景

财政·税务

CAIZHENG SHUIWU

财　　政

临沭县财政局下设办公室、预算科、国库科、行政政法和教科文科、经济建设科、农业科、社会保障科、企业科（挂金融和国际合作科牌子）、会计科、法规税政科、综合科（挂县清理规范津贴补贴办公室牌子）11个职能科室；隶属财政局的二级单位有基层财政管理局、投资评审中心、国有资产管理局；挂靠财政局正科级单位有经济开发投资公司、非税收入管理局、财政监督检查局。全局共有干部职工116人，其中，离退休人员20人，在职人员96人。在职干部职工中，具有大专以上学历的89人。全县设10处镇（街道）财政所，1处经济开发区财政局。

2013年，临沭县实现公共财政预算收入10.57亿元，增长32.75%，当年收入加上上级税收返还、转移支付补助、上年结转收入等，总财力达到21.6亿元，全县财政决算总支出21.6亿元，收支相抵，财政收支平衡。县财政局连续13年被评为省级文明单位，被省财政厅评为2013年度全省行政事业单位国有资产管理先进单位、财政系统信息工作先进单位，被市委、市政府评为2013年度履行（县区）计划生育分工职责先进单位，被县委、县政府授予信访、服务经济发展、环境保护、城乡环境综合整治、统计工作、履行人口和计划生育分工职责、行风建设先进单位。

组织财政收入　充分发挥组织收入的牵头揽总职责，大力实施社会综合治税，发挥财税联席会议、税源信息网络平台、协税护税联动机制等作用，加大重点税源监管力度和涉税信息采集利用，促进税收稳定增长。加强非税收入征缴管理，完善非税收入征缴系统，切实堵塞征管漏洞，确保非税收入应收尽收。公共财政收入总量达10.57亿元，在全省前移10个位次。

重点项目支出　加强融资平台建设，多渠道做好筹资融资工作，为城市重点项目、土地增减挂钩、新型农村建设提供有力的资金保障。拨付政府投资项目资金6.6亿元，实施城市3万吨引水、城市污水处理二期、城市供暖扩容、苍源河公园和北城区“四纵两横”道路建设等。筹集资金2.6亿元，支持15个“两区同建”试点项目开展，完成拆迁74.2公顷，实施城乡环卫保洁一体化，推进美丽镇村、幸福家园建设。

民生项目支出　公共财政预算用于民生方面的支出达16.4亿元，占财政支出的75.6%，加上政府性基金用于民生方面的支出，民生支出达到24.1亿元，保障22项民生工程和69件为民实事顺利实施。发放粮食直补、农资综合补贴、农机具购置补贴等惠农资金8770万元，投入千亿斤粮食生产、农业综合开发、农村环境整治、农村饮水安全等建设资金7318万元，落实资金1170万元，开展87个村“一事一议”财政奖补项目，改善农村生产生活条件。实现教育支出6.1亿元，义务教育经费保障得到有效落实，家庭经济困难学生资助体系不断完善，校舍安全工程、标准化幼儿园建设扎实推进，城乡就学条件有效改善。医疗卫生支出2.8亿元，城镇居民医保和新农合政府补助标准提高到280元/人，基本公共卫生服务补助标准提高到人均30元，农村妇女“两癌”检查全面推行，“看病难、看病贵”问题有效缓解。社会保障支出3亿元，城乡居民社会养老保险基础养老金标准提高到每人每月65元，城乡低保、农村“五保”供养补助标准进一步提高，困难群众广泛受益。小额贷款担保基金提高到1000万元，发放担保贷款5027万元，促进城乡妇女、高校毕业生、下岗失业人员等创业就业。住房保障支出1.1亿元，新建公租房1420套，棚户区改造700户，农村危房改造300户，群众住房条件逐步改善。

财政管理改革 积极开展“财政改革管理提升年”活动，在全市县区中率先实施财政财务一体化核算，10个镇街财政所和117个县直预算单位纳入核算范围。加快公务卡改革，将办公费、印刷费、差旅费、会议费、公务接待费、公务用车运行维护费等13项支出纳入强制结算目录，进一步规范公务支出管理。建立健全政府投资项目可行性研究、预算评审、资金安全运行、竣工验收与决算四项工作机制，审结政府投资项目预算154项，审定预算及标底额7.7亿元，审结政府投资项目决算93项，审减资金2917万元，审减率达13.2%。加强采购监管，全年实现采购额3.9亿元，节约资金5885万元。

财政监督检查 建立镇街财政财务季度检查制度，先后开展预算执行、“三公”经费、白条抵库等专项检查活动，对检查中发现的问题，逐一落实整改措施，为整顿和规范财经秩序发挥了重要作用。

2013年临沭县财政收入支出主要项目完成情况表

表 28　　　　单位：万元

公共财政预算收入		公共财政预算支出	
1. 增值税（25%）	13095	1. 一般公共服务	11013
2. 营业税	29675	2. 国防	800
3. 企业所得税	14012	3. 公共安全	10087
4. 个人所得税	1763	4. 教育	61008
5. 资源税	1874	5. 科学技术	3523
6. 城市维护建设税	3298	6. 文化体育与传媒	2291
7. 房产税	1483	7. 社会保障和就业	29761
8. 印花税	1742	8. 医疗卫生	28072
9. 城镇土地使用税	5268	9. 节能环保	4301
10. 土地增值税	4250	10. 城乡社区事务	4668
11. 车船税	1224	11. 农林水事务	31341
12. 耕地占用税	3988	12. 交通运输	4953

续表 28

公共财政预算收入		公共财政预算支出	
13. 契税	9685	13. 资源勘探电力信息等事务	3376
14. 烟叶税	526	14. 商业服务业等事务	2406
15. 专项收入	2803	15. 金融监管等事务支出	402
16. 行政事业性收费收入	4387	16. 国土资源气象等事务	2000
17. 罚没收入	4759	17. 住房保障支出	11259
18. 国有资源（资产）有偿使用收入	1556	18. 援助其他地区支出	120
19. 其他收入	335	19. 粮油物资管理事务	306
		20. 国债还本付息	
		21. 其他支出	4634
收入合计	105723	支出合计	216321

2013年各镇（街）、县经济开发区财政收入支出完成情况表

表 29　　单位：万元

单　位	收入	支出
临沭街道	22759	12810
开发区（郑山）	26563	8218
店头镇	1890	2588
石门镇	1521	2545
曹庄镇	2244	2779
白旄镇	1596	2070
青云镇	3417	3803
大兴镇	1531	2808
蛟龙镇	1535	2652
玉山镇	2022	3459
合　计	65078	43732

撰稿：高　朋　审稿：郭和法

国　　税

临沭县国税局下设11个职能科室：办公室、人事教育科、监察室、政策法规科、税政管理科、征收管理科、收入核算科、纳税服务科、税源管理一科、税源管理二科、机关党委办公室；1个直属机构：稽查局；1个事业单位：信息中心；7个派出机构：城区国税分局、南古国税分局、郑山国税分局、石门国税分局、蛟龙国税分局、朱仓国税分局、青云国税分局。有在职干部职工107人，大专以上学历占90%。

2013年，税收收入创历史新高。全县国税系统共完成税收收入80086万元，同比增长17.39%，增收11863万元，其中，国内税收完成76075万元，完成市局计划的107.6%，超收5375万元。形成县级收入24768万元，同比增长38.2%，增收6846万元。县国税局保持了“省级文明单位”“省特级档案室”荣誉称号；办税服务厅被全国妇联授予国家级“巾帼文明岗”，被省妇联授予省三八红旗集体，被临沂市委、市政府授予“行风建设先进单位”，并先后被授予全市国税系统“廉政文化示范点”、临沂市政务公开先进单位、市级“学习型组织先进单位”、全市“四德”工程建设示范机关、全县执法类单位行风评议第一名、全县巾帼建功标兵单位、全县创建廉洁勤政好机关先进单位、全县就业创业、社会保险工作先进单位、全县平安建设先进单位、全县人口与计划生育先进单位、全县党建先进单位、全县工会先进单位等荣誉，被临沭县委、县政府荣记“集体三等功”。

分税种收入　增值税直接收入完成31656万元，同比增长24.01%，增收6130万元；消费税完成2044万元，同比下降10.15%，减收231万元；企业所得税完成29177万元，同比增长17.15%，增收4272万元；个人利息所得税收入6万元，同比下降25%，减收2万元；车购税完成5553万元，同比增长9.76%，增收494万元。完成增值税调库7639万元，同比增长21.18%，增收1335万元。

纳税服务　完善服务手段，建立和谐税企关系。适时调整、优化服务岗位职能，建立健全办税服务厅岗位职责、工作管理制度、纳税服务承诺、着装服务标准、限时服务制度，规范业务办理流程，标准化专业化水平持续提高。采取各种措施引导辅导纳税人提高网上办税能力，使用网上办税服务厅企业的发票验旧信息已100%通过网络传输，远程抄报税率超过95%，企业纳税人网上申报率达100%，增值税专用发票网上认证份数比率超过95%，极大地节约了税企双方成本。创新方式方法，开展纳税服务需求调查。全年共收回书面调查问卷580份，网上调查问卷640份，各类意见160余条。纳税人在服务态度、工作效率、业务技能、服务设施等多方面提出很多合理化建议。纳税服务科牵头分析调查结果，有针对性地把握纳税需求，研究改进措施，提升工作水平。根据征管专业化的要求，整合办税服务厅功能。实现纳税人提请的所有涉税事项厅内直接办理，并按照窗口受理—内部流转—限时办结—窗口出件的程序，实现规范有序流转。对办税服务厅的职能进行调整，在后台增加出口退（免）税管理和部分涉税事项审批内容。突出重点，全面做好营改增各项工作。在办税大厅设置“营改增”咨询台和专门服务窗口，配备必要工作设施，实现“营改增”纳税人“一窗通办”。印发营改增纳税人办理国税业务预约单，办理国税相关业务需准备的资料和纳税人办理国税有关涉税业务事项的公告等有关资料，在各级办税服务厅张贴发放，同时集中宣传营改增的有关政策和操作。在业务培训辅导方面，纳税服务科联合政策法规科召开营改增纳税人座谈会，联合防伪税控服务单位开办培训会，培训有关政策和操作，现场解答纳税人的疑问。在营改增业务处理方面，采取有效措施，集中服务厅资源，完成纳税人确认、增值税一般纳税人认定、税种核定、最高开票限额行政许可、防伪税控设备发行、发票发售与代开等工作。全力以赴，全面做好“金税三期”上线工作。岗位人员积极参与相关业务学习培训与功能模块测试应用，高质量完成试点任务。通过共同努力顺利实现单轨运行，新系统运行平稳，各项业务开展顺畅，纳税人办税未受新老系统切换影响。扎实工作，确保各项审批业务进度。在确保退“安全税”前提下，加快出口退税审核审批进度，将企业退税款及时足额地退还给企业，基本做到“应审尽审、应退尽退”，重点解决脱水蔬菜企业由于政策调整（免税改为免抵退）造成的出口退税审核问题，进料加工复出口业务的审核等，工作进度得到纳税人肯定，全年共审批出口退税1.41亿元。加快增值税一般纳税人认定和行政许可等业务的审批进度，在规范资料报送和业务核实的基础上，全力缩短审批时限，满足纳税人业务需要，全年共审批增值税一般纳税人124户，审批最高开票限额行政许可98户。

依法治税 充分利用税收执法管理信息子系统预警功能，提高CTAIS系统操作质量，尽可能减少执法过错。2013年税收执法子系统中，执法12430户次，执法正确率达100%，位于全市各县区平均第一。全年共审理重大税务案件2户次，查补入库增值税97.63万元，所得税7万元，罚款55.6万元，加收滞纳金27.85万元。做好增值税一般纳税人清算工作，通过自查，共自查企业669户，自查有问题企业104户，自查税款144.28万元，已入库120.38万元，加收滞纳金5.54万元。复查阶段，复查企业194户，有问题企业89户，复查税款757.23万元，罚款5.43万元，进项税额转出3487.87万元。已经入库税款757.23万元，罚款5.43万元，加收滞纳金28.08万元。

2013年共审批安置残疾人享受税收优惠政策资格认定5户，办理安置残疾人企业退税5户次，办理退税105万元。做好一般纳税人认定、行政许可审批工作。严格按照《增值税一般纳税人资格认定管理办法》及增值税专用发票最高开票限额和限量政策要求对纳税人提出的申请进行审批。

营改增征管业务 与地税、交运部门联系，做好交通运输业、现代服务业营改增纳税人普通发票需求调查、营改增纳税人接收确认和系统业务应用操作工作，及时上报市局阶段性报表，组织税源管理单位对地税局转来的营改增纳税人确认表进行实地核实，做好营改增纳税人个体定额参数维护，做好营改增纳税人系统信息维护和业务操作应用。将省局《营改增试点纳税人移交管理工作流程》的通知和关于“交通运输业和部分现代服务业营业税改征增值税”纳税人办理国税有关涉税业务事项的公告转发各单位，在外网公告，印制宣传材料并发放。适时召开“营改增”业务培训会，集中学习外部信息管理系统和综合征管软件V2.0“营改增”相关模块操作指南，对地税局转来的“营改增”纳税人信息的调查核实、信息核对和系统确认工作进行了明确。6月5日，第一位营改增纳税人，完成信息核对等业务，经分局实地核实。6月9日，完成确认的80户营改增纳税人信息写入征管软件。8月1日，营改增纳税人顺利开票。9月1日，营改增纳税人顺利实现纳税申报。

信息化建设 做好网络与信息安全保障工作。全面规范非税务机关接入点安全管理。加强机房环境建设管理，更换UPS不间断电源主机和电池组，更新机房空调，配备机房断电报警设备。落实计算机类设备定期更新制度。全年共购置新计算机30台，针式打印机6台，激光打印机10台。加强网络及信息安全管理。配合上级局进行一次网络升级改造和调试，县局到市局网络带宽由20兆升级到40兆，各单位到总局网络运行正常。为保障“营改增”和金税三期系统顺利运行，重新安装计算机操作系统45次，升级计算机操作系统56次，IE浏览器全部升级为8.0；对全局75台计算机出现的5126系统补丁全部进行安装。发行服务厅使用的“营改增”税控设备7套，到分局安装调试，确保使用正常；发行“营改增”企业使用的税控盘，到企业安装调研；根据人员调整和各类应用软件升级，共调整维护30多人次，保证“营改增”和金税三期系统顺利运行。强化数据质量管理。及时处理省局和市局信息中心下发的异常数据，全年共修改异常数据321条。强化数据分析处理工作，形成3篇数据分析报告，即临沭县代开普通发票的数据分析报告、临沭县个体税收与临商户管理的数据分析报告和临沭县加油站企业的数据分析报告。其中，市局通过公文处理转发了临沭县加油站企业的数据分析报告。做好各类应用系统运行保障工作。做好综合征管系统、防伪税控系统、车购税征管系统、税收执法系统、数据综合分析利用平台、行政裁量权管理系统、公文处理系统、RTX实时消息、工作实时提醒、网上办税服务厅、网上远程抄报税、网上认证、车购税预申报、出口退税预申报等系统的技术保障工作，保证系统安全、稳定运行。做好视频会议的调试和维护工作。2013年，共调试视频会议25次，视频培训17次，视频参观学习5次。做好金税卡发行和维护工作。全年，共为纳税人初始发行金税卡18户次，变更发行和发行维护45户次，注销发行7户次。

2013年临沭县国税分乡镇地方级收入计划执行情况表

表30　　单位：万元

单位	计划	累计完成	占计划（%）	上年同期	同比（±%）	增减额
合计	21552	24768.0	114.92	15929.0	55.49	8839
县直	3082	5020.8	162.91	2334.4	115.08	2686
乡镇小计	18470.0	19747.2	106.91	13594.6	45.26	6153
经济开发区	12850	13386.9	104.18	9518.6	40.64	3868
临沭	2185	2471.2	113.10	1655.0	49.31	816
曹庄	625	732.6	117.21	474.0	54.55	259
石门	319	349.4	109.52	241.3	44.79	108

续表 30

单位	计划	累计完成	占计划（%）	上年同期	同比（±%）	增减额
店头	718	722.0	100.55	543.9	32.74	178
大兴	315	359.0	113.97	238.4	50.59	121
蛟龙	336	313.1	93.18	248.6	25.94	64
玉山	208	257.6	123.86	157.9	63.16	100
青云	683	738.1	108.07	341.5	116.13	397
白旄	231	417.4	180.69	175.4	137.97	242

2013年临沭县国税分乡镇税收收入计划执行情况表

表 31　　单位：万元

单位	计划	累计完成	占计划（%）	上年同期	同比（±%）	增减额
合计	82936	76075	91.73	64077	18.72	11998
县直	15792	15888	100.61	12731	24.80	3157
乡镇小计	67144	60187	89.64	51346	17.22	8841
经济开发区	46656	41070	88.03	35222	16.60	5848
临沭	7849	7314	93.18	6848	6.80	466
曹庄	2396	2297	95.87	1851	24.10	446
石门	1190	1022	85.91	937	9.11	85
店头	2611	2440	93.43	2048	19.12	392
大兴	1083	1141	105.35	935	22.02	206
蛟龙	1206	825	68.40	936	-11.87	-111
玉山	760	712	93.72	560	27.19	152
青云	2496	2228	89.25	1328	67.74	900
白旄	897	1139	126.95	681	67.21	458

撰稿：解建堂　审稿：庄绪华

地　　税

2013年，临沭县地税局克服经济下行等不利因素，认真处理好收入基数大、增幅要求高、质量把控严之间的关系，围绕县委、县政府和省市局的各项工作部署，抓住组织收入这项中心工作，坚持依法治税与品牌创建相统一、部门管税与综合治税相协调、深挖潜量与培植增量相结合，实现任务数量与收入质量“双提升”。全年累计完成组织收入77408万元，较去年同期增长32.81%，增收19124万元，完成全年任务目标；中央级、省级、县级收入分别完成6153万元、24万元、71223万元，按可比口径，分别增长11.61%、4.34%、35.04%，地方级收入占税收总量的比重达到92.01%，收入级次结构趋于优化，税收支持地方经济发展能力进一步增强。

征收管理　大力推行税收征管规范化建设。落实全市地税系统征管规范化建设工作会议精神，开展整改规范工作。各征收单位安排专人负责征管档案归集整理、立卷装订和保管工作，对520户企业和486户个体工商户按照“一户一档”的要求全部整理完毕。稳步推进金税三期试点工作。成立领导小组和“金三”上线办公室，分期分岗进行全员培训，按照“数到户、户到人、人到户、户有数”的原则，对大集中系统数据信息进行复核、整改，按时完成省局下发的三期数据整改任务，数据整改率均达100%。加强新产生数据的管控，确保基础信息准确无误、新产生数据真实有效。组织开展金税三期试点全业务域测试培训工作，全局发动，全员参与，创新推出“一办三单”（即“金三办”，工作计划表、任务分解单、工作日志）工作机制，当天汇总，定期分析，整体推进。顺利完成“营改增”移交工作。科学分析试点工作对地税组织收入、税源结构的影响，按照营业规模、行业结构等要素，仔细筛选核实“营改增”试点涉及的纳税户。按照范围清、税款清、发票清的要求，全面掌握纳税人发票使用、税款缴纳情况，及时修改、清理和维护税务登记、税种鉴定、税收优惠等纳税人信息，确保相关数据真实有效、顺利移交。

税源管理　做好县内重大建设项目税收的代扣代缴工作，全县投资额1000万元以上项目累计入库税款23507万元。社会综合治税工作扎实推进，累计采集上报各类涉税信息37437条，实现入库税款3961万元。依托综合治税平台，探索创新资源税税收管理，形成“以电定税、以药控税、以证管税、委托代征”相结合的新模式，行业税收连续三年实现30%以上增长。做好税式支出测算工作，累计填报单位76个，填报税式支出信息327条次，填报金额1927万元。完成“营改增”移交工作。全县共有313人累计申报年所得额6867万元，申报个人所得税1336万元，补缴税款12万元。全县共有202户企业申报2012年度应纳企业所得税额4765万元，汇缴面达到100%。对20名外籍人员按照“一户一档”的要求办理登记，累计扣缴个人所得税款137.47万元。

税收执法　积极推行税收执法标准化管理。

围绕规范基层执法、规避执法风险、提高执法水平的要求，加大税收执法规范标准学习培训，确保执法有依据、操作有规范。全面提高执法监督科学化水平，对税收执法监控考核系统运行中出现的问题认真分析原因，正确界定性质，及时合理处置，在全市税收执法系统考核中继续保持申辩前“零过错”。持续开展税收专项检查活动。开展以房地产业、物流和交通运输业、股份制银行、投资公司、镇域企业土地使用税、印花税、城建税及附加为重点的专项检查，联合公安、国税等部门开展发票违法犯罪打击活动。共组织163户纳税人进行自查和专项检查，查补入库税款、滞纳金、罚款665万元，对两户纳税人的税收违法行为通过新闻媒体进行公开曝光，维护税法尊严。严格税收执法质量督察。发挥督察内审办公室职能，牢牢抓住查前、查中、查后三个环节，一丝不苟抓督察，从严整改抓落实，先后开展税收督察活动8次，提出整改意见6条，督促被查单位补缴税款及滞纳金130余万元。

纳税服务 积极开展“四比四看”和“政策落实年”活动，对60户企业进行“一对一”联系帮扶，帮助企业解决实际困难68个，协调周转资金1000万元，争取各级节能减排奖励560万元。落实税收优惠政策，先后对16户企业落实房产土地、企业所得税等税收优惠1772万元，核定未达起征点营业税纳税人3781户，真正让符合条件的纳税人尝到国家税收优惠的“甜头”。全面推行“一门受理、联合审批、同步办理、限时办结”、重点项目联审联办、代办服务、现场办公等工作机制，努力提供一流服务、展树一流形象。

2013年临沭县地税收入完成情况表

表32

单位：万元

单位	累计	同期累计	同比增减额	同比增减(%)	其中：地方财政口径收入			
					完成	上年同期	同比增减额	同比增减(%)
总计	77407.44	58284.02	19123.42	32.81	69077.20	45700.68	23376.52	51.15
县直	25418.10	18648.14	6769.96	36.30	23745.86	15025.71	8720.15	58.03
临沭街道	23702.63	17087.84	6614.79	38.71	20287.53	12788.85	7498.68	58.63
开发区(郑山街道)	15876.23	13124.78	2751.45	20.96	13176.14	10004.83	3171.31	31.70
曹庄镇	1595.17	1176.50	418.67	35.59	1511.63	985.36	526.27	53.41
石门镇	1229.58	925.77	303.81	32.82	1171.99	771.92	400.07	51.83
店头镇	1254.19	998.63	255.56	25.59	1167.70	773.65	394.05	50.93
玉山镇	1806.66	1377.55	429.11	31.15	1764.73	1245.60	519.13	41.68
白旄镇	1233.27	1043.31	189.96	18.21	1178.23	861.13	317.10	36.82

续表 32

单　位	累计	同期累计	同比增减额	同比增减(%)	其中：地方财政口径收入			
					完成	上年同期	同比增减额	同比增减(%)
青云镇	2810.04	2064.83	745.21	36.09	2679.19	1722.93	956.26	55.50
大兴镇	1222.31	921.97	300.34	32.58	1172.42	763.57	408.85	53.54
蛟龙镇	1259.26	914.70	344.56	37.67	1221.78	757.13	464.65	61.37

撰稿：樊纪群　审稿：刘　亮

沭水风光

金融·保险

JINRONG BAOXIAN

2013年年底，全县共有银行业金融机构10家，营业网点72个，从业人员876人；各项存款余额178.24亿元，较年初增加35.54亿元；各项贷款余额128.37亿元，较年初增加27.88亿元。其中，小微企业贷款余额23.55亿元，较年初增加11.9亿元；涉农贷款余额91.06亿元，较年初增加18.46亿元。全年保费收入1.94亿元，其中，财产险保费收入0.58亿元，人身险保费收入1.36亿元。支付各项赔款和给付0.44亿元，其中，财产险业务赔付0.28亿元，人身险业务赔付0.16亿元。

银行业监督管理

2013年，临沂银监分局临沭办事处立足监管职责，发挥督导职能，服务经济发展，促进辖内银行业和地方经济稳健发展。连续三年被县委、县政府授予“金融工作先进单位”称号，被临沂银监分局评为“先进集体”。

监管工作 2013年，协助临沂银监分局对15项行政许可事项进行审查，帮助民生银行临沭支行获省银监局批准筹建、临沂银监分局批准开业。全年处理来电、来访投诉12次，办理“12345”热线11个，处置舆情1次，维护辖区金融稳定和消费者对金融业的信心。

支持实体经济发展 通过增强信号传导、创新服务形式、强化引导等措施积极推动金融机构提高金融服务水平，加大信贷投放。至年末，全县金融机构实体经济贷款110.69亿元，占各项贷款的86.23%，较年初增加26.31亿元，增幅31.18%。全县9家金融机构与89家小微企业结对成功，向企业提供信息和资金，帮助企业退出民间高利贷市场，缓解小微企业融资困难。

金融生态环境建设 通过网络、媒体等方式向社会公布恶意逃废银行债务的63家企业及其法人代表“黑名单”，净化金融生态环境，打击恶意逃废债行为。成立由公检法、各金融部门、县直部门参加的领导小组，印发清收方案，从公职人员承贷、担保不良贷款和涉政不良贷款入手，将不良贷款清欠工作纳入政府层面，由纪委监察局跟踪督办，并纳入各单位年度考核。推动县政府出台农民专业合作社规范整顿工作方案，对不规范合作社进行清理整顿。

金融风险防范 督促临沭县农村信用联社抓住信用社机构银行化改革机遇，利用土地出让金返还的方式化解不良贷款2.5亿元。督促民丰村镇银行完善“三会一层”架构，选举产生第一届董事会、监事会和新的经营管理层，公司治理结构趋于完善。

撰稿：吴清明　审稿：凌再颂

中国人民银行临沭县支行

中国人民银行临沭县支行下设办公室、综合业务部、调查信息部、纪检监察室4个职能部室。共有干部职工20人，其中，中级技术职称10人、大专以上学历15人、中共党员16人。

2013年，金融生态环境建设、农村支付服务环境建设、金融保姆工程等特色亮点工作先后被省长郭树清、常务副省长孙伟等领导批示。先后被省文明委评为“省级文明单位”，被市妇联评为“妇女创业小额贷款先进单位”等。

存款 2013年，临沭县各金融部门扩大资金来源，提高金融服务水平，加大吸收存款力度，各项存款大幅增长。年末，全县金融机构人民币各项存款余额178.24亿元，较年初增长24.9%。存款增量、增幅分居全市九县第2位和第1位。

贷款 2013年，临沭县金融部门坚持“有保有压、区别对待”的原则，优化信贷结构，合理发放贷款，贷款总量大幅增加。年末，各项贷款余额128.37亿元，较年初增长27.97%；贷款增量、增幅居全市九县第2位和第1位。

货币政策实施 2013年，贯彻稳健的货币政策，坚持“稳中求进”，通过召开金融联席会、信贷政策通报会等形式，引导加大对实体经济特别是“三农”、中小企业、自主创新、战略性新兴产业、服务业等方面的信贷支持。严格控制对高耗能、高排放和产能过剩行业的贷款，切实以信贷结构优化促进全县经济转方式、调结构，实现货币信贷总量稳健均衡增长，支持全县经济平稳较快发展。

金融稳定 修订完善《临沭县金融突发事件应急预案》，对辖内可能出现的金融风险提出防范和化解方法措施。调整应急指挥体系，修改完善突发事件应急预案，对信息系统、会计集中核算系统、国库业务系统、账户管理系统、金融突发事件等13项应急预案进行编制或修订，组织开展水灾应急预案、信息系统应急方案演练和消防实地演练，确保支行办公和业务运行安全畅通。

金融服务 探索“金融超市”和手机支付业务试点工作，提升“三农”服务水平。督促指导农村信用社农民自助服务终端业务，加强对风险状况督导检查；做好县农联社申请加入电子商业汇票系统申报工作，加强对涉农金融机构创新服务业务宣传培训。2013年，临沭支行被济南分行授予“改善农村支付服务环境建设先进集体”。提高国库服务水平，防范化解国库资金风险。截至2013年11月末，共办理水库移民资金7.3万笔，金额1098万元，使1.83万人受益。办理全县高端人才奖励资金85.2万元。结合柜面监督的情况，开展现场检查有效防范国库资金风险，全年共审查各类会计凭证18.2万份。10月份，联合财政部门制定下发《临沭县镇街财政国库集中支付改革资金支付管理办法》，加强对国库经收处和国库集中支付代理银行的监督管理，确保国库资金安全。在市行开展的国库业务竞赛活动中取得第三名的好成绩，受到上级行好评。人民币流通管理工作。召开专业工作联席会议，成立领导小组，制订实施方案，组织辖内金融机构开展假币收缴和“人民币反假宣传月”活动。全年累计收缴假币13.5万余元。征信管理工作。至年末，纳入中小企业信用档案的239家，取得银行授信、融资的中小企业136家，建立农户信用档案64806户，已评定信用农户44169户。共办理贷款卡117张、年审贷款卡309家，查询个人信用报告3518人次，查询企业信用报告26次，发放机构信用代码495份。

反洗钱 健全完善反洗钱内部管理制度和金融机构反洗钱工作体系，履行反洗钱监管职能。与公检法等部门联系，搭建反洗钱工作交流平台，健全完善反洗钱工作联动长效机制，密切协作，共同打击洗钱犯罪。做好对辖内金融机构的反洗钱自律评估和现场巡查工作，督促各金融机构加强反洗钱制度建设，做好反洗钱非现场监管信息、监管报表及可疑交易分析报告工作。

金融改革 推进银行和农信社改革，继续开展监测分析及检查、调查活动，加强对农信社专项中央银行票据兑付考核工作。加大对金融机构经营和改革动态的监测力度，定期、不定期对辖内农业银行、信用社等金融机构改革进展情况和经营情况进行监测、调度，对农信社风险情况进行调查、评估，加强监督，确保辖区金融改革顺利进行。

外汇管理 2013年，临沭外汇管理支局率先在临沂市辖内完成国际收支网上申报工作。坚持“一企一策”外汇服务，促进贸易投资便利化。至2013年末，进出口总额4.03亿美元，同比增加18.18%。其中，出口2.73亿美元，同比增42.12%，进口1.30亿美元，同比减少12.61%。

撰稿：陈令生　审稿：陈仕庆

中国工商银行股份有限公司临沭支行

中国工商银行股份有限公司临沭支行（简称工行临沭支行）设办公室、市场一部、市场二部、风险管理部、营业部、第一储蓄所。全行共有干部职工44人，其中，中级技术职称10人、大专以上学历42人。

2013年年末，存款余额157602万元，较年初新增6638万元；贷款余额218992万元，较年初增加40275万元。贷款收息率100%，实现经营利润5218万元。被评为临沭县“金融工作先进单位”“平安临沭建设先进单位”。

信贷投放 2013年，工行临沭支行支持地方经济发展，加大资金投放，累计投放资金16.31亿元。按照“择优扶持，重点倾斜，互惠互利，共谋发展”的原则，加大对支柱企业资金的投放力度，投放占比达52%。向山东常林集团股份有限公司发放流动资金贷款、项目贷款1.2亿元，签发银行承兑汇票、国内信用证等表外融资1.9亿元；向金沂蒙集团有限公司投放各种贷款资金1.73亿元；向山东金正大生态工程股份有限公司投放各种贷款资金1.06亿元，并为其新开发项目牵头组建银团，发放银团贷款7.5亿元。为全县骨干企业办理银行承兑汇票240笔，累计6.36

亿元。同时本着“抓大不放小”原则，向全县中小企业投放资金1.33亿元。

国际业务结算 2013年，工行临沭支行为企业办理国际业务结算332笔，累计金额2.92亿美元；结售汇业务306笔，累计金额8232万美元。

撰稿：高树建 王向民 审稿：刘岩涛

中国建设银行股份有限公司临沭支行

2013年，中国建设银行股份有限公司临沭支行（简称建行临沭支行）以“加快业务发展、强化基础管理”为主线，以“同业抢份额、系统争位次”为目标，立足临沭经济社会发展实际，推动各项工作的发展。

公司类贷款 2013年，为大中小企业评级16个，授信总额突破44亿元，全年发放表内流动资金贷款14715万元，国内保理27310万元，票据贴现13820万元，国内信用证议付333万元，信托收据贷款13267万元，银团贷款余额96800万元，年末表内贷款余额达到85175万元；全年表外银行承兑汇票承兑66203万元，理财产品融资1亿元，开出信用证累计13163万元，年末表外融资余额46270万元。

国际业务 2013年，建行临沭支行重点对金沂蒙集团有限公司的国际结算业务进行融资帮扶，为金沂蒙集团开立信用证13163万元，折合美元2043万美元，办理信托收据贷款2173万美元，折合人民币13267万元。

个人住房贷款 坚持以楼盘按揭为重点，拓展与开发商的合作渠道，个人住房贷款业务快速发展。全年累计发放个人住房贷款17020万元，年末个贷余额达56393万元，较年初新增12892万元。接受临沂市住房公积金管理中心临沭县管理部的委托，发放公积金贷款1919万元，年末委托性住房贷款余额达到10423万元。

2013年建行临沭支行存贷款情况表

表 33　　单位：万元

全口径存款余额	161165	各项贷款余额	141568
其中：对公存款	93841	其中：公司类贷款	85175
个人存款	67254	个人类贷款	56393
同业存款	70	住房公积金贷款	10423

撰稿：李 涛 审核：殷洪峰

中国银行股份有限公司临沭支行

中国银行股份有限公司临沭支行（简称中行临沭支行）下设综合管理部、营业部、业务部常林支行。2013年，有在职员工36人，其中，本科及以上学历13人。获临沂分行先进基层党组织、个金条线优胜单位、综合绩效考核优胜单位等称号。

负债业务 2013年年末，人民币一般性存款余额155143万元，较年初新增20943万元；其中，公司存款余额84791万元，较年初增加10919万元。储蓄存款余额70352万元，较年初新增10024万元（不含理财），列全辖第1名。

授信资产 2013年年末，授信资产余额120728万元，较年初新增36884万元，其中，公司贷款75066万元，较年初新增26933万元；对零售贷款余额为45662万元，新增9951万元。授信资产运行良好，收息率达100%。全年共实现公司贷款新增投放81764万元，收回贷款43926万元。

渠道建设 加强与上市公司沟通与联系，利用银企直连、报账通产品等高端产品更好地为客户服务，中高端客户群稳步提升。加快电子化建设步伐。2013年底新增个人网银动户8590户，手机银行新增动户1124户，签约对私短信通12300户，新增有效卡5290张；投放ATM自助设备累计19台，极大方便客户存取款业务。

业绩排名 2013年，实现营业收入5641.99万元，增幅32.97%；税前利润3867万元，人均103.12万元。辖内支行个金指标考核第1名，公司考核第2名，风险条线考核第3名，财管运营条线考核第2名，监察保卫条线考核第1名；110家省行管辖性支行考核位列第24名，上升52个位次。

撰稿：万言怀　审稿：朱学军

中国农业银行临沭支行

中国农业银行股份有限公司临沭县支行（简称临沭农行）下设综合管理部、运营财会部、信贷管理部、公司业务部、个人金融部五个职能部室；辖属营业部、沭新支行、常林支行、河滨支行、振兴分理处、郑山分理处、南古分理处7个营业机构，设有自助银行服务区7处，共有干部职工107人。

2013年，临沭农行围绕“同业增份额，系统进位次”目标，深化转型促发展，精细管理控风险，改革创新增活力，各项工作协调推进、逐步向好。连续9年保持市级“文明单位”，并成功创建省级“文明单位”。

存款业务 全年各项存款增加26638万元，同比多增2386万元，存款总量达235049万元。其中，个人存款增加18901万元，同比多增2797万元，余额114990万元。系统内占比较年初提升0.14个百分点，提升点居全市第2位。对公存款增加7937万元，余额120060万元。

信贷投放 全年累计发放各项贷款20.5亿元，余额216348万元，较年初增加33740万元，同比多增31864万元，增量居全市九县第3位。个人贷款余额49126万元，增加11684万元，其中个人住房贷款增加12563万元。

盈利水平 实现中间业务收入2107万元，同比多收入611万元，实现拨备后利润6180万元，同比增盈1422万元。资产回报率2.15%，居全市第4位。

信用风险管控 坚持源头控制与过程治理并举，强化信用风险管控，大力压降不良贷款。年末五级分类不良贷款较年初下降1676万元，余额占比2.56%，较年初下降1.42个百分点。不良贷款连续两年实现余额、占比双下降，内控评价跃升一类行。

2013年临沭农行存贷款情况表（本外币）

表 34

单位：万元

各项存款		其中：个人存款		各项贷款	
余额	当年增量	余额	当年增量	余额	当年增量
235049	26638	114990	18901	216348	33740

撰稿：艾洪林　审稿：韩廷华

中国农业发展银行临沭县支行

中国农业发展银行临沭县支行（简称县农发行）下设办公室、客户部、会计结算部。有正式员工22人，其中，大专及以上学历19人，具有中级职称资格人数6人。

2013年，累计发放贷款5.53亿元、累计收回贷款3.75亿元，累计办理承兑汇票1.70亿元，各项贷款余额4.79亿元，各项存款余额1.86亿元，银行承兑汇票余额1.10亿元，实现账面利润0.13亿元。被农发总行授予“文明单位”，被市分行授予“先进单位”，被县委、县政府授予“金融工作先进单位”等称号。

资金组织 县农发行的资金主要来源于人民银行再贷款、发行政策性金融债券、协定存款、同业存放款项、企事业单位的存款等。2013年，经上级行审批，认定AA级及以上客户17家，A+级及以下客户4家。新营销平台贷款项目1个，批复贷款0.80亿元。累计发放贷款5.53亿元，累计收回贷款3.75亿元；累计签发银行承兑汇票1.70亿元，兑付银行承兑汇票0.60亿元，有力地支持了粮棉油收购、储备和企业生产经营。2013年年末，各项存款余额1.86亿元，各项贷款余额4.79亿元，银行承兑汇票余额1.10亿元，有力地促进县域经济发展，提供良好信贷资金保障。

资产质量 贯彻“两轮驱动”发展战略要求，调整信贷结构，突出信贷支持重点，落实国家宏观调控和强农惠农政策。先后发放粮棉油收购、储备、调销贷款、农业产业化龙头企业贷款、农业小企业贷款、农业科技贷款等5.53亿元，有力地支持了“三农”经济发展。2013年年末，各项贷款余额4.79亿元（除政策性挂账贷款329万元外）均为正常贷款。

内控管理 贯彻落实国家和上级行有关政策制度规定，加强财会检查监督，加强会计基础工作，准确完整的核算反映全行业务状况和经营成果。建立商业性贷款月度分析例会制度，对商业性贷款逐个企业进行分析，实行动态监测。定期深入企业了解生产经营和财务状况，及时帮助解决资金管理中存在问题。落实上级行《基层营业场所安全保卫标准化建设实施方案》要求，强化内控制度建设和安全保卫工作，注重在人防、物防、技防上下功夫，有效预防各类事故发生。

撰稿：黄　勇　尹相成　审稿：王健翔

农村信用合作联社

临沭县农村信用合作联社（以下简称临沭农信）内设13个部室，下辖1营业部、21个信用社、11个分社，共有员工491人。

2013年，临沭农信坚持以转型发展、科学发展为主题，以转机制、调结构、提质量、增效益为主线，以银行化改革为目标，实现了全县信用社各项业务的稳健快速发展。2013年年末，全县信用社各项存款余额61.43亿元，较年初增加8.36亿元，增幅达15.75%；各项贷款余额36.3亿元，较年初增加3.77亿元，增幅为11.56%；实现各项收入4.1亿元，全年累计缴纳各类税金2209万元，居全县金融机构首位，全县第9名。先后被授予“市级文明单位”“临沂市劳动关系和谐企业”“金融工作先进单位”等称号。

业务发展 立足城乡，主动适应市场变化，各项存款保持大幅度、稳定增长势头。全年新增存款8.36亿元，各项存款突破60亿元大关，余额达61.43亿元。以“三农”和小微企业为重点，深入开展“信用工程”建设，力推“三大联盟”业务快速发展。全力推进“金融服务进村入社区”工程，全年布放银联POS机具132台，农金通69台，ATM机21台，在县城繁华地带新设立自助服务银行1处。

盈利能力 通过收息调度、拓展中间业务、加大财务控制等措施，盈利能力稳步提高。加强贷款质量管理和利率管理，实际执行利率同比提高，综合收息率稳步提升。加强同业存放管理，参照市场利率，加大市场运作，同业收入稳步提高。强化预算管理，采取成本收入比和费用增幅“双线”模式，控制费用增长。

内控管理 建立案件防控常态化机制，按业务条线定期排查风险。强化审计工作监督和管理的力度，突出重点风险审计，重点关注业务发展中出现的新情况、新问题以及一些苗头性风险，组织实施专项审计。通过强化制度执行、明确责任目标、完善设备设施维护和落实应急预案等措施，技术支撑和保障能力持续提升。

品牌建设 对全县33处网点标识进行新标识系统推广，统一品牌形象。以信贷投放为支撑，服务地方经济，巩固农村金融地位。诚信纳税，支持地方财政收入。2013年以来，全县信用社累计缴纳各类税金2209万元，居全县第九位，纳税额居全县金融机构首位。

撰稿：邵　磊　审稿：李永森

邮政储蓄银行

中国邮政储蓄银行股份有限公司临沭县支行（简称临沭县邮蓄银行），下设综合管理部、综合业务部2个部室与县行营业部、大兴支行、兰亭支行3处自营网点。共有干部职工77人，其中专科以上学历60人。2013年，被市委、市政府授予“文明单位”，被省分行授予2013年资产保全工作先进单位，被市总工会授予“振兴沂蒙劳动奖状”，被市行授予2013年“三强县支行”称号。

资金组织 以标准化流程导入工作重点，通过日常服务监督、外部“神秘人”检查机制，全面提升网点服务质量，以高质量的服务吸引存款资金。利用网点设施进行宣传推介，组织人员走访企事业单位，针对客户不同的金融需求提供相应产品和服务。2013年年末，全行个人存款超过5000万元。

经营管理 以服务“三农”、服务社区、服务中小企业为重点，按照标准、合规的经营管理要求，加强客户维护，提升服务水平。2013年年末，储蓄存款余额6.84亿元，理财业务保有量3646.49万元，借记卡结存卡户数7.64万户，信用卡结存卡户数2092户。结存个人网银户数13927户，手机银行客户数4477户。票据直贴完成9.6亿元，贷款余额1.21亿元，全年增长1785万元，增幅17.31%。

2013年临沭县邮蓄银行存贷款情况表

表 35　　单位：万元

存款	贷款
88357	73799

撰稿：宿培宇　审稿：朱朝彬

临商银行股份有限公司临沭支行

临商银行临沭支行下设综合管理部、公司业务部、个人业务部、营业部4个部室，共有员工30人。

2013年，临商银行临沭支行坚持“以客户为中心，以市场为导向”，把握“服务地方经济、服务中小企业、服务城镇居民”的市场定位，负债业务、资产业务、中间业务、国际业务有了较大发展。先后获临沭县金融服务示范网点、服务经济发展先进单位、金融工作先进单位等多项荣誉。

2013年年末，临商银行临沭支行各项存款余额82880万元，较年初增长18335万元，增长28.41%；各项贷款余额81510万元，较年初增长27218万元，增长50.13%，贷款收贷收息率均为100%。全年累计签发银行承兑汇票66200万元；累计发展特约商户144户，累计安装POS机253台，累计安装商付通63台，个人网银652户，企业网银342户，完成国际结算业务量6643万美元。

撰稿：王通江　审稿：阚　岷

民丰银行临沭支行

临沭民丰村镇银行辖属营业网点1个，下设风险管理部、市场营销部、会计综合部、内审稽核部、营业部5个职能部室，共有干部职工20人。

2013年，临沭民丰村镇银行坚持“立足当地经济、服务城乡居民、支持小微企业”的发展规划，以支持农户和农村中小企业发展为主要对象，连续两年获得“创业就业工作先进单位”称号。

业务经营　2013年，临沭民丰村镇银行各项存款余额27097.14万元，较年初增加12209.26万元。各项贷款余额22894.28万元，较年初增加4730.24万元。贷款收息率100%，实现各项税收380万元，实现经营利润689.05万元。

信贷扶持　推出妇女创业贷款、农机具抵押贷款、扶贫贷款、科技创新贷款等金融产品，满足农户和小微企业“短、小、急、频”的贷款需求。2013年，累计发放小额担保贷款2960万元，扶持扶持创业项目110个，直接、间接带动就业人数3000余人。全年对接小微企业34家，累计支持资金13513万元。

撰稿：杨　哲　审稿：菅　伟

中国人民财产保险股份有限公司临沭支公司

人保财险临沭支公司设综合部、临沭理赔分部、农险/三农保险部、车商部、电子商务部、重要客户一、二部、车商业务一至三部和营销业务一至六部。HR系统在岗人员36人，专、兼职营销人员142人。

经营情况 运用分析监控手段，加强市场研究，突出价值和效益导向，完善激励约束机制，推动业务提速发展。优化直销、营销、电销、网销、兼业代理和交叉销售等销售渠道，满足社会多样化需求。发挥政治优势，推进治安保险、安全生产责任保险、校园方责任保险、新农合重大疾病医疗保险、政策性农险等政策性业务。2013年，全公司共实现实收保费收入5813万元，含代扣代缴车船使用税869万元。

客户服务 严格执行客户服务质量考核评价办法，建立健全服务质量考核评价体系，落实理赔服务承诺项目，推行服务专员协赔制度，逐步推行客户服务差异化服务。做好理赔服务竞争力的培育，重点抓好理赔服务效能的监督和客户理赔投诉的处理，执行严格的效能考核和责任追究制度，完善理赔服务质量。2013年，公司共承担各类风险责任金额160亿元，累计赔付案件5127件，赔款支出3177余万元。

2013年人保财险临沭支公司收入和理赔情况表

表36　　单位：万元

业务收入（万元）	赔（给）付（万元）
5627	3177

撰稿：蒋秀梅　审稿：高　潮

中国人寿保险股份有限公司临沭县支公司

中国人寿保险股份有限公司临沭县支公司（简称临沭人寿公司）下设办公室、个险销售部、收展部、银行保险部、团体业务部、客户服务部6个职能部室和11个乡镇服务部，在银行、邮政等部门有兼业代理网点36个。2013年，个险渠道业务员420人，银行保险部业务专管员、理财经理30人，从事团险业务的人员15人，从事管理岗位人员26人。

2013年，临沭人寿公司在临沭保险市场份额为56%，其中银行保险代理业务市场份额为71%。实现长期险新单有效客户数10.96万余件，保费总量1.36亿元，其中，长期寿险新单保费9240万元，长期寿险期交保费1955万元，个险十年期及以上业务1093万元；短期险780万元。

2013年，临沭人寿公司累计处理客户疾病医疗、意外伤害等各类理赔案件2200起，向出险的城乡投保客户支付各类保险赔款1658万元。

撰稿：门继东　审稿：翟慎平

公共自行车

科　技

KEJI

科研与科研成果

临沭县科学技术局下设办公室、社会发展科；隶属科技局管理的事业单位有知识产权局、生产力促进中心、技术市场管理办公室。在职干部职工21人（其中离岗6人），其中，公务员9人，事业人员12人（研究员2人、副高级职称1人、中级职称1人，工勤人员1人）；大专以上学历20人。

2013年，临沭县获“全国科技进步先进县”称号，实现全国科技进步先进县“四连冠”；获首批“国家知识产权强县工程示范县”称号。完成市级以上科技计划项目26项，争取市级以上科技研发经费近2000万元。鉴定市级以上科技成果17项（其中省级14项），其中，13项达到国际领先水平或国际先进水平。获得2013年度临沂市唯一的省科技进步一等奖1项，获得市科学技术奖14项，其中在临沂市16项市科技进步一等奖中，临沭县获得4项。至2013年年底，全县有高新技术企业10家，各级各类专职科研开发机构98家，其中，国家级工程技术研究中心1家、国家级产业技术创新战略联盟1家、国家示范型国际科技合作基地1家、国家复合肥料工程研究中心1家、国家企业技术中心1家、博士后科研工作站4家、国家级创新型企业1家、省级工程技术研究中心6家、省级国际合作研究中心5家、省级企业技术中心8家、院士工作站3家、省级创新型企业6家、省级高新技术创业服务中心1家。与68家国内外高等院校和科研院所建立技术和战略合作关系，建成中试基地38家。全年申报专利292件，授权203件。

工业科技　2013年，全县高新技术产业快速发展，高新技术产业领域覆盖精细化工、医药中间体、环保型复合肥、电子信息、高端装备制造等领域。全县高新技术产业产值占规模以上工业总产值的比重达30.7%，高新技术产业固定资产投资占规模以上固定资产投资的比重达41.9%。

实施高新技术产业项目情况：实施21个符合国家产业政策、具有较高科技含量的市级以上科技计划项目，其中，国家级2项，获无偿补助资金1815万元。卡特公司“CTDE18型液压凿岩挖掘机”被科技部列为国家科技型中小企业技术创新基金项目，获70万元无偿资金支持；史丹利公司“农业用功能型海洋生物产品开发关键技术集成与示范”被省科技厅列为山东省自主创新专项，获1000万元资金支持；金正大公司“中低品位磷矿资源综合利用关键技术研究及产业化示范”被省科技厅列为山东省自主创新成果转化专项，获300万元无偿资金支持；东泰公司“4HBL-2型花生联合收获机”被省科技厅列为山东省科技型中小企业创新发展专项补助资金项目，获40万元无偿资金支持；华盛公司原甲酸三甲（乙）酯新技术研发项目被省科技厅列为山东省科技发展计划，获25万元无偿资金支持；中讯通公司“微型片式SMD高精度石英晶体产业化研究开发”被市科技局列为临沂市科技发展计划重大科技创新项目，获100万元无偿资金支持。鉴定市级以上工业科技成果15项；获得市级以上科学技术奖13项。其中，史丹利公司“尿基复混肥塔式造粒关键技术与产业化示范”获得山东省科技进步一等奖，常林集团“22T挖掘机正流量液压元件及系统研制”、史丹利公司“尿基复混肥塔式造粒技术产业化及推广应用”、金沂蒙生物科技公司“乙二醛流程再造及产业化技术开发”、福瑞达公司“微生物发酵生产生物防腐剂乳酸链球菌素关键技术的研究”4个项目被评为临沂市科技进步一等奖。金正大公司被评为临沂市企业创新奖。

创新平台建设与产学研合作情况：佛光公司“风光互补路灯工程技术研究中心”、山田公司“超硬粉体材料工程技术研究中心”被市科技局批准为临沂市工程技术研究中心。与韩国世宗技术转移中心、山东大学、浙江大学、浙江理工大学、青岛农业大学等6所国内外科研院所和高校建立政府与院校、企业与院校间合作关系，签订产学研合作项目12个。

农业和社会科技 实施农业和社会科技项目情况：实施市级以上农业科技项目5项，金正大生态工程股份有限公司实施的国家农业成果转化资金项目“脲醛缓释复合肥料产业化技术集成与示范推广”，获扶持资金60万元；山东喜丰田生态肥业有限公司承担的“保水缓释肥的研究开发与利用”项目被列为国家星火计划项目、金正大生态工程股份有限公司承担的“新型弱碱性肥料产业化研究及应用”、史丹利化肥股份有限公司承担的“果树蔬菜水肥一体化精准管理技术体系研究与示范”、山东大龙化肥有限公司承担的“全元素水溶肥膜下滴灌工艺产业化开发”、临沭县东泰机械有限公司承担的“4HBL-2型自走式花生联合收获机项目”4个项目被列为山东省星火计划项目。县人民医院“阶梯疗法”治疗先天性鼻泪管阻塞的临床研究、县中医医院“螺旋CT配合磁共振类PET检查对食管癌术前分期的临床研究”项目被列为临沂市科技发展计划卫生类专项。鉴定市级以上科技成果2项；获得市级以上科学技术奖2项。其中，县人民医院完成“爪型骨接骨板内固定治疗连枷胸的临床应用”，临沭县林下种植专业合作社的“野生大叶芹引种栽培研究与示范推广”获临沂市科技进步二等奖。

农业科技示范园建设情况：“临沭县尚润食用菌农业科技示范园”被认定为市级农业科技示范园。根据《临沭县农业科技示范园认定管理办法（暂行）》，至2013年年底，全县有县级农业科技示范园26处，市级农业科技示范园5处。

2013年度临沭县科技成果一览表

表 37

序号	名　　称	完成单位	获奖情况
1	尿基复混肥塔式造粒关键技术与产业化示范	史丹利化肥股份有限公司	山东省科技进步一等奖
2	环境友好型水溶性醇酸树脂-硫复合包膜控释肥料研制与应用	山东金正大生态工程股份有限公司	临沂市技术发明二等奖
3	全自动多功能一体化高塔技术集成与开发应用	史丹利化肥股份有限公司	临沂市技术发明二等奖
4	22T 挖掘机正流量液压元件及系统研制	山东常林机械集团股份有限公司	临沂市科技进步一等奖

续表 37

序号	名　称	完成单位	获奖情况
5	尿基复混肥塔式造粒技术产业化及推广应用	史丹利化肥股份有限公司	临沂市科技进步一等奖
6	乙二醛流程再造及产业化技术开发	临沂市金沂蒙生物科技有限公司	临沂市科技进步一等奖
7	微生物发酵生产生物防腐剂乳酸链球菌素关键技术的研究	山东福瑞达生物科技有限公司	临沂市科技进步一等奖
8	CT220 全液压挖掘机研制与开发	山东卡特重工机械有限公司	临沂市科技进步二等奖
9	D- (-) 苯甘氨酸关键工艺及装备提升产业化技术研究	金沂蒙集团有限公司	临沂市科技进步二等奖
10	生物防腐剂纳他霉素产业化制备技术	山东福瑞达生物科技有限公司	临沂市科技进步二等奖
11	高塔多形态高效蔬菜专用肥关键技术与应用	史丹利化肥股份有限公司	临沂市科技进步二等奖
12	野生大叶芹引种栽培研究与示范推广	临沭县林下种植专业合作社	临沂市科技进步二等奖
13	爪型骨接骨板内固定治疗连枷胸的临床应用	临沭县人民医院	临沂市科技进步二等奖
14	利用高塔硝基肥联产水溶性肥技术及应用研究	山东金正大生态工程股份有限公司	临沂市科技进步三等奖

知识产权　2013年，全县共申请专利292件，其中，发明专利87件，实用新型152件，外观设计53件；授权203件，其中，发明专利63件，实用新型114件，外观设计26件。至年底，全县每万人拥有有效发明专利3.69件，高于全国平均水平。全县累计申请专利2200余件，授权专利1400余件。山东金正大生态股份有限公司的“一种腐殖酸包膜控释肥”、史丹利化肥股份有限公司的“同步型缓释超级杂交水稻专用肥及其制备方法”2项发明专利获第十五届中国专利奖优秀奖。专利权人单茂莹“一种秸秆发酵复合菌剂及其应用”发明专利获山东省专利奖二等奖；在“临沂市专利奖”评选中，临沭县有19个优秀专利项目获奖，其中，一等奖3个，二等奖8个，三等奖8个。评选第四届临沭县优秀专利奖25项，其中一、二、三等奖分别为3个、11个、11个。组织全县2013年度有授权发明专利的企业10余家申报省专利创造资助资金，获取资金20余万元。山东金正大生态股份有限公司获省知识产权局2013年度国内有效发明专利年费资助10万元。

实施中小微企业“专利清零和知识产权优势企业培育”工程。山东卡特重工机械有限公司和山东常林集团2家企业参与国家《企业知识产权管理规范》贯标工作，获得省级知识产权优势企业培育资格，获取扶持资金20余万元；推荐金沂蒙集团、华盛化工公司参与2014年度知识产权优势企业培育工作。

2013年9月，临沭县被国家知识产权局确定为全国22个首批“国家知识产权强县工程示范县（区）”之一，山东省仅有济南市市中区和临沂市临沭县2个县区入选。自2009年实施“国家知识产权强县工程”以来，临沭县通过全面构架知识产权政策体系、健全知识产权工作体制机制、加大知识产权工作投入力度等措施，企业创新主体地位得到强化，知识产权创造、运用、保护和管理等重点环节得到切实加强，知识产权工作对县域经济社会全面快速发展提供有力支撑。县域内有“中国专利山东明星企业”14家，山东省知识产权优势企业贯标试点企业2家，“山东省知识产权示范企业”“山东省知识产权园区”“山东省专利创造能力培能单位”各1家，获国家专利奖2项，省专利奖8项、市专利奖58项。

撰稿：陈　鹏　曹佑锋　李　杰　伏祥文

审稿：王济壮　王西民

地震监测

临沭县地震局为正科级事业单位，隶属县政府。设办公室、监测预报科、震害防御科3个职能科室。全局共有干部职工11人，其中本科学历5人、大专学历5人、中专学历1人，党员8人。

2013年，县地震工作紧紧围绕防震减灾三大工作体系，着力加强群测群防网络体系建设，不断提高地震监测预报能力；加大抗震设防执法力度，努力做到地下弄清楚，地上建牢固，提高震害防御能力；扎实开展防震减灾宣传教育，普及防震减灾法律法规、地震科普知识，增强全社会的防震减灾意识和能力。全县防震减灾工作取得较好的成绩，先后获“全市县区防震减灾工作先进单位”“全县人口与计划生育先进单位”和“县直文明机关”等荣誉称号。

监测预报　认真落实震情值班制度，坚持24小时震情值班，并落实地震异常零报告制度。严格落实周、月震情会商制度，全年召开周会商会51次，月会商会12次，编写会商报告，及时准确为政府提供地震趋势意见。开展地震监测强化主题月活动，实现震情零缺报。切实加强地震群测群防工作。对全县“三网一员”网络体系重新摸底登记调整，重新任命11名镇街、苍马山景区管委会防震减灾助理员，调整优化部分宏观观测点，撤销宏观观测点4个，新增5个。举办全县地震观测员培训班，制订观测员管理制度，加强对宏观观测员的管理，使每名观测员都能熟练掌握业务流程，确保观测数据的连续、及时、准确。加强地震观测设施和观测环境的养护工作，保证观测设备的正常运转和观测数据的连续、及时、可靠。在2013年全市地震观测资料检评会上，临沭县地震观测资料记录获得满分，全市15口数字化观测井连线率临沭县的3口井有2口进入前5名，其中白旄沙窝深井获得全市第1名。

震害防御　贯彻落实《关于在基本建设管理程序中进一步加强抗震设防要求管理工作的通知》精神，认真做好建设工程抗震设防要求管理工作。加大执法力度，严格建设工程抗震设防标准，做好新建工程抗震设防标准审核、确认工作。完成县城区35平方公里的地震小区划工程，小区划成果已经中国地震局审核批复，并实施。

认真执行县行政审批大厅各项规章，面向社会公开办事流程和服务承诺，简化程序，提高效能。全年共接到办案申请46件，办结46件。

应急与救援 调整并充实县防震减灾领导小组成员单位，为防震减灾工作提供领导保障。修订并印发《临沭县地震应急预案》，调整充实地震应急救援队，进一步完善县城所有的应急避难场所标识。有效应对有感地震。在3月20日临沭县白旄镇ML2.2级地震和8月21—29日青云镇小震群应急中，县地震局工作人员迅速到岗，严密监视震情发展趋势，及时将震情信息在第一时间报告到县委、县政府主要领导。开展地震应急疏散和自救互救应急演练。会同县应急办、教体局在第三初级中学举办全县防震避震应急疏散演练现场会。在县职业中专、青云中学等学校组织师生开展避震应急疏散演练。

科普宣传 以第5个全国"防灾减灾日"宣传活动为契机，全面开展以"识别灾害风险，掌握减灾技能"为宣传主题的"防震减灾科普宣传月"活动。5月8日，举行防震减灾科普宣传月活动启动仪式；5月12日，在县城文化广场进行集中宣传。同时，积极开展防震减灾知识进机关、进社区、进农村、进企业、进学校活动。在全县应急工作培训班做题为"防震减灾知识与应急救援"的专题讲座。对县政府办公室工作人员进行防震减灾知识培训。在县职业中专、青云中学等学校举办地震科普知识讲座和科普展览。并对地震科普示范学校进行复查考评。县青少年实践教育中心被评为省级"防震减灾科普宣教基地"。在县经济开发区、各大企业、各建筑工地悬挂宣传条幅18幅，大力宣传建设工程抗震设防的重要性和必要性。分别在全县10个镇街驻地和县地震局第一书记任职村逢集日到农村集市现场宣传。在县城主要街道悬挂宣传防震减灾知识条幅，在县城主要路口、各大超市、广场等人员集中场所的电子广告屏上滚动播出地震科普知识标语。在县广播电视台、《临沂日报·临沭新闻版》、临沭县政府网、临沭新闻网和县地震局网站上播出和刊登纪念宣传文章和防震减灾科普知识。积极筹建地震科普馆。"防震减灾科普宣传月"活动得到中国地震局和省市地震局充分肯定，全国、全省、全市防震减灾网对临沭县的做法分别给予报道。

撰稿：王建军　审稿：谌学锋

气　象　工　作

临沭县气象局位于临沭县县城沭河西大街121号，内设机构有办公室、气象台、雷电防护技术中心、人工影响天气办公室，临沂市天安防雷工程有限公司临沭分公司。有在编职工7人，其中，高级职称1人、中级职称2人、初级职称3人，大学本科以上学历5人。

气候评述 临沭县属于暖温带半湿润大陆性气候。寒暑交替，四季分明，冬季漫长，寒冷少雪；春季温暖，干旱多风；夏季湿热，光照充足，雨量充沛；秋季凉爽，昼夜温差大。

根据1981年—2010年新30年资料统计，历年平均气温13.6℃；平均降水量为857.0毫米；年平均日照时数23260小时。2013年，临沭县平均气温14.3度，较历年偏高0.7度。年极端最高36.7度，出现在7月12日和8月7日，较历史极值低3.8度；年极端最低-12.5度，出现在1月4日，较历史极值高2.3度。年降水量1068.2毫米，较历年最多值偏少184.2毫米，较历年最少值偏多545.0毫米。年日照时数21489小时，较历年偏少1771小时。年一日最大降水量107.8毫米，出现在8月29日。年内出现6个暴雨日，其中1个大暴雨日数。受较强冷空气影响，1月1日—2月4日县境内沭河和苍源河封冻。

气象灾害 8月9日22时-10日7时，临沭县境内普降大雨并伴有6—7级大风，降雨量最大是曹庄镇86.1毫米，最小的是玉山镇20.3毫米。全县玉米等农作物倒伏严重，农作物受灾面积4700公顷，成灾面积3900公顷，种植、养殖大棚刮坏110个，树木倒折12000余棵，房屋倒塌38间，严重损坏房屋12间，直接经济损失约670万元，农业损失约620万元。

气象服务 临沭县气象局坚持“全年服务不放松，重大过程不放过”原则，实行24小时业务值班。预报准确率保持较高水平，特别是短期气候趋势预报准确率较去年同期有较大提高。完成地面测报工作基数，错情率为0；一般降水预报准确率95.4%，暴雨预报准确率40%，晴雨预报准确率95.4%；从市局业务科技术装备及网络质量通报上看，县气象局在区域站维护、大监自动站资料传输及其他资料传输等方面都取得较好成绩。在预防台风“达维”过程中，24小时值班待命，及时发布预警信息，杜绝重大责任性事故发生，安全度过汛期。

在提高预报准确率的同时，更加注重服务手段的多样化，增强服务的主动性与及时性。遇有关键性、转折性、灾害性天气时采用书面、电话、电视、电子显示屏、短信等形式及时向各级领导和有关部门报告，并做好跟踪服务；制作麦收预报、周报和节假日预报、高考预报、中考预报，共计78期；通过手机短信预警平台发布决策服务信息7000余条，共发布、解除相关气象预警信号30次；针对旱情积极实施火箭增雪（雨）作业2次，共发射BL-1A型火箭弹9枚，有效缓解旱情；建立飞信服务群，为服务单位、气象信息员发送天气预报和重要天气公告。

2013年临沭县主要气象指标情况统计表

表 38

月份	降水量（毫米）	降水天数	日照时数（小时）	气温（℃）			风速（米/秒）	
				极值最高气温	极值最低气温	平均气温	平均	最大
一月	3.4	2	1427	9.9	–12.5	–0.8	2.0	6.5
二月	13.1	4	942	11.5	–9.3	2.4	2.3	9.1
三月	19.0	4	2147	30.4	–4.9	8.0	3.2	14.1
四月	25.1	4	2373	31.1	0.9	13.5	3.1	11.1
五月	187.3	9	1980	33.9	8.2	19.8	2.5	8.1
六月	42.2	7	1642	36.5	13.5	23.4	2.2	6.6
七月	379.6	14	1231	36.7	22.3	28.3	2.0	8.2
八月	240.7	9	2520	36.7	14.1	28.5	2.2	9.7
九月	120.1	10	1504	30.4	11.1	21.7	1.7	8.6
十月	2.1	2	2159	28.3	4.2	16.1	2.0	10.5
十一月	35.2	6	1853	19.1	–3.3	8.7	1.9	9.1
十二月	0.4	1	1711	14.2	–8.9	1.7	1.8	8.4
全年	1068.2	72	21489	36.7	–12.5	14.3	2.2	14.1

说明：全年无霜期天数177天

撰稿：颜秉芝　审稿：陈长新

夜色阑珊

教育·体育

JIAOYU TIYU

教育管理

临沭县教育体育局（简称县教体局）共有干部职工133人，下设办公室、宣传科、党建办、人事科、安全卫生科、基础教育科、职成教科、计划财务科、招生办、学前教育管理办公室、教学研究室、电教室、仪器室、教科室、师训办、勤俭办、基建科、工会办、妇委会、信访监察室等科室。挂靠教育体育局的正科级事业单位有县政府教育督导室。

全县共有普通高中3所，职业学校1所，教师进修学校1所，初中21所，小学82所，特殊教育学校1所，民办学校3所，幼儿园117所，各级各类学校在校生109227人，教职工6496人。2013年，县教体局先后获“全国第五届华夏高科技产业特别创新奖”“山东省教科研工作先进单位”“山东省关心下一代先进集体”“全市教育督导先进集体”“全市小学、高中教学工作先进县区”“全市学校安全工作先进单位”等30余项荣誉，承办全省教科研管理暨中小学作文教学现场研讨会，接待教育部对临沭县云空间建设的专题调研。

义务教育 严格控制义务教育阶段学生辍学，严格招生秩序，规范办学行为。全县小学适龄儿童入学率100%，巩固率100%，毕业率100%；初中入学率100%，在校学生巩固率98%以上；残疾儿童入学率达98%。

学前教育 学前教育实施“划片招生，就近入园”，规范全县幼儿招生秩序。加强幼儿保教管理，防止和纠正“小学化”现象。5所镇街中心幼儿园通过省级认定。3所中心幼儿园成功创建市级一类园。

职业教育 2013年，全县职业教育招生1556人，比去年增加372人。牵头完成《山东省机械制造技术专业教学指导方案》的编写、评审及56门课程校本教材的开发。联合办学企业50余家，“定向、订单”培养学生2402名。2013年1132名学生毕业，安置就业1121人，就业率达99.03%。高职对口升学本科考取63人，居全市第一。有22名同学代表临沂市参加山东省技能大赛，学生李志刚代表山东省参加全国技能大赛并获得三等奖。在全省首批国家示范校建设验收中，临沭县职业中专以优异成绩通过初验。

素质教育 认真落实课程方案，不断完善学业水平测试，积极改革学生综合素质评定。基础教育、学籍管理、考试管理、体育活动、德育工作、班主任工作、贫困生救助等各项工作顺利开展，办学行为日益规范，素质教育理念深入人心。组织参加2013年临沂市中学生春季田径趣味运动会，临沭县代表队获得甲组第二名、乙组第六名，团体总分第二名，同时获得体育道德文明风尚奖。在临沂市中小学体育教师教学技能大赛中，临沭县高中组获得全市高中组团体第一名。在临沂市中学生经典诵读和演讲比赛中，临沭一中学生刘昊东获全市一等奖第一名，并在全省经典诵读演讲比赛中获全省第二名。在山东省青少年科技大赛中，临沭县取得3个一等奖。在山东电视台“我是大明星”节目中，临沭县第一实验小学学生张煦超一举夺得第五名。

教学质量 开展全面提升教学质量活动，深化课堂教学改革，开展优质课、教学技能评比、阶段学情调研、教学视导、专项督导、教学管理调度会等活动。中考全市前10名中临沭县学生有4人，万人比全市第一，创临沭县中考历史新高。高中教育教学水平不断提高，在高考参加考试人数较往年大幅减少的情况下，有483人过重点本科分数线，同样创临沭县历史新高。各学段教学工作受到临沂市教育局表彰。

师资队伍 深入开展“师德提升年”和“千名教师访万家”活动，全县各级各类学校教师利用业余时间，深入学生家中与家长面对面，询家况、问学情，得到学生及家长一致好评；县教体局将部分教师的家访心得编辑成册并全国发行。深入实施名师培养“十百千工程”，选拔5名教师参加国培计划培训，组织6名教师参与全省中小学万名骨干教师培训工程，15名教干教师参与全省骨干校长、骨干教师研修班，对2012年招考的188名新教师进行试用期培训。深入开展教师远程研修工作。中小学共有2395名教师、152名研修组长、41名指导教师参与研修。

教育惠民 2013年，全县农村义务教育学校保障经费全年拨付金额达4316万元，减免农村义务教育阶段课本费688万元。救助各级各类困难学生6272人，救助金额646.8万元。办理大学生助学贷款人数1153人，贷款金额660万元。对应征入伍高校毕业生补偿学费代偿国家助学贷款，全年补偿学费30万元，补偿人数21人。向困难家庭学生和其他社会弱势群体进行“爱心一日捐”，共筹集捐款52万元。

办学条件 全县教育系统各类建设项目顺利开展，2013年—2015年全县中小学校舍标准化建设工程规划及义务教育学校布局规划工作顺利完成。2013年，全县共规划各类建设项目96个，总规划建筑面积约23万平方米，总投资约1.9亿元。其中，校安工程及校舍维修项目34个，标准化幼儿园项目28个，“211工程”项目19个，职业中专扩建及特校迁建项目15个。所有规划项目均开工建设并且进展顺利。

教育信息化 先后投资1337万元，完成全县115所中小学网络升级改造和19所教学点数字资源全覆盖项目，实现“宽带网络校校通”。初步建设网络资源管理平台，奠定“三通两平台”建设基础。在第五届华夏科技创新奖大会上，临沭县上报完成的《国家教育信息化“三通工程应用创新与示范》项目荣获华夏高科技产业最高奖——特别创新奖，并在颁奖大会上作典型发言。先后有湖南、福建等10多家省内外教育信息化考察团以及《中国教育报》、山东教育电视台等媒体到临沭县考察、采访，学习交流教育信息化工作。打造全国第一家基础教育“云平台”，并被教育部教育管理信息中心聘为“理事单位”。

教育环境 加强全县中小学生安全教育，实施校园安全隐患联片责任轮查、校园周边环境综合整治。落实信访工作领导责任制，构建教育大信访工作格局；畅通“12345”民声热线、“县委书记、县长信箱”等渠道，全年共收到反映问题80余件，回复率达100%，群众满意率98%以上。在全市群众满意度调查中，县教体局名列全县各部门前列。

2013年临沭县师生情况统计表

表 39　　　　单位：人

单位	教职工数	在园幼儿数	小学生数	初中生数	高中生数
临沭街道	698	3666	9954	2826	—
蛟龙镇	362	1474	2036	1325	—
石门镇	340	2108	4004	1585	—
青云镇	315	718	2414	1365	—
曹庄镇	311	1156	2263	1319	—
大兴镇	385	2429	3422	1783	—
白旄镇	306	1105	2289	1094	—
郑山街道	530	1387	3652	1518	—
玉山镇	398	1166	2952	1451	—
店头镇	311	1114	2561	1119	—
苍马山景区	54	306	917	—	—
临沭一中	439	—	—	—	5414
临沭二中	412	—	—	—	4052
实验中学	292	—	—	—	2896
职业中专	250	—	—	—	7860
第一初级中学	159	—	—	1495	—
第二初级中学	199	—	—	2277	—
第三初级中学	172	—	—	2421	—
进修学校（附小）	139	1137	2753	—	—
第一实验小学	152	911	2445	—	—
第二实验小学	31	462	478	—	—
第三实验小学	41	888	664	—	—
特殊教育学校	35	—	102	29	—
县府幼儿园	25	882	—	—	—
实践中心	13	—	—	—	—
双语实验小学	97	—	1145	—	—

续表 39

单位	教职工数	在园幼儿数	小学生数	初中生数	高中生数
新星学校	42	—	288	108	—
英才学校	79	—	587	382	—
县体校	13	—	—	34	—
育才培智学校	11	—	29	19	—

撰稿：常文博　审稿：武传国　胡文兴

临沭县职业中等专业学校

临沭县职业中等专业学校下设办公室、教务处、政教处、总务处、招生就业处、实训处、教科室、培训办公室、团委、安全办、财务科11个职能科室，以及数控汽修系、机械制造系、综合部、升学部4个系部。学校占地面积16.87公顷，建筑面积8.9万平方米，固定资产总值6000多万元，教职工286人，其中专任教师225人，中、高级教师170人。开设机电技术应用、数控技术应用、焊接技术应用、电工电子与自动化、计算机应用与软件技术、服装设计与制作、汽车运用与维修、电子商务、企业会计与统计、建筑施工技术与预算、种植养殖、农村经济管理等21个专业，在籍学生7444人。

学校管理　坚持“以服务为宗旨，以就业为导向，以质量为核心”的办学理念，加快学校建设步伐，强化规范管理，推动学校持续快速发展；修改并完善教师千分量化考核办法、系部量化考核细则，使对教师和系部的量化考核更加趋于科学、公正、合理；推行毕业生“就业服务承诺制”，学生一入校就与其签订就业服务承诺书，并对毕业安置的学生跟踪服务三年，及时、妥善解决他们遇到的各种问题；深入开展具有职教特色的校园文化建设，充分发挥学校良好环境的育人功能。把海尔、常林集团等知名企业的企业文化和管理理念引入到日常教学中，让学生提前感受企业管理，缩短企业适应期，受到企业的欢迎；构建社会、学校、家庭“三位一体”立体育人网络，实行订单培养、联合办学、校企合作、工学结合等模式改革，强化对学生综合素质和专业技能的培养，实施具有职教特色的素质教育，实现学生就业、家庭致富、学校发展、社会认可的办学目标。

学校建设　学校扩建改造一期工程2013年全面开工，共开工建设3座教学楼、2座培训楼、2座实训楼、图书办公楼、报告厅、室内体育馆、体育看台、塑胶操场等12项工程，总建筑面积5.3万平方米，总投资1.2亿元。截至年底，塑胶操场已竣工，即将投入使用；3号教学楼、体育看台已完成主体施工，已进入安装与装饰工程施工阶段；图书办公楼、风雨操场主体施工已完成；1号、2号教学楼，1号、2号实训楼，培训楼，报告厅等工程都正在处于主体框架施工阶段。扩建校区的道路及管网工程现已完成设计，正在进行投资评审和招标。学校新大门、围墙和广场处于设计阶段。

教学工作 学校积极进行课堂教学改革，制订关于推进课堂教学改革的实施办法，继续推行文化课以“小组合作学习”，专业课以“行动为导向”的教学改革。通过培训学习、典型培植、举行示范、普及推广、总结验收等阶段逐步在全校推广新的教学理念，促进教学质量的提高。在2013年临沂市职业院校技能大赛学生组27个比赛项目中，全校共夺得11个项目的第一名（其中有8个项目囊括1、2名），12个项目的第二名；在教师组17个比赛项目中，本校教师共获得4个专业的第一名，在焊接技术和动画片制作等2个项目中获得第二名。2013年，全校共有98名学生参加春季高考，本科录取63人，其余全部被专科录取，进线率、录取率连续十年居全市第一。学校立项省级课题3项，结题省级课题2项，市级课题1项，县级课题2项；获得省课题成果一等奖5个，二等奖7项，县级课题成果一等奖2个；在省级以上刊物发表论文33篇；获得省级论文评选二等奖5个、三等奖5个。

德育工作 建立和完善“政教处（主任）—系部（分管主任）—班级（班主任）—学生个人”梯级校园德育体系和“学校—家庭—社会”三位一体的德育网络。组织感恩教育主题班会、行为规范教育月、“中国梦”征文、“职业生涯规划”设计、“我身边的正能量”摄影等丰富多彩的比赛活动，承担全市中职学校共青团工作现场推进会暨团干部培训班，组织“千名教师访万家”活动并承担全县“千名教师访万家”活动电话回访现场会。充分利用“校园之声”广播、《苍山风》文学社、黑板报、国旗下演讲、手抄报、宣传栏、电子屏幕、政教简报、学校网站等主流媒体进行党的政策舆论宣传和德育引导，丰富校园文化，构建和谐温馨的校园环境。以全国、全省中等职业学校“文明风采”竞赛为抓手，强化德育工作。在2013年全国、全省中等职业学校“文明风采”竞赛活动中，学校有390件作品在省级比赛中获奖，其中，一等奖38件，二等奖94件，三等奖152件。

招生与就业 学校加大对毕业生就业企业的考察力度，选择具有良好发展前景、工作环境对人体无害、具有良好文化氛围、工资发放符合法规、具有完善社会保险的企业。大力实施校企合作，开展“定向培养”“订单培养”。学校先后与长三角地区及山东蓝色半岛经济区等地43家企业建立合作关系，相当部分是世界500强企业和国内知名大中型企业。其中苏州生益科技有限公司、日矿金属（苏州）有限公司、亚旗集团、福田雷沃重工、青岛红领集团、金沂蒙集团有限公司、天元集团工业公司、山东常林集团、力士德工程机械股份有限公司等11家企业成立校内“定向班”。2013年参加定向培养的学生人数为2060人，占在校学生人数的81.7%。定向企业每年对定向班学生培训两次，内容以企业文化、规章制度及生产流程等为主。苏州晶方半导体有限公司、昆山仁宝电脑、韩国三星重工、上海大众汽车、金正大国际等企业与学校开展订单培养，学生结束校内学习后，经考核合格全部进入订单企业工作，使学生入校即有工作单位，解除学生及其家长的后顾之忧。此外，学校充分利用专业师资优势为企业培训员工，提高合作企业员工的综合素质。2013年共安置学生2290人，就业率99.5%。其中本地企业安置1730人，外地企业安置560人。

平安校园建设 完善安全管理制度，强化安全工作责任制。根据教育部下发的《中小学校安全工作岗位指南》，与全体教干、教师按岗位签订新的安全管理责任书，并明确各自的安全管理职责；认真做好安全教育工作，利用温馨提示、致学生家长的一封信、主题班会、专家讲座等形式，对师生进行安全教育；认真做好安全隐患排查整改工作，及时消除各类安全隐患；组织开展应急疏散演练，提高师生的应急避险能力；加强校园警务室建设，配足配齐警用器械，严格落实24小时值班制度，提高校园安全防范能力。一年来未发生任何安全责任事故。

乡镇教学点和各项培训 学校先后完成临沂市党员干部教育培训2期，临沭县党员教育培训2期，临沂大学新闻系学生社会实践培训，全县新闻宣传培训，县人社局计算机初级工鉴定培训，力士德公司挖掘机驾驶员培训，全县退伍士兵计算机、汽修等职业技能培训，全县库区移民村干部、计算机操作培训，县委组织部引进高学历人才创业培训，县阳光工程养殖员、病虫害防治员等系列培训。全年累计培训学员2000余名。

荣誉奖励 2013年，学校先后被评为全国工业和信息化人才培养综合服务平台认定测评中心、全市职业教育与成人教育工作先进集体、临沂市教育科研示范学校、临沂市教育信息化工作先进集体、临沂市教育工会工作先进集体、临沂市学生资助工作先进单位、临沂市五四红旗团委、临沂平安和谐校园，全县学校安全工作先进单位、县教育工作综合督导评估先进单位、县先进工会、县就业创业工作先进单位、县直机关党务工作先进单位、县新闻宣传先进集体、县人口和计划生育工作先进单位、县行风建设先进单位；获2013年全市职业院校技能大赛团体一等奖、全市职业院校技能大赛特别贡献奖、全县教育系统廉政文艺作品朗诵二等奖、县教育云平台建设“最佳云平台奖”、县老教育工作者协会工作一等奖、县教育系统廉政文艺作品朗诵二等奖、县纪念建党92周年爱国歌曲大型演唱会优秀组织奖、县住建系统“金明寓”杯首届职业技能竞赛优秀组织奖、“学雷锋做有道德的人”读书活动优秀组织奖、县教体系统第十三届“石门杯”老年门球赛银奖等称号，并夺得县“体彩杯”中小学乒乓球联赛高中女子团体第一名、县“体彩杯”中小学乒乓球联赛高中男子团体第二名。

撰稿：李玉成　审稿：李守贵

临沭第一中学

学校设有党委、行政办公室、政教处、工会、团委、教务处、总务处、勤俭办、综治办、督查科、妇委会、档案室、宿管科、财务科、司务处、医务室、教科室、实验室、教学服务部等科室；高一、高二、高三3个年级9个级部及临沭县竞技体育运动学校初二、初三2个年级；语文、数学、英语、物理、化学、政治、历史、地理、生物、体育、艺术、信息等12个教研组。有教职工434人、在校生5300人。

2013年，学校本着“让每一位学生都得到发展，让更多学生升入理想大学”的办学理念，以强化纪律作风为切入点，以主题教育实践活动为抓手，以优化发展环境为支撑，以全面提高教学质量为目标，深入推进教育教学改革，推动学校健康、持续、跨越发展，取得明显成效。先后获得省职工代表大会优秀星单位、临沂市中小学德育工作先进单位、全市教育质量奖、全市教师教育工作先进集体、全市内部治安保卫组织先进集体（荣记集体三等功）等众多荣誉，成功创建临沂市“健康示范学校”“无烟学校”，顺利通过省卫生先进单位复验，并被评为“临沂市普通高中教学工作先进学校”，这是学校连续17年获得该项荣誉。在规范实施素质教育的大背景下，2013年，高考再创辉煌，进入重点本科（一本）人数达308人，首次突破300人大关，比上年增长71人。一大批优秀学生被全国名牌大学录取，季金萍、禚洪健分别夺得全县文、理科状元。

学校管理 全力用“规范”打造“实力”校园，在教职工中开展“改进工作作风 加强劳动纪律”“师德提升年”“千名教师进万家”“从教务实清廉 打造满意教育”主题活动，在学生中开展“规范学生行为 优化学习环境”“厉行勤俭节约 反对铺张浪费”教育活动，在队伍打造、素质提升、习惯养成、条件创设等方面取得明显成效。出台《关于改进工作作风、加强劳动纪律的通知》《关于开展“规范学生行为 优化学习环境”活动的实施方案》《关于开展“千名教师访万家”活动的实施方案》《关于开展“从教务实清廉 打造满意教育”主题教育实践活动的实施方案》《关于开展治理“庸懒散”专项活动的实施方案》等通知文件，积极开展各项专题活动；并制定《教职工考勤工作条例》《教辅人员工作评价与绩效考核办法》等考核评价规章制度，学校管理和教师考核机制进一步完善。

学校安全 以平安校园为抓手，加强校园环境治理，加大校园巡查力度，加大领导带班值班巡查力度，充实督查综治力量，增强门卫值班保卫力量，严把学生出入校园关口，从时间和空间上对校园实施无缝隙管理、全覆盖管理。加强对师生及外来人员的安全教育与管理，规范学生在校行为，倡导校园文明行为，制止男女学生不文明交往，严禁学生违反规定携带手机，消除各种不安定因素。落实安全工作责任制，重点加强对食堂、超市、宿舍的监督管理力度，实施食品安全工程，打造舒适住宿环境，杜绝一切安全事件发生。成功承办全县学校安全现场会。

德育工作 深入开展“规范学生行为 优化学习环境”主题教育活动，拓展、提高育人效果和水平。切实加强学生思想教育，不断丰富德育内容，实现德育内容课程化、德育活动序列化，逐步完善德育课程体系，努力构建家庭、学校、社会三位一体的完善教育体系。高一年级以军训为切入点，以军训知识、队列队形、生活、学习、三操、自习及学生常规为载体，加强学生养成教育。高二年级以校园、家庭、社会为重点，加强文明礼仪教育。高三年级组织开展学生十八岁成人礼活动，加强学生理想教育、责任教育和感恩教育。成功举行庆国庆歌咏比赛、首届校园文化艺术节、首届十八岁成人礼仪式、元旦文艺晚会，并组织高一、高二学生参加军训活动。12月中旬，成功承办全国一线教育家讲坛·中（职）小学班主任班级整体管理能力高级研修生班，来自全国各地的班主任、领导专家300多人参加。启动新的学校文化建设工程，在文化理念、功能分区、校园文化、年级文化、班级文化、宿舍文化、餐厅等方面取得积极成效。10月，在全国第五届“推动学校文化建设 打造特色名牌学校”实施战略研讨会上，学校被评为“山东省校园文化建设示范校”。

教学工作 开展“四个创先争优”活动。努力在“三自一新”教育教学改革工程中创先争优，构建、实施“导学用”合一的导学案范例和课堂教学模式，力图通过学生“自主学习、自我教育、自觉发展”和教师“教学创新”，实现教与学的增效减负。教师在全员磨课活动中创先争优，顺利组织完成预赛和决赛。让教师在“一标一纲一题”学习、研究、竞赛中创先争优，“以考定教”，提高教学针对性。在学习衡水教育经验的活动中创先争优，多批次赴衡水中学、衡水二中学习交流，听取或观摩学习名师曹军娣专题报告和示范课。同时，学校扎实推进“两个实体”教学管理，完善以年级为实体加强教学管理，三个校级领导分包一个年级，加强对年级组的管理指导和跟踪帮扶。实施分层教学，以对比班（A班）为实体加强优生培养。

高三教学 坚持以教学、学生为中心，以文化课教学为主体，以自主招生、音体美教学为两翼，既面向全体，促进学生全面发展，又分层教学、因材施教。加强常规教学管理，狠抓集体备课、周研讨课、推门听课；实施“六阶段三层面”目标教学策略，调动年级组、班级、教干教师、学生等各层面工作、学习积极性和创造性。加强优生培养，实施区域学习与办公，并通过“走出去、请进来”等多种形式，拓展师生视野，促进教学相长。

后勤管理与建设 实施“三通、三化、两改工程”。“三通”，即为食堂接通天然气，为三幢教学楼、两幢学生公寓楼安装直饮水设备，为四幢教师公寓楼、两幢学生公寓楼供暖。“三化”，即绿化、美化、亮化。扎实推进“创城”工作，在校园绿化、垃圾清理、校西排水沟治理等方面都取得积极成效；整修腾飞广场，添设绿化带小栅栏、宣传栏、阅报栏，更换校园路灯。“两改工程”，即改善信息化条件、维修改造教学楼实验楼。学校开通高考资源网、学科网、第二教育网，建有校园网站。努力搭建“云平台”，初步建成融“德、教、学、研、管”五大教育功能于一体的云空间体系，师生“网络学习空间人人通”。教育部科技司来校调研，福建、江西、山西等地考察团纷纷来校学习交流。为96口教室安装电子白板，更新4口学生微机室，全部更换为一体式学生电脑，并新建高清智能切换互动录播室1口，在校内安装大型电子显示屏。

撰稿：袁　强　审稿：杨大国　张庆军

临沭第二中学

临沭二中管理体系由系统科室与年级管理委员会共同组成。学校有72个教学班，在校学生4000余人。有教职工408人，其中，高级教师125人、一级教师207人；国家级骨干教师1人、省骨干教师、优秀教师7人、沂蒙名师2人、市级学科带头人14人、市县教学能手90余人；获省讲课比赛一等奖6人、市级讲课比赛一等奖10余人。

2013年，学校先后荣获“临沂市高中教学先进学校”“全县行风评议先进单位”“高中教育综合督导评估先进单位”“高中教学先进单位”“临沂市工会工作先进单位”“临沭县五四红旗团委”“临沭县文明单位”等荣誉称号。

“四德”孝为首 围绕“四德”内容，充分发挥校园广播、网站、电子屏、QQ工作群、飞信群等新媒体功能，通过召开主题班会、悬挂横幅、张贴标语、设立“四德榜”、向师生发放“四德工程”倡议书、“四德工程”明白纸、与师生签订“四德”工程建设责任状，让践行“四德”成为师生的自觉行动。本校教师袁红欣被评为临沂市十大孝星、临沭县“道德模范”，其二十年如一日伺候久病母亲的事迹被《临沂晚报》、临沭电视台等多家媒体报道。在全县教育系统首届“三美四孝”评选中，教师袁红欣获“孝亲敬老”模范称号，教师张莹光获“最美教师”称号，学生龚玉璐、史婧婧获“最孝学生”称号，学生胡弘祚、凌敏获“最美学生”称号。本校还评出了好丈夫10人、好媳妇10人。

办学条件 2013年，全校安装交互式电子白板，为教育信息化提供强有力的硬件设施。电子白板与电脑、校园网、教育程序网络链接，可以上网搜寻教学资源，增大课堂教学容量，激发学生学习兴趣，真正实现无纸化教学。学校对南北两个食堂进行改造，通上燃气，净化空气；转变经营模式，引进两家品牌餐饮公司，让学生吃得更安全、更满意。改造暖气主管道，投资近40余万元安装暖气，免费供学生使用，解决住校生冬季取暖问题。

校园管理 建立由校级领导、中层教干、教辅人员组成的校园轮流值班队伍，从清晨起床到夜晚休息24小时无缝隙值班，对每日的教育教学、学生常规、餐厅就餐、宿舍寝休和交通安全秩序等进行巡查，保障教育教学工作顺利开展。积极开展“六无”校园创建活动，严肃查处学生携带手机、抽烟、旷休上网、男女生非正常交往、打架斗殴、吃瓜子等现象，严肃处理违规违纪学生，为学生提供优质的学习和生活环境。

教研教学 学校领导带领部分师生前往全国“低进优出”第一校——衡水市第二中学参观学习，并邀请衡水中学优秀教师曹军娣做现场报告。一年来，积极搭建平台，发挥好“公开课、示范课”在高效课堂建设及促进教师专业成长方面的积极作用，每周举行两节校级“公开课、示范课”，定主讲人、定学科、定时间、定地点，同学科教师要参加听课，观摩学习。

电子教学 学校推行“电子教案”，并对电子教案制作提出详细要求，教案必须按照章节顺序编号、按照新授课、复习课、习题课、讲评课模式编写。利用周三业务学习时间，精通“云空间”操作的教师杨德山为全体一线教师从理论上培训、在操作中示范，争取每位老师都过关。教师将电子教案每周发到教学资源库，学校按年级、学科分类整理、存档并及时公布检查结果。资源库建设坚持近一年，三个年级同时操作，各科电子教案基本成型，为学校资源库建设做好材料积累工作。教师利用云平台空间上传教案、学案5万余个，视频近3万个，发表教研帖子近7000个，文章浏览数达到120万条，学生利用云平台提交作业、学习笔记、学习反思10万余份，视频1500个，文章浏览数达到100万条。真正实现信息技术与学校管理、课堂教学、师生沟通、家校互动的深度融合。

高考成绩 2013年高考再创佳绩，本届学生在高一招生时全县前360名中仅有2人的情况下，重点本科上线73人，进入“211”和“985”工程院校的有14人，其中徐杰以全县理科第二名的成绩被中山大学录取。

撰稿：张莹光　审稿：李景涛

临沭县实验中学

临沭县实验中学位于县城中心，苍源河北岸，交通便利，环境优美。学校有教职工292人，其中，硕士研究生14人，高级职称92人、中级职称93人，全国优秀教师、国家级、省级骨干教师8人，市教学能手、骨干教师15人。有高中三个年级50个教学班，在校生2745人。

学校占地5.4公顷，有教学楼、综合楼、图书实验楼、办公楼各1座，学生公寓3座，总建筑面积37761.4平方米，其中，教学用房面积12168.6平方米，宿舍食堂面积13301.6平方米，生均宿舍面积3.75平方米，生均食堂面积1.59平方米；体育用地面积23429.2平方米，生均9.3平方米，建有高标准400米塑胶跑道田径场一个，足球场1个，篮球场8个，乒乓球台18张。建有图书室、学生阅览室，图书资料13万册，生均48册，年更新率为11%。

2013年，学校坚持“科学发展、尊重规律、铸造特色、精细管理、改革创新、提高质量”的方针，深入开展“师德提升年”活动和“教学质量提高年”活动，着力提升办学水平，教育教学质量稳步提高。先后荣获临沂市高中教学先进单位、临沂市文明单位、临沂市卫生先进单位、市素质教育示范学校、临沂市廉洁教育好学校、临沭县高中教学工作先进单位等近30项各级荣誉和称号。

学校管理 完善制度管理体系，先后制定临沭县实验中学班主任聘任制度、临沭县实验中学关于支教教师选派工作的意见、临沭县实验中学关于进一步加强集体备课调研的规定等多项制度，为促进公平、提高效率，构建和谐的工作环境奠定制度基础。

贯彻落实中央八项规定要求，简化公务接待，切实转变会风、文风，坚决做好请示汇报制度，努力打造清正廉洁的教干、教师队伍。根据县委要求，对接鑫鑫小区210户联系服务对象，通过走访入户、了解情况、摸排问题、统筹解决、困难帮扶等程序，妥善解决群众反映强烈的各项问题。

以临沭县实验中学信息与新闻宣传工作制度为依托，坚持内宣、外宣齐头并进，全面提升的策略，取得显著成效。内宣方面，充分发挥《实中校报》的宣传阵地作用，每月出版一期，深入细致地报道学校发生的时事、要事，累计出版12期。外宣方面，先后在《临沂日报·今日临沭》《沂蒙晚报》《鲁南商报》《临沭教育信息》以及临沭网、临沭教育信息网等报刊和网络上发表稿件200余篇，在全县教育信息宣传工作中稳居第一。

教学科研 年级管理工作。三个年级全部实行分层教学，分层管理。高2010级创新尖子生培养模式，借鉴外地先进经验，成立18班、19班两个小班，进行小班化教学，其中，王济敏以641分夺得全县高考文科状元的好成绩，被中央财经大学录取。针对学生补弱困难的问题，高2012级创新补弱方法，将教师的补弱成绩纳入量化绩效考核，合理确定实验班和普通班补弱名单以及成功标准，调动广大教师补弱积极性，提高补弱的实效性。

自主招生工作。面对全国高校自主招生工作的新形势，学校从实际出发，勇于探索，积极尝试。2013年，先后有32人次通过2013年高考自主招生初审，其中2人获北京大学、2人获南开大学、2人获中国政法大学、2人获大连理工、3人获北京理工、1人获北京航空航天大学、1人获南京航空航天大学初审资格。最终有6人在高考中过重点本科线，全部被相关大学录取。分别是北京化工大学的潘宗虎（629）、北京理工大学的孙士杰（623）、中国药科大学的王丽月（571）、北京科技大学的郇双宇（615）、中国石油大学的刘卿宇（593）、北京科技大学的陈冬旭（596）。学校积累丰富的自主招生经验，培养一批自主招生方面的骨干教师，营造重视自主招生工作的良好氛围，为学校健康、持续发展打下扎实基础。

教育信息化。学校机构平台空间建立走进校园、新闻中心、教学科研等13个一级栏目和400多个子栏目，发表文章及视频8000多条。教师个人空间除县教体局规定的栏目外，还结合所教学科特点及工作特色建立很多不同风格的栏目，使空间更美观、更实用，上传文章和视频万余条，浏览次数3.3万人次。学校投入140余万元，为各个班级安装先进的电子白板、实物投影等设备，新布设2个微机室，1个录播室。

校本教研。学校充分发掘校内专家资源，组织80余节“名师能手示范课”。广大教师虚心学习，认真听评，包组教干全程参加，充分发挥示范课的引领示范和辐射作用，推动教研水平的提高。教师王玉龙、刘佰喜在市级研讨会上作典型发言，胡江华在市二轮研讨会上举行市公开课；全校教师在省级以上刊物发表各类教学论文25篇，有14人参与市新学案的编写工作；教师熊涛的市级课题顺利开题，副校长王乐福负责的物理课改研究课题被山东省教研室批准立项、开题。

德育与群团工作 学校以体育节、艺术节等活动为载体，努力丰富校园文化生活，积极营造“文明和谐，求是进取”的校园文化氛围。开展礼仪教育、安全教育、感恩教育、行为习惯养成教育、民族精神教育、青年志愿者在三月、文明中学生在行动等活动，全面提高学生综合素质。

校园文化建设。坚持“活动育人、寓教于乐”的育人理念，积极开展丰富多彩、健康有益的文体活动。德育处、团委、安全办、妇委会等部门开展“文明值周班活动”“向不文明行为告别”“励志读信暨校歌红歌大赛”“班徽设计大赛”“圆梦清华北大夏令营”“校园好声音”“奋斗的青春最美丽”征文比赛等丰富多彩的德育活动，培养学生爱国、爱校、爱班的思想情操，提升学生综合素质。

班主任队伍建设。坚持“服务育人，师资优先建设”的宗旨，努力打造德才兼备的班主任队伍，先后组织召开8次班主任月培训会，及时为班级管理工作充电。制定《关于评选优秀班主任和德育工作先进个人的实施意见》，创新主题班会内容和形式，充分调动班主任工作的积极性。教师孙飞被评为临沭县十佳班主任，高铭涛、鞠兴民、王玉龙3名教师获临沭县百名优秀班主任称号，教师臧书华被评为临沭县德育工作先进个人。

学生综合素质培养。学校注意加强特长生培养工作，鼓励学生参加各类竞赛，挖掘潜力，提升素质，为学生长远发展奠定基础。在临沭县才艺大赛中，高12级17班的卓梦迪、高11级17班的韩晓菲获一等奖，高11级17班的庞建新获二等奖。在临沂市中小学演讲比赛中，高12级14班的史玥获市级一等奖并作为代表参加省演讲比赛。在第15届“语文报杯”全国中学生作文大赛中，学校共有55人在比赛中获奖。其中，高二15班的朱燕妮获国家级特等奖、高二15班的谢玥娜获国家级一等奖、高二16班的党雪琪以及高二14班的史玥均获国家级二等奖，高二16班的吴艺琳获山东赛区特等奖、陈肖鹏等10名同学分获山东赛区一等奖、李贞洁等19名同学分获山东赛区二等奖、姚青林等15名同学分获山东赛区三等奖。

学校安全 学校成立综合治理领导小组。通过建立完善责任分工、信息通报、工作协调、教育培训、会议管理等5项机制，落实工作责任，形成“千金重担众人挑，人人肩上有指标”的综治工作格局。通过签订社会治安综合治理工作责任书、岗位目标责任书、安全教育岗位责任书，增强教师、家长、学生抓安全、防事故的责任意识。从公安、消防、交警等部门聘请4名领导担任法制副校长，建立专业的法制副校长队伍。从保安公司聘请6名警卫人员担任安保工作，定人、定岗、定点、定责，不留死角、不留盲点、不留空白点，加强自行车管理和门前车辆清理工作，促进“平安和谐校园”的创建进程。编发《学生安全知识简明读本》和《致学生家长的一封信》，丰富学生的安全防范意识，增强家长的安全监护责任；先后两次召开法制报告会，以案释法，增强师生的法制观念。印发《学校安全—教师篇》和《学校安全—学生篇》两本小册子，增强安全意识。

撰稿：孟凡苍　王信伟

审稿：袁秋晓　邢连绍

临沭县第一初级中学

临沭县第一初级中学建筑面积16937平方米。有教学班30个，学生1500名。教职工158名，其中，高级教师36名，中级教师71名。专任教师113名，9名具有研究生学历，104名具有本科学历，学历达标率100%。学校以素质教育为中心，遵循教育规律和学生成长规律，努力实现“为每一位学生提供适合其发展的教育”的办学目标，为学生全面健康和谐发展奠定基础。学校为省级规范化学校、省电教示范学校、省教学示范学校、省地震科普示范学校、省创新教育实验基地、省综合实践活动课程研究与试验重点实验基地。2013年，先后获山东省语言文字规范化示范学校、临沂市教学工作先进学校、临沂市教科研先进单位、临沂市人民防空先进单位、临沂市德育工作先进单位、临沭县未成年人思想道德建设先进学校、临沭县初中教学工作评估第一名等30多项荣誉称号。

办学条件 2013年，学校以义务教育均衡发展省级评估验收为契机，大力加强硬件建设，改善办学条件。在图书购置、各功能室建设、音体美器材配备、电教设备更新换代等方面，加大投入，加强管理。新增图书近1.3万册，对所有图书统一编号上架，为下一步开放借阅做好准备。为所有班级安装交互式电子白板和超短焦高清投影仪，更新电脑主机，为各大办公室配备喷墨打印机，对两口学生机房用电脑进行更新，前勤教师电脑实现全部更新，新建录播室1口。

德育工作 以活动为载体，通过举办“中国梦·校园情·快乐心”心理健康周、“我的中国梦”演讲、“党在我心中”红歌演唱、“向国旗敬礼、做有道德的人”网上签名、乒乓球比赛、韵律操比赛、防空知识竞赛、手抄报比赛等形式多样的活动，对学生进行心理健康教育、前途理想教育、爱国主义教育和生活审美教育。组织部分优秀教师参加“山东省科技创新大赛”“我的中国梦演讲比赛”“师德师风演讲比赛”“廉政文艺作品朗诵比赛”等活动。为做好社会、家庭、学校三者相结合的文章，教务处、政教处和各年级组织召开以“携手育子　让爱成长”为主题的家长会。同时，还以临沭县教育体育局“师德提升年”“千名教师访万家”以及“联系困难学生，办人民满意教育”活动为契机，组织教师深入社区、深入家庭，和家长面对面交流，探讨方法，释解困惑，受到家长认可。

教育教学管理　切实贯彻执行教代会通过的系列规章制度，如《教学科研专项奖励办法》《教师职业道德考核评价方案》《教师德能勤绩量化综合考评方案》《教师教学行为规范》《“教学十佳”评选办法》《“功勋班主任”评选办法》等。在年级工作上，学校实行“重心下移，工作下沉”的管理思路，由年级主任聘任年级副主任，明确分工的同时加强合作，形成年级责任实体，落实年级自主管理，同时实行校长联系年级制度。推行“以小组为实体，以学案为载体的成功课堂构建”，提高学生学习的主动性。学校按照国家课程标准开齐课程、开足课时，并积极开发校本课程，挖掘校外教育资源。重视激发学生兴趣，发展学生特长，通过认真开展“每天锻炼一小时活动”“阳光体育运动”和各种艺术教育活动，培养学生健康向上的生活品位和道德情操，提高学生的综合素质。2013年中考，获得普通高中和职业学校升学双丰收。在2013年12月10日举行的全县初中教学工作表彰大会上，学校荣获初中教学工作评估第一名，37名教师获临沭县教育体育局的表彰奖励。

师资队伍建设　学校践行“树德立身，博学致远”的校训，注重提升教师的业务素质和道德素养，创设和谐进取的育人氛围。健全师德档案，加强师德考核，鼓励爱岗敬业，倡导无私奉献。通过考核，充分发挥师德的引领和导向作用，提升教师的整体素质。学校通过实施“名师工程”，打造名师品牌，让师德高尚、学识广博和业务过硬成为每一位教师的自觉追求。学校支持教师的业务培训和学习，注重吸取外地先进办学经验，通过学习开阔眼界，提升能力。12月16日，学校组织全体班主任、教研组长等到济宁市微山县夏镇一中西校考察学习，微山县夏镇一中西校的“自学·释疑·达标”教学流程，给老师们很多启发，有利于学校课堂教学改革和教学策略落实。学校积极开展读书活动和阶段性培养成果展示活动。通过科研引导、实践锻炼、跟踪培养等途径造就一批专家型、学者型教师。学校有省、市、县教学能手95名，积极依托山东省教师教育网，开展“优秀教师”“教学十佳”教师、“功勋班主任”等评选表彰活动。

校园文化建设　对学校主道路两侧进行改造和美化，致力于打造以“弘扬国学，传承经典”为主题的儒雅精致校园，学校主道路两旁及教学楼、实验楼等，每处都有一个主题。形式活泼、主题鲜明的校园文化、墙壁文化、楼道文化、橱窗文化突出学校办学特色，激发学生的学习兴趣。学校成立学生书法、绘画、舞蹈、器乐、乒乓球、篮球、武术、科技等各种兴趣小组，每周都安排固定的活动时间，辅导教师任务明确，指导到位，参与学生兴致盎然，热情高涨。兴趣小组的设立，对学生的综合素质培养有重要作用，符合现代教育的方向和要求。

撰稿：李东华　吴霞成　审稿：张立东

临沭县第二初级中学

临沭县第二初级中学位于县城中山路南段，占地59200平方米，建筑面积22567平方米，有42个教学班，在校学生2277余人，教职工197人，办学条件和师资力量良好，是山东省规范化学校、山东省教学示范学校、山东省地震科普示范学校、山东省艺术教育示范学校、山东省电教示范学校、山东省绿色学校、山东省会计工作规范化单位、山东省“四五”普法先进单位、山东省亲情教育基地、山东省探究教学实验基地、山东省艺术教育先进单位、山东省学校文化研究示范学校。

办学条件 2013年，学校信息化建设，精致化管理走在市县前列，建有校园网并与教育区域网连接，实现优质教育资源共享，教师人手一台计算机，各班的教室内都配备教学用微机和多功能电子白板，实现多媒体“班班通”，投资20多万元建成多功能录播教室，录播室内配有多媒体同步录播系统，具备网络同步传输功能。

为保证学校标准化建设顺利完成，学校领导、县教体局领导和连云港设计院专家多次商讨，考查、论证，设计出校园整体规划方案，学校制定校舍搬迁方案。按照搬迁方案的部署，精心组织全校师生实施安全、有序的校舍搬迁工作。搬迁工作分为两个部分。先是将学校综合楼上相关功能科室搬至南教学楼和办公楼，然后将北教学楼上的设施、课桌椅搬到综合楼指定位置。九年级学生将搬到综合楼与七年级新生共用一个教学楼，八年级新生搬至实验三小上课。

标准化建设分两个阶段：第一阶段新建教学办公楼1座，第二阶段完成其他2座教学楼建设，从2013年9月开工建设到2015年9月竣工，完成校舍原地新建任务。学校塑胶跑道建设工作2014年7月基本完工。第一期教学办公楼建设工作已经开始，争取2014年暑假开学后新教学楼能投入使用，开启第二期工程建设。办公、教学设施将达到省标准化要求，达到市县一流水平。

教师管理 2013年，学校坚持校内业务学习培训，积极参加省远程培训和市县组织的业务培训，全年培训专项经费投入6.6万元，人均464.7元。先后组织七、八年级班主任及部分教干去蒙阴拓展训练；组织美术、化学、数学、语文、音乐等学科兼职教研员参加市教学研讨会；组织部分学科60多名教师去郯城、费县、莒南、兰山观摩市讲课比赛；组织化学组教师参加烟台化学教师实验教学优质课评选与实验教学能力培训活动；积极参加省教育厅组织的暑期教师远程培训，全面提高教师的综合素质；王右刚在《今日快报》发表信息6篇，秦海蓉、赵玉玺、王秀梅、刘文建、魏素霞等教师的作业被省专家点评，王秀荣、孙国玉、郇恒勋、李芳等教师的随笔被省专家点评。

学校通过校内业务学习、外出听课学习、参加市县教学研讨会，举办校内名师示范课、新老教师结队帮扶、师德教育学习等方式，“走出去”与专家、名校、名师近距离接触，感受先进的教育理念和教学方式、方法。每年参加县级以上培训、研讨200人次。10月、11月，学校数学、物理、化学、英语、历史、美术等学科教师参加市骨干教师培训会；10月，学校英语科教师赴淄博参加全省英语测试与评价培训会；11月，学校化学教师赴烟台观摩省化学实验讲课比赛。

学校注重教科研工作，“问题即课题，教学即教研，成果即成长”的教科研理念已被全校教师普遍接受，丰富多彩的群众性听课、评课、说课、集体备课、个案研讨等活动逐渐成为教学常规，以科研为先导，以科研促管理，以科研提效益的教科研氛围日渐深厚。一大批教师获得省、市优秀成果奖。王学金、杨蒙、张晓燕、闫中芹、王秀荣、曾鸿雁、张敏、苏璐、张丽、姚兴伟等多位教师获山东省中小学教育科研优秀成果奖；李守康、杨蒙、陈琳等21人获市级优秀教科研成果奖；王学金、崔广伟等20多人在市级以上杂志上发表论文。

学校重视校本课程的研讨与开发，校本课程《男生必读》《女生必读》获全市校本课程设计大赛一等奖、全市优秀课程资源评比一等奖，并参加全省课程资源评比、全国第二届梦想杯校本课程大赛。

教育教学 积极做好电教器材维修、网络、网站维护、电化教学工作。收集和利用各种教育教学资源，上传到教学资料库，为课堂教学提供优质参考资料。加强现代教育手段与学科课堂教学的整合，对教师进行现代教育技术应用培训，提高教师运用现代教育技术进行教学的能力，最大限度地发挥电子白板等现代教育资源辅助教学的功能。大力推动网络教研，实现网络教育资源共享，充分利用教育云平台技术，构建开放式教研网络，开展网络环境下的教研活动，搞好教师网络教科研培训，全县云空间教学和电子白板应用讲课比赛在本校举行。在全市初中“学校精致化管理及特色学校创建展示活动”中，学校以在“精细化管理”和“构建信息化生态课堂”方面的优异表现被评为“在精致化管理及特色学校创建方面表现突出”的“典型学校”之一。

2013年中考，全市前10名本校有3人，全县前10名本校有7人，750分以上的同学本校有17人，占全县的二分之一（全县33人），700分以上的本校有200人，占全县的四分之一（全县798人）。

德育管理 以体验教育和实践教育为重点，开展丰富多彩的德育活动，对学生进行爱国主义教育等系列主题教育。积极开展多种形式的体育比赛和艺术活动，举办春季田径运动会、冬季长跑越野比赛，广泛开展阳光体育活动和大课间体育活动，组织学生参加“第二届齐鲁情·山东省校园学生才艺展示大赛”临沭赛区初赛，学校共有12人次在7个项目中获得一等奖。组织参加县“学雷锋，做有道德的人”演讲比赛，学校七年级11班刘艺艺等3名同学包揽全县前三名，随后刘艺艺同学再获同类活动市级一等奖，并作为临沂市代表之一，参加山东省“学雷锋，做有道德的人”演讲比赛，获三等奖。校体育代表队参加“中国体彩杯”2013临沂中学生乒乓球联赛，获得道德风尚奖，女子初中组团体第四名，参加全县冬季越野赛，获得初中组女子组第一名，男子组第二名，团体组第二名的好成绩。

学校安全 学校高度重视安全工作，认真贯彻“安全第一，预防为主”的方针，不断健全各项安全管理制度，完善人防、物防、技防相结合的安全防范机制，落实安全管理责任制，切实维护学校安全稳定局面，努力创建平安和谐校园。建立健全安全工作应急机制，制定各种安全应急预案，定期组织学生进行安全疏散演练，加强对师生的法制和安全教育，增强法制意识和安全防范意识，提高安全逃生和自救自护能力。加强门卫管理、值班和巡逻，严格车辆、人员进出登记制度，不定期地对管制刀具进行检查，实现校园内监控范围全覆盖，提高校园安全系数。

撰稿：王泽宏　王右刚　审稿：丁德友

临沭县第三初级中学

临沭县第三初级中学位于临沭县城沭新西街105号，占地面积6.67公顷，建筑面积26873平方米。设办公室、政教处、教导处、总务处、安全办、财务室、校产室、图书室、阅览室、心理咨询室、语文科、数学科、英语科、政治科、地理科、历史科、生物科、艺体科、电教科等处室科组。有教职工172人，教师学历达标率100%，其中，中学高级教师11人、一级教师72人；市骨干教师5人、教学新秀3人；县骨干教师53人。有46个教学班，学生2400余人。

学校拥有48个多媒体教室，有先进的图书室、德育室、录播室、多功能室、物化生物实验室、信息技术教室、地理室、历史室、语音室、舞蹈室、书法室等功能室；拥有体育馆、篮球馆、足球场和400米塑胶跑道标准运动场；校园网、班班通系统广泛应用于教育教学活动中。

2013年，学校获“全国校园文化系列活动优秀单位”“省学校文化建设重点研究基地”“临沂市规范化学校”“市级先进学校”“临沂市第五届中小学读书系列活动先进单位”“临沭县教育信息化先进集体”“临沭县初中教学工作先进单位”“教育综合督导评估先进单位”“教育科研工作示范学校”“临沭县青少年科技教育工作先进集体”等称号。

办学思路 以“全员育人、全面育人”的指导思想引领学校全局工作；以“以人为本 和谐发展”为办学理念，创设人文和谐发展的校园文化氛围，促进学校内涵发展；以“高效课堂”模式探索为契机，创新具有鲜明特色的教育模式和方法；以创建“精品学校”为切入口，优化教育教学行政管理机制，追求一流的教学质量，办出学校特色，让学生健康快乐成长。

教育教学 以高效课堂构建为突破口，培养学生乐学善思的学风。深化课堂教学改革，注重小组合作学习，积极构建高效课堂，减轻学生负担，全面提升教学质量。组织开展校本培训，及时组织反思讨论。为教师提供外出学习机会或邀请专家来校作专题报告，发挥骨干教师资源优势，总结优秀教师的有效教学方法、教学经验，形成教师群体教学优势，推进学科建设。

以“课题研究”为中心，推进校本教研工作。加强教研组建设，强化教研组、备课组的教学研究功能，各教研组根据学科特点，针对课堂教学中的新旧观念的冲突、新旧教法演变过程中的问题和困惑，确立研究课题，开展研讨，探索新教材的教法，形成新的教学模式，推进课堂教学改革和学生评价的改革。

深入开展教育课题研究，使研究成果在理论上得到深化，在实践中得到细化，在效益上得到最大化。教师的研究成果或论文在区级以上会议或刊物上交流发表。及时推介各级研究成果，使教育研究产生较为显著的教育效益。

德育建设 全校教工牢固树立大德育观念。通过学习与引导，使全体教职工真正树立大德育观念，以课堂为主阵地，结合学科特点，将德育贯穿于教育教学的整过程，教书育人，促进学生全面健康成长。成立德育、教学、教科研三方组成的工作小组，制定具体的落实计划。认真贯彻、积极探索，不断总结。不断总结、交流、积累德育渗透的好教案、课堂教学的好案例，连同实施方案、实施计划等，编印实施“纲要”专辑。

充分发挥重大节日、纪念日的教育效应，精心策划，扎实开展敬老助老、诚实守信教育活动、读书活动等，以读书、征文、故事、演讲、书画等为载体，倡导良好社会风尚，努力提高学生的思想道德素质；不断规范每周一的升旗仪式，开展好“国旗下的演讲”活动。同时，在学科教学中，将德育教育全程贯穿，全科渗透。持之以恒开展以规范训练为重点的养成教育活动，并充分发挥学生的主体作用，做到每天检查、每天公布、每周小结、每月总结，帮助学生确立“行为决定习惯，习惯决定成败”的意识，形成“班班争先、比学赶超”的良好氛围，让学生系列化的训练中逐步养成良好的行为习惯。

平安校园 高度树立“安全第一”的工作原则，把学生安全放在各项工作的突出位置。学校在校园各个重要位置都安装高清监控摄像头，在教学楼每个楼层都安装摄像头，不留任何死角。完善安全保卫工作管理流程，建立健全定期检查和日常防范相结合的安全管理制度。制订各类突发事件应急预案，对涉及学校安全的各项工作，都做到有章可循，违章必究，不留盲点，不出漏洞。加大安全教育，做到警钟长鸣，牢固树立全体师生的安全意识。结合实际，与各部门、教研组、教职员工签订《学校安全目标管理责任书》，做到安全工作“人人明职责，层层抓落实”。明确任课教师、值日教师、班主任、级部主任、中层领导等相关人员的责任，要求全体教职工做到发现问题及时处理。学生签订《校园安全承诺书》和《交通安全承诺书》，明确学生应该履行的责任，规范他们的行为。借家校交流会的契机与家长进行沟通，提高学生家长对学生安全工作的重视，通过家校联合增强学生的安全防范意识和自我保护意识。

后勤保障 学校400米标准化塑胶操场投入使用，为学校体育文化活动、学生大课间活动提供更优质的场所。为推进教育信息化发展，学校加大投入，实现教师每人1台计算机，增加1口信息教室，满足最大班额要求，新建录播教室，提高教师课堂质量，方便教师听评课，促进学校教育教学信息化发展。改善办学条件，完善各项配套设施，完善后勤工作制度，加强规范管理，强化为学校教育教学热情服务的意识，提高服务质量，做好后勤保障，努力使后勤工作达到“一切为了学生发展，一切为了教师发展，一切为了学校发展”的宗旨。

师资建设 全面推动基础教育改革与发展，加强骨干教师队伍建设，实施名师培养工程。开展“内修素养，外树形象”的铸师魂活动。各级部门齐抓共管，树立“三心精神”：对事业的奉献心、对工作的责任心、对学生的关爱心。开展读书活动，培育教师人文精神。向教师推荐一批有关人文精神的读本，充实知识，增加底蕴，培育精神，从本质上提高教师师德水平。树标兵，学榜样，注重团队文化建设。大力宣扬教师中为人师表、勇于改革、乐于奉献的事迹，形成正确、强大的舆论导向。注重团队文化建设，努力培育以“敬业爱生、团结合作、严谨扎实、探索创新”为特征的教师团队文化。加强教师课改培训工作。通过自培与他培相结合，培训与自学相结合，培训与课堂教学研讨相结合的方法，提高培训的实效性。

撰稿：刘尚华　审稿：王晓晨

驻城小学选介

临沭县第四实验小学 前身为临沭县教师进修学校附属小学，建于1995年9月，于2013年9月10日经县编委批准与进修学校分开，更名为临沭县第四实验小学，成为股级独立法人单位。位于苍马街中段，学校总占地面积约有29800平方米，校舍总面积约21100平方米，有教学楼4座，综合行政办公楼一座。校园有开放式花园、人工湖、两个学生运动场，各种运动器械齐全。学校设有图书室、阅览室、实验室、微机室、体育器材室、音美器材室、劳技教室、音乐教室、美术教室、科技活动室、多媒体教室等，各种教室设施配套齐全。并建立学校网站，与宽带网连通，实现教育教学现代化。

2013年，学校有教学班37个，在校生3900余人（包括幼儿园）。教职工112人，其中，专任教师88人；本科学历96人，专科学历16人，学历达标率100%；高级教师6人，一级教师61人，二级教师45人。学校多年来坚持科研兴校战略，目前承担着多项省、市、县级课题，拥有一支素质过硬的教师队伍。其中有省特级教师1人，市、县教学能手、新秀、名师49人，年内有3人获市讲课比赛一等奖，8人次获县讲课比赛一等奖。

学校落实岗位责任制，德育智育一起抓；不断促进教育管理规范化，完善教师考核制度。2013年荣获临沂市小学教学先进单位、临沂市少先队工作红旗单位、临沂市少先队优秀中队、山东省作文实验基地、临沭县小学教学工作先进学校及临沭县教育工作综合督导评估先进单位等多项荣誉。

临沭街道第五小学 原名临沭街道中学附小，位于临沭县冠山路中段，原临沭镇初级中学校址。由临沭街道中学附小、于店完小、寨子完小3处学校于2013年8月合并而成，校舍占地面积34610平方米，总建筑面积11108平方米，体育用地1.9万平方米，绿化用地2581.8平方米，固定资产1700万元。学校招生辖区为曹洼、于店、东、西河口等15个村居，现有六个年级15个教学班，814名在校学生，28名教职工。

学校设有科学仪器室、实验室、音乐教室、舞蹈教室、书法教室、美术教室、阅览室、计算机教室、综合实践活动室、保健室等功能室齐全，各种功能室内置仪器配备均达到省定标准。

学校按照“孕育潜质，培养习惯，发展个性，奠基未来”的办学理念，以创建理念先进、质量一流、特色突出的品牌学校为目标，以学生养成教育为抓手，以提高教育教学质量为重点，认真贯彻党的教育方针，不断改善办学条件，优化育人环境。认真落实《山东省普通中小学管理基本规范》，严格执行课程方案，面向全体学生，注重发展学生特长，不断深化素质教育，实现三校合并后的和谐发展，教育教学质量稳步提高。

撰稿：常文博　审稿：武传国　胡文兴

体 育 工 作

临沭县体育中心为正科级事业单位，隶属县教育体育局。有在职职工7人，其中，大专以上学历7人，中共党员6人。

2013年，县体育中心以贯彻落实国院《全民健身条例》和临沭县《全民健身实施计划(2011—2015年)》为契机，以深化体制改革为动力，以完善体育设施为重点，以开展群众体育活动为主线，以健全组织体系为保障，积极推动全民健身运动深入开展。群众体育、竞技体育、体育产业实现全面、协调、可持续发展。先后获临沂市体育局“竞技体育工作贡献奖”“体育彩票工作贡献奖”“群众体育工作突出贡献奖”，临沂市体育总会“优秀体育社团”等称号。

全民健身运动 强化组织领导，完善体制机制。健全由县政府分管领导牵头的全民健身工作指导委员会，落实县政府《全民健身实施计划(2011—2015年)》《关于进一步加强体育工作的实施意见》等规范性文件，为全民健身工作提供坚实的组织保障和政策保障。通过多种形式广泛开展内容丰富、覆盖面广、受益人多的群众体育活动。先后启动“全民健身日”“全民健身月”等活动，组织开展临沭县第三届全民健身运动会、全县老年人门球赛、庆新春9人制足球比赛、三八节女子拔河比赛、首届端午节龙舟赛、中小学生乒乓球、篮球联赛、首届儿童轮滑大赛、中学生第七届篮球联赛、第一届大众健身记录挑战赛、庆国庆全县职工篮球比赛、首届全县职工羽毛球比赛等一系列活动。投资30余万元购置龙舟10条，于6月8日在苍源河举办首届端午节龙舟赛，观众达万人次。承办临沂市第三届全民健身运动会开幕式暨“翡翠星城杯”武术比赛及山东省千乡乒乓球（临沂赛区）的比赛，举行山东省全民健身宣讲讲座（临沭专场），为全县群众提供丰富的体育文化生活。积极申请上级扶持，为各村街配送农民健身工程器械100套，改善农村体育基础设施。

竞技体育 完善竞技体育培养和选拔机制。依托现有教育资源，加强竞技体育运动学校建设，创新办学模式，培养和选拔一批优秀后备竞技体育人才。临沭县培养输送到山东自行车队的运动员郇静，4月9日参加“玉溪杯”全国女子公路自行车个人赛102公里夺得全国第一名；赛艇队员李锦轩，9月份在烟台参加全国青年赛艇锦标赛，获得四人单桨无舵手2000米比赛全国第一名；7月份，射击运动员吴向杰在长春参加全国中学生射击锦标赛获气步枪第二名；8月份，帆船运动员张志强参加全国第十二届全运会获得OP级帆船公开级队赛比赛铜牌。

通过竞技成绩和文化课考试“双重”考验，全县40名运动员在山东省第二十三届运动会预赛自行车、射击、拳击、赛艇、摔跤、田径、足球、篮球、跆拳道、武术套路等项目上都取得参赛资格，是临沭县竞技体育历年和历届省运会参赛项目最多参赛人数最多的一次。

体育产业 积极落实各级发展体育产业的优惠政策，实行放水养鱼，大力扶持体育产业，体育协会、团体得到迅猛发展，重点扶持发展鸿威武校、酷六轮滑俱乐部、凯凯羽毛球俱乐部、巨风单车（自行车）俱乐部等多个体育社团组织，为群众体育健身创造多方面平台。全县各类体育专卖店发展到40多家。全年体育彩票销售完成1400万元，为各级募集体彩公益金约500万元，安置70余名各类人员就业。

撰稿：李俊峰　审稿：袁清光

红石湖公园

文化·传媒

WENHUA CHUANMEI

文 化 工 程

临沭县文化广电新闻出版局（简称县文广新局）下属单位有文化馆、图书馆、文物保护管理所、文学创作办公室、书画院和电影发行放映公司。全局共有干部职工87人，其中行政编制8名、事业编制53名、其他26名。

2013年，县文广新闻局机关获“省级文明单位”称号，县图书馆成功创建为国家一级馆。北沟头遗址成功申报为第七批国家重点文物保护单位，东盘遗址成功申报为省级重点文物保护单位；“激情四季·唱响临沭”群众文化活动品牌成功创建为“山东省公共文化服务示范项目”；《创新“一六二”服务模式，丰富群众文化生活》获“全省公共文化服务优秀实践奖”。编纂出版《文化理念建设》《工作规范》和《锤炼》等文化理念刊物。在全市文广新系统千分制综合考核中，县文广新局以997.13分名列第一。

文化惠民工程 启动建设“三馆”（文化馆、图书馆、博物馆）文化中心项目。县图书馆顺利争创国家一级馆，文化馆达到国家二级馆；布展文物展厅，筹建博物馆。扎实做好镇街综合文化站评估定级工作，新建文化大院40家、公共电子阅览室20个，提升改造农家书屋40家。全县共建有镇街综合文化站10处、村级文化大院216处、文体小广场123处、公共电子阅览室51处、文化共享工程站点201处，农家书屋实现全覆盖。建成180座位数字影院1处，3D影厅2处，影吧KTV3处。整转平移数字电视7.29万户，广播电视“村村通”入户率达77%。配送11套庄户剧团演出设备。投入10万元，扶持建设“第一书记”驻点村文化大院2个。购置260套便携式多功能移动音响、85套锣鼓家什、7200把舞蹈扇，配发全县民间文艺团队，覆盖全县236个行政村。城区5—10分钟、镇街15—20分钟“文化家园”初步形成。

文化活动 打造“激情四季·唱响临沭”等八大文化品牌。以“春之韵”“夏之趣”“秋之歌”“冬之乐”为主题，送文化活动进百村、入万户。初步形成“县有文化品牌、镇街有文艺队、村有文化户”和“月月有演出、村村有活动、人人都受益”的城乡文化新局面。先后组织开展“幸福临沭”春晚、元宵节联欢会、舞龙秧歌会、“星星河”少儿书画展、“放飞希望·童梦六一”文艺晚会、爱国歌曲大家唱、“舞林大会”、女书画家展览、丁瑞琴绘画篆刻雕塑展等群众性文化活动100多场。采取政府购买、群众看戏的方式，开展2013年度第一季送文化下乡演出20场、第二季庄户剧团优秀节目巡演55场。镇村、社区、各大企业也都积极开展多种形式的群众文化活动，全县有100余支文艺团队。城区45个固定文体活动站点、3000多人常年参加文化活动。3月5日成功启动2013CCTV-7“春耕行动”，提高临沭知名度和美誉度。

全民阅读 在全市率先建设县级图书分馆——青云馆和曹庄馆。县图书馆藏图书新增3890种8430册，总藏量达到20万册，共接待读者26多万人次，流通图书25万册次，县图书馆由三级馆成功创建为国家一级馆。充分发挥县图书馆、农家书屋作用，倡导全民阅读，全年共接待读者24万人次，借阅图书32万多册次，送图书下乡8万余册。组织开展“红领巾读书月”等主题读书月活动，举办青少年手抄报、书法比赛、经典诵读等活动，全力打造“书香临沭”。

文博工作 全县已知不可移动文物点161处，其中遗址76处、墓葬64处、古建筑5处、碑刻4通、近现代重要史迹及代表性建筑12处。共登记文物近680余件套。完成8处市级保护单位、6处县级保护单位立标保护工作。5月，北沟头遗址成功申报为国家第七批重点文物保护单位，实现临沭县“国保单位”零的突破；10月10日，东盘遗址成功申报为省级重点文物保护单位。加大非物质文化遗产保护力度，建立完善县、镇、村三级非遗保护、传承体系。《草柳编技艺》荣登第三批省级非物质文化遗产名录，填补临沭县“省级非遗项目”的空白。筛选提炼《沂蒙莫氏绒绣技艺》等项目申报市级第四批非遗项目。全县共有省级非物质文化遗产项目1个，市级6个，县级49个，市级代表性传承人5名。

公益电影 建成180座位数码影院1处，3D影厅2处，影吧KTV3处。县电影院加入数字院线。组建农村流动放映队12支，公益电影放映实现全覆盖。放映公益电影3488场。举办“看红色精品电影·享幸福美好生活”、红五月农民工系列电影节，免费送红色经典电影进校园17场，在全社会营造出弘扬革命精神、激发奋斗意志、建设幸福临沭的浓厚氛围。

文化队伍建设 开展以“人诚事公，风正业兴”为核心的文化理念建设，全县共登记造册文艺人才470人，村级文化骨干714人。免费举办4期“星辰计划”全县基层文艺骨干舞蹈培训班，培训各级文艺骨干700多名。杨翠环获2013年中国第十届文化艺术节《沂蒙情》舞台美术文华奖。李明君参加全市“梦想2013”歌手大赛获流行歌手一等奖第一名，并获得全市“十佳歌手”荣誉称号。

撰稿：张奉松　审稿：王志银

文化市场监管

临沭县文化市场管理执法局下设办公室、证照科、执法中队、法制科、财务科。全局共有干部职工20人，其中公务员4人、大专以上学历18人。

2013年，深入开展“管理执法服务推进年”活动，积极推进“四进”工作，实行分级管理，开创文化市场管理和“扫黄打非”工作的新局面，为建设经济文化强县做出贡献。被授予全市文化市场管理和“扫黄打非”工作先进集体称号，全市卫星电视传播秩序专项整治工作先进集体称号。

“扫黄打非” 按照“标本兼治，重在治本”工作方针和“一手抓繁荣，一手抓管理，促进文化市场健康发展”要求，开展“两个专项行动”，组织协调“扫黄打非”工作成员单位集中检查9次，不定期检查110余次，出动检查1900余人次，490余车次；收缴各类非法出版物1万余本（册），非法音像制品1276张（盘），非法宣传画1200张，收缴各类作案专用电子设备5台（套）。

文化市场专项整治 开展校园周边环境专项

整治，中小学教辅读物工具书专项整治，网吧、娱乐场所专项整治，游艺场所专项整治，农村集贸市场非法演出专项整治，网络文化专项整治，打击侵犯知识产权和制售假冒伪劣商品专项整治，农村文化市场专项整治，非法安装使用地面接收设施专项整治，非法设立电视台专项整治，宾馆（饭店）非法传送广播电视节目专项整治等专项整治行动。全年共出动检查人员32097人次，检查各类文化经营场所7624家（次），处理处罚违规经营单位12家（次），对5家场所下达整改通知书，收缴非法出版物1200余套（盘），查缴地面卫星接收设施867台（套），依法取缔2家无证经营游艺娱乐场所和39处无证经营摊点，对87处商业庆典演出活动现场跟踪检查，取缔34场未经报备审批的促销演出活动。

撰稿：付广新　审稿：闫朝利

广播电视播出

临沭县广播电视台下设办公室、新闻中心、录制中心、播出部、节目编排中心、财务科、广告部、物业办等13个科室。有在编职工96人，其中高级职称5人、中级职称22人。2013年获县“行风评议”先进单位，连续12年被评为市级文明单位、连续3年被评为省、市广播电视新闻宣传先进集体一等奖。

新闻宣传　对广播部、新闻中心、广告部、专题部、节目编排中心、播出部、录制部等科室继续实行目标责任制管理，调动积极性，激发创造性。内宣方面，全年共编辑《临沭新闻》144期，编播电视新闻2158篇；共摄制《美丽镇村幸福家园》、《未来之城》、《沭河飘香》等电视专题片18部；广播电台直播《行风热线》302期，接听热线电话近1375个；制作播出自办节目《晒出音色来》《房产与咨询》等130多期；出动导播车81次。外宣方面，全年在中央电视台新闻发稿2条、中央人民广播电台播出新闻6条，在省电视台发稿76条、电台发稿47条，在市电视台新闻频道发稿495条，其中临沂新闻262条、市电台发稿214条。

创收工作　继续实施“转方式、调结构”，全力打造绿色频率、频道。在利用《临沭新闻》《行风热线》等栏目为社会服务的同时，拓展广播电视合作空间，实现创优创收互惠共赢双丰收。继续过滤和净化声讯、荧屏，增大公益性广告播出比值，全面杜绝医疗保健虚假违法广告，先后制作播出廉政、节水、防火、计生、文明创建、“四德“建设、生态建设等公益性广告。

安全播出　注重与上级新闻媒体的沟通和交流，全年共化解负面报道80多起；强化广播电视安全优质播出工作，对安全播出紧急预案和播出制度进行修订完善，严格遵循安全播出程序，规范操作，科学管理，安全播出没出现任何责任事故。

事业建设　对“行风热线”“书记县长信箱”“12345”“民生在线”等热线进行整合，成立《行风热线》栏目组，投入60多万元购置专用车辆、摄像机、暗访机等设备，对群众反映和投诉的热点、难点问题及时追踪报道，并督促有效地落实和解决。广播电视发射塔建设稳步推进，土地征用进入协议阶段。

撰稿：张学玉　审稿：解学军

广电网络

山东广电网络有限公司临沭分公司于2011年4月28日挂牌成立，是山东广电网络有限公司的分支机构。设有综合部（绩效考核办）、规划技术工程传输部、市场客服部（包括3个广电营业厅、呼叫中心）、稽查大队、财务部、5个大片区（下辖10个区域片站）等10个部门，有职工99人。广电网络临沭分公司人、财、物均属山东广电网络有限公司管理，实行收支两条线，由省公司统一规划、统一经营，统一管理，统一考核。

广电网络临沭分公司主要职责是安全完整传输中央、省、市、县广播电视台节目，宣传党的路线、方针、政策，丰富群众文化生活；负责全县有线广播电视模拟电视、数字电视、广电铁通电话、广电宽带、卫星地面接收天线等业务的设计、规划、安装、维护、维修、收费等工作。

广电网络临沭分公司以数字电视发展、“户户通”、双向网改造、增值业务发展为工作重点，不断创新经营管理理念，真诚、用心抓好优质服务，注重企业文化建设，全面提升职工素质，取得较好的成效。2013年被市公司评为综合经营、“户户通”、创新管理、服务创新先进单位，被县委、县政府授予“服务经济发展先进单位”“第九届职工道德建设先进单位”“全县文明单位”。

2013年，全县净增有线电视用户10112户，至年底，全县有线电视用户达120905户，入户率69%。全县双向网改造已经完成，基本满足宽带、视频点播等功能。

撰稿：史　家

审稿：黄　宏

新华书店

山东新华书店集团有限公司临沭分公司（简称临沭新华书店）设工会、办公室、财务科、教材公司、物业管理科、门市，全店共有职工34人。

2013年，先后获“市级文明单位”“山东省书刊发行业协会守法诚信先进单位”“山东省新华书店系统先进集体”“劳动关系和谐企业”“正版产品经营示范单位”“全市文化科技卫生三下乡活动先进集体”“工人先锋号”“临沂市出版物发行企业双优诚信单位”“报刊优秀发行单位”等称号，2013年度被山东省新华书店集团授予“十八大文件发行先进单位”。

教学用书发行　教学用书征订发行工作中，不断探索科学的管理程序，完善业务流程，改进服务措施，履行服务承诺，维护全县教学用书发行秩序，圆满完成“课前到书，人手一册”的任务。全年共发行教学用书1950万元。

政治读物发行 按照县委、县政府和山东新华书店集团党委工作部署，临沭新华书店把学习贯彻十八届三中全会精神摆在重要位置，以高度政治责任感，共征订发行十八届三中全会文件和学习辅导读物1.7万余册，保证全县干部群众学习需要。

门市建设 临沭新华书店有城区门市1家，营业面积1300平方米，主要经营图书、电子产品、音像制品、电脑软件、文化用品等。2013年，对门市进行重新调整和布局，开办集仿古名木家具、古籍图书及文芳雅玩于一室的“华情古韵”书屋。9月26日，邀请著名儿童文学作家郁雨君开展现场签名售书和校园讲座活动。

青少年读书活动 2013年，临沭县委宣传部等部门就开展“暑假读一本好书”“走复兴路圆中国梦”主题教育读书活动做安排部署，临沭新华书店高度重视，精心组织，按照推荐图书目录积极备货，活动共发行读本5万余册，推动青少年读书教育活动深入开展。

撰稿：陈伟霞

审稿：戴秀军

群龙聚首

医疗·卫生

YILIAO WEISHENG

卫　生

临沭县卫生局下设7个职能科室，共有职工33人，隶属于卫生局管理的单位有县人民医院、中医医院、疾控中心、卫生监督所、皮肤病防治站、结核病防治所；挂靠卫生局的正科级单位有县爱国卫生运动委员会办公室、红十字会，副科级单位有县新型农村合作医疗管理办公室。共有政府办医疗卫生机构18处，其中县级综合医院1处，县级中医医院1处，防保机构4处，镇街卫生院12处（中心卫生院5处，一般卫生院7处）。政府办医疗卫生机构核定编制1948人，实际在编1529人，使用临时工729人。其中，卫生专业技术人员1315人，研究生14人、本科501人、大专612人、中专及以下188人，高级职称62人、中级职称473人、初级职称780人。村卫生室298处，从业人员1051人，年龄结构为55岁以下738人，55岁及以上313人。

新型农村合作医疗　2013年，全县有51.9万人参加农村新型合作医疗，筹集基金1.82亿元，其中提取重大疾病保险基金778万元。全年全县共支出新农合基金1.75亿元，占全年新农合基金的91.96%。20类新农合重大疾病保险补偿4306例、1902.7万元。各单位严格执行新农合补偿方案，积极推行门诊费用总额预付和住院总额预付支付方式改革，对部分收费病种统一实行定额补偿。组织人员对定点医疗机构易出现风险和漏洞的关键环节进行多次梳理和排查，及时纠正工作中的不足。

国家基本药物制度　镇街卫生院集体与临沂民泉药业有限公司签订药品采购集中配送协议。进一步健全监管网络，严格落实监管责任，定期不定期对基层医疗机构，特别是村卫生室基本药物使用情况进行督导检查，杜绝私自采购、使用目录外药品等违规行为发生，药品收入占业务收入比例逐步下降。

公共卫生服务项目　2013年，全县共建立城乡居民健康档案49.9万份，高血压、糖尿病以及重性精神病患者管理率分别达46.8%、50.4%和33.4%，其他公共卫生项目全部达到指标要求。同时，开展家庭医生签约式服务，全县共签约3万户、11万人。认真组织实施农村妇女“两癌”检查项目，已为全县3万余名农村户籍妇女进行“两癌”免费检查。

公立医院改革　在二级医疗机构推行优质护理服务、临床路径和单病种限价工作，深入实施“先诊疗、后付费”服务模式，不断优化就诊流程，完善候诊设施，改善群众就医感受。同时，认真研究公立医院改革试点的相关政策，积极做好调查摸底和经费测算工作，为全面启动公立医院改革做好准备。

医疗卫生服务体系　切实抓好系统内重点项目建设，县急救中心、大兴镇卫生院公共卫生楼已基本完成，县人民医院新院区、临沭街道卫生院病房楼、公卫楼暨卫生监督所业务用房以及玉山镇中心卫生院公共卫生楼建设进展顺利。开展“百名医师进基层”和“乡镇卫生院管理年”活动，启动农村卫生乡村一体管理工作，切实加强乡村医生执业注册管理和补偿政策落实，做好乡村医生维稳工作。

医疗质量管理 围绕提升群众满意度，全面加强医疗质量管理，切实强化“三基三严”培训，完善医疗质量管理制度、标准和指标体系，严格落实首诊医师负责制、三级医师查房制等医疗安全核心制度，确保医疗服务安全、有效。组织开展全县二级以下医疗机构抗菌药物临床应用培训。广泛开展抗菌药物临床应用专项整治和医院感染、药事专项管理，县级医院药占比明显下降。在全县开展“医疗服务能力提升”工程，着力提升县域内医疗服务能力和水平。

中医药工作 启动创建全国农村中医工作先进单位活动，切实加大中医药政策扶持力度，大力推进国医堂建设，各镇街卫生院国医堂建设进展顺利。加强农村中医药服务网络建设、人才队伍建设、服务能力建设，大力推广中医药诊疗技术，基层医疗机构中医药服务能力逐步提升。

疾病预防控制 全面落实重点传染病防控措施，科学规范处置疫情，全县医疗卫生单位网络直报率保持100%。积极开展人感染H7N9禽流感防控工作，成立应急队伍，配备应急物资和设备，并进行应急演练。手足口病防控取得显著成效，报告手足口病例比去年同期下降71.4%，没有重症病例及聚集性病例发生。切实加强免疫预防管理，有效巩固防病屏障。

卫生监督执法 深入开展基层医疗机构和医疗市场整治活动，规范医护人员准入和日常管理，严厉打击无证行医、聘用非卫生技术人员从事诊疗活动等违法行为。继续将打击“两非”工作作为卫生监督的重中之重，严厉打击违法行为，查处“两非”案件23起。会同工商、食药等部门，开展餐饮具集中消毒单位治理整顿活动。公共场所卫生、放射卫生、职业病防治和饮用水卫生也都得到进一步加强。

县红十字会、县爱卫会工作 2013年，共救助困难户、大病户206户，发放救助款及物资共计6.5万元。组织无偿献血3800余人次，献血量达130余万毫升。积极搞好造血干细胞捐献工作，2013年已有15人初步配型合适，12人签订捐献同意书，3人体检合格并成功实施捐献。爱国卫生工作取得新突破，全年共争创市级卫生单位6个，复审卫生先进单位27个，为省级卫生县城复审奠定坚实基础；积极配合市爱卫办、市疾控中心开展全市除“四害”考核评估工作。

干部队伍建设 组织全体党员干部认真学习十八大会议精神、中央关于改善作风的八项规定等一系列内容。深入开展党的群众路线教育实践活动，组织局机关党员干部进村入户，直接联系和服务群众。切实加强廉政建设，制定《深化医药购销领域商业贿赂治理工作实施方案》和《开展“作风建设年”活动实施方案》。邀请县纪委领导为卫生系统中层以上干部上廉政课，着力增强干部职工的廉洁意识和拒腐防变能力。深入开展“三好一满意”和“群众满意度提升年”活动，重点加强医德医风教育和医院文化建设，开展温馨服务、优质服务，改善医患关系，提升卫生医疗水平和服务方面的满意度。

撰稿：郭敬军 审稿：黄振现

临沭县人民医院

临沭县人民医院下设院部办公室、党委办、政工科、医务科、公共卫生科、护理部、感染办、财务科、老干科、绩考办、计生办、设备科、药剂科、审计科、信息科、保卫科、总务科、内一科、内二科、内三科、内四科、内五科、内六科、内七科、外一科、外二科、外三科、外四科、麻醉科、手术室、妇科、产科、小儿科、眼科、口腔科、耳鼻喉科、痔瘘科、重症医学科、急诊科、康复科、中医科、皮肤科、病理科、影像科、特检科、体检科等医技职能科室。正式职工523人，其中，研究生学历17人、本科学历284人，高级职称51人、中级职称213人、初级职称191人。

二甲医院复审 医院成立医疗、护理、感染控制、管理、信息等工作小组，围绕“质量、安全、服务、管理、绩效”指导思想，抓好各项制度的建立和落实，加强科学管理，层层落实各项指标，查缺补漏，责任到人，实现医疗护理质量的持续改进，建成科学管理的长效机制。2013年3月8日至10日，市二甲综合医院等级评审团来院评审。10月14日，医院被市卫生局确定为“二级甲等医院”。

业务经营 共完成急、门诊数36万人次，出院病人32170人，病房手术病人7900人次，治愈好转率达86%，床位使用率100%，平均住院日为7.7天。

人才梯队建设 通过县事业单位招考，引进卫生专业技术人才22名。同时在落选人员中择优招聘3名研究生和25名护理人员。技术人员中已聘正高3人、待聘2人，已聘副高39人、待聘25人，已聘中级200人、待聘76人。组织部分中层干部岗位竞聘工作，按照竞争上岗程序和要求，邀请县纪委、人社局、卫生局等部门参与监督竞聘过程。通过笔试和面试聘任20名中层干部，为医院发展打下良好人才基础。

信息化建设 实现单病种临床路径、电子病历、绩效管理、与帮扶卫生院资源共享等信息化管理。与省立医院、海军总医院建立远程会诊平台，与省内200多家医院实现远程会诊联网，相继开展危重病人会诊、远程阅片、远程病理、远程心电图等业务。规范信息系统二级库管理模式，改变物资管理中存在的计划性不强、流程不规范、资产保管有漏洞等问题。

业务培训 与潍坊医学院联合举办在职研究生班，首期录取本院学员31名。全年举办各类专业培训会19场次，与会2400余人次，安排外出进修25人次，接受来院进修9人次，来院实习72人次。

新技术、新项目 投资300多万元购买电子胃肠镜、支气管镜、钬激光碎石治疗机、肝腹水治疗机等新设备，为临床新技术的开展提供硬件支持。开展消化内镜治疗术、食管狭窄支架植入术、经皮肾镜钬激光碎石术、关节镜手术等新技术10余项，开展例数80多例，其中钬激光碎石术开展46例，均取得理想效果。妇科成立不孕不育门诊，年接诊1500人次。体外反搏开展409人次，有效率达92%。

医疗合作 11月25日，与中国人民解放军海军总医院签订医疗合作协议。12月20日，海军总医院副院长阮狄克率专家组一行7人到医院进行业务指导和义诊。与山东省立医院建立远程会诊合作关系，科室的疑难病例可通过会诊平台邀请省立医院专家会诊，院内医护人员也可通过此平台学习上级专家讲座。与青岛阜外医院建立合作关系，派出6名专业人员到阜外医院学习。加盟临沂市人民医院集团，市人民医院对消化内科、心内科、眼科进行重点帮扶，每周派驻专家来院查房、会诊，指导科室开展新技术、新项目。邀请市医院专家对康复科进行业务托管，依靠市医院先进管理模式和先进技术带动康复科业务技术全面提升。派出消化内科、骨外、泌尿外、眼科、影像、检验、麻醉等专业16人次到市人民医院短期进修，带动科室业务技术发展。

医疗护理 建立定期技术评价与“再授权”的长效机制，严格执行手术、麻醉等高风险技术人员的“分级管理”和“准入”制度，重点监控查对制度、手术核查制度、特殊药物管理制度、临床“危急值”报告等制度。规范病人转诊制度，规范和提高医疗文书书写质量，建立院前急救与院内急诊有效衔接的工作流程，保证急诊、入院、手术与病房之间的“绿色通道”畅通。2013年，“120”出车6180车次，抢救急危重病人5685人次。加大对临床医技科室的管理力度，提高检查质量，减少耗材支出。

认真贯彻落实“优质护理服务示范工程”活动，全院共推出8个优质护理服务示范病房，其中内三科被评为全省优质护理服务示范病房。组织理论考试10次，培训30次，参加人员318人。举办护理技能大赛，2名选手参加市劳动之星技能大赛，获市三等奖。合理调配护理人力资源，完善护理人员分层培训考核，实行小组责任制护理模式。

控制药占比 明确特殊使用级抗菌药物临床应用管理流程，严格落实抗菌药物分级管理制度，将抗菌药物品种控制在35种之内。2013年，住院患者抗菌药物使用率57.59%；门诊患者抗菌药物处方比例为19.02%，急诊患者抗菌药物处方比例为16.91%，住院患者抗菌药物使用强度DD值为43.8；Ⅰ类切口手术患者预防使用抗菌药物比例为18.45%；药占比控制到42.13%。

院感工作 完善院感三级管理体系，开展院感综合性监测，前瞻性调查和横断面现患率调查，重点加强目标性监测，对多重耐药菌的防控已见成效。开展院感知识培训7次，将各病区治疗室的水龙头改为非手触式，在治疗车、操作车、病房门口配备速干手消毒剂，有效防止院内交叉感染，院内感染率控制在5%，无菌手术Ⅰ类切口甲级愈合率为98%。

医疗服务 抽调医务人员参加“三下乡”和义诊等活动20多次，开展“干部联系和服务群众”活动，入户走访群众及患者850人次。采用多种形式接待患者投诉，如设立意见箱和投诉电话，建立网上投诉信箱等。对接到的12345热线投诉由办公室负责处理，普通投诉由客服部负责处理。落实患者知情权，在门诊大厅和重点科室门口增设导医台和分诊处，方便病人有序候诊。多种途径公开医师出诊信息和价格收费信息。门诊大屏幕滚动播出常规信息，门诊设置医师出诊信息栏，介绍出诊医师的业务专长和出诊时间。门诊大厅显要位置设立门诊专家一览表和主要医疗收费公示栏。各科室设立价格收费公示栏。患者通过自助查询机即能查阅在院期间的全部收费信息。

新院区建设 2013年新院区开工，由青岛城乡设计院和县设计院为新院区设计的总体方案图和设计图，经过多次讨论修改后确稿。一期工程门诊综合楼施工图设计已经完成，已报上级部门审核，门诊综合楼建设完成场地清障、灌渠改造、修建施工桥和生产路、场地平整、土石方开挖和红石爆破工作。智能化信息系统、中央空调、污水处理、气体工程设备带、放射防护等辅助工程进入考察调研阶段。

内部管理 严格执行中央“八项规定”，认真整治工作作风等问题，消除纪律松懈、公车私用、午间饮酒及其他庸懒散现象。按规定清理超标准办公用房，腾出办公用房改为业务用房。落实“三重一大”和重大事项事前监督制度，实行民主决策，通过院周会、网站等形式对重大事项决策情况进行公开，接受群众监督。在县药品及医用耗材配送领导小组的监督下，对药品、医用耗材和实验室试剂等实行集中配送。

撰稿：高小莉　审稿：郑淑欣

临沭县中医医院

临沭县中医医院下设办公室、医务科、护理部、门诊部、人事科、财务科、设备科、病案室、供应室、内科、外科、妇产科、儿科、骨伤科、急诊科、ICU、传染科、眼科、耳鼻喉科、口腔科、肛肠科、麻醉科、手术室、针灸科、推拿科、皮肤科、康复医疗科、男性科、女性科、药剂科、检验科、放射科、特检科、CT室、胃镜室等40多个科室。共有干部职工166人，其中，高级技术职称20人、中级技术职称91人。

2013年获市级文明单位（复核），县人口和计划生育工作先进单位、全县先进工会等称号。开放床位200张。全年完成业务收入4807万元，同比增长16%。门诊接诊117154人次、住院9951人次、手术1758台次、健康查体11647人次，病床使用率达95%。

医疗服务 认真开展“以病人为中心，以发挥中医药特色优势”为主题的中医医院管理年活动，努力把中医院建设成为综合功能健全、中医特色突出、临床疗效显著、医院设施配套，能够承担指导全县中医医疗、康复、科研、教学的省级知名中医医院。

加强医护质量管理。加强医疗核心制度学习和实施力度，实行定期检查与不定期检查相结合，加大对违反诊疗常规行为的处罚力度。每周对医疗、护理等方面存在的问题进行点评，确定整改措施。规范抗生素的应用，制定实施规范抗生素应用方案，明确抗生素应用的程序和使用权限。使医疗质量管理进一步规范化和标准化，医疗服务水平有了较大提高。

加快人才培养步伐。根据西医人员比重较大的状况，开展多种形式的教育培训，强化对低年资医务人员的培训、考核力度，夯实基本医疗服务能力。积极参加临沂市中医药管理局组织的西医学习中医项目，符合要求的西医类别医师全部参加学习；按照鲁卫医发〔2013〕3号关于调整三级医院对口支援县级医院关系的通知，山东中医药大学附属医院对口帮扶县中医医院，积极与山东中医药大学附属医院联系，分期分批选派人员到山东中医药大学附属医院进修学习。组织8人次，到省中医院骨伤、外科、内科、妇科、影像、针灸等专业进修学习，为期半年。聘请省中医院专家每月利用一周时间到医院帮扶科室建设。开展医护人员临床理论、技能操作大比武，奖优罚劣，使医务人员自觉加强业务学习。2013年，申报市级科研课题1项，发表省级以上论文数十篇，专利项目2项，引进临床硕士研究生3名；考取执业医师、助理执业医师近10名。

推广临床路径管理。实行11个病种单病种限价治疗，进入单病种限价的病人，全部按照临床路径治疗、用药。内、外、妇、儿、骨伤等临床科室，按照国家中医药管理局要求，按照制定的3个常见优势病种的中医临床路径，实行临床路径管理，规范医护人员诊疗行为，降低病人医药费用负担。

推广中医技术。开展针灸、推拿、拔罐、神灯、微波治疗、空气波治疗等非药物疗法。鼓励使用中药及中医适宜技术，对临床医生使用中药饮片给予奖励。加强医院“120”急诊急救工作，加强人才技术力量，增添急救设备，建立健全急诊工作流程。

“二级甲等中医医院”复审 制定迎接中医医院等级评审实施方案，成立专门办公室，抽调专业人员和相关人员，认真分解指标，明确责任，逐项逐条查遗补漏，确保中医药服务功能和综合服务功能中的核心指标达标。突出重点环节，吃透标准，全院动员，加强合作。从2013年9月份，全院职工加班加点，经过近3个月努力，通过“二甲”复审工作。

党风廉政建设 制订党风廉政建设实施意见，医院主要领导分别与各科室签订党风廉政建设责任书。开展廉政教育活动。全面推进医院反腐倡廉建设，全年开展廉政教育活动4次，聘请县纪委领导授课，选取邻边县区典型案例，结合法律法规，教育干部职工。以制度落实促廉洁自律，严格医院财务管理及办公费用管理制度。在车辆管理方面，为公务用车加装定位系统，强化对公车私用的监督。认真落实中央关于严格禁止领导干部利用职务上的便利谋取不正当利益的规定，杜绝插手工程和采购等以权谋私、违规、违纪、违法行为。落实各项监督检查措施。对工程建设及采购活动，由纪检监察人员提前介入进行监督，严格按照上级关于药品招标、医疗设备采购、财务收支两条线、建筑工程招标的要求，进行事前、事中、事后全方位监控和监督，强化对腐败源头的监督。组织开展党的群众路线教育实践活动，分别组织医院领导和20余名医护人员到金苑小区，为小区群众免费健康体检和保健知识咨询，免费送药价值1000余元。并组织全院70余名业务骨干开展医务人员联系群众活动，利用入户和为就诊病人发放联系卡两种方式，与全县500余名患者建立联系，密切与群众之间的联系。

撰稿：王庆国　审稿：解自新

临沂医药集团有限公司临沭分公司

临沂医药集团有限公司临沭分公司成立于2013年8月，前身为临沭县医药公司，隶属于翔宇集团。公司有员工120人，其中药学、工程等各类专业技术人员40余人。公司位于临沭县城常林西大街5号。

公司确立“科学发展、率先发展、和谐发展”思路，按照“一体两翼”（以医药为主体，以房地产和金融股权投资为两翼）战略，提出“一年打基础，二年见成效，三年大发展”的三年规划目标，不断加强“仁和堂”品牌建设，努力推动医药阳光配送，建大店，创名店，提升核心竞争力，落实与集团“三大板块”对接，促进翔宇临沭各项事业发展。

医药经营 全年实现药品零售额3500万元，上缴利税300余万元。全县仁和堂连锁药店12处，国大药房13处，市场占有率达70%以上。

房地产开发 2013年5月24日，通过土地“招拍挂”成功摘牌，对原县医药公司实施开发，该项目“7乐商城”为县招商引资项目，当年上缴税收120万元，获“新增纳税奖”，对于盘活企业存量资产、安置富余人员、改善城市形象、提高经济效益意义重大。预计投资1.2亿元，上缴税收1000余万元。

撰稿：薄　华　审稿：王　涛

临沭县计划生育综合服务中心

临沭县计划生育综合服务中心（简称中心）与临沭县妇幼保健院“一套机构、两上牌子”，开展妇幼保健和计划生育技术服务工作，隶属县人口和计划生育局管理。

妇幼保健 2013年，中心充分发挥专业机构在国家公共卫生服务中的职能，全面做好国家基本公共卫生妇幼项目及农村孕产妇增补叶酸预防神经管理缺陷、农村孕产妇住院分娩补助、预防孕产妇乙肝、梅毒、艾滋病项目等重大妇幼项目。同时，承担全县农村妇女“两癌”筛查项目，全县共筛查2万人。确诊乳腺癌5人，宫颈癌6人。工作中认真贯彻实施《中华人民共和国母婴保健法》及实施办法，为提高出生人口素质、预防出生缺陷，重点做好新生儿疾病筛查、产前筛查等工作。

计划生育技术服务 2013年，充分发挥县计生综合服务中心、妇幼保健院“两站合一”的优势，继续开展国家免费孕前优生健康检查项目。

将项目作为一项重要的民生工程、惠民工程来抓，着力构建“政府主导、部门配合、规范运行、群众参与”的国家免费孕前优生健康检查工作机制，全年完成优生完成孕前检查夫妇2508对，优生检查覆盖率为84.27%。坚持“四个到位”，即“孕期培训到位、孕期指导到位、四项病毒监测到位、B超监测到位”，努力降低出生婴儿缺陷发生率。继续推行农村育龄妇女免费健康查体活动，积极为已婚育龄群众提供国家基本项目的免费技术服务，为育龄妇女提供方便快捷的技术服务。认真开展病残儿医学鉴定工作。初审、上报参加市级病残儿医学鉴定人员39人，36人通过市里鉴定。

医院建设 临沭县妇幼保健院迁建暨计生综合服务中心建设项目被列为2012、2013年临沭县民生工程，新址占地2.5公顷，位于新汽车站站，苍山路东，新址计划建综合业务楼25000平方米(主体南北长约18米，东西长约60米，地上十二层，地下一层)。该项目于2013年4月20日开工建设，计划于2015年12月1日竣工。2013年底，裙楼三层、主楼五层及东负一层全部完成混凝土浇筑。

撰稿：刘　强

审稿：李善伟

社会事业

SHEHUISHIYE

民　政

临沭县民政局设办公室、财务审计科、优抚安置科、区划地名科、救灾救济科、基层政权和社区建设科、社会事务和社会福利科、民间组织管理科8个职能科室；隶属民政局的事业单位有军队离退休干部休养所、滨海革命烈士陵园管理处、殡仪馆、城市最低生活保障办公室、婚姻登记处、苍马山公墓管理所和退役军人帮扶办公室。全局共有干部职工76人。全县设10处镇街民政办公室、1处苍马山景区管委会社会事务管理局，10个乡镇敬老院。

2013年，全县民政系统创新发展思路，解决突出问题，办好各项民生实事，各项工作都取得显著成效。在全市帮助困难群众社情民意调查中，临沭县在15个县区排名第4，较2012年提高5个名次。县民政局连续12年被评为“省级文明单位”。在国家档案局对“社会主义新农村建设档案示范县”验收过程中，民政局档案室作为验收点之一，顺利通过验收，并被省档案局授予“省特级档案室”称号。顺利通过全省“双拥”模范县迎查考评，保持连续53年无责任退兵的全国最高纪录。

社会救助　扎实推进社会救助体系建设，进一步建立健全以城乡低保、救灾救济、农村“五保”供养、城乡医疗救助为基础，以教育、临时救助和慈善救助为补充的覆盖城乡、制度健全、相互衔接的新型社会救助体系，有效保障困难群体的基本生活权益。2013年，城、乡低保标准分别提高到每人每月340元、每人每年2000元，全年发放低保金3140万元，保障城乡低保对象22144人。农村“五保”集中供养和分散供养标准分别提高到每人每年3600元和2400元，为1181名“五保”对象发放供养资金354万元。实施“暖冬”工程和“蛋奶”工程，在全县6处省一级敬老院和4处省二级敬老院大力发展“以院养院”“以副养院”项目，充分利用敬老院闲置土地种植蔬菜、果树，发展种植养殖业等院办经济。散居孤儿基本生活费提高到每人每月720元，为117名孤儿发放基本生活费94.3万元。医疗救助对象政策范围内住院自付费用救助比例达50%，最高封顶线达8000元，全年救助城乡大病医疗困难家庭337人，发放救助款125.5万元；救助城乡低保及边缘家庭高考新生84人，发放救助资金23.2万元。积极应对各类突发自然灾害，下拨救灾资金144.5万元，救助受灾群众1.56万人。

双拥优抚安置　各项优抚政策有效落实，为611户义务兵家庭发放优待金550万元；积极开展“关爱功臣”活动，政府补助83万元为符合条件的优抚对象办理新农合；为安置在企业下岗失业的331名五类涉军人员发放生活补助119.16万元。认真做好烈士陵园纪念设施的修缮管理工作，促其功能提升；新迁烈士墓150座，全面完成散葬烈士墓的集中管理，已申报国家级烈士纪念设施保护单位。接收退役士兵257人，安置47人，为210名自主就业退役士兵发放经济补助金730.8万元。免费培训自主就业退役士兵77人。认真落实军休干部“政治待遇”和“生活待遇”。

基层政权和社区建设 进一步完善“党委领导、政府负责、社会协同、公众参与”的社会管理工作格局。加强社区、社会组织等社会领域的党建工作，扩大党组织和党的工作覆盖面，夯实党执政的社会基础和群众基础。强化社区干部队伍建设，努力建设一支专兼结合、服务民生、群众认可的社区管理干部队伍。进一步加强和完善基层社会管理和服务体系，健全新型社区管理和服务体制。强化社区建设的统筹规划，按照“满足服务需求、适度超前规划”的原则，合理划分和调整社区区域与管理范围，扶持和培育社区自治组织，理顺社区与行政村管理关系，提高城乡社会管理一体化水平。强化社区管理服务功能，健全社区管理服务网络、服务平台和考核机制。通过整合民政优抚、科技教育等各种服务资源，积极推进以就业为主要内容的政府公共服务，优化工作流程，实行“开放式办公、一站式服务”，全力打造社区服务新平台。深化村务公开、民主管理工作，促进“四民主一考核”和“四议两公开”制度的全面贯彻落实。

地名区划和调整 大力实施地名公共服务工程，加强城区道路标志牌的设置与管理，推进地名信息化服务工作，结合文明城市创建，根据临沭城区发展状况，依法加强行政区划和地名管理工作，完善地名数据库建设，对县城已有的地名标志牌进行全面维护维修，增设标志牌56块。对全县287个行政村进行规模调整，减少51个行政村，全县共有行政村（居）、社区236个。

社会事务和社会福利 社会养老服务体系建设加速推进，位于城南周庄敬老院、容纳336张养老床位的县社会福利服务中心和容纳193张养老床位的曹庄镇岌山花园社区老年公寓主体工程已完工，新建城市社区日间照料中心4处、农村幸福院4处。慈善事业健康发展，积极开展“慈心一日捐”等慈善募捐活动，共募集慈善资金110万元。扎实做好城镇“三无”人员的救助工作，按每月450元标准发放生活费。逐步建立全方位、无缝隙覆盖的流浪乞讨人员救助管理体系，保障流浪乞讨人员的合法权益。加强与社会力量合作，逐步扩大儿童福利保障服务覆盖范围，全面实施“先天性心脏病儿童免费手术、困难家庭唇腭裂患儿重生行动”。

社团组织管理 坚持培育和监管并重的原则，积极建立与经济社会发展水平相适应，布局合理、结构优化、功能到位、作用明显的民间组织体系和法制健全、分类管理、分级负责的民间组织管理体制。共成立登记社会团体6个，登记民办非企业单位4个。认真组织社会组织年检工作，全县应检266个，参检242个，参检率91%，其中年检优秀22个、合格220个。大力培育发展贫困村村民发展互助资金协会，有效地缓解农户生产发展资金紧缺问题。社会组织创先争优活动深入开展，社会组织党组织和党员在推动发展、服务社会、凝聚人心、促进和谐等方面的作用得到明显发挥。

婚姻登记 以开展婚姻登记规范化建设为着力点，在服务中实施管理，在管理中体现服务。在抓好规范化建设的同时，围绕全省联网工作抓设备配备、人员培训等系列工作，同时重点开展依法行政和文明服务、热情服务、优质服务等活动，对婚姻服务中心开展的照相、颁证等有偿服务全部实行个人自愿选择、签名，收费一律开具机打正式发票，通过耐心细致的讲解和热情周到的服务，取得当事人理解支持，赢得社会好评。完善3A级婚姻登记机关星级创建活动，1月—12月份共办理结婚登记5490对，离婚登记1450对，补发婚姻证件1490对，出具婚姻登记证明5800份，办理收养登记6件。结婚、离婚登记合格率均达100%。

殡葬管理 全县以改革丧葬陋习、倡导丧葬

临沭县各镇街所属行政村（规模调整）情况表

表 40　　　　调整时间：2013年4月28日

临沭街道		郑山街道		蛟龙镇		石门镇		曹庄镇	
调整后	调整前	调整后	调整前	调整后	调整前	调整后	调整前	调整后	调整前
兴安社区	周庄居	郑山万人大社区	郑山居	蛟龙社区	前蛟龙居	大羽泉社区	羽泉村	岌山花园社区	曹庄东村
	徐兴社区		丰岭村		中蛟龙居		大峪子村		曹庄西居
	高湖居		大韩庄村		后蛟龙居	棠梨社区	刘棠村		郭庄村
	前琅村		邢屯村		沙岭村		吴棠村		马庄村
桃官社区	后官庄村		姜屯村		红土村		陈棠村	沭马社区	旺南庄村
	桃园村		罗屯村		北窝子沟村		后湖村		岭南头村
苍前社区	苍隆居		宅子村	滨海社区	井庄居		宋棠村		新华村
	山里村		海子村		胡赵庄村	西石门农村社区	西石门农村社区	华桥社区	华桥村
河滨社区	河滨社区	金堂农村社区	金堂农村社区	利城社区	前塘村	中石门居	中石门居		新华村
益民居	益民居	寨和农村社区	寨和农村社区		后利村	后石门居	后石门居	四疃社区	王疃村
孙岭村	孙岭村	泉里井村	泉里井村	富康农村社区	富康农村社区	界沟村	界沟村		郭疃村
西河口村	西河口村	南沟头村	南沟头村	山子村	山子村	金岭村	金岭村	黄庄村	黄庄村
曙新村	曙新村	尤庄居	尤庄居	王山子村	王山子村	大官庄村	大官庄村	朱村	朱村
利民社区	利民社区	张南埠子村	张南埠子村	坡石桥村	坡石桥村	陈官庄村	陈官庄村	后店子村	后店子村
镇北社区	镇北社区	杨沙埠村	杨沙埠村	黄金沟村	黄金沟村	白毛村	白毛村	前店子村	前店子村
苍河社区	苍河社区	沙埠店子村	沙埠店子村	万松山村	万松山村	小冲村	小冲村	文家埠村	文家埠村
振兴社区	振兴社区	陡沟村	陡沟村	烈疃新村	烈疃新村	左官庄村	左官庄村	山前村	山前村

续表 40

临沭街道		郑山街道		蛟龙镇		石门镇		曹庄镇	
调整后	调整前	调整后	调整前	调整后	调整前	调整后	调整前	调整后	调整前
孙蒿科社区	孙蒿科社区	北沟头村	北沟头村	后石门头村	后石门头村	大岱村	大岱村	河口村	河口村
兴隆社区	兴隆社区	中沟头村	中沟头村	张疃村	张疃村	小岱村	小岱村	常林村	常林村
崔蒿科社区	崔蒿科社区	王沙埠村	王沙埠村	小湾村	小湾村	西新庄村	西新庄村	大哨村	大哨村
李蒿科居	李蒿科居	张沙埠村	张沙埠村	吴家后村	吴家后村	大巡会村	大巡会村		
花园社区	花园社区	朱沙埠村	朱沙埠村	康平村	康平村	王岔河村	王岔河村		
前官庄村	前官庄村	西官庄村	西官庄村	杨家庄村	杨家庄村	岔河新村	岔河新村		
薛疃社区	薛疃社区	官陆新村	官陆新村	东盘村	东盘村	西泉子埠村	西泉子埠村		
曹村社区	曹村社区	龙溪村	龙溪村	丁庄村	丁庄村	东新庄村	东新庄村		
后杨楼村	后杨楼村	华南村	华南村	西盘村	西盘村	转林新村	转林新村		
于店居	于店居	新村	新村			徐庄村	徐庄村		
龙河村	龙河村	南古居	南古居			欧疃村	欧疃村		
富民社区	富民社区	埠前北村	埠前北村			前门村	前门村		
苍源居	苍源居	高埠前村	高埠前村						
山西村	山西村	徐埠前村	徐埠前村						
		朱果村	朱果村						
		曹庄子村	曹庄子村						
		班官庄村	班官庄村						
		和平村	和平村						
		琅琳居	琅琳居						

续表 40

青云镇		大兴镇		白旄镇		玉山镇		店头镇	
调整后	调整前	调整后	调整前	调整后	调整前	调整后	调整前	调整后	调整前
朝阳社区	李埠子村	港头庄区	港头新村	柳河社区	金柳村	苍盛社区	西朱仓东村	永安社区	新圩子村
	大蔡庄村		东港头村		圈子河村		苍盛社区		前细柳村
	小蔡庄村		山西头村	柳庄社区	王庄村	黄峪社区	袁黄峪社区	措庄社区	东措庄农村社区
莲花社区	雷官庄村	大兴社区	芦庄村		柳庄村		营子村		西措庄村
	白莲峪居		大坡村	朱崔社区	中朱崔村		金顶村		路岭村
界前社区	界前东村		芦格庄村		西朱崔村		郑黄峪村	东八里巷村	东八里巷村
	界前中村	日晒农村社区	日晒农村社区	华山社区	华山社区	关河村	关河村	新张庄村	新张庄村
官庄社区	卢官庄村	大兴村	大兴村	河北新村	河北新村	水官新村	水官新村	顶子村	顶子村
	坊口村	育新村	育新村	腾飞村	腾飞村	凤阳村	凤阳村	东店头回旄居	东店头回旄居
界前新村社区	李界前村	永康村	永康村	银马庄村	银马庄村	岔河村	岔河村	南店头回旄居	南店头回旄居
	曹界前村	盐店官庄	盐店官庄	东朱崔村	东朱崔村	刘庄村	刘庄村	西店头居	西店头居
青云农村社区	青云农村社区	王宅子村	王宅子村	埠东村	埠东村	姚官庄村	姚官庄村	东店头居	东店头居
赵窝村	赵窝村	时宫新村	时宫新村	腾马村	腾马村	后穆疃村	后穆疃村	沭东村	沭东村
庙庄村	庙庄村	李格庄村	李格庄村	西白旄居	西白旄居	前穆疃村	前穆疃村	袁闵庄村	袁闵庄村
刘疃村	刘疃村	大高埠村	大高埠村	东白旄村	东白旄村	湖子前村	湖子前村	官庄村	官庄村
于家山村	于家山村	高埠新村	高埠新村	石埠子村	石埠子村	湖子后村	湖子后村	仓巡会村	仓巡会村
郭家山村	郭家山村	西林村	西林村	刘屯村	刘屯村	东埠村	东埠村	吴家月庄村	吴家月庄村
贾山村	贾山村	陈宅村	陈宅村	沙窝村	沙窝村	东朱仓村	东朱仓村	张楮林村	张楮林村
史岭村	史岭村	嘉禾村	嘉禾村	金彭村	金彭村	东石河村	东石河村	西八里巷村	西八里巷村
凤凰岭村	凤凰岭村	古龙岗村	古龙岗村			圆岭洞村	圆岭洞村	丁楮林村	丁楮林村

续表 40

青云镇		大兴镇		白旄镇		玉山镇		店头镇	
调整后	调整前	调整后	调整前	调整后	调整前	调整后	调整前	调整后	调整前
双岭村	双岭村	双槐树村	双槐树村			上石河村	上石河村	西大于科村	西大于科村
黄河村	黄河村	新尧村	新尧村			英里村	英里村	陈巡会村	陈巡会村
前齐庄村	前齐庄村	日晒新村	日晒新村			后石鼓岭村	后石鼓岭村	龙兴汪村	龙兴汪村
后齐庄村	后齐庄村	清泉村	清泉村			前石鼓岭村	前石鼓岭村	东大于科村	东大于科村
云白常村	云白常村	观堂新村	观堂新村			玉山村	玉山村	郇楮林村	郇楮林村
柳园村	柳园村	涝枝街	涝枝街			河湾村	河湾村	小垛庄村	小垛庄村
兴柳村	兴柳村	宋涝枝村	宋涝枝村			早科村	早科村	大垛庄村	大垛庄村
		涝枝新村	涝枝新村			坊联村	坊联村	东沈马村	东沈马村
		沈埠村	沈埠村			百久村	百久村	西沈马村	西沈马村
		观堂前村	观堂前村			镇武庙村	镇武庙村	于庄子村	于庄子村
						陈林村	陈林村		
						金鸡墩村	金鸡墩村		
						唐岭村	唐岭村		
						李庄村	李庄村		
						尹岭村	尹岭村		
						隋家沟村	隋家沟村		
						朱黄峪村	朱黄峪村		
						黄峪村	黄峪村		
						月庄	月庄		

新风、节约资源、保护生态环境为重点，通过开展厚养薄葬、文明节俭办丧教育，加快公益性生态公墓建设，逐步形成文明、节俭、健康、科学的丧葬新风。全县殡葬管理专项治理和移风易俗工作取得显著成效，生态公墓建设进展良好，移风易俗逐步深入。加快农村公益性生态公墓建设步伐，已有22个村街建立公益性生态公墓。全县共火化遗体4098具，土葬回潮问题得到较好解决，封建迷信、大操大办现象得到有效遏制。在全县推行殡葬服务用车统一管理，保证安全行车。启动殡仪馆搬迁改建项目，加快项目推进。

撰稿：闫志会　审稿：冯夫方

人力资源和社会保障

2013年，临沭县人力资源和社会保障局坚持“民生为本、人才优先”的工作主线，按照“争一流、创品牌，转作风、惠民生”的工作要求，围绕“就业保民生、社保安民心、人才谋发展、和谐促稳定”的目标，以就业创业、社会保障、人事人才、劳动关系、执法维权和自身建设为重点，勇于创新，科学务实，各项工作稳步推进。

公务员队伍建设　根据省市的统一部署和要求，按照公开、公平、公正的原则，组织开展2013年度国家公务员招考录用工作，招录国家公务员41名、参照管理事业单位工作人员4名。对2012年招录的37名公务员及参照管理事业单位工作人员4名进行试用期满考察，办理转正定级审批手续。

按照“规范考核行为、严格考核程序、提高考核质量、注重考核结果应用”的原则，实行机关事业单位人员年度考核“优秀”等次人员公示制度，组织开展2013年度公务员和事业单位工作人员考核工作。全县12291名干部参加考核，其中确定为优秀等次的1851人，占15%；确定为称职（合格）等次的10346人，占84%；未定等次的90人，占1%；不合格的4人。因各种原因未参加考核的26人。

创业就业服务工程　全面推进“创业临沭”建设，巩固省级创业型城市创建成果，通过政府扶持、全民参与，把临沭建设成为创业人才聚集、创业平台齐备、创业要素充沛、创业服务完善、创业组织活跃、创业氛围浓厚的创业之地、幸福之城。2013年，新征集创业项目122个，新增创业培训基地2家，新增创业实训基地5家，新增创业示范园6家；新增创业个体工商户1569户，新增创业企业174家，新增带动就业5600余人；为451名创业者、9家小微企业发放小额担保贷款5027.5万元。协调创业园区为创业者减免场地租赁费200多万元。落实大中专毕业生创业奖励政策，奖励11名大学生创业者1.65万元。

落实就业政策，积极强化就业服务，千方百计扩大就业再就业。2013年，全县城镇新增就业12994人；转移农村劳动力19238人；城镇登记失业率为1.70%；投入就业资金996.74万元，其中，积极落实企业吸纳困难群体就业补贴社会保险金286万元（其中失业保险金188万元），公益性岗位吸纳和创业带动就业岗位补贴2.3万元，落实兑付各类培训补贴179万元，为356人支付职业介绍补贴4.27万元，就业见习补贴23.09万元。

2013年，在县人力资源和社会保障局农村劳动力转移就业领导小组统一部署下，组织有关部门赴上海、烟台等地实地考察当地企业用工需求，对农村劳动力资源进行调查，建立各镇街农村劳动力资源基础台账和农村劳动力资源库，采取政府引导、部门组织的办法，多渠道、多元化组织农村劳动力转移就业，做好农村劳动力的引导性培训和产业结构调整的在岗培训。

大学生就业 先后组织“春季人才交流会”“春风行动”大型人才招聘会、“秋季人才交流会暨高校毕业生就业见习推介会”等大型人才交流会3场，进入市场招聘的用人单位达180家次，求职的各类人才4000人次；组织小型专场招聘会30场，求职人才2600人次。组织实施高校毕业生就业见习，建立大中专毕业生就业见习基地8家，其中市级毕业生就业见习基地3家，累计接收大中专毕业生198人参加见习。招募20名高校毕业生到农村基层从事支教、支农、支医和扶贫服务工作。全年共接收回本县报到的非师范类毕业生共计1983人，其中，研究生101人、本科生722人、专科生1127人、中专生33人；专递档案762份，人才流动商调函452份。

职业培训 认真组织开展职业培训、创业培训，以叉车驾驶员、家庭服务员、计算机操作工、铸造工、电工、电焊工、化工总控工等专业为主，组织开展下岗失业人员再就业培训3025人，对有创业愿望的未就业大学生、下岗失业人员、返乡农民工、复退军人、残疾人组织创业培训1510人，农村劳动力培训22000人。积极引导企业组织开展在岗培训、临岗培训和“金蓝领”培训，提高职工素质，稳定职工队伍，共培训高技能人才172人。

军转干安置 2013年，共安置军转干部5人，其中：自主择业1人，计划安置4人。计划安置人员中团职1人，由组织部安置到县财政局任相应领导职务，其他3人分别安置县经信局、县公安局、县食品药品监管局等县直事业单位。随迁家属1人，根据原单位性质和本人身份（企业工人），安置到县土产公司。

专业技术人员管理 专业技术职务任职资格可以通过评审、确认、考试三种方式取得。临沭县已开展17个专业技术职务系列，包括：卫生技术、工程技术、农业技术、中等专业学校教师、中小学教师、经济专业、会计人员、统计人员、体育教练、出版人员、图书（资料、文博、档案）人员、新闻专业、播音员、律师人员、公证人员、翻译人员、艺术人员等。至2013年年底，全县专业技术人员达25220人，其中高级2007人（正高级20人）、中级9848人、初级13365人。

劳动关系 开展企业人工成本调查、企业薪酬调查、劳务派遣摸底调查、劳务派遣机构专项检查、劳动关系和谐企业和劳动关系和谐工业园区创建等活动。启动劳动用工网络备案系统，积极推进集体合同签订和工资集体协商制度。全年共备案劳动合同10568份；审报退休1439人，其中正常退休人员564人，灵活就业人员742人，病退93人，特殊工种40人；受理工伤认定申请278起，审报遗属补助45人。

劳动仲裁 加强镇街、企事业单位劳动人事争议调解力量，扩大基层调解组织覆盖面。至年底，全县10个镇街均设立劳动人事争议调解组织。全县大型企业劳动争议调解组织组建率实现全覆盖，规模以上非公有制企业调解组织组建率达90%。全县事业单位调解组织组建率达80%，其中，教科文卫等系统调解组织组建率达91%。对临沭县劳动人事争议仲裁委员会成员进行调整，完善仲裁委员会工作规则及各项制度。加强仲裁庭基础设备配备和更新，配备仲裁专用办案车辆，不断改善县劳动人事争议仲裁院办公办案条件。建立健全仲裁与司法衔接制度。与县人民法院建立常态化沟通协调机制，统一劳动人事争议案件办案规则与法律适用。提高劳动人事争议调解仲裁工作效能。开通农民工维权“绿色通道”，进一步完善“阳光仲裁”等办案制度。全年共接待用人单位或劳动者前来或电话咨询有关法律法规政策1000余人次，立案受理劳动人事争议案件124起，其中，调解结案61起，裁决结案63起，按时结案率达100%，为当事人挽回经济损失494万元。

劳动监察 积极推进“两网化”建设。根据上级文件精神，结合实际，全县共划分95个劳动监察网格，其中一级（县）1个、二级（镇街）10个、三级（社区）82个；配备专职监察员8名、兼职监察员63名、协管员82名。随着“劳动关系综合管理平台内网”开通，网络已覆盖到镇街，“两网化”管理基本框架已经形成。积极开展专项活动，切实保障劳动者合法权益。先后开展“农民工工资支付情况专项检查”“用人单位遵守劳动用工和社会保险法律法规情况”“劳务派遣专项检查”等检查活动，共检查用人单位256户，涉及劳动者23106人，帮助追回农民工工资59万余元，发放宣传资料3000余份，解答有关法律问题450人次。切实抓好年审工作。全年共年审用人单位1546户，下达劳动保障年审限期改正通知书184份。通过整改，共补缴社会保险费225.59万元；补办招工手续，为职工依法参加社会保险2239人；补签劳动合同1250份，罚款15万元。受理日常举报案件，帮助农民工追缴被拖欠工资，全年共接受投诉、咨询723人次，帮助追回被拖欠工资55.63万元。

社会保险管理 继续加大社会保险制度的改革、推进和落实力度，养老、医疗、失业、工伤、生育五大险种全面发展。企业职工基本养老保险制度进一步完善，参保人数进一步增加，离退休人员养老金100%按时足额社会化发放，根据国家、省、市规定及时上调企业退休金。机关事业单位基本养老保险制度继续稳步实施，基金管理逐步规范化、制度化，进一步提高机关单位缴纳比例。基本医疗保障体系进一步完善和健全，运行效果良好，进一步提高医疗保险待遇，在实现统筹范围内就医即时结算的基础上逐步实现异地就医的即时结算。失业保险、工伤保险、生育保险征缴管理机制逐步健全，失业人员、伤残职工、生育女工保险待遇及时支付。2013年，全县企业养老保险、医疗保险、生育保险、工伤保险、失业保险、分别扩面参保2898人、1228人、1181人、3616人、3228人。至年底，共征缴各项社会保险费4.5亿元，按时足额兑付各类社会保险待遇3.2亿元。

城乡居民养老保险总参保人数34.52万人，其中24.64万适龄（不满60周岁）城乡居民参保缴费，征缴保费3707万元（其中，财政对个人缴费补贴767万元），参保缴费率98%，累计为91143名60周岁以上符合领取条件人员发放养老金5506万元，社会化发放准确率100%，基金累计结余12197万元。

外国专家工作 从瑞典、德国、意大利、荷兰和日本等国家引进高端外国专家56人次，备案办理外国专家证件18人。2个项目被评为“省高端外国专家项目”、4个项目被评为省级引进国外智力项目，分别给予20万元、12万元引智经费资助。新申报国家高端外国专家项目1个，省高端外国专家项目2个，省级引智示范推广项目2个。顺利实施“国家高端外国专家项目”1个、“省级高端外国专家项目”1个，共获得上级引智资助资金84万元。常林集团“国家级引智成果示范单位”成功通过国家外国专家局年审，意大利专家普契尼博士荣获“齐鲁友谊奖”荣誉称号并入选“外专千人计划”。

2013年临沭县劳务输出情况统计表

表 41　　单位：人

全年在外务工人员总数	74950
其中：在县以外务工农村劳动力人数	41492
在省以外务工农村劳动力人数	33458
新增农村劳动力转移就业人数	19084
其中：有组织转移人数	7901
自发组织转移人数	11183

撰稿：刘乃元　张　垚　审稿：刘　健

人口和计划生育

临沭县人口和计划生育局下设办公室、法规科、财务科、政法科、宣教科、科技科、监察室、人教科、研究室、工会、后勤办、信息中心等12个科室，隶属管理的事业单位有县计划生育协会、县计划生育综合服务中心、县流动人口计划生育管理站、县人口和计划生育执法监察大队、县计划生育药具管理站。全局共有干部职工149人，其中，高级职称25人、中级职称42人；大专以上学历133人。

2013年，全县人口计生工作紧紧围绕控制违法生育、综合治理出生人口性别比偏高两项核心任务，按照县委提出的“争一流、创品牌”的工作思路，以开展集中进站查体活动为抓手，以加强工作过程考核为手段，以强化日常管理为重点，综合施治，强力推进，整体工作水平稳步上升，全面完成了市下达的人口责任目标，被市委、市政府授予“2013年度完成人口和计划生育工作目标责任奖”。

人口计划　加强人口计划审批管理。在依法依纪审批生育计划的基础上，简化工作流程，提供人性化、规范化服务。2013年6月《山东省人口与计划生育条例修正案》发布实施，一胎服务手册办理实行首接负责制，二胎生育取消年龄间隔。全年发放一胎服务手册4105例，审批发放二胎生育证5540例，其中7月—12月份审批二胎4758例，是去年同期的5倍。完善人口目标责任制考核。建立完善过程考核的管理模式，科学合理设置考核大纲，通过采取月（轮次）考核、专项考核和集中考核三种考核方式，实现对镇街工作过程的实时监控管理。加强人口计生统计管理。继续落实以户籍地管理为主的统计管理口径，利用人口基础信息共享平台，加强育龄妇女基础信息核查和出生、新婚上报管理工作，确保人口计生统计质量。

妇幼保健和计生服务　全面做好国家基本公共卫生妇幼项目及农村孕产妇增补叶酸预防

神经管缺陷、农村孕产妇住院分娩补助、预防孕产妇乙肝、梅毒、艾滋病项目等重大妇幼项目。开展农村妇女“两癌”筛查项目，全县共筛查2万人，确诊乳腺癌5人，宫颈癌6人。开展国家免费孕前优生健康检查项目，全年完成免费孕前优生健康检查夫妇2508对，优生检查覆盖率为84.27%。开展出生缺陷干预工程。坚持“四个到位”，即“孕期培训到位、孕期指导到位、四项病毒监测到位、B超监测到位”，重点做好新生儿疾病筛查、产前筛查等工作，努力提高出生人口素质，降低出生婴儿缺陷发生率。提高计生服务水平。继续推行农村育龄妇女免费健康查体活动，积极为已婚育龄群众提供国家基本项目的免费技术服务，为育龄妇女提供方便快捷的技术服务。认真开展病残儿医学鉴定，初审、上报参加市级病残儿医学鉴定人员39人，36人通过市里鉴定。

性别比治理 加强宣传教育。利用报刊、电台、学校等宣传渠道，开展有针对性的宣传活动，倡导树立“关爱女孩”“男女平等”的社会观念，消除性别歧视。加大政策奖励力度。对合法生育两个女孩并自愿落实长效节育措施的280对农村夫妻，共发放奖励金84万元；对自愿放弃二胎生育指标并领取独生子女父母光荣证的30对夫妻，分别给予一次性奖励5000元；对2335名独生子女户和双女户家庭子女在中考中给予加10分奖励。加强孕情跟踪服务。对持证育龄妇女坚持每月进站查体制度，对持证怀孕流引产的，落实专人审批、个案调查、定点施术，凡属人为选择性别私自流引产的，一律吊销其生育证，并终生不再安排生育，全年共吊销生育证55例。严厉打击“两非”行为。联合卫生、药监、公安等部门成立“两非”治理办公室，开展集中整治活动，落实有奖举报措施，严肃查处非法鉴定胎儿性别和选择性别私自终止妊娠等违法行为。年内共查处“两非”案件21起，判刑2人，党纪政纪处理23人，查处公立医院2家，民办医疗机构1家，个体私营诊所及药店18家，没收B超机6台、流引产器械及药物一大宗，做出行政处罚决定79.47万元，结案率100%。

城区和流动人口管理 在城区实行“属地管理、单位负责、条块结合、社区兜底”的管理体制和“县区统揽、网格管理、信息共享、双向考核”的工作运行机制，在城区范围内划分四级网格，聘用计生协管人员，全面落实网格化管理服务模式；建立社区信息管理系统，以社区为单位全面清理登记党政企事业单位和各类住宅小区、市场、沿街店铺所有人员的信息并录入系统，做到城区计生管理无缝隙覆盖。继续做好流动人口计划生育管理服务。规范省流动人口信息平台和国家PADIS流动人口子系统的管理和使用，及时查验、接收外出流动人口寄回、发送的各类信息；建立县级流动人口销号管理平台，督促流出人员按期网传、寄回孕检证明。建立双向协作制度。对流动人口相对集中的城市，通过发送流动人口计划生育管理和服务双向协作协议函、签订双向协作协议书等形式，加强现居住地和户籍地之间的联系，促进流动人口计划生育全国“一盘棋”格局的形成。全年为2085名流动人口新办理流出证明，将95名育龄妇女纳入管理。

利益导向机制建设 2013年共计为21994个计划生育家庭提供奖励扶助资金发放、学生中考加分、高考救助等服务，发放资金近千万元。在坚持做好已有的各项利益导向机制的基础上，尝试建立更加全面、更加人性化的利益导向政策。实施村级计生专职人员星级化管理机制，对全县村级计生专职人员实行星级评定，并将工资待遇与星级水平挂钩。全年共为全县523个自然村居的528名村级专职主任发放工资941400元，为村级专职主任发放特岗补贴125520元。实施“情暖家园——救助失独家庭计生助福行动”项目，对女方年满45周岁的独生子女死亡后未再生育或抱养子女的空巢家庭父母给予每人每月500元的扶助金，全年共计发放196人次，117.6万元。

计生协会 加强协会组织建设。进一步健全计生协会网络，发展壮大协会队伍，优化协会队伍结构，全县计生协会基层组织达579个，会员67732人，占全县农村人口总人数的10.6%以上，形成“纵向到底、横向到边”覆盖家家户户的工作网络。提高群众自治水平。筹备召开全县计划生育群众自治工作现场会，指导全县各镇街、村居进一步修订村规民约，增加移风易俗、奖励扶助、兑现奖惩等内容，体现权利与义务的对等，进一步规范违约金征收管理机制，使合同“既约民、又约官”具有双向约束性，推动计划生育责任的落实，引导群众自觉实行计划生育，促进计生工作重心下移。完善利益导向机制。积极开展计划生育困难家庭和独生子女死亡伤残家庭的奖励、扶助、救助等活动，认真落实独生子女父母奖励、农村独生子女户及双女户父母60周岁奖励扶助、计划生育家庭特别扶助等优先优惠政策。积极募集“人口关爱基金”，开展“为了母亲的微笑——计生圆梦行动”，帮助252名计划生育困难家庭大学生实现大学梦，共发放奖励扶助资金126万元。积极开展计生宣传活动，于5月29日在县文化广场设立计生宣传站、印发宣传材料、举办免费义诊，集中宣传计划生育政策法规、优先优惠政策和计生保健知识。

撰稿：单朋华　审稿：王维庆

民族宗教

临沭县民族宗教事务局（简称县民宗局）有机关行政编制6人，工勤人员编制1人，配备局长1人，副局长2人，纪检组长1人。县民宗局认真贯彻执行党和国家的民族宗教政策，着力维护民族团结和引导宗教与社会主义社会相适应，为促进全县社会稳定和谐发展做出积极贡献。2013年，获“全市基层基础建设年先进单位”“全市民族宗教信息工作先进集体”荣誉称号，有2处宗教活动场所被命名为“全市和谐宗教活动场所示范窗口”，1人被表彰为信息工作先进个人。在县直单位综合考核中名列第15位，被授予服务经济发展、招商引资工作、社会治安综合治理、计划生育履行职责先进单位等称号。

民族工作 用足用好上级优惠政策，加大项目争取力度和扶持资金使用。认真研究各级扶持优惠政策，立足实际，建立完善少数民族经济发展项目库，积极争取上级扶持，促进少数民族经济社会各项事业发展。2013年筛选上报项目12个，其中，店头镇店北街改水项目使用民品帮扶资金10万元；店头民族小学使用山东省少数民族教育专项资金10万元；民族团结进步宣传项目获省财政经费补助10万元；店头清真寺水房太阳能热水器项目使用资金2.6万元。民品企业常林集团使用国家贴息贷款额度6.7亿元，贴息800余万元。联合县发改部门为民族企业临沂正茂皮革有限公司争取技术改造资金410万元。

严格落实党和国家的民族政策，切实维护少数民族利益。4月份，落实少数民族考生优惠政策，完成全县18名少数民族高考学生资格认定工作，并对审查合格的少数民族考生情况进行公示。认真贯彻落实《山东省清真食品管理规定》，规范清真食品市场管理。春节、高考、中秋、国庆期间，会同工商、教育、食品药品监督等部门人员组成检查组，对全县62家清真食品生产、经营场所及设清真食堂或清真灶的学校进行集中检查，规范清真食品生产加工、经营秩序，避免清真食品安全事故产生。完成全县495户穆斯林群众春节牛羊肉补助发放工作，共发放补助款5.94万元。完成2名群众少数民族成分变更。化解涉及少数民族纠纷2起。参加全县露天烧烤整治工作。完成涉及少数民族群众、信教群众房屋拆迁、土地流转12户。

认真开展宣传教育创建活动，积极营造民族团结进步的良好社会氛围。在民族工作重点乡镇、民族村街、民族学校通过各种形式积极开展民族政策法规、民族团结知识和民族风俗习惯等内容的宣传教育活动，发放《民族宗教政策法规学习宣传实用手册》300余份，举办座谈、调研5次。店头镇作为临沂市民族团结进步创建示范乡镇通过评审验收，在10月份召开的全市民族团结创建大会上作典型发言。认真开展全市民族团结进步宣传月活动，不断增强广大干部群众的民族团结意识和民族政策观念，积极营造民族团结进步的良好社会氛围。

宗教工作 抓宗教团体建设和宗教教职人员教风。抓好思想建设、组织建设、制度建设和人才建设，进一步提高自我管理能力和民主办教水平，提升在信教群众中的凝聚力号召力。依据有关法律法规和团体章程，进一步建立健全人员、财务、会计、治安、消防、文物保护、卫生防疫等管理制度，制定“会议、财务收支、宗教活动、信教群众、公益事业、外来人员”等登记簿，实现宗教活动的制度化、规范化管理。加强宗教团体考核工作。专门成立考核工作组，对宗教团体领导班子、领导班子成员和教职人员的政治思想、团结状况、教风及作用发挥等方面进行考核，确保班子成员和教职人员保持良好的工作状态。

依法管理宗教事务，维护宗教和谐稳定。依法做好抵御境外宗教渗透工作。把抵御境外宗教渗透作为宗教工作的长期任务，从抓基层、打基础入手，在实践中探索建立长效机制，筑牢防渗透防线。建立健全由宗教、公安等部门对宗教事务实施联合执法机制，坚持定期召开联席会议，对出现的新情况、新问题进行分析研判，制定解决办法，加大联合执法力度，确保宗教领域和谐稳定。加大执法力度，依法治理基督教私设聚会点。本着“保护合法、制止非法、抵御渗透、打击犯罪”的原则，进一步拟制方案，坚持定期组织开展集中清理整治工作，同时对私设的聚会点采取合并、取缔、以堂代点等措施纳入管理，防止成为境外宗教渗透的落脚点。4月25日接到群众举报，联合公安部门在县城彩虹城市购物广场三楼依法查处一起以“生命之光教会”“基督教青年团契”为名，打着举办音乐培训班的旗号，专门针对1970、1980、1990年代青年进行宗教宣传，利用宗教进行非法活动，接受宗教性捐款的私设聚会点。依据违法事实，严格按照行政执法程序作出责令停止活动，依法予以取缔，没收违法所得，并处罚款的行政处罚。开展涉及佛教道教寺观管理有关问题的专项治理工作。按照国家宗教事务局等十部门《关于处理涉及佛教寺庙、道教宫观管理有关问题的意见》精神，依据相关政策法规和省、市十部门工作方案，大力开展涉及佛道教寺观管理有关问题专项治理，及时纠正和制止乱建滥塑、以教牟利、借教敛财等不正常现象，引导有关部门正确处理发挥宗教的积极作用和促进经济发展的关系，维护宗教界合法权益，促进社会和谐稳定。依法查处2起借宗教敛财案件，1起私设宗教活动场所案件，下达责令改正通知书8份。

教育引导信教群众，与社会主义社会相适应。扎实开展基层基础年和“和谐宗教活动场所”活动。加强场所建设、制度建设，消除安全隐患。位于县城红石湖公园以东，县基督教三自爱国委员会投资300多万元建设的中心堂，主体已完工。加强宣传教育，引导信众树立创先争优、共建和谐的思想观念，主动参与以“教风”为主题的和谐宗教活动场所创建活动。做好创建活动总结评估工作，努力实现“依法、依规、科学、有序”管理宗教活动场所的目标。搞好“政策法规学习月”活动，加大学习宣传力度，使所有宗教活动场所都有政策法规的明白人，做到知法守法用法。加强人员管理，按级落实请销假制度，突出抓好人员管理。全县性宗教团体主要负责人外出（离开本县），必须报县民宗局同意；其他班子成员或主要教职人员外出，需向团体主要负责人请假，并报民宗局备案。坚持定期走访抽查宗教团体或宗教活动场所，与团体、场所负责人和教职人员、信众骨干加强交流，思想工作跟到家。2013年为8名低收入宗教教职人员申报低保和补助费。

宗教团体 临沭县有基督教三自爱国运动委员会一个宗教团体，民宗局注重加强宗教团体自身建设，注意培养发现新人才，充实宗教团体领导班子；支持爱国宗教团体按照章程开展活动，指导和帮助爱国宗教团体制定和完善各项规章制度，提高自身管理水平，加强对爱国宗教团体的监督管理，不定期的检查他们的财务收支管理情况、人员和对外交往情况，促进爱国宗教团体的内部团结，同时注意充分发挥爱国宗教团体联系教育信徒的桥梁纽带作用，帮助协调解决他们的实际困难。

2013年临沭县少数民族人口情况统计表

表 42　　单位：人

民族	人数			民族	人数		
	合计	农业人口	非农人口		合计	农业人口	非农人口
回族	2147	1972	175	傈僳族	21	21	0
蒙古族	40	34	6	佤族	18	18	0
藏族	4	4	4	拉祜族	10	10	0
维吾尔族	4	0	4	水族	4	3	1
苗族	143	143	0	纳西族	3	3	0
彝族	141	137	4	景颇族	1	1	0
壮族	21	19	2	土族	1	1	0
布依族	29	29	0	么佬族	5	5	0
朝鲜族	29	21	8	满族	106	74	32
侗族	4	4	0	赫哲族	1	0	1

续表 42

民族	人数			民族	人数		
	合计	农业人口	非农人口		合计	农业人口	非农人口
瑶族	13	12	1	布朗族	14	13	1
白族	7	7	0	仡佬族	2	0	2
土家族	8	8	0	珞巴族	1	1	0
哈尼族	206	206	0	畲族	2	2	0
俄罗斯族	1	0	1	独龙族	1	1	0
傣族	19	19	0	合计	3091	2843	248
黎族	85	79	6				

撰稿：刘静一　王　波　审稿：高立夫

老龄事业

临沭县老龄委办公室（简称县老龄办）为正科级事业单位，列县委序列，属县老龄工作委员会办公机构，有人员7人。

全县老龄工作以实现六个老有为工作目标，以为老服务、老年民生为工作重点，切实维护和保障老年人合法权益，全县老龄事业呈现良好发展势头。全县有百岁老人32人。

法规政策落实　做好新修订的《中华人民共和国老年人权益保障法》的宣传，在县城主要街道悬挂过街横幅，在街头电子显示屏上做公益广告，在县文化广场开展老年人权益保障法咨询服务宣传日活动，发放宣传材料2000余份，各镇街设置宣传栏、出动宣传车，组织各镇街专兼职老龄干部参加老年法考试。拍摄全县老龄工作电视专题片《情暖夕阳红》，老人节期间在县电视台进行播放。做好老年维权及老年人信访工作，维护老年人合法权益。

为老服务推进年活动　调整高龄津贴发放标准。2013年1月1日起，临沭县高龄津贴发放标准调整为85—99周岁每人每月30元，半年发放一次。全年共为4500名高龄老人发放高龄津贴160余万元。继续推进“银龄安康工程”。县委、县政府把“银龄安康工程”列入全县69件为民实事之一，县委办、县府办制订实施方案。银龄安康工程实现新突破，共实现投保人数44106人，投保金额889020元，同比增长51%。开展便民办证服务。开展文明、微笑、便民办证服务，把办理老年人优待证工作进驻镇街便民服务中心、村级代办点，全年免费办理老年优待证千余份。开展孝亲敬老典型评选活动。县人民医院内一科被评为省“敬老文明号”。临沭二小教师王仕香被评为“沂蒙十佳敬老楷模”。评选表彰全县“十大孝星、十大敬老模范单位”。搞好健康查体服务。和县卫生局合作，为4.8万老年人建立健康档案并进行健康查体；春节、老人节期间走访慰问百岁老人、建国前老功臣、孤老、特困老人活动500人次。开展百岁老人健康关爱行动，为百岁老人查体并建立健康档案。争取上级资金支持。共争取上级无偿资金25万元，其中省级财政资助银龄安康工程3.5万元；省老龄办“特困救助”资金1.5万元（全市两个县有）；青云老年公寓争取省财政扶持资金20万元（全市四个县区有）。认真开展“敬老月”活动。2013年10月13日是第一个全国性的法定老年节，临沭县于10月份开展以“宣传贯彻老年法，推进为老服务”为主题的敬老月活动。“老人节”前夕，县、镇街分管领导和老龄办工作人员对县内百岁以上老人及建国前老功臣进行走访慰问。各镇街、各单位也在节日期间，深入敬老院、老年公寓、孤寡特困老人、高龄老人、离退休职工家中走访慰问。县老龄办积极参与由县委组织部、宣传部、老干部局等联合筹办的“九九”老人节文艺联欢会。

组织参加全市首届“老年文化艺术节”，县老龄办与县委老干部局、县文联等单位衔接沟通，积极推选节目和作品参赛。入选文艺展演节目2个，参加全市“中国梦·敬老情”老年文艺展演；书画作品入选5幅，其中一等奖1人（王汉佐），三等奖1人（张淑敏），优秀奖3人。2人被市老龄委员会办公室推荐至省参展，1人获全省摄影三等奖（高树杰），1人获全省摄影优秀奖。

撰稿：袁　向　审稿：解自玉

镇街概况

ZHENJIEGAIKUANG

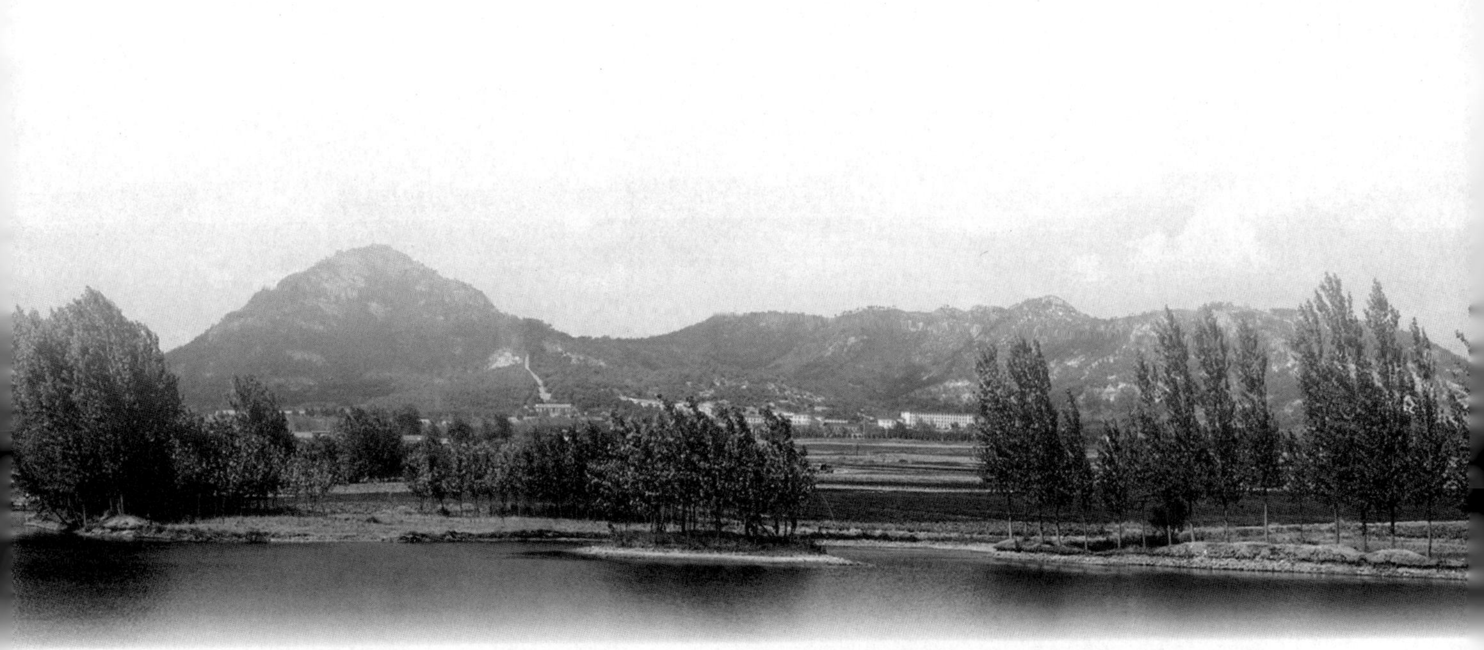

临沭街道

2010年11月，临沭镇改称临沭街道，因地处临沭县城中心，位于县委、县政府东侧，作为县城驻地而得名。

临沭街道以经济发展、项目建设、城区改造、环境提升、民生改善、文化建设为战略基点，大力发展工业经济、现代农业、商贸服务业和文化产业，形成以新型肥料、商贸物流、精细化工、塑料编织、机械装备为主导的"五大产业"，以桃园高产高效农业区、前官庄非洲菊种植基地为示范的现代农业发展体系和以澳林国际商贸城为中心的现代商贸服务区。先后荣获全国重点镇、中国最具投资潜力城镇、中国最具发展优势城镇、全国环境优美乡镇、山东省文明乡镇、山东省先进基层党组织、全省农房建设与危房改造工作先进乡镇、创建省级文明城市工作先进单位、山东省首批百亿大镇、平安山东建设先进镇、山东省特色产业镇、山东省旅游强镇、山东省百强特色产业镇等30多项省、市级以上荣誉称号。

政区、人口 全街道总面积112平方公里，其中耕地面积6639公顷。辖28个行政村，54个自然村。2013年年末常住人口4.14万户、13.25万人，人口出生率7.68‰，死亡率2.77‰，自然增长率4.91‰。全街道少数民族有满族、回族、彝族、壮族、朝鲜族、哈尼族、黎族等。

农业和新农村建设 2013年，粮食总产20450吨，新增造林面积200公顷，驻地绿化11万平方米。完成旧城旧村改造5处，搬迁住户1300户，腾空土地60多公顷，新建还建居民楼21栋。发展日光大棚610座，农业园区7处。5个"两区同建"社区建成和在建住宅楼55栋，老年房271户，硬化道路3.7万平方米，绿化节点2.3万平方米。

工商业 2013年，工业企业达151个，个体工商户5500户。完成固定资产投资87亿元，其中过亿元的固定资产项目32个。工业总产值83亿元，工业主营业务收入75.60亿元，实现利税6.9亿元。实现社会消费品零售总额25.12亿元。实际利用外资4.9亿元，外贸出口3000万美元，增长40%。

交通、财政 公路通车里程136公里，2013年新通车里程22公里。实现财政收入2.4亿元，其中地方财政收入2.2亿元。

科教文卫、社会生活 2013年，共有学校10所，在校生12350人，在职教师780人。新建教学用楼10栋，教育综合体、周庄小学、桃园小学新校相继投入使用。农村文化大院、图书室建设基本实现行政村（居、社区）全覆盖，有线电视覆盖率78.85%。新建临沭街道卫生院，共有床位200张，卫生技术人员88人。农民人均纯收入达11496元，与2012年相比增加15.8%，人均生活消费支出6279.11元，新农合参合人数6.44万人，新型农村社会养老保险参保人数4.27万人。

2013年临沭街道各村（居、社区）基本情况表

表 43

行政村名	书记	主任	与镇驻地距离（公里）	总人口（人）	耕地面积（公顷）	粮食总产（吨）	村集体总收入（万元）
河滨社区	毛圣贵	高艳群	0.9	1600	—	—	422
曹村社区	曹　峰	曹允雷	0.6	1600	9.33	25.8	87.06
后杨楼村	杨化涛	杨化雷	0.9	1300	59.47	330.1	10.5
于店居	吴绍光	高和玉	2.1	3600	265.33	1112.93	447
龙河村	张孝凤	朱孔代	4.8	2400	233	1562.92	69.5
镇北社区	高利东	吴建伟	3.1	2300	1.33	167.2	5137.91
振兴社区	高明和	王清风	1.6	2500	265.33	13.5	335.87
利民社区	高明祥	高明祥	2.8	2400	12	52.8	2523.3
苍河社区	高树通	李守明	3.2	1500	—	—	850.4
兴隆社区	高志江	高希块	1.3	1600	1.33	—	124.21
孙蒿科社区	孙守元	孙克跃	1.9	1500	18.4	265.15	380
崔蒿科社区	崔会都	崔社开	2.9	1400	53.33	350.7	146.59
薛疃社区	崔　超	杨化忠	1.8	1000	—	—	51.97
花园社区	石雪峰	—	3.6	2400	122	621.6	86.2
李蒿科社区	李贞波	李宝队	3.1	1900	38	183.4	122.08
益民居	杨大全	杨大全	3.8	2500	161.33	1090	20.57
孙岭村	孙廷良	孙廷民	3.1	1600	153.33	913.7	6.94
徐兴社区	徐敏迎	徐敏迎	1.2	600	33.33	205.6	261.1
前琅村	郇庆礼	禚永全	2.9	1500	130.67	1052.5	11.46
高湖居	高进希	高全会	4.8	2100	179.73	1447.28	130.14
富民社区	云雪峰	云雪成	6.8	2900	15	—	326.47
苍源居	杨翠华	曹广登	5	2900	186.67	818.1	35.84
周庄居	李显如	李祥树	4.6	4800	564	2965.25	98.58
曙新村	董自兴	李宝粉	12	2300	190	835.8	1.71
前官庄村	陈修明	陈　勇	10	2300	226.67	1313	61

续表 43

行政村名	书记	主任	与镇驻地距离（公里）	总人口（人）	耕地面积（公顷）	粮食总产（吨）	村集体总收入（万元）
后官庄村	胡桂江	胡兴周	11.6	2300	233.33	1022.3	2.49
桃园村	毛圣江	杨大诗	8	3400	489	2947.3	187.49
西河口村	葛祥聪	张宝春	7	1700	219.67	1153.3	29.77

撰稿：史宝林　于　婧　审稿：刘洪明

郑山街道

郑山街道因驻地在郑山居而得名。郑山街道为中国最具发展潜力城镇、中国投资环境百佳城镇、全国文明村镇、全国优质农产品加工创业基地、全国生态镇街，山东省百镇千村建设示范镇、山东省先进基层党组织、山东省环境优美乡镇，临沂市外经外贸30强乡镇、临沂市绿化先进村镇。

政区、人口　郑山街道位于县城西部，总面积90.32平方公里，耕地面积5040公顷。辖6个居民委员会、30个村民委员会。辖区常住总人口6.45万人，其中城镇常驻人口17155人。居民以汉族为主，少数民族主要有回族、满族、白族等，占总人口的0.2%。2013年人口出生率为9.15‰，死亡率4.42‰，人口自然增长率4.73‰。

农业　2013年，农业总产值3.40亿元。粮食总产3.92万吨，其中小麦2.2万吨、玉米1.52万吨。主要经济作物有花生、辣根、白柳、蔬菜、桑蚕、芹菜、茶叶等。畜牧业以养殖猪、牛、家禽、狐狸、貉子等为主。2013年生猪出栏6.48万头，年末存栏4.6万头；家禽年存栏75.33万羽，出栏89.73万羽。

工业　2013年，街道有企业321家，其中规模以上工业企业64家。产业主要以机械制造、化工（复混肥）、生物医药、金属制管、食品加工、条柳编工艺品等为主。工业企业实现工业总产值、利税分别达297.22亿元、20.3亿元，分别占到全县的3/4强。全年完成固定资产投资57.8亿元，增长37.6%，其中新开工过亿元项目14个。实施技术改造项目56个，完成固定资产投资38亿元，占到总固定资产投资比重的65%以上。

外经外贸、财税　2013年，街道实际利用外资6180万美元，同比增长165.8%；完成进出口额34038万美元，同比增长6.4%，其中出口额19519万美元，同比增长26.6%。公共财政总收入8663万元。

邮政、通信　有邮政局2处，邮政业务收入312万元，累计期发报纸、杂志3000余份。电信企业3家，服务网点36个，电话交换机容量3万门，固定电话用户1.02万户，移动电话16700户，电话普及率95%以上，互联网用户5500户，全年电信业务收入1300万元。

科教文卫 有街道文化站、广播电视站各1处，村级文化活动中心36处，各类文化专业户48户，各类图书室36个，藏书20余万册，音乐、美术、书法、摄影及文学业余创作人员200多人。有线电视用户1.35万户，入户率达78%。

有幼儿园14所，在园幼儿3326人，幼儿教师98人；小学10所，在校生3700人，专任教师279人；初中2所，初中在校学生1820人，专任教师225人。适龄儿童入学率、小升初升学率100%、九年义务教育覆盖率均为100%。2013年财政预算内教育经费6200多万元，比上年增13%。

有医疗卫生机构2个，门诊部（所）38个，床位360张，每万人拥有病床38张，固定资产总值710万元。专业卫生人员93名，其中执业医师22人、执业助理医师20人、注册护士21人。全年医疗机构（门诊部以上）完成诊疗32万人次。新型农村合作医疗参保率100%。

社会保障 2013年，农村最低生活保障户数2000户，人数2698人，支出315.84万元，比上年增长2.5%，月人均110元，比上年增长10%。国家抚恤、补助各类优抚对象282人，抚恤事业费支出160万元，比上年增长16%。敬老院床位60张，收养农村“五保”人员35人。社区服务设施37个，其中社区服务中心15个、社区服务站6个。有慈善分会1个，全年接受社会捐款8多万元，使2200人（次）困难群众受益。参加新型农村养老保险4.27万人，征缴保费337.12万元，参保率达98.5%以上。新型农村合作医疗参保人数6.19万人。

特色社区选介 *华南社区* 西邻沭河，位于327国道和滨河大道交汇处，是临沭县的“西出口”和“桥头堡”。社区由侯官庄、杨官庄、刘河涯3个自然村合并组成，共有890户，3100人，党员78名，“两委”干部5名。社区已建成安置楼11栋。在侯官庄土地增减挂项目工作中，计划分两期拆迁262户，可腾空土地10.66公顷；规划建设高层安置楼4栋，多层安置楼8栋。社区综合服务中心建于2010年，主体建筑面积1300平方米，配套建筑面积2400平方米，服务半径2.5公里，覆盖周边5000多人口。

社区服务设施标准化。依托社区旧村改造腾空土地，按照“一厅六办五室四配套”建设标准，建成占地面积2.67公顷的高标准社区综合服务中心。配套建设有便民服务大厅、警务室、卫生室、幼儿园、农资超市、图书阅览室、文体活动室、老年人活动中心、休闲广场、公共厕所等综合设施。生活环境舒适化。投入资金600余万元，对社区道路进行硬化、绿化，修建景观桥，栽植黑松、玉兰、红叶石楠等绿化苗木38000余株，铺设护坡草皮15000平方米，极大改善了群众生活居住环境。服务人员专业化。采取“两委”成员带班、专职人员专办的模式，配备5名业务骨干为窗口服务人员，实行“一站式”服务。

南沟头社区 位于苍源河以西，沭河大街以北，居民682户，2286人，党员58名。社区以服务型党组织建设为统领，着力为居民提供“行政、生活、生产”服务。

按照“一厅六办五室四配套”建设标准，投资200万元建成面积达800平方米的社区综合服务中心。在便民服务大厅设置党建、计生、社保民政等一站式便民服务窗口。采取“两委”成员带班、聘用专办人员的方式，配备5名窗口服务人员。完善便民服务大厅各种日常管理制度，设置工作人员去向栏和监督箱，公开接受群众监督和评价。

自2009年起，分三期推进旧村改造工作，一、二期拆迁安置460户，建成安置楼13栋、老年房45套。三期拆迁涉及562户，已完成所有协议签订。投入资金300余万元，对社区道路进行硬化、绿化、亮化；聘用5名专职保洁员，全天候跟踪保洁。先后建成卫生室、警务室、小学、幼儿园等配套设施；铺设天然气管网3200多米，成为全县第一个开通燃气的农村社区。

利用节余土地建设养殖园区，吸引10余家养殖户进驻；延伸土地流转附加效益，吸纳300余居民到常林大酒店、柳编特色工艺品园区、建筑公司打工，每人年均实现增收2万元。通过实施旧村改造，社区集体获取土地收益近千万元；开展村企共建，与中大公司合作，将开发的37间沿街商铺对外出租，每年可为集体增加收入50万元。

2013年郑山街道各村（居、社区）基本情况表

表 44

行政村名	书　记	主　任	与镇驻地方位及距离	总人口（人）	耕地面积（公顷）	粮食总产（吨）	村集体总收入（万元）
郑山居	陈学勇	陈学通	0	2495	26.67	—	210.85
尤庄居	陈德晓	陈永华	东北 1 公里	641	21	196	50.23
南沟头村	高志涛	臧守迎	东北 2 公里	2132	117.8	967	0.9
丰岭村	邢玉宝	邢玉宝	西南 3 公里	620	—	—	113
金堂社区	高明光	贺龙山	东南 0.8 公里	1070	—	—	65.22
大韩庄村	韩佃华	韩佃华	西南 2.6 公里	862	9.8	128	102.36
张南埠子村	张勤富	张桂峰	西南 2 公里	2712	182	767.5	420.3
泉里井村	古荣胜	于恒忠	西南 4.5 公里	1263	83.2	381	22
罗屯村	—	罗运利	西南 2.5 公里	2005	168	984	25.8
高埠前村	魏俊宝	高广生	西南 7 公里	2832	190.67	1392	70
徐埠前村	朱孟果	徐勤义	西南 6.8 公里	1360	111.94	784	20.8
中沟头村	—	高树表	东北 3 公里	1055	49.33	368.9	4.2
姜屯村	李贞华	李贞华	西北 5 公里	1877	13.33	1026	5.9
邢屯村	邢义通	邢军芝	西北 3 公里	1563	100	1022.5	4.2
西官庄	李守良	张培珍	西北 5 公里	1110	88	710.3	0.3
官陆新村	徐芝友	陆广玉	西北 5.6 公里	1462	96.15	1022.26	30.2
华南社区	刘现宁	侯坤山	西南 7.6 公里	1965	84.67	760	420
宅子村	刘洪果	许宝卫	西北 5 公里	1587	114.07	987	0.5

续表 44

行政村名	书　记	主　任	与镇驻地方位及距离	总人口（人）	耕地面积（公顷）	粮食总产（吨）	村集体总收入（万元）
沙店村	杜成桥	杜成桥	正北 4 公里	1077	72.07	572.6	33.6
陡沟村	臧守祥	臧书申	正北 8 公里	1009	116.67	722.6	9.5
王沙埠村	王封然	王封松	西北 8 公里	1120	95.2	774.55	12.55
朱沙埠村	张永强	朱孟健	西北 7 公里	2020	197.33	1302	3.5
北沟头村	李守朋	李守法	东北 5 公里	2721	193.33	1376.4	200.2
龙溪村	胡顺勤	胡顺浩	正北 5 公里	1539	78	477.5	25.98
官陆新村	徐芝友	陆广玉	西北 7 公里	1440	83.33	792	10
海子村	郝玉龙	官景果	西北 4 公里	2998	231.73	2125	12.85
张沙埠村	张孝泉	张开涛	西南 1 公里	2780	326.67	309.8	32.25
杨沙埠村	杨大岭	杨化楼	正北 4 公里	2457	200	1493	22.8
新村	王兴举	班彦涛	西南 10 公里	3810	216	1417	30.5
朱果村	吴兴磊	吴淑华	西南 12.5 公里	2774	182	2116.5	45.6
南古居	吴夫国	—	西南 9 公里	5589	267.33	1778	118.5
埠前北村	王广平	王广平	正西 2 公里	2601	213.87	1740	26
寨和社区	吴清波	孟宪华	西南 5 公里	4401	136	1322	70
和平村	班彦晓	班彦晓	西南 6 公里	1110	97.67	621	5.6
曹庄子村	王仕记	王仕记	西南 7 公里	1795	140.27	1341	15
班官庄村	班夫恒	—	正南 4 公里	1799	168.67	1216	8.4

撰稿：苏廷洋　审稿：于腾金

蛟 龙 镇

明初，奉、白、邓等姓在此散居，因战乱移土坝东立村。坝西有河弯曲盘绕似游龙，河沟日久冲成潭，人称卧龙潭，故取村名蛟龙湾，后改为蛟龙汪村。镇驻地驻此村，故称蛟龙镇。

政区、人口 辖区总面积70平方公里，2013年，耕地面积4838公顷；全镇辖18个行政村（农村社区）（14个村民委员会、4个农村社区，44个自然村）。总人口4.28万人，其中城镇人口数1097人，有少数民族14个、61人，人口出生率9.59‰，死亡率5.61‰，自然增长率3.98‰。

农业和新农村建设 2013年，农林牧渔业总产值34618.8万元，粮食总产26096.58吨，肉类总产5855.93吨，造林面积共226公顷，农机总动力5037.6千瓦。全镇累计流转土地133.33公顷，以山子片花卉苗木、前蛟龙大棚蔬菜、利城粉条、龙潭万亩渔业生态综合产业园为主的四大农业特色产业基地初步形成。开工建设社区安置楼21幢622户、沿街楼99户、老年房46户，共767套。44个自然村全部通上自来水，入户率90%以上。

工商业 2013年，有工业企业64家，个体工商户374家，工业总产值4.47亿元、利税1535.36万元，实现社会消费品零售总额5亿元。坚持把引进大项目、好项目作为做大经济总量、增强发展后劲的重中之重来抓，全年新签约项目14个、在谈项目26个，合同利用外资18亿元，实际到位资金3.97亿元。引进了铭源、中讯通、泰州商砼、中国民营科技促进会临沭新兴产业园等一批投资大、质量高的重点项目。

交通邮电、财政金融 2013年公路通车里程41.2公里，年末固定电话数4100余部，移动电话用户2.6万，互联网用户数3156户。公共财政收入2815.84万元，其中地方财政收入1403.56万元。金融机构人民币各项存款余额3.77亿元、其中储蓄存款余额7400万元。

教科文卫、社会生活 2013年，共有学校9所，其中，初级中学2所，小学6所，教学点1所；学生共计4074人，其中，小学2758人，中学生1316人。共有教师366人，其中，中学老师169人、小学教师197人，高级教师22人、中级教师151人。全镇共有幼儿园9所，幼儿教师56人，在校学生2120人。农村文化大院25个，建设农家书屋16个，镇文化活动中心改造。2013年新增广播电视2957户，有线电视入户率达78.3%。全镇共有卫生院1个，村卫生室24个。卫生院共有19个科室，30个床位。有卫生技术人员50人，其中，中级以上（含中级）8人；村医71人。农民人均纯收入9684.13元，人均生活消费支出7750元，人均住房面积约30平方米，新农合参合人数4.7万人，新型农村社会养老保险参保人数3.01万人。敬老院占地面积 6700平方米，建筑平房面积1400平方米，共有60个床位，2013年集中供养32人。2013年，全镇共计发放各类救济资金40.5万元，享受社会低保的人数为1622人，全镇60周岁以上老人享受社会养老保险人数为9056人。

特色产业选介 *前蛟龙果蔬种植* 前蛟龙位于蛟龙镇驻地南，隶属蛟龙社区。该村村民种植蔬菜历史悠久，近年来“两委”班子从实际情况出发，积极引导蔬菜大棚种植走绿色、生态之路，不断提升农业价值。该村已有大棚种植户20多户，种植面积达17.33公顷，户年均收入达3万元以上。同时，该村围绕现代农业建设，积极发展现代农业产业园区，通过招商引资和土地流转等形式，发展丹参种植33公顷，预计每亩可收益4000元。下一步该村将继续加大招商引资和土地流转力度，用于大樱桃、草莓、有机蔬菜等果蔬种植，全力打造优质、高效的现代农业产业园区。

2013年蛟龙镇各村（社区）基本情况表

表 45

行政村名	书记	主任	与镇驻地方位及距离	总人口（人）	耕地面积（公顷）	粮食总产（吨）	村集体总收入（万元）
蛟龙社区	赵志强	李　勇	镇驻地	7054	566.7	3938	38.71
山子村	段银前	商连峰	西南 3.5 公里	3276	365.4	2214	8.58
王山子村	王　鹏	王　鹏	西南 4 公里	942	80.33	448	0.63
坡石桥村	吴元庆	吴元庆	西南 4.2 公里	1498	164.53	735	1.9
黄金沟村	刘长青	王玉兵	南 3 公里	2821	292.4	2088	10.7
烈疃新村	李道杰	沈大勇	南 3 公里	3543	268.53	1372	6.14
万松山村	万绪梅	—	东南 7 公里	3563	266.73	1466	3.55
后石门头村	胡文川	胡　江	东 4 公里	1995	158	761	10.66
张疃村	袁清涛	张为现	东 2.5 公里	2078	111.13	942	13.13
利城社区	李运祥	尹秀峰	东北 6 公里	4374	274.2	2254	29.4
小湾村村	相言志	相振永	东 5 公里	1718	118.13	940	15.3
吴家后村	吴祥波	吴立江	东北 2 公里	1665	121.8	843	2.2
康平村	张为杰	吕继臣	东北 2 公里	2529	230.67	1208	1.6
富康社区	田家洪	李加堂	东北 1 公里	2457	199.8	1299	10.7
杨庄村	刘向龙	陈秀学	东北 4 公里	2167	176.2	743	1.65
东盘村	李书强	王修申	东北 6 公里	4556	310.86	1903	99.16
丁庄村	丁原珍	丁利聪	东北 5 公里	1658	130	1024	1.65
滨海社区	于加平	井佩平	西 7.6 公里	3829	335.53	1916	19.6

撰稿：刘淑艳　审稿：王利锋

石门镇

政区、人口 石门镇地处临沭县南部，鲁苏2省3县交界处，属丘陵地貌。全镇总面积130平方公里，耕地面积8621公顷。辖29个行政村，50个自然村。2013年，总人口54229人，其中城镇人口1318人，人口出生率4.5‰，死亡率1.6‰，自然增长率2.9‰。

农业和新农村建设 2013年，农林牧渔业总产值42335万元，粮食总产6580吨，肉类总产7314吨，农机总动力87.2万千瓦。新造林152公顷。全镇共有农技推广服务机构8家，农技服务推广从业人员32名，推广花生、玉米、小麦新型配方肥4933.33公顷。农业专业经济合作社85家，农业专业经济合作组织成员420人。家庭农场4家。全镇蔬菜种植203.4公顷、金银花33.33公顷、杭州菊26.67公顷、葡萄33.33公顷、苗圃53.33公顷，中药材33.33公顷。种植紫薯200公顷、黑花生173.33、烤烟69.33公顷，新增养殖大户42户。2013年西石门成立葡萄种植示范园，一期流转土地26.66公顷，投资500万元。农村危房改造累计完成改造84户。“两区同建”（指农村社区和农村产业园区同步规划同步建设，大力推动农民集中居住和现代农业发展，促进农民生活方式和生产方式“两个转变”）和土地增减挂工作方面，宋棠项目区累计搬迁341户，复垦土地13.72公顷。羽泉项目区累计搬迁87户，复垦土地3.13公顷。全镇有24个行政村通上宽带、有线电视，22个行政村通上自来水。

工商业 2013年，全镇共有工业企业个数39家，其中规模以上工业企业14家，企业从业人员4364人。个体工商户数360户。全镇规模以上企业实现工业总产值11.9亿元，固定资产投资6.03亿元。成功引进金帝亚机械有限公司1家过亿元企业，并推动恒浩、华星、东升、天鹏等10家规模以上企业进行改造升级。

交通邮电、财政金融 2013年，公路通车里程84公里，邮政业务量140万元、电信业务量280万元，年末固定电话用户2220户，移动电话用户28500户，电话普及率56.7户/百人，互联网用户数1200户。实现公共财政收入2545万元，完成地方财政收入1342.94万元。金融机构人民币各项存款余额36012.27万元，其中，储蓄存款余额34047.25万元。

教科文卫、社会生活 有学校数9所，其中，小学8所，在校学生3842人，小学教师204人；中学1所，在校学生1585人，中学教师125人。有文化站1所，农村文化大院29个，农家书屋27个，广播电视覆盖5.3万人。有卫生院1所，有床位80张，卫生技术人员69人，其中，执业医师39人。

2013年全镇农民人均纯收入10500元，同比增长13%，人均生活消费支出3600元，人均住房面积32.15平方米，新农合参合人口数49428人，新农合参保率99.9%。参加农村社会养老保险人数3.4万人，参保率98.5%。享受居民最低生活保障人数1928人。有敬老院1家，收养人数16人。

2013年石门镇各村（居、社区）基本情况表

表 46

行政村名	书记	主任	与镇驻地方位及距离	总人口（人）	耕地面积（公顷）	粮食总产（吨）	村集体总收入（万元）
西石门社区	刘崇刚	刘崇刚	南 2 公里	1924	190	975	7
白毛村	刘堂坤	刘堂坤	西北 6 公里	1846	253	1285	3
西新庄村	李淑宝	李新果	西南 7.5 公里	1305	185	1125	3.4
小冲村	王经芳	王经芳	西 6.5 公里	1096	142	1112	6
小岱村	路平亮	路平亮	西南 7 公里	1287	147	1119	3.8
陈官庄村	陈　伟	陈　伟	西北 8 公里	1671	180	1175	3
左官庄村	朱风辉	颜仕松	西 5 公里	1041	173	1012	4
宋棠村	宋计高	宋计高	北 2 公里	1070	162	910	4
大官庄村	陈延学	陈冠生	西北 7.5 公里	3389	335	1596	7
大岱村	何敬现	李广训	西南 7 公里	2449	323	1696	3
吴棠村	吴书华	王金洪	北 3 公里	2743	369	1887	5
转林新村	陈久常	陈久常	东南 5.5 公里	2906	299	1312	5
王岔河村	王　静	王玉波	东北 7 公里	1956	256	1115	8
西泉子埠村	王广荣	王广永	东南 6 公里	2460	314	1587	6
东新庄村	孙宗民	孙绍达	东南 6 公里	1023	105	710	5
岔河新村	孙　兴	文兰银	东北 6 公里	2457	334	1852	7.2
大巡会村	刘西峰	文学香	东北 3.5 公里	3617	445	2697	5
后湖村	张克永	张桂美	北 3.5 公里	1051	93	769	5
大峪子村	王广强	王绍庆	东北 7 公里	1283	210	890	2.6
欧疃村	李守卫	李守安	东 4 公里	1716	189	1211	3
陈棠村	相振山	陈德义	北 2.5 公里	2161	240	1613	2
前门村	陈　杰	门玉昌	东 5.5 公里	1459	176	1321	2
金岭村	刘贵科	刘贵豹	西 3.5 公里	1422	216	1275	6
界沟村	赵佃启	王开金	南 2.6 公里	1477	127	825	4

续表 46

行政村名	书记	主任	与镇驻地方位及距离	总人口（人）	耕地面积（公顷）	粮食总产（吨）	村集体总收入（万元）
羽泉村	孙希龙	沈纪彩	东 8 公里	2368	332	1520	8
刘棠村	相振山	赵玉军	北 1.5 公里	2147	136	1321	4
徐庄村	张志国	滕西康	东南 2 公里	1595	198	1324	3
中石门居	刘瑞富	王庆永	南 1.5 公里	1657	102	926	4
后石门居	刘　伟	刘　伟	南 1 公里	1468	187	792	6

撰稿：李晓飞　审稿：王绪华　周丙启

曹　庄　镇

曹庄镇位于临沭县城西南部，镇政府驻地距县城18公里，是山东省政府首批命名的中心镇。面积78平方公里，耕地5137公顷。共20个行政村，32个自然村，人口4.33万人。西靠205国道，濒临罗庄高新技术开发区、临沂经济开发区，交通便利。多属平原，岌山贯穿全镇境内，举世闻名的“常林钻石”发现于本镇常林村，素有“钻石之乡”称号。

2013年，先后获“全省信访工作先进集体”“全省文明乡镇”“全市信访三无乡镇”“全市党风廉政建设示范乡镇”“平安临沂建设先进乡镇”等荣誉称号。

农业　2013年，农民人均纯收入9387元，同比增长18%。农作物播种面积7408公顷，粮食总产42603吨。年末生猪存栏2.59万头，牛存栏857头，羊存栏4006头，家禽存栏90万只。大力发展特色农业和绿色生态农业，加快实施现代农业示范园建设，全面推进农业产业化转型升级，取得明显成效。2013年，全镇新发展过百亩苗木花卉基地2个，标准化养殖场2个，建设朱村现代农业示范园区1处。同时，按照标准要求，不断加大畜禽养殖污染综合治理力度，扎实推进全镇畜禽养殖场，特别是对沿河沿路的56处养殖场和6处养鸭场进行整治，取得初步成效。

工业　2013年，全镇共实现工业生产总值17.92亿元。金盛源铸造和格鲁苏博齿条2个新建项目已投产达效，新落地常林饲料、安信新型墙材2个项目。另外，通过推动金源管业、荣华工艺品、中联水泥等优势骨干企业改造升级，辐射相关产业发展提升，延伸产业发展链条，逐步形成钢压延加工、建材和柳编3大产业链。

财政、商贸　2013年，实现公共财政收入3038万元，实现地方财政收入2033万元；完成固定资产投入14.8亿元，同比增长43%。岌山商业步行街加快装修进度，大部分商铺已投入使用。结合岌山花园社区建设和中心商贸区规划，对集贸市场、沿街商铺等进行规范管理，推动全镇商贸服务业蓬勃发展。

土地增减挂 岌山花园社区于5月初启动郭庄村一期项目拆迁，共完成拆迁130户，腾空土地4.67公顷，已建成居民楼6栋，老年公寓楼1栋。旺南庄社区建设的8栋安置楼和30栋小康楼已全部完成，其中4栋安置楼和30栋小康楼已具备入住条件。7月初，大哨项目区通过省国土资源厅验收3.71公顷，于10月份启动大哨北项目区拆迁，拆除房屋162间，腾空土地2.09公顷，已完成复垦，等待验收。旺南庄项目区一期拆迁复垦区于6月份通过省国土资源厅验收4.92公顷。于12月1日实施了二期拆迁，利用3天的时间，完成拆迁206户，腾空土地5.41公顷，已完成复垦，等待验收。

旅游 依托“常林钻石之乡”牌子，结合东邻沭河古道旅游开发，西有岌山古墓群、恐龙脚印化石、地质奇观等旅游资源的优势，深入挖掘朱村深厚历史底蕴，规划保护保护清代民居古建筑群，重点打造朱村“钢八连”红色文化教育基地。

民生 建成并投入使用镇便民服务中心、计生服务中心、文化服务中心、岌山文化广场。新建的中心小学教学楼、中心幼儿园教学楼、中学餐厅楼等已相继投入使用，改造5处村完小校舍。积极开展城乡环境综合整治，配合县委、县政府完成对沭郯路、大册路和曹东大街道路改造工作。

2012年曹庄镇各村（街、社区）基本情况表

表 47

行政村名	书记	主任	与镇驻地方位及距离	总人口（人）	耕地面积（公顷）	粮食总产（吨）	村集体总收入（万元）
曹东村	于占农	张克军	镇驻地	2203	140.87	1036.1	20.4
曹西街	王金连	孙国平	镇驻地	1614	160.87	1002.16	14
郭庄村	杨化文	杨化文	镇驻地	2063	140	1435.4	32
黄庄村	杨化龙	赵尚彪	北 2 公里	2598	230.53	2150.12	55
马庄村	马玉亭	马玉亭	南 2 公里	1103	90	772.33	27.7
后店子村	李成虎	李明仕	南 3 公里	1670	141.13	1102.34	5.6
大哨社区	吴艳清	卢丙银	西 4 公里	4078	442.2	3674.2	82.15
王疃村	冯启平	王占胜	西南 5.5 公里	1711	218.33	1960.1	16.17
郭疃村	李学琦	李洪松	西南 8 公里	2518	349.6	2531	10.65
朱　村	王济钦	王济钦	东南 2.5 公里	2632	101.53	1343.6	171.1
华桥村	刘玉军	刘玉军	西南 5.4 公里	1805	233.53	1189.8	30
新华村	张思光	张宗连	西南 6.4 公里	1537	198.27	1413.6	30
山前村	曹守军	孙玉波	西南 7 公里	2393	323.33	1759.04	3

续表 47

行政村名	书记	主任	与镇驻地方位及距离	总人口（人）	耕地面积（公顷）	粮食总产（吨）	村集体总收入（万元）
常林村	刘汉廷	张云涵	西南 9.8 公里	3072	349.4	3442.1	20
文家埠村	钟景哲	朱广武	东南 11.7 公里	2020	150.47	996.9	2
旺南庄村	王经星	张孝忠	东南 11.3 公里	2256	248	1277.66	46
岭南头村	刘友僮	刘友僮	南 12.3 公里	1084	100.47	694	17.8
新庄村	赵得利	周兴军	南 12.6 公里	1620	173.07	1213.22	2
河口村	赵　建	焦洪国	东南 10.2 公里	3500	155.53	1414.6	4
前店子村	丁建光	韩明自	南 9.1 公里	1045	94.4	779.5	2

撰稿：李　超　审稿：崔　浩

青　云　镇

青云镇位于县域北部，2001年1月由原韩村镇和青云乡合并而成，因境内青云山而得名。是山东省重点镇。西隔沭河与河东区汤河镇相望，北与莒南县板泉镇、相沟镇接壤。境内有长深高速公路，225省道纵横南北。全镇总面积104平方公里，其中耕地面积7061公顷。辖25个行政村（50个自然村），常住人口5.2万人，其中城镇常住人口7729人。人口出生率12.3‰，死亡率10.5‰，人口自然增长率1.8‰。被评为“山东省小城镇建设示范镇”“山东省环境优美生态乡镇”“城市管理明星乡镇”“镇域跨越发展先进镇街”，“全市外经贸工作先进乡镇”“全市人口和计划生育工作先进乡镇”“全市城乡规划工作先进乡镇”。

农业　2013年，农林牧渔业总产值3.3亿元。粮食作物以小麦、玉米为主，粮食总产3.44万吨，其中，小麦1.69万吨，玉米3260吨。主要经济作物花生，种植面积2114.6公顷，产量1.19万吨。畜牧业以猪、羊、家禽为主。2013年生猪饲养量5.73万头，年末存栏5万头；牛饲养量0.91万头，年末存栏0.37万头；羊饲养量1.83万只，年末存栏0.62万只；家禽年末存栏49.33万羽。肉类总产6381.84吨。农业产业结构调整加快，新增杞柳种植面积1400公顷。因地制宜，做大做强条柳编、畜牧养殖、林果生产三大支柱产业。

工业　2013年，规模以上工业产值达10亿元，销售收入突破10亿元，利税1.2亿元。固定资产投资完成7.5亿元。全年共签订各类招商引资项目9个，合同金额15.38亿元。

新农村建设　全面完成增减挂项目区拆迁安置任务，验收增减挂土地指标14.51公顷，建成安置楼8座、320户，共4.8万平方米；建成沿街商铺1800平方米；配套建设教育综合服务中心、幼儿园等5050平方米；启动朝阳社区安置楼建设，两区同建累计投入6580万元。按照“政府主导、属地管理、全民参与、社会监督”的工作方针，结合“美丽镇村、幸福家园”建设活动，对全镇“三线一部”沿线村居实施一体化管理，以点带线、以线促面、逐步推进到全镇所有村居，推行网格化管理，实现垃圾处理全覆盖。积极开展“五化”建设，对村内“五堆”集中整治，从源头上改善村民生活及居住环境，并建立长效机制，走市场化运作路子，将全镇环卫保洁承包给昌邑环卫局管理，全面提升城镇管理水平。

财政金融 2013年，实现公共财政收入4457万元，其中地方财政收入3050.30万元。农村信用社存款余额58305万元，比2012年增长8406万元，增长16.85%；贷款余额9297万元，比2012年增长969万元，增长11.6%。

邮政电信 有邮政局2处，邮政业务量260万元，其中计费2万元，杂志累计期发1.2万份。电信企业2家，服务网点105个，电话交换机总容量8万门，移动电话用户2.6万户，固定电话及互联网用户9618户，全年电信业务收入632万元。

教科文卫 有中学1处，小学7处，在校生2414人，教师153人。全镇农村文化大院25处，农家书屋17处，广播电视人口覆盖75%。卫生院开放床位45张，下设村级卫生室27处，在职职工44人，其中执业（助理）医师16人，注册护士8人，乡村医生108人，新农合参合率达100%。

社会保障 2013年，农民人均收入11619.58元。社区服务设施6个，其中社区服务中心1个，社区服务站5个。城镇最低生活保障人数1661人，比上年增长6%，月人均100元，比上年增长10%；医疗救助30人次，民政部门减免合作医疗2621人次，共支出16万余元。国家抚恤补助各项优抚对象234人，抚恤事业费支出35.7万元，比上年增长15%。全镇共有敬老院1处，床位70张，收养农村“五保”人员25人。参加新型农村养老保险30640人，新型农村合作医疗参保人数4.53万人。

2013年青云镇各村（居、社区）基本情况表

表 48

行政村名	书记	主任	与镇驻地方位及距离	总人口（人）	耕地面积（公顷）	粮食总产（吨）	村集体总收入（万元）
李埠子居	李传宝	李守亮	镇驻地	1147	127	809	75.2
青云社区	王成则	—	镇驻地	1667	83	559	9.08
白莲峪社区	—	王维全	镇驻地	4046	211	1405	212.01
大蔡庄村	于恒记	于长举	东 1 公里	1633	83	526	7.31
于家山村	于恒江	于恒江	东北 3 公里	1185	81	528	2.95
郭家山村	郭士华	刘乃彩	东北 3 公里	1376	85	508	5.34
卢官庄村	卢廷章	—	西北 4 公里	2136	103	618	12.73
坊口村	王言峰	史沛亮	西北 5 公里	1296	79	477	28.71

续表 48

行政村名	书记	主任	与镇驻地方位及距离	总人口（人）	耕地面积（公顷）	粮食总产（吨）	村集体总收入（万元）
史岭村	季现梅	刘学信	西 5 公里	1563	78	519	59.1
前齐庄村	—	朱孟阶	西 8 公里	2206	47	355	39.62
后齐庄村	—	邱占尚	西北 7.5 公里	1046	17	134	13.31
云白常村	—	云成洪	西北 10 公里	1134	30	224	5.18
赵窝村	刘明宪	张作举	西北 4 公里	1694	108	728	42.7
凤凰岭村	董书厚	王维运	西 1.5 公里	2076	103	655	7.8
双岭村	季少波	季文斌	西 5 公里	3105	171	1921	13.76
柳园村	闫朝勋	闫朝龙	西北 8 公里	2044	39	289	31.7
兴柳村	孙士强	—	西北 8 公里	1407	41	235	8.43
雷官庄村	王洪江	王广丽	南 2 公里	1883	133	887	34.66
黄河村	高艳熙	黄瑞明	西南 3 公里	2796	173	1169	45
庙庄村	顾邦友	—	南 3 公里	2840	211	1538	49.81
刘疃村	—	孙运前	南 7 公里	2980	220	1482	37.49
界前中村	凌宗义	—	东南 6 公里	1679	113	725	8.2
界前东村	—	—	东 7 公里	3625	121	734	6.5
贾山村	—	季相峰	东南 3 公里	1766	131	913	9.35
小蔡庄村	李善胜	王连兴	东南 1.5 公里	1586	106	679	13.23

撰稿：程夫东　审稿：张伟峰　李　玉

大 兴 镇

大兴镇因“兴武安邦镇守”之意而得名。

政区、人口 大兴镇位于临沭县东南部鲁苏交界处，面积118平方公里，耕地面积8158公顷。辖26个行政村，65个自然村。2013年，全镇户籍65071人，常住人口5.8万人，其中城镇常住人口21687人，人口出生率10.7‰，死亡率6.3‰，人口自然增长率4.5‰。镇内人口以汉族为主，占99.83%；少数民族为黎族、苗族、布依族等，共111人，占总人口的0.17‰。

农业和新农村建设 大兴镇是临沭县农业强镇，2013年，农业总产值达3.98亿元。粮食作物以小麦、玉米为主，生产粮食6.5万吨，其中小麦3.92万吨、玉米2020吨。畜牧业以猪、羊、家禽为主，生猪饲养量3.8万头，年末存栏4.18万头，羊饲养量0.96万只，年末存栏0.72万只，家禽年饲养量62.64万只。农业结构调整初见成效，全镇初步形成“北部瓜菜，中部苗木，南部茶叶”的特色农业种植格局，有新亚獭兔、金晟肉鸭等6家市级标准化养殖场，年产值达3300万元。专业合作经济得到长足发展，发展种养加农民专业合作社累计达120家，其中2013年新发展24余家，带动1.25余万户农民实现增收。新农村建设以宜居为核心稳步推进，新社区建设进一步加快。全年共改造危房218户，驻地万人大社区建设初具规模。

工商业 2013年，拥有规模以上工业企业12家，规模上工业生产总值达7.4亿元。有商业网点28家，城乡集贸市场4个，个体工商户1930家，社会消费品零售总额达8.76亿元，连续三年社会消费品零售总额居全县第一。

交通邮电、财政金融 有邮政局2处，代办所20处，邮政业务总量2400万元，其中计费1700万元。报纸、杂志累计期发19万份。电信企业4家，服务网点128个，电话交换机总容量1.85万门，固定电话用户5600户，电话普及率达到95%；移动电话用户2.2万户，联通用户5600户，互联网用户3100户，全年电信业务收入430万元。2013年，公共财政收入2998万元，其中地方财政收入1334万元，居民人均纯收入10481元。金融业稳步发展，至2013年年末，境内共有中国邮政储蓄银行、农村信用合作社等2家银行和金融机构开设分行或设立办事处，各类存款余额4.72亿元，各项贷款余额1.4亿元。

教科文卫、社会生活 有幼儿园16所，在园幼儿2425人，专任教师115人；小学13所，在校学生3422人，专任教师235人，小学适龄儿童入学率100%；初中2所，初中在校学生1750人，专任教师148人，适龄人口入学率100%，小升初升学率100%，九年义务教育覆盖率达100%。

有各级医疗卫生机构37个，门诊部（所）37个。有床位80张，每万人拥有病床12张，固定资产总值750万元。专业卫生人员63名，其中：执业医师15人，执业助理医师12人，注册护士20人，其他16人。医疗机构（门诊部以上）完成诊疗347490人次。

有镇文化站、广播电视站各1处，有村级文

化活动中心22处，各类文化业余剧团6个，各类图书室15个，藏书3.05余万册，音乐、美术、书法、摄影及文学业余创作队伍达170人。镇文化站有文化广场2处。

农村最低生活保障户数2123户，人数2169人，支出270.38万元，月人均110元。国家抚恤、补助各类优抚对象632人，抚恤事业费支出212.16万元。敬老院床位90张，收养农村“五保”人员36人。新型农村合作医疗参保人数5.75万人，新型农村社会养老保险参保人数4.04万人。

特色产业 大兴镇蓝莓基地 是大兴镇沿沭河万亩绿色现代农业长廊的重要组成部分，发展于2003年，园区以种植蓝莓、花卉、大棚葡萄为主，现已栽植花卉苗木80公顷，蓝莓67公顷，大棚葡萄13.33公顷。按照万亩现代农业长廊规划，全镇利用2—3年的时间，发展蓝莓333.33公顷。为此镇政府通过招商引资，引进全国较大蓝莓深加工企业江苏超蓝世界农业发展有限公司，引领全镇蓝莓业发展。公司集苗木繁育，市场投放，技术指导，托市收购，产品深加工于一体，解除果农后顾之忧。一期工程投资1000万元，已为超蓝世界农业发展有限公司流转土地6.67公顷，用于建设日光温室育苗棚30个，每年育苗150万株，同时建设一处高标准示范采摘园。通过公司+基地+农户的模式，引导周围群众从事蓝莓种植，企业在苗木供应上给予优惠，并赊销部分苗木款，签订保护价果实回收合同，通过政府与企业的合力，全面推动蓝莓基种植业发展。2013年完成投资300万元，其中修路2.2千米，架电1200米，建办公室10间，育苗棚30个。2014年计划从东北调运干湿土120吨，完成育苗100万株，流转土地40公顷，栽植蓝莓33.33公顷，建设统一看护房30间，架设电路3.2千米，硬化道路2.8千米。

2013年大兴镇各村（社区）基本情况表

表49

行政村名	书记	主任	距镇驻地距离（公里）	总人口（人）	耕地面积（公顷）	粮食总产（吨）	村集体总收入（万元）
芦庄村	赵志坤	—	0	3172	559.34	2105	105.45
芦格庄	郭广州	周耿夫	2	2210	249.41	1145	9.01
大坡村	李宝东	李圣强	2	3240	335.41	1952	4.33
盐店官庄	孟庆波	王传安	5	3860	458.47	2750	24.35
李格庄	李成清	李宝国	3	1780	227.7	1120	11.79
时宫新村	时尚金	时尚武	3.5	1718	249.34	2010	16.26
王宅子村	胡顺强	宋振昌	7	1218	158.17	550	2.09
大兴村	王茂兴	王茂兴	2.5	4085	437.54	2490	11.98
日晒社区	付信邦	王建亮	2	2589	228.38	1458	19.93
育新村	许庆忠	王庆达	5	1850	169.63	680	0.63

续表 49

行政村名	书记	主任	距镇驻地距离（公里）	总人口（人）	耕地面积（公顷）	粮食总产（吨）	村集体总收入（万元）
永康村	郇恒玉	古荣部	3.5	2620	268.4	1780	12.15
大高埠村	伏祥超	—	5	4088	507.96	2910	17.39
高埠新村	英荣江	英昌文	4.5	1760	184.03	410	11.58
西林村	苏茂功	李相江	5.5	2860	339.41	1150	16.78
陈宅村	王通德	—	5	1510	175.1	725	2.04
嘉禾村	杨　杰	杨　伟	5	1705	248.91	743	7.36
古龙港村	谢春鹤	谢春鹤	7	2160	294.65	1583	26.58
双槐树村	左夫启	徐会全	6	876	131.62	452	7.05
新尧村	王广雷	王开峰	5	1386	156.18	849	0.35
日晒新村	李兴龙	付丙贵	5.5	968	223.37	456	0.18
山西头村	何文华	王玉祥	8	1085	233.17	592	10.16
东港头村	王丙金	庄前德	7	1623	409.01	690	13.45
港头新村	李　豹	王之洲	8.5	1686	136.03	586	0.85
清泉村	王成连	谢冰华	8	1215	286.76	1289	0.94
涝枝街村	—	英荣强	11	1550	270.35	1285	15.62
宋涝枝村	宋开龙	宋开京	11	1456	210.23	655	15.42
涝枝新村	张计强	张计强	9	2275	310.78	1325	19.32
沈埠村	杜玉峰	苏保来	10	1390	233.68	552	8.38
观堂前村	徐夫成	卢建永	10	1402	180.05	802	9.22
观堂新村	赵志福	荣广兴	8	1942	253.28	965	9.63

撰稿：王之彬　审稿：吴清军

白旄镇

白旄镇位于县境西北部，西依沭河，与河东区隔河相望，南临郑山街道办事处，东、北接青云镇。距县城15公里。镇政府驻地白旄西街，“白旄”以此得名。全镇总面积60.45平方公里，耕地面积5533公顷，宜林河滩1334公顷。辖19个行政村（居），32个自然村。全镇常住人口42043人，其中城镇人口7560人。有少数民族6个，共22人。2013年全镇实现工业总产值7.6亿元，实现公共财政收入2232万元，其中，地方财政收入1426万元，农民人均纯收入11000元。

农业 2013年，农作物播种总面积4911公顷，粮食总产21598吨。加快发展标准化板栗园、大棚蔬菜和绿色无公害农产品，重点打造优质高产杞柳示范基地。全镇新发展杞柳200公顷、板栗44公顷、大棚蔬菜16公顷、花卉苗木80公顷、黑木耳29.33公顷、文冠果21.33公顷、葡萄30公顷。结合畜禽养殖污染治理，对沿河、沿路11家养殖场进行专项整治，推动畜牧养殖业的健康发展，全镇新增标准化养殖小区3个。

园区建设 农业园区，引进投资5.1亿元的金正大省级农业现代科技示范园项目，流转土地69.83公顷，建设由内到外呈放射状布局的自主核心区、农业科技研发展示区、科技成果试验区、示范辐射区；工业园区，年内新上项目5个，在谈项目4个。常泰工程机械年内10月投产。山东北方汽车配件办公楼、职工宿舍楼、厂房主体建设完工。投资4500万元的鑫琪塑编技改项目建成投产。全镇工业企业47家，其中，规模以上工业企业9家，规模以上工业总产值3.8亿元。

生态旅游 引进投资50亿元的正德农业科技园暨沭河湾国际旅游度假区项目，计划利用6—8年的时间建成集休闲度假、观光旅游、户外运动、科普教育、生态探险等主题于一体的大型综合性国家生态旅游示范区。年内注册山东德宏农业开发有限公司。对项涉及的华山社区进行地上附着物数据锁定。完成周官庄至沙窝全长5.37公里滨河路沿线地上附着物评估补偿，将滨河大道高标准拓宽硬化至40米。

商贸和城镇建设 2013年，镇驻地规划30公顷容纳万人的柳苑社区，一期调整土地4.8公顷，用于刘屯项目区的安置还建。4栋居民楼完成内外粉，启动2栋居民楼、5排100户老年公寓楼建设。麋村项目区涉及拆迁102户，净增耕地2.14公顷，顺利通过验收。刘屯项目区涉及346宅，拆迁面积13.08公顷，腾空验收272宅、增加耕地8.67公顷。柳庄社区建设居民楼2栋，1栋交付使用，1栋完工。城镇建设投资96万元，对镇驻地大街及青石路沿线进行高标准绿化、亮化、美化。新建便民服务中心占地0.4公顷，建筑面积2007平方米，总投资220万元。镇中心农贸市场占地4.4公顷，年交易额达100万元。年内全镇农村供销超市增至17处，个体工商户发展到1300余户，集贸市场年成交额1.8亿元。

新农村和民生建设 2013年，累计出动劳力3300人次，动用各类车辆及机械360台次，拆除违章建筑1200平方米、违规广告牌匾17块，清理垃圾堆1800个，平整场地2300平方米。新垒砌下水道5700米，新建沿街楼绿化花坛4600平方米，107个花坛新建pvc护栏，新安装路灯130盏，路两侧栽植灌木3000株。对白旄西居2条南北路、1条东西干道进行高标准绿化、亮化，对龙窝干渠驻地段两侧进行综合整治。全镇硬化农村道路7条，总长5290米。对长深高速连接线两侧改造涉及的沙窝、腾马、刘屯、西白旄、东白旄5个村，清除障碍物1.2万平方米。

科教文卫、人民生活 “乡村文明行动”，新创建1个市级文明村华山村、4个县级文明村居、3个县级文明单位，推选县级劳动模范1人、职业道德模范1人。大力推动文化旅游事业繁荣发展，成功举办三月三柳庄文化庙会，完成镇综合文化站建设；创新社会管理，共排查出各类矛盾纠纷20起，成功化解19起，完成市、县交办信访积案11起，化解10起；高度关注民生，全镇新农保参保人数达24643人，参保率99%，保金261万元；投资140万元，新建中心幼儿园教学楼1座，投资156万元，新建中心卫生院病房楼1座，全镇新型农村合作医疗参保人数3.8万人。民政优抚低保户1460人，发放优待金78.84万元，发放各类优抚对象优待金58.1万元，特困户救助金2.5万元。完成高龄老人补贴摸底312人；武装工作向部队输送合格兵员26人，妇联为全市提供“美在农家”活动现场。

2013年白旄镇各村（居、社区）基本情况表

表 50

行政村名	书记	主任	与镇驻地方位及距离	总人口（人）	耕地面积（公顷）	粮食总产（吨）	村集体总收入（万元）
西白旄居	刘居文	—	镇驻地	2866	160	1481	4
华山社区	周德昌	—	西南 5 公里	2910	232	1417	153.21
王庄村	张学清	—	西北 4 公里	1603	42	670	4.07
西朱崔村	罗运格	解玉杰	西北 6 公里	2060	80	827	1.82
中朱崔村	解自军	解玉法	西北 5 公里	2070	75	876	11.88
东朱崔村	解贞亮	解清学	西北 2.5 公里	1385	92	592	1.58
圈子河村	王夫常	—	西北 2 公里	1196	81	560	1.8
腾马村	庞习昌	—	西 1.5 公里	2590	120	1303	7.24
沙窝村	孙承洗	—	西 3.5 公里	2055	101	619	10
刘屯村	刘学民	—	西 1 公里	1260	152	879	6.8
银马庄村	李守忠	李善红	西南 5 公里	1204	64	615	11.47
石埠子村	姚立春	李守叶	南 5 公里	1700	186	1322	10.6
东白旄村	刘乃江	—	驻地	3960	340	2178	10.42

续表 50

行政村名	书记	主任	与镇驻地方位及距离	总人口（人）	耕地面积（公顷）	粮食总产（吨）	村集体总收入（万元）
河北新村	朱时杰	朱孔洽	北 1 公里	2400	180	1853	10.99
腾飞村	李宝堂	—	西南 3 公里	1280	77	718	7.58
埠东村	刘　晓	—	西南 3.5 公里	1741	151	1068	18.63
金彭村	吴绍义	吴绍山	西南 3.5 公里	918	70	577	4.3
柳庄村	马玉林	靖美军	西北 4 公里	3645	378	1791	50.27
金柳村	陈维利	—	北 3 公里	1600	200	1492	12.66

撰稿：王朝学　李锦戈　审稿：葛　磊　唐利华

玉　山　镇

玉山镇因境内玉山而得名。

政区、人口　全镇总面积156.6平方公里，耕地面积10662公顷，辖38个行政村，66个自然村。2013年，常住人口6.93万人，其中城镇人口1.8万人，人口出生率9.36‰，死亡率5.16‰，自然增长率4.2‰。少数民族16个、38人。

农业和新农村建设　2013年，农林渔业总产值37021万元，粮食总产48110吨，肉类总产值1.8万吨，农机总动力3.5万千瓦。新发展优质葡萄100公顷、烤烟413.33公顷、林木333.33公顷、标准化养殖场8家。申请市级龙头企业1家、绿色认证2个、无公害产品认证3个。结合“两区同建”工作，积极发展千亩大棚蔬菜基地，在营子、陈林村发展大棚蔬菜33.33公顷，与鲁商集团顺利实现农超对接。自来水供水能力达到4.3万吨/日。新建、扩建道路面积7.2万平方米，公交营运车辆达到80标台，园林绿地9.2公顷，建成区绿化覆盖率达到23%。新型农村社区建设取得新进展。哀黄峪村现已建设完成一期多层楼4栋，小康楼115栋，老年房48户，二期新建的4栋多层楼，正在内部装饰和门窗制作安装。本次拆迁完毕可腾空、复垦土地8.27公顷。营子村已完成多层楼6栋，沿街楼18栋，老年房46户，已入住214户；新建3栋多层楼和24户老年房已交付使用。近期正式启动营子村的二期拆除工作，可腾空、复垦土地4.73公顷。

工商业　年内共洽谈项目13个，计划总投资17亿元，签约项目11个，总投资16亿元，其中亿元以上项目5个，完成投资9.4亿元。全镇工业企业52家，其中规模以上企业14家，工业总产值14.9亿元，实现社会消费品零售额9.28亿元，利用外资6000万元。投资1亿元的万兴农牧集团饲料兽药生产线项目原料库、成品库、办公楼、宿舍楼主体已完工，正在安装生产设备；投资2.6

亿元的玉谷矿业石材加工项目办公楼正在安装生产线设备；国电集团龙源玉山风电项目机位已选定，升压站现场已勘测完毕，正办理国土、安评、整体设计等开工前准备工作；投资5000万元的临沂百味果园食品生产线项目已投产。

交通邮电、财政 2013年，公里通车里程235公里，邮政业务量完成150万元，电信业务量175万元，年末固定电话数1.67万户，移动电话数量6.2万个，电话普及率100%，互联网用户1.2万户。实现公共财政收入3886万元，其中，地方财政收入1875万元。

教科文卫、社会生活 2013年，有学校29所，在校生4400人，教师82%以上为本科文凭。先后投资1572万元，建设占地15800平方米的教学楼、宿舍楼7座，筹资200多万元用于改善中小学教育教学设施设备。新农合参合率100%，积极提升卫生系统软硬件建设。每个村建有至少1处文化大院、1处图书室，广播电视人口覆盖率99%。卫生机构共有床位320个，卫生技术人员有220多人。农民人均收入9215元，人均消费支出5100元，群众大部分仍住瓦房，部分住进社区楼。新型农保参保率达100%，发放抚恤金、伤残金等各类补贴165.9万元。

2013年玉山镇各村（社区）基本情况表

表 51

行政村名	书记	主任	距镇驻距离（公里）	总人口（人）	耕地面积（公顷）	粮食总产（吨）	村集体总收入（万元）
唐岭村	唐　峰	唐　峰	5	2330	277.6	1684.86	17.86
尹岭村	尹士信	尹士信	7	1368	160.8	601.9	0.39
隋沟村	冯绪方	冯绪方	9	1683	208.53	726.79	5.05
朱黄峪村	朱孟富	朱晓波	8	759	67.73	743.16	6.75
李庄村	李春庄	李春庄	8	1815	189.67	2509.61	28.33
郑黄峪村	李　强	石海梅	8.5	1010	170.67	994.6	16.03
袁黄峪社区	袁逢春	袁逢春	8	1432	171.27	1293.62	63.07
营子村	张　超	李　晔	7.5	1117	93.87	1808.89	159.45
黄峪村	张宝塔	张宝塔	7	2414	438.93	2015.34	19.79
金顶村	崔久国	崔久国	7	1327	131.2	594.65	4.55
坊联村	苏同江	袁春强	11	2421	298.53	1805.93	21.69
百久村	付西杰	李秀利	9	1046	83.07	936.82	19.61
镇武村	袁春昌	张秀邦	8.5	1781	141.33	828.43	10.3
金鸡墩村	景少通	袁春雨	9	859	80	633.59	3.46

续表 51

行政村名	书记	主任	距镇驻距离（公里）	总人口（人）	耕地面积（公顷）	粮食总产（吨）	村集体总收入（万元）
陈林村	汪富强	汪富强	8	1770	169.93	1064.19	15.3
玉山村	景仲久	景安虎	8	2600	320	1126.07	22.45
前石鼓岭村	刘高常	周文超	8.5	1486	208.67	1390.91	33.43
后石鼓岭村	石　峰	石义山	9.5	641	86.27	2390.18	25.63
河湾村	石宗标	李大前	7	2354	189.47	651.22	0.23
早科村	李学福	李学福	9	1253	173.87	1296.77	17.84
苍盛社区	袁春富	袁春富	0.5	2513	269.27	1323.39	29.98
西朱仓东村	李玉耿	袁洪林	2	2977	220.13	739.29	46.4
关河村	李锦兵	李锦兵	2.8	1838	179.6	594.60	0.39
水官新村	张　华	张　华	3.5	2980	328.8	1893.62	5.47
凤阳村	李兰永	李兰永	6	2372	213.27	1808.89	15.79
姚官庄村	姚广金	姚广金	6	1180	112	2015.34	1.36
前穆疃村	李培松	李培松	4	1623	150	1594.65	4.17
后穆疃村	袁守堂	袁守堂	4.5	1838	196.67	505.93	0.06
刘庄村	王从波	王从波	4.5	1100	104.87	936.82	9.47
岔河村	袁春健	袁春健	4	2376	222.4	828.43	15.97
东朱仓村	王须申	王须申	4	1550	154.73	433.59	2.05
东埠村	王须霞	王须霞	0.5	1100	111.8	664.19	0.48
湖子前村	李方帅	李方帅	2	1392	119.4	1126.07	58.67
湖子后村	李乐仓	李乐仓	1.5	2300	248.13	1390.91	14.35
东石河村	姜启岭	姜启岭	1.5	2367	237.2	1805.93	22.89
上石河村	张秀现	张秀现	4.5	1286	97.33	1936.82	24.5
圆岭洞村	刘文明	刘文明	4	1910	170.67	1828.43	21.77
英里村	吴侠亮	吴侠亮	6	1416	145.2	739.29	5

撰稿：英成涛　审稿：李根深

店 头 镇

店头镇原称店头乡，始建于明朝初期。清乾隆二十五年（1760年）《沂州府志·乡社市集》载有“店头集”。明朝初年，万、张、陈等姓徙此立村定居。清雍正八年（1730年）洪水泛滥，房屋倒塌，村庄淹没，唯村北高岗处幸存几家坊店，人们居此避难。洪水消落，居民在此高岗处重建村庄，取名店头。

政区、人口　店头镇总面积84平方公里，耕地面积5521公顷。辖30个行政村，45个自然村。2013年，常住人口3.96万人，户籍人口50499人，其中城镇人口1213人，人口出生率9.251‰，死亡率6.338‰，自然增长率2.614‰。有少数民族5个，共1600人。

农业和新农村建设　2013年，农作物播种总面积8657.73公顷，粮食作物总产量30809吨。生猪存栏24589头，牛存栏2260头，羊存栏5902头，家禽存栏88.96万只。认真落实粮食直补等各项惠农政策和产业政策；以永安社区、东措庄和于庄子为重点，发展花卉苗木种植示范园120公顷、高效蔬菜基地33.33公顷；永安社区13.33公顷“花卉苗木交易市场”和2个“千亩产业园”正在积极筹建；以“千亿斤”粮食项目和农村饮水安全工程为抓手，全面加强农田水利基础设施建设，夯实现代农业发展基础。已开挖大口井28眼，建设扬水站2座、机耕路和田间路13千米；铺设自来水管道8千米，村内管网改造3千米。

工商业　全镇规模以上企业达21家，完成固定资产投资15.8亿元，实现工业总产值19.8亿元，销售收入16.8亿元。不断加大镇工业集中区基础设施投入。投资600万元硬化道路2条、20公里，安装路灯800盏，栽植绿化苗木3万株，铺设自来水管道1.1万米、污水管道3000米；投资6000万元建设110千伏变电站一处，投资5000万元建设燃气站一处，有力推动了企业技术升级改造。在创新招商方式方法和提升招商质量上下功夫。招商引资美琪格画具、中裕燃气加气站、木震东方木艺精加工、佳惠塑编及福尔沃有机多肽肥等9个项目落地投产。以“百企升级改造”为契机，大力实施企业技改。全年实施兴华机械电炉、消失模发泡生产线，云祥铸造覆膜砂生产线、数控生产线，金易达铸造电炉设备等技改项目15个，投入技改资金6.9亿元。

交通邮电、财政金融　2013年，公路通车里程300公里，邮政业务量36万元，电信业务量140万元，年末固定电话3300部，平均百户24部，移动电话3.2万部，平均百人58部，互联网用户480户，增加190户。金融机构人民币各项存款余额增至29786.51万元，其中居民储蓄存款余额28976万元，实现公共财政收入2558万元。

教科文卫、社会生活　2013年，共有中学1所，在校学生1400人，教师120人；完全小学及教学点10所，学生2700人，小学教师180人，成教中心1处，幼儿园16处，全镇教职工总数300人。市级规范化学校5处，适龄儿童入学率100%，在校生巩固率100%；初中入学率100%，在校生巩固率98%。教职工学历达标率100%，全镇本科学历80人，专科学历196人，中专学历34人，省、市、县骨干教师、教学能手16人。农村文化大院30处、农家书屋18个，广播电视人口覆盖率99%。全镇共有卫生院1处，职工56人，其中，医务人员56名；22个科室，有病床60张。有村级医室29处，乡村医生82名。年门诊量4.2万人次，营业额290万元。新农合参保4.55万人，共报销医药费210万元。农村社会养老保险参保人数3.17万人。农民人均纯收入5352.99元，人均生活消费支出2664.57元，其中：食品消费支出1181.85元，衣着消费支出176.42元，居住消费支出365.8元，家庭设备消费支出240.41元，交通通讯消费支出297.65元，文化娱乐消费支出244.35元，医疗保健消费支出143.06元，其他消费支出15.02元。人均住房36平方米，农村敬老院院民35人，社会低保1375人、99万元，特困救济781户869人、7万元。

2013年店头镇各村（居、社区）基本情况表

表52

行政村名	书记	主任	与镇驻地方位及距离	总人口（人）	耕地面积（公顷）	粮食总产（吨）	村集体总收入（万元）
东店头居	许林果	马荣光	驻地	1084	70.3	429.19	16.6
西店头居	凌佩成	凌佩成	驻地	767	78.3	427.3	16.7
南店头居	朱在果	朱在果	驻地	953	74.2	484.52	2.8
北店头居	张教德	张教德	驻地	854	75	469.56	4
新张庄村	张为坤	张为坤	北 3.5 公里	1580	152.3	819.66	7.6
东措庄社区	王洪森	项树彬	东南 3.5 公里	2245	236.5	1150.68	21
西措庄村	邵明刚	邵明军	南 3.5 公里	1123	88	391.2	18
大垛庄村	张德银	魏绪选	西南 4 公里	1389	119	902.3	5
小垛庄村	张少民	刘玉青	西南 2.5 公里	1363	129.8	843.6	15.9
东沈马村	苗　壮	刘顺科	西南 4 公里	920	63.2	531.46	2.3
路岭村	张步坤	张步坤	南 1.5 公里	562	68.3	395.57	3.2
张楮林村	张宝华	李成安	东南 5 公里	1310	191	874	7.9
郇楮林村	郇恒乐	郇庆如	东 4 公里	1317	145.9	560.9	7.6
丁楮林村	王立普	郇庆行	东南 5.5 公里	2642	323.4	1130.8	21
官庄村	樊纪民	刘　彪	东南 6.5 公里	2495	246.3	839.39	11.9
东大于科村	王广选	王广昌	东南 12 公里	2103	169.7	533.46	16
西大于科村	赵增寿	赵增寿	东南 10 公里	789	77.3	245.86	2.6

续表 52

行政村名	书记	主任	与镇驻地方位及距离	总人口（人）	耕地面积（公顷）	粮食总产（吨）	村集体总收入（万元）
陈巡会村	李相美	陈　勇	东南 5 公里	2539	261.9	1481.75	6.3
仓巡会村	王　伟	仓世峰	东南 6 公里	1231	111	563.16	17.6
西沈马村	王仕磊	王　静	西 4 公里	1757	149.7	912.4	8.3
月庄村	王清霞	吴清树	西 3.5 公里	2742	219.7	1986.26	16.5
于庄子村	马善春	马善春	西 4 公里	1204	113	852.54	2.6
沭东村	吴　磊	吴　磊	西 3.5 公里	747	54	535.2	5
顶子村	王亮昌	王仁昌	西 4 公里	864	69.5	466	22.9
东八里村	武传华	张　健	北 3 公里	2439	281.9	1789.86	12.5
西八里村	崔兆军	崔兆军	西北 4 公里	1753	189.3	1171.24	11.9
袁闵庄村	李洪奎	袁青海	北 3 公里	1454	194.4	610.55	1.3
龙兴汪村	王贵昌	周振雷	东 1.2 公里	1973	287.3	1020.66	7.6
前细柳村	陈彦青	张贵银	东北 2.5 公里	1963	243	594.28	14.9
新圩子村	宋振龙	高树福	东北 2.5 公里	4166	385.9	1882.36	15

撰稿：崔曙光　张　旭　审稿：袁　军

人　物

RENWU

县级领导

(按姓氏笔画为序)

于丽华 女，1973年6月生，蛟龙镇井店居人。1993年7月参加工作，省委党校大学学历。

1990年9月，在郯城师范学习；1993年7月，任县建委城建科、办公室科员（其间：1994年12月至1998年6月，在山东师范大学汉语言文学专业专科班学习）；1998年12月，任周庄乡政府副乡长（其间：1999年9月至2001年12月，在山东省委党校经济管理专业本科班学习）；2001年1月，任临沭镇政府副镇长；2007年12月，任县政协副主席、临沭镇政府副镇长；2010年11月，任县政协副主席、临沭街道办事处副主任；2011年2月，任县政府副县长、临沭街道办事处副主任；2011年7月，任县政府副县长。

王丙华 1959年7月生，江苏省东海县人。1977年10月参加工作，1982年12月加入中国共产党，省委党校大学学历。

1977年10月，任江苏省东海县南辰中学教师；1980年10月，任临沭县南古镇供销社办事员；1980年12月，任县土产公司文书；1981年4月，任县供销联社收发员；1988年9月，任县委组织员办公室办事员；1990年6月，任县委组织员办公室组织员；1993年6月，任县党员电化教育中心（副科级事业单位）主任；1994年8月，任县党员电化教育中心（正科级事业单位）副主任；1998年4月，任店头镇党委副书记、镇长；2003年3月，任店头镇党委书记、人大主席；2004年11月，任县国土资源局党组书记、局长；2009年10月，任市国土资源局副调研员，县国土资源局党组书记、局长；2010年12月，任市国土资源局副调研员，县国土资源局党组书记、局长，县测绘与地理信息局局长；2012年8月，任县人大常委会党组成员。

王进忠 1958年8月生，大兴镇人。1978年8月参加工作，1985年11月加入中国共产党，省委党校大学学历。

1978年7月，任观堂公社东后联中民办教师；1980年7月，在莒南师范学习；1982年7月，任临沭县十四中教师；1985年8月，任县教育局办事员；1988年3月，任县人事局秘书；1989年10月，任县政府办公室秘书；1991年11月，任县政府办公室副科级秘书；1992年5月，任县政府招待所所长、党支部书记；1993年3月，任县政府办公室副主任、党组成员；1995年5月，任唐岭乡党委副书记、乡长；1998年4月，任玉山镇党委书记、人大主席；1998年12月，任玉山镇党委书记；2001年1月，任南古镇党委书记；2002年6月，任县外经贸局局长、党组书记，2003年3月兼任县行政审批办主任，2003年9月兼任县沂蒙创业园管理办公室主任；2005年3月，任县物价中心党组书记、主任；2007年3月，任县城乡规划管理局党组书记、局长；2010年2月，任县城乡规划局局长；2010年8月，任县交通运输局党组书记、局长；2011年4月，任苍马山风景旅游区管委会主任，县交通局党组书记、局长；2011年9月，任苍马山风景旅游区党工委副书记、管委会主任；2013年8月，内退离岗。

王佃利 1966年4月生，沂南县人。1987年7月参加工作，1998年12月加入中国共产党，大学学历。

1984年9月，在青岛卫校临床检验专业学习；1987年7月，任临沂地区妇幼保健院（儿童医院）临床检验师（其间：1987年12月至1991年12月，在山东省自学考试法律专业大专班学习；1992年5月至1998年6月，在省自学考试行政管理专业专科班、本科班学习）；1997年6月，任临沂市纪委监察局科员；2002年4月，任市纪委党风廉政建设室正科级检查员；2004年11月，任市纪委党风廉政建设室副主任；2006年4月，任市纪委党风廉政建设室主任；2008年12月，任临沭县委常委；2009年1月，任县委常委、政法委书记；2011年1月，任县委常委、县纪律检查委员会书记。

王建华 1962年11月生，大兴镇人。1978年10月参加工作，1987年9月加入中国共产党，省委党校研究生学历。

1981年9月，在临沂师专学习；1984年7月，任临沭一中教师；1988年10月，任临沭一中团委书记；1990年12月，任共青团临沭县委副书记；1993年12月，任前庄乡党委副书记、乡长；1997年4月，任醋庄乡党委副书记、乡长；1998年4月，任醋庄乡党委书记；2001年4月，任县招商局局长；2002年6月，任县委宣传部常务副部长；2005年3月，任县供销联社理事会主任、党委副书记；2006年3月，任县供销联社党委书记、理事会主任；2012年2月，任县人大常委会副主任、党组成员。

王峰立 1966年2月生，白旄镇人。1988年7月参加工作，1988年7月加入中国共产党，山东省委党校研究生学历。

1986年9月，在临沂师专历史系学习；1988年7月，任临沭一中教师；1993年7月，任郑山乡党委组织干部；1994年1月，任郑山乡党委党建干事；1995年5月，任醋庄乡党委组织委员；1998年12月，任临沭镇党委副书记；2003年3月，任临沭镇党委副书记、镇长；2006年3月，任石门镇党委书记、人大主席；2006年11月，任石门镇党委书记；2007年3月，任石门镇党委书记、沭河古道景区管理处主任；2009年3月，任县财政局党组副书记、局长；2010年5月，任县财政局党组书记、局长；2011年12月，任临沭县政府党组成员；2012年2月，任县政府副县长。

王振启 1962年9月生，江苏省徐州市人。1981年7月参加工作，1985年5月加入中国共产党，省委党校大学学历。

1979年8月，在临沭师范学习；1981年8月，任县教育局办事员；1985年8月，在省电视大学临沭班学习；1987年8月，任县委办公室办事员；1988年9月，任县委办公室秘书；1993年3月，任县委办公室副主任、政策研究室副主任；1993年12月，任县委办公室副主任；1998年8月，任县委办公室副主任、政策研究室主任；2002年6月，任县委办公室常务副主任；2003年3月，任县劳动保障局局长、党组书记；2010年5月，任县人力资源和社会保障局党委书记、局长；2011年11月，任沭河水利工程管理处主任，县人力资源和社会保障局党委书记、局长；2012年2月，任县沭河水利工程管理处主任，县人力资源和社会保障局党委书记；2012年11月，任县经济开发区党工委书记。

王维玺　1956年3月生，青云镇王官庄村人。1974年11月参加工作，大专文化程度。

1974年11月，在青云乡王官庄卫生室当赤脚医生；1976年8月，在沂水医学专科学校学习；1978年12月，任韩村卫生院医师；1982年8月，任县人民医院内科医师；1991年3月，任县人民医院保健科副主任；1995年12月，任县人民医院内科主任；1998年2月，任县政协副主席，兼任县人民医院内科副主任医师。

王景光　1960年6月生，石门镇白毛村人。1976年6月参加工作，1984年8月加入中国共产党，市委党校大专学历。

1976年6月，任石门镇白毛小学民办教师；1978年9月，在临沭师范学习；1980年7月，任古龙岗乡中心小学教师；1982年8月，任石门镇教育组扫盲干事；1983年4月，任石门镇管委文书；1984年6月，任白旄乡政府文书；1984年12月，任白旄乡党委秘书；1986年5月，任白旄乡纪检委员；1987年2月，任白旄乡党委组织委员；1988年1月，任朱仓乡党委副书记；1993年1月，任朱仓乡党委副书记、乡长；1995年5月，任南古镇党委副书记、镇长；1997年4月，任韩村镇党委书记；1998年4月，任韩村镇党委书记、人大主席；1998年12月，任韩村镇党委书记；2001年1月，任曹庄镇党委书记；2001年12月，任曹庄镇党委书记、人大主席；2002年6月，任县计生局党组书记、局长；2005年7月，任县人口和计划生育局党组书记、局长；2006年3月，任县政府党组成员、县长助理，县人口计生局党组书记、局长；2007年11月，任县教育局党组书记、局长，临沭一中党委书记；2008年4月，任县教育体育局党组书记、局长，临沭一中党委书记，县政府教育督导室主任；2011年2月，任县政协党组成员、副主席，县教育体育局党组书记、局长，县教育督导室主任；2012年2月，任县人大常委会副主任。

王景美　1972年6月生，郯城县人。1993年7月参加工作，2002年7月加入中国共产党，中国政法大学硕士研究生学历。

1991年9月，在曲阜师范大学外语系英语专业学习；1993年7月，任郯城县重坊一中教师、团委书记；2000年9月，在中国政法大学法律硕士专业学习；2003年5月，参加省委组织部选调；2003年7月在临沂市委政法委工作；2005年4月，任临沂市委办公室科员；2005年11月，任临沂市委办公室综合二室副主任；2007年3月，任临沂市委办公室综合一室副主任；2007年5月，任临沂市委办公室秘书一科副科长；2008年8月，任临沂市委办公室秘书一科（市委监督考核办公室会议活动科）科长；2011年11月，任临沭县委常委；2011年12月，任临沭县委常委、县委办公室主任。

王新端 1965年10月生，江苏省赣榆县人。1980年12月参加工作，1989年6月加入中国共产党，省委党校研究生学历。

1980年12月，任夏庄公社经管站经管员；1983年9月，在临沂农业学校农学专业学习；1985年7月，任临沭镇经管站经管员；1986年3月，任县科委办事员；1990年11月，任县科委科技干部科科员；1992年5月，任县人事局科员；1994年2月，任县政府办秘书（其间：1990年4月至1996年12月，在山东教育学院教育管理专业自学专科学习）；1996年12月，任县政府办公室副主任科员（其间：1995年7月至1998年6月，在山东干部函授大学经济管理专业本科班学习）；1998年8月，任县人事局副局长、党组成员；2001年12月，任朱仓乡党委副书记、乡长；2003年3月，任郑山镇党委副书记、镇长；2005年3月，任店头镇党委书记、人大主席；2006年11月，任临沭镇党委书记；2008年12月，任苍马山风景旅游区管委会主任，临沭镇党委书记；2009年1月，任苍马山风景旅游区管委会党组书记、主任，县旅游局党组书记；2009年9月，任苍马山风景旅游区管委会党组书记、主任，县旅游局党组书记，县委办公室主任；2011年2月，任县政府党组成员、副县长；2011年9月，任县政府党组成员、副县长，新型工业化实验区党工委书记；2013年4月，调离临沭。

云雪飞 女，1961年11月生，临沭街道人。1983年7月参加工作，大专文化程度。

1980年9月，在枣庄卫校学习；1983年7月，在朱仓乡卫生院当医生；1984年10月，在县妇幼保健院当医生；1997年4月，任县妇幼保健院院长；2003年2月，任县政协副主席、县妇幼保健院院长，2004年7月，兼任县计划生育服务中心主任；2007年12月，任县人大常委会副主任。

冯树方 1962年3月生，玉山镇人，1981年7月参加工作，1985年加入中国共产党，大学学历，学士学位。

1979年8月，在临沂师范学习；1981年7月，任玉山联中教师；1984年8月，任芦庄乡教委会计；1987年5月，任芦庄乡党委组织干事；1990年4月，任芦庄乡党委宣传委员；1991年11月，任芦庄乡党委组织委员；1995年5月，任大兴镇党委副书记；1998年4月，任东盘乡党委副书记、乡长；2001年1月，任朱仓乡党委副书记、乡长；2001年12月，任朱仓乡党委书记、人大主席；2005年3月，任县科技局局长、党组书记；2012年2月，任县政协副主席、党组成员。

朱孔科 1968年2月生，青云镇西黄河村人。1991年7月参加工作，大学学历。

1987年8月，在山东农业大学学习；1991年7月，任县农业局植保站技术员；1996年5月，任店头乡副乡长（聘任）；1998年12月，任醋庄乡副乡长；2001年1月，任南古镇副镇长；2001年2月，任县政府副县长候选人；2001年3月，任县政府副县长；2011年2月，任县政协副主席。

朱　涛 1959年10月生，苍山县人。1977年8月参加工作，1983年11月加入中国共产党，省委党校大学学历。

1977年8月，临沭县玉山公社营子大队下乡知青；1978年8月，任县地震台办事员；1984年10月，任县科委办事员；1985年2月，任县科委科员（其间：1985年9月至1987年7月在山东电大党政干部专修班学习）；1992年9月，任县委组织部干训科科员(其间：1994年9月至1996年12月在山东省委党校学习)；1997年2月，任县委组织部干训科科长；1998年8月，任县人事局党组成员、副局长；1999年4月，任县直机关党委委员，县人事局副局长、党组成员；2002年8月，任县委组织部副部长、县直机关党委委员；2003年3月，任县委组织部副部长、县委老干局局长；2006年3月，任县委组织部副部长，县人事局党组书记、局长；2010年3月，任苍马山风景旅游区党工委书记，县委组织部副部长，县人事局党组书记、局长；2010年5月，任苍马山风景旅游区党工委书记，县委组织部副部长；2011年9月，任苍马山风景旅游区党工委书记；2012年6月，任苍马山风景旅游区党工委书记，县政协党组成员；2012年11月，任县政协党组成员。

朱　梅　女，1961年8月生，玉山镇人。1977年11月参加工作，1983年加入中国共产党，省委党校大学学历，高级工程师。

1977年11月，任县印刷厂工人；1980年8月，任县针织厂技术科技术员；1985年7月，任县针织厂织袜车间副主任；1987年1月，任县针织厂技术科副科长；1988年1月，任县针织厂技术科科长；1991年5月，任县针织厂织袜分厂副厂长；1994年3月，任县针织厂副厂长、党委委员；1996年5月，任县常林制衣厂厂长；1998年12月，任郑山镇党委副书记；2003年3月，任县妇联主席、党组书记；2006年3月，任县妇联主席、党组书记，县妇儿工委主任；2009年3月，任县妇联主席、党组书记；2012年2月，任县政协副主席、党组成员。

任庆虎　1974年12月生，济宁市汶上县人。1996年7月参加工作，1994年11月加入中国共产党，大学学历。

1992年9月，在山东工业大学材料科学与工程系锻压工艺及设备专业学习；1996年7月，任沂南县砖埠镇党委秘书；1997年4月，任沂南县砖埠镇党委宣传统战委员；2000年7月，任临沂高新技术产业开发区党工委委员、管委会主任助理（正科级）；2001年2月，任平邑县委常委、组织部长；2002年9月，任共青团临沂市委书记（其间：2003年2月至12月在省委党校第13期中青年干部培训班学习）；2004年7月，任共青团临沂市委书记、党组书记；2008年10月，任临沭县委副书记、县长候选人；2008年11月，任县委副书记，县政府党组书记、代县长；2009年1月，任县委副书记、县政府党组书记、县长；2011年11月，任县委书记、县委党校校长、县政府党组书记；2011年12月，任县委书记、县委党校校长；2012年2月，任县委书记、县人大常委会主任、县委党校校长。

刘　飞　1969年9月生，莒南县人。1990年7月参加工作，1994年6月加入中国共产党，省委党校大学学历。

1987年7月，在莒南师范学校中师专业学习；1990年7月，任莒南县委办公室公务员；1993年4月，任莒南县委办公室秘书；2000年1月，任莒南县委保密局副局长；2001年3

月，任莒南县岭泉镇党委副书记、镇长；2003年3月，任莒南县涝坡镇党委副书记、镇长；2005年2月，任莒南县涝坡镇党委书记；2007年12月，任莒南县政府党组成员、副县长；2008年10月，任临沂市临港产业区建设办公室副主任、党组成员；2009年7月，任临沂市临港经济开发区管委会副主任、党工委委员；2011年1月，任临沭县委常委；2011年2月，任临沭县委常委、县政府党组成员、副县长；2011年12月，任县委常委、政法委书记；2012年6月，任县委常委、政法委书记。

刘会迎 1958年11月生，白旄镇人。1979年12月参加工作，1983年10月加入中国共产党，省委党校大学学历。

1977年1月，任临沭一中民师；1977年12月，在莒南师范学习；1979年12月，任白旄公社柳庄联中教师；1981年1月，任白旄公社函授教师；1982年11月，任白旄公社柳庄管理区副主任；1984年5月，任店头乡副乡长(其间：1986年9月至1988年7月在中共临沂地委党校脱产学习)；1993年1月，任华桥乡党委副书记、乡长；1997年4月，任华桥乡党委书记；1998年12月，任华桥乡党委书记、人大主席；2001年1月，任玉山镇党委书记；2001年12月，任玉山镇党委书记、人大主席；2003年3月，任县民政局党组书记、局长；2006年3月，任县政府党组成员、县长助理，县民政局党组书记、局长；2007年11月，任县政府党组成员、县长助理，县委统战部常务副部长；2009年1月，任县政协党组成员、副主席，县委统战部部长；2012年2月，任县政协党组副书记、副主席，县委统战部部长。

刘步云 1963年2月生，白旄镇人。1980年10月参加工作，1983年1月加入中国共产党，省委党校研究生学历。

1979年7月，在白旄公社刘坡村任教；1980年10月，任夏庄公社教育组会计；1984年10月，任县教育局普教股教研员；1988年7月，任县财政局文书；1991年1月，任县经济委员会科员；1991年12月，任县财政局科员；1992年9月，任县财政局办公室副主任；1994年4月，任县财政局办公室主任；1996年6月，任县财政局预算外办公室主任；1998年8月，任县政府办公室党组成员、副主任；2001年5月，任县招商局副局长；2002年6月，任县委办公室副主任、保密办主任；2005年3月，任县委办公室常务副主任；2006年5月，任县交通局党组书记、局长；2010年5月，任县交通局党组书记、局长，县铁路建设办公室主任；2010年8月，任县人口计生局党组书记、局长；2011年4月，任县沭河水利工程管理处党工委书记，县人口和计划生育局党组书记、局长；2012年2月，任县沭河水利工程管理处党工委书记。

刘美厚 女，1958年2月生，朱仓乡元岭洞东村人。1977年6月参加工作，1985年6月加入中国共产党，省委党校大学学历。

1976年9月，在朱仓乡元岭村当民办教师；1978年3月，在临沂农校学习；1980年7月，任朱仓公社农技站技术员；1981年9月，任县农技站技术员；1983年8月，在县农广校办公室工作；1984年5月，任县妇联副主任；1993年3月，任县妇联主任；1997年8月，任县妇联党组书记、县妇联主席；2003年1月，任县政协副主席候选人；2003年2月，任县政协副主席、党组成员；2008年4月，任县政协副主席、党组副书记；2012年2月，任县人大常委会副主任、党组副书记。

刘家合　1964年10月生，日照市东港区人。1982年7月参加工作，1984年12月加入中国共产党，省委党校研究生学历。

1980年7月，在临沂农校学习；1982年7月，任朱仓公社农技站技术员；1983年3月，任韩村公社农机站技术员；1985年9月，在山东电大干修科临沭班学习；1988年10月，任县经研中心办事员；1989年10月，任县经研中心科员；1993年12月，任县政府办公室秘书；1994年4月，任县政府办公室经研科科长；1995年5月，任蛟龙镇党委副书记；1997年4月，任华桥乡党委副书记；1998年12月，任石门镇党委副书记、镇长；2001年12月，任玉山镇党委副书记、镇长；2003年3月，任玉山镇党委书记、人大主席；2005年3月，任白旄镇党委书记、人大主席；2006年11月，任县政府党组成员、县长助理；2010年11月，任县政府党组成员；2012年11月，任县沭河水利工程管理处主任。

汲广虎　1969年12月生，莒南县人。1993年10月参加工作，1996年6月加入中国共产党，大学学历，法学学士。

1989年9月，在西南政法学院学习；1993年7月，在山东省人民检察院临沂分院工作；1994年8月，任临沂检察院书记员；1996年6月，任临沂检察院助理检察员；2002年6月，任临沂检察院公诉处检察员；2003年10月，任临沂检察院公诉处副处长；2005年1月，任苍山县检察院党组成员、副检察长；2006年12月，任临沂检察院侦查监督处处长、正科级检察员；2011年12月，任临沭县人民检察院党组书记、代检察长；2012年2月，任县检察院党组书记、检察长。

李玉国　1970年8月生，高密县人。1990年12月入伍，1994年10月加入中国共产党，大学学历，上校军衔。

1990年12月，任中国人民解放军55611部队战士；1993年9月，在西安通信学院学习；1996年7月，任济南军区第三通信总站三营六连分队长；1998年3月，任济南军区第三通信总站三营四连副连长；1999年3月，任济南军区第三通信总站三营四连指导员；2000年3月，任济南军区第三通信总站三营六连连长；2001年3月，任济南军区第三通信总站教导队队长；2002年3月，任济南军区第三通信总站二营副营长；2003年3月，任济南军区第三通信总站军务股股长；2004年3月，任济南军区第三通信总站三营营长；2006年3月，任济南军区第三通信总站副主任；2010年3月，任济南军区军事调研室三处处长；2011年6月，任济南军区军事调研室专职干部；2012年3月，任临沭县人民武装部部长。

李守贵　1972年12月生，青云镇人，大学学历，中学一级教师，1990年8月参加工作，1995年6月加入中国共产党。临沂市职业教育协会副会长，全国职教协会理事，临沂市现代制造业职业教育集团理事长，临沭县职业中专校长。

1987年，在莒南师范学习；1990年7月，在临沭县韩村中学任教；1995年7月，在临沭五中任教；1996年6月，任临沭五中教务处副主任；1999年6月，任临沭五中政教处主任；1999年8月，任临沭县职业中专总务处主任；2001年8月，任临沭三中校长；2006年8月，任县职业中专党总支副书记、校长。

李　真　1975年3月生，沂南县人。1998年7月参加工作，1995年12月加入中国共产党，省委党校研究生学历。

1994年9月，在东北大学学习；1998年7月，任沂水县院东头乡乡长助理；2000年10月，任沂水县龙家圈乡副乡长（挂职）；2003年4月，任沂水县黄山铺镇党委副书记、镇长；2006年12月，任沂水县许家湖镇党委副书记、镇长；2008年1月，任沂水县院东头乡党委书记；2010年11月，任沂水县院东头镇党委书记；2011年6月，任沂水县委宣传部常务副部长；2011年12月，任临沭县政府副县长、党组成员。

李　涛　1967年1月出生，平邑县人。1988年7月参加工作，1996年12月加入中国共产党，省委党校大学学历。

1986年9月，在山东师范大学地理专业学习；1988年7月，任临沂地区平邑县委宣传部办事员；1991年12月，任临沂市（地区）民政局科员；1998年3月，任临沂市民政局办公室副主任科员；1998年11月，任临沂市民政局办公室副主任；2002年5月，任临沂市民政局办公室主任（其间：2000年8月至2002年12月在山东省委党校本科班法律专业函授学习）；2005年5月，任华东革命烈士陵园管理处党总支书记（副县级）；2008年6月，任华东革命烈士陵园管理处副主任、党总支副书记；2009年9月，任临沂市民政局党组成员、华东革命烈士陵园管理处副主任、党总支副书记，2010年4月至2011年7月任选派机关干部到社区任职莒南、临港经济开发区工作大组长；2011年7月挂职临沭县委常委、市选派“第一书记”工作临沭县大组长。

李善峰　1962年9月生，临沭街道人。1981年8月参加工作，1985年1月加入中国共产党，大学学历。

1981年7月，任临沭一中教师；1984年5月，任共青团临沭县委副书记；1991年3月，任县物资局副局长、副书记；1995年10月，任县物资局局长、书记；1999年5月，任县经济体制改革办公室副主任；2001年4月，任县政府办公室副主任、体改办主任；2005年4月，任县发展和改革局副局长、副书记，县粮食局局长、党组书记；2007年11月，任县环保局局长、党组书记；2010年8月，任县民政局局长、党组书记；2012年11月，任苍马山风景旅游区党工委书记。

李　焱　1963年5月生，临沂市兰山区人。1976年12月参加工作，1985年5月加入中国共产党，大学学历。

1976年12月，在临沂艺术学校学习；1980年3月，在临沂市（县级）公安局户政科工作；1991年4月，任临沂市（县级）公安局治安科副科长；1993年7月，任临沂市（县级）公安局大岭派出所所长；1995年6月，任临沂市公安局罗庄分局指挥中心主任；1999年9月，任临沂市公安局罗庄分局工会主任；2000年1月，任市公安局罗庄分局局长助理、指挥中心主任；2002年5月，任市公安局罗庄分局党委委员、副局长；2005年8月，任市公安局兰山分局党委委员、副局长；2007年9月，任市公安局治安警察支队副支队长；2009年11月，任临沭县公安局党委书记、局长；2011年11月，任县政府党组成员、县公安局党委书记、局长；2013年2月，调离临沭。

杨会军　1963年12月生，郯城县庙山镇人。1981年7月参加工作，1986年1月加入中国共产党，省委党校大学学历。

1978年8月，在临沂卫校学习；1981年7月，任韩村卫生院医生；1985年1月，任韩村镇团委副书记；1986年10月，任韩村镇团委书记；1987年5月，任韩村镇党委秘书；1990年4月，任韩村镇党委宣传委员；1991年7月，任韩村镇党委副书记；1993年1月，任芦庄乡党委副书记；1993年12月，任石门镇党委副书记、镇长；1995年5月，任朱仓乡党委副书记、乡长；1997年4月，任朱仓乡党委书记；1998年12月，任白旄镇党委书记；2001年12月，任郯山镇党委书记、人大主席；2003年3月，任县财政局党组副书记、局长；2004年11月，任县财政局党组书记、局长；2006年3月，任县政府党组成员、县长助理，县财政局党组书记、局长；2007年12月，任县政协党组成员、副主席，县财政局党组书记、局长；2009年1月，任县政府党组成员、副县长，县财政局党组书记、局长；2009年3月，任县政府党组成员、副县长，县财政局党组书记；2010年5月，任县政府党组成员、副县长；2011年4月，任县政府党组成员、副县长，县经济开发区管委会主任；2011年12月，任县委常委，县政府党组成员、副县长，县经济开发区管委会主任。

宋玉智　1965年12月生，郯城县马头镇人。1983年7月参加工作，1985年8月加入中国共产党，省委党校大学学历。

1981年9月，在临沂商业学校财会专业学习；1983年7月，任郯城县小埠食品站会计；1984年8月，任郯城县委办公室机要科机要员；1986年1月，任郯城县港上乡整党联络员；1986年6月，任郯城县委办公室机要科机要员；1988年11月，任郯城县委办公室秘书；1993年5月，任郯城县委办公室副科级秘书；1993年8月，任郯城县委办公室秘书科科长；1996年8月，任郯城县委办公室副主任；1998年11月，任郯城县红花乡党委副书记、乡长；2001年5月，任郯城县新村乡党委书记、人大主席；2004年2月，任郯城县林业局局长、党组书记；2006年7月，任郯城县财政局局长、党组书记；2007年1月，任郯城县政府党组成员、副县长候选人；2007年2月，任郯城县政府副县长、党组成员；2007年11月，任临沭县政府副县长、党组成员；2011年11月，任临沭县委常委，县政府党组成员、副县长；2011年12月，任县委常委，县政府党组副书记、常务副县长。

宋兴良　1968年3月生，苍山县人。1989年7月参加工作，2003年4月加入中国共产党，博士研究生学历。

1987年9月，在临沂师专化学系化学专业学习；1989年7月，任苍山县南桥中学教师；2000年9月，在山东大学环境科学与工程学院分析化学专业读硕士研究生；2003年7月，任临沂师范学院、临沂大学教师（其间：2006年9月至2010年6月，在中国海洋大学化学化工学院海洋化学专业读博士研究生）；2011年8

月，任临沂大学化工学院副院长；2012年7月，挂职临沭县政府副县长；2013年7月，调离临沭。

宋国山　1969年5月生，莒南县人。1985年10月参加工作，1990年11月加入中国共产党，中央党校大学学历。

1985年10月，任烟台警备区后勤部战士（其间：1987年9至1989年7月，在天津运输工程学院储运系学习）；1989年7月，任济南军区滕县汽车油料仓库一队正排职管理员；1991年3月，任济南军区莒南综合仓库政治处正排职干事（其间：1991年9月至1992年12月，在济南陆军学院政治理论专业学习）；1992年12月，任济南军区莒南综合仓库政治处副连职干事；1994年2月，任济南军区莒南综合仓库政治处副连职管理员；1995年4月，任济南军区莒南综合仓库管理处保管一队副队长（正连）；1995年8月，任济南军区第146医院政治处正连职干事（其间：1994年9月至1996年12月，在山东省委党校经济管理专业学习）；1997年6月，任济南军区第146医院政治处政治协理员（副营职）；1999年8月，在临沂市纪委监察局工作（其间：1999年12月过渡为机关工作者）；2002年4月，任临沂市纪委监察局副科级检查员（其间，2000年8月至2002年12月，在中共中央函授大学本科法律专业学习）；2004年11月，任临沂市纪委第一纪检监察室副主任（其间：2004年4月至2005年4月，挂职沂南县孙祖镇党委副书记）；2006年6月，任临沂市纪委审理室副主任；2008年7月，任临沂市纪委干部室副主任；2008年12月，任临沂市纪委副县级检查员；2010年1月，任临沂市纪委干部室主任；2011年6月，任中共临沭县委常委、组织部长。

张伟峰　1973年10月生，临沂市经济技术开发区人。1991年7月参加工作，1993年5月加入中国共产党，省委党校研究生学历。

1991年7月，任南古镇中心小学教师；1992年9月，任青云镇政府办事员；1993年7月，先后任县政府办公室科员、副主任、史志办主任、行政管理中心主任；2007年11月，任南古镇党委书记；2011年9月，任县经济开发区党工委副书记、管委会副主任；2012年2月，任县人口和计划生育局党组书记、局长；2013年7月，任青云镇党委书记；2013年8月，任副县级干部、青云镇党委书记。

张庆贵　1962年3月生，曹庄镇西山前村人。1984年7月参加工作，1992年10月加入中国共产党，大学学历，中学高级教师。

1982年7月，在临沂师专中文专业学习；1984年7月，任临沭一中语文教师；1993年11月，任临沭一中教导处副主任；1998年8月，任临沭一中办公室主任；2001年8月，任临沭一中副校长、党委委员；2005年7月，任临沭一中副校长、党委副书记；2006年7月，任临沭一中校长、党委副书记。

张秀颀　1966年12月生，费县朱田镇人。1987年7月参加工作，1987年7月加入中国共产党，省委党校大学学历。

1987年7月，任县人民法院干部；1990年10月，任县政府办公室信息调研秘书；1993年8月，任县政府办公室督察科科长；

1993年，任县政府办公室副科级秘书；1996年12月，任县政府办公室副主任、党组成员；1998年12月，任官庄乡党委书记；2001年1月，任青云镇党委书记；2001年12月，任青云镇党委书记、人大主席；2003年3月，任临沭镇党委书记；2005年3月，任临沭镇党委书记、人大主席；2006年3月，任县政府党组成员、县长助理，临沭镇党委书记、人大主席；2006年11月，任县政府党组成员、县长助理；2007年3月，任县政府党组成员、县长助理，县旅游局党组书记、局长，苍马山风景区管理处主任；2007年11月，任县政府党组成员、县长助理，县经济开发区党工委书记，县旅游局党组书记、局长，苍马山风景旅游区管委会党组书记、主任；2008年12月，任县委党校党总支书记；2009年1月，任县委党校党总支书记、常务副校长。

陈庆祥　1963年4月生，白旄镇人。1982年7月参加工作，1990年10月加入中国共产党，大学学历。

1980年7月，在莒南师范学习；1982年7月，任周庄公社寨子完小教师；1983年7月，任周庄公社农中教师；1984年8月，任郑山乡姜屯联中教师；1986年8月，任临沭镇第四小学教师；1990年11月，任临沭镇教委办教师；1991年7月，任县人事局办事员；1993年4月，任县委宣传部秘书；1995年5月，任唐岭乡党委副书记；1998年4月，任醋庄乡党委副书记、乡长；2001年1月，任大兴镇党委副书记、镇长；2003年3月，任大兴镇党委书记、人大主席；2006年3月，任县发展和改革局党组书记、局长；2009年3月，任县政府党组成员，县长助理，县发展和改革局党组书记、局长；2010年11月，任县政府党组成员，县发改局党组书记、局长；2011年4月，任县政府党组成员，临沭一中党委书记，县发改局党组书记、局长；2012年2月，任临沭一中党委书记、县教体局局长。

武玉芹　女，1965年4月生，沂水县人。1983年12月参加工作，1986年5月加入中国共产党，省委党校大学学历。

1983年11月，任县物价局农产品调查室调查员；1984年12月，任县物价局成本调查室副主任；1992年12月，任县物价局成本调查室主任；1994年6月，任县工商局人教科科员（其间：1994年9月至1996年12月，在山东省委党校经济管理专业业余本科班学习）；1997年5月，任县物价局办公室主任；1998年12月，任大兴镇副镇长；2001年12月，任店头镇党委副书记、纪委书记；2003年3月，任店头镇党委副书记、镇长；2005年3月，任玉山镇党委书记、人大主席；2007年11月，任县政府党组成员、副县长候选人；2007年12月，任县政府党组成员、副县长；2009年9月，任县委常委；2011年2月，任县委常委、政法委书记；2011年12月，任县委常委、宣传部长。

庞运涛　1958年9月生，沂水县沂水镇人。1980年7月参加工作，1985年3月加入中国共产党，省委党校大学学历。

1978年9月，在烟台粮校学习；1980年7月，任观堂粮所会计；1981年7月，任县粮食局会计股会计；1984年7月，任县粮食局财会股副股长；1988年1月，任县检察院经济检察科副科长；1989年3月，任县检察院经济检察科检察员；1992年5月，任周庄乡党委副书记；1993年12月，任蛟龙镇党委副书记、镇长；1996

年5月，任前庄乡党委书记；1998年4月，任南古镇党委书记；2001年4月，任县环保局党组书记、局长；2007年11月，任民政局党组书记、局长；2010年6月，任县职业中专党总支书记，县民政局党组书记、局长，县社会组织部工作委员会书记；2010年8月，任县职业中专党总支书记，县社会组织部工作委员会书记。

孟庆然 1964年9月生，郑山街道后寨村人。1985年7月参加工作，大学学历，中学高级教师。

1982年8月，在临沂师专数学系学习；1985年7月，任临沭一中教师（其间：1992年8月至1995年12月，在曲阜师范大学数学教育专业学习）；1998年8月，任临沭一中教务处副主任；2001年8月，任临沭二中副校长；2005年7月，任临沭二中校长；2007年12月，任临沭县政协副主席、临沭二中校长。2012年8月，任县政协副主席、县教体局副局长。

胡怀权 1963年1月生，临沭街道人。1984年7月参加工作，1988年8月加入中国共产党，大学学历。

1984年7月，任县商业局副食品加工厂技术员；1984年12月，任县商业局副食品加工厂主任；1987年11月，任县商业局副食品加工厂厂长；1988年12月，任芦庄乡第二食品厂副厂长；1991年1月，任县经委科技科办事员；1992年5月，任县经委科技科副科长、技改科副科长；1994年3月，任县经委副主任、党委委员；1998年8月，任县技术开发办公室主任；2002年6月，任县经贸局副局长、党委委员、个体私营经济服务中心主任；2003年3月，任县科技局副局长、党组副书记；2005年3月，任县外经贸局局长、党组书记；2008年7月，任县外经贸局局长、书记，县经贸局副书记、副局长；2009年1月，任县经贸局党委书记、局长；2010年5月，任县经济贸易和信息化局党委书记、局长；2011年4月，任县经济开发区管委会常务副主任，县经信局党委书记、局长；2011年9月，任县经济开发区党工委副书记、管委会常务副主任。

钟　华 1962年10月生，日照市东港区涛雒镇栈子村人。1983年7月参加工作，1987年9月加入中国共产党，大学学历。

1983年7月，任沂水师范教师；1986年8月，任临沭县委党校教师；1987年10月，任县委宣传部办事员；1989年3月，任县委宣传部干事；1992年6月，任县委宣传部秘书；1993年3月，任县精神文明办公室主任；1993年12月，任周庄乡党委副书记；1995年5月，任大兴镇党委副书记、镇长；1998年4月，任青云乡党委书记、人大主席；2001年1月，任郑山镇党委书记；2001年2月，任县政府副县长候选人；2001年3月，任县政府党组成员、副县长；2006年3月，任县政府党组副书记、副县长；2007年1月，任县委常委，县政府党组副书记、副县长；2011年2月，任县政协党组书记、主席。

侯　雷 1972年1月生，郯城县高峰头镇高峰头村人。1993年7月参加工作，1996年6月加入中国共产党，省委党校研究生学历。

1991年9月，在临沂师范专科学校学习；1993年7月，任郯城县职工中专教师；1995年3月，任郯城县检察院科员；1996年11月，任郯城县检察院书记员；1998年3月，任郯城县检察院助理检察员；1998年12月，任郯城县黄山镇党委宣传委员；2002年1月，任郯城县红花乡党委副书记、纪委书记；2006年7月，任郯城县泉源乡党委副书记、乡长；2009年7月，任郯城县庙山镇党委书记、人大主席（其间：2008年9月至2011年6月，在山东省委党校在职干部研究生班经济管理专业学习）；2011年12月，任临沭县法院党组书记、院长候选人；2012年2月，任县法院党组书记、院长。

姜自棠　1963年12月生，青云镇庙庄村人。1981年7月参加工作，1986年12月加入中国共产党，省委党校研究生学历。

1979年9月，在临沂市供销学校学习；1981年7月，任岌山供销社办事员；1984年8月，任县统计局办事员；1989年12月，任县统计局秘书；1991年9月，任县委组织部青年干部干事；1996年5月，任县委组织部干部科科长；1998年8月，任县委组织部副部长；2002年6月，任县委组织部副部长、老干部局局长；2003年3月，任县委组织部副部长，县人事局党组书记、局长；2006年1月，任临沭县委常委，县委组织部副部长，县人事局党组书记、局长；2006年3月，任县委常委；2007年1月，任县委常委、宣传部部长；2011年12月，任县委常委，县人大常委会党组书记、副主任候选人；2012年2月，任县人大常委会党组书记、第一副主任。

高希华　1967年9月生，临沭街道人。1986年7月参加工作，1990年6月加入中国共产党，省委党校研究生学历。

1983年8月，在临沂师范学习；1986年7月，任周庄乡小学教师；1987年4月，在县教育局工作；1990年8月，任县政府办公室收发员；1992年，任县政府办公室机要秘书；1994年4月，任县政府办公室后勤办副主任；1996年12月，任县政府办公室后勤办主任；2001年12月，任蛟龙镇党委副书记、镇长；2003年3月，任白旄镇党委副书记、镇长；2005年3月，任朱仓乡党委书记、人大主席；2006年11月，任郑山镇党委书记；2010年11月，任郑山街道党工委书记；2011年12月，任县政府党组成员。

麻建东　1966年8月生，沂南县人。1986年7月参加工作，1990年3月加入中国共产党，大学学历。

1983年9月，在临沂师专学习；1986年7月，任沂南第一中学教师；1988年7月，任沂南县监察局办事员；1991年9月，任沂南县监察局案审科副科长；1993年3月，任沂南县纪委监察局审理室副主任；1994年2月，任沂南县砖埠镇（乡）党委副书记（其间：1992年12月至1995年12月，在曲阜师范大学政治和思想品德教育专业学习）；1997年12月，任沂南县砖埠镇党委副书记、镇长；1999年1月，任沂南县砖埠镇党委书记（其间：1999年8月至2001年10月，在山东大学经济学院政治经济专业研究生课程进修班学习；1998年9月至2001年6月，在山东政法管理干部学院法律专业大专班学习）；2002年1月，任沂南县辛集镇党委书记（其间：2002年9月至2003年1月，在临沂市委党校参加第十二期中青班培训学习）；2004年2月，任沂南县委组织部常务副部长；2004年7月，任沂南县委常委、宣传部部长；2007年1月，任平邑县委常委、宣传部部长；2008年12月，任平邑县委常委、纪委书记；2011年11月，任临沂市国有资产监督管理委员会副主任、党委委员；2012年5月，任临沂高新技术产业开发区党工委副书记；2013年8月，任临沭县委副书记。

密长诚 1970年3月生，临沂市罗庄区人。1990年7月参加工作，1996年1月加入中国共产党，研究生学历。

1990年7月，任临沂市（县级）傅庄中心校教师（其间：1991年7月至1994年1月，在临沂师范专科学校中文专业学习）；1995年2月，任罗庄区傅庄中心校教师；1996年3月，在罗庄区体改委工作（其间：1996年9月至1998年12月，在山东省委党校经济管理专业学习）；1999年6月至2002年1月，任罗庄区体改委副主任；2002年1月，任罗庄区政府办公室党组成员、副主任；2003年10月，任罗庄区政府办公室党组成员、副主任，区体改办副主任；2004年3月，任罗庄区罗庄街道党工委副书记、办事处主任；2006年11月，任罗庄区傅庄街道党工委书记；2011年12月，任罗庄区政府副区长；2013年5月，任临沭县政府副县长。

程守田 1966年8月生，莒南县人。1987年7月参加工作，1987年6月加入中国共产党，省委党校研究生学历。

1982年9月，在日照师范学习；1985年9月，在临沂师专学习；1987年7月，在莒南七中任教；1990年10月，任莒南县官坊乡党委秘书；1993年1月，任莒南县官坊乡党委宣传委员；1994年12月，任莒南县委办公室副科级秘书；1999年1月，任莒南县石莲子镇党委副书记、镇长；2001年2月，任沂水县副县长候选人；2001年3月，任沂水县政府副县长、党组成员；2006年1月，任沂水县委常委、政法委书记；2007年1月，任沂水县委常委、纪委书记；2007年12月，任沂水县委常委、副县长；2008年7月，任沂水县委常委、副县长，临沂市对口支援通口灾后恢复重建工作领导小组办公室副主任、通口工作指挥部指挥（正县级）；2008年12月，任临沂市对口支援通口灾后恢复重建工作领导小组办公室副主任、通口工作指挥部指挥（正县级）；2011年1月，任临沂市临港经济开发区党工委副书记、管委会副主任(正县级)；2011年11月，任临沭县委副书记、县长候选人；2011年11月，任县委副书记，县政府党组书记、县长候选人；2012年2月，任县委副书记、县政府党组书记、县长。

傅　磊 1970年7月出生，沂南县人。1992年7月参加工作，1995年10月加入中国共产党，省委党校研究生学历。

1988年9月，在山东农业大学畜牧系学习；1992年7月，任临沂种畜场助理畜牧师；1993年11月，任临沂市畜牧局科员；1997年7月，任临沂市畜牧局纪检员；1997年12月，任临沂市畜牧局人事老干科副科长；1999年5月，任临沂市畜牧局人事老干科科长；2004年5月，任临沂市畜牧办公室纪检组长、党组成员（其间：2001年9月至2004年6月在山东省委党校在职干部研究生班经济管理专业学习）；2007年3月，任临沂市畜牧局纪检组长、党组成员；2007年7月，任临沂市畜牧局副局长、党组成员；2007年11月，任沂水县政府副县长候选人；2007年12月，任沂水县政府副县长；2008年12月，任沂水县委常委、组织部长；2011年11月，任临沭县委副书记；2013年8月，调离临沭。

缪兴智　1968年4月生，广饶县人。1987年11月入伍，1991年6月加入中国共产党，中央党校大学学历，上校军衔。

1987年11月，任济南军区第十一分部教导队战士；1988年2月，任济南军区第十一分部警通连战士；1989年9月，在重庆通信学院学习；1991年7月，任济南军区第三通信总站四营五连技术员，技术十四级；1993年9月，任济南军区第三通信总站四营五连五分队分队长；1995年5月，任济南军区第三通信总站四营五连副连长；1995年12月，任济南军区第三通信总站四营五连助工，技术十三级；1997年6月，任济南军区第三通信总站四营五连连长；2000年3月，任济南军区第三通信总站后勤处营房股股长；2002年2月，任济南军区第三通信总站三营营长；2004年1月，任济南军区第三通信总站后勤处处长；2005年1月，任济南军区第三通信总站副主任；2009年1月，任成武县委常委、人民武装部政委；2011年3月，任临沭县人民武装部政委；2011年5月，任临沭县委常委、人武部政委。

山东省劳动模范

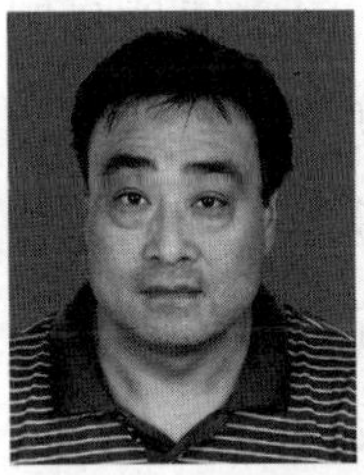

王济钦　1967年12月生，曹庄镇朱村人，中专学历，中共党员，曹庄镇朱村党支部书记、村委会主任、临沭县珍珠苑种植专业合作社主任。2013年12月，被山东省人民政府授予“山东省劳动模范”称号。

1991年10月，任曹庄镇朱村村委委员；2003年4月，任朱村支部委员、村委委员；2011年4月，任朱村党支部书记、村委会主任；2011年9月，任朱村党支部书记、村委会主任、临沭县珍珠苑种植专业合作社主任。

王济钦当选为朱村党支部书记兼村委主任后，开拓进取、勇挑重担，团结带领党员干部群众集思广益，增收致富。与群众一起多方考察，全面论证，引导群众改变传统种植观念，经多方筹措，于2011年9月成立临沭县珍珠苑种植专业合作社，参社人员达150余户、500余人。为全村群众脱贫致富、加快建设小康社会，走出一条发展现代农业特色经济的新路子。合作社种植基地位于新沭河、分沂入沭河交汇处，计划总投资5000万元，占地133.33公顷，最终建成集观光、采摘、生态经济于一体的“四园一中心”现代农业示范园。一期占地33.33公顷，完成投资1200万元，主要建设葡萄科技示范园和大棚特色蔬菜园，园区主体工程和水、电、路、渠等配套设施均已竣工，并成功注册“珠村”和“七岌山”商标。

王济钦任职期间，朱村的村情村貌发生了深刻变化，由一般村变成先进村，多次被市、县授予生态文明建设工作先进村、城乡环境综合整治先进村、创先争优先进基层党组织等称号。

一是廉于心。从思想作风上加强自身建设，树正气、强责任。村内大事决策、财务开支等，全部公开透明，切实做到办事公、财务清；严格执行民主决策程序，所有村级重大事项，全部按照民主决策程序进行决策，确保公开、公平、公正，得到全村广大群众信任、拥护和支持。二是勤于行。坚持“群众利益无小事”，深入了解群众困难，帮助贫困家庭走出困境。恪尽职守、勤政为民，多次自费到县、镇协调办理农村电网改造、招商引资等项目，协调推进全村各项事业快速发展。三是富于民。充分利用沭河沿岸地理优势，引导村民发展网箱养殖淡水鱼53.33公顷，利用滩涂汪塘发展黑鱼养殖20公顷，鹅鸭5万余只；利用招商引资，与南航集团合作，流转土地66.67公顷，建设集旅游、观光、采摘为一体的现代农业示范园区，拓宽农民增收途径。四是利于村。村容村貌日新月异，硬化道路6000余米、砌下水道2000余米，新上路灯120盏；建成青年活动中心、图书阅览室、便民服务代办点，做好红色文化基地建设和清代民居文化遗产保护；规划沿河生态园林33.33公顷，种植绿化苗木30多万株（棵），为村集体每年增加60多万元。

张　庆　1972年2月生，中专学历，1991年参加工作，任金沂蒙集团技术员，2008年创建临沂市长生园种植园，2011年成立临沭县尚润种植专业合作社，任理事长。2013年12月，被山东省人民政府授予“山东省劳动模范”称号。

合作社注册资金500万元，计划投资1.5亿元，承担临沭县科技攻关项目“北虫草高效栽培技术研究”，是国家蔬菜标准园创建单位。主要产品有北虫草、杏鲍菇、灰树花、黑木耳、彩椒、茄子、黄瓜、草莓等珍稀食用菌及蔬菜，主打产品如北虫草、杏鲍菇、灰树菇等珍惜食用菌的市场需求量远远大于供应量，平均利润达30%以上，预计年利润达3000万元。2012年，安排毕业大学生50人，带动周围农户150户，户年均收入增加3万余元。

合作社注册“亿众”商标，并通过绿色产品认证，获得中国绿色食品2012年上海博览会产品畅销奖。承担的“北虫草高效栽培和深加工技术研究”项目获临沭县科技进步二等奖。2012年，合作社被确定为临沂市市委理论读书会农业点及全市优质农产品基地品牌观摩会观摩点，作为临沂市优质农产品示范基地品牌建设代表接受临沂市政协视察，受到市领导一致好评。是农业部“菜篮子”项目实施单位，全国农技推广示范县项目优秀示范基地，被临沭县人民政府评为“县级优质农产品生产基地”。

陈宏坤　1970年9月生，中共党员，研究生学历，山东金正大生态工程股份有限公司副总经理、高级工程师，国家缓控释肥工程技术研究中心常务副主任，复合肥料国家地方联合工程研究中心主任，国家缓控释肥产业技术创新战略联盟秘书长，山东省有突出贡献的中青年专家，山东农业大学兼职教授，是政协临沂市第十四届委员。2013年12月，被山东省人民政府授予“山东省劳动模范”称号。

1993年7月参加工作，在北京林业大学从事教学工作；1996年5月，在国家林业局从事工程规划工作；2001年7月，在中关村证券股份有限公司从事工程咨询工作；2004年6月，到山东金正大生态工程股份有限公司工作，从事新型肥料研发及推广、科技创新平台建设、工程和项目管理，并于2009年10月起，在国家缓控释肥工程技术研究中心从事科研平台建设管理工作。

陈宏坤致力于新型肥料技术和系统创新平台工程领域研究。在新型肥料研究方面，研究设计腐殖酸包膜控释肥和脲醛缓释肥两套产业化生产装置，开发20余种新型肥料产品，研制的腐殖酸包膜控释肥被认定为“国家重点新产品”，主持省部级以上科研项目20余项；参与制定国家标准1项、行业标准3项，获省级科技奖励3项、市级科技奖励6项，获授权发明专利10项，发表论文20余篇，参编著作1部。

在创新平台体系建设方面，率先在国内组织成立“国家缓控释肥工程技术研究中心”，系统构建以工程研究中心为核心层，以博士后科研工作站、复合肥料国家地方联合工程中心、山东省院士工作站、北京金正大控释肥研究院、山东省中美缓控释肥合作研究中心、金正大（美国）新型肥料研发中心等为支持层，以产学研联合单位为合作层的三层次互为支撑、有机衔接的技术创新组织体系。该创新体系获得2012年度国家科技进步二等奖。

注重产学研合作创新，提出“全面开放式合作创新”理念，将新型肥料产业技术创新链的全过程作为产学研合作的主线，通过技术合作、共建研发机构、开放式科研基金、战略联盟等形式先后与40余家科研院校合作，建立开放式创新平台，负责牵头组建“国家缓控释肥产业技术创新战略联盟”，提升企业创新能力，为行业发展探索出一条崭新的产学研融合之路。

作为科学研究人员，非常重视技术成果转化推广应用，在行业内首创“政、产、学、研”的缓控释肥推广模式，与全国农业技术推广服务中心、23省土肥站、12省农科院开展“试验+反馈+示范+推广”的技术产品推广模式。通过试验反馈，改进技术和产品创新，再通过示范进行推广，实现技术创新与市场的互动转化。提出“缓控释BB肥”“同步营养肥”和“种肥同播”为内容的科学施肥技术创新模式。

近10年来，始终工作在科研一线，在新型肥料技术开发、产品研制、重大工程设计、创新工程体系建设等领域取得显著成绩，对促进企业发展，推动山东省新型肥料技术创新和区域创新发展做出重要贡献。

因公牺牲人员

李　波　1979年10月生，玉山镇胡子前村人，大学文化，中共党员，一级警司警衔。2001年考入山东公安专科学校，2004年8月分配到沂南县公安局工作，2006年8月调入临沭县公安局刑警大队。2013年3月6日，办案途中突发意外牺牲。

2013年春节刚过，公安部部署的“打盗抢，保民安”行动拉开帷幕。临沭县公安机关积极响应，自2月18日开始，在全县开展“春雷”打击整治行动，打击各类违法犯罪分子。李波所在的刑警大队三中队，连分管大队长在内只有3名民警。“春雷”行动中，李波积极主动，一马当先，以高度的工作热忱投入破案会战。他把网上公布的200多名临沭籍逃犯名单随身携带，逐个分析案情，揣摩逃犯去向。2月22日，在其精心部署下，亲手将在江苏省盗抢作案16起的上网逃犯杨某擒获。3月4日，根据此前侦查获取的线索，经过连续一周的昼夜奋战，3中队挖出一个拐卖7名儿童的5人重大犯罪集团，抓获高某、马某（女）等3名犯罪嫌疑人。侦查、抓捕、审讯，他和队友连续加班加点。3月6日上午，就在他们准备守候抓捕另2名漏网嫌疑人时，临沂市看守所提出对羁押的拐卖儿童女嫌疑人马某进行复（体）检。本来就人手不够，李波2人带着马某到临沂人民医院重新复检。挂号、交款、排队、挂号，临近12点，抓捕另两名嫌疑人时机成熟。鉴于体检结果不能马上出来，李波立即赶回临沭县刑警大队，组织力量，在城区成功将王某、卢某成功抓获。13时许，李波匆匆吃完午饭，又只身赶往临沂领取嫌犯马某体检报告单。15时，临沂市看守所（位于市经济开发区重沟镇）根据体检数据，开具马某不适合羁押的证明，急于赶回参加审讯的李波驾车返回临沭。15时10分，当他行至327国道临沂市动植物园南路段时，因工作过度劳累，所驾车辆突然冲向沭河大堤西侧，瞬间车辆翻入大坝西侧水塘中。虽经110民警、过往以及周围群众拼力抢救，15时36分因溺水停止呼吸。3月8日，经临沂市公安局研究并报山东省公安厅审核同意，确认李波为因公牺牲。

李波参加公安工作9年来，始终牢记人民警察的神圣职责，以高度的责任感和强烈的事业心，将满腔工作热忱投入到忘我的执法服务工作中。9年间，他抓获违法犯罪分子170多名，查破治安刑事案件300余起，其中刑事案件220余起。他以公正平和的执法理念，拼搏奋进的工作热忱，扎实厚重的业务功底，心系百姓的爱民情怀，在打击犯罪的刑事侦查岗位上，践行人民警察忠于党、忠于人民、忠于法律的政治本色，向党和人民递交了一份奉献无悔的合格答卷。先后2次被评为全县优秀共产党员，3次被评为优秀公务员，4次被通令嘉奖。

李波牺牲后，新华网、《人民公安报》《山东法制报》《临沂日报》等20多家媒体先后以《刑警李波执法办案途中光荣牺牲》《没有归期的征程》为题对李波的事迹进行报道，在社会上引起巨大反响。

2013年度临沭县级劳动模范名录

表53

姓　名	性别	出生年月	政治面貌	文化程度	参加工作时间	工作单位职务	所获荣誉称号
王广远	男	1972年8月	中共党员	中专	1990.03	县经信局综合科、信息化科科长	县劳模
莫宗为	男	1964年10月	中共党员	本科	1986.07	县供电公司副总经理	县劳模
闵彬彬	男	1982年2月	中共党员	本科	2004.08	山东伟业集团副总经理	县劳模
王　伟	女	1974年4月	中共党员	本科	1995.10	县地税局人事科科长	县劳模
杨传民	男	1974年3月	中共党员	大专	1992.09	县物价局办公室副主任	县劳模

续表 53

姓　名	性别	出生年月	政治面貌	文化程度	参加工作时间	工作单位职务	所获荣誉称号
谢国华	男	1976 年 2 月	群众	本科	2001.11	县农业局主任	县劳模
魏学光	男	1954 年 2 月	中共党员	大专	1969.12	县邮政局办公室主任	县劳模
王晓岭	男	1966 年 6 月	中共党员	中专	1984.10	县房住局房屋拆迁办公室主任	县劳模
张跃峰	男	1980 年 6 月	中共党员	本科	2006.09	县商务局生猪屠宰执法大队长	县劳模
刘淑锋	男	1980 年 8 月	中共党员	研究生	2009.02	县委组织部办公室值班负责人、人才办副主任、共青团临沭县委常委	县劳模
袁　敬	男	1977 年 7 月	中共党员	大学	2000.07	县府办公室机要文书科长	县劳模
刘　玮	女	1967 年 7 月	中共党员	本科	1988.12	县广播电视台广播部主任	县劳模
吕永国	男	1981 年 10 月	中共党员	大学	2000.08	县委宣传部外宣科长	县劳模
刘建峰	男	1966 年 3 月	中共党员	大学	1985.07	临沭街道中心小学校长	县劳模
王　坤	男	1978 年 9 月	中共党员	本科	1998.12	县交警大队科员	县劳模
王　军	男	1981 年 4 月	中共党员	本科	2004.08	县安监局科长	县劳模
王爱军	男	1971 年 12 月	中共党员	大专	1995.10	沂蒙老区酒业公司酿酒车间主任	县劳模
夏雪莲	女	1974 年 2 月	中共党员	本科	1993.07	县国税局监察室主任	县劳模
刘　瑾	男	1968 年 8 月	中共党员	中专	1997.07	临沭街道镇建办主任	县劳模
朱希强	男	1967 年 7 月	民进会员	博士	1990.07	福瑞达公司总经理	县劳模
赵　刚	男	1971 年 2 月	中共党员	专科	1993.08	店头信用社主持工作主任	县劳模
王晓强	男	1971 年 3 月	中共党员	本科	1993.08	石门初级中学校长	县劳模
李敬德	男	1954 年 1 月	中共党员	高中	1970.02	县德坤建材有限公司总经理	县劳模
王朝学	男	1952 年 8 月	中共党员	高中	1975.10	白旄镇党委新闻信息员	县劳模
肖增利	男	1957 年 11 月	中共党员	高中	1976.03	青云敬老院院长、齐庄工作区书记	县劳模
英荣江	男	1969 年 1 月	中共党员	中专	1998.09	大兴镇高埠新村支部书记	县劳模
于加平	男	1956 年 6 月	中共党员	大专	1975.02	井店村党支部书记	县劳模
刘凤存	男	1971 年 5 月	中共党员	大学	1995.07	玉山镇中心校校长	县劳模
王　强	男	1975 年 9 月	中共党员	中专	1996.12	柳庄林场场长	县劳模

2013年度临沭县聘任高级专业技术人员名单

表54

姓　名	单　　位	性别	专业技术职务资格
陈宏坤	山东金正大生态工程股份有限公司	男	工程技术应用研究员
马奉翠	临沭县曹庄镇中心卫生院	女	副主任护师
杨化美	临沭县大兴镇中心卫生院	女	副主任护师
陈　伟	临沭县店头镇中心卫生院	男	副主任医师
高　娜	临沭县临沭街道卫生院	女	副主任医师
庞　璐	临沭县皮肤病防治站	女	副主任护师
王　丽	临沭县玉山镇玉山卫生院	女	副主任护师
王泽峰	临沭县青云镇农业技术推广站	男	高级农艺师
李梦彬	中共临沭县委党校	男	高级讲师
庞增艳	临沭县建宇工程招标代理有限公司	女	高级工程师
王　磊	临沭县方正测绘有限公司	男	高级工程师
刘　强	临沭县计划生育综合服务中心	男	副主任医师
解玉娟	临沭县计划生育综合服务中心	女	副主任护师
吴明燕	史丹利化肥股份有限公司	女	高级工程师
宋祥玲	临沭县玉山镇果茶生产技术指导站	女	高级农艺师
孙运盛	临沭县白旄镇中心小学	男	高级教师
阚怀友	临沭县曹庄镇中心小学	男	高级教师
陆祥忠	临沭县大新镇中心完全小学	男	高级教师
高　丽	临沭县第三初级中学	女	高级教师
王金英	临沭县第三初级中学	女	高级教师

续表 54

姓　名	单　　位	性别	专业技术职务资格
王经红	临沭县第三初级中学	女	高级教师
王守文	临沭县临沭街道第一小学	男	高级教师
李贞军	临沭县临沭镇龙山完小	男	高级教师
王洪华	临沭县青云镇中心小学	男	高级教师
张荣淑	临沭县人民政府机关幼儿园	女	高级教师
谢春荣	临沭县第三初级中学	女	高级教师
孙秀伟	临沭县石门镇中心小学	男	高级教师
王庆钦	临沭县石门镇中心小学	男	高级教师
刘彩霞	临沭县玉山镇唐岭初级中学	女	高级教师
袁照晕	临沭县玉山镇唐岭初级中学	男	高级教师
韩善梅	临沭县玉山镇中心小学	女	高级教师
陈贯永	临沭县郑山街道南古小学	男	高级教师
胡顺光	临沭县职业中等专业学校	男	高级教师
高玉英	临沭街道第四小学	女	高级教师
解现任	临沭县白旄镇中心小学	男	高级教师
古怀彩	临沭县大兴镇中心完全小学	女	高级教师
伏秀娟	临沭县临沭街道第二小学	女	高级教师
丰茂彬	临沭县财政局	男	高级会计师
王克忠	临沭县石门镇财政所	男	高级会计师
周文菊	临沭县财政局	女	高级会计师
刘步侠	临沭县财政局	女	高级会计师
王　丽	临沭县交通运输局	女	高级会计师

去 世 人 物

李 锐（1954年12月—2013年4月） 临沭县人，中共党员，1974年5月参加工作，大专学历。

1974年5月，任临沭县蛟龙公社盘中小学民办教师；1974年12月入伍，历任步兵234团3营战士、副班长、排长；1980年8月，任54725部队步兵某团3营副连长、连长；1985年12月，任陆军26集团军工兵团干事（其间，1986年9月—1989年7月，在解放军工程兵指挥学院学习）；1989年9月，任临沭县监察局科员；1991年10月，任县监察局监察科副科长；1993年4月，任县纪委信访室副主任；1997年4月，任县纪委信访举报室主任；2002年8月—2005年3月，任县纪委常委；2003年9月，任县纪委主任科员。

杨春富（1923年11月—2013年8月） 苍山县下村乡人，1944年5月加入中国共产党，1945年6月参加工作。

1945年6月，在鲁南教导营学习，先后任赵博县五区武装部干事、华东野战军代常备担架队连长、赵博县五区组织委员、苍山县监委副主任、临沂公署监委监察员、郯城县卫生科副科长；1961年9月，任临沭县卫生科副科长；1972年3月，任县计划生育办公室副主任；1981年4月，任县卫生局副局长；1984年5月离岗，1987年6月离休，1989年8月起享受副处级政治、生活待遇。

林凡乐（1938年7月—2013年10月） 莒南县板泉镇集下村人，1971年5月加入中国共产党，1956年4月参加工作，中专学历。

1956年4月，任莒南县食品公司兽医员；1958年9月，在山东财经学院兽医干部学校学习；1960年8月，任莒南县食品公司文书；1961年7月，任临沭县供销社秘书科文书；1962年6月，任县食品公司文书；1964年11月，任共青团临沭县委文书；1969年4月，任南古公社文书；1971年7月，任南古公社党委秘书；1972年6月，任县革委会生产指挥部秘书；1974年4月，任县委办公室秘书；1976年5月，任县“五七”大学副校长、党委副书记；1978年1月，任白旄公社党委副书记；1981年1月，任周庄公社党委书记；1984年5月，任县体委主任；1987年5月，任县委党史征委主任；1990年3月，任县人大常委会专职委员、主任科员；1999年9月退休。是临沭县第八届人大代表，县第十一届、十二届人大常委会委员。

特　载

TEZAI

政府工作报告

——2013年1月17日在临沭县第十六届人民代表大会第二次会议上

临沭县人民政府县长　程守田

各位代表：

现在，我代表县人民政府向大会作工作报告，请予审议，并请县政协委员和其他列席人员提出意见。

一、拼搏奋进，2012年经济社会发展成效显著

2012年，是新一届政府全面施政的第一年。一年来，在县委的正确领导下，在县人大、县政协的监督支持下，县政府团结依靠全县人民，深入贯彻科学发展观，以建设“幸福临沭”为目标，突出创新驱动，狠抓产业升级，注重统筹兼顾，着力改善民生，圆满完成县十六届人大一次会议确定的目标任务，全县经济社会呈现增长加速、结构优化、质量提高、民生改善的好态势、好形势。

一年奋进，我们一起推动了综合实力的显著增强。坚持转调创，推动稳增长，成功应对国际金融危机冲击。预计实现生产总值170亿元，增长12.7%；完成地方财政收入7.23亿元，增长32.5%，在全省前移1个位次；完成公共财政预算支出18.8亿元，增长30.1%，位居全市前列；镇街地方财政收入全部实现过千万元。三次产业协调发展，比例调整为10：52：38。工业经济量质同升。大力实施百企改造升级，累计115家企业实施技改项目130个，完成技改投入60.1亿元。预计完成规模以上工业增加值95亿元、利税23.5亿元，分别增长18.8%、21%，高新技术产业产值占比达29.4%。骨干企业不断壮大，新增规模以上工业企业31家、小微企业258家、个体工商户1453户，年销售收入过亿元的企业57家，利税过千万元的企业23家，金正大公司销售收入突破百亿元。全县有自营进出口权的企业达220家，预计实现进出口总额4.1亿美元，实际利用外资2501万美元。现代农业亮点频现。粮食生产实现十连增。新发展优质农产品基地22个、林产品基地36个，新建标准化养殖小区8处，新认证“三品一标”21个，新增省级农业产业化重点龙头企业2家，推广农户科学储粮仓4000个。全省花生机械化收获现场会、全省玉米机械化施肥暨种肥同播现场会在我县召开。被授予全国农村集体“三资”管理示范县，是全市唯一获奖县区。完成6000亩（400公顷）中低产田改造及7个扶贫重点村项目建设任务，实施1个省级、1个市级和9个县级土地整理项目，苍源河综合治理、农村饮

水安全等工程如期竣工，农业生产条件得到较大改善；强化河道采砂管理，征收管理费720万元。现代服务业活力增强。预计完成社会消费品零售总额80亿元，增长15.5%。九州超市、常林国际大酒店、孙蒿科农贸市场等一批服务业设施建成使用。强化重点景区开发建设，苍马山、冠山景区提档升级，沭河古道5处文化休闲景点得到整修提升，成功申报山东沭河国家湿地公园，岌山省级地质公园取得建设资格。优化金融生态环境，银企合作到位资金61亿元，全国首家县级网络融资服务平台“临沭金融网”建成运营，贷款余额首次突破100亿元，社会融资总规模达145亿元。

一年奋进，我们一起实现了发展层次的快步跃升。坚持创新驱动、集约节约，经济社会发展的活力不断增强。实施市级以上科技计划项目34个，建立国家级工程技术研究中心、认定企业技术中心、示范型国际科技合作基地各1家，省级企业技术中心、工程技术研究中心等13家。加大人才培养引进力度，组织引进外国专家37人，瑞典专家阿尔夫先生荣获中国政府“友谊奖”，成为全市首位获此殊荣的外国专家；在北京大学、北京华商管理科学研究院举办企业家培训班5期，培训人员600余人次。“质量兴县”“品牌强县”战略深入推进，全国化肥产品质量提升示范项目现场会在我县召开，经验在全国推广；累计争创中国驰名商标5件、名牌产品1个、地理标志2个，省著名商标19件、名牌产品12个。园区建设竞相发展，集聚和支撑作用日益明显，“镇区合一”管理体制改革顺利实施，经济开发区进入全省50强，被评为“山东省新型工业化示范基地”；滨海高新区主体框架基本拉开，正向着省级高新技术产业园区目标大步迈进。招商引资实现大突破，成功引进投资200亿元的中国民营科技促进会临沭新兴产业园、投资115亿元的煤基多联产、投资22亿元的氟硅化工及钙基材料产业园、投资12亿元的甲醇制烯烃联产清洁汽油、投资6亿元的长和科技、投资6亿元的海佑福瑞达等大项目好项目；累计引进亿元以上项目15个，实际利用县外资金25.2亿元。项目建设数量和质量实现大的飞跃，共向上争取资金1.8亿元，有8个项目列入省转方式调结构重点项目、10个项目列入市重点技改项目；常林高端液压件顺利通过工信部组织的产品鉴定并批量生产，填补了国内空白；预计完成规模以上固定资产投资110亿元，增长23%，其中高新技术产业投资占比达21.5%。制定了招商引资大项目评审机制，从源头上严格控制“两高”行业项目，预计全年万元GDP能耗同比下降3.77%以上，经济发展的“绿色指数”不断提高。

一年奋进，我们一起见证了城乡面貌的积极变化。坚持以城带乡、城乡统筹，城乡建设呈现功能优化、亮点纷呈的崭新风貌。完成县城市总体规划、村镇体系规划、建成区修建性详细规划修编工作，城中村改造、城区道路建设等专项规划取得阶段性成果。中心城区建设规模膨胀、功能提升，完成投资3.6亿元，实施了城市3万吨引水、红石湖公园改造等重点工程，新增城市绿化面积100万平方米，集中供暖面积达130万平方米。完成北城区“四纵两横”道路建设，拉开了城市发展框架；县人民法院审判楼、小韩庄居民楼等项目基本完工，苍源河文化公园建设扎实推进。城中村改造实现大突破，完成5个城中村和8个棚户区改造任务，拆迁腾空土地61.5万平方米，安置还建居民用房14万平方米。创新城市管理，实施“六项工程”，深化“六个整治”，城市形象不断提升。房地产市场态势向好，完成房地产开发投资7.7亿元，建设保障性住房2295套。坚强智能电网建设加快推进，全县变电站基本实现双主变、双电源供电，城网农网改造同步展开。投资2.8亿元，完成冠山路、兴大街等城区道路及观石路、沭赣路等农村公路改造提升，新建改造城乡道路307.6公里；城乡公交“三公一统”模式在全市推广；长深高速公路竣工通车，沂沭铁路成为全国唯一一条恢复建设的地方铁路，全县道路交通网络更为便捷畅通。小城镇和新型农村社区建设进一步提速，新增建筑面积19万平方米，新建农村住房3806户、改造危房990户。大力推进土地增减挂工作，完成拆迁2437户，复垦土地1701亩（113.4公顷）、废弃工矿用地853亩（56.8公顷）。以“七清七建”为重点，深化城乡环境综合整治，23个农村社区完成“三上”工程，镇街全部建成垃圾中转站、污水处理站，实现省级“生态镇街”全覆盖，被授予国家级生态示范区。

一年奋进，我们一起谱写了富民惠民的和谐乐章。坚持以人为本、执政为民，让广大群众共享发展成果。实施了21项重点民生工程和42件民生实事，集中解决了一批重大民生问题。完成公共财政预算民生投入14亿元，增长26.8%，占财政支出的74.4%，加上政府性基金投入的民生工程资金，民生总投资达20.3亿元。大力推进富民增收，城镇居民人均可支配收入达20600元，农民人均纯收入达9200元，分别增长14%、16%；机关事业单位人员实现了工资正常增长。扎实推进就业创业，新发展创业基地5处，发放小额担保贷款5325万元，居全市首位；完成各类技能培训2.1万人，新增就业1.4万人、转移农村劳动力就业2.4万人，城镇登记失业率为1.67%。完善社会救助体系，社会福利服务中心、残疾人康复中心开工建设，城乡低保、农村五保、大病医疗救助、优抚对象和退役士兵补助自然增长机制得到落实，再次荣膺省双拥模范县。坚持优先发展教育，16处校安工程顺利推进，第二、第三实验小学和周庄小学建成使用，县职业学校扩建、特殊教育学校迁建、临沭街道教育综合体等工程快速推进；教育信息化云空间“三通工程”成效初显，被列为全国教育信息化试点县，经验做法在全国推广。深化医药卫生体制改革，镇街卫生院和村级卫生室顺利实施国家基本药物制度，药价平均降幅达35%以上；县级医疗机构和镇街卫生院实施“先诊疗、后付费”服务模式，简化了就诊流程，节省了就诊时间。实施文化惠民工程，新建、改造提升文化大院50家、农家书屋43家，广播电视村村通入户率达77%，荣获全省农村公共文化服务优秀实践奖。《草柳编技艺》成功入选第三批省级非物质文化遗产保护名录。全民健身运动广泛开展，竞技体育实力得到提升。人口计生工作扎实推进，低生育水平保持稳定，跨入全市第一方阵。安全生产总体形势平稳，没有发生较大及较大以上生产安全事故。严厉打击病死病害猪肉和地沟油违法犯罪行为，依法重判犯罪分子22名，社会反响很好，有效遏制了私屠滥宰行为。社会管理综合治理全面加强，普法依法治理工作成效显著，和谐稳定局面更加巩固。征兵工作创造了连续51年无责任退兵的全国最高纪录，军民团结、军政团结的良好局面进一步巩固。此外，妇女儿童、青少年、老年人、残疾人权益得到切实保障，民族宗教、外事侨务不断进步，人民防空、防震减灾、气象、统计、机构编制、档案、物价、史志等事业取得新成绩。

一年奋进，我们一起促进了施政水平的持续提高。坚持依法行政、勤勉履职，政府自身建设再上新水平。深入开展“五不五比”主题实践活动，大兴落实之风，坚持深入一线，加快工作节奏，凝聚发展合力，保证了县委各项决策落到实处。自觉接受人大及其常委会的法律监督和工作监督，主动接受政协的民主监督，共办理人大代表议案和建议69件、政协委员提案193件，办结率达到100%。行政审批“两集中、两到位”改革继续深化，所有行政审批事项全部纳入统一管理；规范公共资源交易中心建设，扩大涉企“一费制”试点范围，8个镇街完成便民服务中心改造提升，发展环境不断优化，被授予“山东省投资环境最佳县”。扎实开展“行政程序年”活动，依法行政深入推进。制定了政府投资项目评估评审、出让国有土地价格评估、政府采购协议供货管理等制度，政府工作更加程序化、规范化、透明化。畅通群众诉求渠道，累计办理“县长信箱”“民生热线”1652件，做到“件件有着落，事事有结果”。严肃财经纪律，加强对机关事业单位日常经费开支和镇街财政财务的监管，每年两次例行财经纪律检查，行政公务开支下降9%。强化行政监察、执法监察和审计监督，政府公信力、执行力进一步增强。

各位代表，过去的一年，面对国内外经济下行、各种困难比较集中突出的新形势，我们坚定信心、抢抓机遇、扎实苦干，用智慧和汗水谱写了临沭发展史上的新篇章。回顾一年来的艰辛历程，各项工作所取得的成绩来之不易，让我们最感动的是全县人民风雨同舟渡难关的信心，凝心聚力谋发展的斗志和激情；让我们最感激的是广大企业家危机面前不退缩，振奋精神迎挑战，奉献社会作贡献；让我们最感谢的是众多外来投资者在严峻的经济形势下选择临沭投资兴业、共谋发展；让我们最敬佩的是老干部、老同志在困难中给我们鼓劲，在发展中给我们献策，对临沭经济社会发展给予的极大关心和支持。同时，成绩的取得更是得益于县委、县人大、县政协几大班子的坚强领导、有效监督、鼎力支持和并肩战斗。在此，我代表县人民政府，向全县广大干部群众，向各位人大代表、政协委员，向武警官兵、公安干警和上级驻沭单位，向为临沭发展倾注心血的老领导、老同志，以及所有关心、支持临沭发展的社会各界朋友，表示衷心的感谢并致以崇高的敬意！

各位代表，发展的成就令人鼓舞，积累的经验弥足珍贵。在过去一年的奋斗历程中，我们也积累了许多经验，得到了很多启示。一是必须坚持加快发展不减速。这一年，我们以建设“幸福临沭”为目标，深化改革开放、加大创新力度，鼓劲加压、争先进位，全县经济社会进入一个全新的发展阶段。二是必须坚持转型升级不停顿。这一年，面对复杂多变的经济形势，我们坚持在发展中快转型，在转型中快发展，实现了有质量、有效益、可持续增长。三是必须坚持创新驱动不犹豫。这一年，我们把创新驱动作为经济发展的核心动力，不断完善创新机制，搭建政产学研合作平台，有力地集聚了创新资源，提高了全社会的创新能力。四是必须坚持以人为本不动摇。这一年，无论发展任务有多重、财政压力有多大，我们都时刻牢记民生为本，改善民生质量，激发了全社会的创造活力。五是必须坚持狠抓落实不懈怠。这一年，我们认真贯彻市委、市政府和县委的决策部署，同心同德、同向同行、团结实干，汇聚成推动政府工作的强大合力。

在总结成绩的同时，我们也清醒地看到，发展中还存在着一些不容忽视的矛盾和问题。主要表现在：经济总量偏小，产业层次不高，外向度较低，依然面临做大总量和提升质量的双重压力；项目落地率不高，大项目好项目依然偏少，经济发展的潜在优势和后续力量还不足；第三产业比重偏低，配套设施和服务水平相对滞后，对经济发展的拉动作用不强；土地、资金、人才等要素投入与跨越发展的客观要求还有差距；政府公共服务和社会管理能力仍需增强，改善民生、普惠于民的任务还比较繁重，等等。对此，我们一定以对人民负责、对事业负责的态度，采取更加有效的方式，认真加以解决。

二、创新实干，奋力开创幸福临沭建设新局面

2013年是全面深入贯彻落实党的十八大精神的开局之年，是实施“十二五”规划承前启后的关键一年，是全面完成“三年倍增计划”、加快建设“幸福临沭”的重要一年，做好全年工作意义重大。客观分析我县所处的发展方位和现有的发展条件，我们的发展基础更加坚实，空间布局更加优化，产业优势更加明显，我们感到机遇增多、潜力增大、信心增强。但综合判断国际国内形势，我们既面临难得的历史机遇，也面临诸多风险挑战，主要是国际金融危机深层次影响持续显现，宏观经济环境不确定因素增多，经济增长下行压力仍然较大，区域竞争压力更加突出，与先进县区相比，与全县人民的殷切期盼相比，我们的发展水平仍有较大差距。中央经济工作会议确定了稳中求进的总基调，继续实施积极的财政政策和稳健的货币政策，把促进经济持续健康发展作为今年经济工作首要任务，为我们科学发展、加快发展提供了更为有利的条件。我们将切实增强机遇意识、责任意识和忧患意识，充分利用国际金融危机形成的倒逼机制，坚持扩大内需、提高创新能力、转变发展方式，奋力推动全县经济社会发展实现新突破。

今年政府工作的总体要求是：深入学习和全面贯彻落实党的十八大精神，牢牢把握“稳中求进、进中求快、快中求效”的总基调和“以大干快干求大变快变”的总要求，以建设“幸福临沭”为目标，以提高经济增长质量和效益为中心，坚持“一体发展、两轮并驱、三产融合、四化同步”的发展战略，着力打造高端装备制造、化肥化工、新兴产业“三大千亿级产业”，加快实施技术升级、双招引领、基础支撑、要素破解、环境提升“五大工程”，突出抓好经济开发区、滨海高新区、青云工业集中区、苍马山风景旅游区、沭河古道景区、沭河东岸休闲观光旅游度假和高效农业示范区、老城区、北城新区、镇村两区“十区建设”，更加注重保障和改善民生，全面完成“三年倍增计划”，努力走出一条“创新创优、集聚集约、高端高效、领跑领先”的富有临沭特色的科学发展之路。

今年全县经济社会发展的主要预期目标是：生产总值、地方财政收入分别增长14%、20%，规模以上固定资产投资、社会消费品零售总额分别增长27%、19%，城镇居民人均可支配收入、农民人均纯收入分别增长14%、15%，城镇登记失业率控制在2.5%以内，人口自然增长率控制在6.5‰，完成市下达的万元GDP能耗、COD、SO_2、氮氧化物和氨氮排放量等约束性指标任务。

计划投资22.2亿元，切实抓好城区道路建设改造、城区便民市场建设、城区旧城旧村和棚户区改造、城市供暖扩容提升、城市农村电网升级改造、保障性住房建设、残疾人康复中心建设、社会福利服务中心建设、殡仪馆搬迁、看守所暨消防大队搬迁、县人民医院新院建设、县中医院急救中心暨三个镇街卫生楼建设、妇幼保健院迁建暨计生综合服务中心建设、农村饮水安全、新增千亿斤粮食产能规划、校安工程暨职业学校扩建、教育信息化建设、千人创业计划、农村公路改造、文化惠民、卫生惠民、天网工程二期等22项重点民生工程和69件民生实事的实施推进。争创国家级园林县城、全国科技进步先进县“四连冠”、全国农村环境连片整治示范县、省级生态县、省级旅游强县、省村级公路网化示范县、省级药品安全示范县。

这些预期指标，符合上级要求和临沭实际，留有一定余地，我们将作为底线任务来完成。实际工作中，要自我加压，全力争取经济社会发展

的更好更快一些。

围绕以上目标，重点做好以下五个方面的工作：

（一）坚持把转型升级作为跨越发展的核心战略，加快构建现代产业新体系。坚持三次产业统筹、内涵外延并举，实施技术改造升级工程，打造充满活力、富有潜力、支撑有力的“3+2”现代产业新体系，实现经济总量、发展速度、产业质态的全面提升。

1.加速推进新型工业化，引领产业转型。坚定实施新型工业强县战略，围绕转调创，大力实施“十百千”工程，力争规模以上工业增加值增长20%以上。突出高端提升，增强产业竞争力。坚持“双轮驱动”，一手抓传统产业改造提升，继续实施百企改造升级，实施企业管理者、创新能力、员工技能、品牌、金融授信、政府服务、配套产业、规模效益八大升级工程，力争每个规模以上企业都有技改项目，技改投资占工业投资比重达到60%以上；一手抓新兴产业培育，主攻高端技术，发展终端产品，尽快形成市场规模优势和技术领先优势，力争“四新一高”产业产值增长30%以上；继续搞好企业家培训和技能型人才培养工程，为打造“三大千亿级产业”奠定更为坚实的人才基础。突出骨干培植，增强企业牵引力。积极开展高点对标赶超活动，推行“一企一策”，重点培植10家骨干企业，促进各类资源、各种要素向优势企业倾斜，尽快形成一批主业突出、实力雄厚的骨干优势企业，力争销售收入过100亿元、过50亿元的企业各2家，过10亿元的6家。认真落实扶持小微企业的各项政策，重点抓好100家左右科技型小微企业帮扶，开展“一企一技术”活动，走“专、精、特、新”发展之路。开展全民创业行动，落实千人创业计划，激发人民群众的创业创新创富激情和潜力，培育县域经济发展的不竭动力和源泉。力争年内新增个体工商户1500户、创业型企业200家。突出集聚发展，增强园区支撑力。加大对园区的基础设施投入，集中力量推进产业园区“集聚、集群、集约”开发，“商务、政务、服务”配套，确保项目建到哪里，基础设施配套到哪里，全力提升园区承载力。经济开发区继续加快“区中园”建设步伐，创建国家工程机械高新技术产业化基地，重点抓好常林高端装备制造、金沂蒙煤基多联产、金正大氟硅化工及钙基材料产业园、煤基能化公司甲醇制烯烃联产清洁汽油、史丹利新型肥料、海佑福瑞达制药、金正阳无缝大钢管等项目，力争进入全省40强；启动并着手开展国家级经济开发区的争创工作。滨海高新区大力推进晁源光电、阳光博瑞、节力士光电等项目，完成投资20亿元以上；力争中国民营科技促进会临沭新兴产业园建设标准厂房40万平方米以上，建成启用3万平方米的科技孵化大楼，年内落户企业50家；打造新型工业和科技创新示范区，并着手启动省级高新区的争创工作。青云工业集中区尽快完善基础配套，力争招引落地过10亿元项目2个以上。鼓励发展“飞地工业”，加快各类重大项目向园区集聚，力争4个镇街工业集中区销售收入过10亿元。

2.大力发展现代农业，促进产业转型。大力推进农业科技创新，着力在品种、品质、品牌、经营方式上形成特色，促进农业增产、农民增收、农村发展。注重优化产业结构，以规模化膨胀农业。加快推进新增全国千亿斤粮食产能规划、龙潭水库万亩渔业综合产业园、金正大现代农业科技示范园等项目，重点抓好沭河沿岸百里特色农业长廊、穆疃河两岸葡萄基地、千亩标准化茶叶基地、万亩优质烤烟基地、万亩杞柳基地建设，年内新增优质农产品基地3.5万亩，每个镇街建成1–2个现代农业示范园。发展优势畜产品生产，年内创建市级标准化示范养殖场10个，改造养殖场85个。注重创新经营方式，以产业化壮大农业。加快推进土地流转，完善“龙头企业+合作组织+基地”经营模式，规范发展农民专业合作社，提高农业集约化水平和组织化程度，年内申报市级龙头企业4家以上、省级贴息企业2家以上。大力发展食用菌、万寿菊、蓝莓等优质特色品种，打造特色优势产业。注重提高质量标准，以品牌化提升农业。加强农产品质量安全全程控制，建成启用农产品质量检测中心。年内新创建有较强市场影响力的优质农产品品牌3个，新认证“三品”8个。积极引进新品种、新技术、新机具，加大农业科技创新和应用力度，不断提升农业综合机械化水平。

3.培植壮大现代服务业，助推产业转型。坚持扩大总量与优化结构并举，加快发展生活性服务业，优先发展生产性服务业，促进服务业发展提速、比重提高、水平提升。全面提升与生活改善相匹配的传统服务业。进一步优化商业网点布局，积极改造提升利民、曹洼、水果批发等农贸市场，加快澳林国际商贸城、东城服务业新区建设步伐，打造便民集贸市场板块；加快万豪丽景大酒店、中创大厦等项目建设，促进餐饮娱乐、健康休闲一体化发展。规范建筑市场，加快资质升级，做大做强建筑业。大力培育与产业转型相协调的新兴服务业。启动铁路物流园区、滨海高新区物流园区建设，加快天亿天、天泽祥禾等项目建设，鼓励现有物流企业以投大靠强、集聚发展实现转型升级。强化政策扶持，推进企业主辅分离，促进二三产业互动发展。着力发展与消费需求相适应的文化旅游业。坚持保护与开发并重，就全县旅游资源搞好概念性规划和市场策划，构建与城市文化底蕴、经济发展水平相适应的特色旅游格局。苍马山风景旅游区加快推进生态度假酒店、冠山书院和23处文化景点等项目建设；沭河古道景区结合国家湿地公园、岌山省级地质公园建设，实施整体整合打造；沭河东岸休闲观光旅游度假和高效农业示范区重点加强金滩栗海、钟华山等景区的生态保护和修复，发展观光农业，建设风情小镇，推动单一旅游向综合旅游转型升级。年内力争创建4A级景区1家，新建2A级景区3家。

（二）坚持把创新驱动作为跨越发展的关键环节，加快培育领先发展新优势。实施创新驱动、双招引领、项目建设、要素破解等重点工程，提高科技创新能力，加速要素聚集，全面增强内生动力。

1.在科技创新上领跑先行。建立以企业为主体、市场为导向、产学研相结合的技术创新体系，推动创新人才向企业集聚、创新政策向企业倾斜、创新成果向企业集中。实施“五个一”工程，规划建设绿色化工、高端装备、新兴产业三大技术研发中心，形成“生产一代、储备一代、研发一代、追踪一代”的研发体系。力争规模以上企业研发经费支出占销售收入比重达3%以上、高新技术企业占比达5%以上，产值过亿元的企业70%以上拥有市级以上技术创新平台，高新技术产业产值占比提高2个百分点。继续实施国家知识产权强县工程，力争专利申请量300件以上。加快科技成果转化应用，打造企业技术优势、质量优势和产品优势，建成使用商标馆，新争创中国驰名商标1件、省著名商标4件、省名牌产品3个。

2.在双招引领上闯出新路。优化招商方式，注重招大引强，年内引进过亿元项目20个、过10亿元项目5个，完成60亿元的招商引资任务，当年形成固定资产投资20亿元以上。提升对外贸易质量，推动食品加工、柳编、脱水蔬菜等产业扩大市场份额，力争完成进出口总额5亿美元，实际利用外资1200万美元。注重引资、引技、引智有机结合，坚持人才资源优先开发、人才制度优先创新、人才结构优先调整，搞好“金蓝领”高技能人才培训，重点做好国家“千人计划”的引进申报工作，力争全县高技能人才数量增加30%，新增院士工作站、博士后工作站3家，引进外国专家10人以上。

3.在项目建设上提速增效。用足用好革命老区中部政策，抓紧储备、申报一批打基础、管长远、增后劲的项目，力争更多项目列入国家和省市盘子。深入开展“大项目好项目建设年”活动，以优质项目优化投资结构、提升产业结构。围绕合同履约、资金到位、项目开工、竣工投产四个环节，严格落实“一个项目、一名领导、一套班子、一抓到底”的工作机制和大项目好项目联席会议月调度季巡查制度，快速高效推进重点项目建设，年内争取实施省级重点项目2个、市级12个、县级225个，确保完成规模以上固定资产投资140亿元。

4.在要素破解上再求突破。坚持机构多元化、融资多渠道，推动金融产业快速发展，新引进金融机构1家，新增分支机构或银行网点3个，力争银行信贷资金投入增长30%以上，社会融资总规模达180亿元；加强金融生态环境建设，积极推进企业上市，进一步加快农联社商业化改革步伐。坚持“保发展、保红线”，集约节约利用土地，继续深入实施土地增减挂和土地复垦工作，实现挂钩复垦指标2000亩以上；以土地矿产卫片执法检查为切入点，深化违法违规用地专项整治，坚决遏制违法占地行为。全面落实已经出台的各项政策，开展“政策落实年”活动，把口袋里的生产力都掏出来，助推经济发展。

5.在深化体制改革上勇于探索。加大重点领域和关键环节改革力度，创造更加有利于发展的体制机制。推进税制改革，做好“营改增”各项准备工作。搞好财政体制改革，推进预决算公开，搞好县直单位和镇街公务开支的监管和审计，深化预算绩效管理。搞好农村综合改革，抓好11个试点村集体土地产权、承包经营权和房屋产权三项主体改革，深化农村“三资”管理，切实保障农民合法权益。加快公务卡制度改革，进一步规范财务管理，减少现金支付结算，建立健全公共财政体制，打造“阳光”财政。

（三）坚持把基础设施建设作为跨越发展的载体平台，加快构筑城乡一体新格局。城镇化是最大的内需、最大的红利，要以“人的城镇化”为核心，实施基础设施支撑工程，促进城乡建设数量规模增加与质量内涵同步提升，年内城镇化水平达到49%。

1.打造宜居宜业的现代城市。精心编制城乡统筹一体化发展规划，重点编制好镇街驻地和农村中心社区控规及修建性详规，着力提升单体规划水平，提高城乡建设品质。按照“一体两翼、一城五区、北优南改、东延西进、均衡发展”的总体思路，实施“大县城”带动战略，进一步修订完善作为滨海高新区和苍马山风景区居民生活配套区的东城区（冠山路以东、新327国道以南以西、老327国道以北）、县城西北部（新327国道以北、青石路以西、沭河以东）休闲观光旅游度假和高效农业示范区以及北城西区柳编文化城的总体规划。抓好城市基础设施、生活服务设施等公共配套设施建设，重点实施青云山路、公园路、滨海街西段、沭河大街、苍山路南段、正源路、正大街东段、利城大街中东段、顺河路、中山路北段等10条道路的建设和改造提升工程，继续推进沂沭铁路建设，做好临岚高速、225省道临沭段工程建设改造前期工作。继续加快推进旧城旧村改造，重点围绕沿路、沿河、沿线，完成5个城中村、6个棚户区的改造任务。加快推进北城新区建设，加大植物园、苍源河公园综合开发力度，启动商业商务中心、综合服务中心、文化中心、居住中心和景观生态中心建设。

2.建设美丽镇村幸福家园。把镇村“两区同建”作为“美丽镇村幸福家园”建设活动的总抓手，以镇村社区建设促进产业园区建设，以产业园区建设支撑镇村社区建设，推进农民向城镇集中、居住向社区集中、产业向园区集中。培育各具特色的魅力城镇。引导各类优质资源向小城镇集聚，推动基础设施、公共服务向小城镇延伸、覆盖，吸纳更多的农民进城进镇生活就业，有序推进农业转移人口市民化。支持镇街充分利用各自区位优势和资源环境，突出主体功能区建设，打造各具特色的优势主导产业。支持青云镇优先发展、示范发展，加快膨胀规模，打造县域次中心。大力发展镇域经济，集中力量重点支持镇街工业集中区基础设施建设和产业发展，形成“一镇一特色”、县域拉动镇域、镇域支撑县域的发展格局。建设繁荣秀美的新型社区。按照县委、县政府利用10年左右的时间，基本完成现有农村自然村庄的整合，重点建设好县城、镇街驻地和40个左右农村中心社区“三位一体”的总体规划，今年重点搞好40个左右的农村中心社区规划和社区建设启动工作。整合土地增减挂、农房建设与危房改造、生态文明乡村建设、“一事一议”等现有政策资源，按照“五化八通八有”的标准，努力建成一批乡村风情浓郁、功能配套完备、管理科学有序、产业结构优化、乡风文明和谐的新型农村社区。年内镇街驻地社区全部通上天然气，每个镇街至少建成一个3000—5000人的农村社区和1-2个有特色、有亮点、有规模的产业园区。着力改善农村出行条件，改造提升老327国道、沭郯路南段、烈大路南段、朱韩路、大册路、沭河大桥连接青云出口等6条106公里的县乡公路和80公里的村村通公路。

（四）坚持把环境提升作为跨越发展的重要抓手，加快形成持续发展新能力。实施环境提升工程，争创国家级园林县城、省级生态县，真正让“绿色、生态”成为临沭的底色和名片。

1.推进生态建设。以道路绿化、荒山绿化、河岸绿化为重点，高标准提升冠山路、兴大街东段等道路绿化养护水平，完成红石湖公园、苍源河文化公园建设，新建3处城市街头绿地游园；新建和改造林网4.5万亩，提高林木覆盖率和固碳能力。以水利基础设施建设为重点，加大沭河、苍源河等主要河道和小流域整治力度，重点实施凌山头水厂扩建及管网布设、小农水重点县片区提升等工程；加强水质监测监管和预警应急体系建设，争取饮用水水源地水质达标率保持100%。

2.深化综合治理。加强城市管理，推进“重心下移”，落实“门前五包”，深化车辆秩序、户外广告、露天烧烤等专项整治活动，严厉查处各类违法建设行为。抓好村居垃圾收集点建设，完善“户集、村收、镇运、县处理”的城乡环卫保洁机制，确保镇街污水处理站和垃圾中转站正常运行，县垃圾无害化处理资源化利用项目正式启用，加快推进城乡保洁一体化。继续深入开展城乡环境“七清七建”综合整治，积极争取中央农村环境连片整治示范项目，强化污染源头控制、重点行业污染整治、农业面源污染治理；着力解决废气、烟尘、噪声、土壤污染等环境问题，确保空气质量主要控制指标由PM10提高到PM2.5，主要工业固体废物综合利用率达90%以上。

3.狠抓节能减排。大力发展低碳产业和循环经济，提高资源能源综合利用水平，确保6家企业完成清洁生产审核任务。抓好农村能源和再生资源分拣中心建设，力争新增户用沼气池2200个、大中型沼气池20处，新建再生资源网点30个。坚持“调结构、控新增、减存量”，突出抓好44家重点用能企业的节能管理。加快淘汰落后产能，从严控制高耗能、高污染项目，全面完成主要污染物减排任务。

（五）坚持把改善民生作为跨越发展的根本目标，加快建设和谐幸福新家园。把人民群众对美好生活的向往作为政府工作的奋斗目标，继续围绕提升“六有两提高”标准，按照“守住底线、突出重点、完善制度、引导舆论”的思路，带着感情和责任做好民生工作，确保70%以上的财政支出用于民生，让广大人民群众过上更好的日子、享受更好的生活，更多地分享改革发展新成果。今年要切实抓好以下民生实事：

1.在稳定和扩大就业方面：（1）完善职业培训、公共就业服务、社会保险补贴等就业扶持政策，继续深化“创业临沭”建设，改造提升5处创业基地，发放小额担保贷款5000万元以上。（2）实施“三支一扶”、高校毕业生就业见习补贴等政策，重点做好高校毕业生、困难群体的就业工作，新增就业再就业7000人，职业技能培训10000人。（3）努力实现居民收入与经济发展同步增长、劳动者报酬与劳动生产率同步提高，建立职工工资收入随经济发展正常增长的机制。

2.在完善社会保障体系方面：（1）继续提高企业退休人员基本养老金。（2）巩固新型农村和城镇居民社会养老保险制度全覆盖成果，基础养老金发放标准每人每月不低于60元。（3）巩固扩大新农合覆盖面，提高人均筹资水平，人均筹资标准达到350元，政府补贴标准提高到每人280元。实施新农合大病保险，对20类重大疾病参合患者住院合规医疗费用给予补偿，个人最高年补偿限额为20万元。（4）健全救助标准与物价上涨挂钩的联动机制，“五保”老人集中供养率达到70%以上，社会散居孤儿基本生活保障标准每人每月提高到720元，残疾人康复受益面不低于95%。（5）建成使用社会福利服务中心、残疾人康复中心，启动殡仪馆搬迁工作。（6）实施敬老帮困，开展“助医、助学、助老、助残、助孤、助困”等慈善活动，让困难群体得到更多关爱。（7）完善“五位一体”的住房保障体系，新建公共租赁房2996套、经济适用房60套。

3.在优化公共服务方面：（1）围绕办好人民满意的教育，实施49个校安工程规划项目，农村中小学“两热一暖一改工程”实现全覆盖；新建改扩建村级公办幼儿园11个，完成标准化幼儿园三年行动计划任务；特殊教育学校公用经费标准由3000元提高到4200元；加快扩建改造县职业学校，争创国家中等职业教育改革发展示范学校；加快实施教育信息化云空间“三通工程”。（2）实施农村饮水安全工程，解决3.3万人饮水安全问题。（3）实施“百村万户”文化惠民工程，打造“激情四季、唱响临沭”群众文化活动品牌。有线电视村村通户户通入户率达到80%。（4）提升卫生惠民水平，做好2万名农村适龄妇女“两癌”普查工作。深入实施国家基本药物制度，减轻群众就医负担；做好省级卫生县城复审工作。加快推进县人民医院新院、县中医院急救中心及临沭街道、大兴镇、玉山镇公共卫生楼建设。（5）完善公共体育设施，办好第三届全民健身运动会，提高群众身体素质。（6）加快妇幼保健院迁建和计生综合服务中心建设，加强人口计生工作，提高出生人口素质。（7）实施城市供暖扩容提升工程，新增供暖面积80万平方米。（8）搞好城市农村电网改造，建成输配电线路203公里。

4.在强化社会管理方面：（1）推进社会矛盾化解、社会管理创新、公正廉洁执法，提升和谐社会建设水平。（2）全面推进“六五”普法规划，加快“法治临沭”建设进程。（3）全面落实安全生产责任制，深入重点行业促安全，贯穿重点领域强监管，走进重点场所抓整治，确保安全生产形势持续稳定好转。（4）强化食品药品监管，保障群众饮食用药安全。（5）深入开展“平安临沭”建设，实施天网工程二期、新看守所、拘留所、刑事技术业务用房建设及消防大队搬迁工程，构建现代治安防控体系。

实现以上工作目标任务，需要进一步激发全县人民的干事创业激情。为此，要在全县开展“双十双百”评选表彰活动，即评选建设“幸福临沭”十佳功勋企业家、十大先模人物和百名创业创新标兵、百名行业技术能手，并由县委、县政府予以表彰奖励。

三、提升效能，倡树为民务实清廉新作风

新形势、新任务，对政府工作提出了新的更高要求。我们将继续按照“为民、惟公、争先、清廉”的要求，大力开展“政府效能和外商投资环境提升年”活动，努力建设一个值得人民依赖、赢得人民支持、让人民满意的政府。

（一）坚持科学理政，倾力为人民服务。把科学发展、服务群众作为政府工作的第一要务。进一步转变政府职能，切实把政府该管的事管住管好，更大力度服务企业、服务基层、服务群众。推进政务公开，进一步规范决策程序，实施重大事项集体决策、公开听证、社会公示等制度，广泛听民声，切实集民智，尽心办民事。加强电子政务建设，扩大网上办事范围，提高政务服务信息化水平。健全公共资源交易平台，逐步建立县、镇、村三级便民服务网络，不断提高政务服务的效能和水平。

（二）坚持务实执政，积极向人民尽责。把推动工作、抓好落实作为政府工作的第一责任。坚持领导在一线指挥，干部在一线工作，少说多干，埋头苦干，以高效率赢得高速度，以快节奏换取快发展。认真落实中央关于改进工作作风、密切联系群众的八项规定，改文风，改会风，讲新话，讲实话，讲管用的话；少开会，开短会，开解决实际问题的会；多往一线跑，多问需于民、问计于民、问政于民。切实改进机关作风，从群众最不满意的地方改起，从群众最期盼的地方做起，提高群众满意度。对少数机关工作人员“吃拿卡要”、以权谋私的不正之风和侵害群众利益的违法行为，坚决依法依纪严肃处理。继续在政府系统深入开展“五不五比”活动，激发干事创业激情，争创一流工作业绩。

（三）坚持依法行政，自觉接受人民监督。把知法守法、依法行政作为政府工作的第一原则。积极贯彻落实《山东省行政程序规定》，严格按照法定权限和程序行使权力、履行职责。完善行政复议制度，搞好行政复议委员会试点工作。继续办理好县长信箱、行风热线、来信来访，畅通民意诉求渠道，依法维护群众合法权益。积极执行人大及其常委会的决议决定，支持人民政协履行职能，及时办理人大代表议案建议和政协提案，自觉接受新闻舆论监督和广大人民群众的社会监督，真正让行政权力在阳光下运行。

（四）坚持廉洁从政，务求让人民满意。把清正廉洁、勤俭节约作为政府工作的第一作风。严格落实党风廉政建设责任制、领导干部“一岗双责”，加强行政监察和审计监督，强化工程建设、国有资产、土地出让、政府采购等重要领域监管，从源头上预防和治理腐败。加强节约型政府建设，从严控制和压缩行政经费，把有限的资金更多地用在发展经济、改善民生上。大力加强公务员队伍建设和政风行风建设，着力整治庸懒散奢等不良风气，树立干部清正、政府清廉、政治清明的良好形象。

各位代表，风劲潮涌，正当扬帆破浪；任重道远，更需快马加鞭。让我们在中共临沭县委的坚强领导下，以科学创新的精神、百折不挠的勇气、真抓实干的态度，锐意进取，苦干实干，为加快建设“幸福临沭”、谱写临沭人民美好生活新篇章而努力奋斗！

临沭县2013年国民经济和社会发展计划执行情况

2013年，全县上下在县委的坚强领导下，坚持以邓小平理论、“三个代表”重要思想、科学发展观为指导，认真贯彻落实党的十八大、十八届二中、三中全会精神和习近平总书记一系列重要讲话精神，按照中央、省、市重大决策部署，紧紧围绕建设“幸福临沭”总目标，开拓进取，攻坚克难，经济社会实现了持续健康发展，主要任务目标顺利完成。全年实现生产总值187.9亿元，增长12.3%；实现公共财政收入10.6亿元，增长32.8%。

（一）坚持转调赶超，产业结构进一步优化。加快构建“7+6”现代产业体系，经济发展呈现结构优化、后劲充足的良好态势，三次产业比由2012年的10.2 ∶ 51.5 ∶ 38.3调整为9.8 ∶ 50.4 ∶ 39.8。新型工业强劲推进，工业经济提质增效。实现规模以上工业增加值107.6亿元，增长16.7%。骨干企业支撑作用明显增强。销售收入过亿元、利税过千万元企业分别达51家、33家，金正大公司入围中国民营企业500强。百企改造升级深入推进。实施技改项目105个，完成投资68.8亿元，增长24.5%。园区经济不断壮大。经济开发区综合评价前进10个位次，其中高端装备制造产业园被评为“山东省新型工业化产业示范基地”；滨海高新区以区中园模式引进4个产业园，总投资36亿元的12个项目开工建设。创新能力不断增强。新增国家认定企业技术中心1家，有2家企业列入全国工业品牌培育试点企业，新增省著名商标5件，省名牌产品1个，2家企业荣获市长质量奖；实现“全国科技进步先进县”四连冠，同时荣获首批“国家知识产权强县工程示范县”称号。服务业态更加丰富，服务业发展实现新突破。服务业实现增加值74.8亿元，增长15.8%；占生产总值的比重达39.8%，提高1.5个百分点。商贸流通业加快发展。消费环境大幅提升，消费市场持续活跃，实现社会消费品零售总额88.4亿元，增长13.4%；“放心肉”生产销售体系建设全面推进，新建1家AAA级生猪定点屠宰龙头企业。旅游业发展势头良好。正德农业科技园暨沭河湾国际旅游度假区、沭河古道“国家湿地公园”、夹谷山影视基地、岌山“省级地质公园”等项目顺利推进；荣获“美丽中国示范县”称号，曹庄镇朱村被列入全国“美丽乡村”创建示范村。房地产业（城市综合体）健康发展。完成房地产项目投资13亿元，商品房销售面积57.8万平方米，增长21.1%。金融业发展迅速，服务体系不断完善。全县金融机构各项存款余额178.2亿元、增长24.9%，贷款余额130.7亿元、增长30.1%；民生银行临沭支行正式开业运营；中讯通电子、金蒙新材料在齐鲁股权交易中心挂牌。现代农业快速推进，农村经济运行平稳。千亿斤粮食产能项目建设顺利推进，粮食综合生产能力不断增强，粮食生产实现“十一连增”。新发展优质农产品基地3.5万亩，新建特色园区11个，涌现出苍马山万亩万寿菊、朱村现代农业示范园等一批特色园区，龙潭万亩生态渔业综合产业园被列为全省现代农业生态发展资金优质鱼产业项目。新注册农产品商标12个，新认证“三品一标”5个。新增农民专业合作社100家，注册家庭农场43家，农业专业化生产水平不断提升。实施了小农水、农村饮水安全等工程，农业基础设施建设不断完善。对14个村农村土地进行了确权登记，圆满完成了第二轮农村土地确权试点工作。

（二）坚持项目引领，发展后劲进一步增强。重点项目建设成果丰硕。225个县级重点项目开工率达96%，其中亿元以上新开工项目77个。15个市级重点项目顺利推进，累计完成投资54.84亿元，占年度计划投资的141%。沂沭铁路建设工作取得重大进展，5月16日，铁路建设动员大会在临沭召开，标志着项目正式动工建设，目前，项目建设进展顺利。项目资金争取再创佳绩，争取上级无偿资金1.2亿元。投资结构不断优化。完成规模以上固定资产投资135.1亿元，增长20.8%。分产业看，一、二、三产业分别完成投资3.1亿元、80.64亿元、51.36亿元，三次产业投资比为2：60：38。高新技术产业投资占全部投资的40.9%，提高17.9个百分点。制约瓶颈破解有力。土地增减挂钩工作扎实推进，共完成拆迁2862户，验收挂钩指标1703亩；推进批而未供土地有效利用，实际已消化利用“批而未供”土地2552亩。积极推进政银企合作，金融机构与219家企业达成贷款意向70.5亿元。投资4600万元完成官庄110千伏变电站建设，县城坚强智能电网建设、农网升级改造建设全面推进。加大人才培引力度，引进外国专家56人次，在清华、北大、北京华商管理研究院分10期培训企业家、高级技术工人1100余人次；组织党政干部分两批45人赴新加坡学习培训。

（三）坚持扩大开放，发展活力进一步提升。新型招商引资成效明显。加快实施“7+6”现代产业推进计划，成功引进投资22.6亿元的诺贝丰氟化盐及高端水溶肥、投资15亿元的鲁商城市综合体等大项目好项目，招商引资到位资金25亿元。利用外资情况良好。利用外资规模大幅提升，全年实际利用外资5021万美元，增长97%。外经外贸平稳运行。完成进出口总额4.44亿美元，增长16.5%，其中出口2.98亿美元，进口1.46亿美元。

（四）坚持统筹推进，城乡一体化进程进一步加快。中心城区功能不断完善，城市品位得到新提升。成功创建国家园林县城，红石湖公园、苍源河文化公园南区正式开园，新增绿化面积106万平方米。城市3万吨饮水、城市污水处理二期等项目如期竣工，城市供暖扩容工程顺利推进，新增城区供暖面积120万平方米。城区道路改造工程顺利完成，新建和改造道路15.5公里。北城区“四纵两横”道路建设基本完成，中创大厦、澳林国际商贸城等项目快速推进，文化、商务、居住等中心工程全面启动。旧城旧村改造稳步开展，实施了6个城中村、6个棚户区改造项目，搬迁房屋2165套，腾空土地67万平方米。“两区同建”顺利推进，村镇建设迈出新步伐。完成拆旧1879亩，新开工建设多层楼房156栋，流转土地2588亩，15个农村中心社区、16个产业园区建设加快推进。镇街完成基础设施投入17.1亿元，建成垃圾中转站14处，污水处理站10处，垃圾无害化处理率达100%，管道天然气在全市率先实现“镇镇通”。城乡环境综合整治加快实施，居民生活环境实现新变化。综合整治城乡环境，制定了《临沭县城乡环卫保洁一体化实施方案》，环卫保洁一体化覆盖率达78.3%。

（五）坚持绿色发展，生态文明建设进一步

加强。大力推进节能降耗。预计万元GDP能耗降到1.0296吨标准煤，同比下降3.78%；规模以上工业万元增加值能耗降到1.13吨标准煤，同比下降5.1%。着力发展循环经济。积极开展国家级循环经济示范县申报创建，深入推进清洁生产，有3家企业通过了审核验收并评为优秀。加快开展园区循环化改造，经济开发区列入市2013年重点循环化改造园区。全面整治环境污染。制定了临沭县2013年度主要污染物减排计划，完成了金正阳管业煤改气、金沂蒙污水深度处理、清源污水处理厂二期等减排工程，目前已投入使用；对热电厂等10家大气污染企业进行限期治理；对全县畜禽养殖污染进行集中专项治理，完成整改2289家，关停和拆除64家。持续实施造林工程。共完成新造林3.2万亩，建设与完善农田林网2.8万亩，义务植树120万株，增加花卉苗木面积1.2万亩，完成镇街、村居驻地绿化面积65.5万平方米。

（六）坚持以人为本，社会各项事业进一步繁荣。城镇居民人均可支配收入达23484元，增长14%；农民人均纯收入达10263元，增长13.6%。财政用于民生支出达16.4亿元，占财政总支出的75.6%，重点实施了22项重点民生工程和69件为民实事。“创业临沭”建设不断深入。发放小额担保贷款5027万元；城镇新增就业1.4万人，城镇登记失业率为1.7%；转移农村劳动力2.5万人，新增个体工商户1735家，被评为省级创业型城市。社会保障体系更加完善。城乡居民养老保险参保率达98%，新农合参保率达99.99%。城乡低保、农村五保供养等政策更加健全，受益群众不断增多。社会福利中心、残疾人康复中心即将建成投入使用。保障性住房建设有序推进，新建经济适用房60套，公共租赁住房1420套。社会事业全面加强。优先发展教育事业，投资1.9亿元实施教育类建设项目96个，投资1.8亿元实施了职业教育综合体工程，教学环境不断改善；被列为全国教育信息化试点县，是全国首家建设基础教育“云平台”县区。加快推进医疗卫生事业发展，县人民医院新院区、妇幼保健院综合楼和3个镇街卫生院病房楼等项目建设进展顺利；公共卫生服务均等化稳步推进，全县共建立城乡居民健康档案52.3万份。深入实施文化惠民工程，全县文化信息资源共享工程基层站点实现全覆盖，广播电视入户率达80%；广泛开展“电影益民”活动，放映公益电影3000余场；在北城新区，规划建设“三馆”综合文化中心项目；县图书馆被评为国家一级馆；北沟头遗址成功申报国家重点文物保护单位，实现我县“国保单位”零的突破；农村档案工作被评为全国社会主义新农村建设档案工作示范县。另外，武装、安全生产、计划生育、司法、民族宗教、统计、物价、供销、妇女儿童、老龄工作等各项社会事业都有了新的进步。

在充分肯定成绩的同时，我们也清醒地看到，全县经济发展仍存在着一些矛盾和问题。主要表现为：经济运行存在下行压力，随着国家、省、市转方式调结构力度加大，单纯依靠投入拉动经济增长的动力将进一步减弱，实现稳增长的任务艰巨；产业结构有待进一步优化，高附加值、高财税贡献产业比例较低，新兴产业发展不快；资源环境制约越来越突出，节能减排形势较为严峻等。对于这些问题，我们将采取积极措施，认真加以解决。

（节选自2014年2月12日临沭县第十六届人民代表大会第三次会议《关于临沭县2013年经济和社会发展计划执行情况与2014年计划草案的报告》）

临沭县2013年财政预算执行情况

2013年，全县各级在县委的正确领导下，以“幸福临沭”为目标，牢牢把握稳中求进总基调，凝心聚力，干事创业，经济社会保持平稳较快发展。在此基础上，财政预算执行情况良好，圆满完成了县十六届人大二次会议确定的任务。

（一）全县财政预算执行情况

2013年，全县实现公共财政收入105723万元，完成调整预算的114.2%，比上年增长32.8%。全县公共财政收入，加上上级税收返还、转移支付补助、上年结转收入等130232万元，总财力达到235955万元。全县公共财政支出216321万元，完成调整预算的109.3%，增长15.3%，支出规模进一步扩大，民生和重点项目支出得到较好保障。全县公共财政支出，加上地方政府债券还本支出和上解上级支出19634万元，支出共计235955万元。收支相抵，全县财政收支平衡。

全县政府性基金收入完成178724万元，完成预算的269.7%，比上年增长201.1%，增长较多主要是土地出让收入增加，政府性基金收入，加上上级专项补助11751万元，总收入190475万元。全县政府性基金支出187543万元，完成预算的287%，比上年增长195.4%，加上上解上级支出2662万元，调出资金270万元，总支出190475万元。

（二）县级财政预算执行情况

2013年，县本级实现公共财政收入40645万元，比上年增长31.5%，县本级公共财政收入，加上上级税收返还、转移支付补助、调入资金、上年结转收入、体制结算收入等152860万元，总财力达到193505万元。县本级公共财政支出173871万元，比上年增长15.1%，县本级支出加上地方政府债券还本支出和上解上级支出19634万元，支出共计193505万元。

各位代表，过去的一年，在县人大、县政协依法监督和大力支持下，各级政府及其财税部门认真贯彻党的十八大精神及县委的决策部署，落实积极的财政政策，全力以赴促发展，千方百计培财源，突出重点惠民生，加大力度推改革，圆满完成了各项财政工作任务。分析2012年预算执行情况，有三个方面的明显提升。

——坚持增收节支，财政保障能力明显提升。一是大力支持财源建设。以提高经济增长的质量和效益为中心，发挥财政职能，强化扶持引导，切实培植壮大财源，为财政增收奠定坚实基础。安排县级专项资金5840万元，推进百企改造升级、骨干企业培植、镇域经济发展；争取上级专项资金9300万元，支持企业开展自主创新、科技进步，进一步放大财政资金的乘数效应。对重点骨干企业和“7+6”产业计划，逐条逐项落实扶持政策，优先列入科技创新、技术改造扶持范围，优先申报争取上级支持，优先享受各类优惠政策，集中力量进行培育，不断壮大现代产业规模。认真落实“营改增”、小微企业税收优惠等结构性减税政策，继续清理规范收费项目，增强经济发展内生动力和活力。积极推进财银企合作，通过设立风险补偿资金，引导县域担保机构为中小微企业、农民专业合作社、个体工商户等提供贷款担保3.3亿元；加大对融资难企业的支持力度，为9家企业提供贷款担保6500万元，发放过桥贷款资金3400万元，初步构建起“财政引导、金融支撑、风险补充”的融资体系。二是深入挖掘增收潜力。大力推进社会综合治税，发挥财税联席会议、税源信息网络平台、协税护税联动机制等作用，加大重点税源监管力度和涉税信息采集利用，促进税收稳定增长。开展税式支出管理试点，及时了解和评估税收优惠政策绩效，进一步强化税收征管。加强非税收入征缴管理，完善非税收入征缴系统，切实堵塞征管漏洞，进一步拓宽了财政收入来源渠道。通过各方面共同努力，在经济运行总体偏紧、部分企业效益下滑、结构性减税力度加大的情况下，全县财政收入依然保持了稳定增长，收入总量在全省排名前移10个位次，增幅在全市排名第4位，税收收入占比达到86.9%，比上年提高2.3个百分点，收入质量进一步改善。镇街级收入完成6.5亿元，比上年增长33.6%。在挖掘自身潜力的同时，认真研究沂蒙革命老区参照执行中部地区政策、西部经济隆起带政策，算好政策账、体制账、改革账，积极加强对上沟通汇报，争取上级支持取得明显成效。全年争取上级转移支付和专项资金12.9亿元，比上年增加1.8亿元，增长16.7%，对促进地方经济发展、落实民生政策发挥了重要的保障作用。三是强化财政支出管理。认真落实中央“八项规定”，坚持厉行节约，大力压减“三公”经费和一般性支出，切实降低行政成本。进一步健全完善财政支出绩效评价机制，将县本级2013年度预算安排的200万元以上的教育、社保、医疗卫生等民生类项目支出纳入绩效评价范围，对目标实现程度、资金使用效益等进行全面综合评价，评价结果作为预算安排和资金分配的重要依据，通过实施倒逼机制，进一步提高了资金使用效益。

——坚持以人为本，民生保障水平明显提升。把保障和改善民生放在突出位置，按照“守住底线、突出重点、完善制度、引导舆论”的思路，着力加大民生领域投入，加快健全基本公共服务体系。2013年，全县公共财政用于民生方面的支出为16.4亿元，占公共财政支出的比重为75.6%，加上政府性基金用于民生方面的支出，民生投入达24.1亿元，有力保障了县委、县政府确定的22项民生工程和69件为民实事的顺利实施。连续三年提高行政事业单位人员津贴补贴，津补贴标准在全市各县中位居前列，完善了职工工资收入随经济发展正常增长机制。一是重点民生支出得到有效保障。教育支出6.1亿元，占财政支出的28.2%，高于全市5.1个百分点，义务教育经费保障得到有效落实，家庭经济困难学生资助体系不断完善，校舍安全工程、标准化幼儿园建设扎实推进，城乡就学条件有效改善。医疗卫生支出2.8亿元，增长17%，城镇居民医保和新农合政府补助标准提高到280元，基本公共卫生服务补助标准提高到人均30元，农村妇女“两癌”检查全面推行，“看病难、看病贵”问题有效缓解。社会保障支出3亿元，增长29.2%，城乡居民社会养老保险基础养老金标准提高到65元，城乡低保、农村五保供养补助标准进一步提高，困难群众广泛受益。小额贷款担保基金提高到1000万元，发放担保贷款5027万元，促进了城乡妇女、高校毕业生、下岗失业人员等创业就业。住房保障支出1.1亿元，增长82.1%，新建公租房1420套，棚户区改造700户，新建农村住房4200多户，群众住房条件逐步改善。二是惠农政策得到有效落实。发放粮食直补、农资综合补贴、农机具购置补贴等惠农资金8770万元，投入7318万元，支持千亿斤粮食生产、农业综合开发、农村环境整治、农村饮水安全等，落实资金1170万元，开展了87个村的“一事一议”财政奖补项目，受益群众11.2万人，改善了农村生产生活条件。三是重点项目建设顺利推进。加强融资平台建设，多渠道做好筹资融资工作，为城市重点项目、土地增减挂钩、新型农村建设提供了有力的资金保障。拨付政府投资项目资金6.6亿元，实施了城市3万吨引水、城市污水处理二期、城市供暖扩容、苍源河公园和北城区“四纵两横”道路建设等。筹集资金2.4亿元，支持“两区同建”项目开展，完成拆旧1879亩（125.27公顷）；投资1460万元，实施了城乡环卫保洁一体化，进一步推进了美丽镇村、幸福家园建设。

——坚持深化改革，科学理财水平明显提升。以开展“财政改革管理提升年”和“绩效管理年”活动为契机，不断推进工作创新，提高财政科学化、精细化管理水平。一是深化国库集中支付改革。依托财政业务综合管理平台，在全市县区中率先实施了财政财务一体化核算，10个镇街财政所和117个县直预算单位纳入核算范围，市财政局决定2014年在全市各县区全面推广。探索开展镇街国库集中支付改革试点，着力构建预算单位和财政资金“全覆盖、无缝隙”监管机制。加快公务卡改革，将办公费、印刷费、差旅费、会议费、公务接待费、公务用车运行维护费等13项支出纳入强制结算目录，进一步规范了公务支出管理。二是强化预算管理。通过政府门户网站，向社会公开了2013年县级和县直47个职能部门“三公”经费预算，提高了预算管理透明度和约束力。加强政府采购监管，全年完成政府采购项目148个，采购额达3.9亿元，节约资金5885万元，节支率13.1%。不断完善政府投资项目全过程监管体系，审定预算154项，金额7.7亿元，审结决算93项，审减资金2917万元，审减率达13.2%，有效节约了财政资金。三是加强“双基”建设。扎实开展省级规范化财政所创建，大兴、玉山、曹庄、白旄4个财政所顺利通过省财政厅验收，规范化财政所创建率达80%。加强行政事业单位通用资产配置管理，对单位资产的数量、价格及使用年限等作出限制性规定，明确单位常用办公设备、办公家具配置实行实物量及价格双向控制，规范行政事业单位资产配置行为，被省财政厅确定为行政事业资产管理县级联系点，成为全市唯一入选县区，并在年底考核中被评为先进县区联系点。建立镇街财政财务季度检查制度，先后开展了预算执行、“三公”经费、白条抵库等专项检查活动，对检查中发现的问题，逐一落实整改措施，为整顿和规范财经秩序发挥了重要作用。

在充分肯定成绩的同时，我们也清醒地认识到财政工作还面临一些困难和问题。突出表现在：经济运行面临较多困难，财政持续增收难度加大；民生、惠农等政策性增支因素多、刚性强，发展建设的资金需求大，财政收支矛盾仍然十分突出；量财办事、勤俭节约的观念还不牢固，建设项目超预算、超概算现象没有根本杜绝；财经秩序有待进一步规范，财政资金使用绩效仍需进一步提升，等等。对此，我们将高度重视，采取有效措施，努力加以克服解决。

（节选自2014年2月12日临沭县第十六届人民代表大会第三次会议《关于临沭县2013年财政预算执行情况与2014年财政预算草案的报告》）

苍源河公园

附　录

FULU

表 彰 决 定

中共临沭县委　临沭县人民政府
关于表彰2013年度经济社会发展工作先进单位和先进个人的决定

沭委〔2014〕13号

（2014年2月9日）

2013年，全县各级各部门在市委、市政府的坚强领导下，全面贯彻落实党的十八大、十八届三中全会和习近平总书记视察山东重要讲话精神，牢牢把握主题主线和稳中求进、进中求快、快中求效的总基调，以建设“幸福临沭”为目标，以提高经济增长质量和效益为中心，紧紧围绕“增收、民生、环境提升”三大任务，强化“考核、作风、干部队伍建设”三大保障，全县经济社会发展取得了令人鼓舞的成绩，“三年倍增计划”全面完成。

为总结工作，表彰先进，推动全县经济社会发展再上新台阶，根据沭发〔2013〕6号、9号和办字〔2012〕35号、办字〔2013〕22、23、42号等文件精神，根据考核情况，经研究决定，对在综合考核中取得优异成绩的临沭街道等4个先进镇街，住建局等37个服务经济发展先进单位，校安工程暨职业学校扩建工程指挥部办公室等13个重点项目建设先进集体，临沭街道等24个招商引资先进镇街和单位，经济开发区等5个工业经济发展先进单位，发改局等7个工业经济发展优质服务单位，金正大公司等63家突出贡献企业，玉山镇等4个镇街产业集中区建设先进单位，曹庄镇等26个固定资产投资和重点项目建设先进镇街、单位和企业，郑山街道等5个服务业发展先进镇街，大兴镇等10个农业先进镇街，工商银行等11家金融工作先进单位，经济开发区等27个商务工作先进单位和企业，临沭街道等5个科技创新工作先进单位，史丹利公司（尿基复混肥塔式造粒关键技术与产业化示范项目）等13个获省、市科技进步奖的项目，被列为“知识产权优势企业培育单位”的常林集团、卡特重工公司，以及经济发展中涌现出来的先进个人，予以表彰奖励。

希望受表彰的单位和个人珍惜荣誉，再接再厉，扎实工作，再创佳绩。全县各级各部门和广大干部群众要以先进为榜样，以更加昂扬的斗志、更加扎实的工作，拼搏进取，创先争优，为加快推进幸福临沭建设做出新的更大的贡献。

附件

2013年度经济社会发展工作先进单位和先进个人表彰奖励情况

一、镇域跨越发展先进镇街

临沭街道、店头镇、青云镇、玉山镇

分别授予“镇域跨越发展先进镇街”称号

对考核总成绩第一名的临沭街道奖励15万元，对考核总成绩第二名的店头镇、第三名的青云镇各奖励12万元，对考核总成绩第五名的玉山镇奖励10万元。

二、服务经济发展先进单位

（一）第一类（有招商引资任务的）

住建局、县府办、科技局、教体局、交运局、县委办、国土局、规划局、水利局、财政局、人大办、卫生局、人防办、政协办、民宗局、招商局、旅游局、民政局、中小企业局、经信局、发改局、宣传部、组织部、纪委（监察局）、房产局、政法委、老干局，各奖励1万元。

分别授予“服务经济发展先进单位”称号。

（二）第二类（无招商引资任务的）

烟草公司、检察院、公安局、农发行、法院、信访局、610办、临商银行、邮政局、广电网络公司，各奖励1万元。

分别授予“服务经济发展先进单位”称号。

三、重点项目建设先进集体

校安工程暨职业学校扩建工程指挥部办公室、输变电工程及城乡电网升级改造指挥部办公室、创建国家园林县城工作领导小组办公室、红石湖公园建设指挥部办公室、农村公路改造建设指挥部办公室、城市供暖扩容提升指挥部办公室、北城区建设指挥部办公室、旧城旧村改造指挥部办公室、创建省级生态县指挥部办公室、保障房建设工程指挥部办公室、城区道路建设改造指挥部办公室、金融生态建设领导小组办公室、农村饮水安全工程指挥部办公室，各奖励1万元。

分别授予“重点项目建设先进集体”称号。

四、招商引资考核奖励

（一）镇街（开发区）奖励

对完成招商引资工作任务，考核综合得分前3名的镇街（开发区）授予“临沭县2013年度招商引资工作先进镇街（开发区）”称号，并给予经济奖励，按照当年实际形成固定资产投资额的0.6‰计奖，奖金共计53.52万元，由县财政承担。

临沭街道14.61万元，经济开发区（郑山街道）30.22万元，玉山镇8.69万元。

（二）县直部门奖励

1. 对招商引资综合考核前12名的A类县直单位授予“临沭县2013年度招商引资工作先进单位”称号，并各奖励现金1万元，奖金共计12万元，由县财政承担。

县委办、人大办、县府办、国土局、畜牧局、规划局、政协办、水利局、民宗局、人防办、中小企业局、物资总公司。

2. 对完成年度目标任务的B类县直单位授予“临沭县2013年度招商引资工作先进单位”称号。

科技局、招商局、发改局、住建局、商务局、旅游局、经信局、交运局、农业局。

3. 对完成年度目标任务并且项目形成固定资产超过2000万元（旅游、农业项目超过1000万元）的B类县直单位各奖励现金3万元，奖金共计18万元，由县财政承担。

科技局、招商局、发改局、住建局、商务局、旅游局。

（三）引进项目中介人奖励

1. 山东长和科技股份有限公司年产30万台

套驾驶室及覆盖件项目，奖励项目中介人王传宝7.36万元，奖金由王传宝负责分配。

2. 山东常林道依茨法尔机械有限公司，奖励项目中介人袁超23.9万元，奖金由袁超负责分配。

3. 临沂东隆家纺有限公司，奖励项目中介人代表袁萍2.81万元，奖金由袁萍负责分配。

4. 临沭民丰村镇银行有限责任公司，奖励项目中介人代表宋洁5万元，奖金由银监办和宋洁负责分配。

5. 山东九州商业集团有限公司临沭购物中心，奖励项目中介人代表张成杰5万元，奖金由县商务局和张成杰负责分配。

6. 阳光财产保险股份有限公司临沂市临沭支公司，奖励项目中介人代表张雪玲5万元，奖金由县科技局和张雪玲负责分配。

以上中介人奖励由受益财政承担，县财政局筹集兑付。

五、工业经济发展暨百企改造升级考核奖励

（一）工业经济发展先进镇街

一等奖：经济开发区、临沭街道，各奖励3万元；

二等奖：玉山镇、青云镇、蛟龙镇，各奖励2万元。

分别授予“工业经济发展先进单位”称号。

（二）工业经济发展优质服务单位

县委办、县府办、发改局、经信局、财政局、中小企业局、国税局，各奖励2万元。

分别授予“工业经济发展优质服务单位”称号。

六、企业发展考核奖励

（一）企业纳税奖

1. 纳税奖

(1) 新增纳税奖

金正大公司42.8万元

史丹利公司41.1万元

常林集团24.3万元

伟业集团15.4万元

沂蒙老区酒业5.8万元

烟草公司0.2万元

福瑞达康妆大道公司2.8万元

雷华塑编公司4.6万元

红石置业公司1.7万元

金正阳集团8.9万元

中大置业公司6.1万元

财产保险公司0.2万元

万象房地产公司7.5万元

农业银行1万元

工商银行0.6万元

瓯龙置业公司6.1万元

广兴房地产公司4.7万元

兴大食品公司0.4万元

康诚置业公司2.6万元

移动公司0.5万元

建设银行1.6万元

卡特重工公司1.3万元

沂沭铁路公司6万元

金柳工艺品公司0.9万元

澳林置业公司5.2万元

恒达混凝土公司3.7万元

汇商工谷开发公司4.9万元

雪梅运输公司4.6万元

美艺工艺品公司3.4万元

陆祥工艺品公司2.1万元

北大荒工艺品公司3.9万元

中国银行1万元

山田研磨0.5万元

石材商会1.7万元

金大陆建筑公司2.8万元

佳柳工艺品公司2.5万元

临沭远通汽车公司2.3万元

民丰村镇银行2.9万元

经济开发投资公司3.5万元

晴朗工艺品公司1.4万元

金蒙新材料公司0.2万元

兴华机械公司0.6万元

照兴工艺品公司0.4万元

联通公司2.6万元

临商银行1.4万元

中联水泥公司1.3万元

金路达货物运输公司2.5万元

晟诚科技公司2.1万元

苍马驾驶员培训公司0.7万元

嵘兴工贸公司0.8万元

九州临沭购物中心1.6万元

东隆家纺公司1.2万元

常泰工程机械公司1.6万元

杞宝工艺品公司0.6万元

太平洋财险公司0.6万元

运达物流公司1.3万元

正大商贸公司1万元

金弘机械公司0.6万元

青云山管业1.2万元

东泰机械公司0.7万元

阳光财险公司1万元

翔宇房地产公司1.1万元

万马货物配载站0.4万元

(2) 纳税贡献奖

金正大公司、史丹利公司、常林集团纳税额超过1亿元，各奖励50万元；金沂蒙集团、伟业集团、沂蒙老区酒业纳税额超过5000万元，各奖励20万元。

2. 荣誉奖

(1) 特殊贡献奖：金正大公司、史丹利公司、常林集团、金沂蒙集团、伟业集团、沂蒙老区酒业。

分别授予“振兴临沭经济特殊贡献奖”。

(2) 一等奖：烟草公司临沭分公司、国网临沭供电公司。

分别授予“振兴临沭经济一等奖”。

(3) 二等奖：农信社、金正阳集团、雷华房地产、红石置业、金宝诚管业、福瑞达康妆大道、金源管业、中大置业。

分别授予“振兴临沭经济二等奖”。

(4) 建设幸福临沭十佳功勋企业家：万连步、高文班、张义华、张超、闵庆玉、滕善华、李开华、牛庆松、李永森、胡顺珍。

分别授予“建设幸福临沭十佳功勋企业家”称号。

(5) 建设幸福临沭优秀企业家：高华、杨建伟、吴锋清、许修峰、李夫忠、朱康。

分别授予“建设幸福临沭优秀企业家”称号。

(二) 企业技术改造奖

金正大公司、金正阳管业、常林农装、金沂蒙集团、沂蒙老区酒业、史丹利公司、山田研磨、青云山管业。

分别授予“企业技术改造先进企业”称号。

(三) 企业创牌奖

康田化肥的美佳康田及图、金宝诚管业的金宝诚及图、远洋肥业的魅力乡村、山田研磨的新山田及图、佛光照明的轩普新获山东省著名商标，各奖励5万元；雷华工程的纺织袋新获山东省名牌产品，奖励5万元；华垦化肥、沂蒙老区酒业新获市长质量奖，各奖励5万元。

(四) 企业技术创新奖

金正大公司新认定为国家级企业技术中心，奖励10万元；福瑞达公司新认定为省级企业技术中心，奖励5万元；新沭化、方正化学、中讯通公司、伊思德食品、中磷肥业新认定为市级企业技术中心，各奖励3万元；福瑞达公司新认定为省级工程技术研究中心，奖励5万元；佛光照明、山田研磨新认定为市级工程技术研究中心，各奖励3万元；金沂蒙集团新认定为市级工程研究中心，奖励3万元；中讯通公司新认定为省级一企一技术研发中心，奖励5万元；福瑞达公司、东泰机械、雷华工程、华盛化工、康田肥业、山田研磨新认定为市级一企一技术研发中心，各奖励3万元；华垦肥业新认定为省级一企一技术创新企业，奖励5万元；卡特重工、金山化肥、育峰肥业、兴华机械、博瑞电子新认定为市级一企一技术创新企业，各奖励3万元。

七、镇街产业集中区建设考核奖励

镇街产业集中区建设先进单位：临沭街道、玉山镇、蛟龙镇、青云镇。

分别授予“镇街产业集中区建设先进单位”称号。

八、固定资产投资及重点项目建设考核奖励

（一）固定资产投资奖

一等奖：经济开发区（郑山街道）、临沭街道，各奖励3万元；

二等奖：曹庄镇、蛟龙镇（滨海高新区）、玉山镇，各奖励2万元。

分别授予“固定资产投资先进单位”称号。

（二）重点项目建设奖

1. 工业重点项目奖

一等奖：山东常林道依茨法尔机械有限公司（赛迈高端农业机械产业化项目），奖励4万元；

二等奖：金正大公司（金正大10万吨水溶肥项目）、临沂金正阳管业有限公司（金正阳新型传输设备深加工项目）、山东长和科技股份有限公司（山东长和驾驶室总成及覆盖件项目），各奖励人民币2万元；

三等奖：山东海佑福瑞达制药有限公司（山东海佑福瑞达制药有限公司原料药项目）、金正大公司（金正大20万吨/年高塔硝基复合肥项目）、青云镇（青云山管业项目）、大兴镇（古龙岗服装加工项目）、白旄镇（临沂北方汽车配件），各奖励1万元。

2. 农业重点项目奖

一等奖：临沭街道（史丹利农业科技示范园建设项目），奖励4万元；

二等奖：店头镇（新增千亿斤粮食产能规划项目）、曹庄镇（朱村现代农业生态园项目），各奖励2万元；

三等奖：玉山镇（千亩葡萄种植项目）、大兴镇（蓝莓采摘园项目）、苍马山景区（万亩万寿菊种植项目），各奖励1万元。

3. 服务业重点项目奖

一等奖：铁路办（沂沭铁路及物流园区项目），奖励4万元；

二等奖：蛟龙镇（滨海高新区）（中国民营科技促进会临沭新兴产业园项目）、临沭街道（澳林国际商贸城项目），各奖励2万元；

三等奖：经济开发区（郑山街道）（山东天泽祥禾物流项目）、石门镇（鲁东南家具集散中心建设项目）、临沭街道（民生银行临沭分行），各奖励1万元。

九、服务业发展考核奖励

一等奖：临沭街道、郑山街道（经济开发区），各奖励3万元；

二等奖：店头镇、白旄镇、玉山镇，各奖励2万元。

分别授予“服务业发展先进单位”称号。

十、农业工作考核奖励

（一）综合奖

一等奖：临沭街道、曹庄镇，各奖励3万元；

二等奖：郑山街道、大兴镇、玉山镇，各奖励2万元。

分别授予“农业先进镇街”称号。

(二) 单项奖

1. 优质农产品基地和品牌建设奖

临沭街道、曹庄镇、玉山镇、大兴镇、店头镇，各奖励1万元。

分别授予“优质农产品基地和品牌建设先进单位”称号。

2. 林业生产奖

曹庄镇、青云镇、店头镇、蛟龙镇、玉山镇。

分别授予“林业生产先进单位”称号。

3. 农田水利建设奖

临沭街道、曹庄镇、郑山街道、青云镇、蛟龙镇。

分别授予“农田水利建设先进单位”称号。

4. 畜牧生产奖

临沭街道、玉山镇、郑山街道、白旄镇、青云镇。

分别授予“畜牧生产先进单位”称号。

5. 保护性耕作机械化技术推广奖

玉山镇、曹庄镇、大兴镇、石门镇、郑山街道。

分别授予“保护性耕作机械化技术推广先进单位”称号。

6. 烤烟生产奖

玉山镇、石门镇、大兴镇

分别授予“烤烟生产先进单位”称号。

7. 农业综合开发扶贫奖

玉山镇、大兴镇、蛟龙镇。

分别授予“农业综合开发扶贫先进单位”称号。

十一、金融工作考核奖励

(一) 对金融机构的考核

1. 贷款增量

农业银行、临商银行、中国银行、农信社、民生银行。

分别奖励6万元、4.5万元、3万元、1.5万元、1.5万元。

2. 小微企业贷款增量

农信社、临商银行、工商银行、民丰村镇银行。

分别奖励6万元、4.5万元、3万元、1.5万元。

3. 新增存贷比

农业发展银行、中国银行、工商银行、临商银行。

分别奖励6万元、4.5万元、3万元、1.5万元。

4. 上缴地方税金

农信社、农业银行、工商银行、建设银行。

分别奖励6万元、4.5万元、3万元、1.5万元。

(二) 对管理机构的考核

人民银行、银监办，各奖励7.8万元。

(三) 鼓励引进金融机构

农业银行、邮储银行分别奖励2万元；银监办、人民银行共奖励10万元。

(四) 金融工作先进单位

人民银行、银监办、农信社、工商银行、临商银行、农业银行、农业发展银行。

分别授予“金融工作先进单位”称号。

十二、商务工作考核奖励

(一) 镇街、经济开发区

1. 商务工作先进单位奖

一等奖：经济开发区（郑山街道）、临沭街道，各奖励3万元；

二等奖：青云镇、玉山镇、大兴镇，各奖励2万元。

分别授予“全县商务工作先进单位”称号。

2. 利用外资先进单位奖

临沭街道，奖励0.3万元；青云镇，奖励0.3万元；经济开发区，奖励25万元。

授予经济开发区“全县利用外资先进单位”称号。

(二) 企业

1. 利用外资

山东常林道依茨法尔机械有限公司、山东诺

贝丰化学有限公司、临沭佳景工艺品有限公司、临沭北大荒柳编工艺品有限公司，各奖励人民币0.5万元。

分别授予“全县商务工作先进企业”称号。

2. 新增自营出口额

临沂东隆家纺有限公司，奖励人民币3.6万元；临沂金沂蒙生物科技有限公司，奖励人民币3万元；临沭美艺工艺品有限公司，奖励人民币1.2万元；山东三兴食品有限公司，奖励人民币0.8万元；临沂照兴工艺品有限公司，奖励人民币0.8万元；山东常林农业装备股份有限公司，奖励人民币0.6万元。

分别授予“全县商务工作先进企业”称号。

3. 会展工作

力士德工程机械股份有限公司、临沭晴朗工艺品有限公司、临沂白云工艺品有限公司、临沭沂蒙青柳工艺品有限公司、山东兴大食品有限公司，各奖励人民币0.5万元。

分别授予“全县商务工作先进企业”称号。

4. 商贸流通企业按实交税

临沭县土产杂品商贸有限责任公司、临沭县华诚商贸有限公司、山东九州商业集团有限公司临沭购物中心、临沭县正大商贸有限公司、临沭县鲁源再生资源开发有限公司、临沂银座商城有限公司临沭分公司，各奖励人民币0.5万元。

分别授予“全县商务工作先进企业”称号。

十三、镇街科技创新工作考核奖励

一等奖：郑山街道（经济开发区）、临沭街道，各奖励3万元；

二等奖：蛟龙镇（滨海高新区）、曹庄镇、大兴镇，各奖励2万元。

分别授予“全县科技创新工作先进单位”称号。

十四、企业科技创新工作考核奖励

（一）省科技进步奖

史丹利公司（尿基复混肥塔式造粒关键技术与产业化示范项目）获省科学技术进步一等奖，奖励5万元。

（二）市科技进步奖

1. 一等奖

山东常林机械集团股份有限公司（22T挖掘机正流量液压元件及系统研制项目）、史丹利公司（尿基复混肥塔式造粒技术产业化及推广应用项目）、临沂市金沂蒙生物科技有限公司（乙二醛流程再造及产业化技术开发项目）、山东福瑞达生物科技有限公司（微生物发酵生产生物防腐剂乳酸链球菌素关键技术的研究项目）获市科学技术进步一等奖，分别奖励2万元。

2. 二等奖

山东卡特重工机械有限公司（LG952L轮胎式装载机及CT220全液压挖掘机的研制与开发项目）、金沂蒙集团有限公司（L–缬氨酸、D–苯甘氨酸和氨肽酶菌种选育及发酵工艺技术研究项目）、山东福瑞达生物科技有限公司（生物防腐剂纳他霉素产业化制备技术项目）、史丹利公司（高塔多形态高效蔬菜专用肥关键技术与应用项目）、临沭县林下蔬菜种植专业合作社（野生大叶芹引种栽培研究与示范推广项目）、临沭县人民医院（翻转体位固定治疗胫骨平台骨折及爪型接骨板治疗连枷胸的临床应用项目）、山东金正大生态工程股份有限公司（环境友好型水溶性醇酸树脂—硫复合包膜控释肥料研制与应用项目）、史丹利公司（全自动多功能一体化高塔技术集成与开发应用项目）获市科学技术进步二等奖，分别奖励1万元。

3. 三等奖

山东金正大生态工程股份有限公司（高塔硝基肥联产水溶性肥及大蒜专用肥的研究应用与推广项目）获市科学技术进步三等奖，奖励0.3万元。

（三）知识产权优势企业培育单位

常林集团、卡特重工公司，各奖励2万元。

2013年临沭县国民经济和社会发展统计公报

2013年，面对复杂严峻的经济形势，全县各级在县委、县政府的正确领导下，深入贯彻党的十八大和十八届三中全会精神，以建设“幸福临沭”为目标，突出经济发展，关注民计民生，狠抓工作落实，全县经济社会保持平稳较快发展。全年实现生产总值187.88亿元，按可比价增长12.3%。其中，第一产业增加值18.37亿元，增长3.4%；第二产业增加值94.68亿元，增长11.2%；第三产业增加值74.83亿元，增长15.8%。产业结构不断趋向合理，三次产业增加值比例调整为9.8∶50.4∶39.8，第三产业所占比重同比提高1.5个百分点。县域品牌形象明显提升，实现全国科技进步先进县“四连冠”，荣获“国家知识产权强县工程示范县”“美丽中国示范县”“全国教育信息化试点县”“全国社会主义新农村建设档案工作示范县”“全省首批乡村文明行动示范县”“全省村级公路网化示范县”等荣誉称号。

一、农林牧渔业

农林牧渔业平稳发展。农林牧渔业增加值完成18.54亿元，增长3.43%。其中，农业增加值10.4亿元，增长1.54%；林业增加值2.24亿元，增长6.45%；牧业增加值4.74亿元，增长4.18%；渔业增加值0.53亿元，增长11.63%；农林牧渔服务业增加值0.63亿元，增长11.98%。

主要农产品产量有增有减。粮食总产量33.85万吨。花生总产18.14万吨，增长8.77%；水果总产1.08万吨，增长27.95%；蔬菜总产14.06万吨，增长4.2%；烤烟产量0.12万吨，减少26.5%。

林业、渔业生产稳定发展。重视绿化美化，全年完成人工造林1539公顷；大力发展渔业养殖，优化结构，全年水产品总产量达5948吨，增长7.75%。

农村基础设施和生产条件不断改善，农业机械化程度稳定提高。年末农用机械总动力73.26万千瓦。拖拉机52538台；联合收获机853台，同比增加54台，其中，稻麦联合收获机399台，玉米联合收获机454台。

农业产业化进程不断加快。新增市级龙头企业8家；加快推进优质农产品基地品牌建设，“三品一标”认证累计达到55个，其中有机转换认证3个，绿色认证42个，无公害认证8个，地理标志2个，全年优质农产品基地累计达到19万亩。沼气建设进展顺利。全县新建户用沼气池2300个，筹建大型沼气工程2处，新增中型沼气工程21处；推广太阳能热水器1800平方米；累计发展户用沼气池5.8万个，占全县适宜农户的63%；累计发展沼气专业村108个，大中型沼气工程累计达89处。

二、工业、建筑业

工业生产经营平稳增长。全县共有工业企业751家，其中规模以上工业企业210家，比去年净增25家。全年共实现工业增加值116.5亿元，增长17.6%，其中规模以上工业实现增加值107.57亿元，增长16.67%。全县规模以上工业实现主营业务收入473.16亿元，增长11%；利税28.47亿元，增长15.82%，其中利润22.84亿元，增长

16.2%。

骨干企业发展迅速。全年新增大型企业1家，中型企业8家。全县主营业务收入过亿元企业52家，实现收入411.88亿元，增长12.38%。其中，金正大、史丹利、金沂蒙、常林集团实现主营业务收入285.7亿元，占全县主营业务收入的60.4%。利税过千万元企业36家，较去年增加8家，利税过亿元企业3家。

高新技术产业稳步增长。高新技术产业产值占规模以上工业产值比重为30.73%，较上年提高1.14个百分点。

全县主导产业中，基础化工、复混肥制造、机械制造、钢压延加工、条柳编制造分别实现主营业务收入39.26亿元、213.18亿元、57.27亿元、60.98亿元、13.72亿元，分别增长8.62%、15.07%、1.1%、24.7%、10.09%。建筑业稳步发展，规模进一步扩大。全县有资质等级的总承包和专业承包建筑企业18家，2013年签订合同额达23.5亿元，增长52.2%，完成建筑业总产值13.6亿元，增长25.2%。全年房屋建筑施工面积177.7万平方米，增长33.8%；房屋建筑竣工面积77.5万平方米，增长21.8%。

三、固定资产投资

投资保持适度增长，结构更加优化。全县规模以上固定资产投资完成135.1亿元，增长20.8%，新开工计划总投资过亿元以上的项目77个，完成投资110.4亿元，占规模以上固定资产投资完成额的81.7%。投资结构趋于优化，第一、二、三产业分别完成投资3.1亿元、74.2亿元、57.8亿元。工业投资完成70.5亿元，其中，高新技术产业投资55.3亿元，占规模以上总投资的40.9%。

房地产业蓬勃发展。全县房地产开发投资完成13.2亿元，增长73.9%。商品房销售面积50.9万平方米，增长33.6%；销售额16.5亿元，增长61.8%。

四、国内市场、物价和外经外贸

2013年全县共有限额以上批发零售企业85家，住宿餐饮企业9家，全年实现主营业务收入107.28亿元。

全县消费品市场稳定增长。全年实现社会消费品零售额88.38亿元，增长13.4%。其中城镇零售额69.82亿元，增长18.58%；乡村零售额18.56亿元，增长17.70%。分行业看，各行业均衡发展，其中批发业实现零售额10.79亿元，增长25.61%；零售业实现零售额71.68亿元，增长17.97%；住宿业实现零售额0.44亿元，增长12.82%；餐饮业实现零售额5.47亿元，增长11.41%。

商品交易市场发展良好。2013年全县共有集贸市场51个，其中消费品综合市场45个，生产资料市场1个，农副产品市场3个，工业品市场2个。

全年居民消费价格上升1.6%，商品零售价格同比上涨0.5%，工业生产者出厂价格下降1.4%，规下工业品价格指数1.2%，新建住宅销售价格同比上升2.0%，土地交易价格同比上涨1.8%，住宅租赁价格同比上涨2.1%，服务项目价格同比上涨2.0%。

全年实现进出口总额44431万美元，增长16.5%，其中，出口额29826万美元，增长38.3%；进口额14605万美元，下降11.9%。2013年末全县共有三资企业57家，全年实际利用境外资金5021万美元，增长97%。

招商引资形势良好。全县投产和在建1000万元以上县外固定资产投资项目98个，其中，新建项目44个，续建项目54个，亿元以上项目41个，累计认定固定资产投资到位25亿元。

五、交通、电信、旅游

交通基础设施建设和运输量稳步增长。2013年末全县公路通车里程1349.85公里。全年公路客运量1098万人次，旅客周转量9.5亿人公里；货物运输量2030万吨，货物周转量61.71亿吨公里。

全年实现邮政业务收入0.31亿元，电讯业务收入2.91亿元。年末固定电话用户6.38万门，其中城市用户1.95万门，农村用户4.43万门；移动电话用户53.73万户，互联网用户7.04万户，增长6.35%。

旅游业发展迅速。全县年末达到国家AA级以上旅游区6家，其中AAA级旅游区2家；旅行社4家；星级酒店1家；星级餐馆1家；星级农家乐5家。

六、财税、金融、保险

财税收入较快增长。全年完成地方财政收入10.57亿元，增长32.75%，其中税收收入9.19亿元，占地方财政收入的89.48%。财政支出21.63亿元，增长15.29%。进一步加强对农业、教育、卫生、文体、社会保障等方面的支出，农林水事务支出29126万元，增长5.13%；教育支出61908万元，增长18.11%；医疗卫生支出27299万元，增长13.74%；社会保障和就业支出29761万元，增长29.16%；交通运输支出4953万元，增长9.94%。国、地税收入合计15.7亿元，增长24.5%，其中国税收入8亿元，增长17.4%；地税收入7.7亿元，增长32.8%。

金融形势良好。年末全县金融机构各项存款余额178.24亿元，比年初增加35.54亿元，其中储蓄存款余额106.1亿元，比年初增加14.66亿元。各项贷款余额128.37亿元，比年初增加28.06亿元。

保险业平稳发展。全年保费收入1.94亿元，增长2.65%。其中，财产险保费收入0.58亿元，增长9.4%；人身险保费收入1.36亿元，与去年持平略增。支付各项赔款和给付0.44亿元，减少8.33%。其中，财产险业务赔付0.28亿元，减少3.45%；人身险业务赔付0.16亿元，减少20%。

七、科技、教育

科技事业取得新进展。实现国家科技进步先进县“四连冠”，实施市级以上科技计划项目26项，鉴定省级科技成果14个，其中13项成果达到国际领先水平；获得省科技进步一等奖1项，获市科学技术奖15项。知识产权工作取得新突破。2家企业入选首批省级知识产权优势企业培育单位，获得20万元资助资金。全县申请专利292件，其中，发明专利66件，授权发明专利55件，增长66.67%。

教育事业不断加强。全县共有中等职业学校1所，当年招生2944人，在校生7860人。高级中学3所，当年招生4197人，全部在校生12362人。初级中学21所，当年招生7109人，全部在校生22102人。小学82所，当年招生8136人，全部在校生45815人。特教学校2所，在校生179人。幼儿园117所，当年招生6047人，全部在校生20909人。小学适龄儿童入学率、巩固率达100%，初中入学率达98.94%。2013年全县共规划各类建设项目96个，总规划建筑面积约23万平方米，总投资约1.9亿元。其中校安工程及校舍维修项目34个，标准化幼儿园项目28个，“211工程”项目19个，职业中专扩建及特校迁建项目15个。全年拨付农村义务教育学校保障经费4316万元，减免农村义务教育阶段课本费688万元。救助各级各类困难学生6272人，救助金额646.8万元。办理大学生助学贷款人数1153人，贷款金额660万元。投资1337万元，完成了全县115所中小学网络升级改造和19所教学点数字资源全覆盖项目，实现了“宽带网络校校通”。

八、文化、卫生、体育

文化艺术持续繁荣。规划实施“三馆”文化中心项目（文化馆、图书馆、博物馆）。全县拥有文化馆1个，公共图书馆1个。县图书馆馆藏纸质图书20万余册，中外报纸期刊240余种，办理读者卡6120余张，被评为国家一级馆；北沟头遗址成功申报第七批国家重点文物保护单位，实现了我县“国保单位”零的突破。全县共建有镇街综合文化站10处、文体小广场123处、公共电子阅览室51处、文化共享工程站点201处，农家书屋和村级文化大院实现全覆盖。城区5-10分钟、镇街15-20分钟的“文化家园”初步形成。无线广播电台1座，广播覆盖率98%，电视转播台1座，电视覆盖率99%。广播电视“村村通”入户率达到77%。数字电视平移工作圆满完成，共整转平移数字电视72900多户。

卫生事业力量不断增强。全县共有卫生机构19个，其中医院2个，妇幼保健院1个，卫生院12个，专科防治所（站）2个，疾病预防控制中心1个，卫生监督机构1个。卫生机构拥有病床1669张，各类卫生技术人员1375人，其中执业医师496人，执业（助理）医师149人，注册护士357人。

体育事业蓬勃发展。以群众体育活动为主线，2013年相继举办了“全民健身月”启动暨老年人门球赛、庆新春9人制足球比赛、三八节女子拔河比赛、首届端午节龙舟赛、中小学生乒乓球、篮球联赛、首届儿童轮滑大赛、中学生第七届篮球联赛、第一届大众健身记录挑战赛、庆国庆全县职工篮球比赛、首届全县职工羽毛球比赛等一系列活动。弘扬体育文化，投资30余万元购置龙舟10条，在苍源河举办了首届端午节龙舟赛；承办了临沂市第三届全民健身运动会开幕式暨“翡翠星城杯”武术比赛及山东省千乡乒乓球（临沂赛区）的比赛。为各村街配送了农民健身工程器械100套，极大地改善农村体育基础设施。

九、技术监督、安全生产和环境保护

质量强市战略加快实施。全县共有省长质量奖6个；中国名牌7个，山东名牌10个、省服务名牌1个。中国驰名商标总数达到5件，新增山东省著名商标5件，续展3件，总数达到24件。

安全生产形势稳定。全县累计发生各类安全事故20起，直接经济损失10万元，与去年同期基本持平，受伤9人，死亡9人，分别增长12.5%和80%。

环境保护工作扎实推进。流域污染治理水平不断巩固提升，水环境质量进一步改善。全年重点调查单位24个。全县工业废水排放量1139万吨，化学需氧量排放量999吨，氨氮排放量64吨，工业废水排放达标率100%；工业大气污染物二氧化硫排放量5013吨，氮氧化物排放量1950吨。

十、人口与就业

2013年末全县共有634643人。全县人口出生率9.59‰，死亡率5.17‰，人口自然增长率4.42‰。

全县年末从业人员38.49万人，其中城镇在岗职工5.99万人，农村32.50万人，从事第一产业人员13.58万人，第二产业人员13.42万人，第三产业人员5.50万人。

十一、居民生活、就业和社会保障

全县居民收入持续平稳增长。全县城镇居民人均可支配收入23508.11元，增长14.12%；城镇居民人均消费性支出14168.87元，增长28.44%。城镇居民人均住房使用面积达到38.81平方米，比上年人均提高0.79平方米。全县农民人均纯收入10262.7元，比上年增加1231.28元，增长13.6%。农民生活消费支出6263.33元，比上年增加569.17元，增长9.99%。其中，食品支出2003.35元，增长3.01%；衣着支出582.88元，增长9.63%；居住支出861.33元，下降12.5%；家庭设备、用品支出793.02元，增长4.38%；交通和通讯支出974.17元，增长99.01%；文化教育、娱乐支出457.97元，增长9.05%；医疗保健支出415.38元，增长20.94%。农村居民人均居住面积

31.25平方米。全县农村居民每百户家庭拥有彩电104台，电冰箱65台，电话机39部，移动电话215部，影碟机19台，洗衣机94台，摩托车51辆，家用计算机37台。

就业需求旺盛。全年城镇新增就业再就业12994人，转移农村劳动力19238人。职业技能培训稳步发展。全年共组织各类培训15510人，其中再就业培训3500人，创业培训1506人，农村劳动力转移培训10504人。认真做好劳务输出工作。全年组织大型招聘会27场，新增劳务合作用工单位16家，劳务输出人数累计达2.1万人（次）。

社会保障工作进一步加强。全年职工养老保险、医疗保险、失业保险、农村养老保险参保人数分别达到57143人、57161人、31636人和350826人。

新农合制度逐步健全和完善，新农合筹资标准提高到人均350元，各级政府财政补助280元，筹集资金1.81亿元。全县参合农民51.84万人，参合率99.99%。共为422.59万人次参合农民报销医药费用1.75亿元，当年基金使用率91.96%，累计使用率76.62%，基金运行安全平稳。基本药物制度实施成效显著。全市12所乡镇卫生院、1处社区卫生服务中心和2个社区卫生服务站全部实施基本药物制度，实现了基本药物制度在基层的全覆盖，药价、次均门诊、住院费用大幅下降。大力实施公共卫生服务项目，公共卫生服务逐步趋向均等化，人均公共卫生服务经费提高到30元，建立城乡居民健康档案52.3万份，建档率87.6%，其中电子档案占比87.2%，已超过80%的指标要求。

注：①电信部门数据为联通、移动、电信和铁通的合计数。

②本资料所列地区生产总值、增加值按当年价格计算，其增长按可比价格计算。

③规模以上工业企业是指年主营业务收入2000万元及以上工业法人企业。

④限额以上批发、零售、住宿、餐饮企业是指年销售额在2000万元及以上的批发业企业、年销售额在500万元及以上的零售业企业、年营业额在200万元及以上的餐饮业企业和年营业额在200万元及以上的住宿业企业。

⑤规模以上固定资产投资是指投资额在500万元及以上的投资项目。

⑥本公报全县人口数采用户籍人口数据，人口出生率、死亡率和自然增长率采用县计生局统计数据。

⑦本公报统计数据采用快报数据。

⑧本年鉴中所出现数据与此公报中数据不一致处，以此公报数据为准。

临沭县知识青年上山下乡资料汇编

一、前 言

岁月留痕 历史难忘

知青作家肖复兴说："我们从青春岁月一起携手走来，竟然一下子走过了四十年的路程。一天天的日子，过起来的时候显得那么慢，只有当它们被甩在了身后，才显得飞快。所有的一切，哪怕是痛苦艰辛的日子，也变成了美好的回忆。"

1968年年底，中共中央主席毛泽东发出最高指示："知识青年到农村去，接受贫下中农的再教育，很有必要。要说服城里干部和其他人，把自己初中、高中、大学毕业的子女，送到乡下去，来一个动员。各地农村的同志应当欢迎他们去。"之后，全国掀起上山下乡高潮。

1974—1978年，临沭县有来自全国各地的400多名知识青年背负行囊，远离熟悉的城市生活，远离父母，到贫瘠落后的玉山公社（今玉山镇）营子、袁黄峪、河湾、前石鼓岭4个小山村，成为这片黄土地的开拓者和建设者。在这块土地上，洒下他们辛勤的汗水，也刻下他们青春的足迹。从那时起，"玉山知青"成为他们共同的名字，这4个小山村成为他们的第二故乡。

30多年过去了。知青们已从风华正茂到两鬓染霜。2010年，他们有的正处于事业的巅峰；有的仍工作在平凡的岗位；有的已退休，颐养天年。无论他们身在何处，但心中都有一种特殊的难以化解的"知青情结"。

对于他们的奉献与付出，秀美的营子村西山不会忘记！清澈见底的袁黄峪村扎根井不会忘记！玉山人民更不会忘记！玉山人民每时每刻都在关注着知青的成长、发展、进步和辉煌，回忆和讲述着当年知青们发生的一个又一个战天斗地的生动故事……

在"知青"返城后的数十年中，广大知青虽然远离当年下乡务农的土地，但从来没有忘掉这段情怀，他们的目光、心灵每时每刻都在关注着第二故乡的发展变化。这些年间，他们采取多种回访形式，从未间断地踏上第二故乡的土地，以不同的方式对玉山的发展做出自己的贡献，表达对第二故乡的恋眷和情思。

对于如此厚重的历史文化，中共玉山镇党委、政府有责任予以发掘、保护，以期把知青的优良传统传承发扬下去。计划编写《岁月留痕—玉山知青文化拾遗》图书，出版《玉山知青》礼品书；开发"玉山知青"绿茶；编播《玉山知青》电视专题片；规划建设休闲农业观光园，包括知青村——营子知青文化园（展馆）、知青楼、知青桥、扎根井、东方红水库、"体验知青"生活区、农业观光采摘园、餐饮娱乐等。

作为知青的第二故乡，玉山镇在改革开放30

年中，发生了深刻变化，经济快速发展，面貌日新月异。全镇已实现户户通水、通电、通电话，村村通上水泥路，有线电视普及率已达90%以上，宽带网也已经进入寻常百姓家。全镇人民正紧紧围绕“科学发展、富民强镇、求是务实、团结奋进”的总体工作思路，深入实施“农业立镇、工业强镇、商贸兴镇”三大主体战略，以壮大镇域经济为基础，以实现农民增收为重点，以建设生态、文明、富裕镇为目标，锐意进取，奋力拼搏，努力推动全镇经济和社会各项事业又好又快发展。

中共玉山镇委

玉山镇人民政府

2010年1月6日

山山水水留真情

——临沭县知识青年上山下乡工作琐忆

聂昌建

贯穿玉山镇南北的“知青路”（袁家黄谷峪——营子——唐岭——河湾——前石鼓岭），留下了当年上山下乡知识青年艰苦跋涉的足迹，玉山、铁头山、凤凰山……山山岭岭都洒下了知识青年辛勤劳作的汗水。二十多年前，上山下乡知识青年与玉山镇人民艰苦创业，共同开辟的果园已硕果累累，南茶北引的茶园更加郁郁葱葱。如今，战斗在全国四个现代化建设各条战线的知识青年，仍然十分留恋与他们共同艰苦奋斗的父老乡亲。玉山镇、东盘乡人民对知识青年的深情厚意，也记忆犹新。昔日同甘共苦的知青伙伴们，节假日从四面八方回到知青点所在村，聚集在一起，满怀激情，畅谈祖国经济建设日新月异的发展，共同回顾上山下乡那艰苦难忘的岁月。

我原在县委组织部工作，1974年被选派为带队干部，带领知识青年上山下乡；1975年任知青总带队，列席玉山公社常委会，1976年3月，我又任玉山公社党委副书记，分管知青工作。至1995年，时间虽然过去二十多年，可每当工作闲暇、夜阑人静的时候，那轰轰烈烈、如火如荼的年代，知识青年“战天斗地”的音容笑貌，仍时时浮现在我的脑海里，历历如昨。

1968年12月21日，毛泽东发出“知识青年到农村去，接受贫下中农的再教育很有必要。要说服城里的干部和其他人，把自己初中、高中、大学毕业的子女，送到农村去，来一个动员。各地农村的同志应当欢迎他们去。”的号召，从此，拉开全国知识青年上山下乡的序幕，掀起影响一代人命运的知识青年上山下乡热潮。

中共临沭县委于1974年设立知识青年上山下乡办公室，朱广玉、陈遵贵先后任主任，工作人员吕庆芳、李希稳、王新交具体办理日常事务。1974年11月23日，知青办动员、组织首批知识青年上山下乡，至1980年4月撤销，其间，共动员、接收、安置下乡、回乡知识青年410人（其中6个知青点集体下乡346人）。1980年，上山下乡知识青年全部升学、参军、招工就业，知识青年上山下乡运动在临沭县宣告结束。

知青点设立。县委首选当时经济条件比较好的玉山公社为点。这里是革命老区，人民热爱中国共产党，勤劳善良，待人热情且民风纯朴。1974年先设玉山公社前石鼓岭、河湾、营子三个知青点。1975年设袁家黄谷峪知青点。1976年又设前木疃、姚官庄知青点。1974年共上山下乡46人（前石鼓岭知青点18人、河湾知青点18人、营子知青点10人）；1975年上山下乡76人（前石鼓岭点16人、河湾点18人、营子点23人、袁家黄谷峪点19人）；1976年上山下乡118人（前木疃点31人、姚官庄点32人、袁家黄谷峪点10人、营子点12人、河湾点17人、前石鼓岭点16人）；1977年上山下乡73人（前木疃点6人、姚官庄点4人、袁家黄谷峪点17人、营子点17人、河湾点14人、前石鼓岭点15人）；1978年上山下乡33人（前木疃点9人、姚官庄点9人、袁家黄谷峪点4人、营子点5人、河湾点2人、前石鼓岭点4人）。

在动员、组织知识青年上山下乡工作中，各级党组织和广大干部，都是站在执行毛主席指示，支持新生事物的角度来完成这项工作的。知青家长们对子女上山下乡当农民则犹豫再三，对十六七岁的孩子离开身边忧心忡忡。但大势所趋，不得不忍痛送子女下乡。来自北京、四川、福建的知识青年占了相当的比例。仅四川一家军工企业，就有30多名知青到临沭县上山下乡。

为搞好知青上山下乡工作，对知青负责，使家长放心，县委先后选派政治觉悟高、思想品质好、工作责任心强、有一定工作能力、有吃苦耐劳精神的18名脱产干部带队，具体负责上山下乡知青的学习、劳动、生活等管理工作。带队干部袁升堂、张安南、张云庆、杨云祥、毛玉莲、郭广忠、李焕才、赵凤仕、李从善、李雪岚、樊纪忠、于恒亮、柴新修、王学营、李兴仁、袁兆堂、李方元等，肩负党组织的信任和家长们的重托，与知青点所在村党支部共同做思想工作，共同关心知识青年的学习和生活；与知识青年们一起劳动，一起生活，早起、晚睡，一起经受艰苦奋斗的锻炼。

县委、县知青办对每批上山下乡的知青都召开欢送会，并发给知青每人一套毛主席著作，一个柳条箱，一把暖水瓶，组织县直机关干部职工欢送，由县领导带队，用七八辆汽车，浩浩荡荡送到各知青点。各公社党委、各村党支部也组织青年、民兵、群众热烈欢迎。县知青办给每名上山下乡知识青年拨500元安置费，由所在村负责建砖石结构的住房。知青集体生活，下乡第一年仍供应国库粮，每月发11.50元生活费，第二年起由生产队分口粮。因山区群众生活比较艰苦，知识青年们也是常过着萝卜菜、方瓜汤、瓜干煎饼、咸菜棒的生活。为此，公社党委安排粮管所以地瓜干换部分细粮予以调剂，有的村也经常给予照顾。知识青年自力更生种菜、养鸡、养猪，千方百计改善生活条件。他们的劳动一般都安排在林场、果园、茶园、专业队或科学实验队，从事耕作锄草、施肥浇水、修剪果树、管理茶园等农活。

在各级党组织领导和干部群众的关心下，各知青点建立健全规章制度，如知识青年守则、学习制度、劳动管理制度、财务制度、会议生活卫生制度等。各知青领导小组都向知青进行马列主义、毛泽东思想、革命传统、艰苦奋斗、自力更生、勤俭节约教育，使知识青年们了解创业的艰难，体会农民的疾苦，与乡亲们加深感情，增强劳动观念和群众观念。

全县的410名知识青年，来自全国各地，年龄大多十六七岁，最大的不过二十岁。“文化大革命”期间学校停办，使他们既无升学的希望，又无就业的可能，只能走下乡“接受再教育”做农民的道路。他们远离繁华的城市，远离父母和亲人，到道路崎岖、交通闭塞的偏僻山区，开始自力更生、自食其力的生活。面对艰苦生活的挑战，他们尝受人间的酸、甜、苦、辣：有思念亲人的热泪，也有和乡亲们共同生活的欢乐；有艰苦繁重的体力劳动，也有面对丰收果实的喜悦。当时几个知青点所在村，都是农业学大寨的先进单位，劳动时间紧、强度大，知识青年们不分春夏秋冬、不怕严寒酷暑、披星戴月与山区干部群众一起，以极大的耐力从事繁重的体力劳动，男青年平均每月出勤28天以上，女青年平均出勤26天以上。他们手上磨起血泡，肩上磨起老茧，但仍然挺直腰杆，咬紧牙关，不怕疲劳，虚心向农民学习，向乡亲们请教，学会了推胶车（独轮车）、犁耙地、播种、收割、果树修剪、驾驶拖拉机等技术，还学会种菜、养鸡、养猪、做饭、炒菜、摊煎饼等家务活。

为了改变山区落后面貌，玉山公社、朱仓公社党委带领群众开展以山、水、林、田、路综合治理为内容的山区开发建设。几年中，搞了几次大规模的山区开发大会战，重点开发治理玉山、圣水山、铁头山、凤凰山、玉河岭、五花岭、长沙岭等工程。每年冬季，知识青年都与农民群众一起参加山区开发大会战。他们整山治水、修路打坝、开辟果园茶园、打大井、修建扬水站，修整高标准的梯田。在玉山、玉河岭会战中，前石鼓岭知青组陈祥华、冷建光、王传恕、王汝刚，河湾知青组钱迎伟、郭滨泉、韩勇、王成玉、高敏等，带领全体知青顶北风抗严寒，和乡亲们一起挖条带沟、整梯田。手冻裂了，脸冻肿了仍不退缩。在凤凰山开发中，袁黄谷峪知青点时德泉、柳文举、陆新光、李兴玲，前木疃知青组李兴华、丁元俊带领全体知识青年，出大力，流大汗，地冻三尺照样干，在荒山上开发出片片果园、茶园，整修出大片平平展展的高标准梯田。在铁头山会战中，营子知青组吴军、郭增祥带领知识青年推胶车、打水库，深挖条带沟，建成160多亩（10.67公顷）茶园。在修建茶园扬水站时，交通运输条件差，他们和农村青年一起翻山越岭，用小推车到20公里外的县城推运水泥管道，不怕苦不怕累，深受群众好评。1976年冬，营子村在长沙岭大搞农田基本建设，王吉安、高希海、张建平、冯金波带领知识青年，早晨四点半到工地，晚上六点钟收工，中午在岭上啃着冰冻的窝窝头。他们镐头不离手，一身泥土一身汗，手震破了，镐头磨秃了，手上的鲜血染红了镐把，日积月累，镐把变成紫褐色，但他们没有人叫苦，没有人喊累，同乡亲们一起苦干一冬天，搬动5万多立方米土石，拔掉100多个石砦子，填平20多道沟，把200多亩（13.33公顷）、几百块小块地整成50块的高标准梯田。

在山区旱情严重的情况下，姚官庄知青组李克义、魏学辉、韦友谊带领全组青年积极投入抗旱双保，白天黑夜加班加点，抽水机、喷灌机全部利用，肩挑人抬齐上阵，千方百计确保林果丰收，粮油高产。

知识青年时德泉、谭道亮、高峰、高希海、王建军、郭滨泉、韩德俊、李克义、魏学辉、韦友谊、苗凤山、邹纪江等，担任生产队队长、副队长，他们勇挑重担，带领同伴战天斗地，改造山河，实行科学种田，大打农业翻身仗。陈祥华、丁元俊等担任林场副场长、林业队副队长，管理茶园果园。知识青年伏保华担任管理区农机网长，邵士金、冯金波等青年担任农机手，耕地运肥、抽水灌田，不怕脏，不怕累，昼夜奋战。知识青年武传波、丁家欣、王卫军、张一光、杨建荣、邓芹、张玉兰、蒋丽珍、李涛、王颖芹、徐爱萍、李其英、韩树梅、高爱丽、吴淑慧、庄军、胡涛、李文洲、吴萍、胡波、张清英、潘爱萍、翟学玲、庞肇军、王亚军等担任民办教师，热爱教育事业，精心教育儿童，为农村教育和农村扫盲工作做出贡献。张亚飞、肖雷、吴永霞等担任农村医生，刻苦学习、钻研医疗技术，为群众防病治病。张丽平任村门市部（商店）代售员，一切为了方便群众，早开门，晚关门。

在繁重的田间劳动之余，知青认真学习马列主义、毛泽东思想，扎扎实实开展“向雷锋同志学习”活动。营子知青组向其他五个知青组发出革命友谊竞赛倡议书，各组积极响应，掀起“比、学、赶、帮、超”的社会主义劳动竞赛。他们学雷锋见行动，拥军优属，照顾困难户，好人好事层出不穷。河湾知青组郭滨泉带领全体青年开展义务劳动。前石鼓岭知青组季相梅、王霞、王德贵、邓芹、徐哲、王如刚主动照顾烈属老大娘。营子知青组王吉安、高军、张爱华、徐涛、主浩元，前木疃知青组李玲，袁黄谷峪知青组武纪胜、高峰、李文洲等，积极参加拥军优属活动，为“四属”、“五保”挑水、扫院子、拆洗衣服、干杂活，深受群众好评。

知识青年还积极参加各村文艺宣传队，孙建华、冯金波、张伟、张兰芳等都是宣传队的骨干和积极分子。他们自编自演文艺节目，讲革命故事，表彰农村好人好事，树立农村文明新风。

知识青年在劳动中，与乡亲们建立深厚的感情。山区的干部群众对他们也非常关心。县知青办主任朱广玉、陈遵贵经常深入各知青点检查指导工作，中共玉山公社党委书记王玉平、中共朱仓公社党委书记李德育，经常看望各知青点的青年，关心他们的政治学习、生活和劳动。中共营子党支部书记李洪宝、中共前石鼓岭村党支部书记刘云相、中共河湾村党支部书记李培铭、中共袁家黄谷峪村党支部书记韩宝仁、中共姚官庄村党支部书记姚广营、中共前木疃村党支部书记倪宝芝，对知青工作也都非常重视，亲自帮助知青点解决生活劳动中的具体问题，从经济上对知青点进行多方面照顾。营子村老干部李玉凯、袁家黄谷峪村离休干部袁均赢、中共河湾村党支部副书记张献平，常年靠在知青点做知青工作，与知识青年一起劳动、学习。山区的父老乡亲们给予知青极大的关怀和温暖，知青有病，许多老大爷、老大娘都多次登门看望，问寒问暖，把知识青年视为自己的亲生子女。

由于各级党组织的培养教育，群众的关心支持，广大知识青年在艰苦磨炼中茁壮成长。钱迎伟、王建军、韦友霞、郭滨泉、王成玉、王梅、王军廷、高敏、陈祥华、刘同臻、张玉兰、蒋丽珍、冷建光、刘加峰、朱晓新、阚峰、陈香娟、杨燕、李克义、孙芳、甄力、张丽萍、魏学辉、翟学玲、时德泉、高峰、柳文举、邵士金、武纪胜、李文洲、陆新光、李兴玲、梁会芹、宋芹、齐会珍、郭增祥、冯金波、高希海、王吉安、高军、肖雷、张建平、张爱华等人，先后加入中国共产党；另有60多名知青加入共青团，有4人进入公社和村级领导班子。如郭增祥任玉山公社团委副书记、中共黄峪管理区党总支副书记、中共营子村党支部副书记，冯金波任营子村团支部书记、民兵连指导员，陈祥华任前石鼓岭村团支部书记、民兵连副连长，齐会芹、齐会珍先后任袁家黄谷峪村团支部副书记。他们积极工作，得到青年、民兵的拥护。郭增祥、葛鲁杰光荣地出席全省上山下乡知识青年先代会，陈祥华作为知识青年优秀代表出席临沂地区“农业学大寨”会议，宋芹、王成玉出席共青团临沭县第四次代表大会，张丽霞出席县妇女先代会。知识青年同乡亲们同甘共苦，艰苦创业，在艰苦的磨炼中，同山区干部群众建立深厚的友谊。中共十一届三中会会后，上山下乡知识青年陆续参军入伍、升学、招工就业，离开知青点，乡亲们依依不舍，各村党支部、团支部、民兵连召开各种形式的会议欢送，与知识青年们挥泪道别。

1995年，昔日知青劳动过的玉山镇、东盘乡，平坦的柏油马路贯穿东西，山区公路四通八达，交通方便，玉山镇的山山岭岭林茂粮丰，座座水库鱼儿欢跃，经济全面发展，人民安居乐业。因此，回来探望乡亲们的知识青年更加热爱、留恋自己曾经生活、战斗过的第二故乡。

知识青年上山下乡，是在“文化大革命”特殊历史条件下发生的一场运动。在临沭县各知青点，由于基层党组织、人民群众的关心爱护，带队干部和知识青年的共同努力，整个过程中没有发生大的曲折和失误，也没有出现像《孽债》《年轮》中那样的人生悲剧，但也有好多问题值得人们深思。中共十一届三中全会后，知青们全部升学、参军、就业，进步很快，在改革开放、经济建设中发挥着骨干作用。

二、知青博物馆

2009年营子知青生活的大院

知情上山下乡宣传画

毛主席动员知情上山下乡的宣传画

山东省革命委员会知情上山下乡慰问检查团

营子知青用过的“战三秋突击队”队旗

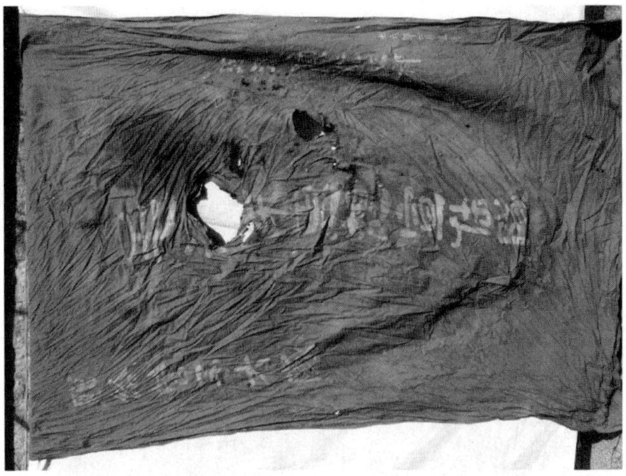

河湾送给营子点知青“毛泽东思想宣传队”的锦旗

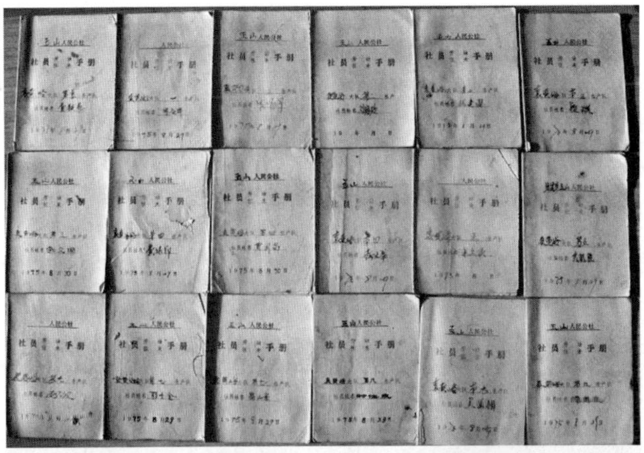

1975年袁黄峪知青劳动考勤薄

营子知青用过的桌子

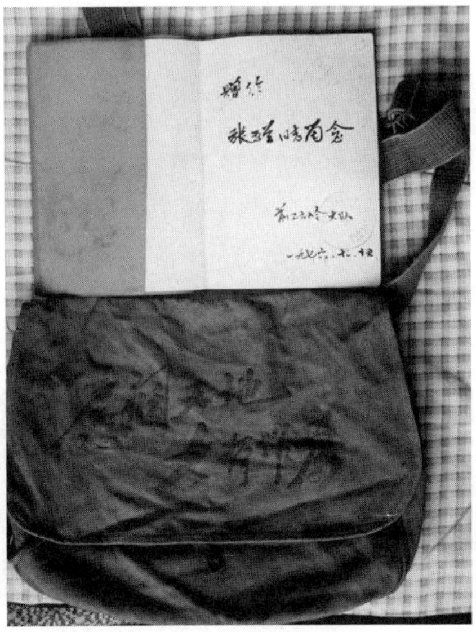

前石鼓知青用过的背包和笔记本

1975年知青证

河湾知青回乡合影

营子知青生活大院内标语

河湾知青住宿的房子

前石鼓岭知青炒茶场

1975年山东省委授予营子知青点“学大寨先进单位”镜框

营子知青“广阔天地　大有作为”宣传标语

河湾知青点“红旗渡槽”

袁黄谷峪知青点“扎根井”

营子女知青

营子男知青

营子知青欢送丁家欣上大学和代军祥入伍

营子知青组 76 年 12 月合影

第 4 批去河湾知青

2015 年整修后的河湾知青纪念馆

三、知青回忆

缅怀战友费洪印

陈久钦

30多岁的黄金年龄，恢复高考后第一批次(不是第一届）的硕士研究生，中央直属驻外企业的高管——正是施展抱负的大好年华——但却匆匆而去，过早地画上了人生的句号。

我和费洪印相识是下乡的那天。在县招待所的一间很宽大的房子里，我们和送行的家长们都在里面做出发前的准备工作。记得我妈妈和谭道亮的妈妈丁姨正在一起啦呱，费洪印骑着自行车跨过门坎，一直到床前才把车停住，一只脚踏地，人还在车上。丁姨给我妈说："这是食品公司老费家的二儿双印，也是到袁黄峪的。"费洪印穿了一件部队战士穿的的确良军上衣，戴一顶黄军帽。帽子里面用硬纸把前帽檐撑得老高，就像美军的大檐帽。在那个年月的城镇男青年中，这个穿着是最帅的了。军帽下，双眼透着机灵、干练。这就是我初识的费洪印。

下乡后有一个阶段，我和费洪印住在袁丁宝家，同睡在袁丁宝给我们让出来的一张床上。共同劳动、生活时间长了，对他的了解也多了，发现他多才多艺，用当下流行的一句话：老有才了。

他写得一手好字，不仅钢笔字好，还练过书法，尤其是隶书我还跟着他学了半年多。只不过是我性格较急，稳不下心，不是练书法的料，事情一多就扔下了。正因为他写字好，我们亲手打出的水井砌好后，大家才推举他用隶书写下"扎根井"三个字。没想到这三个字竟成了我们在袁黄峪下乡的纪念标志，到袁黄峪必然要到井边看看这三个字。前年市政协副秘书长李克彬的父亲病故，我到郑黄峪李克彬的家里给老人送别，完事后专门绕到袁黄峪，看了看扎根井。

费洪印还会理发，我们这些男爷们大多让他给理过发。那时的发型就两种：小平头和电灯泡。好像是朱作军也跟着学过理发，忘记给谁理了，只听推子响，不见头发掉，理发的人杀猪似的叫，最后还是费洪印来摆平。

费洪印还有一手露脸的活：做饭。我上面有三个姐姐，在家里从来轮不到我做饭。知青点轮流做饭，虽然有袁大爷做老师，但有时我也感到很为难。有次谁病了做病号饭——其实就是擀面条。我是初次擀，两只手抱着擀面杖，怎么也不能把面团擀成皮。当时费洪印在管理区的食品站里帮忙，回家较早，过来教我怎么擀皮子，又切成条。他切的面条很细，像挂面。我试着切了一会，切出的面条像筷子，但没有筷子长。

在做饭上我最可以显摆的是包水饺。有次知青点包水饺，我故意与费洪印比试。一比试才发现，真是人外有人，天外有天。他包水饺不仅速度比我快，而且包出的饺子纹路清晰，造型美观。

以上所说的这些都是生活中的小才。费洪印真正的大才是他能把握自己，把握人生。我们躺在床上睡不着觉时经常交心，他对人生的认识是我们当时那个年龄、那个时代、那个经历的大多数人所达不到的。

恢复高考后他的才华得以彰显：一次考试便获得成功，并且考入本科学校，接着便是取得硕士学位，跃到香港，跨出国门……他认准了自己的人生目标，在广阔的海洋里扬起了事业的风帆，前面就是宽广无垠的世界……他却在此时帆落船覆，英年早逝。

日月如织。转眼费洪印离开我们快到14年了。今天的战友们都在五十岁上下，脸上也都写满了岁月的沧桑。但我们心中的费洪印永远是年轻的，永远是那个洋溢着青春与活力的费洪印。有位哲人把逝去称作永恒，站在历史的角度，这话是有道理的。

愿费洪印在另一个世界里永远年轻。

记与费洪印交往的几件小事

谭道亮

初识 在夏庄完小上小学二年级的时候，班里来了一个插班的同学叫费洪印，他那时的个头比我高，比较瘦，头发细黄，高鼻大眼，透着干练与智慧，穿着又好，用现在的话说就是气质很好。他插班是随着他爸爸转业到临沭工作而来。因为都是机关孩子，自然就结交的多些，他家住在当时还比较荒凉的县食品公司，也不是什么家属院，就是一排瓦房，记得是中间的一排。小的时候对很多事都比较好奇，费洪印领着我们几个同学去看杀猪的，先看怎么用电把猪击倒，再看怎么放血，费洪印若无其事，我们几个则战战兢兢，大概是少见多怪的缘故。那时就有个感觉，洪印是从大地方来的，见识广。小学三年级那年我和一部分同学分到夏庄完小西校上学，费洪印还留在东校上学。

上初中时，我们又在同一个学校——临沭一中读书。

隶书 1975年8月，我和费洪印一同分到袁黄谷峪下乡插队，下乡一段时间后，团支部安排我和费洪印、柳文举出黑板报，他们俩字写得好，主要是写字，我字写的一般，任务是画报头花边。因为要出报头，我就用了小时候学习大仿学的隶书体。说起学写毛笔字还有一段经历，上小学的时候家父说：“一个人的字是一个人的脸面，要把字写好”。要求我写大仿，还请了我的邻居王汉德（当时的县委秘书，有老私塾底子）用县委的横格稿纸横着写了几张大仿体，用以描字。暑假期间家父要求每天写铅笔字1张或者毛笔字3张，我的最爱是3张毛笔字，因为写得快易完成，容易偷懒。以后又师从张洪群，学习他的“现代隶”。后老家搬迁到沭新街以北马塘汪北沿的县府家属院，又遇到一位书法极好的老长辈刘爷爷，刘爷爷是我的邻居，他的名字叫刘太运，是位老道士出身参加革命的老人，有文化，尤其是书法好，县里大礼堂和苍山烈士陵园的设计都出自他手。因是邻居，我经常登门请教，刘爷爷见我学隶书就告诉我学习隶书的歌诀。

费洪印看到隶书非常喜欢，要求我介绍如何写隶书，我说出一二，但是把隶书的歌诀忘了，我说等回家我请教刘爷爷后再告诉你。以后回家时要来隶书歌诀：蚕头雁尾，如龟似鳖，雁无双飞，蚕无二设，………转给洪印，由于费洪印的聪明好学和刻苦练习，几个月下来就比我写的好多了，这也就有了老费书写“扎根井”这一永恒的纪念。

哈喽 “哈喽”是条狗，是一条个头中等微胖两耳半立，耳尖下垂的长毛黄狗，它是当时知青组的宠物，这个哈喽很洋气，比起村里农家的草狗漂亮得多，农家的狗长的多是干筋吊线细腿细尾的，而哈喽长得尾巴翻卷，四肢粗壮，体态丰盈，性情温顺，不乱狂吠，煞是可爱。劳作之余不管男女战友都喜欢与它嬉戏，哈喽给我们的知青生活增添了许多乐趣。有一次当时的县委副书记孙成金和宣传部部长郁加志来知青点看望我们，在与知青合影时，我们还特意把哈喽抱来一起合影，摄影记者碍于有县领导在，不让哈喽参加合影。这个哈喽是费洪印从家里抱来的。洪印告诉我，哈喽是从阿湖南站（即江苏省东海县阿湖火车站临沭物资转运站）抱到县食品公司又抱到知青点的。

春节　1977年恢复高考，聪明睿智的费洪印考上华东石油学院，我们几个虽然也参加了高考，却是名落孙山。我因为单位业务需要，1978年10月参加山东省教育厅组织的‘五七干校’师资进修班，在莱阳农学院上学半年，只是学习业务，没有毕业证，那时还没有拿学历那一说。1979年放寒假，费洪印回到当时住在健康旅社的家，我们几个去看望他，洪印见到我的第一句话是：“你放年假了？放了多少天啊？初几开学？”当时把我羞得无地自容，好像我也上大学似的。以后想起这事，我理解这是老费的一贯谦虚谨慎，不事张扬的为人处事态度。这年的除夕夜我们有几个战友在费洪印家过的。洪印当时已经学习业务课了，给我讲“大陆漂移学说”，他浅显易懂地讲：“德国一个没有这方面专业知识的青年魏格纳因病躺在医院的病床上看世界地图，发现亚洲、非洲、北美洲、南美洲、欧洲在很久以前应该是在一起的，形成现在这样，应该是漂移，以后经很多专家考证，形成了大陆漂移学说。”

1982年春节，洪印回家过年，农历正月初九，费洪印请我们几个去他家做客，而我的女儿是正月初八出生，因而到得晚些，在我刚到住在外贸局的费洪印家堂屋门口时，听到费洪印在说我：“谭道亮生了闺女，今天肯定来不了啦。”话音未落，我推门进屋，在场的都哈哈大笑。席间洪印讲得最多的是在香港华润公司的见闻：华润公司的名字是周恩来题写的，华润公司不与国内做贸易等等。香港的警察叫差佬，什么这仔那仔的多了去了。可以看出这时的费洪印见识更加见多识广了，此时的他在知识储备和能力储备上已经到了成竹在胸宏图大展的时候了。公司给他配的专车是“凌志”，他还给我们讲了“凌志”车的记忆功能等等。洪印的哥哥费洪军讲了参加对越自卫反击战的经历；作为过来人，洪军大哥还劝慰我生男孩女孩都一样，等等。

传真　1995年8月29日是我们下乡20周年纪念日，从年初我们知青组的战友就酝酿着搞个活动庆祝一下，战友们抬举我，推我当秘书长为大家服务。通知外地工作的战友，费洪印离我们最远也最难通知，当时他在阿拉伯联合酋长国，任华润公司总经理助理、华润公司阿联酋分公司副总职务。我和李文洲起草通知，但是找不到传真机，我们俩经过排查，知道只有做外贸生意的才有传真机，当时只有县工艺美术公司有，文洲去发了传真，由于时差的缘故，费洪印第二天才看到传真，接着做了回复，回复中首先是祝贺，再就是说明自己不能来的原因。下乡20周年的纪念活动于1995年8月26日开始，也就在我们聚会的前一天，1995年8月25日，我们的老费，睿智豁达的费洪印，却在阿联酋沙漠中罹难……

男女平等

佚　名

1974年，我响应党的号召上山下乡。下乡初期，由于知青点正在建设，我们只能临时住在老乡家里。吃饭实行派餐制，每天轮流一家。我们实在享受了一段“饭来张口”的日子。

知青点建成搬进新居后，我们自己做饭吃，不管厨艺好坏，不论男女，实行轮流值日制度，每天一人做饭。既要早起，当天还要出工，自然辛苦许多。还不能不认真，因为如果你不能按时做好饭，或做成夹生饭，就会影响当天出工，同学们即使不埋怨你，你心里也会感到难受。最初时我们不会烧柴，误工或吃夹生饭是难免的，还常常被烟熏得一脸哭相。

知青点是一排新瓦房，“干打垒”的墙冬暖夏凉，进门右手最边上一大间是厨房兼餐厅。锅灶是农村特色的，一口大锅用来煮饭。经过一段时间历练，大多数同学都学会了烧柴、煮饭、炒菜，这也是“广阔天地接受再教育”的成果。

由于中午时间短，我们通常早饭、中午饭一起做，用饭盒蒸大米干饭吃，锅灶内有火灰，中午能保证饭还是温热的。农忙时我一顿饭吃过1.5斤大米，因为饭盒小米多，蒸熟的大米基本没能膨胀，这样有时还不觉得饱。中午也没有时间炒菜，在蒸饭时，同时蒸一些土豆、芋头，中午蘸着酱油或者虾油当菜吃。

晚饭，我们通常都是男女平等、统一吃稀饭，每人半斤大米，煮出来的稀饭很浓厚，加上新米不出饭，用大碗也只能装一碗。女同学常有剩余，我则感觉不足，深受女同学接济。下乡第一年，不论男女知青每月的口粮都是45斤；当年底，生产队给我们每人分800斤稻谷，男女知青一样。每百斤稻谷能加工70斤左右大米，无论男女都有结余。蒸饭各人用自己的饭盒，可以根据自己的饭量加大米；做稀饭用一个大锅，只好男女平等。现在想起来，虽然有些不公平，但那时没有一个女同学提意见。

知青同学来自全国各地，多数同学都会做几道菜。遇到节日、喜庆活动，农闲或者下大雨时，我们就聚在一起弄吃的改善生活，我向他们也学了几手地方饭菜。

如今，我的饭量还不如那时的女同学。回忆那段时光，虽然生活清苦，但同学们从来没有因为吃饭发生矛盾，女同学都像大姐姐一样照顾我(她们实际年龄也的确都比我大)。同住一个屋檐下，同在一个锅里摸勺子，两年的共同生活经历，友谊和感情非常深，令人难忘！

打　狗

佚　名

1974年，我17岁高中毕业上山下乡。我们八名同学被分在玉山公社营子大队，其中五男三女，我是当中年龄最小的一个。其他知青同学有的比我大三岁。这个年龄，还是长身体的时候。尤其是我，还未完全发育成熟。刚下乡时，包括女同学在内，我是最矮小的一个。

我们知青点的同学表现都很好。从来不打架斗殴、偷鸡摸狗，也没有发生与当地女青年不正当的关系；而且理所当然地成为村里的文体骨干，多数是生产队文艺宣传队、篮球队、广播站、民兵排的成员，为村的文化建设增光许多；在生产劳动方面虽然不如农民，但都很积极。

劳动是辛苦的，尤其是对生长发育期的青少年来说，是不堪重负的。加之那时生活物资匮乏，缺少“油水”，经常感觉饥肠辘辘，营养明显不足。特别是“双抢”农忙季节，每天五顿饭(上下午中间一顿由生产队集体供给）还不觉饱。

当地村民对我们知青很好，农民们朴实、友善。有时会给我们送些菜，多数是芋头、马铃薯或自己腌制的咸菜。知青同学们想改善生活，却苦于囊中羞涩。

那时，大概是为防止狂犬病，政府不准养狗，并号召打狗。在农村养狗看家护院已经成为习惯，很少有人理会打狗的通知。于是有同学提议打狗。遵循“兔子不食窝边草”的古训，我们间或借到县城看电影之机，在看电影之前，在县城的居民小巷中游荡，伺机打狗。

同学们研究了一套办法，用一节打通的粗竹竿，内穿绳套，靠近狗时突然套住狗脖子，狗挣扎时也咬不到我们。把狗勒死后装进米袋，看完电影后背回家。

狗肉很香，且营养丰富，据说入冬时食用能抗寒。有许多吃法，尤其是狗肉火锅特好吃，添加些料酒、陈皮等佐料……。现在想起来，还禁不住流口水。有的本村村民知道我们吃狗，因为村里并没有人家丢狗，也不追究我们的狗是从哪里来的。我们还邀请要好的本村青年一起喝酒吃狗肉。

现在医疗条件好了，狂犬疫苗已经很普及。政府对农村养狗虽然没有提倡，但也没有禁止；城市有人把狗作为宠物，更有许多人饲养名贵品种。狗肉还是南方许多地方酒桌上的上等佳肴，各类狗肉馆比比皆是，人们再也不会因为肚子缺油水而打狗。但我仍然喜欢吃狗肉，时常回忆下乡时打狗的经历，回味那香喷喷的狗肉香味。

下乡的行囊

佚　名

1974年，作为高中生，17岁的我成为当时上山下乡知识青年中的一员。从此离开父母，投入社会。

下乡时的行囊：每人一套毛主席著作，一个柳条箱，一把暖水瓶。临行前，母亲为我准备了被子、床单、席子、枕头等，还送我一床在当时较为稀罕的毯子。父亲为我按部队战士的样子打成背包，好像要送我“出征”。

父亲送一个大木箱，算是奢侈品。那是他购买木材亲自打造的，六面整板、全樟木，手艺虽然不是很专业，但结实耐用，至今仍然在使用(放在地下室存放临时不穿的换季衣物)。

下乡前，父亲要我把中学课本都带着，装在木箱内。我利用农闲时、下雨天，基本把中学课本读了一遍，不仅为我打发了许多无聊时光，而且使我后来得益匪浅（弥补了我在中学阶段因为“文革”，荒废和浪费的学业；下乡两年后我参军入伍成为高射炮兵，数学几何等学科是高射炮兵射击理论的基础，我能较快的掌握，成为一名高射炮兵指挥官）。我在心底感激我的父亲！

因为将开始独立生活，为便于我掌握时间，父亲还送给我闹钟。下乡时，经常因值日早起做饭用到它。

从小我的头发基本都是父亲为我理的，家里

有一套理发工具，下乡时父亲也送我一套，意思是让我自己学理发。农村理发师傅水平不高，我们知青同学都是互相帮助理发，我这套理发工具成为公共用品。我们当然是理得比较现代、时尚的（当时多是留点鬓角的一指发）。我就是那时学会的理发。

还有一只网兜，底部放脸盆，内装口缸、牙膏牙刷、肥皂盒、饭盒等杂物。

回想当时的情景，至今还历历在目。满腔的热情，简单的行囊，离家的喜悦，漂泊的孤独，五味俱全。那简单的行囊，陪伴我从城市到农村，由学生变农民；后来又从知青到军人，从军人到检察官。如今我从青年成为中老年，从工作者成为离退者，生活历练了我，行囊也变成逐步增加的家当。唯有那份记忆永远也抹不去。

派 饭

佚 名

过去农村生产队很少招待开支，接待上级机关干部人员吃饭，农村通常是采取派餐的方法。

我们下乡初期，知青点正在建设，临时就住在老乡家里，吃饭也实行派餐的方法，每天轮流一家。农民不富裕，轮到那家派饭时，都会置办些好菜，有的人家会杀鸡或炒鸡蛋等，我们八个知青同学正好是一桌，通常是我们吃完走后，农民家人才吃。

生产队群众对我们都很热情。我们刚到农村人生地不熟，轮到那家派饭，到吃饭时间，他们都会到我们住处请，并带我们到他家吃饭。我们真是享受了一段“饭来张口”的日子。

那段时间我们基本在全村吃了一遍，同时也熟悉了村里的情况，拉近了我们与农民群众的感情。

一直到知青点建成，搬进新居后我们自己做饭吃，实行轮流值日制度，每天一人做饭，既要早起，当天还要出工，自然辛苦许多。

如今，回忆那段时光，还会常常想起那段吃派饭的日子，感谢当地的社员群众，思念那些朴实、善良的村民。

八人一桌

佚 名

当地民风淳朴，农民们都很朴实友善。那时农村还是人民公社，许多活动都是集体化。我们生产队约400口人，除集体有养猪场外，农民家家都喂猪，无论谁家杀猪，都请全村老少吃一顿。当地农村多使用八仙桌（四方桌），我们八个知识青年正好是一桌。大块的红烧肉、大碗的肥肉煮海带，还有许多山区农村特产，香菇、松菇、红菇等，约有十道菜左右。席间，生产队干部、青年好友经常会到我们知青桌敬酒、问候。时间长了，每逢杀猪、红白喜事、生产队聚餐，村民都习惯为我们知识青年留下一桌。大块吃肉、大碗喝酒、大桶吃饭，享受了在城市家庭无法体验的口福。在下乡的两年时间里，不乏这样享受口福的机会，尤其是在当时生活水平不高、食品不充足、不丰富的情况下。至今回味，感觉唾液还在口腔内打转。

离开生产队30多年，改革开放也已经30周年了，人民的生产生活水平发生翻天覆地的变化，农村也同样发生巨大变化，温饱问题早已解决，许多地方正在向富裕、现代化发展，农村人与城里人的差距逐渐缩小。不知道现在村里有些什么变化，真的好思念那些善良、纯朴的村民，想念青山绿水的美好风光。

参 军

佚 名

我出生于军人家庭，家中五口人三口当兵，爸爸、我，还有二弟。

小时候，我像所有小朋友一样，都很崇拜解放军。从小就希望长大后要当解放军，特别爱听打仗的故事、喜欢看战斗片、喜欢玩打仗游戏、喜欢枪炮。甚至羡慕爸爸出生在那个年代，能当上解放军，能参加战斗；人的一生能当上解放军将是多么的伟大和荣幸。随着年龄的增长，这种欲望始终没有改变……

高中毕业后下乡。第二年，知青点里陆续有同学被招工、替补返城或推荐上大学。恰好那年大队有征兵指标，我感到这是实现我儿时理想的好机会（并非是为了逃避农村），于是我与另一名同学报了名，到征兵办公室填表。对于我来讲，感觉只要报上名就有希望，因为我知道父亲的军人经历与革命家庭对我参军具有优越条件，并深知机会对一个年轻人命运的重要。

1976年12月上旬，我们被集中到大队部参加初检。所谓初检，就是武装部和部队接兵干部对围着空地转圈的青年进行目测，看有没有明显的肢体有缺陷。期间又经过政审，顺利通过后被通知19日到县城参加体检。

由于我左小臂摔断过，很担心是否能通过体检。从初检到体检，这期间我三天两头到公社征兵办公室打听消息，幸运的是接兵干部负责人挺喜欢知识青年，或许也是由于我父亲曾是军人的原因，他私下对我说打算带我走，我终于吃下了“定心丸”。

体检后，我回家中等待通知。同时，接兵干部要我办好、并寄回父亲和家庭的政审证明材料，免了家访程序。12月25日，接到临沭县征兵办公室应征入伍通知书，同日，家里收到了营子大队发的贺信。全家人都为我参军感到高兴，更别说我爸爸了，带着我向同事们告别，喜形于色。

12月31日，全体应征入伍青年到县城集中，领到了军装。1977年1月1日，我终于踏上了从军之路，从公社到县集结地的各路段，锣鼓震天，鞭炮声声，学生们组成的欢送队伍，在有节奏的锣鼓声和口号声中，簇拥着胸戴红花的准军人向集结地拥去。“一人当兵，全家光荣”“应征入伍是每位公民应尽的义务”“军民团结如一人，试看天下谁能敌”“提高警惕，保卫祖国”等标语贴满路边。路上红绸飞舞，红旗飘飘，歌声阵阵。我没有亲人送行，只有知青点同学们和代表大队与公社的送兵干部与我一一握手告别。两年的友谊、下乡的经历、人生路程新的开始，离别的泪水仰制不住地簌簌滚下。我终于踏上了从军之路。

栽 红 薯

佚 名

红薯是我们都喜好吃的一种粮食作物。可是没有栽过红薯的人，很难想象栽红薯的艰辛。

我下乡那个地方红薯要当半年粮，所以红薯对农民们显得格外重要，大家十分重视对红薯的栽种。

栽红薯一定要选择下雨天。在被太阳晒干裂的土地上，下一点点小雨是不能浸透土地的，雨下得越大，对红薯的栽培越是有利。我听社员们讲了这些后，也不知道到底怎么操作。

终于盼到下了一场大雨，并且下了一个夜晚。第二天一早起来，雨还在不停地下。我看见社员们个个喜笑颜开的样子，头上戴着斗笠，背上披着簑衣，背的背兜里装满了红薯秧子和剪子，肩上还扛着锄头。他们来叫我上工。队长早已在一个比较小的背兜里为我装上了一些红薯秧子。我穿上凉鞋，戴上雨具就和他们一块出发了。

我们那里是丘陵地带，得上“山”去栽红薯。下过雨的黄土斜坡真滑呀，我那凉鞋就是踩不稳，跌倒了好几次，“爬起来再战斗”。社员们叫我干脆脱掉鞋还好走一些。这时我才看见他们居然无一人穿鞋的，全是赤脚在行走。于是我也脱掉了鞋。有生以来第一次赤脚走路，这时也容不得细想，只想怎么不再跌倒就好。开始不习惯，我按照他们教我的要领，几个脚趾头用力去“挖”住泥土，走了几步，还行，摔倒的次数少了，以后慢慢就不摔跤了。

来到山上我和社员们一块蹲下来，用剪子把红薯秧子剪成一节一节的，然后社员用锄头将泥土挖个坑，我们就把剪短了的红薯秧子放在土坑里，用锄头或者手背把泥土压紧，使红薯秧子夹在泥土之中。栽好后如果再下半天的雨，对红薯的生长就更有利。就是这么简单而重复的劳动，再加上以后的施肥，使社员们能够收获到丰硕的果实。

栽红薯又给我在下乡时上了一堂课：红薯来得不容易。

说起红薯还蛮有感慨。红薯在当地叫地瓜，切片晒干了叫地瓜干。

我们下乡的地方，一年有10个月和地瓜打交道。每人每年只能分到40斤小麦和60斤玉米，剩下的全靠地瓜当家。说起吃地瓜，还能凑乎，最难吃的就是地瓜干，现在一旦回忆起来，胃里还在泛酸水，可能是那几年的条件反射吧。

我们知青组的生活比老乡好，每顿饭煮一锅地瓜干，锅边糊上一圈玉米饼子，12个人每人一个，不够就用地瓜干填补。那玉米饼子大约4两重，我从来舍不得吃，放凉了揣进怀中，等到上坡干活害饿时当点心吃。

我们下乡的地方虽然是山区，因有大口井，所以不怕天旱就怕误了农时。早春料峭的时候，家家户户的炕上就挤出大半边栽上了地瓜，在热炕头的温暖下，很快就发出了嫩嫩的地瓜牙，这就是我们栽地瓜的小苗。

每当春分后气温达到22?C的时候，生产队就开始组织栽地瓜了，各家各户将培养好的地瓜苗按照100棵一捆送到保管员那儿记工分，然后就丁丁当当的下地了。

说到“丁丁当当”就是水桶声，老把式扶犁打出地瓜沟，男劳力挑水，妇女插秧，识字班（未婚女孩）扒坑浇水，一天可以栽6亩地大约3万株地瓜。我们6个劳力每人就要挑100多担水。

直到现在，我的两个肩膀还有厚厚的肉垫，就是那时候锻炼出来的。

我不怕栽地瓜的累，就怕锄地瓜。第一次锄地瓜，跟在队长后面，小心翼翼生怕将小苗锄断，可是那张锄就是不听使唤，到了地头，队长说我锄断了20棵，要扣4分。

我不服，“你怎么看见的？”

队长肯定地说：“我听见的！”

锄断地瓜秧那点声音你能听见？打死我也不信！

口琴的记忆

佚　名

在那个文化生活极其匮乏的年代，吹口琴是一件很时髦的事儿。从知青的宿舍里，悠扬的口琴声伴随着晚风悠悠传出，无异于天籁之音。父亲只要一听到口琴声，就摇头轻叹：“这些知青娃又想家了，不容易啊……”

学口琴并不难，但初学者只能吹一些比较舒缓的曲目，只有知青宣传队的队员才能吹奏出节奏明快、激越的曲子，他们中间的一个小辫子阿姨就住在我家，那两条小辫子，据说是专门为在台上演出留的，随着节奏左右起伏，潇洒得不得了。

当时的口琴大约两块钱一把，但对于正读小学的我，绝对是一件奢侈品，饭尚且吃不饱，家里哪有闲钱供我“奢侈”？因此对于口琴只有羡慕的份了，眼巴巴地躲在草垛后面听小辫子阿姨吹奏，听着听着，不觉已泪流满面……长大以后才明白，那时的我已然被琴声所承载的乡情所打动。

终于有一天，小辫子阿姨发现了草垛后面的小女孩，她只轻轻地问了我一句：“你喜欢吹口琴吗？”

我使劲地点点头。再后来，我就有了自己的口琴，是小辫子阿姨送给我的，虽然只是一把比较低档的单音口琴，却让我如获至宝。

从那之后，小辫子阿姨就成了我的口琴老师，她还告诉了我一些吹口琴的卫生常识：吹口琴一是要先刷牙，不要把口琴借给别人玩，那样不卫生；吹奏完，要用温水将口琴涮一涮，然后用绸布包好，装入琴盒。

那时在学校里会吹口琴的可谓凤毛麟角，也让人眼羡。一次，同村的二娃想借我的口琴玩，我自然是一百个不愿意。二娃竟偷偷拿走了我的口琴，猛吹了一中午，还口琴的时候，我注意到那家伙的门牙像玉米粒一样黄，一张嘴还带着浓浓的大葱味儿，一气之下将口琴大卸八块，用水反复冲洗，洗完却发现装不上了，急得我号啕大哭，二娃在一旁不知所措……

哭声引来了小辫子阿姨，问明原委后，小辫子阿姨熟练地把口琴装好，然后对我说：“你把这把口琴送给二娃吧。”

送给他？那我吹什么？我把头扭向一边。

“这个送给你！”小辫子阿姨从挎包里掏出一把当时最流行的双音口琴，天哪，这可是小辫子阿姨在台上演奏用的口琴啊！我激动得一夜未眠，次日中午放学回家，父亲告诉我小辫子阿姨已经返城了，我怔住了，和着泪水在家吹了一天阿尔巴尼亚歌曲《我们是真正的朋友》，后来，我和二娃的“口琴二重奏”——《我们是真正的朋友》在乡里小有名气，一度成为学校的保留节目。

前几天，出差去了小辫子阿姨所在的城市，她说：“现在吹口琴的人越来越少，商店里已经没有卖口琴的了，我都怀疑自己是否曾有过吹口琴的爱好。”对此，我也同样迷惑，随着电视、网络以及各种文娱活动的丰富，口琴逐渐被尘封起来，再加上无尽无休的工作和学习，仿佛永远失去了吹口琴的时间。或许口琴真的已经退出了我们的生活。

我多么怀念那些吹口琴的日子。

四、知青名录（截至1995年）

（一）河湾村下乡知青名录

表 55

下乡时间	姓名	性别	1995 年工作单位及职务
1974 年	钱迎伟	男	临沂市政府秘书长
	张亚飞	男	临沂市财政局副局长
1975 年	郭滨泉	男	临沂市国家安全局局长
	王建军	男	临沂市 146 医院副院长
	高　敏	女	浙江省台州市副市长
	高爱丽	女	齐鲁石化集团计生办主任
	刘学亮	男	临沭金星集团
	刘文平	男	临沭县粮食局
	孙丽平	女	浙江省台州市无线电管委会
	高长武	男	浙江省台州市劳动局
	张　敏	女	临沂市人民医院
	高希丽	女	临沂市交警支队
	姚广慧	女	临沭县人民医院
	王卫华	女	临沭县石油公司
	于丽平	女	临沭县粮食局
	梁会明	男	临沭县乡镇企业局
	吴书慧	女	临沂市
1976 年	王凌飞	男	临沂师范学院教授
	吴　娟	女	临沂市商业银行
	常　勇	男	临沭县电业局
	黄加玉	女	临沭饮食服务公司

续表 55

下乡时间	姓名	性别	1995 年工作单位及职务
1976 年	徐文明	男	临沭县郑山镇供销社主任
	张学术	男	临沂市汽运公司
	万丽华	男	临沭县人民医院中医主任
	万丽云	女	临沭县国税局
	朱玉莲	女	临沭县烟酒公司
	吴清美	女	四川省成都市军工机械厂
	刘有莲	女	四川省成都市军工机械厂
	曹胜利	男	四川省成都市军工机械厂
1977 年	李　峰	男	临沂市委常委、秘书长
	王成玉	男	临沭县人民法院党组成员、工会主席
	李振宇	男	日照市交通局稽查大队大队长
	王　梅	女	临沂市九州商厦
	徐守军	男	淄博市高新技术开发区管委会
	王绍忠	男	临沭城关供销社主任
	陈德明	男	临沂市红色沂蒙剧团
	辛　伟	男	临沂市渔业局副局长
	张素珍	女	淄博市高新技术开发区管委会
	张文芳	女	青岛市四方区中学
	蒋立宝	男	原临沭县肉联厂
	夏　威	女	新泰市地税局
	孙庆玲	女	江苏省淮阴市
1978 年	吴　涛	男	临沭县民宗局副局长
	郇　军	男	临沭县气象局

（二）袁黄峪村下乡知青名录

表 56

下乡时间	姓名	性别	1995 年工作单位及职务
1975 年	张云庆	男	临沭县环保局（75—77 带队干部）
	刘海玲	女	临沭县国税局稽局
	吴　萍	女	临沭县人寿保险公司
	柳文举	女	临沭县城区信用社
	修红光	女	临沭县金沂蒙
	张建国	男	临沂新联通公司党群部
	段　琪	女	临沂市工商银行
	齐会芹	女	杭州市农业机械化技术学校
	李文周	男	临沭二中
	谭道亮	男	临沭县科枝局
	贾国昌	男	临沭县造纸厂
	时德泉	男	临沭县统计局
	朱作军	男	临沭县东方石油中心
	高　峰	男	临沭县公安局
	邵士金	男	临沭县民政局
	武纪胜	男	兰山区公安分局
	胥铁军	男	沂南县供电局
	陈久钦	男	临沂日报报业集团
	胡　波	男	罗庄区法院
	费洪印	男	
1976 年	潘爱萍	女	临沂市人民防空办
	李兴玲	女	临沭县档案局
	李方明	男	临沭县朱仓乡卫生院
	徐小峰	男	郯城县供电局
	杨胜芹	女	北京市中建一局商贸中心
	王玉珍	女	北京市中建一局二分公司

续表 56

下乡时间	姓名	性别	1995 年工作单位及职务
1976 年	张清英	女	北京市中建一局五星装饰公司
	陆新光	男	临沂市交警大队
	韦方玲	女	临沭县烟草公司

(三) 营子村下乡知青名录

表 57

下乡时间	姓名	性别	1995 年工作单位及职务
1974 年	吴 军	男	临沂市劳动技校
	张 伟	男	临沭烟草公司
	武传波	男	河东区经贸局
	孙建华	女	临沂市公路局
	罗红霞	女	临沂市公路局
	孙 岩	女	临沂市公路局
	郭增祥	男	临沭县粮食局
	李丙学	男	临沭县农业局
	刘湘丽	女	临沭针织厂
	修旭光	女	临沭县医院
1975 年	冯金波	男	临沭县政协
	高熙海	男	临沭县工会
	戴军祥	男	沂南县联社
	杨建荣	女	临沂丝绸公司
	王卫军	女	济宁二中
	张建平	男	铁道部计划司副司长（现在四川挂职）
	刘沂平	女	临沂市公路局
	刘沪萍	女	上海
	王吉安	男	临沂人民医院小儿科主任
	丁家欣	女	中国中医研究院研究员
	主浩元	男	临沭法制局副局长

续表 57

下乡时间	姓名	性别	1995 年工作单位及职务
1975 年	张爱华	女	临沭丝绸公司
	张兰芳	女	日照市商检局
	刘霞文	女	临沭工商银行
	陈德进	男	临沭针织厂
	王湘萍	女	莒县烟草公司
	高　军	男	北京，大校或少将，专机机长
	徐　涛	男	临沭文化局
	张沂光	男	临沂二中
1976 年	孙　涛	男	临沭农业银行
	吴清玲	女	临沭工商银行
	胡　玲	女	临沂市气象局
	李宗军	男	
	蔡洪练	男	
	丁加欣	女	
	李爱梅	女	
	王小强	男	
	井红英	女	
	庄开红	女	
	陈　勇	男	
	丛　丽	女	
	李道娥	女	
1977 年	朱　涛	男	临沭县委组织部、县人事局

（四）前石鼓岭村下乡知青名录

表 58

下乡时间	姓名	性别	1995 年工作单位及职务
1974 年	陈祥华	男	临沂
	李兴娟	女	临沂建设银行
	苗启群	女	临沂百货
	魏美林	女	临沭县农业局
	颜士珍	女	日照
	马建华	男	临沭县物资局
	蒋丽珍	女	临沂市医药公司
	朱小新	男	北京中医药研究所
	张洪州	男	南京
	孟昭山	男	临沂
	史淑英	女	兰山区医保中心
	李贵明	男	临沂市人民保险公司
	陈久莉	女	胜利油田
	李　涛	男	青岛市崂山三中
	袁俊生	男	临沭县财政局
	王小林	男	临沂
	纪奕君	男	临沭镇
	刘　成	男	临沭县电焊条厂
1975 年	吕　勇	男	兰山区公安局
	徐　伟	男	临沂市人保财险公司
	阚　峰	女	临沂市银监局
	张玉兰	女	临沭县劳动局
	路伟平	女	莱阳
	蒋　丽	女	临沭县土产公司
	李善菊	女	临沭县五金公司
	孙建强	男	临沭县医院

续表 58

下乡时间	姓名	性别	1995 年工作单位及职务
1975 年	王传恕	男	临沭县乡镇企业局
	瞿艳容	女	人寿保险总部
	王乐兴	男	临沭县工商局
	刘彦森	男	临沭县工商局
	尹相安	男	
	冷建光	男	临沭一小
	卜令华	女	
1976 年	王　霞	女	临沭县环保局
	王洪昌	男	临沭县新华书店
	陈建国	男	临沭县邮储银行
	杨本利	男	临沭县石油公司
	李春英	女	四川德阳
	杨贯美	女	四川德阳
	王德贵	女	临沂师院
	王云凤	女	临沭县百货公司
	邓　芹	女	临沭县新华书店
	王如刚	男	临沂市人民医院
	王春全	男	金沂蒙
	纪向梅	女	北京中建
	卢翠竹	女	临沭县工商银行
	徐　哲	女	临沭县百货公司
	张　玲	女	临沭县百货公司
1977 年	任开奇	男	临沂市邮政局
	刘长杰	男	临沭县针织厂
	颜士强	男	郯城县粮食局
	张林涛	男	临沭县工商局
	高明慧	女	临沂

续表 58

下乡时间	姓名	性别	1995 年工作单位及职务
1977 年	宋　霞	女	临沭县法院
	李　丽	女	临沭县职业高中
	唐爱民	女	临沭县技术监督局
	纪云玲	女	临沭县粮食局
	王金涛	男	沭河管理所
	黄加其	男	
	周应谦	女	临沂
	王洪杰	女	济南
1978 年	张　军	男	临沂市丝绸公司
	尹　征	女	日照

(五) 前木疃村下乡知青名录

表 59

下乡时间	名　录
1976 年	李兴华、杨志勇、李宝林、苗凤山、宋永山、武传涛、王健增、丁元俊、邹纪江、申照堂、张洪盘、李洪祥、冯　涛（冯丙和）、丁　平、蔡洪宗、马效贞、陆丽霞、王海英、玄瑞英、马增芳、高熙玲、许晓云、许传霞、李　玲、李振美、李　娟、陈秀娟、侯建荣、孙　萍、刘　伟（刘化妆）、袁　珍
1977 年	付　勇、邹纪海、丁燕宾、杨　艳
1978 年	李　燕、王燕华、陆伟玲、刘玉娟、刘玉梅、丛　静、马西如、苗凤虎、高云飞、万克军、王京义

五、知青村简介

（一）玉山镇河湾村

2009年，玉山镇河湾村有674户，人口2354人，党员70人，两委成员4人（支部2人，村委2人），支部书记王言山。有可耕地2800亩，山荒地约400亩，农民人均纯收入5600元。村内有小二型水库一处，其他水库两处，砖厂一处。全村电话入户率接近60%，手机983部，互联网用户8家，机动车920辆，有线电视入户率70%。近年来，该村按照“生产发展、生活宽裕、乡风文明、村容整洁、管理民主”的建设社会主义新农村总体要求，以发展经济为中心，增加农民收入和改善农民生产生活条件为重点，解决农民群众最关心、最直接、最现实利益问题为切入点，加大投入力度，强化基础建设，发展社会事业，推进民主政治和精神文明建设，全力构建繁荣、富裕、民主、文明、和谐的社会主义新农村。

（二）玉山镇营子村

玉山镇营子村位于玉山镇南部，距驻地约3公里，和朱仓乡接壤，2009年，有人口1099人，301户，党员46名，耕地面积1070亩。农民人均纯收入5620元。有“两委”班子成员5人，其中交叉任职3人，支部书记张志军。全村电话入户率接近60%，手机203部，互联网用户3家，机动车190多辆，有线电视入户率70%，自来水入户率、农村合作医疗参保率达到100%。该村主要经济作物有黄烟、花生、茶叶。有养殖小区5处，主要肉、蛋鸡养殖。下一步，营子村“两委”班子成员将带领全体村民进一步加大新农村建设力度，按照“生产发展、生活宽裕、乡风文明、村容整洁、管理民主”的要求，力争把营子建设成生机盎然的社会主义新农村。

(三) 玉山镇前石鼓岭村

2009年，玉山镇前石鼓岭村有人口1475人，432户，党员55名，耕地总面积1530亩，山荒面积2200亩。村集体经济收入19.8万元，农民人均纯收入5285元，有“两委”班子成员4人，支部书记李怀秋。村两委班子团结，积极完成镇政府安排的工作。该村主要经济作物有花生、茶叶、黄烟和黑莓。全村电话入户率接近60%，手机403部，互联网用户4家，汽车等机动车450多辆，有线电视入户率70%，自来水入户率、农村合作医疗参合率都达到100%。前石鼓岭“两委”班子本着“发展经济依靠村民、发展经济为了村民”的思想，在狠抓经济的基础上，增强集体实力，提高村民收入的基础上，把不断改善村民的生产生活条件作为一项政治任务来抓，村容村貌大变化，新农村建设蒸蒸日上。

(四) 玉山镇袁黄峪社区

袁黄峪社区位于玉山镇南部，距离县城25公里，2009年，耕地2050亩，404户，人口1396人，“两委”班子成员6职（含市县到村任职干部3人），其中交叉任职3人，书记主任“一肩挑”。社区于2007年12月成立，2008年7月设立党总支。社区党总支下辖4个党支部，共有党员44名，总支书记袁春良。2009年，实现工农业总产值452.58万元，集体收入13.34万元，农民人均纯收入5800元。近年来，社区先后获得市级“五个好”党组织、平安临沭建设先进集体、全县信访工作先进单位、人口和计划生育工作先进村居、全县科普工作示范社区等荣誉称号。

索　　引

本索引编有主题索引和人名索引。索引编目按汉语拼音字母顺序排列，同音同声按第二字拼音顺序排列。标目后数字为页码，字母 a 为左栏，b 为右栏。

主题分析索引

C

D

E

H

J

K

L

M

N

P

Q

R

S

T

W

X

Y

Z

人名索引